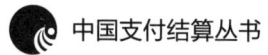 中国支付结算丛书

Counterparty Credit Risk, Collateral and Funding:
With Pricing Cases for All Asset Classes

交易对手信用风险、抵押品和融资：
所有资产类别的定价案例

（葡）达米亚诺·布里戈（Damiano Brigo）
（意）马西莫·莫里尼（Massimo Morini）◎著
（匈）安德烈·帕拉维奇尼（Andrea Pallavicini）

何奕　童牧 ◎译

中国金融出版社　WILEY

责任编辑：黄海清
责任校对：李俊英
责任印制：陈晓川

Title: Counterparty Credit Risk, Collateral and Funding by Damiano Brigo, Massimo Morini, Andrea Pallavicini, ISBN 9780470748466.
Copyright© 2013 John Wiley & Sons, Ltd.
All Rights Reserved. This translation published under license. Authorized translation from the English language edition, Published by John Wiley &Sons. No part of this book may be reproduced in any form without the written permission of the original copyrights holder.
北京版权合同登记图字 01－2017－6659
《交易对手信用风险、抵押品和融资：所有资产类别的定价案例》一书中文简体字版专有出版权属中国金融出版社所有，不得翻印。

图书在版编目（CIP）数据

交易对手信用风险、抵押品和融资：所有资产类别的定价案例/（葡）达米亚诺·布里戈（Damiano Brigo），（意）马西莫·莫里尼（Massimo Morini），（匈）安德烈·帕拉维奇尼（Andrea Pallavicini）著；何奕，童牧译.—北京：中国金融出版社，2022.1
中国支付结算丛书
ISBN 978－7－5220－1429－6

Ⅰ.①交⋯　Ⅱ.①达⋯②马⋯③安⋯④何⋯⑤童⋯　Ⅲ.①金融市场—风险管理—研究　Ⅳ.①F830.9

中国版本图书馆 CIP 数据核字（2021）第 260771 号

交易对手信用风险、抵押品和融资：所有资产类别的定价案例
JIAOYI DUISHOU XINYONG FENGXIAN、DIYAPIN HE RONGZI：
SUOYOU ZICHAN LEIBIE DE DINGJIA ANLI

出版
发行　中国金融出版社
社址　北京市丰台区益泽路2号
市场开发部　（010）66024766，63805472，63439533（传真）
网上书店　www.cfph.cn
　　　　　（010）66024766，63372837（传真）
读者服务部　（010）66070833，62568380
邮编　100071
经销　新华书店
印刷　保利达印务有限公司
尺寸　169毫米×239毫米
印张　32.75
字数　518千
版次　2022年3月第1版
印次　2022年3月第1次印刷
定价　115.00元
ISBN 978－7－5220－1429－6
如出现印装错误本社负责调换　联系电话（010）63263947

目　　录

起因 …………………………………………………………………… XV

缩写与符号 …………………………………………………………… XXV

第1篇　交易对手信用风险、抵押品和融资

1　引言 ………………………………………………………………… 3

1.1　关于信用估值调整（CVA）的一场对话 ………………………… 3

1.2　风险度量：信用 VaR …………………………………………… 4

1.3　风险暴露、当前风险暴露（CE）、潜在未来风险暴露（PFE）、
预期正风险暴露（EPE）、预期风险暴露（EE）和
违约风险暴露（EAD） …………………………………………… 7

1.4　风险暴露和信用 VaR …………………………………………… 8

1.5　插曲：P 和 Q ……………………………………………………… 9

1.6　《巴塞尔协议》 …………………………………………………… 11

1.7　CVA 和模型依赖 ………………………………………………… 12

1.8　CVA 的输入值和数据问题 ……………………………………… 13

1.9　新兴资产类别：长寿风险 ……………………………………… 14

1.10　CVA 和错向风险 ……………………………………………… 16

1.11　《巴塞尔协议Ⅲ》：CVA 的 VaR 和错向风险 ………………… 17

1.12　CVA 估值中的矛盾：模型风险和偿付风险 …………………… 19

1.13　双边交易对手风险：CVA 和 DVA …………………………… 20

1.14　CVA 和 DVA 中的首先违约 …………………………………… 23

1.15	DVA 盯市和 DVA 套期保值	24
1.16	CVA 和 DVA 中清算的影响	25
1.17	清算的传染	26
1.18	CVA 和 DVA 中的抵押建模	28
1.19	再抵押	29
1.20	净额结算	29
1.21	融资	30
1.22	对冲交易对手风险：CCDS	32
1.23	重组交易对手风险：CVA–CDOs 和保证金借贷	34

2 背景 ... 40

2.1	违约的定义：6 个基本案例	40
2.2	风险暴露的定义	42
2.3	信用估值调整（CVA）的定义	45
2.4	交易对手风险缓释工具：净额结算	47
2.5	交易对手风险缓释工具：抵押	49
	2.5.1 信用支持附件（CSA）	49
	2.5.2 新标准 CSA 的 ISDA 提案	51
	2.5.3 抵押作为缓释工具的有效性	51
2.6	融资	52
	2.6.1 对融资成本建模的首次攻击	53
	2.6.2 一般融资理论及其递归本质	54
2.7	CVA 的在险价值（VaR）和预期损失（ES）	54
2.8	监管者和《巴塞尔协议Ⅲ》的困境	56

3 交易对手风险建模 ... 58

3.1	企业价值（或结构化）模型	58
	3.1.1 几何布朗假设	59
	3.1.2 Merton 模型	59
	3.1.3 Black 和 Cox（1976）模型	62

3.1.4 信用违约互换和违约概率 …… 66
3.1.5 针对CDS的Black-Cox（B&C）模型校正：问题 …… 68
3.1.6 AT1P模型 …… 70
3.1.7 基于AT1P的案例研究：雷曼兄弟违约史 …… 71
3.1.8 建议 …… 74
3.1.9 SBTV模型 …… 75
3.1.10 基于SBTV的案例研究：雷曼兄弟违约史 …… 76
3.1.11 建议 …… 78
3.2 企业价值模型：多名称情景下的提示 …… 79
3.3 简约（强度）模型 …… 80
3.3.1 CDS校正和强度模型 …… 81
3.3.2 针对单个CDS强度校正的一个简化公式 …… 86
3.3.3 随机强度：CIR模型族 …… 88
3.3.4 Cox-Ingersoll-Roll短期利率模型 …… 88
3.3.5 时间非齐次情况：CIR++模型 …… 91
3.3.6 随机扩散强度还不够：加入跳跃的JCIR（++）模型 …… 91
3.3.7 跳跃扩散CIR模型（JCIR） …… 92
3.3.8 市场不完备性和违约不可预期性 …… 95
3.3.9 进一步的模型 …… 95
3.4 强度模型 …… 95
3.4.1 相依结构的变量选择 …… 95
3.4.2 企业价值模型? …… 97
3.4.3 Copula函数 …… 97
3.4.4 Copula函数校正、CDOs和对Copula函数的批评 …… 104

第2篇 交易对手风险定价：单边CVA

4 单边CVA和利率产品净额结算 …… 109
4.1 迈向CVA定价公式的第一步 …… 110
4.1.1 对称与非对称 …… 110

4.1.2	交易对手违约过程的建模	112
4.2	概率框架	113
4.3	单边交易对手风险的一般定价公式	115
4.4	利率互换（IRS）组合	118
4.4.1	单个IRS的交易对手风险	119
4.4.2	带净额结算时IRS组合的交易对手风险	123
4.4.3	漂移冻结近似	125
4.4.4	三矩量匹配技术	127
4.5	数值检验	129
4.5.1	案例A：具备共同截止支付时间的IRS	130
4.5.2	案例B：具备双边初期重置时间的IRS	132
4.5.3	案例C：具备首先为正然后为负现金流的IRS	132
4.5.4	案例D：具备首次为负然后为正现金流的IRS	137
4.5.5	案例E：具有首先次交替现金流的IRS	144
4.6	结论	145

5 利率的错向风险　147

5.1	建模假设	148
5.1.1	G2++利率模型	149
5.1.2	CIR++随机强度模型	150
5.1.3	CIR++模型：CDS校正	151
5.1.4	利率/信用价差相关性	153
5.1.5	向信用价差加入跳跃	154
5.2	数值方法	155
5.2.1	离散方案	155
5.2.2	模拟强度跳跃	155
5.2.3	"美式蒙特卡洛"（Pallavicini, 2006）	156
5.2.4	可赎回偿付	156
5.3	结果和讨论	157
5.3.1	单一IRS中的错向风险	157

| 5.3.2   带轧差 IRS 组合的错向风险 ·· 158
| 5.3.3   欧式互换权中的错向风险 ·· 159
| 5.3.4   百慕大互换权中的错向风险 ·· 161
| 5.3.5   CMS 价差期权中的错向风险 ·· 162
| 5.4   或有 CDS（CCDS） ·· 162
| 5.5   结果解释和结论 ··· 163

6 具备错向风险的商品单边 CVA ·· 165
   6.1   原油互换和交易对手风险 ··· 166
   6.2   建模假设 ··· 168
       6.2.1   商品模型 ·· 168
       6.2.2   CIR++随机强度模型 ·· 170
   6.3   远期和期货价格 ··· 171
       6.3.1   无错向风险的商品期货 CVA ·· 172
       6.3.2   具有错向风险的商品期货的 CVA ··································· 173
   6.4   互换和交易对手风险 ··· 173
   6.5   商品互换的 UCVA ·· 175
       6.5.1   付款方视角的交易对手风险：航空公司计算交易对手风险 ········· 176
       6.5.2   收款方视角的交易对手风险：银行计算交易对手风险 ············· 180
   6.6   巴塞尔错向风险乘数的不足 ·· 183
   6.7   结论 ··· 183

7 具备错向风险信用产品的单边 CVA ·· 184
   7.1   具有交易对手风险的 CDS 简介 ·· 184
       7.1.1   本章的结构 ·· 186
   7.2   建模假设 ··· 187
       7.2.1   CIR++随机强度模型 ··· 188
       7.2.2   CIR++模型：CDS 校正 ·· 189
   7.3   内嵌于 CVA 定价中的 CDS 期权 ·· 191
   7.4   信用违约互换的 UCVA：一个案例研究 ······································ 192

7.4.1 改变 Copula 函数参数 193
7.4.2 改变市场参数 198
7.5 结论 198

8 具备错向风险的权益单边 CVA 200
8.1 没有完全混合模型的权益产品交易对手风险 201
8.1.1 根据交易对手 CDS 数据的 AT1P 校正 201
8.1.2 权益回报互换中的交易对手风险 203
8.2 混合权益结构化模型的交易对手风险 206
8.2.1 信用模型 207
8.2.2 权益模型 209
8.2.3 从障碍期权到权益定价 211
8.2.4 权益和权益期权 214
8.3 模型校正和实证结果 216
8.3.1 2009 年的 BP 和 FIAT 217
8.3.2 市场预期中的不确定性 222
8.3.3 进一步的结果：2008 年的菲亚特和 2010 年的英国石油公司 225
8.4 交易对手风险和错向风险 229
8.4.1 确定性违约障碍 231
8.4.2 违约障碍的不确定性 237

9 外汇交易的单边 CVA 245
9.1 两种货币时的定价：基础 247
9.2 固定端对固定端汇率 CCS 的单边 CVA 251
9.2.1 近似估计交叉货币互换利率的波动率 257
9.2.2 外汇相关性的参数化 259
9.3 存在浮动汇率时跨货币互换的单边 CVA 265
9.4 为什么需要交叉货币基差？ 268
9.4.1 Fuji、Shimada 和 Takahashi（2010）的方法 269
9.4.2 抵押率与无风险利率 271

9.4.3	完全抵押的结果	272
9.5	实践中 CCS 的 CVA	273
9.5.1	改变 CCS 的货币性	278
9.5.2	改变波动率	280
9.5.3	改变汇率相关性	281
9.6	更替与流动性成本	282
9.6.1	合成或有 CDS：更替	283
9.6.2	流动性估值方法的扩展	286
9.7	结论	289

第 3 篇　高级信用风险和融资风险定价

10　新一代交易对手和融资风险定价 … 293

10.1	本书高级部分的引言	293
10.2	之前我们看到的：单边 CVA	295
10.2.1	近似：违约分装和独立性	297
10.3	单边债务估值调整（UDVA）	297
10.4	单边风险和 DVA	298
10.5	DVA 的不良成分	300
10.5.1	从信用质量的自身恶化中获利	300
10.5.2	DVA 对冲？	301
10.5.3	DVA：会计与资本要求	302
10.5.4	DVA：总结与现实主义争论	303
10.6	清算：无风险或者重置？	304
10.7	能忽视首次违约时间吗？	305
10.7.1	无首次违约的简化公式：权益远期的例子	306
10.8	偿付风险	307
10.9	抵押、缺口风险和再抵押	308
10.10	融资成本	311
10.11	重构交易对手风险	312

10.11.1	CVA 波动率：错向风险	313
10.11.2	浮动保证金借贷	313
10.11.3	全面估值	315
10.12	结论	316

11 对融资成本建模的首次攻击 … 318

11.1	问题	319
11.2	对融资和贴现的进一步审视	320
11.3	Morini 和 Prampolini（2010）提出的方法	321
11.3.1	借款方的例子	322
11.3.2	贷款方的情况	324
11.3.3	DVA 的争议性作用：借款方	325
11.3.4	DVA 的争议性作用：贷款方	326
11.3.5	讨论	327
11.4	关于融资的下一步讨论	328

12 双边 CVA-DVA 和利率产品 … 329

12.1	双边交易对手风险的无套利定价	331
12.1.1	对称与非对称	336
12.1.2	信用质量的恶化和正向盯市	337
12.2	建模假设	337
12.2.1	G2++ 利率模型	337
12.2.2	CIR++ 随机强度模型	340
12.2.3	CDS 期权的实际市场数据集	341
12.3	数值方法	343
12.4	结果和讨论	344
12.4.1	单个 IRS 中的双边 VA	345
12.4.2	带净额结算的 IRS 组合中的双边 VA	349
12.4.3	奇异利率产品中的双边 VA	356
12.5	结论	357

13 抵押、轧差、清算和再抵押 · · · · · · 359

13.1 ISDA 主协议下的交易 · · · · · · 361
13.1.1 数学配置和 CBVA 定义 · · · · · · 361
13.1.2 抵押延迟和争端解决 · · · · · · 362
13.1.3 清算轧差规则 · · · · · · 363
13.1.4 抵押品的再抵押 · · · · · · 364

13.2 抵押机制下的双边 CVA 公式 · · · · · · 365
13.2.1 收集 CVA 贡献 · · · · · · 365
13.2.2 CBVA 一般公式 · · · · · · 367
13.2.3 CCVA 和 CDVA 的定义 · · · · · · 368

13.3 清算量评估 · · · · · · 369
13.4 含抵押双边信用估值调整的特例 · · · · · · 370
13.5 关于抵押机制的例子 · · · · · · 371
13.5.1 完全抵押 · · · · · · 371
13.5.2 通过保证金的抵押 · · · · · · 372

13.6 结论 · · · · · · 373

14 清算和风险传染：以简单偿付为例 · · · · · · 375

14.1 清算建模和早期工作简介 · · · · · · 375
14.1.1 清算建模：背景 · · · · · · 376
14.1.2 关于清算的法律文书 · · · · · · 377
14.1.3 文献 · · · · · · 377
14.1.4 无风险与重置清算：现实顺序 · · · · · · 377

14.2 经典单边和双边估值调整 · · · · · · 379
14.3 双边调整和清算：无风险或重置？ · · · · · · 380
14.4 量化分析和数值例子 · · · · · · 380
传染问题 · · · · · · 384

14.5 结论 · · · · · · 387

15 利率和信用产品的双边抵押 CVA 和 DVA … 389

15.1 利率互换的 CBVA … 390
- 15.1.1 改变保证金频率 … 391
- 15.1.2 检查风险暴露图像 … 392
- 15.1.3 再抵押比完全无抵押更差的情况 … 394
- 15.1.4 改变相关性参数 … 395
- 15.1.5 改变信用价差波动率 … 397

15.2 信用传染建模 … 399
- 15.2.1 CDS 价格过程 … 399
- 15.2.2 生存率的计算 … 401
- 15.2.3 违约事件依赖性建模 … 403

15.3 信用违约互换的 CBVA … 404
- 15.3.1 改变 Copula 函数参数 … 405
- 15.3.2 探寻传染风险 … 407
- 15.3.3 改变 CDS 的货币性 … 408

15.4 结论 … 410

16 在抵押合约中包含保证金成本 … 412

16.1 ISDA 主协议下的交易 … 413
- 16.1.1 抵押应计利率 … 414
- 16.1.2 抵押管理和保证金成本 … 415

16.2 带保证金成本的 CBVA 一般公式 … 417
- 16.2.1 完全抵押 … 418
- 16.2.2 期货合约 … 419

16.3 改变抵押货币 … 419
- 16.3.1 外汇保证金成本 … 419
- 16.3.2 结算流动性风险 … 420
- 16.3.3 带外汇抵押品的单货币合约中的缺口风险 … 421

16.4 结论 … 421

17 融资估值调整（FVA）? ... 422

17.1 处理融资成本 ... 423
17.1.1 中央清算、中央交易对手和本书 ... 423
17.1.2 高水平特征 ... 424
17.1.3 单笔交易（微观）和同质（宏观）融资模型 ... 425
17.1.4 关于融资和抵押的早期文献 ... 426
17.1.5 在信用和债务估值调整中包含 FVA ... 427
17.1.6 FVA 不是 DVA ... 428

17.2 包含抵押和融资的双边估值调整价格 ... 428

17.3 融资风险和流动性政策 ... 430
17.3.1 融资、对冲和抵押 ... 430
17.3.2 流动性政策 ... 431

17.4 带融资成本的 CBVA 定价公式（CFBVA） ... 436
17.4.1 CFBVA 定价公式的迭代解 ... 436
17.4.2 扩散配置中的衍生合约融资 ... 438
17.4.3 通过衍生品市场的实施对冲策略 ... 441

17.5 详细的例子 ... 442
17.5.1 带抵押的融资 ... 443
17.5.2 由 CCP 定价的抵押合约 ... 444
17.5.3 处理自身信用风险：FVA 和 DVA ... 445
17.5.4 获得关于 FVA 和 DVA 的早期结果 ... 446

17.6 结论：FVA 及其扩展 ... 447

18 非标准资产类别：长寿风险 ... 449

18.1 长寿市场导引 ... 449
18.1.1 长寿互换市场 ... 450
18.1.2 长寿互换：抵押和信用风险 ... 451
18.1.3 指数长寿互换 ... 455
18.1.4 内生信用抵押和含融资的互换利率 ... 455

18.2	长寿互换：偿付	457
18.3	长寿互换的盯市	460
18.4	交易对手和自身违约风险、抵押与融资	463
18.5	Biffis 等（2011）建模范式的一个例子	467
18.6	关于 Biffis 等（2011）结果的讨论	471

19 结论与进一步工作 ………………………………………… 476

19.1	最终对话：模型、监管、CVA/DVA、融资及其他	476

参考文献 ………………………………………… 483

起　　因

时间线

本书按计划在多年前就应出版。我们对延期出版表示歉意，但每次以为本书已完成时，就会出现一些与交易对手风险相关的新话题。原始版本仅为现在这本书前两篇的部分内容，未涉及任何高级话题。而且，将这些新话题囊括进来使得我们不得不好几次几乎从零开始对理论进行重新讨论。

信用估值调整（Credit Valuation Adjustment，CVA）

首先，我们有了单边信用估值调整，即投资者要求降低价格，以交易具有违约风险的交易对手的产品，而不是投资者需支付全价的无违约风险产品。我们基于不同资产类别，在净额结算和错向风险下对此展开了研究。许多例子都是通过应用于 CVA 的最小二乘蒙特卡洛技术进行的，这种技术现在被称为"美式蒙特卡洛"，最初由 Brigo 和 Pallavicini（2007）[57]用于 CVA 定价。

双边风险：信用估值调整和债务估值调整（CVA 和 DVA）

在处理不同资产类别的单边 CVA 时，Brigo 和 Capponi（2008）[39]引入了对信用违约互换的单边信用和债务风险的详细考量，我们不得不加以介绍，还包括所有与债务估值调整（Debit Valuation Adjustment，DVA）相关的麻烦和争论。

所谓 DVA，即由于交易方自身存在违约风险，预期将被收取比无违约风险更高的费用，从而会接受产品价格上涨。

抵押

一旦包括了 DVA，抵押建模的问题就出现了。到目前为止，我们已经能够为银行与公司之间的交易构建一个令人满意的图景，因为后者往往不提交抵押品（见文献［192］以及对汉莎航空 CFO 的采访）。然而，现在对于银行之间的交易，抵押和信用支持附件（CSA）监管已成为基本要求。因此，我们必须得出一个关于信用、债务和抵押的一致性理论，其中我们将研究保证金、缺口风险、再抵押的影响，以及其与违约风险之间的严格相互作用。据我们所知，Brigo、Capponi、Pallavicini 和 Papatheodorou（2011）[41]是第一篇完全这样处理的文献，所以我们还必须将其加入本书。

融资

然后，我们分析融资成本的重要性。这是如此关键，以至于我们如果没有加入联合违约建模的该基础部分就完全无法成书。我们首先考查了 Morini 和 Prampolini（2010）[157]的研究，然后是该领域最为常用的文献之一 Pallavicini、Perini 和 Brigo（2011）[165]，最终决定将这些研究也纳入本书。

新兴资产类别：长寿风险

最后，尽管本书的核心工作涉及的是最标准的资产类别，即利率、信贷、权益、外汇和商品，但新兴资产类别也受到交易对手信用风险和融资风险的严重影响。作为一个例子，我们决定纳入长寿风险，其在市场上是偶尔通过长寿互换来加以对冲的。此类工具通常期限很长，因此更容易遭受重大的交易对手风险。我们决定基于 Biffis、Blake、Pitotti 和 Sun 的研究[21]来分析长寿互换的交易对手风险。

这些持续的收录迫使我们多次推迟出版，但最后我们终于准备好谈论这本新书了。

本书和新一代金融建模

金融建模的格局已经完全改变了,量化分析师的工作也随之完全不一样了。在 2007 年之前,前台量化通常会忙于定价和对冲新产品,以及简单基础资产越来越复杂的功能。这在一个抵押、融资和交易流动性以及交易对手信用风险处于次要地位的世界里经常发生,而其他领域通常留给银行来加以管理,其管理方法比用于奇异衍生品本身的方法简单得多。

随着危机的发展,越来越明显的是,衍生品并不是生活在柏拉图世界中的实体:它们受到流动性、信用风险、抵押建模、融资成本以及所有相关微妙因素的显著影响。我们见证了:

- 财务回报"唯一目标"价格的消失。
- 多重贴现曲线。
- 用简单的公式、表格和乘法因子等来标准化和监管复杂风险是不可能的。
- 有必要在建模方面投入更多,而不是更少,而且必须做艰苦的工作,而不是用简单的规则和监管来绕过它。
- 风险不断出现的整体性特征,这意味着风险不再能被单独建模和分析了。

部分量化专家拒绝承认这些都是真正的量化问题,或者声称这些都是能被轻易解决的,并回到只有越来越复杂的金融工具而没有额外风险的梦想世界之中,或者自认为这些影响只是暂时性的,以此试图否认这些问题,以及多重曲线世界、CVA - DVA - FVA(融资估值调整)等的存在。令人惊奇的是,即使是那些本应见多识广的受到业界尊敬的量化专家也陷入了这种一厢情愿的陷阱。

我们将在这里诚恳地并从一开始就清楚地说明这个可能令人感到不舒服的事实。

将衍生品视为生活在自己世界中的柏拉图式工具,而不受信用、违约、流动性、融资、清算、净额结算和抵押的影响,是没有意义的。这曾经是衍生工具量化专家的态度,他们宁愿如此也不愿意对抵押等数量指标进行建模。然而,即使是香草工具投资组合也会被恰当地嵌入这种风险中,从而突然作为最令人生畏的衍生工具而被定价或管理。这一点也不容易，而且对其进行建模的难度始终远远超过为诸如波动率微笑进行建模的新随机波动率模型，或者 LIBOR（!!）市场模型的新随机波动性扩展。与过去的量化主题相比，即使是对全球化建模、银行系统架构和被使用的数学工具而言，影响也很重要，有时在范围和规模上还是革命性的。一旦读者通读了这本书，就会发现这一点很明显。

读者在阅读第 1 章的对话后，将有更好的理解。该章总结了本书的主题，而没有用到一个公式。第 10 章则是对本书主题的一个更深入的总结。

我们会多次指出，交易对手信用风险和融资风险的定价和管理是一项非常复杂和依赖模型的任务，需要一种整体的建模方法。这在某种程度上与大多数金融业界和监管机构，甚至大多数传统西方科学的根深蒂固的文化是相反的。监管机构和部分业界正拼命试图以最简单的方式使相关计算标准化，但我们的结论是，这种影响是复杂的，需要保留，以便给出适当解释。将每种风险标准化为简单公式的尝试具有误导性，并可能导致相关风险完全无法处理。相反，业界和监管者应该承认这个问题的复杂性，并努力获得必要的方法和技术能力来加以处理，而不是试图回避。在方法论足够好之前，我们应避免提出可能只会使情况变得更糟的不充分的解决办法。本书仅是该方向的一个开端，因为它比绝大多数信用估值调整文献都更为先进和具有一致性，尽管还远称不上完美或者充分。

世上本没有容易的出路。

本书的结构

这本书分为 3 篇，每篇分为若干章节。

第 1 篇

第 1 篇为交易对手风险的定价和测度以及抵押和融资成本设置了背景。

其中，第 1 章展示了两位同事之间就本书所研究的交易对手风险的方方面面所进行的充满希望且有趣的持久对话。

第 2 章为本书设定了背景，为交易对手风险、风险暴露、信用在险价值（VaR）、CVA、与《巴塞尔协议Ⅲ》相关的 CVA VaR 以及其他相关概念，包括抵押、净额结算和融资给出了技术性定义。

第 3 章阐述了信用建模，这是开发令人满意的交易对手信用风险定价的一个明显必要的工具。本章涵盖了强度模型和企业价值模型，并讨论了多变量信用建模，引入了带波动率的（在 CVA 计算中非常重要）和可能跳跃的无套利信用价差模型。此类模型可以根据市场信用数据被轻易校准。

第 2 篇

第 2 篇涉及跨资产类别的单边 CVA 定价。在此，单边意味着只有交易对手可能违约，而计算方（通常是银行）被视为无违约风险，其信用风险不进入估值。这在银行被视为无违约风险或比企业安全得多时是被普遍采用的范式。在 2008 年一个月内发生 8 起金融机构信用事件之后，这已不再被认为是一个现实的假设，第 3 篇将处理这一问题以及其他一些方面。第 2 篇保留了单边假设，并展示了带错向风险的 CVA 是如何在不同资产类别间运作的。对于计算方而言，当交易对手违约且标的投资组合以最差的方式相互关联时，错向风险就是需要考虑的附加风险。

第 4 章说明了在可能存在净额结算时用于利率互换组合的单边 CVA。本章不存在错向风险，尽管有这种简化的假设，我们还是表明，CVA 的期权性质使纯利率部分的估值变得复杂，特别是由于净额结算条款的存在。

第 5 章再次关注利率投资组合和奇异期权，这次允许存在错向风险。交易对手信用风险与利率之间的相关性得到明确建模和适当考虑。本章考查了错向风险模式和相关性的影响，排除了被用于零相关性情况的简单乘法。这足以表明，试图通过标准化乘法来解释相关性的"债券等价方法"注定是失败的。本章还简要介绍了或有信用违约互换（CDS），它作为一种工具，可以完美地对冲单边 CVA。

第 6 章说明了用于原油互换的单边 CVA，并再次显示了波动率和相关性对估值的详细影响。

第 7 章说明了用于信用违约互换的单边 CVA。因为我们将标的工具的违约加入交易对手违约中，所以这显得格外重要。两者之间的违约相关性将是我们分析的关键驱动因素。信用价差波动率在这里发挥了特殊的作用。在低波动率时，错向风险变得完全不现实，我们解释了其原因。

第 8 章说明了用于权益回报互换的单边 CVA。这是本篇中唯一采用企业价值模型而不是强度模型的章节，这一选择源于强度模型中的违约难以强制权益净值为零。在这种情况下，错向风险的影响是巨大的。

第 9 章特别介绍了用于外汇和交叉货币互换的单边 CVA。这里不存在错向风险，即交易对手违约与标的汇率和利率之间不存在建模相关性。尽管有这种简化，如第 4 章一样，但 CVA 估值依然需要大量的工作。该章还分析了债务更替（Novation），这是在对冲交易对手风险时或有 CDS 的一种替代品。

第 3 篇

第 3 篇是本书的重要部分，介绍了新一代交易对手风险和融资风险问题。这是本书区别于以前和目前竞争对手著作的主要部分，如文献［173］、文献［76］、文献［119］和文献［136］。虽然最近的著作［136］也同时涉及了融资和信用，但我们遵循一个更注重现金流的方法，实现了与论文［85］或者——更确切地说——文献［165］相一致的最终主公式。

第 10 章用公式对本书进行了更为高级的总结。该章还介绍了单边债务估值调整，以及双边 CVA、DVA 和双边总调整 BVA。它强调了在 DVA 解释和对冲上的问题，并展示了监管机构目前对 DVA 相互矛盾的意见。虽然双边 CVA 和 DVA 允许双方再次就交易价格达成一致，但与单边 CVA 相反，DVA 打开了该章所暗示的潘多拉之盒。我们还考虑了业界所用 BVA 公式忽略首次违约风险是否合适，并再次引入融资成本问题，同时考虑了是否应该使用无风险关闭或重置关闭的问题。

第 11 章介绍了我们对融资成本问题的首次处理。该章说明了在交易中当借款人和贷款人存在明显区别时，DVA 与融资之间的有趣关系。

第 12 章比第 10 章更严格地涵盖了双边 CVA 和 DVA，并着眼于相关定义存在的一些问题。此外，该章还展示了基于利率互换组合的双边 CVA 和 DVA 的数值示例，分析了动态参数（即波动率和相关性）的调整模式。

第 13 章着眼于抵押建模，分析了即使存在抵押时也必须面对的剩余 CVA 和 DVA。该章还介绍了缺口风险的可能性，并遵循合法的信用支持附件（CSA）文档和国际互换与衍生品协会（ISDA）的建议，推导出了存在抵押时 CVA 和 DVA 的主公式。

第 14 章回到在第 10 章被首次提出并在第 13 章加以介绍的清算问题。该章详细分析了不同的清算方式，尤其是无风险清算和重置清算，以及相关的传染问题。我们发现，传染很重要，而且清算的便利性也会影响到交易中计算方与交易对手方之间的违约相关性。

第 15 章是第 13 章的延续，并着眼于第 13 章中所发展的理论在利率和信用违约互换（CDS）投资组合中的应用。我们看到，在利率互换中抵押在减少 CVA 方面非常有效，即使是在相对较长的保证金期间。同时，我们还看到，在 CDS 作为基础交易的情况中，缺口风险可能会变得如此极端，以至于日常担保也完全无用。这与民间传说中关于抵押会完全消灭交易对手风险的神话完全不同。

第 16 章增加了抵押成本，并通过添加抵押的保证金成本扩展了第 13 章中的公式。

第 17 章根据可能不同的财政政策模型，发展了完整的融资成本理论，这与早期的 CVA、DVA 和抵押理论是一致的。但是，这会导致一个不再可加的递归方程。这是因纳入融资成本而产生的主要特点，并在最近的文献中得到证实，例如文献［85］和文献［165］。我们还将以前的融资文献重新作为我们一般框架的特例。

第 18 章引入了"非标准"资产类别，其中交易对手风险、抵押和融资都至关重要。这就是长寿风险领域，大致说来，即年金或养老金提供者可能需要向客户支付的福利要比预期更久的风险。众所周知，养老金和年金提供者通过采用长寿互换来对冲这种风险。然而，这些长寿互换在定价技术上相当不透明，而且往往有相当长的到期期限，因此其估值并不容易。我们求助于 Biffis、Blake、Pitotti 和 Sun（2011）的成果[21]，并结合我们在融资章节中提出的主公式，说明交易对手的信用风险和债务风险以及抵押和融资是如何影响长寿互换估值的，并推导出此类工具的内生互换利率。

第 19 章提供了我们的主要信息，并从 2007 年国际金融危机爆发后的广泛视角分析了当前形势,从而对本书作了总结。

致谢

我们感谢一些同事和合著者,多年来我们一起讨论了交易对手风险,以及抵押和融资问题。我们受益于无数的小组讨论、圆桌会议和非正式对话,酒馆、酒吧和巴卡里酒会,会议晚宴、新闻采访、行业会议、通信信息、信件和许多其他形式的辩论。要对那些丰富了我们对本领域了解的所有同事和朋友都表示感谢是不可能的。但在这里,我们要明确提到 Claudio Albanese、Emilio Barucci、Tom Bielecki、Stéphane Crépey、Mark Davis、Diego Di Grado、Cyril Durand、Naoufel El–Bachir、Andrea Germani、Patrick Haener、Alexander Herbertsson、Jeroen Kerkhof、Claudio Nordio、Frank Oertel、Giacomo Pietronero、Dan Rosen、Marek Rutkowski 和 Gary Wong。

特别感谢我们的合著者:Agostino Capponi,他实际上是本书第 2 篇的合著者;Vasileios Papatheodorou,他共同撰写了双边 CVA 在抵押利率上的应用;Daniele Perini,他在融资成本建模方面为我们提供了很大的帮助;Enrico Biffis,他帮助我们并实际上共同撰写了长寿风险相关章节;Cristin Buescu、Kyriakos Chourdakis、Massimo Masetti、Andrea Prampolini、Marco Tarenghi,他们与我们共同撰写了关于交易对手风险的其他文献。Massimo 和 Andrea 也感谢支持其工作的现在和过去在 Banca IMI 以及 Banca Intesa 工作的同事们,并特别感谢 Aleardo Adotti、Nando Ametrano、Marco Bianchetti、Sebastiano Chirigoni、Giorgio Facchinetti、Diego Giovannini、Fabio Mercurio、Nicola Moreni、Paola Mosconi、Giulio Sartirana、Giulio Sartorelli、Roberto Torresetti 和 Michele Trapletti。

Damiano 感谢其家人的支持,因为很难在写一本书的同时抚养双胞胎,特别感谢孩子 Giacomo 和 Lorenzo 的情感支持和好奇心,以及他们的妈妈 Valeria。这本书是为 Damiano 的母亲 Anna 和父亲 Francesco 准备的。Damiano 还想将这本书献给其朋友兼同事 Renato Maino 教授(1953—2012)。

Massimo 感谢其家人、学生、最亲密的同事和朋友,尤其是他们没有说"什么?又一本书",而是相反总是提供帮助和协作。本书是为 Giulia 和 Vittorio 以及所有像他们一样的人所准备的,他们仍然对生活中的一切感到好奇。

Andrea 感谢所有忍受他不仅在办公室工作的时候，而且在做饭或喝啤酒的时候都说着诸如 DVA 或 CFBVA 等奇怪术语的朋友。这本书献给 Andrea 的父亲 Sergio，并纪念他的母亲 Pierluigia。

最后，我们都把这本书献给我们的读者。我们想象我们的读者充满好奇心，带着激情深入地研究问题，并愿意从事艰苦的工作。本书就是献给你们的。

伦敦和威尼斯，米兰和帕维亚
2012 年 10 月 1 日

缩写与符号

缩写

- AMC = American Monte Carlo（美式蒙特卡洛）
- AT1P = Analytically Tractable 1st Passage Model（可解析处理的首次通过模型）
- ATM = At – the – money（平价）
- BC = Black Cox model（Black – Cox 模型）
- BID, ASK, MID = Bid, ask, mid prices（买入价、卖出价和中间价）
- BIS = Bank of International Settlements, BASEL Ⅰ、Ⅱ、Ⅲ（国际清算银行，巴塞尔协议Ⅰ、Ⅱ和Ⅲ）
- bps = Basis Point（1bps = 10^{-4} = 1E – 4 = 0.0001）（基点）
- BSDE = Backwards Stochastic Differential Equation（倒向随机微分方程）
- BVA = Bilateral Valuation Adjustment（双边估值调整）
- BVAS = Bilateral Valuation Adjustment Simplified（without first to default times）[双边调整简化（无首次违约时间）]
- CBVA = Collateral – inclusive Bilateral Valuation Adjustment（含抵押双边估值调整）
- CCDS = Contingent Credit Default Swap（或有信用违约互换）
- CCP = Central Counterparty Clearing House（中央交易对手清算所）
- CCS = Cross Currency Swap（跨币种互换）
- CCVA = Collateral – inclusive Credit Valuation Adjustment（含抵押信用估

值调整)
- CDF = Cumulative Distribution Function（累积分布函数）
- CDO = Collateralized Debt Obligation（担保债务凭证）
- CDS = Credit Default Swap（信用违约互换）
- CDVA = Collateral – inclusive Debit Valuation Adjustment（含抵押债务估值调整）
- CE = Current Exposure（当前风险暴露）
- CEO = Chief Executive Officer（首席执行官）
- CFBVA = Collateral – and Funding – inclusive Bilateral Valuation Adjustment（含抵押和融资的双边估值调整）
- CFO = Chief Financial Officer（首席财务官）
- CIR = Cox – Ingersoll – Ross model（Cox – Ingersoll – Ross 模型）
- CIR++ = Shifted Cox – Ingersoll – Ross model（漂移 Cox – Ingersoll – Ross 模型）
- CMCDS = Constant – Maturity Credit Default Swap（固定久期信用违约互换）
- Corr = Correlation（相关性）
- Cov = Covariance（协方差）
- CR, CCR = Counterparty (Credit) Risk［交易对手（信用）风险］
- CrVaR = Credit Value at Risk, Credit VaR（信用在险价值，信用 VaR）
- CSA = Credit Support Annex（信用支持附件）
- CVA = Credit Valuation Adjustment（信用估值调整）
- DVA = Debit Valuation Adjustment（债务估值调整）
- EAD = Exposure at Default（违约风险暴露）
- EE = Expected Exposure（预期风险暴露）
- ENE = Expected Negative Exposure（预期负向风险暴露）
- EPE = Expected Positive Exposure（预期正向风险暴露）
- ERS = Equity Return Swap（权益回报互换）
- ES = Expected Shortfall（预期损失）
- Ex = Exposure（风险暴露）

- Exs = Exposure with sign（带符号的风险暴露）
- FAS（B）= Financial Accounting Standard（Board）（财务会计准则委员会）
- FRA = Forward Rate Agreement（远期利率协议）
- FRCVA = Floating Rate Credit Valuation Adjustment（浮动利率信用估值调整）
- FT = *Financial Times*（《金融时报》）
- FtD = First-to-Default（首次违约）
- FTP = Funds Transfer Pricing（资金转移定价）
- FVA = Funding Valuation Adjustment（融资估值调整）
- FX = Foreign Exchange（外汇）
- G2++ = Shifted two-factor Gaussian short rate model（漂移两因素高斯短期利率模型）
- GBM = Geometric Brownian Motion（几何布朗运动）
- GPL = Generalized Poisson Loss model（广义泊松损失模型）
- HMD = Human Mortality Database（人类死亡率数据库）
- IAS = International Accounting Standards（国际会计准则）
- ILVAA = Independence-based Liquidity Valuation Adjustment Approximation（独立流动性估值调整近似）
- IMF = International Monetary Fund（国际货币基金组织）
- IRS = Interest Rate Swap（either payer or receiver）[利率互换（付款方或收款方）]
- ISDA = International Swaps and Derivatives Association（国际互换与衍生品协会）
- ITM = In-the-money（价内）
- JCIR（++）= Jump CIR model（with shift）[跳跃CIR模型（带漂移）]
- LCH = London Clearing House（伦敦清算所）
- LGD = Loss Given Default（违约损失率）
- LLMA = Life and Longevity Markets Association（人寿和长寿市场协会）
- LMM = LIBOR Market Model（BGM model）（LIBOR市场模型）

- LSMC = Least-Squares Monte Carlo（最小二乘蒙特卡洛）
- MC = Monte Carlo（蒙特卡洛）
- MPFE = Maximum Potential Future Exposure（最大潜在未来风险暴露）
- MTM = Mark-to-Market（盯市）
- NPV = Net Present Value（净现值）
- OECD = Organisation for Economic Co-operation and Development（经济合作与发展组织）
- OTC = Over-the-counter（场外交易）
- OTM = Out-of-the-money（价外）
- PDE = Partial Differential Equation（偏微分方程）
- PDF = Probability Density Function（概率密度函数）
- PFE = Potential Future Exposure（潜在未来风险暴露）
- RWR = Right Way Risk（对向风险）
- SBTV = Scenario Barrier Time-Varying Volatility AT1P model（场景障碍时变波动率 AT1P 模型）
- SDE = Stochastic Differential Equation（随机微分方程）
- SSRD = Shifted Square Root Diffusion（漂移平方根扩散）
- TED = Interbank Treasury Spread（银行间国库券价差）
- UCVA = Unilateral Credit Valuation Adjustment（单边信用估值调整）
- UCVAB = Bucketed UCVA（分桶 UCVA）
- UCVABI = Bucketed UCVA under Independence（独立性假设下的分桶 UCVA）
- UDA = Unilateral Default Assumption（单边违约假设）
- UDVA = Unilateral Debit Valuation Adjustment（单边债务估值调整）
- VaR = Value at Risk（在险价值）
- VAR = Variance（方差）
- WTI = West Texas Intermediate（Oil futures market）（西得克萨斯中质油原油期货市场）
- WWR = Wrong Way Risk（错向风险）

概率测度、期望和域流

- $\mathbb{P}$：物理/客观/真实世界测度。
- $\mathbb{Q}$ 和 $\mathbb{E}$：风险中性测度（等价鞅测度、风险调整测度）及其相关期望。
- $\mathcal{F}_t$：t 时之前的无违约风险市场信息。
- $\mathcal{G}_t$：完备信息域流，即时刻 t 之前的无违约风险市场信息加上对违约的显式监督。
- $\mathbb{E}\{\cdot|\mathcal{F}_t\}$、$\mathbb{E}[\cdot|\mathcal{F}_t]$ 和 $\mathbb{E}(\cdot|\mathcal{F}_t)$：以 $\mathcal{F}_t$ 的 σ 域为条件的期望；$\mathbb{E}_t$ 表示与完备 σ 域 $\mathcal{G}_t$ 相关的期望。
- $\mathbb{Q}^U$ 和 $\mathbb{E}^U$：当 U 为不支付红利的正资产时，与基准价格 U 相关的测度和期望。
- $\mathbb{Q}^T$：T - 远期调整测度，即与基准价格 $P(\cdot, T)$ 相关的测度。
- $\mathbb{Q}^i$：T_i - 远期调整测度。
- $p_X^U(x)$：在 $\mathbb{Q}^U$ 测度下随机向量 X 在点 x 处的概率密度函数。
- $F_X^U(x)$：在 $\mathbb{Q}^U$ 测度下随机向量 X 在点 x 处的累积概率分布函数；当在风险中性测度背景下很清楚时，U 可被省略。
- φ_X^U：在 $\mathbb{Q}^U$ 测度下随机向量 X 的特征函数（其概率密度的傅里叶变换）；当在风险中性测度背景下很清楚时，U 可被省略。
- M_X^U：在 $\mathbb{Q}^U$ 测度下随机向量 X 的矩生成函数（其概率密度的拉普拉斯变换）；当在风险中性测度背景下很清楚时，U 可被省略。
- $C_X(u_1, u_2, \cdots, u_n) = C_{X_1, X_2, \cdots, X_n}(u_1, u_2, \cdots, u_n)$：随机变量的 Copula 函数。当从上下文看很清楚时，简写为 $C(u_1, u_2, \cdots, u_n)$。
- τ^C 和 ρ^C：与 Copula 函数 C 相关的肯德尔 tau 和斯皮尔曼 rho。
- $\sim$：服从分布。
- $\mathcal{N}(\mu, V)$：以 μ 为均值向量、V 为协方差矩阵的多元正态分布；其在 x 处的密度常表示为 $p_{\mathcal{N}(\mu, V)}(x)$。
- Φ：标准正态分布的累积分布函数。
- Φ_R^n：具有标准正态边际函数和以 R 为 $n \times n$ 相关系数矩阵的 n 维正态随机向量的累积分布函数。

- χ_v^2：自由度为 v 的卡方分布。
- $\chi^2(\cdot;r,\rho)$：自由度为 r、非中心参数为 ρ 的非中心卡方分布的累积分布函数。
- W_t：风险中心测度下的（向量）布朗运动。
- $J_t^{F,\gamma}$：由 $\sum_{i=1}^{M_t} Y_i$ 给出的 $\mathbb{Q}$ 测度下的复合泊松过程，其中 Y_i 独立同分布且服从强度为 γ 的 F 和 M 泊松分布。

产品偿付、条款、变量和价格

- $B(t)$ 和 B_t：t 时货币市场账户，t 时银行账户。
- $D(t,T)$：到期日为 T 的 t 时无违约风险随机贴现因子。
- $P(t,T)$：到期日为 T 的 t 时无违约风险零息票债券价格。
- $r(t)$ 和 r_t：t 时无违约风险瞬时即期利率。
- $R(t,T)$：到期日为 T 的 t 时无违约风险连续复利即期利率。
- $L(t,T)$：到期日为 T 的 t 时无违约风险简单复利（LIBOR）即期利率。
- $f(t,T)$：到期日为 T 的 t 时无违约风险瞬时远期利率。
- $F(t;T,S)$：到期日为 T 和 S 的 t 时无违约风险简单复利（LIBOR）远期利率。
- T_1，T_2，$\cdots$，T_{i-1}，T_i，$\cdots$：递增的到期日集合。
- α_i：从 T_{i-1} 到 T_i 的按年计时长。
- $F_i(t)$：$F(t;T_{i-1},T_i)$。
- $S(t;T_{i-1},T_i)$ 和 $S_{i,j}(t)$：首次重置时间为 T_i、支付时间为 T_{i+1}，$\cdots$，T_j 的互换在 t 时的远期互换利率。
- $A_{i,j}(t)$：与远期互换利率 $S_{i,j}(t)$ 相关的年金或单位基点现值（Present value of a basis point，PVBP），即 $\sum_{k=i+1}^{j}\alpha_k P(t,T_k)$。
- $\tau=\tau_C$：参考实体"C"的违约时间。
- τ_1，τ_2，$\cdots$，τ_n：实体1、2、$\cdots$、n 的违约时间。
- τ^1，τ^2，$\cdots$，τ^n：资产池首次、第二次……和第 n 次违约时间。
- REC：单位名义本金的回收比例。

- LGD = 1 - REC：针对单次损失的 CDS 信用保护偿付（给定参考资产在保护期间的违约），更一般地指给定违约损失率。
- $T_a, (T_{a+1}, \cdots, T_{b-1}), T_b$：CDS 保险费部分信用保护安排的初始和最终时间。
- $T_{\beta(t)}$：t 时后的首次 T_i。
- $CDS_{a,b}(t, S, LGD)$：热销 CDS 对于信用保护卖方而言的价格，其以保险费价差 S 为参考实体在 $[T_a, T_b]$ 之间的违约提供保护。这就是所谓"收款方 CDS 价格"。相应的付款方 CDS 价格，即从信用保护买方视角来看的 CDS 价格，为 $-CDS_{a,b}(t, S, LGD)$。
- $-CDS_{a,b}(t, S, LGD)$：热销 CDS 对于信用保护买方而言的价格，也称为"付款方 CDS 价格"。
- $S_{a,b}(t)$：保护期为 $[T_a, T_b]$ 的 CDS 的保险费部分在 t 时的公平利率（价差）。

强度模型：

- $\gamma(t)$：违约时间在 t 时的确定性违约强度（以及风险率）。
- $\lambda(t)$：违约时间在 t 时的概率随机违约强度（以及风险率）。
- $\Gamma(t) = \int_0^t \gamma(s) ds$：违约时间在 t 时的确定性累积违约强度（以及风险函数）。
- $\Lambda(t) = \int_0^t \lambda(s) ds$：违约时间在 t 时的概率随机累积违约强度（以及风险函数）。
- ξ：违约时间通过其累积强度的变换，$\xi = \Lambda(\tau)$ 或 $\Gamma(\tau)$；其服从指数分布，且独立于无违约风险量。如强度严格为正，违约时间可被表示为 $\tau = \Lambda^{-1}(\xi)$，否则就需要引入一个伪反函数。

结构化模型和首次通过时间模型：

- $V_C(t)$：实体"C"的（资产）企业价值。可省略"C"，记作 V_t。

- $D_C(t)$：实体"C"的债务价值。可省略"C"，记作 D_t。
- $S_C(t)$ 和 $E_C(t)$：实体"C"的权益价值。可省略"C"，记作 D_t。
- L：到期时的零息票债务水平。在 Merton 模型中，当 $V_C(\overline{T}) < L$ 时，债务到期日存在违约。
- $H(t)$：提前违约障碍或安全条款障碍；违约发生在 V 从上而下首次达到 H 时的时间。

向量/矩阵符号等

- I_n：$n \times n$ 的单位矩阵。
- e_i：$\mathbb{R}^n$ 的第 i 个正则向量，即除了找到"1"的第 i 个元素外均为 0 的向量。
- $[x_1, \cdots, x_m]$：带第 i 个分量的行向量。
- $[x_1, \cdots, x_m]'$：带第 i 个分量的列向量。
- $'$：转置。
- 1_A 和 $1\{A\}$：集合 A 的指标函数。
- $\#\{A\}$：有限集合 A 的元素个数。

第1篇

交易对手信用风险、抵押品和融资

1 引 言

本章基于 Brigo (2011b)[34] 中的摘要。

在本引言性章节中,我们通过一个对话,澄清了本书涉及的主要问题。本章还是关于交易对手风险评估和计量中所涉问题的一个独立的非正式指南,为可能希望进一步探寻此类信用风险不同方面的读者提供参考。本书的后续章节将对交易对手风险的方方面面进行深入研究。

1.1 关于信用估值调整(CVA)的一场对话

尽管关于交易对手风险定价的研究早在 20 世纪 90 年代就开始了,我们也在 2002 年加入了这一行列,但 2007 年次贷危机开始后,不同层面的交易对手信用风险都爆发了。在不到四年的时间里,我们看到出现了大量新的特征,市场运营者正在努力为其提供一致性解释。此外,交易对手风险的若干可能定义和方法会造成混淆。本对话旨在为交易对手风险的不同方面提供非正式指南。其形式是 CVA 专家和新雇用同事之间的问答,并为研究此处概述的不同领域提供了详细的参考。

1.2 风险度量：信用 VaR

问：【年轻同事，他看起来有点担心】我是交易对手风险领域的新人，我正在努力理解不同的度量标准和指标。您能否首先解释一下交易对手风险一般指的是什么？

答：【年长同事，她欣慰地看着年轻同事】与一个或多个具有相关违约概率的交易对手订立场外交易（OTC）合约的实体所承担的风险。这时，交易对手可能无法遵守其支付义务。

问：市场上存在什么类型的交易对手风险实践呢？

答：不少，但大多数可以分为两个广泛的领域。一是遵循《巴塞尔协议Ⅱ》资本要求的交易对手风险测度，二是为考虑交易对手可能违约而对金融工具价格进行更新时，从定价角度看的交易对手风险。然而，随着《巴塞尔协议Ⅲ》的出现，这一区别正在逐渐消失。

问：【紧张地挪动】让我们再理顺一点，我感到困惑。

答：好的。我们从哪里开始呢？

问：让我们从资本要求的交易对手风险测度开始。这是什么？

答：一家银行为了能够向具有相关违约风险的交易对手放贷或投资而面临风险。银行需要通过预留资本来覆盖这种风险，这可以在风险被衡量后完成。

答：您是说我们的目的是对该风险进行测度？

答：事实上，这种测度将有助于银行决定其应留出多少资本（资本金要求），以便能够面对银行正在处理的交易对手可能违约所造成的损失。

问：关于这样的测度，您能举一个例子吗？

答：一个流行的测度方法就是在险价值（Value at Risk，VaR）。其本质上是在给定时间区间内，与银行所持头寸相关的损失分布的一个分位数。更确切地说，它是头寸初始价值减去该头寸在所有风险场景下终值后的一个分位数（如第 99.9 个分位数）。

问：那么通常采用怎样的时间区间呢？

答：当应用于违约风险时，时间区间通常是一年，这被称为"信用 VaR"（CrVaR）。如果采用 99.9 的分位数水平，则在 1000 个案例中仅会有 1 个的损失超过该水平。信用 VaR 要么是百分位数与平均值的差异,要么是百分位数本身。这存在多个可能的定义。

问:这是信用风险的良好定义吗?

答:【皱眉】"良好"到底是什么意思?这不是一个普遍好的测度标准。特别是在没有违约的纯市场风险情况下,其由于缺乏次可加性而常受批评。换句话说,它并不总是承认分散化的好处,在某些自相矛盾的情况下,总投资组合的风险可能大于单一头寸的风险总和。从这个角度来看,更好的测度标准是预期损失,也称为尾部 VaR、条件 VaR 等。

问:那是什么?

答:这可被不严密地定义为超出 VaR 点的预期损失值。但是,目前我们不必太操心于此。

问:好的。那通常如何计算信用 VaR 呢?

答:信用 VaR 是在历史概率测度(通常称为 P)下和风险时间区间内,通过对投资组合基本金融变量的模拟来计算的。该模拟也包括交易对手的违约。在风险时间区间内,投资组合在基本金融变量的每个模拟场景(包括违约)中被定价,以获取在风险时间区间内投资组合价值的一些场景。

问:那么,如果风险时间区间为一年,根据基本金融变量的演变和交易对手可能的违约情况,我们会在一年内获得投资组合价值的一些场景。

答:很准确。基于投资组合价值的这些场景,可以获得投资组合的损失分布。当我们说"定价"时,我们的意思是说投资组合在风险时间区间之后的贴现后未来现金流以风险范围中每个场景为条件的平均值,但这是基于另一个概率测度进行的,即定价测度或风险中性测度,或等价鞅测度,也可称为 Q。

问:不太明白……【看起来很困惑】

答:【叹息】好吧,假设你的投资组合中有一个与公司客户交易的最终到期期限为两年的股票看涨期权。为简化起见,假设没有利率风险,那么贴现是确定性的。要大致获得信用 VaR,你可以在 P 测度下模拟标的股票在一年内的价格走势,并获得标的股票在一年内的多种场景。同样,你需要模拟一年内的违约场景,以便了解每个场景中交易对手是否会违约。此一年内的违约模拟也是基于测度 P 的。你可能想要囊括交易对手违约与标的股票之间的

"相关性",这允许你对错向风险(WWR)进行建模。但是,让我们把 WWR 先放一边。

问:好的。我们在 P 下进行模拟,因为我们希望基于物理概率测度获得资产组合在真实世界中的风险统计量,而不是基于所谓的定价测度 Q。

答:没错。然后在一年的每种场景下,如果交易对手违约,就存在一个回收值,且所有其他价值都将损失。否则,我们使用例如布莱克—斯科尔斯(Black – Scholes)公式来为剩余一年的看涨期权进行定价。但是,这个价格就如同获取该看涨期权在未来两年的偿付的预期值,该预期值是基于未来一年中标的股票的每个情景的。因为这是定价,因此此预期值将在定价测度 Q 而不是 P 下进行。如果标的股票在 Q 下遵循几何布朗运动(Geometric Brownian Motion, GMB),则可给出 Black – Scholes 公式。

问:因此,违约需要仅在 P 下模拟吗?您在哪里找到这些概率呢?

答:【皱眉】这是一个非常困难的问题。通常,人们使用通过聚合获得的概率,例如与交易对手评级相关的概率。但这不是很精确。单个公司的违约只会发生一次,因此通过直接的历史观察来确定 P 概率是不可能的……

问:【在椅子上紧张地扭动】……

答:【集中精神】还需要注意,在更精确的估值中,在给看涨期权定价时,可能还希望考虑交易对手第 1 年到第 2 年之间的违约概率。但是,现在这将是 Q 下的违约概率,而不是 P 下的违约概率,因为这是在定价。但是,让我们暂时抛开这一点,因为这会直接导致将在稍后讨论的信用估值调整(Credit Valuation Adjustments, CVA)。这就好比,在一年内,你通过考虑其 CVA 来计算期权价格的值。

问:【皱眉】我想我需要更好地理解这个 P 和 Q。例如,P 和 Q 下的违约概率有什么不同?

答:Q 下的违约概率通常是从信用违约互换(CDS)或公司债券的市场价格中推导出来的,且通常大于 P 测度下的违约概率。这已被观察到多次了。文献[190] 对担保债务凭证(CDO)中涉及的 P 和 Q 损失分布进行了比较。

问:又有了更多的缩写……同时,我在哪里可以阅读到更多关于 VaR 和预期损失(ES)的内容呢?

答:在基本技术层面上,你可以阅读如文献[133] 那样的书,而在更高的技术层面上，你可以翻阅像文献［147］这样的书。对于原始的信用 VaR 框架，最好查看一下原始的"信用指标技术文档"文献［121］，该文档可在 defaultrisk.com 查阅。

1.3 风险暴露、当前风险暴露（CE）、潜在未来风险暴露（PFE）、预期正风险暴露（EPE）、预期风险暴露（EE）和违约风险暴露（EAD）

问：好的，我或多或少理解了信用 VaR 和 ES，但我在很多会议上也一直听到"风险暴露"这个词。它到底是什么？

答：让我借用文献［69］。【在平板电脑的屏幕上调用了一篇文献】这些不完全是《巴塞尔协议》所使用的定义和计算方法，我们需要对此进行更详细的讨论，但它们足以让你清楚地了解正在发生的事情。

问：希望……【怀疑地看着他年长的同事】

答：【转动她的眼睛】交易对手在未来任何时间的风险暴露是 0 和与交易对手的衍生资产头寸组合市场价值中的较大值，这是当交易对手违约且当时回收率为 0 时会损失的价值。

问：这是显而易见的。

答：当前风险暴露（Current Exposure，CE）显然足以表示对交易对手风险暴露的现值。如果为正值，这就是投资组合的当前价值，否则就为 0。这通常是从当前时间来看的未来现金流（如果为正则取正值，否则取 0）在定价测度 Q 下的预期值贴现到当前时间的加总。

问：好的，我明白了。

答：给定时间的潜在未来风险暴露（Potential Future Exposure，PFE）是该日期在一个较高统计置信水平下的最大风险暴露。例如，95% PFE 指的是仅有 5% 的 P 概率会超过该值的潜在风险暴露水平。PFE 的时间曲线称为潜在风险暴露概况，并更新至与交易对手所交易资产组合的最终到期日。

问：为什么是 95？那么 P 和 Q 呢？

答：只是因为……【逗乐】对于 P 和 Q，我们稍后再讨论。

问：……

答：PFE 通常是通过模拟来计算的：对于每个未来日期，与交易对手所交易资产组合的价格都会被模拟。风险暴露分布的一个 P 百分位数被选择用来表示未来日期的 PFE。PFE 在投资组合生命周期内的峰值被称为最大潜在未来风险暴露（Maximum Potential Future Exposure，MPFE）。在许可交易过程中，PFE 和 MPFE 通常与信用限额进行比较。

问：但打断一下……这不是您所说的信用 VaR 吗？因为您之前说过……

答：【举起手】不，请注意……此处并不涉及违约模拟，仅是模拟投资组合，而不是交易对手的违约。通过风险暴露，我们要回答的问题是：如果发生违约，损失将是多少？

问：因此，我们假设违约确实会发生，然后核查在这种情况下损失是什么。明白了。此处没有违约模拟或概率。

答：很好。正如我们在上面看到的，不同的是，我们用信用 VaR 要回答的问题则是：在给定的时间范围内，在给定 P 概率下不会被超过的最终损失是多少？第二个问题显然涉及导致损失产生的交易对手违约事件。

问：好的，我明白。这是关于风险暴露的，不是吗？【充满期盼地微笑】

答：绝不是！【逗乐】

问：我还需要学习多少缩写词？

答：这里就有。预期风险暴露（Expected Exposure，EE）是未来某个时间在 P 测度下的平均风险暴露。EE 的时间曲线（随未来时间而变化）展示了预期风险暴露的概况。预期正风险暴露（Expected Positive Exposure，EPE）是截至给定未来日期（例如，给定年份内的日期）的时间平均 EE。

问：天哪……

答：我提到违约风险暴露（Exposure at Default，EAD）了吗？它被简单地定义为交易对手（随机的未来的）违约时的风险暴露价值。

问：够了！【拉他的头发】

1.4　风险暴露和信用 VaR

答：【如母亲一样看着年轻同事】好吧，缩写词我们就说到这里。《巴塞尔协议 II》提供了一些规则和近似方式，以解释如何估计和计算这样的风险暴露。

请注意，违约概率不是此图景的一部分。与信用 VaR 不同，这里没有违约模拟。

问：没错，您从未在此处提及违约建模。

答：基本上，风险暴露衡量了在交易对手违约时，你可能会损失多少。使用信用 VaR，我们还将违约概率添加到此图景中，并获得包含违约概率信息的可能损失终值。

问：那为什么风险暴露很重要？

答：银行主要使用两个测度在内部衡量交易对手风险：PFE，主要用于在交易对手的信贷限额被突破时进行内部监控；EE（已与其他数量指标结合使用），用于计算 EAD 和交易对手风险的资本要求。后一种计算可能会将风险暴露与违约概率和回收率估计相结合，并生成信用 VaR 的近似值，后者被用作资本要求。

问：那么我们再次回到给定风险时间区间下的损失百分位。百分位数是多少？风险时间区间又是多长？

答：信用 VaR 的估计值的风险时间区间一般为一年，而置信水平为 99.9%。

问：那似乎很安全。

答：这似乎是安全的，但《巴塞尔协议 II》为计算近似信用 VaR 而提出的近似方法和假设是不现实的，并遭到了严厉批评。关于这些问题的概述，可参见经济合作与发展组织（OECD）的文献 [27]，其中一些问题也对《巴塞尔协议 III》有所影响。

1.5 插曲：P 和 Q

问：再谈谈 P 和 Q？您一直提到这两个概率测度，仿佛它们是显而易见的，但我并不这样认为……【忧心忡忡地看着他年长的同事】

答：【再次皱眉】随机对象的统计属性（如未来损失）取决于我们所使用的概率测度。在两个不同的概率下，随机变量通常具有两个不同的预期值、方差、中位数和众数等。

问：【跟着皱眉】那么您说，在两个不同的测度下，如 P 和 Q，未来的随机损失可以有不同的分布？但是什么是 P？什么是 Q？为什么它们会不同？

答：P 是历史概率测度或物理概率测度，也称为真实世界概率测度，是我们在进行金融变量、计量经济学、历史波动率估计、最大似然率估计等历史估计时所使用的概率测度。当我们需要在风险时间区间内模拟金融变量时，我们使用 P 测度下的统计技术。当我们试图对未来市场变量作出预测时，我们也在 P 测度下进行。

问：我猜想这是因为预测和风险测度需要用观测到的世界的统计量来完成。但是为什么要引入另一个概率测度 Q 呢？为什么需要它呢？【看起来很困惑】

答：如果不是为了预测或风险测度而进行金融变量模拟，而是当我们试图在无套利框架中对期权或金融产品进行产品定价时，则无套利理论告诉我们，我们需要根据不同的概率测度（即 Q）来获得未来现金流的贴现预期值。

问：那么 Q 与 P 是什么关系呢？【仍然困惑】

答：这两种测度通过依赖风险厌恶或风险市场价格的数学关系而相互关联。在最简单的模型中，实际预期收益率由无风险利率加上风险的市场价格波动率的乘积给出。事实上，资产的"预期"回报取决于所使用的概率测度。例如，在 P 测度下，资产的平均收益率难以估计，而在 Q 测度下，收益率就将是无风险收益率，因为对实际收益率的依赖可以通过复制技术而被对冲掉。【开始看起来疲倦了】

问：为什么这么有趣呢？【讥讽地】

答：嗯，也许这不是弦理论或非交换拓扑（你说你在博士阶段研究的是什么？），但无套利理论通过将其替换为无风险利率而消除了关于预期回报率不确定性的事实，对于开发衍生品是一个巨大的激励。

问：为什么在 P 测度下工作如此困难？【困惑】

答：确定资产在真实世界或 P 测度下的预期回报是困难的，确实如此，否则，我们都会通过知道对未来所有股票预期回报的良好估计而致富。【梦幻般地看着窗户】

答：这有很多需要领会……

问：让我们假设你将 P 测度应用到风险时间区间，而将 Q 测度应用到风险时间区间内的投资组合定价。

答：我想我开始着手处理这件事了。那让我问问：什么是"巴塞尔"？

问：瑞士的一个城市？

答：哈哈，很有趣……

1.6 《巴塞尔协议》

答：好的，严肃地说……【拿出她的平板电脑，展示了一个 PDF 文档，并将平板电脑交给她的年轻同事】《巴塞尔协议Ⅱ》是巴塞尔银行监管委员会发布的一系列关于银行监管的建议。"Ⅱ"是因为它是继 1998 年首次发布的《巴塞尔协议Ⅰ》之后，于 2004 年颁布的第二套规则，并在之后作了更新。推出《巴塞尔协议Ⅱ》是为了制定一个标准，以使监管机构可以利用该标准来确定银行需要预留多少资本，以覆盖与其贷款和投资活动相关的金融和运营风险。银行往往愿意使用尽可能多的资本，因此只要风险仍然被覆盖，准备金减少得越多，对银行就越好。换言之，银行往往旨在将资本金要求（即预留的金额）降到最低限度。在《巴塞尔协议Ⅱ》的目的中，我们最感兴趣的两个是：

- 通过使资本要求与风险更一致并对风险更敏感来改善资本要求；
- 区分运营风险和信用风险，并对两者进行量化。

资本要求涉及信用风险（或交易对手风险）、市场风险和运营风险这三个领域。在这里，我们主要处理前两个，特别是第一个。从资本充足的角度来看，交易对手风险部分可以通过三个复杂性递增的不同框架来度量，即"标准化方法"、基于内部评级的基本方法（IRBA）和高级 IRBA。标准化方法采用基于非常简单的计算和量化的资本要求进行保守估计。因此，如果银行采用这种方法，其资本要求可能会高于 IRBA 的要求。这是银行开发交易对手风险和信用评级内部模型的诱因，尽管 2007 年开始的次贷危机正在引起对《巴塞尔协议Ⅱ》的有效性乃至整个银行业监管的诸多质疑和争论。巴塞尔监管规定目前正基于一套新的规则进行修订，后者通常被称为《巴塞尔协议Ⅲ》。我们稍后再讨论《巴塞尔协议Ⅲ》。

问：《巴塞尔协议》是否被视为有效？对其有批评吗？

答：你真是个新手，不是吗？当然，也有很多批评。例如，请再看一下 OECD 的文献[27]。

问：我会这样做的。那么，我们在上面提到了两个广泛的领域：（1）根据《巴塞尔协议Ⅱ》，针对资本要求的交易对手风险计量和相关的信用 VaR 风险测度；（2）基于定价角度的交易对手风险。《巴塞尔协议Ⅱ》涉及一家银行为了向具有相关违约风险的交易对手放贷或投资而必须预留的资本，以覆盖该风险，并且与信用 VaR 相关。那么另一个定价领域呢？

答：定价涉及通过更改要向交易对手收取的价格来更新与交易对手交易的特定工具或投资组合的价值。此价格修改是为了考虑交易对手的违约风险。显然，在一切条件不变的情况下，我们总是倾向于与无违约风险的交易对手进行交易，而不是与有违约风险的交易对手进行交易。因此，除了合约的无违约风险成本外，我们还向违约风险成本收取补充金额。这通常被称为信用估值调整（Credit Valuation Adjustment，CVA）。既然它是一个价格，它就完全根据 Q 概率测度进行计算。原则上，P 概率测度在这里没有作用。我们是在计算价格，而不是在测度风险统计指标。

问：对这个概念的讨论已有很长时间，还是最近才出现的？

答：这已经存在了一段时间，例如文献 [101]、[18] 和 [47]。然而，在 2008 年违约之后，这变得越来越重要了。

1.7　CVA 和模型依赖

问：但是 CVA 这个术语，它看起来像什么？

答：它看起来像针对投资组合剩余价值的一个期权，且到期时间由交易对手的违约时间随机给出。

问：为什么是一个期权？它是如何产生的？

答：如果交易对手违约，且违约时投资组合的现值对生存方而言为正值，则生存方仅从违约实体获取投资组合价值的回收部分。但是，如果现值对生存方而言为负值，则生存方必须向违约实体的清算人进行全额偿付。一旦完成了所有计算，就造成了一种不对称，即交易对手风险下的交易价值是无交易对手风险时的价值减去正调整的价值（称为 CVA）。此调整是上述期权的价格。有关详细信息和讨论，请再次参见文献 [47]。

问：具有随机到期期限的期权的价格？看起来像一个复杂的对象……【皱眉】

答：【微笑】是的，你意识到这一点是好事。事实上，这是相当复杂的。首先，因为它引入了模型依赖性，即使在一开始就独立于模型的产品中也是如此。以普通香草互换组合为例。你不需要动态期限结构化模型来为这些产品定价，而只需要初始时间的曲线。

问：那么对于 CVA 呢？

答：现在你必须在交易对手违约时对投资组合剩余价值的期权进行定价。要对互换组合期权进行定价，你需要一个利率期权模型。因此，即使你的投资组合估值在包含交易对手风险之前是独立于模型的，现在它也是依赖于模型的。这意味着对定价库的快速修复是相当难以获得的。

问：我明白……模型依赖性……和模型风险。那么，不管怎样，波动率和相关性会影响此计算吗？

答：是的，动态特征更为普遍。标的资产组合的波动率是变化的，而且交易对手信用价差的波动率对估值都有重要影响。但是，交易对手违约与标的金融变量之间的统计依赖性（或"相关性"）也非常重要，其会导致所谓的错向风险。

问：错向风险？WWR？

答：是的，我肯定你以前听说过。

问：嗯，我不确定 WWR，但在我们讨论这个之前请稍等片刻，我还有另外一个问题。

答：【叹息】继续吧。

1.8 CVA 的输入值和数据问题

问：您提到了波动率和相关性，但它们容易被测度吗？

答：这既是一个很好的问题，也是一个重要的问题。不，它们不容易被测度。我们基于 Q 测度进行定价，因此我们需要从依赖此类参数的产品交易价格中提取波动率和相关性。

问：但是，我在哪里可以提取特定公司交易对手违约与标的交易产品（例如，原油或特定外汇汇率）之间的相关性呢？我又从何处提取信用价差波动率呢？

答：【更为关注地看着年轻同事】如果你问这样的问题，你就不是一个新手，你一定有一些经验。

问：【叹息】不是这样的……昨天，我在新产品委员会的一次会议上听到了这样的问题，我作为新手，坐在一个角落里，开始思考这些问题。

答：【紧跟着叹息】至少你学得很快。让我告诉你，情况实际上更糟。对于一些交易对手来说，甚至很难找到其违约概率的水平，更不用说预期回收率了。

问：Q 测度违约概率不是从信用违约互换（Credit Default Swap，CDS）或公司债券的交易对手数据中推导出来的吗？

答：是的，它们是的……原则上是这样的。但对于许多交易对手来说，我们没有具有流动性的 CDS，甚至没有一笔其签发的可交易债券。如果你的交易对手是达克堡机场怎么办？你打算从哪里获得隐含违约概率？更不用说信用波动率和信用标的"相关性"，还有回收率了。

问：事实上，回收率不就是 0.4 吗？【笑嘻嘻地】

答：【转动眼珠】对。就像那样。但是，我要指出，当 Q 测度统计量不可用时，可以考虑的第一次尝试是改用 P 测度统计量。如果没有 CDS 或公司债券期权隐含波动率可用，那么可以估计信用价差的历史波动率。此外，交易对手信用价差与交易标的资产组合之间的历史相关性可能比隐含信用价差更容易获得。这显然是一个近似值，但它总比完全不知道要好。即使是违约概率，如果在 Q 测度下不可用，那么可考虑使用 P 测度，然后根据信用风险溢价的汇总估计进行调整。如果拥有中小型企业（SME）的内部或外部评级，那么评级信息就可以为像达克堡机场这样的实体提供粗略的加总违约概率。

问：评级机构就没有很多问题吗？

答：不，有的，如果你有建议的话，我愿意接受更好的想法。

问：不容易……但撇开违约概率、信用相关性、信用标的相关性和回收率……

答：你留下了很多资料……

问：……那么标的合约的 Q 测度动态呢？对所有资产类别都清楚吗？

答：对于许多资产类别，传统衍生品市场为你提供了标的市场水平、波动率和盯市"相关性"。但并非总是如此。

问：您能否提供一个不起作用的例子？

1.9 新兴资产类别：长寿风险

答：让我想想……是的，这里可能有一个很好的例子——长寿风险。

问：我从来不确定这个单词怎么用英语发音。

答：英文是 longevity [lon‑jev‑i‑tee]，正如我的发音，"ge"的音就像"George"而不是"get"。

问：Longevity……但这有什么风险呢？我不会介意活很长时间，只要生活质量很好。

答：这不是你的风险，而是你的养老金提供者的风险。如果你活得比预期长，那么养老基金需要额外的资金来维持你的养老金。

问：好吧。【触摸木桌】

答：【笑】如果你觉得这个名字令人不安，我们可以称之为死亡风险。无论如何，对于长寿互换，找到潜在的 Q 测度动态也是个问题，无论是在水平上还是波动性上，即死亡率的水平和波动性。

问：等一下。长寿互换？什么是长寿互换？听起来像是与魔鬼约定，用更长的寿命来换取你的灵魂或者……

答：【举起手】你不能专业一会儿吗？长寿互换是一种合约，其中一方（通常是养老基金）支付预先分配的利率，以换取与特定国家或地区过去一段时间的已实现死亡率挂钩的浮动利率。

问：很抱歉打断了您。好吧，这是有意义的。因此，我想问题是在给互换的未来现金流进行定价时如何进行死亡率动态的校准？

答：事实上，问题是，对于这个产品，基本上没有信息可以推断出 Q 动态……实际上，我想知道谈论 Q 动态是否有意义。如果互换非常有流动性，我们可以从价格推导出死亡率的期限结构，如果这些互换期权变得有流动性，也可以推导出隐含波动率。

问：我想，由于与养老金挂钩，这些合约就有较长的期限，那么交易对手风险就需要考虑了？

答：确实如此。现在，这是交易对手风险的新兴领域，除了优秀的初期论文（文献[21]）外，几乎没有文献资料。在 Q 动态方面，第一种方法可能是使用 P 动态，并假设没有风险的市场价格，至少在市场进一步发展之前会如此。

问：在这里，我认为可能很难为标的死亡率与交易对手违约之间的统计依赖性找到数据支持，这把我们又带回到错向风险的主题，对此我有很多一般性问题。

1.10 CVA 和错向风险

答：【在椅子上移来移去】哦，我肯定你有！让我尝试和预测其中的几个。WWR 是当标的资产组合和交易对手违约以对于你来说最差的方式"相互关联"时，你所面临的额外风险。

问：例如？

答：假设你正在与一家航空公司进行原油互换，并且你接受浮动（可变）价格的原油而支付固定价格的原油。我们可能设想航空公司的违约与油价之间存在正相关关系，因为油价上涨将使航空公司在为其运营进行融资上面临更大的压力。当相关性极高，以至于油价的明显上涨带来航空公司违约概率相应明显上升时，那么在航空公司违约时，我们可能遭受的损失最大。事实上，随着油价的大幅上涨，原油互换现在对我们来说具有更大的价值，而且由于相关性，航空公司违约的可能性也更高。如果航空公司现在违约，会在盯市价值对我们来说最高时发生，从而导致我们面临巨大损失。这就是错向风险的一个例子。

问：有关于错向风险的研究吗？

答：有。例如，下列文献就研究了不同资产类别中的此类问题：文献 [47]、[55]、[61] 和 [62] 对权益的研究，文献 [57] 和 [58] 对利率的研究，文献 [36] 对大宗商品（原油）的研究，以及文献 [43] 对信用违约互换（CDS）的研究。

问：也就是说已有文献展开了对错向风险的研究。那么回到信用估值调整（CVA）的期权结构，由于期权是在 Q 测度下被定价的，我猜想 CVA 计算主要也是在 Q 测度下进行的。但是，难道只能在 Q 测度下进行吗？

答：在 2007 年危机爆发之前，在前台环境中，在 Q 测度下工作比较普遍，P 测度被遗忘了。我们可以假设市场流程模型，然后根据 Q 测度下的预期价格来对其进行校准。此时，计算其他产品的价格并将其作为预期值的仿真模拟仍然是在 Q 测度下进行的。同样，在计算套期保值比率上，Q 测度在过去就足够了。P 测度在过去被忽略了，除了风险测度方面，可能还有压力测试和模型验证方面。

问：这是好事吗？【感到困惑】

答：【皱眉】这是好事，因为它允许你避免在两个概率测度下对相同的过程进行建模，这可能相当棘手，因为如我们前面解释的那样，现实世界的 P 统计量往往难以获得。但是，人们应该根据观察到的历史价格对定价模型进行综合估计。价格是 Q 测度预期值，但随着 P 测度下的基本市场变量的演变而变动。Kalman 和更一般的非线性过滤技术可用于获得对基础市场流程的联合估计，这将同时包含市场历史（P 测度）和风险中性预期（Q 测度）。这也隐含地估计了市场风险厌恶，从而将 P 测度和 Q 测度连接起来。

问：那么现在对交易对手风险的所有关注都是关于 P 测度（信用 VaR）的，还是 Q 测度（CVA）的？

答：【看着天花板】目前人们最关注的是 CVA，但在《巴塞尔协议Ⅲ》中，这一区别正在模糊化。

1.11 《巴塞尔协议Ⅲ》：CVA 的 VaR 和错向风险

问：您的意思是？让我先休息一下！已经够复杂了！

答：放松一点。让我们说，信用 VaR 衡量了你因为一些生意上的交易对手可能违约而面临的损失风险。CVA 衡量了此风险的定价部分，即由于此风险而对产品价格的调整。

问：这是显而易见的。

答：但是现在假设你及时重估并对 CVA 进行盯市。假设 CVA 会及时变动，并向不利于你的方向变动，因此你必须对负损失记账，但不是因为交易对手实际发生违约，而是因为此风险的定价变得对你不利。因此，从这个意义上说，你正受到 CVA 波动的影响。

问：哦……

答：引用《巴塞尔协议Ⅲ》：【在她的平板电脑上展示了一篇文档】

在《巴塞尔协议Ⅱ》中，交易对手违约风险和信用迁移风险已被处理，但信用估值调整（CVA）造成的盯市损失则没有被解决。然而，国际金融危机期间，在交易对手信用风险造成的损失中，约有三分之二是由 CVA 损失造成的，只有大约三分之一是由实际违约造成的。

问：那么，从某种意义上说，这种风险价格随时间的变化比风险本身造成的损害要更大吗？

答：我想你可以这样说，是这样的。这就是为什么《巴塞尔协议》正在考虑对 CVA 提出相当严厉的资本要求。

问：那您为什么刚才说这模糊了该场景呢？

答：因为现在你可能会确定需要一个 CVA 的 VaR 估计值，尤其是在上述《巴塞尔协议Ⅲ》声明之后。

问：那这如何计算呢？

答：你可以在 P 测度下和风险范围内模拟基本市场变量。然后，在每个场景中，使用 Q 测度预期对最终到期前的剩余 CVA 进行定价。将在区间时间点上的所有价格都放在一张直方图中，并在风险范围内获得 CVA 的损益分布。在此 P 分布上，可以在所选置信度下选择一个分位数，然后计算 CVA 的 VaR。但是，这并不直接测度违约风险，而是衡量由违约或者 CVA 价值随时间的不利变化而导致的盯市损失的风险。

问：……而信用 VaR 仅衡量违约风险，即交易对手的直接违约造成的损失风险。现在，让我们回到交易对手风险。那么其中的重点在哪里呢？

答：我们这里主要处理 CVA 估值。因此，比起 P 测度，我们更关注 Q 测度，但我们也会对 P 测度给出大量意见。

问：那么，《巴塞尔协议Ⅲ》对 CVA 有何具体的看法呢？

答：框架已经改变了好几次：债券等价公式、乘数，等等……主要问题之一与错向风险（WWR）有关。

问：您是什么意思？

答：在巴塞尔监管的某些部分，有人争辩说，你可以计算 CVA，就好像没有错向风险一样，然后用标准乘数来考虑错向风险。

问：因此，我应该假设交易对手违约和标的资产组合之间相互独立，然后计算 CVA，并用给定乘数来考虑相关性风险吗？

答：差不多吧。但是，这不起作用。根据基础金融变量的具体动态、波动性和相关性以及所选模型，乘数差异很大。有关多个资产类别的示例，请参阅文献 [55]、[57]、[36] 和 [43]。乘数是非常不稳定的，将其固定并不是个好主意。即使人们只用这个想法来设定已充分分散化资产组合的资本要求，在系统性风险的情况下，这可能也会导致不利的意外。而且还有一个问题……

问：还有什么?!【看起来绝望】

1.12 CVA 估值中的矛盾：模型风险和偿付风险

答：放松点，放松点……你看，我们可以休息一下，你看起来太苦恼了。

问：好的，我们来喝杯咖啡吧。

答：我建议喝一杯甘菊茶。

【二十分钟后】

答：我们继续吧。《巴塞尔协议Ⅲ》确认了 CVA 风险，但并不承认债务估值调整（DVA）风险，即从会计角度使交易对手风险发挥作用所需的数量。这造成了以资本充足率为目的与以会计和盯市为目的的 CVA 计算之间的不一致。这是一个更普遍问题的一部分。

问：真的吗？听起来太难以置信，两个监管规定竟然有这样的差异！

答：我可以展示给你看。看看这里：

CVA 损失的计算没有考虑到根据第 75 段从资本中扣除的任何冲抵的债务估值调整。(《巴塞尔协议Ⅲ》，第 37 页，2011 年 7 月版)

由于不履约风险（不履行债务的风险）包括报告实体的信用风险，报告实体应考虑其信用风险（信用地位）对所有期间内负债公允价值的影响，在这些期间负债根据其他会计声明以公允价值度量。（FAS 157，http：//www.fasb.org/summary/stsum157.shtml）

问：令人惊讶地清晰和矛盾。

答：既然你好像对此感兴趣，这里还有巴塞尔银行监管委员会前秘书长所说的话：

由利润与信用度下降挂钩而导致的不正当激励的可能性，意味着资本要求无法对其进行识别。不承认 DVA 作为补偿的主要原因是，这不符合总体监管审慎原则，即我们不会因为公司自身信用质量恶化所导致监管资本增加而提供信贷。(Stefan Walter)

问：我很困惑。我到底应不应该计算 DVA 呢？

答：这取决于你计算它的目的。然而，情况并不清楚，对于交易对手风险定价而言还有一些问题更普遍。

问：您是说 CVA 估值的客观性？

答：我的意思是，存在很多模型风险和"回报风险"——如果我们想要这样称呼它。

问：我理解模型风险，因为这是高度模型依赖的，但您所说的回报风险是什么？

答：计算 CVA 时，在所使用的模型和要计算的 CVA 类型上，都有许多选择。我们将看到存在很多选择，例如最后公式是选择单边还是双边，是否考虑抵押和再抵押，是否包括首次违约，以及如何解释融资成本等。正如文献[192]所指出的，由于对 CVA 和建模选择可能的定义多样性，不同金融机构的 CVA 估值似乎存在重大差异。

1.13 双边交易对手风险：CVA 和 DVA

问：等等，您进展得太快了。您提到 DVA，我甚至不知道它是什么。什么是 DVA？

答：债务估值调整。这与双方就交易对手风险收费达成协议有关。

问：让我直截了当点。也就是说，我们在某一时刻对特定资产组合的交易对手在交易最终到期前违约的风险进行定价。这是 CVA。它是一个正的数量，是在定价中为考虑交易对手违约风险而从无违约风险价格中减去的一个调整值。显然，在有选择且所有条件都一样时，人们更愿意与无违约风险的交易对手进行交易，而不是与有风险的交易对手进行交易。因此，我明白，无风险价格通过一个负的调整被降低，即减去一个被称为 CVA 的正项。现在，你含蓄地提出了这样一个问题：既然这是一个调整且总是负的，那么从另一方的角度来看会发生什么呢？

答：事实上，我就是这么说的。在此设置中，双方不可能达成一致，除非他们都承认其中一个计算方是无违约风险的。假设我们在交易中有两个当事方——一家银行和一家公司交易对手。如果他们都同意银行可以被视为无违约风险，那么银行将标记与企业客户交易的无违约风险价格的负数调整，而公司客户将标记与无风险价格相应的正调整（与负的调整相反）。这样，双方将就价格达成一致。

问：因为客户需要补偿银行的客户违约风险，所以公司客户的调整就是正的吗？

答：确实如此。从公司客户的角度来看，调整是正的，被称为债务估值调整（DVA）。这是正的，因为客户本身的提早违约将意味着客户付款义务的折扣，这也意味着客户在某种程度上的收益。因此，客户通过加上被称为DVA的正数来标记对无风险价格的正调整。在这种银行无违约风险的情况下，DVA也被称为单边DVA（UDVA），因为其仅包括了客户的违约风险。同样，银行以减法标记的调整称为单边CVA（UCVA）。在这种情况下，UCVA（银行）= UDVA（公司），即无风险价格的调整是相同的，但对于公司客户是加上，而对于银行是减去。

问：但是UCVA（公司）必须为零，因为银行是无违约风险的。

答：正确，同样的，有UDVA（银行）= UCVA（公司）= 0。

问：但是，如果两家公司不同意其中一家公司是无违约风险的，那么会发生什么情况呢？要是在您举的例子中，公司客户不接受银行是无违约风险的（在雷曼事件之后的合理异议……）

答：在这种情况下，唯一就价格达成一致的可能性是双方始终将两方的违约都纳入估价。因此，除了交易对手的违约外，每一方都需要将自己的违约包含进定价中。现在，双方将在交易的无违约风险价格中标记一个正的CVA来扣减，以及标记一个正的DVA来添加。一方的CVA就是另一方的DVA，反之亦然。

问：因此，每一方都将按如下方式来计算最终价格吗？【写在笔记本上】

无违约风险价格 + DVA − CVA

答：确实如此。在我们的示例中，当银行进行计算时，

对于银行的价格 = 对于银行的无违约风险价格 + DVA 银行 + CVA 银行

而当公司计算时，有类似的公式。现在，由于

对于银行的无违约风险价格 = − 对于企业的无违约风险价格

DVA 银行 = CVA 公司

DVA 公司 = CVA 银行

最后可以得到：

对于银行的价格 = − 对于公司的价格

这样，双方就能就价格达成一致，或者，我们可以说，存在货币节约。

我们可以将（对于其中一方而言的）"双边估值调整"（BVA）定义为 DVA 减去 CVA 的差额（从该方而言）：

$$BVA = DVA - CVA$$

显然有：对于银行的 BVA = – 对于公司的 BVA。

问：足够清楚了……那么"双边 CVA"通常是什么意思呢？

答：问得好。看看下面的公式：

$$BVA = DVA - CVA$$

双边 CVA 既可指 BVA，也可以指等式右侧 BVA 的 CVA 部分。通常，行业使用术语来表示 BVA，同样我们也这样做，除非有明确说明不是这样。

问：好的，让我总结一下……如果我们提出问题，交易对手风险的估值何时是对称的，也就是说如果对方在计算对我们的交易对手风险调整时，发现刚好是相反数，这样双方就能就收费达成一致，那么答案是……【犹豫中】

答：答案是这样的，当我们考虑计算交易对手风险调整的实体（即上例中的我们）违约的可能性时（除了交易对手本身的违约可能性之外），就会发生这种情况。

问：是否有关于双边 CVA 和 DVA 的技术文献？

答：有的，第一个要数 Duffie 和 Huang（1996）[101]。然而，他们诉诸特定的建模选择，其中信用风险完全由价差来考虑，很难在标的资产和违约之间形成强关联，从而导致错向风险难以被建模。此外，该文献主要研究的是互换。文献［18］研究了存在双边违约风险的互换，但详细考查双边风险并得到 DVA 的研究是文献［39］，该文献一般性地引入了双边风险，并分析了 CDS。在后续工作中，文献［59］、［40］和［41］仔细研究了双边风险的其他几个特征，并与错向风险、抵押品和极端传染以及 Gap 风险关联起来，尤其是在违约发生在保证金日期之间，而且最坏情况下的相关盯市变化已经发生。在这方面，文献［40］展示了一个标的 CDS 具有很强的违约传染的情况，其中即使是频繁地追加抵押保证金也是无效的。有关双边 CVA 的基本介绍，请参阅文献［118］。

问：已经有太多的材料要读了！

答：嗯，这就是我想在这里给你一个总结的原因。

问：好的，谢谢，至少现在我大概了解了双边 CVA 和 DVA 的内容。

1.14 CVA 和 DVA 中的首先违约

答：是的，但你必须小心。双边估值调整（Bilateral Valuation Adjustment，BVA）不仅仅是 DVA 和 CVA 之间的差额，后两者的计算都是以只有一方能违约为假设前提的。在计算 DVA 和 CVA 的差额时，你需要同时考虑银行和公司的违约。这意味着实际上存在首先违约检查。如果是银行进行计算，那么在银行先违约的情况下，DVA 术语将被激活，CVA 术语则会消失；而在公司首先违约的情况下，银行 DVA 将消失，银行 CVA 回报则被激活。因此，我们需要检查谁会首先违约。

问：事实上，我听到过"首先违约风险"与双边 CVA 有关。现在，在计算 CVA 和 DVA 时，我们应该知道谁会先违约，这也就是您所说的。这是有道理的：要以正确的方式在正确的时间关闭头寸，我需要知道谁首先违约，以及何时违约。

答：正确。但是，一些从业者实现了 BVA 的一个版本，该版本忽略了首先违约时间。假设你是银行，那么对你而言：

$$BVA\ 银行 = DVA\ 银行 - CVA\ 银行$$

请参阅文献 [167]。现在要做的是，在一个只有你才能违约的世界里计算 DVA 银行，然后在一个只有公司客户可能违约的世界里计算 CVA 银行。但是，一旦这是首先违约，你并不会立即终止其他术语。因此，从某种意义上说，你是在重复计算。因为如果你如我们所说的这样做，你就并没有在首先违约时真正结束交易。正确的 BVA 是要包含首先违约检查的。

问：我的头好昏……让我试着总结一下。

答：请继续……

问：您必须在处理双边 CVA 时小心谨慎。BVA 不仅仅是在一个只有一方能违约的世界里计算得到的 DVA 和 CVA 之间的差。在计算 DVA 和 CVA 的差时，您需要同时考虑银行和公司的违约。这意味着，实际上，存在着首先违约检查。如果是银行进行计算，那么在银行首先违约的情况下，DVA 术语将被激活，而 CVA 术语消失；而在公司首先违约时，银行 DVA 消失，银行 CVA 回报被激活。因此，我们需要检查谁会首先违约。

答：很好，甚至比我原来的解释还要好。不仅仅是一个总结，这看起来像一篇文章了!

问:嗯,我不打算就此写一篇论文。

答:有人已经这样做了,参见文献[37]。即使在简单示例中,忽略首先违约风险的错误可能也会相当大。

1.15 DVA盯市和DVA套期保值

问:我不知道,即使我了解了你告诉我的一切,我也不放心DVA。这是对我债务的扣减,因为事实上我可能会违约,而如果我违约,我就不会完全支付我的债务,所以它就像一个收益,但我只有在违约的时候才可能将这个收益实现为现金流!

答:我同意这令人不安。那考虑这一点:如果你的信用质量恶化,并且你重新计算你的DVA,你就会得到收益。

问:这真的发生过吗?

答:花旗集团在2009年第一季度收益的新闻发布会上报告说,由于信用质量恶化,其获得了正的盯市收益:【拿出她的平板电脑】"收入还包括(……)衍生品头寸(不包括债券保险机构)净25亿美元的正CVA,主要原因是花旗集团CDS价差的扩大。"

问:啊……

答:最近,《华尔街日报》报道说:

2011年10月18日,美国东部时间下午3:59。高盛(Goldman Sachs)为减少波动性盈利而进行套期保值。高盛第三季度的DVA收益总计4.5亿美元,其中约3亿美元记录在其固定收益、货币和大宗商品交易领域,另有1.5亿美元记录在股票交易下。这一金额比摩根大通和花旗集团第三季度的19亿美元DVA收益要小。美国银行公布其投资银行部门的DVA收益为17亿美元。分析师估计,摩根士丹利周三公布收益时,将创下15亿美元的DVA净收益纪录(……)

问:听起来很奇怪,你从信用质量的恶化中获益……你因信用质量的提高而蒙受损失。那么,如何对冲DVA呢?应该出售对自身的保护,这真是一个不可思议的壮举,除非是要买回早已发行的债券。不过,这可能很难实现。【看起来越来越困惑】

答：大多数时候 DVA 似乎都是通过代理工具来对冲的。与其出售对自身的保护，不如出售对一些被认为与自身高度相关的实体的保护。再来看看【向她的年轻同事挥舞她的平板电脑】《华尔街日报》的文章：

（……）高盛首席财务官 David Viniar 在周二表示，该公司试图用一篮子不同的财务工具来对冲（DVA）。高盛发言人证实，该公司通过向一系列金融公司出售 CDS 来这样做。（……）高盛不愿透露篮子里有哪些金融工具，但 Viniar 证实，篮子里包含一个同行群体。大多数人会认为高盛的同行是其他拥有大型投资银行部门的大型银行，包括摩根士丹利、摩根大通、美国银行、花旗集团等。这些公司债务的表现与高盛的债券高度相关。

问：这似乎是比较常见的做法。嗯……这难道没有风险吗？代理工具可能会误导人。【摇摇头】

答：【耸耸肩】无可否认……这可以大致对冲 DVA 的价差风险，但不能对冲跳跃违约风险。美林通过出售对雷曼的保护来对冲 DVA 风险，就并不是一个好主意。事实上，在存在跳跃违约风险的情况下，这可能会恶化系统性风险。

问：事实上，我可以看到这一点。如果我出售与我相关公司的保护，以对冲我的 DVA，然后如果该公司不仅出现信用质量恶化（这将由于价差变动而对冲我的 DVA 变化），而且实际违约，那么我不得不对该保护进行付款，自相矛盾的是，这可能把我推向违约！【兴奋地看着年长同事】

答：听起来很疯狂，不是吗？【笑了起来】

1.16 CVA 和 DVA 中清算的影响

问：嗯，老实说，确实如此，但也许只是你和我不够老练。然而，似乎还有其他问题同样紧迫。例如，我很难搞清楚清算到底是什么。

答：【叹息】清算基本上是当某一个实体违约时发生的情况。假设我们的示例中公司客户违约。然后清算流程是根据条例和 ISDA① 文件开始的。清算流程确定银行合约的剩余价值，从而在价值为正时，其中有多少将支付给银行当事方。而如果该价值为负，那么银行将不得不向公司支付全部金额。

问：嗯，这似乎只是 CVA 支付的定义。

---

① 国际互换与衍生品协会（International Swaps and Derivatives Association）。

答：啊，但让我问你一个问题。假设在公司违约的时候，你是银行。那么你是否会通过考虑你自身的信用质量（换言之，你现在的单边 DVA，"置换清算"）或通过使用无风险价格（"无风险清算"）来对剩余合约进行估值？置换清算理论认为，如果你现在要与一个无风险方重新开启交易，那么该无风险方将向你收取你的单边 CVA 费用——从你的角度来看，这是你的单边 DVA。因此，在计算替换价值时，应包括你的 DVA，以避免估价的不连续性。如果你始终使用 DVA 在公司违约之前对交易进行估价，只要你的目标保持一致，那么你就不应在违约时停止这样做。

问：但这里似乎有两种选择，即无风险清算或置换清算。它们有什么区别呢？这只是估值的一致性和连续性问题吗？

答：交易对手风险调整会根据计算清算金额时所选择的假设而发生很大变化，而且这一选择对违约传染有重要影响。

问：我曾经天真地以为，无风险清算更简单、更"客观"。

答：在文献 [54]、[52] 和 [53] 中，研究表明，无风险清算具有与我们在债券或信贷市场等标准化市场违约时的预期大不相同的影响。让我们以 BVA 为例，其中估值始终处于同一方向，例如贷款或债券。假设银行拥有债券。如果债券的所有者违约，或者如果信贷的贷款方违约，这就意味着不会给债券发行方（我们示例中的公司）或者信贷的借款方造成损失。相反，如果无风险违约清算适用，那么当作为衍生工具中净债权人的当事人违约时［从而处于类似于债券所有者或信贷贷款人（即银行）的地位］，净债务人的负债价值将突然上升。事实上，在违约之前，净债务人负债是盯市的，即考虑了债务人本身违约的风险。在债权人违约后，如果实行无风险清算，则这一盯市为无风险模式，其绝对价值肯定大于违约前的盯市价值。

问：这看上去肯定不对。【再次摇头】

1.17 清算的传染

答：你太情绪化了，请冷静下来。实际上更糟：债务人的信用价差越大，债务人的负债价值增加的幅度也就越大。这对债务人来说是一个戏剧性的惊喜，他将很快向违约方的清算人支付这笔增加的资金。违约事件真正蔓延到违约实体的债务人，而这在债券或信贷市场上并不存在。违约的净债务人不会想要无风险清算。他们宁愿进行置换清算，这并不意味着负债的必要增加，因为其会继续考虑到债务人在债权人违约后的信誉。

问：您的意思是，置换清算继承了基础市场的一个特有属性：如果交易双方中的一方没有未来偿付义务，如债券或期权持有人，则其违约概率不会影响开始时的交易价值。

答：正确。在此基础上，人们可以决定随时使用置换清算，因为它符合这一基本原则。然而，置换清算具有与无风险清算相反的缺点。虽然违约公司的债务人倾向于置换清算，但债权人会更倾向于无风险清算。债务人支付的钱越多，回收率也就越高。置换清算在保护债务人的同时，在某些情况下，可以通过减少回收来惩罚债权人。

问：那这些情况是什么呢？

答：假设违约实体是具有高系统性影响的公司，那么当它违约时，其交易对手的信用价差预计会大幅上升。雷曼的违约就是这种情况的一个很好的例子。如果交易对手的信用价差在违约时增加，在置换清算下，其负债的市场价值将大大降低，因为它将考虑到债务人本身信用水平的降低。清算人对违约公司债务人的所有要求权都将贬值，而回收的低水平可能再次成为一个戏剧性的惊喜，但这是对违约公司的债权人而言的。

问：【感到困惑】似乎难以置信的是，在这个问题上竟然没有明确的监管。

答：【叹息】这是因为没有理想的解决方案。你可以根据这个表格来对选项进行总结，让我为你画这张表【在她的平板电脑上绘制表1.1】。如你所见，没有能保证不发生风险传染的最佳选择。根据借款人违约与交易中贷款方之间的"关联"结构，最佳选择是不同的。ISDA 无法设置相关标准，因为这是相关性依赖的，那么在标准化清算问题方面有困难就可以理解了。

表1.1　　在无风险清算或置换清算以及贷款人和借款人（公司）违约相互独立或单调协同时，贷款人（银行）违约的影响

依赖性→ 清算↓	相互独立	单调协同
无风险清算	对借款人造成负面影响	没有风险传染
置换清算	没有风险传染	进一步对贷款人造成负面影响

问：这看起来越来越复杂了。这么多的选项……

答：就问题而言，这还没有结束。但是，这还不算太糟，它让我们能长时间地工作【讽刺地】。

问：那么，让 CVA 人员忙碌的下一个问题是什么呢？

答：抵押建模、可能的再抵押、净额结算、与 CVA 相关的《巴塞尔协议 Ⅲ》的资本要求，以及通过重组、抵押或保证金贷款来减少该资本要求的可能性。最后，持续纳入融资成本……

问：【转动他的眼睛】这已经足够了。让我们从抵押开始吧。

1.18 CVA 和 DVA 中的抵押建模

答：抵押品是一种资产（为简化起见，假设就是现金），经常被提交并按盯市价格计价后，作为对盯市价值为负的交易方进行到期偿付的担保。在另一方违约时，担保由盯市价值为正的一方使用。

问：这似乎是交易对手风险的终结。

答：事实上，抵押品是防范交易对手风险的主要和最有效的工具，但有两个需要注意的地方。它并不总是有效的，即使在频繁的保证金交付下，它也可能很昂贵。文献 [40] 和 [41] 表明，即使非常频繁的保证金交付可能也不足以充分防范交易对手风险。事实是，在极端情况下，投资组合价值可能自上次保证金日以来变动很大，即使这仅仅是在几分钟前。在文献 [40] 所给出的一个例子中，在以信用违约互换（CDS）为标的工具时，交易对手的违约会通过风险传染立即触发标的 CDS 价格的立即跳跃，这导致提前及时提交的抵押品也不足以弥补损失。

问：这是一个相当抽象的案例吗？

答：鉴于 2008 年雷曼兄弟违约后所发生的事情，我并不会这样认为。也请记住，2008 年 9 月 7 日至 2008 年 10 月 8 日，我们在一个月内发生了 7 起金融机构信用事件，即房利美、房地美、雷曼兄弟、华盛顿互惠银行、冰岛国家银行（Landsbanki）、格利特利尔银行（Glitnir）和考普森银行（Kaupthing）的信用事件。

问：那么什么是再抵押呢？

1.19 再抵押

答：再抵押是指作为担保收到的抵押品可用作投资或进一步抵押。假设我们再回到上面银行和公司客户的例子。假设在保证金日，投资组合的盯市价格有利于银行，即对银行而言为正，从而由公司客户提交抵押品。如果允许再抵押，银行可以自由再投资抵押品。现在假设市场有一个极端波动，使投资组合的盯市价值转向有利于公司，且在下一次抵押品调整保证金日期到来之前，银行（而不是公司）违约。

问：嗯哦。

答：的确，"嗯哦"。但正如我所说，不要把它当回事。在投资组合的盯市价值有利于公司时，银行违约。而且，该银行还重新投资了公司早些时候提交的抵押品。因此，公司客户会受到双重损失：盯市价值损失和抵押品损失。

问：这听起来像是个问题。

答：是的，部分行业已经施加压力，以禁止再抵押。虽然这是合理的，但无法再投资抵押品会使其成本变得特别高，因为抵押品接受方需要向抵押品提供者支付抵押品利息，而现在又无法再投资抵押品。

问：那么再抵押对 CVA 的影响程度到底如何呢？

答：有几篇论文已经研究过这个问题，请再次参见文献 [40] 和 [41] 等。

问：要读这么多东西……那么净额结算呢？

1.20 净额结算

答：净额结算是一项协议，即在交易对手违约时，你不是核查单笔交易级别的损失，而是在净投资组合级别核查损失。

问：您能举一个例子吗？

答：假设你是银行，你正在与同一公司进行两次利率互换，该公司的回收率为 0.4。假设在某个时间点，两笔互换对于银行的价值正好相反，例如分别为 +100 万美元和 −100 万美元。现在假设公司客户违约。在净额结算的情况下，两笔互换相互轧差，那么我们计算得到 100 万 − 100 万 =0（美元），从而没有损失需要考虑。在非净额结算的情况下，两笔交易将分开处理。在第一笔互换中，银行亏损（1 - 回收率）×100 万 = 60 万（美元）。在第二笔互换中，银行没有任何损失。

问：我明白了……

答：现在，为了向公司收取公平的 CVA，银行需要知道是否采用净额结算，因为正如你所看到的那样，这一差异可能相当重要。一般来说，净额结算的单边 CVA 总是比非净额结算的要小。

问：那是为什么呢？

答：这是因为 CVA 类似于一份以该交易的剩余价值为标的资产且执行价格为 0 的看涨期权，而且基于总额的期权价值要小于期权价值之和。

问：净额结算有被研究过吗？

答：有一篇关于利率互换净额结算的论文，其中也得出了近似的公式，参见文献 [47]，但其中没有错向风险，而文献 [57] 考查了错向风险。

1.21 融资

问：好的，我们已经介绍了很多内容。还有一个话题，我一直听到，即要将融资成本纳入估值框架。这真的发生了吗？

答：是的，现在都是这样的。如果你参加一个从业者会议，很多会谈都涉及融资成本。然而，很少有文献试图建立一个一致的框架，将融资成本始终与 CVA、DVA、抵押品、清算等一起包括在内。

问：您能给我举一些例子吗？

答：工作论文 [85]（之后发表在文献 [86] 和 [87] 上）是迄今为止我所见的最全面的研究。唯一的局限是，它不允许在投资组合中存在标的信用工具，并且在汇率方面存在潜在的问题。这是一篇非常技术性的论文。一个更一般的相关框架，并将最新文献作为一个特例的是 Pallavicini、Perini 和 Brigo（2011a）[165] 的研究。早期的研究有所偏颇，但仍然相当重要。

问：例如？

答：有影响力的行业论文 [168] 通过两个相对基础的特例，在经典 Black-Scholes 框架下考虑了抵押条件下衍生交易的复制问题，但没有考虑违约风险。这篇论文在业内相当有名［主要由于该论文，作者被《风险》杂志授予 2011 年度宽客（Quant）称号］。然而，伦敦大学的一位教授告诉我，这篇论文在自我融资条件下尚存在一些重要问题，尽管他认为最终的结果仍然是正确的，参见文献 [38]。

问：《风险》杂志上一篇关于融资/融资成本的有影响的（有点"被粉饰的"）行业论文中，对自我融资条件的表述是错误的吗？《风险》杂志是同行评审的吗？

答：嗯，这是一个相当常见的错误提法，但我认为，在一篇有关融资成本的论文中，这尤其可惜，正如你所暗示的那样。《风险》杂志是同行评审的，在技术层面，它是一份相当好且有影响力的出版物。然而，它在学术界的读者不多，因为我听说，当你竞争一个职位时，它通常不算作相关的出版物。学术界是一个有趣的地方：一些排名靠前的金融学术期刊，我从未在银行内部见过，但它们被认为具有很大的影响。这种影响因素有时有点自我参照，不能反映现实。我认为，这是一种遗憾，因为它导致一些学者不阅读《风险》这类期刊。否则，问题应该会被更早发现，在这方面，学术界做得更好。我是这样认为的。

问：真令人着迷，但让我们抛开从业者的行业奖项、技术交流和与学术界互动的社会学问题。除了自我融资条件的技术问题，您说的话中还有些别的东西引起了我的注意。没有违约风险的抵押品有什么意义？它有什么用呢？

答：嗯，抵押品不仅有违约风险，还有流动性风险、交易成本……你可能仍在模拟信用价差风险，但不是跳跃到违约风险，这在强度模型中是一个自然的区别。

问：您指的是用于信用风险的 Cox 过程？

答：确实如此。然而，持有抵押品的主要原因是违约风险，否则首先就不会持有抵押品了。事实上，文献 [157] 首先在一个简单的设置下考虑了存在违约风险时融资的基本影响，另见文献 [74]。这些文献侧重于特别简单的产品，如零息债券或贷款，以突出融资成本的一些基本特征。文献 [109] 分析了货币风险对抵押品建模的影响。文献 [65] 采用偏微分方程（PDE）方法来处理融资成本（但在自我融资条件上存在前面所提到的相同问题）。正如我前面所提到的，文献 [85]（之后发表在文献 [86] 和 [87] 上）以及文献 [165] 仍然是迄今为止最普遍的融资成本处理方法。这些文献显示，制定一个适当的存在抵押品和融资但包含违约风险的一般框架是多么复杂。

问：Morini 和 Prampolini 有什么发现[157]？在它还是预印本的时候，我就听说过这篇论文。

答：Morini 和 Prampolini[157] 的一个重要观点是，在债券等简单收益模式中，DVA 可以被解释为融资，以避免重复计算。然而，这一结果并不适用于更一般的回报模式，因为其中不同层面以更复杂的方式在相互作用，从而需要 Crepey[85] 或者 Pallavicini 等[165]的一般方法。

问：好吧，还有十篇论文要读，但融资问题到底是什么呢？

答：简而言之，就是当你需要管理交易头寸时，您可能需要获得现金才能进行多项操作：对冲头寸、提交抵押品等。这些现金你可以从你的财务部门或市场获得。你也可以通过持有头寸来收到现金：债券利息、名义补偿、盯市价值的正向变动、获得一些抵押品、结束付款等。所有这些现金流都需要获得报酬：如果你借款，这将有一个成本；而如果你贷款，它为你提供一些收入。将融资成本纳入评估框架就意味着正确考虑这些特征。

问：对我来说，这就像会计记账。

答：【叹息】诀窍是与所有其他方面保持一致，尤其是交易对手风险。一些从业者主张"融资估值调整"（Funding Valuation Adjustment，FVA），它是可加的，那么资产组合的总价将为：

$$无风险价格 + DVA - CVA + FVA$$

然而，这并不是这么简单。适当纳入融资成本会导致递归定价问题，该问题可表述为倒向随机微分方程（Backwards Stochastic Differential Equation，BSDE）（如文献[85]）或离散时间向后感应方程（如文献[165]）。上面简单的加法结构一般并不存在。

问：我怀疑银行是否愿意实施 BSDE，我也怀疑监管机构是否会作出这样的规定。我们需要一些简单的东西。

答：突然间你怎么变得理智和温和了？那很好【微笑】。但是，有时不可能大幅简化。

1.22 对冲交易对手风险：CCDS

问：这是我的最后一个问题。如您所说，《巴塞尔协议Ⅲ》对 CVA 可能施加相当高的资本要求。抵押是一种可能的途径,但对于一些公司来说,它可能会变得昂贵,并导致流动性紧张,而那些没有组织起来提供抵押品的公司可能会陷入困境。文献[192]报道了这家处于领先地位的德国航空公司的情况:忍受我,我比你们技术低【拿出一张纸,上面有一篇文章的一部分】:

  这家总部位于科隆的航空公司的财务主管 Roland Kern 预计,其收益将变得更加不稳定。这不是因为乘客人数、利率或航空燃油价格难以预测,而是因为该公司没有在衍生品交易中提交抵押品。

  事实上,如果不能提交抵押品,那么这些公司将面临沉重的 CVA 资本要求。那还有第三条路吗?

  答:对于市场工具可以建议对冲 CVA,或原则上降低其资本要求。例如,或有信用违约互换(Contingent Credit Default Swap,CCDS)就是此类工具之一。

  问:什么是 CCDS?它与标准 CDS 有什么关系吗?

  答:它类似于 CDS,但当参考信用违约时,保护卖方所支付的保护不是基于一个固定的名义值,而是由当时参考投资组合剩余价值(如果为正)的违约损失率比例(1 – 回收率)给出的。

  问:那么既有一个作为所交易违约保护对象的参考信用,还有一个参考投资组合?

  答:考虑一下这个例子。假设银行 1 购买了或有 CDS,以提供针对其公司客户违约的保护,即参考信用。这样,银行购买了对其与客户所交易投资组合的保护。该保护是银行从另一家银行(即银行 2)处购买的。CCDS 违约部分对银行 1 的偿付正是银行 1 针对与该公司客户所交易投资组合所衡量的单边 CVA。因此,如果银行 2 无违约风险,银行 1 就通过 CCDS 实现了对与企业客户所交易的参考投资组合的 CVA 的完全对冲,因为 CVA 的偿付将完全由 CCDS 信用保护部分所匹配。

  问:这些产品以前流行过吗?

  答:并没有。【在平板电脑上展示了一份报纸页面的扫描件】英国《金融时报》在 2008 年评论道:

  [……]这些所谓 CCDS 的基本版本和特殊版本已经存在了五年,但由于成本高、流动性低和范围有限,它们很少被交易。[……]交易对手风险已成为被利率、货币和商品互换市场特别关注的问题,因为这些交易并不总是有抵押品支持。[……]其中许多机构——如对

冲基金和不发行债券的公司——超出了较廉价的、流动性更强的对冲工具范围，如普通 CDS。新的 CCDS 是针对这些机构所制定的。(《金融时报》，2008 年 4 月 10 日)

2011 年，在 CVA 资本风险变成惩罚性时，对 CCDS 的兴趣又回来了。然而，CCDS 并不能完全解决 CVA 资本要求的问题。首先，不存在无违约风险的银行 2，因此 CCDS 本身将承担交易对手风险。此外，目前尚不清楚 CCDS 在双边案例中将如何运作。而且，可能的双边 CCDS（存在上面看到的所有 DVA 问题）的对冲问题将落在银行 2，从而问题只是变了地方。虽然 CCDS 在有限的情况下是有帮助的，但可能依然值得寻找替代方案。

问：那么市场忘记 CCDS 了吗？

答：不是的。事实上，CCDS 现在最终被 ISDA 标准化为指数组合。ISDA 提供了 CCDS 的模板和文档，你可以在 ISDA 网站上找到这些内容。尽管如此，我前面所提到的大多数问题仍然存在。这促使业界去寻找其他解决方案，这些解决方案可能同时在多个交易对手之间有效。

问：例如？

答：可以考虑 CVA 证券化，虽然"证券化"这个词现在不太流行了。

问：是否有任何提出的 CVA 重组或证券化形式？

1.23 重组交易对手风险：CVA – CDOs 和保证金借贷

答：【集中精神，看起来很累】有几个。我熟悉一些在媒体——特别是英国《金融时报》的博客 Alphaville 中已经讨论过的交易[170]。

问：《金融时报》？看起来是在主流媒体上。

答：是的。让我给你看看：【链接《金融时报》Alphaville 网站】

简而言之，巴克莱银行已经做了一个贷款池并将其证券化，但没有保留风险最大的那部分。对于风险最大的 3 亿欧元，巴克莱银行从外部投资者（如对冲基金）处购买了保护。随着时间的推移，该投资者将因此获得支付的息票，但也会受到贷款损失的影响，规模最高可达到其投资总额。为了确保投资者能够实际承担这些损失，投资者向巴克莱银行提交了抵押品。

问：就我所知的那点来看，这看起来像一个 CDO？看起来像是由抵押品支持的权益份额。

答：是的，抵押品是关键。博客还继续写道：

关于抵押品的这一点意味着，至少在理论上，巴克莱银行不会面临对冲基金的交易对手风险。这一点尤其重要，因为对冲基金超出了正常的监管范围，即它们不需要以银行的方式针对风险加权资产持有资本。

请注意在监管体系之外转移风险的这个问题。经合组织文件[27]也强调了这一点。博客继续写道：

[……]然后这里存在着过度设计因素，即一些交易在过去，也许仍然如此，随着时间的推移支付给对冲基金的溢价实际上等于或高于交易的预期损失。值得注意的是，美联储和巴塞尔银行监管委员会对此十分关注，并专门就此发布了指导意见。防止"过度设计"将由各国监管机构负责，而一些监管机构比其他监管机构动手更快。

那么，你应该知道了吧？

问：有意思，您还知道其他此类交易吗？

答：我知道另一个叫 SCORE 的交易。再回到《金融时报》的博客 Alphaville，这一次是文献[171]：

苏格兰皇家银行在将这些风险暴露进行证券化方面的做法值得借鉴，但交易还没有完全结束。然而，《欧洲周刊》报道称，银行仍在对此进行调查：

苏格兰皇家银行对交易对手信用风险的证券化（被称为"Score 2011"）在今年早些时候被撤下，但据说其他银行没有受到资产类别困难的影响，并且仍在关注该市场。然而，自去年年底以来，针对交易对手风险的其他对冲选择可能削弱了对该风险进行证券化的经济性。

问：因此，这并不那么成功。

答：也不是。我所听说的最新消息来自瑞士信贷[173]：

上周，瑞士信贷宣布，其已购买对其不同寻常的员工薪酬计划中高级部分的保护。这家瑞士银行使用交易对手风险参考债券向其一些高级银行家进行支付，这涉及将一些交易对手信用风险从银行转移给其员工。

因此，这就像从自己的员工那里购买保护。如果你考虑它，这是个有趣的概念。从理论上讲，这能激励员工改善公司的风险状况。

问：也许我是名新手，但老实说，如果我得到这样的奖金，我不会太高兴。它可能适用于像您一样的超高级员工，但对我来说……嗯……我并不参与公司的重要决策，我不是决策者。

答：你高估了我的重要性，我不是 CEO、CFO、CRO、CIO 或其他 C 什么 O，我只是一名普通的风险管理师！

问：但这就是交易对手风险重组的全部吗？没有别的主意吗？没有新想法吗？

答：实际上有更多的创新想法。关于 CVA 证券化，请参见文献［2］，其主张全球估值模型。模型不可知观点[3]解释了通过涉及清算所的四方或五方结构进行保证金借贷是如何有效建立第三种方式的。

问：【激动地】您能告诉我更多吗？这听起来很有趣。

答：让我借用一下文献［2］和［3］，我指的是全部细节。如果我理解正确，结构就是这样的。【在她的平板电脑上绘制图 1.1】

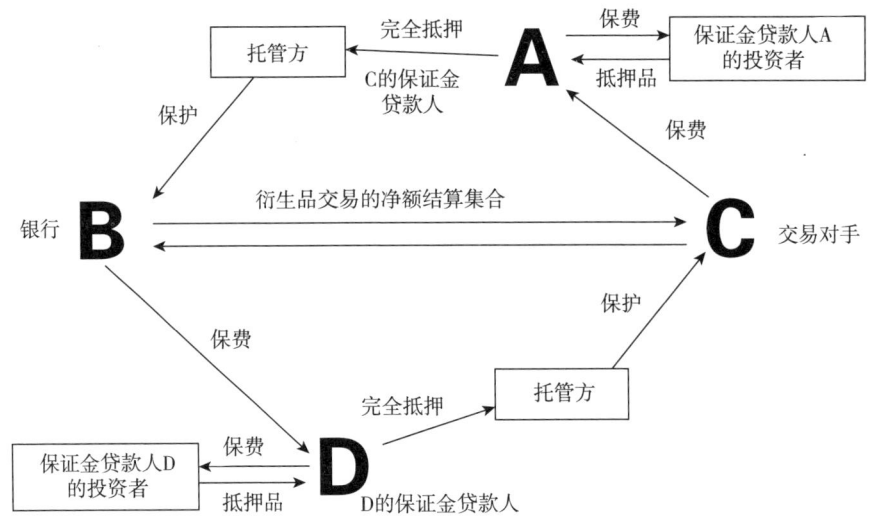

图 1.1　含四方结构的一般交易对手框架

问：这幅图是如何运作的？

答：传统上，CVA 通常由构造产品的银行 B 收费，或者基于预先设置的费率，或者将其作为一个固定息票流内置到结构中。我们上面讨论的交易，如 Papillon 和 Score，可能也是这种类型。相反，保证金贷款是基于带定期重置的浮动利率 CVA 支付的名义金额来预期的。

问：那什么是"浮动利率 CVA"呢？

答：无论选择哪种方式的 CVA 和 DVA，都可以假设 CVA 和 DVA 是按滚动保护间隔定期支付的。相关的 CVA 被称为"浮动速率 CVA"（FRCVA），DVA 也类似。为简单起见，我们假设处于无违约风险的银行 B 和可违约交易对手

（如公司客户）C 之间的双边交易中。原则上，银行并非在 0 时刻针对投资组合的整个到期时间预付性地收取 CVA 费用，而是在 0 时刻要求针对长至 6 个月的风险暴露保护进行 CVA 支付。然后在 6 个月内，银行将要求针对额外 6 个月的保护进行 CVA 支付，即针对长至 1 年的风险暴露，之后依此类推，直至交易的最终到期日。这样的 CVA 就是 FRCVA 的一个例子。

问：好的，请回到图 1.1。

答：我曾说过，保证金贷款基于定期重置的浮动利率 CVA 支付的名义金额，其设计方式是将条件信用价差波动风险和盯市波动风险从银行转移到交易对手。我们可以沿着图 1.1 中的箭头对此进行更详细的解释。

问：好的，我准备好了，看看图 1.1 吧。【兴奋】

答：放松一下。交易对手 C 是公司客户，在定期提交抵押品以与银行 B 进行衍生品交易方面存在问题。为了避免提交抵押品，C 进入了保证金贷款交易。C 定期（例如每半年）向保证金贷款人 A（连接 C 和 A 的"价差"箭头）支付浮动利率 CVA，然后保证金贷款人 A 将其支付给投资者（将 A 与投资者连接起来的"价差"箭头）。最后的支付具有与现金 CDO 类似的优先级结构。

问：那是个危险的地方……【笑了起来】

答：【露出不悦之色】听我说完。作为此价差的交换，投资者在 6 个月内向保证金贷款人 A 进行每日的抵押品提交（将投资者与 A 联系起来的"抵押品"箭头），且 A 将抵押品转交给托管方（将 A 与托管方相连的"抵押品"箭头）。这样，如果 C 在半年内违约，则抵押品被支付给 B 以提供保护（将托管方和 B 相连的"保护"箭头），而损失由提交抵押品的投资者承担。

问：好的，到目前为止，这很清楚。

答：在 6 个月期结束时，保证金贷款人可以决定继续交易或是退出。在这种机制下，C 承担 CVA 波动风险，而 B 不会暴露于 CVA 波动风险，这与传统的预付 CVA 费用模式下的情况相反。

问：因此，与传统 CVA 的一大区别是，在这种结构下，CVA 波动一直停留在产生它的交易对手 C 中，而不是转移去了银行。

答：事实上，文献 [3] 认为，每当某个实体的信用状况恶化时，它都会从交易对手那里获得补贴，其形式是正的 DVA 盯市价值。该补贴只能由实体的债券持有人在自身违约时实现货币化。而每当实体的信用状况改善时，其就会随着其 DVA 的折旧而被有效征税。因此，财富从成功公司的权益持有人转移到了破产公司的债券持有人手中，这样的转移由银行作为金融中介机构进行媒介，并通过传统 CVA/DVA 机制实现。

问：哇！

答：【微笑】太好了，真没想到还有人如此有热情。用现金补贴奖励破产公司可能是一种有争议的做法，因为它扭曲了竞争。但是，从经济角度来看，奖励破产公司无疑是次优的：他们获得的 DVA 收益是通过他们的交易对手以现金支付的，但是，一旦以这种形式收取，它就不能用于投资，而只能由债券持有人在违约时货币化。

问：我明白了……

答：文献 [3] 再次指出，保证金贷款结构可以通过消除长期交易对手信用风险保险和避免有利于违约实体债券持有人的财富转移，帮助扭转宏观经济效应。

问：我似乎明白这方面的一些问题。首先，对于向贷款人提供抵押品的投资者而言，对此进行合理的估值和套期保值将十分艰难。我记得，即使是简单的合成 CDO 也没有令人满意的标准。人们需要经过改进的方法。

答：你不是那个抱怨情况已经太复杂的人吗？但事实上，建模问题已经在诸如 Brigo、Pallavicini 和 Torresetti（2010）[60] 等文献中被强调了。诚然，这需要一个有效的全球估值框架，例如，参见文献 [2] 中的讨论。

问：另一个问题是：如果所有保证金贷款人都因为系统性危机而在某个时候退出，那该怎么办？

答：这确实是一个问题，但文献 [3] 认为，如果停止对违约公司的错误激励，并实施相反的结构（见图 1.1），市场一开始就不太可能出现这样的情况。还有一个包括一家清算所的五方版本。

问：嗯……我知道，如果交易对手信用风险恶化，交易对手将被收取更多费用。这难道不会损害银行与重要客户的关系吗？

答：是的。可以通过在浮动 CVA 上设置一个利率顶和利率底来缓解这个问题。然而，对这一上限风险进行定价和对冲的任务将把我们带回到部分原有问题。然而，部分波动性仍将被中和。

问：但我可以看到浮动 CVA 的吸引力。这就像汽车保险一样。如果你开车好，预计明年会得到交纳更少保费的奖励；如果你开车不好，出了事故，预计你的保费会上涨。每个人都会接受这一点。因此，我认为这对银行也有用。

答：可银行的客户关系要更为复杂，不过，这确实是一个初步的类比。无论如何，要正确评估这一框架，还有许多工作要做，而且它还在不断发展变化。

问：这看起来是一个很好的终点。

答：确实如此。【微笑，但看起来很累】

问：感谢您的时间和耐心。【感激地微笑，但还是有点困惑】

2 背 景

在本章，我们关注广义上交易对手风险的定义和概念。交易对手风险在广义上可从两种不同的观点来考虑。第一种观点是风险测度，导致资本要求修订、交易限制讨论等。第二种观点是估值或定价，导致信用估值调整（Credit Valuation Adjustment，CVA）及其扩展，包括净额结算、抵押、再抵押、清算规范、错向风险和融资成本。我们在上一章中看到一场试图澄清这些问题的对话。在这里，我们提出一个更正式的介绍。包括所有这些方面的主要公式将在第 17 章给出，且以 Pallavicini、Perini 和 Brigo（2011）的研究为基础。在本章，我们只描述这种主要公式的定性特征。

更一般地说，在本章，我们将介绍与"测度"和"定价"观点相关的定义，并将解释这些概念是如何由于相关观点而产生差异的。我们还将解释《巴塞尔协议Ⅲ》和 CVA 的 VaR 计算问题是如何将这两种观点结合起来的。我们还将指出，Canabarro 和 Duffie（2004）的参考文献 [69] 在细节上并不总是完全符合《巴塞尔协议》方法的，但它仍然是一个很好的介绍。我们在这里完全遵循它，尽管我们更新了其论述，以包含最新的发展。

2.1 违约的定义：6 个基本案例

本书讨论的是交易对手风险，即由交易对手违约造成的损失风险。因此，违约是一个至关重要的概念，但对其进行定义并不是轻而易举的。从直觉上讲，这是一个简单的概念：当公司未能履行债务合约中的一些重要义务时，公司就违约了。典型案例是错过了计划的债务支付，不管是利息还是本金支付。但是，错过定期债务支付不会立即转化为违约：通常债务合约允许宽限期。这是在债权人对债务人采取任何行动之前允许的最长付款延迟。典型的宽限期为 15 天。

另外，即使没有错过付款，也可以有违约。例如，雷曼兄弟就是这种情况。事实上，该银行申请破产仅仅是基于对不可持续的财务状况的承认。在其他一些情况下，破产申请是由忧心忡忡的债权人发起的。

我们刚刚遇到了另一个与违约相关的有趣术语——破产，即法院采取正式行为，宣布一家公司不能偿还其债务。因此，这是一种官方承认的违约。存在不同类型的破产，我们就不给出具体细节了，但其是有意义的，因为它们定义了回收偿付过程中发生的情况。

除了上述给出的违约的经典定义外，在当今的金融世界中，对于市场操作者来说，还可能存在不同的违约概念。例如，信用违约互换通常被定义为在参考实体违约时的一个衍生支付保护，但在现实中，偿付是每次"信用事件"被 ISDA 确认时才被触发的，信用事件的这一概念就超出了上述违约定义。ISDA 在 1999 年确定了 6 类可被纳入 CDS 的信用事件。它们分别是：

1. 破产：当法院作出破产判决时，ISDA 将宣布信用事件。

2. 不付款：即使没有正式的破产判决，错过的付款也可能成为信用事件，但并非在所有情况下都如此。它必须是实质性的，即不支付一笔微不足道的款项不是违约。此外，公司可能出于信用以外的原因决定不支付账单，例如，该账单可能会引起争议。在所有此类情况下，都不存在违约。因此，只有在其他条件成立时，ISDA 才会将错过的付款确认为信用事件。

3. 重组：当公司的债务被重新界定时，例如，向债权人建议比原先规定延迟的付款。例如，2000 年，康塞科公司（Conseco）的银行将其贷款的到期时间推迟了 3 个月，这被 ISDA 视为一个信用事件。但穆迪并不认为这是违约，因为 Conseco 同时增加了息票，补偿了债权人。因此，在这种情况下，我们可以有一个信用违约互换，即使在某些其他机构如评级机构看来不存在名义上的违约，且没有发生信用损失，也会触发保护付款。

4. 拒付/延付：这相当于主权国破产。显然，主权国不受法院判决，但是，他们可以发表声明，否认债务或宣布暂停（推迟）其债务。这是主权国典型的信用事件。

5 和 6. 义务和加速违约：这种情况有时被称为技术违约，即对债务合约中某些契约（条款）的违背。例如，有些契约可能要求公司保留一定级别的资本（典型的肯定条款），或者可能禁止公司分配股息（典型的否定条款）。当违反契约时，放款人有权要求立即清偿债务或加速还款。同样，这可能引发拖欠付款或试图重组，导致债权人遭受损失，但这种加速也可能不会引致损失。然而，它可以作为信用事件包含在 CDS 中，从而触发保护付款。

在本书中，我们将主要通过 τ 来表示违约时间，并将其建模为随机时间，且不考虑不同违约之间的上述详细区别。因此，我们不详细讨论违约的法律和行政方面，除非在需要讨论的情况下。我们尽量保持在建模层面进行讨论，尽管在信用市场上需要注意法律和行政细节，我们会在需要的时候这样做。

2.2　风险暴露的定义

在行业中，交易对手风险基于以下定义。

定义 2.2.1：t 时的风险暴露。对于最终到期时间为 T，且 $t \leqslant T$ 时随机现金流的贴现和为 $\prod(t,T)$ 的头寸在 t 时的风险暴露被定义为

$$Ex(t) = (\mathbb{E}_t[\prod(t,T)])^+$$

虽然在交易对手风险定价和度量中，通常考虑的是上面所定义的风险暴露，但考虑带符号的风险暴露有时也是有用的，即没有正号的上述定义。

定义 2.2.2：t 时刻带符号的风险暴露。对于最终到期时间为 T，且 $t \leqslant T$ 时随机现金流的贴现和为 $\prod(t,T)$ 的头寸在 t 时的带符号的风险暴露被定义为

$$Exs(t) = (\mathbb{E}_t[\prod(t,T)])$$

我们将在本书的后面用符号 ε_t 表示 $Exs(t)$，并用 $(\varepsilon_t)^+$ 表示 $Ex(t)$。

通常，$\mathbb{E}_t$ 表示 t 时以市场信息为条件的风险中性预期。因此，一个头寸在给定时间的风险暴露就是该头寸在此时刻为正或为 0 的价格、价值或盯市价值。由于价格在风险中性测度下是按预期来计算的，因此上述定义遵循了合理的框架。给定时间带符号的风险暴露就是该头寸在此时刻不管是为正还是为负的价

格、价值或盯市价值。

如果 $t = 0$ 为当前时间，则 Ex 称为当前风险暴露，Exs 则为带符号的当前风险暴露。

定义 2.2.3：t 时刻和置信水平 q 下的潜在未来风险暴露（Potential Future Exposure，PFE）。头寸 $\prod(t,T)$ 的潜在未来风险暴露 $PFE_q(t)$ 被定义为随机变量 $Ex(t) = (\mathbb{E}_t[\prod(t,T)])^+$ 从当前 0 时刻来看在物理测度 $\mathbb{P}$ 下的 q 分位数。

通常，如 $q = 0.95$，那么 $PFE_q(t)$ 为从 0 时刻来看（从而为随机值）t 时刻的未来值分布的 95% 分位数。且当 $q = 0.95$ 时，符号 q 将被省略。

PFE 可概括描述为曲线 $t \mapsto PFE_q(t,T)$。

定义 2.2.4：在时间间隔 $[0, t]$ 和置信水平 q 下的最大（或最高）潜在未来风险暴露 [Maximum (or Peak) Potential Future Exposure，MPFE]。头寸 $\prod(t,T)$ 在时间间隔 $[0, t]$ 内的最大潜在未来风险暴露 $MPFE_q(t)$ 被定义为随机变量 $Ex(s) = (E_s[\prod(s,T)])^+$ 对于 $s \in [0, t]$ 从当前 0 时刻来看的 q 分位数的上确界：

$$MPFE_q(t) = \sup_{s \in [0,t]} \mathbb{E}_s[\prod(s,T)]^+ \text{ 在 } \mathbb{P} \text{ 下的 } q \text{ 分位数}$$

定义 2.2.5：在 t 时刻的预期风险暴露。头寸 $\prod(t,T)$ 的预期风险暴露被定义为

$$EEx(t) = \mathbb{E}_0^P[Ex(t)] = \mathbb{E}_0^P(E_t[\prod(t,T)])^+$$

需要注意的是，这里的重点在于该外部预期是在物理测度之下的，而不是一个风险中心预期。

定义 2.2.6：预期风险概况（Expected Exposure Profile，EEP）。其被定义为曲线 $t \mapsto EEx(t)$。

在不同的上下文中，其也被称为"信用等价风险暴露曲线"或者"贷款等价风险暴露曲线"。

定义 2.2.7：时间区间 $[t_1, t_2]$ 内的平均预期风险暴露（Averaged Expected Exposure，AEE）。其被定义为时间间隔 $[t_1, t_2]$ 内预期风险暴露的时间均值，即

$$AEE(t_1,t_2) = \frac{1}{t_2 - t_1}\int_{t_1}^{t_2} EEx(t)\,\mathrm{d}t$$

这在业界通常被称为预期正风险暴露，但此术语具有误导性，因为其混淆了时间均值和状态均值。因此，我们使用"预期"来表示状态均值，而使用"平均"来表示时间均值。

在转向信用估值调整（即本书的主题）之前，我们来处理违约风险暴露（Exposure at Default，EAD）和信用在险价值（CrVaR）的定义。EAD 被简单定义。

定义 2.2.8：违约风险暴露（EAD）。违约风险暴露就是在交易对手违约时间 τ（通常为随机值）时的风险暴露价值：

$$EAD = Ex(\tau) = (\mathbb{E}_\tau[\prod(\tau,T)])^+$$

我们现在可以定义与投资组合相关的损失了。如果在最后到期日 T 之前的 τ 时出现违约，则生存方所失去的只是在投资组合价值为正时除了回收值以外的部分，而在组合价值为负时什么也不会损失。事实上，在后一种情况下，不管交易对手是否违约，生存方都必须在解除头寸时进行支付，从而不会再因可能的违约而面临进一步损失。相反，在前一种情况下，在解除头寸后，生存方将有权获得投资组合的正值，但只获得回收值。因此，风险时间范围 $\bar{T} \leq T$ 内（T 通常指的是投资组合的最终到期时间），截至时间 $\bar{T}$ 的违约损失为：

$$L_{\tau,\bar{T},T} := \mathbf{1}_{\{\tau \leq \bar{T}\}}(1 - REC)Ex(\tau) = \mathbf{1}_{\{\tau \leq \bar{T}\}} LGD\,(\mathbb{E}_\tau[\prod(\tau,T)])^+$$

且仅在交易对手提前违约时非零。在这里，我们认为的违约风险是由特定投资组合中的单个交易对手造成的，但一般来说，CrVaR 是基于所有交易对手的总体风险暴露来定义的。此外，尽管我们在最终到期日 T 之前都监控违约，但 CrVaR 通常假定监控 1 年内的违约。我们对单个交易对手 CrVaR 的特定定义对于强调与 CVA 的异同非常有用。

信用 VaR 是按照 VaR 测度的通常定义方式来定义的。它是上述损失的一个百分位数。

定义 2.2.9：信用 VaR（CrVaR）。在给定置信水平 q 和风险时间范围 $\bar{T}$ 下，信用 VaR 即在物理测度 $\mathbb{P}$ 下损失 $L_{\tau,\bar{T},T}$ 的 q 分位数。

$$CrVaR_{q,\bar{T},T} = L_{\tau,\bar{T},T} \text{ 在 } \mathbb{P} \text{ 下的 } q \text{ 分位数} = \mathbf{1}_{\{\tau \leq \bar{T}\}} LGD\,Ex(\tau) \text{ 在 } \mathbb{P} \text{ 下的 } q \text{ 分位数}$$

$$= \mathbf{1}_{\{\tau \leq \bar{T}\}} LGD\,(\mathbb{E}_\tau[\prod(\tau,T)])^+ \text{ 在 } \mathbb{P} \text{ 下的 } q \text{ 分位数}$$

请注意，与风险暴露不同，此数量确实包含了违约标志 $\{\tau \leq \overline{T}\}$。因此，CrVaR 考虑了违约事件发生百分率的场景。如果没有违约，则损失场景为 0；同样，如果在风险时间范围之前就出现违约，但投资组合价值为负，则不会因违约风险而发生损失。

VaR 类型的测度经常因其次可加性而受到批评（例如文献 [147]）。另一种风险测度是预期损失。我们可将其定义如下：

定义 2.2.10：信用预期损失（CrES）。在给定置信水平 q 和风险时间范围 $\overline{T}$ 下，信用预期损失即在物理测度 P 下损失 L_τ 在 q 分位数以外的预期值：

$$CrES_{q,\overline{T},T} = \mathbb{E}_0^P [L_{\tau,\overline{T},T} \mid L_{\tau,\overline{T},T} \geq CrVaR_{q,\overline{T},T}]$$

此风险度量是次可加的，且依赖分位数以外的整个尾部。然而，读者应该记住，尽管是次可加的，但预期损失并不能回答"这个投资组合的尾部到底从哪里开始"这个问题？事实上，列举不同置信水平的百分位数或检查损失分布的整个尾部，可能是比采用 VaR 或 ES 等单个数字要更好的风险分析。肥尾概念对于具有有限名义值的投资组合并不一定是有益的。相反，更重要的是检查概率值在该名义值的有限尾部中是如何分布的。在不同情况下，损失分布尾部结构作为一个整体的重要性已经得到了强调，例如在文献 [60] 中。

2.3 信用估值调整（CVA）的定义

CVA 的详细定义将在第 4 章给出。我们在这里重复该（不对称的或单边的）定义，因为我们的目标是指出其与已经提到的风险测量概念之间的联系。为了清楚起见，我们提出了在无风险清算下没有抵押、再抵押和融资成本时的基本 CVA 公式。即使这个简化的情况也足以突出适当的 CVA 估值的复杂性。

定义 2.3.1：交易对手信用估值调整（CVA）。这被定义为与无违约交易对手交易头寸的价值和与给定交易对手交易时同一头寸的价值之间的差额。从形式上看，如果 τ 为交易对手的违约时间，则 CVA 可被写为

$$CVA = \mathbb{E}_0[(1-R_{EC})D(0,\tau)1_{\{\tau<T\}} (\mathbb{E}_\tau[\prod(\tau,T)])^+]$$
$$= \mathbb{E}_0[(1-R_{EC})D(0,\tau)1_{\{\tau<T\}} Ex(\tau)] = \mathbb{E}_0[(1-R_{EC})D(0,\tau)1_{\{\tau<T\}} EAD]$$
$$= \mathbb{Q}\{\tau<T\} \mathbb{E}_0[(1-R_{EC})D(0,\tau)EAD \mid \tau<T]$$

由于我们在这里谈论的是价值或价格，因此外部预期也处于风险中性测度之下，而不是上述物理测度下。

尽管不现实，但通常都假设回收率是确定性的，并使用 $1 - \text{R{\scriptsize EC}}$ 的预期因子。

上述公式可读作：信用估值调整等于给定违约率损失 $(1 - \text{R{\scriptsize EC}})$ 乘以最终到期日交易对手违约概率 $(\mathbb{Q}\{\tau < T\})$ 乘以交易对手提前违约（交易到期日之前）条件下违约风险暴露在 0 时刻的贴现值。

我们同样注意到，我们可以将违约时间 τ 分装到一组时间间隔之中：

$$(0 = t_0, t_1], (t_1, t_2], \cdots, (t_{n-2}, t_{n-1}], (t_{n-1}, t_n = T]$$

以形成 $(0, T]$ 的时间分区，即

$$CVA = (1 - \text{R{\scriptsize EC}}) \sum_{i=1}^{n} \mathbb{E}_0 \left[D(0,\tau) 1_{\{\tau \in (t_{i-1}, t_i]\}} \left(\mathbb{E}_\tau \left[\prod (\tau, T) \right] \right)^+ \right]$$

$$= (1 - \text{R{\scriptsize EC}}) \sum_{i=1}^{n} \mathbb{E}_0 \left[D(0,\tau) 1_{\{\tau \in (t_{i-1}, t_i]\}} Ex(\tau) \right]$$

现在如果我们采纳用 t_i 替换 τ（只要 τ 在 $(t_{i-1}, t_i]$ 中）而得到的近似值，我们就得到近似 CVA（CVAB）：

$$CVAB = (1 - \text{R{\scriptsize EC}}) \sum_{i=1}^{n} \mathbb{E}_0 \left[D(0,t_i) 1_{\{\tau \in (t_{i-1}, t_i]\}} \left(\mathbb{E}_{t_i} \left[\prod (t_i, T) \right] \right)^+ \right]$$

$$= (1 - \text{R{\scriptsize EC}}) \sum_{i=1}^{n} \mathbb{E}_0 \left[D(0,t_i) 1_{\{\tau \in (t_{i-1}, t_i]\}} Ex(t_i) \right]$$

$$= (1 - \text{R{\scriptsize EC}}) \sum_{i=1}^{n} \mathbb{Q}\{\tau \in (t_{i-1}, t_i]\} \mathbb{E}_0 \left[D(0,t_i) Ex(t_i) \mid \{\tau \in (t_{i-1}, t_i]\} \right]$$

还有一个最终但进一步极度简化的可能。如果我们假设违约标志 $\{\tau \in (t_{i-1}, t_i]\}$ 独立于 t_i 时的市场价值，即对于所有 i 的 $\mathbb{E}_{t_i}[\prod(t_i, T)]$，那么我们可以将预期分解为独立 CVA（ICVAA）：

$$ICVAA = (1 - \text{R{\scriptsize EC}}) \sum_{i=1}^{n} \mathbb{E}_0 \left[D(0,t_i) 1_{\{\tau \in (t_{i-1}, t_i]\}} \left(\mathbb{E}_{t_i} \left[\prod (t_i, T) \right] \right)^+ \right]$$

$$= (1 - \text{R{\scriptsize EC}}) \sum_{i=1}^{n} \mathbb{Q}\{\tau \in (t_{i-1}, t_i]\} \mathbb{E}_0 \left[D(0,t_i) \left(\mathbb{E}_{t_i} \left[\prod (t_i, T) \right] \right)^+ \right]$$

$$= (1 - \text{R{\scriptsize EC}}) \sum_{i=1}^{n} \mathbb{Q}\{\tau \in (t_{i-1}, t_i]\} \mathbb{E}_0 \left[D(0,t_i) Ex(t_i) \right]$$

因此，在此独立性假设与分装下，CVA 是预期贴现风险暴露的加权总和，权重是每个分区中的违约概率。请注意，如果我们取出贴现因子，将风险中性预期替换为物理预期，我们将获得预期风险暴露的相应加权总和。

$$\sum_{i=1}^{n} \mathbb{Q}\{\tau \in (t_{i-1}, t_i]\} P(0, t_i) \mathbb{E}_0^P [Ex(t_i)]$$

$$= \sum_{i=1}^{n} \mathbb{Q}\{\tau \in (t_{i-1}, t_i]\} P(0, t_i) EEx(t_i)$$

因此，如果愿意用物理预期来近似风险中性预期，CVA 就是贴现预期风险暴露的加权总和，而权重为每个分区的违约概率。

备注 2.3.2：重要。现在是指出本书主要是从估值视角处理交易对手风险问题（即计算 CVA 的问题）的正确时机。从之前的定义可以明显看出，这在风险衡量领域也会有所帮助，但本书的重点是估值。还值得注意的是，随着 CVA 在险价值（CVA VaR）在《巴塞尔协议 III》之后变得越来越重要，这两个方面正在融合到一起。我们将在下面进一步讨论这个问题。

2.4 交易对手风险缓释工具：净额结算

在计算上述任何测度时，无论是 EE、PFE、MPFE，还是 CVA，都可能必须考虑交易对手风险缓释工具，即在商定和执行后可显著降低交易对手风险的条款。我们在这里考虑其中的两个，首先从净额结算开始。当某个交易对手的投资者的多个头寸的剩余净现值加起来形成被视为单个金额的总净现值时，即进行净额结算。情况也并非总是如此。让我们用一个虚构的例子来说明这种差异。

示例 2.4.1： 考虑一名投资者针对某交易对手有两个头寸，其在未来时间 t 的净现值分别由正态随机变量 X_1 和 X_2 给出，其中 X_1 和 X_2 是联合正态分布，且均值为 μ_1 和 μ_2，标准差为 σ_1 和 σ_2，相关系数为 ρ。令 $\mu = \mu_1 + \mu_2$ 和 $\sigma^2 = \sigma_1^2 + \sigma_2^2 + 2\rho\sigma_1\sigma_2$，分别表示两个随机变量之和的均值和方差。$t$ 时刻的相关风险暴露为 X_1^+ 和 X_2^+。

如果交易对手在 t 时刻违约，那么在没有净额结算时，对于由 X_1 和 X_2 组成的资产组合的风险暴露而言，投资者会在第一个头寸中损失 $(1 - REC)X_1^+$，而在第二个头寸中损失 $(1 - REC)X_2^+$。在存在净额结算时，投资者将从整个头寸中损

失 $(1-REC)(X_1+X_2)^+$，因为正数检查将被应用于整个净额轧差后的投资组合。众所周知，一般来说，对于任何两个实数，有

$$(X_1+X_2)^+ \leqslant X_1^+ + X_2^+$$

特别是对于我们的两个随机变量而言。因此，净额结算会减少交易对手风险调整。

在上面的高斯分布例子中，我们甚至可以计算得到净额结算例子中的预期风险暴露：

$$EEx_{Net} = \mathbb{E}\left[(X_1+X_2)^+\right] = \sigma\varphi(\mu/\sigma) + \mu\Phi(\mu/\sigma)$$

以及非净额结算中的预期风险暴露：

$$EEx_{NoNet} = \mathbb{E}\left[X_1^+ + X_1^+\right] = \sigma_1\varphi(\mu_1/\sigma_1) + \mu_1\Phi(\mu_1/\sigma_1) \\ + \sigma_2\varphi(\mu_2/\sigma_2) + \mu_2\Phi(\mu_2/\sigma_2)$$

其中，与通常一样，Φ 为标准正态累积分布函数，而 φ 为其密度函数。在净额结算例子中存在明显的好处，因为负的相关性能降低预期的价值。事实上，作为一个基本示例，我们可以将无净额结算与净额结算预期风险暴露之间的差异表示为相关性的一个函数，并为简化起见，假设有 $\mu_1=\mu_2=0$ 和 $\sigma_1=\sigma_2$。可得：

$$EEx_{NoNet} - EEx_{Net}(\rho) = \frac{\sigma_1}{\sqrt{\pi}}(\sqrt{2}-\sqrt{1+\rho})$$

我们清楚地看到，在这个虚构示例中，相关性为1的情况会导致在净额和非净额结算之间没有差异，而相关性为 -1 的情况则导致最大的差异。这是显而易见的：具有相同均值和方差且相关性为1的两个高斯分布是基本一致的，所以它就像计算 $(X_1+X_1)^+ = (2X_1)^+ = 2X_1^+$ 一样，这与非净额结算情况下的 $X_1^+ + X_1^+ = 2X_1^+$ 相同。相反，如果相关性为 -1，则就像说一个高斯分布是另一个高斯分布的反向，这导致在净额结算时有 $(X_1-X_1)^+ = (0)^+ = 0$，而在非净额结算时有 $X_1^+ + (-X_1)^+ = |X_1|$。例如，假设两个头寸中每个单一头寸的波动率为20%。当相关性为0时（两个头寸相互独立），则非净额与净额信用风险暴露之间的差约为名义本金的4.7%，而在相关性为1时（完全相互依赖），差额为0。这显然是一个非常大的变化，它指出了在相关性小于1的环境中进行净额结算的重要性。

即使在这个简单的例子中，相关性在显示净额结算的好处方面也起到了关键作用。熟悉利率衍生品的人会认识到在利率上限和互换权估值上的相似之处。后者的估值取决于相关性，但前者则不是这样。

随着投资组合规模的扩大和资产分布变得更加复杂，模式可能不那么简单，但即使是上面的简单示例也指出了净额结算的重要性。

2.5 交易对手风险缓释工具：抵押

非正式地，在贷款和贷款交易中，抵押品是借款人的资产，如果借款人违约，则被转移给贷款人，特别是当借款人无法偿还贷款的本金和利息时。违约后，贷款人成为抵押品的所有者。在抵押贷款中，典型的抵押品是在贷款的帮助下购置的房地产。

在银行业，抵押品有两种不同的背景。一种做法是，将某些资产（债券、权益、实物资产）作为特定贷款交易的担保；另一种做法较新，其基础是签署复杂的双边抵押安排，通常涉及流动性抵押品，特别是现金，用于为衍生品交易提供担保。这有时被称为资本市场抵押化，在这种情况下，担保物通常被称为保证金。

抵押品是本书的一个重要课题，因为它作为交易对手风险缓释工具的作用是在全球性金融危机开始后金融市场针对此类风险爆发而给出的主要答案之一。定期交换流动性抵押品以最小化交易对手风险在银行间衍生品交易中是很典型的，因为通常只有银行才拥有必要的基础设施。事实上，维护双边抵押账户需要能够经常性地和准确地重新评估与交易对手的整个金融交易组合，以及每次投资组合价值发生变化时和每次支付利息时定期提交或提取现金的可用性。这突出了现代抵押品的两个重要特点：一是抵押品必须与交易对手交易组合的盯市价值保持一致（如果盯市价值对我来说为负，我将不得不提交抵押品；而当盯市价值为正时，我将收到抵押品）。二是一方向另一方提交的抵押品将赚取利息，通常每日结算（实际上，提交抵押品只是一个担保，财产仅在违约时被转移）。最近，一些大型公司交易对手也建立了定期抵押框架，但对于小型公司来说，这仍然不可行。

2.5.1 信用支持附件（CSA）

愿意交换抵押品的两个交易对手通常会签署一份信用支持附件（Credit Support Annex，CSA），这是一份对衍生品交易的信用风险缓释工具（特别是抵押品）进行规范的法律文件。它是构成 ISDA 主协议的四个部分之一，后者是一个旨在使场外衍生品交易能够被充分和灵活地监管的文件框架。

CSA 定义了在交易对手之间提交或转让抵押品的条款或规则。它包括一些关键方面，如门槛——高于该值后抵押化就必须开始的盯市价值、最低转让金额（定义抵押品与实际触发调整的盯市价值之间的最小不匹配的另一个门槛值）、合格抵押品（哪些证券可用作抵押品）、适合用作抵押品的证券的减记（有 20% 减记的债券意味着必须提交现价 120 美元的债券才能确保 100 美元的风险敞口）以及投资组合重估和抵押品再平衡的频率。最后一个要素有助于确定风险保证金期限，即上次与违约交易对手交换抵押品的时间段和计算违约清算金额的时间。

双方有可能根据需要设置此类要素，但实际上有一些非常标准化的选择。ISDA 大力鼓励在担保协议中进行协调，并为此发布了一份名为《场外衍生品抵押流程最佳做法》的文件。让我们看看关于本文件的一些有趣观点。

该文件首先指出了抵押管理中精确性和及时性的重要性。抵押品，当它不是现金时，应每天进行价值重估，且风险暴露应及时计算以符合标准市场惯例，以便使保证金催收可以基于协议所涵盖交易的精确盯市价值（该值被称为变动保证金），基于对以前持有或提交的抵押品的正确估值，以及基于可能存在的独立金额（在交易开始时固定且通常超过变动保证金的抵押品金额）。该文件还强调实现抵押品管理自动化的需要，特别是"各方应具备系统能力和程序框架，以允许在 CSA 中商定的时限内交付抵押品"。

其主要目标是尽量减少风险暴露估值差异所引发的抵押纠纷。在这种情况下，《ISDA 抵押争议解决程序》强调，"公司应能够定期或临时从其抵押系统中轻松提取交易文件，以便在发生抵押争议时进行投资组合对账"，从而各方能够看到哪些交易在估值上产生了差异。此外，公司应建立内部流程，包括前台、中台和后台，以调查抵押争议的原因。为了避免这种争议过于频繁，使程序陷入瘫痪，"各方之间应讨论和达成谅解，以确定他们认为哪些是显著的盯市价值差异，以及实质交易记账差异和可能出现的任何其他差异"。在任何情况下，各方都需要有有效的沟通渠道来提出和解决相关争议，这些争议可能是由估价的时间差异、使用的不同参数或不同估值模型造成的。最后一件新奇的事情是，

ISDA承认，近年来，计算抵押品利息的利率已经达到历史低点，以至于分析师和建模者开始允许未来出现负利率的可能性。然而，ISDA建议，应计利息不应降至负数。为了避免这种情况，应设定适用于抵押品的利率下限。

2.5.2 新标准CSA的ISDA提案

2011年11月3日，ISDA发布了一份报告，概述了其新的标准信用支持附件（SCSA）的计划。SCSA旨在将双边场外衍生品的抵押机制与已清算衍生品交易的抵押化保持一致，并模仿某些主要清算所的抵押机制，其中最引人注目的是伦敦清算所（LCH），它是全球最大的利率互换清算机构之一。

ISDA建议根据SCSA修补和标准化以下变量，即各方在当前CSA下可能会修改的变量：
- 抵押品资格
- 阈值金额
- 已提交抵押品的利息
- 基于交易对手信用评级的初始保证金要求

新SCSA合约的主要特点是删除现有ISDA信用支持附件中的任择性；促进在衍生工具贴现中采用隔夜指数互换（OIS），以使现金抵押品的应计利息与标的衍生品交易贴现率保持一致；建立一个同质的抵押品估值框架，以减少更替与估值纠纷。

SCSA保留了当前CSA的操作机制，但修改了抵押品计算，以便衍生品风险暴露及其轧差抵押品头寸按货币（仓）分组并独立估值。关于如何将货币仓包含到曲线自助法中，请参阅文献[111]。

2.5.3 抵押作为缓释工具的有效性

交易对手风险因抵押品的存在而明显降低，以至于它几乎可以完全被抵消，只留下某种缺口风险。缺口风险可以是两种情况之一。

第一种情况是，如果证券作为抵押品被提交（而不是现金），那么抵押品价值可能在风险的保证金期间向不利于净债权人的方向变动。第二种情况是，即使抵押品是现金,在两个抵押保证金日期之间,头寸盯市价值也可能会由于系统性事件或交易对手违约所引发的强烈传染而发生巨大变化。那么,交易对手在上次保证金催收时提交的现金抵押品可能不足以作为对生存方的担保,其当前的风险暴露与之前保证金催收时的风险暴露已大不相同。

在 CVA 分析的初始部分,我们将对交易对手风险进行定价,并假设没有抵押品被提交。当交易对手是公司时,这是一个相对常见的情况。让我们回顾一下文献 [192] 中的采访,该访谈报道了德国主要航空公司的情况:

航空公司 [……] 没有在其衍生品交易中提交抵押品。

对于抵押品被提交的情况(通常是银行间的衍生品交易),在本书后文将一致增加抵押品和保证金要求,这表明抵押品并不总是在显著降低 CVA 风险上有效。事实上,如前所述,在传染性强的情况下,频繁的保证金催收对于降低交易对手风险也可能效率有限。我们将看到这样一个基于信用违约互换作为标的工具的情况。我们还将看到抵押品非常有效的不同案例。

关于抵押品的另一个问题是再抵押,即对交易对手具有正盯市价值的公司有权利重新使用从该交易对手收到的抵押品作为向其他交易对手借款的担保。我们明确将其纳入我们的主公式,尽管业界目前正在就是否应允许抵押品再抵押展开辩论。在这方面,ISDA 认为,抵押品的再抵押和替换是"酌情抵押的标准要素,但最近由于其他产品集的问题,一直受到密切审查"。他们指出,无论如何,授予再抵押权的决定通常是在互惠的基础上作出的,而且无论如何必须是"双方协议的决定"。其他要素,如最低转账金额和阈值,将被简要考虑。

2.6 融资

正如我们在第 1 章的介绍性对话中所指出的那样,当一个人管理交易头寸时,需要获得现金才能执行多项操作:

- 对冲头寸
- 提交抵押品
- 支付息票或名义本金
- 设置准备金
- 支付收到的抵押品的利息

- 管理更新成本

人们可以从财务部门或市场获得现金。人们还可能通过持有头寸而收到现金：息票、名义补偿、正的盯市价值变动、获得一些抵押品、清算支付、收取已提交抵押品的利息等。简而言之，如果一个人进行借款，就将有一个成本，而如果进行贷款，就将获得一些收入。将融资成本纳入估值框架意味着对这些特征作了适当考虑。

在 2007 年次贷危机开始之前，银行的资金成本在不同银行之间是相当同质的，且对每家银行内部而言，不同资金来源的利率是类似的，通常近似于某个独特的无风险利率。在此背景下，对回报现金流的简单贴现提供了衍生品交易价值的可接受近似值。但是，现在需要一种更精确的方法。

关于将融资成本纳入定价的辩论，最近在文献［168］中已得到考虑。该文献对考虑了融资成本的衍生品交易复制问题作了初步分析。然而，其推导有两个问题。首先，一个技术问题是，自我融资条件被简化，这意味着权益将作为一个独立的头寸为自己提供资金。此问题在文献［38］中得到了处理。其次，还有一个更根本的问题：该方法并没有被扩展到包括违约风险。

2.6.1 对融资成本建模的首次攻击

文献［157］和［158］指出了这一点，这是在融资策略中明确引入违约可能性的第一批文献。通过只专注于简单的产品，如零息债券或贷款，它突出了融资成本的一些基本特征。首先，它表明，在衍生交易中借钱的好处可以部分地与债务估值调整（DVA）一起被确认，并指出如果不考虑这点，则存在重复计算的风险。它指出，在计算与贷款相关的融资成本时有两种选择：要么考虑DVA，要么不考虑它。第一种方法似乎更符合精确预期现金流量的计算，但第二种方法似乎更符合对机构流动性资源的审慎管理。

虽然就考虑借款资金调整的部分，该文的做法已被普遍接受，并在加入一些更符合实际的扩展之后被列入后续文献，但贷款这部分引发了一场辩论。文献［74］批评了在收取融资成本时考虑 DVA 融资的可能性，其解释了 DVA 和融资对资产负债表的影响；而文献［125］则对此表示强烈赞成，其解释了投资选择对机构财务前景的影响。关于融资的其他文献包括文献［111］，其分析了货币风险对抵押建模的影响；文献［65］采用 PDE 方法，但在自我融资条件上与文献［168］（再次参见文献［38］）、［85］以及［165］有相同的问题。

在以下各章（主要是第 11 章）中，我们介绍了 Morini 和 Prampolini (2011)[157]这一开创性论文的主要成果。这是将与交易对手风险一致的融资成本考虑在内的这一根本挑战的第一步。

2.6.2 一般融资理论及其递归本质

此外，在第 17 章中，我们遵循了 Pallavicini、Perini 和 Brigo (2011)[165]，该文献与文献［85］一起第一次尝试建立了一个真正全面的框架，其中现金流可以在不同情况下是正数或负数，而且抵押品也具有许多现实特征。

最后一个观察是为了结束本节对融资的介绍。一些从业者主张"融资估值调整"，或 FVA，它具有可加性，从而使投资组合的总价格类似于：

$$\text{调整后价格} = \text{无风险价格} + \text{DVA} - \text{CVA} + \text{FVA}$$

然而，这并不是这么简单。适当纳入融资成本会导致递归定价问题，因为融资调整是价格的函数，而价格又取决于融资调整本身。此类问题可表述为倒向随机微分方程（BSDE，如文献［85］，也参见文献［65］）或离散时间后向感应方程（如文献［165］）。上面的简单可加性结构一般并不存在。这个问题本质上是递归的，因为现金的价值和抵押流程及其融资成本可能取决于衍生工具的未来价格模式，而后者又反过来取决于未来对融资流程的管理。这将定价公式方程转换为一个递归公式。

因此，从完全一般的角度来看，融资和投资成本不能被视为其他调整的简单可加项，如 DVA、CVA 与信用和融资无风险价格。此外，我们将看到，在一般情况下，DVA 和融资之间的关系比文献［157］中的简单设置更为复杂。我们将利用文献［165］的工作，在第 17 章说明融资成本的一致性理论和实践。

2.7 CVA 的在险价值（VaR）和预期损失（ES）

最后，我们通过提出一个将交易对手风险的定价和风险衡量联系起来的问题来结束本章：CVA 的 VaR 或 ES。我们已经在第 1 章的对话中简要讨论了这个问题。

我们在本章前面已指出，信用 VaR 衡量了因某些业务交易对手可能违约而面临的损失风险。CVA 衡量了此风险的定价部分，即由于此风险而对产品价格进行的调整。

现在，人们可能需要及时对 CVA 进行重估和盯市。当 CVA 及时变动并向不利于计算方变动时，计算方将簿记负的盯市价值和损失，但并不是因为交易对手实际发生了违约，而是因为此违约风险的定价发生了恶化。因此，从这个意义上说，计算方正受到 CVA 波动的影响。

有趣的是，CVA 的波动性并不影响产生它的一方，而是影响相反的一方。这与关于浮动利率 CVA 和保证金贷款的讨论有关，参见第 1 章的对话。在传统的预付或固定溢价 CVA 机制下，引用《巴塞尔协议Ⅲ》的话，有：

《巴塞尔协议Ⅱ》解决了交易对手违约和信用迁移风险的问题，但并没有解决由 CVA 造成的盯市损失问题。然而，在金融危机期间，交易对手信用风险造成的损失中约有三分之二是由于 CVA 损失造成的，而只有大约三分之一归因于实际违约。

换句话说，违约价格和市场风险随时间的波动所造成的破坏程度要大于直接风险本身。这就是为什么《巴塞尔协议》正在考虑用 VaR 或 ES 型测度来度量 CVA 风险，并针对 CVA 设置相当严厉的资本费用。因此，大多数机构将需要对其 CVA 进行 VaR 估计。

这很难被准确计算。人们可以模拟 P 测度下一定风险时间范围（如 h 年）内的基本市场变量。然后，在每个场景下，必须根据该场景使用 Q 预期对最终到期日前的剩余 CVA 进行定价。

对于每个场景 $\mathcal{G}_h$，即长达 h 年的市场信息，将有

$$CVA_h(\omega) = \mathbb{E}\left\{(1 - \text{Rec})D(h,\tau)\mathbf{1}_{\{h \leqslant \tau < T\}}\left(\mathbb{E}\left[\prod(\tau,T)\mid\mathcal{G}_\tau\right]\right)^+\mid\mathcal{G}_h(\omega)\right\}$$

将时间区间内的所有价格放在一个直方图中，可获得 $CVA_h(\omega)$ 的损益分布。对于此随机变量的分布，必须选择所选置信水平的 $\mathbb{P}$ - 分位数，按照这种方法可以计算得到 CVA 的 VaR。

定义 2.7.1：CVA 的在险价值（CVAVaR）。给定置信水平 q 和风险时间范围 h，CVA 的在险价值就是 CVA 盯市随机损失 $CVA_0 - CVA_h$ 在物理测度 P 下的 q 百分位数。

$$CVAVaR_{q,h,T} = (CVA_0 - CVA_h(\omega)) \text{ 在 } \mathbb{P} \text{ 测度下的 } q \text{ 分位数}$$

这可能需要子模拟甚至孙模拟，因此计算起来非常困难：

- 首先，必须在 $\mathbb{P}$ 测度下对 h 年内的风险因子场景 ω 进行模拟，即第一次模拟。
- 其次，在获得的每个场景 ω 中，必须以 $\mathcal{G}_h(\omega)$ 为条件对违约时间 τ 内的违约和市场风险因子进行模拟，即第二次模拟。
- 再次，在每个 τ 场景中，资产组合被定价以确定 $\mathbb{E}\left[\prod(\tau,T)|\mathcal{G}_\tau\right]$，即第三次模拟。
- 最后，可以建立损失分布，即随机变量 $CVA_0 - CVA_h(\omega)$ 的 $\mathbb{P}$ 分布，并通过其百分位数得到 VaR。

定义 2.7.2：CVA 的预期损失（CVAES）。给定置信水平 q 和风险时间范围 h，CVA 的预期损失就是物理测度 P 下 CVA 损失超过 q 百分位数的预期值。

$$CVAES_{q,h,T} = \mathbb{E}^P\left[CVA_0 - CVA_h(\omega) | CVA_0 - CVA_h(\omega) \geq CVAVaR_{q,h,T}\right]$$

必须再次强调，CVA 的 VaR 和 ES 并不直接衡量违约风险，它们衡量的是由于随着时间的推移，CVA 价值的不利变化导致盯市损失的风险。

最后，我们需要指出，实际 CVA 和 ES 的 VaR 计算是同时在几个交易对手的交易池上进行的，而不是基于单个交易对手。从这个意义上说，必须通过考虑单个交易对手的相关百分位数或超出该百分位数的预期值来实现对上述定义的一般化，并实现对每个交易对手 CVA 损失的加总：

$$\sum_{i \in 交易对手}(CVA_0^i - CVA_h^i(\omega))$$

其中，上标 i 指的是交易对手 i 的 CVA。

2.8 监管者和《巴塞尔协议Ⅲ》的困境

监管机构希望推荐一种衡量 CVA 风险的方法，该方法标准、客观、完全确定，而且相对易于实施。然而，即使在本章的初始讨论中，也可以明显看到，CVA 可能相当复杂，非常依赖模型，而且很难估价，尤其是在包含一些高级特征时（这点在本书后文会更加明显）。正如我们所看到的，CVA 的 VaR 可能需要子模拟甚至孙模拟，并将大多数系统的场景数量限制在一个荒谬的低水平上。这种情况有办法避免，但其基于一些大胆的假设，在许多情况下，这意味着

CVA 的近似方式存在相当重要的错误。这些近似值主要涉及错向风险，即交易对手违约和基础合约值之间的统计依赖性的影响。我们将在后续章节广泛探讨这个特征，并说明其确实相当依赖模型，很复杂且难以建模。第 5 章着眼于利率的错向风险，并基于文献 [57] 和 [58]。第 6 章展示了大宗商品（原油）的错向风险建模，并且基于文献 [36]。第 7 章具体探讨了信用工具及 CDS 的错向风险，且基于文献 [43]。第 8 章着眼于权益的错向风险，并基于文献 [47]、[55]、[61] 和 [62]。后续各章将关注 CVA 的高级特征，这些特征使 CVA 的 VaR 计算更加复杂。从某种意义上说，很难标准化这个相当复杂的对象，因为合理实现数量适当的场景几乎超出了可用商业（以及据我们所知的所有内部）CVA 系统的能力。从这个意义上说，监管机构可能会考虑采取一种先进的方法，允许机构以可能的最佳方式实施这些措施，并采取事后检查和控制的手段。这可能是一种有效的方法。相反，试图将简单化和可能不充分的方法自上而下地强加给所有机构，将导致难以想象的不良后果。

3

交易对手风险建模

本章重新阐述和扩展了最初在 Brigo（2010）[33]，Brigo 和 Mercurio（2006）[48]，Brigo 和 Pallavicini（2006，2007，2008）[56]、[57]和[58]，Brigo、Morini 和 Tarenghi（2011）[55]，Brigo 和 Alfonsi（2005）[35] 以及 Brigo 和 El – Bachir（2010）[46]中介绍的材料。在本章中，我们将讨论交易对手违约的建模。

我们的讨论必须从交易对手的违约事件开始。违约事件是公司无法承担其对特定实体付款义务的事件。

在数学上，违约由违约时间表示。违约时间（通常用 τ 表示）是一个可通过多种方式进行建模的随机时间。这些年来，基本上有两种范式：
- 结构化/企业价值模型，以及
- 简化/强度/风险率模型

我们将从企业价值模型开始。

3.1 企业价值（或结构化）模型

结构化模型基于 Merton（1974）的工作，其中企业生命与其偿还债务的能力有关。让我们假设，一家企业发行债券，以为其经营活动提供资金，而且该债券具有到期时间 T。在到期时间 T，如果公司不能偿付所有的债券持有人，我们就可以说，这是一个违约事件。在这个背景下，违约可能仅发生在到期时间

T，并且由企业价值低于债务水平触发。在更现实和复杂的结构化模型——Black 和 Cox（1976）[24]中，作为首次通过时间模型家族的一部分，违约也可以发生在到期日 T 之前。在首次通过时间模型中，违约时间是企业价值从上而下到达某个确定的（可能随时间变化）或随机的障碍（最好与安全条款相关）的第一个瞬间，并迫使企业在信用严重恶化时提前破产。从这个意义上讲，企业价值被视为一般性资产，这些模型可使用相同的障碍期权定价数学模型。

3.1.1 几何布朗假设

更为详细地，标准结构化模型的基本假设是，基础过程符合几何布朗运动（Geometric Brownian Motion，GBM），这也是 Black-Scholes 模型中股票常用的过程类型。经典结构化模型（Merton，Black Cox）假设企业价值 V 符合 GBM（Black-Scholes）对数正态动力学。此对数正态性假设被认为是可以接受的。[88]认为，"这个假设【对数正态变量 V】是相当稳健的，而且根据 KMV 自己的实证研究，实际数据完全符合这一假设"。在风险中性测度下，企业价值 V 的 GBM 为

$$dV_t = (r-k)V_t dt + \sigma V_t dW_t$$

其中，r 为无风险利率，k 为红利率，而 σ 为波动率。为简化起见，我们假设这些参数为正的常数，后面我们将把模型扩展到时间依赖参数。

在这些模型中，企业价值 V 是企业权益价值 S 和企业债务价值 D 的总和。特别地，企业权益价值 S 可以被看作企业价值 V 的一种（普通类或障碍类）期权。Merton 特别假设了最后到期时间为 T 的零息票债务。除了可能的零息票债务外，Black 和 Cox 还假设了安全条款，其迫使宣布破产，并在企业自身价值低于某个"安全水平"障碍时，立即用剩余价值偿还债务。这就是在违约结构化模型中引入障碍期权技术的原因。

3.1.2 Merton 模型

在 Merton 模型中，存在一个债务到期时间 T，债务面值 L，以及公司在最终到期时当（且仅当）企业价值 V_T 低于需偿付的债务 L 时会违约。下面展示文献

[33] 使用的 Merton 模型中的一些快速计算。

违约概率。我们知道 V 方程的解满足：
$$\log V(T) = \log V(0) + (r - k - \sigma^2/2)T + \sigma W(T)$$
从而有：
$$\log V(T) = \log V(0) + (r - k - \sigma^2/2)T + \sigma\sqrt{T}N(0,1)$$
其中，$N(0,1)$ 为标准正态随机变量。这意味着，在 Merton 模型中只会在到期日发生的违约事件可被写为 $\{V(T) \leq L\}$，即最终企业价值低于需偿付的债务 L。由于对数函数为递增函数，我们有 $\{V(T) \leq L\} = \{\log V(T) \leq \log L\}$。给定 $V(T)$ 的上述方程，这可转换为
$$\{\log V(T) \leq \log L\} = \left\{ N(0,1) \leq \frac{\log(L/V(0)) - (r - k - \sigma^2/2)T}{\sigma\sqrt{T}} \right\}$$

其概率为
$$\mathbb{Q}\left\{ N(0,1) \leq \frac{\log(L/V(0)) - (r - k - \sigma^2/2)T}{\sigma\sqrt{T}} \right\}$$
$$= \Phi\left(\frac{\log(L/V(0)) - (r - k - \sigma^2/2)T}{\sigma\sqrt{T}} \right)$$

其中，Φ 为 $N(0,1)$ 标准正态随机变量的累积分布函数。

由于 Φ 作为一个累积分布函数是递增的，且对数函数也是递增的，可得 $\log(L/V(0)) = \log L - \log V(0)$ 是随 L 递增而随 $V(0)$ 递减的，从而上面的违约概率公式也是同样的。

如果 $V(0) \to +\infty$，那么有 $\log(L/V(0)) \to -\infty$，从而由 $\lim_{x \to -\infty} \Phi(x) = 0$ 可知，上面的违约概率公式趋于 0。这是直观的：如果 $V(0)$ 距离最终债务水平 L 无限远，那么违约永远不会发生，因此其概率将趋于零。

要计算 Merton 模型中定义为 $\lim_{T \downarrow 0} \frac{\mathbb{Q}\{\tau \leq T\}}{T}$ 的风险率，我们需要计算上面违约概率公式的极限，并为简化起见假设 $r - k - \sigma^2/2 = 0$。我们有
$$\lim_{T \downarrow 0} \frac{\mathbb{Q}\{\tau \leq T\}}{T} = \lim_{T \downarrow 0} \frac{\Phi\left(\dfrac{\log \dfrac{L}{V(0)}}{\sigma\sqrt{T}} \right)}{T}$$

这将导致 0 比 0 类型的极限。这是因为在分子中，分母项从正值趋向于 0，

从而在分子项为负时分数值趋向于负无穷大。考虑到当分子的参数趋向于负无穷大时，正态累积分布函数 Φ 趋向于 0，我们具有 0 比 0 类型的极限。我们应用 De L'Hopital 的极限定理，得到

$$= \lim_{T\downarrow 0} \frac{p\left(\dfrac{\log\dfrac{L}{V(0)}}{\sigma\sqrt{T}}\right)\left(-\dfrac{1}{2T\sqrt{T}}\dfrac{\log\dfrac{L}{V(0)}}{\sigma}\right)}{1} =$$

其中，p 为正态密度函数。

$$p(x) = \frac{1}{\sqrt{2\pi}}e^{-\frac{x^2}{2}}$$

如果假设 $1/\sqrt{T} = y$，由于指数项要比多项式更快地趋向于无穷，极限变为（对于某些常数 A）

$$= \lim_{y\uparrow+\infty} -y^3 \frac{\log\dfrac{L}{V(0)}}{2\sigma} p\left(y\dfrac{\log\dfrac{L}{V(0)}}{\sigma}\right)$$

$$= A \lim_{y\uparrow+\infty} \frac{y^3}{\exp[(y^2(\log(L/V(0))/\sigma)^2)/2]} = 0$$

因此，在 Merton 模型中可得

$$\lim_{T\downarrow 0} \frac{\mathbb{Q}\{\tau \leq T\}}{T} = 0$$

与标准常风险率模型相比，在确定性密度 $\lambda > 0$ 为时间常数时，正如将在本书后文中看到的那样，有

$$\mathbb{Q}\{\tau \leq T\} = 1 - e^{-\lambda T}$$

这时，相似极限有

$$\lim_{T\downarrow 0} \frac{\mathbb{Q}\{\tau \leq T\}}{T} = \lambda > 0$$

这是一个重要区别：像 Merton 模型这样的基本结构化模型没有短期信用价差（极限为 0）。相反，强度模型具有非零的短期信用价差。这是强度模型的建模优势。这意味着，对于非常短的到期时间而言，Merton 模型在拟合非零价差方面将非常困难，而强度模型则没有这样的问题。

继续 Merton 模型中的计算，从而 $t < T$ 时的债务价值为

$$D_t = \mathbb{E}_t[D(t,T)\min(V_T,L)] = \mathbb{E}_t[D(t,T)[V_T - (V_T - L)^+]]$$
$$= \mathbb{E}_t[D(t,T)[L - (L - V_T)^+]] = P(t,T)L - \text{Put}(t,T;V_t,L)$$

其中，Put（时间，到期日，标的资产价格，执行价格）为看跌期权价格，并假设确定性利率（$D(t,T) = P(t,T) = \exp(-r(T-t))$）。

权益价值可被推导为企业价值和债务价值的差（根据看跌看涨期权平价）：

$$S_t = V_t - D_t = V_t - P(t,T)L + \text{Put}(t,T;V_t,L) = \text{Call}(t,T;V_t,L)$$

从而，在 Merton 模型中，权益可被解释为企业价值的一个看涨期权。

3.1.3 Black 和 Cox（1976）模型

现在让我们转到 Black 和 Cox（BC）模型[24]。在这个模型中设置了安全条款，这样一旦企业价值 V_t 达到足够低的"安全水平"$H(t)$，就会被迫偿还其债务。达到此障碍被视为提前违约。假设最终到期日 T 时的债务面值为 L，与以前一样，这个"安全水平"的一个明显候选是贴现回 t 时的最终债务现值，即 $LP(t,T)$。但是，可能想要给交易对手一些宽限，给其一些时间恢复，即使水平低于 $LP(t,T)$，那么"安全水平"就可以选择低于 $LP(t,T)$。

在任何情况下，一旦选择了该障碍，到期时间为 $T_B < T$ 的零息公司债券的价格是最终偿付 T_B 的风险中性预期，该偿付在未触及障碍（未提前违约）的所有场景下为 1，而在触及障碍的所有场景下为 0（或回收额）。显然，此债券的定价就是要解决障碍期权的定价问题，而首次通过时间模型利用障碍期权技术。同样需要注意的是违约时间在简化情况下的不同性质：如果该值小于最终债务到期时间 T，或者在 $V_T < L$ 依然成立的其他情况下为 T，则 τ 现在可被定义为

$$\inf\{t \geq 0 : V_t \leq H(t)\}$$

在所有其他情况下都不存在违约。请注意，值"inf"是 V 首次达到障碍 H 的时间，因此该项被称为"首次通过模型"。

令 $H(t;T)$ 为依赖时间 t 和最终零息债券到期时间 T 的障碍。

Black 和 Cox 假设了一个常参数几何布朗运动：

$$dV(t) = (r-k)V(t)dt + \sigma_V V(t)dW(t) \tag{3.1}$$

如前，指数障碍（忽略 H 中的 T 依赖性）：

$$H(t) = \begin{cases} L & t = T \\ Ke^{-\gamma(T-t)} & t < T \end{cases} \qquad (3.2)$$

其中,γ 和 K 为正的参数。Black 和 Cox 还假设有 $Ke^{-\gamma(T-t)} < Le^{-r(T-t)}$。

第二个假设意味着,按照我们上面所提到的可能性,安全条款要低于最终债务现值。在此框架中,违约时间 τ 被定义如下。

定义 3.1.1:令企业价值动态遵循公式 (3.1)。令债务到期时间为 T,最终债务面值为 $L > 0$,且 $V_0 > L$,并令安全条款提前违约障碍 $H(t,T)$ 由公式 (3.2) 给出,其中 $K \geq 0$ 和 $\gamma \geq 0$ 为障碍参数。假设有 $V_0 > H(0,T)$,那么违约时间被定义为

$$\tau = \inf\{t \in (0,T] : V_t \leq H(t,T)\} \quad (\inf \phi = \infty)$$

注意如果设 $\gamma = 0$,那么可以得到水平障碍的特例。

如果动力学参数是常数,则对于 $U < T$ 可直接计算得到违约/生存概率(例如,文献 [18]):

$$\mathbb{Q}\{\tau > U\} = \Phi\left(\frac{\ln\left(\frac{V_0}{H(0)}\right) + \tilde{v}S}{\sigma_V \sqrt{U}}\right) - \left(\frac{H(0)}{V_0}\right)^{2\tilde{a}} \Phi\left(\frac{\ln\left(\frac{H(0)}{V_0}\right) + \tilde{v}U}{\sigma_V \sqrt{U}}\right)$$

其中,$\tilde{v} = r - k - \gamma - \frac{1}{2}\sigma_V^2$ 且 $\tilde{a} = \frac{\tilde{v}}{\sigma_V^2}$。我们很快就会看到,给定生存概率,在利率的某种假设下,人们可以计算得到 CDS 价格。这允许根据 CDS 数据对模型进行校准,我们将在下面加以说明。

在这一点上,人们可能会怀疑障碍期权技术的额外复杂性是否绝对必要。人们能否使用 Merton 模型,仅在最终债务到期日 T 时检查违约情况,并忘掉提前违约?在比较 Merton 模型与 Black-Cox 模型时,一个合理的问题是,像 Black-Cox 模型中那样引入提前违约,从数值角度看是否会导致显著的差异。

为了说明这确实如此,我们遵循文献 [33],考虑在具有相同参数时 Merton 模型与 Black-Cox 模型之间的差异。在 Black-Cox 模型中,我们采用一个等于 L 的水平障碍,并设 $\gamma = r$ 和 $L = K$ 以尽量接近 Merton 模型的参数。为简单起见,我们假设 $r = k = 0$,并采用两个可能的参数集:

P1:$L/V_0 = 0.9$;$\sigma_1 = 0.2$;

P2:$L/V_0 = 0.2$;$\sigma_2 = 0.6$。

在图 3.1 中，我们将 Merton 模型中的违约概率曲线在上面所给出的两个不同参数集"P1"和"P2"下进行了比较。在图 3.2 中，我们将 Black – Cox 模型中的违约概率曲线与在两个不同参数集"P1"和"P2"下进行了比较。

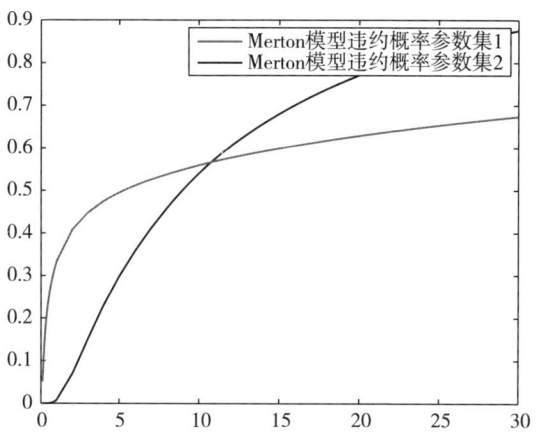

图 3.1　在两个参数集下 Merton 模型违约概率随 T 的变化

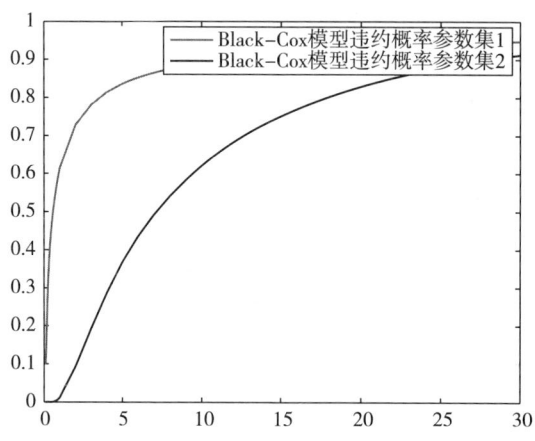

图 3.2　在两个参数集下 Black – Cox 模型违约概率随 T 的变化

在图 3.3 中，我们使用两个不同模型（Merton 与 Black – Cox）中的参数集"P1"比较了违约概率曲线，可以看到差异是相当显著的。同样，在图 3.4 中，我们使用两个不同模型在参数集"P2"下比较了违约概率曲线。同样地，差异仍然显著，尽管与前面的参数"P1"相比差异较小。

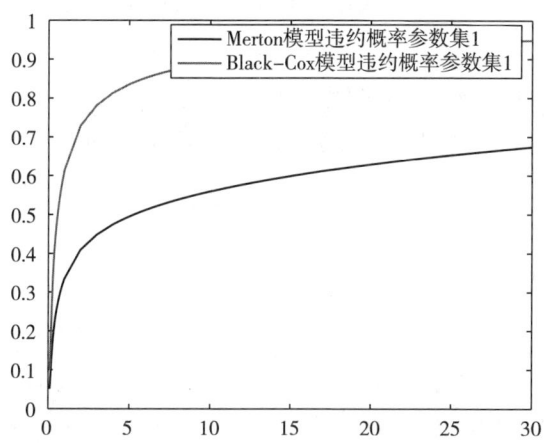

图 3.3 在第一个参数集下 Merton 模型与 Black – Cox 模型违约概率随 T 的变化

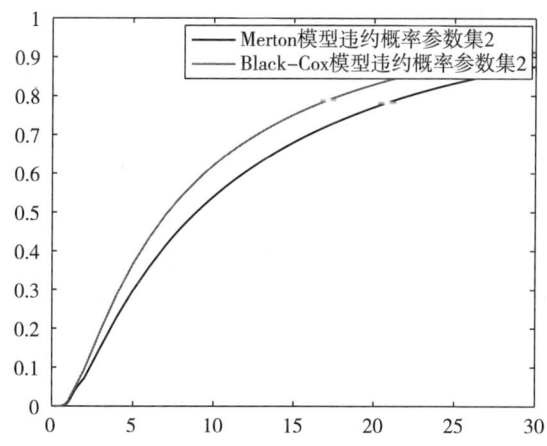

图 3.4 在第二个参数集下 Merton 模型与 Black – Cox 模型违约概率随 T 的变化

通过澄清 Black – Cox 模型与 Merton 模型之间存在的显著区别,我们可以继续应用 Black – Cox 模型。Black – Cox 模型将部分工作用于进一步描述企业的资本结构,以探寻表达债务的最佳方式。

事实上,零息债券债务假设并不总是令人满意的。Black – Cox 模型还得出了债务的闭合表达式,并将债务视为一个无限期债券,即在企业整个生命期内支付连续息票的债券。权益的价值可以通过从企业价值中减去债务的现值来推导。正如我们稍后将展示的,该模型对于具有结构性模型的混合权益/信用产品，在存在交易对手风险时对权益期权和权益回报互换进行定价上可能很有价值。

现在，我们转向市场数据的模型校准，尤其是信用违约互换。在此过程中，我们将强调 Black-Cox 模型的一些重要局限，这将促使我们引入同一模型的扩展，称为 AT1P 和 SBTV。

3.1.4 信用违约互换和违约概率

由于我们处理的是企业的违约概率，因此根据这些概率，考虑其最终目标是为违约事件提供保护的金融工具是有意义的。最具代表性的保护工具之一是信用违约互换（CDS）。CDS 是指提供违约保护以换取定期保费的合约。在这里，我们介绍传统"期付"型 CDS。关于将期付型 CDS 转换为预付型 CDS 的方法，如通过所谓 ISDA 大爆炸，请参阅文献［28］。

考虑两家企业"A"（保护的买方）和"B"（保护的卖方），它们同意以下事项。考虑保护时间窗口 $(T_a, T_b]$，这意味着该保护被商定为针对发生在时间 T_a 和 T_b 之间的违约。如果第三家参考公司"C"（参考信用）在时间 $\tau_C \in (T_a, T_b]$ 内违约，则"B"在时间 $\tau = \tau_C$ 向"A"支付一笔特定金额的"保护性"现金金额 LGD（"C"的违约损失率），并在本节中假设为确定值。此现金金额在"C"违约的情况下是对"A"的一个保护。当"A"风险暴露于"C"时，就会发生典型的简化情况。例如，"A"购买了由"C"发行的几笔公司债券，并正在等待该债券的息票和最终本金支付：如果"C"在公司债券到期前违约，"A"就不会收到此类付款。然后，"A"转向"B"，并购买一些针对这种风险的保护，要求"B"在"C"违约时支付一笔大约相当于债券本金的付款。

通常，LGD 等于本金金额，或本金金额减去回收值。我们用"REC"表示回收率。

作为该保护的交换，企业"A"同意定期在时间集 $\{T_{a+1}, \cdots, T_b\}$（其中 $\alpha_i = T_i - T_{i-1}, T_0 = 0$）上向"B"支付固定的"期付"金额 R（有时也用 S 表示"价差"），称为"CDS 价差"。这些支付构成了 CDS 的"价差方"（与被称为"保护方"或"违约方"的 LGD 支付相反），且 R 是在 0 时就提前固定的；价差支付将持续到违约时间 τ，如果其发生在到期日 T_b 之前，或者直到到期日 T_b

（如果未发生任何违约）。

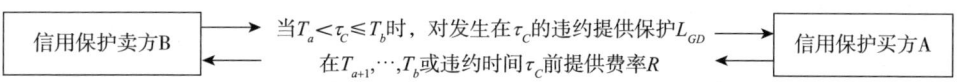

正式地，我们可以将从"A"的视角来看 RCDS（"R"表示期付）未来现金流在 t 时的贴现值记作

$$\prod RCDS_{a,b}(t) := -D(t,\tau)(\tau - T_{\beta(\tau)-1})R1_{\{T_a<\tau<T_b\}} - \sum_{i=a+1}^{b} D(t,T_i)\alpha_i R1_{\{\tau \geq T_i\}}$$
$$+ 1_{\{T_a < \tau \leq T_b\}} D(t,\tau) LGD \tag{3.3}$$

其中，$t \in [T_{\beta(t)-1}, T_{\beta(t)}]$，即 $T_{\beta(t)}$ 为 t 时之后所有 T_i 中的第一个日期，而 α_i 为 T_{i-1} 和 T_i 之间的时间（以年为单位）占1年的比例。

这是现金流的贴现和，还不是价格。为了获得价格，我们需要使用该贴现支付的预期。此支付的定价公式取决于利率动态和违约时间 τ 的假设。用 $\mathcal{F}_t$ 表示无违约时的基本滤子，通常代表利率和其他可能的无违约市场数量（以及简化模型中的强度）的信息流，并用 $\mathcal{G}_t = \mathcal{F}_t \vee \sigma(\{\tau < u\}, u \leq t)$ 表示包括显性违约信息的扩展滤子。在我们目前具有确定性违约障碍的"结构化模型"框架中，两个 sigma-代数在构造上是一致的，即有 $\mathcal{G}_t = \mathcal{F}_t$，因为此处的违约是完全由无违约市场信息所驱动的。强度模型的情况并非如此，其中违约由外部随机变量所控制，且 $\mathcal{F}_t$ 被严格包含在 $\mathcal{G}_t$，即 $\mathcal{F}_t \subset \mathcal{G}_t$。

我们用 $CDS(t, [T_{a+1}, \cdots, T_b], T_a, T_b, R, LGD)$ 或 $CDS_{a,b}(t, R, LGD)$ 表示上面标准期付 CDS 在 t 时的价格。在时间上，某些项是被省略的，例如支付时间列表 $[T_{a+1}, \cdots, T_b]$。一般而言，我们可以根据风险中性定价方法（如文献[18]）来计算 CDS 的价格：

$$CDS_{a,b}(t, R, LGD) = \mathbb{E}\{\prod RCDS_{a,b}(t) \mid \mathcal{G}_t\} = \mathbb{E}\{\prod RCDS_{a,b}(t) \mid \mathcal{F}_t\}$$
$$=: \mathbb{E}\{\prod RCDS_{a,b}(t)\} \tag{3.4}$$

同样地，我们也会将此公式应用到我们的结构化模型设置中。

在市场上，CDS 是用其"平价"R 来表示的，因为市场在 t 时表示的利率 R 满足 $CDS_{a,b}(t, R, LGD) = 0$。为简化起见，假设存在确定性利率，那么有

$$CDS_{a,b}(t,R,LGD) := -R\mathbb{E}\{P(t,\tau)(\tau - T_{\beta(\tau)-1})1_{\{T_a<\tau<T_b\}}\}$$

$$-\sum_{i=a+1}^{b} P(t,T_i)\alpha_i R\mathbb{E}\{1_{\{\tau \geq T_i\}}\} + LGD\mathbb{E}_t\{1_{\{T_a<\tau\leq T_b\}}P(t,\tau)\}$$

$$= -R[\sum_{i=a+1}^{b}(P(t,T_i)\alpha_i \mathbb{Q}\{\tau \geq T_i\}$$

$$+\int_{T_{i-1}}^{T_i}(u-T_{i-1})P(t,u)\mathrm{d}\mathbb{Q}(\tau \leq u))]$$

$$+ LGD\int_{T_a}^{T_b}P(t,u)\mathrm{d}\mathbb{Q}(\tau \leq u)$$

(3.5)

由我们早期的定义，通过直接计算可以得到确定性利率下 CDS 在初始 0 时刻的价格：

$$CDS_{a,b}(0,R,LGD) := -R\int_{T_a}^{T_b}P(0,t)(t-T_{\beta(t)-1})\mathrm{d}\mathbb{Q}(\tau<t)$$

$$-R\sum_{i=a+1}^{b}P(0,T_i)\alpha_i\mathbb{Q}(\tau\geq T_i) + LGD\int_{T_a}^{T_b}P(0,t)\mathrm{d}\mathbb{Q}(\tau<t)$$

(3.6)

这样，在知道生存概率曲线公式 $t \mapsto \mathbb{Q}(\tau \geq t)$ 或违约概率曲线公式 $t \mapsto \mathbb{Q}(\tau < t)$ 时，就如同 Black – Cox 模型那样，可以得到 CDS 的公式。显然，公平利率 R 强烈依赖于违约概率。其理念是，在初始时间 0，使用这些公平的 R 值以及 $T_a = 0$ 和随着到期时间而增加的 T_b 来推导出市场在 0 时评估的违约概率，并用此概率来对企业价值模型进行校准。

3.1.5 针对 CDS 的 Black – Cox（B&C）模型校正：问题

现在，我们转向模型校准。如何从市场数据中获得模型中的参数？尽管到目前我们看到了模型的正数值特征，但 Black – Cox 模型并不容易校准到 CDS 数据。问题是，能否通过将模型公式反转以对应市场报价，使模型与流动 CDS 数据保持一致，以便获得重现市场 CDS 报价的模型参数。这将相当于一个完美的 CDS 校准。

我们正在努力做的事情可以概括为

$$\left.\begin{array}{c}R_{0,1y}^{MktCDS}\\R_{0,2y}^{MktCDS}\\\vdots\\R_{0,10y}^{MktCDS}\end{array}\right\}\leftrightarrow\begin{cases}dV(t) = (r-k)V(t)dt + \sigma_V V(t)dW(t)\\H(t) = \begin{cases}L & t=\bar{T}\\Ke^{-\gamma(\bar{T}-t)} & t<\bar{T}\end{cases}\end{cases}$$

$$\text{模型参数}:\sigma_V, L, K, \gamma$$

通常,有 5~10 个 CDS 市场报价,但在 Black-Cox 模型中只有 4 个参数去校准它们。此外,即使只有 4 个 CDS 报价,这 4 个参数 (σ_V, L, K, γ) 也不够灵活,不足以生成生存概率模式。一个自然的问题是,是否可以扩展模型,使其更灵活,并能够准确获取任何数量的报价 CDS。答案是肯定的,我们下面进行介绍。我们的策略可以总结如下:

$$\left.\begin{array}{c}R_{0,1y}^{MktCDS}\\R_{0,2y}^{MktCDS}\\\vdots\\R_{0,10y}^{MktCDS}\end{array}\right\}\leftrightarrow\begin{cases}dV(t) = (r-k)V(t)dt + \boxed{\sigma_V(t)} V(t)dW(t)\\H(t) = \cdots\end{cases}$$

$$\text{模型参数}: t\mapsto\sigma_V(t), t\mapsto H(t)$$

现在,我们将通过无限参数(例如,$\sigma_V(t)$ 的所有值)来考虑 10 个 CDS 报价。

问题是,我们可以插入一个时间依赖的 V 动态变化,并为生存概率 $\mathbb{Q}(\tau>t)$(从而 CDS 以及其他)保留障碍式分析公式吗?

构建这种模型(如下面的 AT1P)的困难在于,一般来说,当存在时间依赖的波动率或一般弯曲的障碍时,障碍期权问题很难或根本不可能得到解决。

然而,文献中有些研究表明,当障碍具有特定的曲线形状并部分依赖时间依赖波动率时,可以得到障碍期权的解析价格(参见文献 [142] 和 [175])。

我们的 AT1P 模型基于这些结果:事实上,我们的曲线障碍 $\hat{H}(t)$ 将取决于 $\sigma_V(t)$。

在详细讨论 AT1P 模型之前,值得一提的是,对于结构化模型的文献综述(可能包含随机利率和违约障碍),我们参考的是文献 [18] 第 3 章。重要的是要注意到结构化模型作出了一些隐含但重要的假设。正如我们刚刚看到的,他们假设企业价值遵循一个随机过程,类似于描述股票市场中通用股票的过程,并且随时可以观察到此值。这种假设经常被争论,但在基本结构化模型中,通常维持这种假设。因此,与后文的强度模型不同,此处基于无违约市场信息可以完全监控违约过程,而且不会让人感到意外。此外,基于基本公式和标准障碍的结构化模型(Merton,BC)的动力学参数很少,不能完全根据结构化数据(如具有不同到期时间的 CDS 报价)进行校准。Brigo 和 Tarenghi(2004,2005)[61]和[62]首先通过时变波动率和曲线障碍技术扩展了 Black 和 Cox 的首次通过模型,我们将探索这些技术,然后通过随机障碍和波动性场景作进一步扩展。Brigo 和 Tarenghi 的方法保持了模型可处理性,并说明了对 CDS 利率期限结构的校准,还显示了基于 Parmalat 和 Vodafone 数据进行校准的案例研究。文献[49]使用不同参数对结果作了优化。

接下来我们将利用文献[55]对此类模型作概述,以显示对雷曼兄弟 CDS 的校准历史。

3.1.6 AT1P 模型

命题 3.1.2(可解析处理的首次通过(AT1P)模型):假设在无风险利率 r_t、分红率 k_t 和瞬时波动率 σ_t 下,企业价值 V 的风险中性动态由如下公式给出:

$$dV_t = V_t(r_t - k_t)dt + V_t \sigma_t dW_t \tag{3.7}$$

并假设违约障碍(依赖于参数 H 和 B)的形式为

$$H(t) = H\exp\left(\int_0^t (r_u - k_u - B\sigma_u^2)du\right)$$

且令 τ 为 $V(t)$ 由起始值 $V_0 > H$ 首次达到上式中 $H(t)$ 的时间:

$$\tau = \inf\{t \geq 0 : V_t \leq H(t)\}$$

那么,生存概率由如下解析解给出:

$$\mathbb{Q}(\tau > T) = \left[\Phi\left(\frac{\log\frac{V_0}{H} + \frac{2B-1}{2}\int_0^T \sigma_u^2 du}{\sqrt{\int_0^T \sigma_u^2 du}}\right) - \left(\frac{H}{V_0}\right)^{2B-1}\Phi\left(\frac{\log\frac{H}{V_0} + \frac{2B-1}{2}\int_0^T \sigma_u^2 du}{\sqrt{\int_0^T \sigma_u^2 du}}\right)\right] \tag{3.8}$$

关于证明,请参见文献[61]和[55]。

下面几点意见是按顺序的。首先,我们注意到,在命题 3.1.2 的生存概率公式中，H 和 V 从未单独出现，而始终以 V/H 等比率形式出现；这一同质属性允许我们重新缩放公司初始价值，使 $V_0 = 1$，并将障碍参数 H 表示为其一部分。在这种情况下，我们不需要知道企业的实际价值，或其实际债务情况。同样，我们可将障碍重写为

$$H(t) = \frac{H}{V_0} \mathbb{E}_0[V_t]\exp(-B\int_0^t \sigma_u^2 \mathrm{d}u)$$

因此，$H(t)$ 的行为有一个简单的经济解释。t 时违约障碍的支柱是公司资产在 t 时预期价值的一定比例，由参数 H 控制。H 取决于负债水平、安全契约以及更一般地取决于公司资本结构特征。这与 Giesecke（2004）的观察结果一致，其指出 Black–Cox 模型和经验规律之间的一些差异可以用现实性假设来处理，即与企业价值一样，总债务以正比率增长，或企业保持某种目标杠杆比率，如 Collin–Dufresne 和 Goldstein（2001）[80]。

此外，根据参数 B 的值，通过考虑公司资产波动率来修改此支柱是可能的。例如，$B > 0$ 对应于以下解释：当波动率增加（可能独立于信用质量）时，障碍会稍微降低，以在破产前进一步减少公司的缓冲。在以下测试中，我们简单地假设 $B = 0$，这对应于障碍不依赖波动率，且"违约距离"只是简单地通过障碍参数 H 来建模的情况。

3.1.7 基于 AT1P 的案例研究：雷曼兄弟违约史

上述 AT1P 公式（3.8）可用于将模型参数与市场数据相拟合。如果我们的目标是在波动率参数和 CDS 报价之间创建一一对应关系，我们可以外生选择 H 和 B 的值，而不用管在波动率校准中所有的未知信息。如果我们这样做，我们会为每个 CDS 到期时间（包括第一个）确切找到一个波动率参数。在我们的测试中，我们遵循了这种方法，即 H 是在校准之前从外部进行的选择。在文献 [61]、[49] 和 [55] 中，我们还提出了一种在校准中考虑权益波动率的方法。

一般来说，前面的 CDS 校准程序是合理的，因为最终我们感兴趣的不是估计合约背后企业价值的实际过程，而只是使用具有经济意义的模型重现风险中性违约概率。虽然基本过程具有经济解释很重要，但我们无意对其或公司的资本结构进行大幅估算，而是将结构化模型解释视为评估校准输出真实性的工具，

作为核查经济后果和诊断的工具。

在本节中，我们分析了 AT1P 模型在实践中的工作原理，特别是考虑了雷曼兄弟（Lehman Brothers）案例。雷曼兄弟是一家发生深度危机的世界主要银行，以银行违约为结局。为简单起见，我们的测试是使用 CDS 的近似延期回报［详见文献［55］或 Brigo 和 Mercurio（2006）文献［48］］进行的。对 Parmalat 危机（于 2003 年最终违约）的相同模型分析可参见文献［61］和［49］。

雷曼兄弟违约的历史可以概括如下：

- 2007 年 8 月 23 日：雷曼兄弟宣布将关闭其一家房屋贷款机构（BNC 抵押贷款），并裁员 1200 人。该行表示，这将在其第三季度收益中占 5200 万美元费用。
- 2008 年 3 月 18 日：雷曼兄弟公布其第一季度业绩好于预期（但利润已减一半以上）。
- 2008 年 6 月 9 日：雷曼兄弟确认账面亏损 28 亿美元，并宣布计划通过出售股票筹集 60 亿美元新资本。雷曼兄弟股价在下午的交易中下跌超过 9%。
- 2008 年 6 月 12 日：雷曼兄弟动摇了其管理层；其首席运营官和总裁以及首席财务官将被撤职。
- 2008 年 8 月 28 日：雷曼兄弟准备裁员 1500 人。雷曼兄弟的高管们一直在试图敲开全球的大门，以寻求资本注入。
- 2008 年 9 月 9 日：雷曼兄弟股价下跌 45%。
- 2008 年 9 月 14 日：雷曼兄弟申请破产保护，并将在无法找到买家后走向清算。

在这里，我们将展示当被考虑公司的信用质量适时下降时（观察到 CDS 价差的扩大①），AT1P 模型校准的行为。我们将分析三种不同的情况：（1）在危机开始前相对稳定的场景；（2）危机期间的场景；（3）违约前的场景。

在校准过程中，我们设定 $REC = 40\%$，$B = 0$ 和 $H = 0.4$；最后一个选择是完全武断的，且由与 CDS 回收率类似的方式获得。此外，作为比较，我们报告了使用强度模型获得的校准结果。在简单强度模型中，生存概率可以计算为

---

① 对于信用质量不断恶化的 CDS 来说，使用预付价差而不是期付价差是市场惯例。在所谓的 ISDA 大爆炸之后，即使信用质量没有恶化，也可能有些实体会在一个固定的提前指定期付价差之上用预付价差报价。在我们的测试中，我们直接处理等价的期付价差，其可以通过标准技术（如文献［28］）由预付价差获得。

$\mathbb{Q}(\tau > t) = \exp(-\int_0^t \lambda(u)\mathrm{d}u)$,其中 λ 是强度函数或风险率(此处假定为确定的)。我们为 $\lambda(t)$ 选择一个分段的固定形状,并通过自助抽样算法校准到 CDS 报价,稍后我们将详细澄清该算法。

3.1.7.1 雷曼兄弟 CDS 校准:2007 年 7 月 10 日

表 3.1 的左侧是 2007 年 7 月 10 日危机开始前所报的 CDS 价差值。我们看到价差非常低,表明雷曼兄弟的情况稳定。表 3.1 的中间部分是使用强度模型获得的校准结果,而表 3.1 的右侧是使用 AT1P 模型获得的校准结果。

表 3.1　　2007 年 7 月 10 日的校准结果

T_i	R_i(bps)	λ_i	生存率(Int)	σ_i	生存率(AT1P)
2017 年 7 月 10 日			100.0%		100.0%
1 年	16	0.267%	99.7%	29.2%	99.7%
3 年	29	0.601%	98.5%	14.0%	98.5%
5 年	45	1.217%	96.2%	14.5%	96.1%
7 年	50	1.096%	94.1%	12.0%	94.1%
10 年	58	1.407%	90.2%	12.7%	90.2%

注:σ_i 为在 $(T_{i-1}, T_i]$ 期间不变的 AT1P 波动率。$\lambda_i = \gamma(t)$ 为在 $(T_{i-1}, T_i]$ 期间不变的确定性强度,参见第 3.3.1 节。

必须强调,AT1P 模型足够灵活,可以实现精确的校准。

3.1.7.2 雷曼兄弟 CDS 校准:2008 年 6 月 12 日

在表 3.2 中,我们给出了 2008 年 6 月 12 日危机期间的校准结果。我们看到,CDS 的价差 R_i 与之前的情况相比有所上升,但并不很高,表明市场意识到雷曼兄弟的困难,但认为其可以走出危机。校准所得到的生存率低于之前的情况;由于障碍参数 H 没有变化,这导致更高的波动率。

表 3.2　　2008 年 6 月 12 日的校准结果

T_i	R_i(bps)	λ_i	生存率(Int)	σ_i	生存率(AT1P)
2018 年 6 月 12 日			100.0%		100.0%
1 年	397	6.563%	93.6%	45.0%	93.5%
3 年	315	4.440%	85.7%	21.9%	85.6%
5 年	277	3.411%	80.0%	18.6%	79.9%
7 年	258	3.207%	75.1%	18.1%	75.0%
10 年	240	2.907%	68.8%	17.5%	68.7%

注:σ_i 为在 $(T_{i-1}, T_i]$ 期间不变的 AT1P 波动率。$\lambda_i = \gamma(t)$ 为在 $(T_{i-1}, T_i]$ 期间不变的确定性强度,参见第 3.3.1 节。

3.1.7.3 雷曼兄弟 CDS 校准：2008 年 9 月 12 日

在表 3.3 中，我们给出了 2008 年 9 月 12 日雷曼兄弟违约前的校准结果。我们看到价差非常高，对应着更低的生存概率和比之前更高的波动率。

表 3.3　　　　　　　　　2008 年 9 月 12 日的校准结果

T_i	R_i（bps）	λ_i	生存率（Int）	σ_i	生存率（AT1P）
2018 年 9 月 12 日			100.0%		100.0%
1 年	1437	23.260%	79.2%	62.2%	78.4%
3 年	902	9.248%	65.9%	30.8%	65.5%
5 年	710	5.248%	59.3%	24.3%	59.1%
7 年	636	5.947%	52.7%	26.9%	52.5%
10 年	588	6.422%	43.4%	29.5%	43.4%

注：σ_i 为在 $(T_{i-1}, T_i]$ 期间不变的 AT1P 波动率。$\lambda_i = \gamma(t)$ 为在 $(T_{i-1}, T_i]$ 期间不变的确定性强度，参见第 3.3.1 节。

3.1.8　建议

我们看到，AT1P 模型可以精确校准 CDS 市场报价，获得的生存概率与使用强度模型获得的概率是一致的。这证实了一个众所周知的事实，即当利率被假定为与违约无关时，可以用一种独立于模型的方式从 CDS 获得隐含生存概率 [公式（3.6）]。无论如何，在对结果进行更深入的分析后，我们发现：

- 校准中障碍的相关性不足：校准前障碍参数 H 是固定的，所有事情都留给了波动率校准；
- 首次波动率与后续值之间的高差异性。

问题是，当违约边界确定时，扩散模型倾向于仅通过假设一年波动率特别高来校准一年（最短期限的信用价差）的相关违约概率。这是因为，在初始低波动率下，公式（3.7）这类模型的轨迹并不会扩散得足够快以使达到确定障碍的频率足以获得相关违约概率。因此，必须选择高初始波动率来实现这一点。问题还与基于可靠会计数据，违约阈值是时间的一个确定的已知函数这一基本假设相关。这一非常有力的假设通常不是真的：资产负债表信息并不是确定的，可能是因为公司隐瞒了信息，或者因为获得公司资产的实际估值并不容易（例如，在衍生工具的情况下）。公共投资者可能拥有关于公司资产真实价值或者会触发违约的相关负债相依条件的不完整信息。

在 AT1P 模型中，H 是违约障碍初始水平与公司资产初始值之间的比率。为了考虑现实中的市场不确定性，即使以一种简单的方式，H 也可以替换为一个在不同场景下取不同值的随机变量。这是引导我们转向 SBTV 模型的主要理念。

3.1.9　SBTV 模型

当资产负债表信息并不总是可靠或易于估值时，如何明确考虑企业状况的市场不确定性？当企业隐瞒信息，或在流动性不足的情况下导致企业资产和负债估值不确定时，就是这种情况。在第一种情况下，根据如文献［116］所提到的安然（Enron）、泰科（Tyco）和世界通信（WorldCom）等丑闻，市场不确定性的一个关键在于，公众投资者对企业资产的真实价值或可能引发违约的相关负债相依企业的状况仅拥有不完全信息。这促使我们在文献［62］和［49］中处理帕玛拉特（Parmalat）案例时引入 H 的随机性。特别是，由于帕玛拉特的记账缺乏透明度和事实上的欺诈，文献［49］使用初始障碍水平 H 的随机性来表示市场经营者对帕玛拉特实际财务状况的不确定性。在这里，其同样可以很好地代表市场经营者对雷曼兄弟真实财务状况的不确定性。但在这种情况下，不确定性与给雷曼兄弟的大部分资产和负债（非流动性抵押贷款相关组合的信用衍生品）分配公允价值的客观困难相关，并与银行和相关 SIV 以及通道之间联系的内在复杂性相关。

因此，为了在现实中考虑市场不确定性（尽管以简单的方式），H 在下面将由一个随机变量替换，该变量假设在不同场景有不同取值，而每个场景又有不同的概率。

与文献［49］相同，我们判断障碍场景是企业资产负债表上不确定性的高效表示，而精确、高效地校准 CDS 报价可能需要确定性时变波动率。生成的模型称为场景障碍时变波动率 AT1P 模型（SBTV）。这样，我们可以实现对所有市场报价的精确校准。资产价值 V 的风险中性动态由公式（3.7）给出。违约时间 τ 是 V 第一次由上而下触碰障碍的时间，但现在我们的场景障碍为

$$H^l(t) = H^l \exp\left(\int_0^t (r_u - k_u - B\sigma_u^2)\,du\right) = \frac{H^l}{V_0}\mathbb{E}[V_0]\exp\left(-B\int_0^t \sigma_u^2\,du\right)$$

其中，H^l 假设场景 H^1、H^2、$\cdots$、H^N 发生的 $\mathbb{Q}$ 概率分别为 p^1、p^2、$\cdots$、p^N。所有概率均在 $[0,1]$ 之间，且和为 1，H^l 独立于 W。因此，比率 H^l/V_0 依赖场景 l。如果利用迭代预期为违约风险敏感的贴现偿付 $\prod$ 进行定价，那么有

$$\mathbb{E}[\prod] = \mathbb{E}[\mathbb{E}[\prod | H^l]] = \sum_{i=1}^N p^i \mathbb{E}[\prod | H^l = H^i]$$

这使得证券价格为不同场景下证券价格的加权平均，其权重等于不同场景发生的概率。对于 CDS，SBTV 模型下的价格为

$$\text{SBTVCDS}_{a,b} = \sum_{i=1}^N p^i \cdot \text{AT1PCDS}_{a,b}(H^i) \tag{3.9}$$

其中，$\text{AT1PCDS}_{a,b}(H^i)$ 为根据 AT1P 生存概率公式（3.8）在 $H = H^i$ 时计算得到的 CDS 价格。因此，SBTV 模型类似于 AT1P 场景的一个混合。

3.1.10　基于 SBTV 的案例研究：雷曼兄弟违约史

这里我们将说明 AT1P 模型的 SBTV 模型校准是如何实现的。此处同样考虑雷曼兄弟案例。我们的分析仅局限于两个障碍场景（概率为 p^1 的 H^1 和概率为 $p^2 = 1 - p^1$ 的 H^2），因为根据经验，更多的场景并不会增加校准的效力。

在校准中，我们设置更低的障碍参数 $H^1 = 0.4$。如果考虑 M 个 CDS 报价，那么就有 $M+2$ 个未知参数：H^2、$p^1(p^2 = 1 - p^1)$ 以及与 M 个分桶相对应的所有波动率 σ_j。显然，像 AT1P 例子（其中对于每个 CDS 报价 R_j 都有一个未知的波动率 σ_j）中那样的直接拟合是不可能的。精确校准可以通过如下两步法来实现：

1. 将注意力集中于前 3 个 CDS 报价，并设 $\sigma_1 = \sigma_2 = \sigma_3 = \bar{\sigma}$。现在对于 3 个未知量（$H^2$、$p^1$ 和 $\bar{\sigma}$）有了 3 个报价，可以对这些参数进行最优拟合（由于模型还不够灵活，这还不是精确校准）。

2. 此时再次考虑所有 M 个 CDS 报价，并利用刚获得的 H^2 和各个 p 来对 M 个波动率 σ_j 进行二次校准，以实现精准拟合。需要注意的是，如果首次校准足够好，那么二次校准对 $\sigma_{1,2,3}$ 的优化就可被忽略。

3.1.10.1　雷曼兄弟 CDS 校准：2007 年 7 月 10 日

在表 3.4 中，我们给出了校准后的障碍参数值及其相应概率，并在表 3.5 中

显示了校准结果。

表3.4　　　　　　　　　场景障碍及其概率

场景	H	p
1	0.4000	96.2%
2	0.7313	3.8%

表3.5　　　　　　　针对2007年7月10日的校准结果

T_j	R_j（bps）	σ_j	生存率（SBTV）	σ_j	生存率（AT1P）
2007年7月10日			100.0%		100.0%
1年	16	16.6%	99.7%	29.2%	99.7%
3年	29	16.6%	98.5%	14.0%	98.5%
5年	45	16.6%	96.1%	14.5%	96.1%
7年	50	12.6%	94.1%	12.0%	94.1%
10年	58	12.9%	90.2%	12.7%	90.2%

通过表3.4和表3.5的结果可以发现，在雷曼兄弟相当稳定的情况下，更低障碍场景（更高信用质量）的概率非常高，而更高障碍场景（更低信用质量）的概率较低。同样，通过比较AT1P校准的结果，我们发现现在校准后波动率在所有期限分桶中都相当稳定，这对于企业价值动态变化而言是一个理想状态。

3.1.10.2　雷曼兄弟CDS校准：2008年6月12日

通过表3.4和表3.5的结果可以发现，（最差信用质量下的）障碍参数H^2相对于2007年7月10日的校准结果来看既具有更高的值（更接近违约），又具有更高的概率。这是由更高的CDS价差造成的。此外，由于拟合波动率并没有增加多少，我们认为最差信用质量可能已反映在更高违约障碍场景（恶化的信用质量）的更高概率上。

表3.6　　　　　　　　　场景障碍及其概率

场景	H	p
1	0.4000	74.6%
2	0.7971	25.4%

表 3.7　　　　　　　　　　针对 2008 年 6 月 12 日的校准结果

T_j	R_j（bps）	σ_j	生存率（SBTV）	σ_j	生存率（AT1P）
2008 年 6 月 12 日			100.0%		100.0%
1 年	397	18.7%	93.6%	45.0%	93.5%
3 年	315	18.7%	85.7%	21.9%	85.6%
5 年	277	18.7%	80.1%	18.6%	79.9%
7 年	258	17.4%	75.1%	18.1%	75.0%
10 年	240	16.4%	68.8%	17.5%	68.7%

3.1.10.3　雷曼兄弟 CDS 校准：2008 年 9 月 12 日

此时，CDS 价差有了大幅增长，这可由更高障碍场景具有非常高的 50% 概率，以及场景本身的值更高（从上一情况下的 0.79 和 0.73 增加到 0.84）来加以解释。我们发现，与之前相比波动率并没有较大差异，而更高的违约概率可由更高的违约接近程度和处于这一接近程度（高 H 场景）的高概率来解释。在这一特定情况下，处于风险场景和稳定场景的概率是相同的。

表 3.8　　　　　　　　　　场景障碍及其概率

场景	H	p
1	0.4000	50.0%
2	0.8427	50.0%

3.1.11　建议

我们看到，使用 SBTV 模型进行的校准在生存概率方面与使用 AT1P 模型获得的校准是可比的。在这两种情况下，校准都是准确的。然而，SBTV 模型得到的波动率期限结构更为稳定，其经济解释也更为稳健。

结构化模型的主要缺点之一在于其通常无法解释短期信用价差。事实上，几何布朗运动的漂移部分通常不足以解释极小时间间隔内的非零违约概率。引入违约障碍场景可能是克服该问题的一种方式。事实上，一个很高的场景障碍可能足以解释短期违约概率。

在这一点上,这里所介绍的结构化模型系列的一个自然延伸就是混合股票/信用产品的估值。就此,我们将在后续章节先在权益回报互换中,然后在权益期权中对交易对手风险进行定价。

3.2 企业价值模型:多名称情景下的提示

将企业价值模型扩展到更多对象是直截了当的,尽管在使用 Black – Cox 模型时计算会变得相当复杂。

假设存在对象 1,2,…,n,每个对象的企业价值为 V_i。

表 3.9　　　　　　　　针对 2008 年 9 月 12 日的校准结果

T_j	R_j(bps)	σ_j	生存率(SBTV)	σ_j	生存率(AT1P)
2008 年 9 月 12 日			100.0%		100.0%
1 年	1437	19.6%	79.3%	62.2%	78.4%
3 年	902	19.6%	66.2%	30.8%	65.5%
5 年	710	19.6%	59.6%	24.3%	59.1%
7 年	636	21.8%	52.9%	26.9%	52.5%
10 年	588	23.7%	43.6%	29.5%	43.4%

最简单的模型选择是对所有对象都使用 Merton 模型。这样,每个企业价值 V_i 均遵循由标准布朗运用 W_i 所驱动的几何布朗运动(为简化起见,假设所有对象都使用相同币种):

$$dV_i(t) = (r - k_i)V_i(t)dt + \sigma_i V_i(t)dW_i(t), V_i(0)$$

每个对象有其自己的债务面值 L_i,并都在共同的最后到期日 T 偿付。这里的关键是为不同违约之间的统计相依性或"相关性"进行建模。一个简单方式是引入企业价值之间的瞬时相关性 ρ:

$$d\langle W_i, W_j\rangle_t = dW_i dW_j = \rho_{i,j}dt$$

相关方法是以 CreditMetrics 方法为基础的[121]。

ρ 的估计是一个艰难的任务,因为企业价值并不能直接观察到。但是,既然权益是对企业价值的期权,且是可观察的,原则上我们就可以在模型中将企业价值相关性与权益相关性联系起来,并通过后者对前者进行估计。这一方法在使用时必须非常谨慎：大多数情况下，只有在信用质量很差时，权益市场才会为信用市场提供信息，也就是说，这时的股价已接近0。而在其他情况下，两个市场之间并不必然强相关。

为了改良 Merton 模型以允许提前违约，可以像 Black – Cox 模型或 AT1P 模型那样对不同企业价值进行简单建模，并用上面的方法将企业价值关联起来。但是，在试图对多名称偿付进行定价时（如 CDO 或者违约篮子，这类产品的数学描述参见文献［60］或［33］），使用这样的模型就必须对多重障碍事件进行管理。一般而言，多重障碍事件并非可解析的，从而在多名称情况下使用该模型必须依赖数值方法。当维度大于3时，就很难使用偏微分方程（PDE）方法，使得必须进行大量的对象模拟，这对于障碍监控是非常耗费成本的。这也是多名称首次通过企业价值模型很少被业界用于 CDO 或违约篮子的一个原因。在标的资产并非信用产品时，要计算双边交易的 CVA 和 DVA，只需计算两个违约，任务就会变得简单得多。

关于多名称信用模拟的更多讨论，请参见第3.4节。

3.3 简约（强度）模型

简约模型（当存在适当上下文时也称为强度模型）通过外生跳跃过程对违约作了描述。更确切地说，违约时间 τ 为泊松过程的第一次跳跃时间，该过程具有确定性或随机性（Cox 过程）强度。违约不是由基本市场可观察因素触发的，而是具有独立于所有无违约市场信息的外生成分。用利率、汇率等监测无违约市场，并不能提供有关违约过程的完整信息，而且违约背后也没有经济理由，这同因企业价值达到与债务水平相关的违约障碍而出现违约的结构化模型刚好相反。这类简约模型特别适合对信用价差进行建模，而且其基本形式也很容易根据公司债券数据或信用违约互换（CDS）进行校准。关于强度模型的文献摘要，请参阅文献［18］第8章的开头部分。我们在此将文献［103］和［139］作为一般参考文献，并引用文献［35］、［45］和［46］作为可处理随机强度模型的显式 CDS 校准和 CDS 期权公式的参考文献。文献［46］将跳跃引入信用价差强度模型，同时保持了模型在生存概率、CDS 和 CDS 期权价格上的可解析性。

在引入强度模型的同时,我们想解释的关键点之一是为什么这些模型非常适用于信用价差。

在基本简约模型或强度模型中,违约时间 τ 是泊松过程的首次跳跃。回想(时间非均质的)泊松过程的首次跳跃时间大致遵循如下过程:

假设在 t 时之前没有出现违约(跳跃),那么在下一个 dt 瞬时发生违约(跳跃)的(风险中性)概率为

$$\mathbb{Q}(\tau \in [t, t+dt] | \tau > t, t \text{ 时前的市场信息}) = \lambda(t) dt$$

其中,为了简化,假设"概率" dt 因子 λ 严格为正,且一般被称为强度或风险率。

进一步定义

$$\Lambda(t) := \int_0^t \lambda(u) du$$

为累积强度、累积风险率或风险函数。现在为了简化,假设 λ 是确定的;由于其为正,其积分将严格递增。关于泊松过程的一个关键事实在于,跳跃时间 τ 根据其自身累积强度 Λ 的变换会导致一个指数随机变量,有

$$\Lambda(\tau) =: \xi \sim \text{均值为 1 的标准指数随机变量}$$

且 ξ 独立于所有其他变量(利率、权益、在为随机强度自身等)。通过对上一个公式求逆,可得

$$\tau = \Lambda^{-1}(\xi)$$

但如果再考虑一下标准指数随机变量的累积分布函数,使得 $\mathbb{Q}\{\xi \geq x\} = e^{-x}$,那么立即可得到

$$\mathbb{Q}\{\tau > t\} = \mathbb{Q}\{\Lambda(\tau) > \Lambda(t)\} = \mathbb{Q}\{\xi > \Lambda(t)\} = e^{-\int_0^t \lambda(u) du}$$

其中,最后一项在结构上与连续复利下的贴现因子是完全相同的。

3.3.1 CDS 校正和强度模型

现在是进一步细究 CDS 持续付费和一次性付费价格的市场报价方式的合适时机。首先必须指出的是,T 一般来说是以季度为间隔的。让我们先从持续付费 CDS 开始。通常在 CDS 合约开始时或息票时间,即 $t=0$,只要违约没有发生,那么市场就会将 R 的值设为 $R_{a,b}^{MID}(0)$,从而使 CDS 在 0 时刻为平价,即

$CDS_{a,b}(0, R_{a,b}^{MID}(0), LGD) = 0$。事实上，对于 $T_a = 0$、T_b 跨越一组规范到期时间（从 $T_b = 1$ 年到 $T_b = 10$ 年）的 CDS 而言，市场对持续付费 CDS 在 0 时刻的报价可通过针对其"公平价格" $R_{a,b}^{MID}(0)$ 的买价和卖价来进行。

我们现在为 CDS 提出一个模型独立的估值公式，其假设利率和违约时间之间是相互独立的。

假设随机贴现因子 $D(s,t)$ 对于所有可能的 $0 < s < t$ 而言均独立于违约时间 τ。

CDS 在 0 时刻的保险费部分在费率为 R 时可被定价为

$$\text{保险费部分}_{a,b}(0;R) = \mathbb{E}\left[D(0,\tau)(\tau - T_{\beta(\tau)-1})R\mathbf{1}_{\{T_a < \tau < T_b\}}\right]$$

$$+ \sum_{i=a+1}^{b} \mathbb{E}\left[D(0,T_i)\alpha_i R\mathbf{1}_{\{\tau \geq T_i\}}\right]$$

$$= \mathbb{E}\left[\int_{t=0}^{\infty} D(0,t)(t - T_{\beta(t)-1})R\mathbf{1}_{\{T_a < t < T_b\}} "\mathbf{1}"_{\{\tau \in [t,t+dt]\}}\right]$$

$$+ \sum_{i=a+1}^{b} \mathbb{E}\left[D(0,T_i)\right]\alpha_i R\mathbb{E}\left[\mathbf{1}_{\{\tau \geq T_i\}}\right]$$

$$= \int_{t=T_a}^{T_b} \mathbb{E}\left[D(0,t)(t - T_{\beta(t)-1})R \, "\mathbf{1}"_{\{\tau \in [t,t+dt]\}}\right]$$

$$+ \sum_{i=a+1}^{b} P(0,T_i)\alpha_i R\mathbb{Q}(\tau \geq T_i)$$

$$= \int_{t=T_a}^{T_b} \mathbb{E}\left[D(0,t)(t - T_{\beta(t)-1})R\mathbb{E}\left[\mathbf{1}_{\{\tau \in [t,t+dt]\}}\right]\right]$$

$$+ \sum_{i=a+1}^{b} P(0,T_i)\alpha_i R\mathbb{Q}(\tau \geq T_i)$$

$$= R\int_{t=T_a}^{T_b} P(0,t)(t - T_{\beta(t)-1})\mathbb{Q}(\tau \in [t,t+dt))$$

$$+ R\sum_{i=a+1}^{b} P(0,T_i)\alpha_i \mathbb{Q}(\tau \geq T_i)$$

其中，我们首先将 $[0, T_b]$ 之间的违约分解为横跨 $[0, T_b]$ 的所有非交小间隔 $[t, t+dt)$ 内的违约之和。然后使用分解上述预期的独立性性质。需要注意的是，"$\mathbf{1}$"$_{\{\tau \in [t,t+dt]\}}$ 项为现在使用的狄拉克 delta 函数 $\delta(t-\tau)dt$ 的非正式表示。通过重排各项并引入"单位保费"，保险费部分变为：

保险费部分$_{a,b}(R;P(0,\cdot),\mathbb{Q}(\tau>\cdot))=R$ 保险费部分$1_{a,b}(P(0,\cdot),\mathbb{Q}(\tau>\cdot))$

保险费部分$1_{a,b}(P(0,\cdot),\mathbb{Q}(\tau>\cdot))$:

$$= -\int_{T_a}^{T_a} P(0,t)(t-T_{\beta(t)-1}) \mathrm{d}_t \boxed{\mathbb{Q}(\tau \geq t)} \qquad (3.10)$$

$$+ \sum_{i=a+1}^{b} P(0,T_i)\alpha_i \boxed{\mathbb{Q}(\tau \geq T_i)}$$

只要给定市场上观察到的 0 时刻初始零息票（债券）曲线（即 $P(0,\cdot)$），并给定 0 时刻的生存概率 $\mathbb{Q}(\tau>\cdot)$（框中的项），该公式就确实是独立于模型的。

类似的公式对于信用保护部分也是成立的，同样也基于违约时间 τ 和利率之间的独立性。

信用保护部分$_{a,b}(LGD) = \mathbb{E}\left[\mathbf{1}_{\{T_a<\tau\leq T_b\}} D(0,\tau) LGD\right]$

$$= LGD \mathbb{E}\left[\int_{t=0}^{\infty} \mathbf{1}_{\{T_a<\tau\leq T_b\}} D(0,t)\delta(t-\tau) \mathrm{d}t\right]$$

$$= LGD \left[\int_{t=T_a}^{T_b} \mathbb{E}\left[D(0,t)\delta(t-\tau)\mathrm{d}t\right]\right]$$

$$= LGD \int_{t=T_a}^{T_b} \mathbb{E}[D(0,t)] \mathbb{E}[\delta(t-\tau)] \mathrm{d}t$$

$$= LGD \int_{t=T_a}^{T_b} P(0,t) \mathbb{Q}(\tau \in [t,t+\mathrm{d}t))$$

那么通过引入"单位名义"信用保护部分，有

信用保护部分$_{a,b}(LGD;P(0,\cdot),\mathbb{Q}(\tau>\cdot))$

= 信用保护部分$1_{a,b}(P(0,\cdot),\mathbb{Q}(\tau>\cdot))$

信用保护部分$1_{a,b}(P(0,\cdot),\mathbb{Q}(\tau>\cdot))$

$$= -\int_{T_a}^{T_b} P(0,t) \mathrm{d}_t \boxed{\mathbb{Q}(\tau \geq t)} \qquad (3.11)$$

在推导这一公式时，我们隐含地使用了一些定理，包括使用富比尼定理将时间积分转换为期望积分。只要给定市场上观察到的 0 时刻初始零息票曲线（债券 $t\mapsto P(0,t)$），并给定 0 时刻的生存概率 $\mathbb{Q}(\tau>\cdot)$（框中的项），最后一个公式同样也是模型独立的。

上述公式给出的生存概率积分可用生存概率自身的斯蒂尔杰斯积分计算得

到，而且在考虑足够低的离散时间步长时，也能很容易地通过黎曼—斯蒂尔杰斯和来求和实现数值近似。

现在回想一下，市场在 0 时刻所报的公平价格 $R = R_{0,b}^{mktMID}(0)$（实际的买卖报价可根据此公平价格获得）使初始保护时间为 $T_a = 0$ 且最终保护时间为 $T_b \in \{1y, 2y, 3y, 4y, 5y, 6y, 7y, 8y, 9y, 10y\}$ 的系列 CDS 的两个费用部分相等，尽管通常仅有部分到期时间 $\{1y, 3y, 5y, 7y, 10y\}$ 是可用的。求解得到：

$$\text{保护部分}_{0,b}(LGD; P(0, \cdot), \mathbb{Q}(\tau > \cdot))$$
$$= \text{保险费部分}_{a,b}(0, R_{0,b}^{mktMID}(0); P(0, \cdot), \mathbb{Q}(\tau > \cdot))$$

其中，部分 $\mathbb{Q}(\tau > \cdot)$ 从 $T_b = 1y$ 开始，并发现市场隐含生存率为 $\{\mathbb{Q}(\tau \geq t), t \leq 1y\}$；将此插入 $T_b = 2y$ 的 CDS 公式，然后求解 $T_b = 2y$ 时的相同公式，发现市场隐含生存率为 $\{\mathbb{Q}(\tau \leq t), t \in (1y, 2y]\}$，并依此类推直到 $T_b = 10y$。

这是在模型独立方法中从 CDS 报价剥离生存概率的方式。这里并不需要使用违约的强度模型或者结构化模型。

市场在进行上述剥离时通常会使用风险函数，并假设存在与违约时间相关联的风险函数。现在就如同上面的确定性强度模型那样，假设存在一个确定的强度

$$\lambda_t = \gamma(t), \ \Gamma(t) = \int_0^t \gamma(s) \mathrm{d}s$$

并简要描述（风险函数）隐含的确定性累积强度 Γ，其满足

$$\mathbb{Q}\{\tau \geq t\} = \exp(-\Gamma(t)), \ \mathbb{Q}\{s < \tau \leq t\} = \exp(-\Gamma(s)) - \exp(-\Gamma(t))。$$

通常，函数 $\gamma(t)\mathrm{d}t$ 的解释如下：在 t 时之前没有违约的情况下，在 $[t, t + \mathrm{d}t)$ 期间的违约概率为

$$\mathbb{Q}(\tau \in [t, t + \mathrm{d}t) | \tau > t, \mathcal{F}_t) = \gamma(t)\mathrm{d}t$$

此时，无法基于 γ 的积分 Γ 和初始利率曲线推导出 CDS 的价格公式，因为根据上述期望有

$$CDS_{a,b}(t, R, LGD; \Gamma(\cdot))$$
$$= 1_{\{\tau > t\}} \Big[-R \int_{T_a}^{T_b} P(t, u)(u - T_{\beta(u)-1}) \mathrm{d}_u (e^{-(\Gamma(u))-(\Gamma(t))}) \qquad (3.12)$$
$$+ \sum_{i=a+1}^{b} P(t, T_i) R \alpha_i e^{\Gamma(t) - \Gamma(T_i)} + LGD \int_{T_a}^{T_b} P(t, u) \mathrm{d}_u (e^{-(\Gamma(u) - \Gamma(t))}) \Big]$$

通过在 $t=0$ 和 $T_a=0$ 时使上面关于 γ 的表达式等于0，并将其插入 R 的相关市场报价，可针对不断增加的到期时间 T_b 从 CDS 市场报价中抽取出相应的 γ，并获得市场隐含的 γ^{mkt} 和 Γ^{mkt}。

进一步，可发现 Γ^{mkt} 满足

$$CDS_{0,b}(0,R_{0,b}^{mktMID}(0),LGD;\Gamma^{mkt}([0,T_b])) = 0, \quad T_b = 1y, 2y, 3y, 5y, 7y, 10y$$

如对于不同的到期时间 T_b 给出了 $R_{0,b}^{mktMID}(0)$，就可假设 γ 为分段常量（或者分时线性或样条线性），并随着 T_b 的增加用迭代方式反转价格，推导出每个时间的新部分 γ，其与新增加到期日上的 R 是一致的。

重要的是要指出，通常实际模型假设 τ 更为复杂，并可能涉及随机强度，正如我们很快将会看到的那样。即便如此，γ^{mkt} 仍保留为 CDS 利率市场报价的报价机制，并可能被视为更复杂模型校准的输入项，尤其是在下面处理随机强度模型时。

一次性付费 CDS 是通过信用保护部分的现值来简单报价的。在确定性风险率 γ 下，有

$$UCDS(t,T_a,T_b,R,LGD;\Gamma(\cdot)) = -\mathbf{1}_{|\tau>t|} LGD \int_{T_a}^{T_b} P(t,u) \mathrm{d}_u(\mathrm{e}^{-(\Gamma(u)-\Gamma(t))})$$

如前，通过使上面关于 γ 的表达式等于相应的一次性付费市场报价，可针对不断增加的到期时间从 UCDS 市场报价中抽取出相应的 γ，并再次获得市场隐含的 γ^{mkt} 和 Γ^{mkt}。

一旦隐含 γ 被估计出来，就很容易从"持续付费 CDS 报价" R 转换到"一次性付费 CDS 报价" UCDS，或者反向转换。事实上，可以看到这两个报价通过以下方式相互关联：

$$UCDS(t,T_a,T_b,R,LGD;\Gamma^{mkt}(\cdot))$$
$$= R_{a,b}(t) \Big[-\int_{T_a}^{T_b} P(t,u)(u-T_{\beta(u)-1}) \mathrm{d}_u(\mathrm{e}^{-(\Gamma^{mkt}(u)-\Gamma^{mkt}(t))})$$
$$+ \sum_{i=a+1}^{n} P(t,T_i) \alpha_i \mathrm{e}^{\Gamma^{mkt}(t)-\Gamma^{mkt}(T_i)} \Big]$$

正如前一章所提到的，所谓 ISDA 大爆炸引入了不同类型一次性付费 CDS，其中存在标准化的固定持续费用 R，而且保护的剩余价值是按一次性价格来结算的。进一步细节和对该大爆炸范式的批判，请参见文献 [28]。

我们在第 3.1.7 部分展示了关于校准后风险率 γ 的一些具体例子。在第

3.1.7 部分，除了说明 AT1P 参数 σ 外，我们还说明了分段固定强度参数 $\gamma(t) = \lambda_i$。回到本节，读者可以将企业价值模型的结果与分段固定强度模型的结果作一个比较。

3.3.2 针对单个 CDS 强度校正的一个简化公式

市场广泛使用一个更为简单的公式来对单一 CDS（即 $CDS_{0,b}$）的常数强度（从而风险率）$\gamma(t) = \gamma$ 进行校准。该公式为

$$\gamma = \frac{R_{0,b}(0)}{LGD} \tag{3.13}$$

该公式是非常便捷的：其应用并不需要利率曲线。而且，如果回想一下第 3.3 节所期望的内容，即强度 $\gamma = \lambda$ 可被解释为瞬时信用价差，那么这一解释也可以扩展到 CDS 利率 R。

在目前背景下，这一简单公式表明，给定常数风险率（以及违约时间和利率之间的后续独立性），CDS 保险费率 R 确实可被解释为信用价差或违约概率。我们现在就来推导这一公式。

假设有一个为 $[0, T]$ 提供保护的格式化 CDS 合约，其中利率（$D(0, t)$）和违约时间 τ 是相互独立的。保险费部分将在违约发生之前按 CDS 的保险费率 R 进行连续支付：这意味着在 $[t, t + dt]$ 期间，保险费部分支付 "Rdt"。通过将发生在 t 时的每笔保险费现金流 "Rdt" 贴现到 0 时，可得 $D(0, t)Rdt$，然后加总 $[0, T]$ 内违约尚未发生（$\tau > t$）的不同瞬时的所有保险费，可得

$$\int_0^T D(0, t) \mathbf{1}_{\{\tau > t\}} R dt$$

信用保护部分与通常一样。那么可写为

$$\text{保险费部分} = \mathbb{E}\left[\int_0^T D(0, t) \mathbf{1}_{\{\tau > t\}} R dt\right] = R \int_0^T \mathbb{E}\left[D(0, t) \mathbf{1}_{\{\tau > t\}}\right] dt$$

$$= R \int_0^T \mathbb{E}[D(0, t)] \mathbb{E}[\mathbf{1}_{\{\tau > t\}}] dt = R \int_0^T P(0, t) \mathbb{Q}(\tau > t) dt$$

以及

$$\text{信用保护部分} = \mathbb{E}\left[LGD\, D(0, \tau) \mathbf{1}_{\{\tau \leq T\}}\right]$$

$$= \text{LGD} \int_0^T \mathbb{E}\left[D(0,t)\delta(t-\tau)\right]\mathrm{d}t = \text{LGD}\int_0^T \mathbb{E}\left[D(0,t)\right]\mathbb{E}\left[\delta(t-\tau)\right]\mathrm{d}t$$

$$= \text{LGD}\int_0^T P(0,t)\mathbb{Q}(\tau \in [t, t+\mathrm{d}t)) = -\text{LGD}\int_0^T P(0,t)\mathbb{Q}(\tau > t)$$

假设违约曲线由常强度模型得出，其中违约为时间同质泊松过程的首次跳跃：$\mathbb{Q}(\tau > t) = \mathrm{e}^{-\gamma t}$。替换

$$\mathbb{Q}(\tau > t) = \mathrm{e}^{-\gamma t}, \mathrm{d}\mathbb{Q}(\tau > t) = -\gamma \mathrm{e}^{-\gamma t}\mathrm{d}t = -\gamma \mathbb{Q}(\tau > t)\mathrm{d}t$$

得到

$$\text{信用保护部分} = -\text{LGD}\int_0^T P(0,t)\mathrm{d}t \mathbb{Q}(\tau > t) = \gamma \text{LGD}\int_0^T P(0,t)\mathbb{Q}(\tau > t)\mathrm{d}t$$

现在回想，市场报出的公平价格 R 使两部分费用相等。求解可得

$$\text{信用保护部分} = \text{保险费部分}$$

即

$$\gamma \text{LGD}\int_0^T P(0,t)\mathbb{Q}(\tau > t)\mathrm{d}t = R\int_0^T P(0,t)\mathbb{Q}(\tau > t)\mathrm{d}t$$

从而得到前文的最初公式。

显然，由于保险费部分的连续支付假设，这个公式只是近似的，而且没有考虑到 CDS 的期限结构，因为其仅基于 R 的单一报价，但是，其可用于任何需要将违约强度或概率快速校准到单个 CDS 报价（如 5 年期）的情况。

备注 3.3.1（解释确定性强度时的注意事项）。在基于确定性分段固定甚至恒定强度而引入上述公式和校准后，需要谨慎行事。正如我们所看到的，强度类似于瞬时信用价差，而来自 CDS/债券历史或隐含波动率的信用价差波动非常大，通常远高于 50%，参见文献 [31] 或 [48] 第 23 章。当假设确定性强度时，我们假设信用价差波动率为零。此外，CDS 报价还包含流动性溢价，且在适用于主权国家或宏观经济相关企业时，还包括外汇风险。最后，CDS 可能会受到信用保护买方或卖方交易对手的违约风险。在仅根据参考信用的违约概率将 CDS 解释为工具时，必须小心。

为了考虑通常较大的信用价差波动率，需要引入随机强度。

如果强度是随机的，t 时后才违约的概率，或直到 t 时都生存的概率，或 t 时的生存概率，为

$$\mathbb{Q}\{\tau > t\} = \mathbb{E}\left[\mathrm{e}^{-\int_0^t \lambda(u)\mathrm{d}u}\right]$$

它是随机利率模型中用 λ 替换短期利率 r 后的零息票债券价格。这就是生存概率被解释为零息票债券、λ 被解释为瞬时信用价差的原因。因此，可为 λ 选择任何（必须为正）随机短期利率模型。我们还会格外注意到，在选择带可能跳跃的 CIR ++ 模型和 λ 的一些可能的变体模型时会出现的问题。强度为正的要求将剔除很多类型的高斯模型，剩下的就是在对数正态或 CIR 过程中进行选择。除其他考虑因素，鉴于需要可解析性来加快校准，我们将主要采用 CIR 模型及其变体。

因此，我们现在将重点介绍 CIR 模型。关于具有不同优点和缺点的不同短期利率模型以及解析公式或数值方法的概述，读者可参考文献 [48]，我们从中借用了对 CIR 模型的阐述。

3.3.3　随机强度：CIR 模型族

我们从无风险短期利率 r_t 的 CIR 模型入手。强度 CIR 模型也将作类似安排。

3.3.4　Cox – Ingersoll – Roll 短期利率模型

Cox、Ingersoll 和 Ross（1985）[83] 所采用的一般均衡公式在 Vasicek（1977）所提出的瞬时短期利率 $r_t = r(t)$ 动态过程的扩散系数中引入了"平方根"项。回想一下，到期日为 T 的随机无违约贴现因子和无违约零息债券在 t 时的价格分别为

$$D(t,T) = \exp\left(-\int_t^T r_s ds\right) \text{ 和 } P(t,T) = \mathbb{E}_t\left[\exp\left(-\int_t^T r_s ds\right)\right]$$

由此产生的 r 模型（以下简称 CIR）由于其可解析性以及相对于 Vasicek（1977）模型而言瞬时短期利率始终为正，多年来一直作为基准模型。它是为数不多的可以直接适用于信用建模的短期利率模型之一。

风险中性测度 Q 下的模型公式为

$$dr(t) = k(\theta - r(t))dt + \sigma\sqrt{r(t)}dW(t), \quad r(0) = r_0 \quad (3.14)$$

其中，r_0、k、θ 和 σ 为正常数。必须施加条件 $2k\theta > \sigma^2$，以确保过程（3.14）无法达到原点，从而保证 r 保持为正。CIR 模型是仿射模型的一个特例，例如参见

文献［48］。

现在，我们考虑稍微偏离该模型对风险市场价格的可解析形式。如果需要对模型客观或物理测度的 P 动态进行建模，则采用以下公式是一个好主意：

$$\mathrm{d}r(t) = [k\theta - (k + \zeta\sigma)r(t)]\mathrm{d}t + \sigma\sqrt{r(t)}\mathrm{d}W^0(t), \ r(0) = r_0 \quad (3.15)$$

其中，W_0 为 P 下的布朗运动。注意在从 Q 变为 P 时，扩散项会以一种特别的方式被修正，以保留两种测度下相同的结构。测度的变化被设计为保持平方根过程结构。由于扩散系数不同，测度的改变也不同。特别地，有

$$\frac{\mathrm{d}Q}{\mathrm{d}P}\bigg|_{\mathcal{F}_t} = \exp\left(-\frac{1}{2}\int_0^t \zeta^2 r(s)\mathrm{d}s + \int_0^t \zeta^2\sqrt{r(s)}\mathrm{d}W^0(s)\right)$$

换句话说，我们假设风险过程 $\zeta(t)$ 的市场价格为短期利率的特殊函数形式 $\zeta(t) = \zeta\sqrt{r(t)}$。总的来说，没有理由这样做，但根据这一选择，我们可获得在两种测度下都可解析的短期利率过程。客观测度下的可解析性有助于进行历史估计和进行 VaR 之类的计算。

请注意，通常两种测度下的公式与此处介绍的公式相反。通常，没有 ζ 的动态过程是一个 P 动态，并添加一个新的参数 ζ 以转变为 Q 测度，这样债券价格将取决于 ζ。因为在定价中，主要使用风险中性测度，我们从 Q 测度下最简单的动态过程开始。这样一来，风险的市场价格与通常考虑的相反。

现在回到风险中性测度 Q。r 过程具有非中心卡方分布特征。更为准确地，用 p_Y 表示随机变量 Y 的密度函数：

$$p_{r(t)}(x) = p_{\chi^2(v,\lambda_t)/c_t}(x) = c_t p_{\chi^2(v,\lambda_t)}(c_t x)$$

$$c_t = \frac{4k}{\sigma^2(1 - \exp(-kt))}$$

$$v = 4k\theta/\sigma^2$$

$$\lambda_t = c_t r_0 \exp(-kt)$$

其中，自由度为 v、非中心参数为 λ 的非中心卡方分布函数 $\chi^2(\cdot, v, \lambda)$ 的密度函数为

$$p_{\chi^2(v,\lambda)}(z) = \sum_{i=0}^{\infty} \frac{\mathrm{e}^{-\lambda/2}(\lambda/2)^i}{i!} p_{\Gamma(i+v/2,1/2)}(z)$$

$$p_{\Gamma(i+v/2,1/2)}(z) = \frac{(1/2)^{i+v/2}}{\Gamma(i+v/2)} z^{i-1+v/2} \mathrm{e}^{-z/2} = p_{\chi^2(v+2i)}(z)$$

其中，$p_{\chi^2(v+2i)}(z)$ 表示自由度为 $v+2i$ 的（中心）卡方分布函数的密度函数。①

$r(t)$ 以 $\mathcal{F}_s$ 为条件的均值和方差分别为

$$E\{r(t)\mid\mathcal{F}_s\} = r(s)e^{-k(t-s)} + \theta(1 - e^{-k(t-s)}),$$

$$Var\{r(t)\mid\mathcal{F}_s\} = r(s)\frac{\sigma^2}{k}(e^{-k(t-s)} - e^{-2k(t-s)}) + \theta\frac{\sigma^2}{2k}(1 - e^{-k(t-s)})^2 \quad (3.16)$$

到期日为 T 的零息票债券在 t 时的价格可以很容易由积分后 CIR 过程的矩生成函数得到，即

$$E_t\left[\exp\left(-u\int_t^T r_s ds\right)\right] = M_A(t,T,u)e^{-M_B(t,T,u)ur(t)}$$

其中，

$$M_A(t,T,u) = \left[\frac{2h_u \exp\{(k+h_u)(T-t)/2\}}{2h_u + (k+h_u)(\exp\{(T-t)h_u\} - 1)}\right]^{2k\theta/\sigma^2}, \quad h_u = \sqrt{k^2 + 2u\sigma^2}$$

$$M_B(t,T,u) = \frac{2(\exp\{(T-t)h_u\} - 1)}{2h_u + (k+h_u)(\exp\{(T-t)h_u\} - 1)}$$

因此，对于 $u=1$，可得债券价格

$$P(t,T) = A(t,T)e^{-B(t-s)r(t)} \quad (3.17)$$

其中，

$$A(t,T) = \left[\frac{2h\exp\{(k+h)(T-t)/2\}}{2h + (k+h)(\exp\{(T-t)h\} - 1)}\right]^{2k\theta/\sigma^2},$$

$$B(t,T) = \frac{2(\exp\{(T-t)h\} - 1)}{2h + (k+h)(\exp\{(T-t)h\} - 1)}, \quad (3.18)$$

$$h = \sqrt{k^2 + 2\sigma^2}$$

关于到期日为 $T>t$，执行价格为 X，以到期日为 $S>T$ 的零息票债券为标的资产，t 时瞬时利率由 $r(t)$ 给出的欧式看涨期权在 t 时的价格，可参见文献 [83] 或 [48]。这也被用于推导利率上限和利率顶的价格。

对于其他属性，包括此模型下的远期测度动态过程和债券动态过程，请参阅文献 [48]。

---

① 有关 χ^2 分布密度函数的有用形式为

$$p_{\chi^2(v,\lambda)}(bz) = \exp\left(\frac{1}{2}(1-b)(z-\lambda)\right)b^{v/2-1}p_{\chi^2(v,b\lambda)}(z)$$

3.3.5 时间非齐次情况：CIR ++ 模型

对于 CIR 模型[83]的如下扩展，即所谓 CIR ++，可参见文献 [48]。在这种情况下，过程 x^α 由公式（3.14）定义，其中参数向量为 $\alpha = (k, \theta, \sigma)$。短期利率动态过程为

$$dx(t) = k(\theta - x(t))dt + \sigma \sqrt{x(t)} dW(t), \quad x(0) = x_0,$$
$$r(t) = x(t) + \varphi(t) \tag{3.19}$$

其中，x_0、k、θ 和 σ 为正的常数，有 $2k\theta > \sigma^2$，从而保证 x 不会达到原点，以使过程 x 保持为正。确定性正时间函数 φ 被加入以严格匹配初始观察到的利率期限结构。

有 $\varphi(t) = \varphi^{CIR}(t;\alpha)$，其中

$$\varphi^{CIR}(t;\alpha) = f^M(0,t) - f^{CIR}(0,t;\alpha),$$

$$f^{CIR}(0,t;\alpha) = \frac{2k\theta(\exp\{th\} - 1)}{2h + (k+h)(\exp\{th\} - 1)} + x_0 \frac{4h^2 \exp\{th\}}{[2h + (k+h)(\exp\{th\} - 1)]^2} \tag{3.20}$$

而 $h = \sqrt{k^2 + 2\sigma^2}$。进一步地，到期日为 T 的零息票债券在 t 时的价格为

$$P(t,T) = \bar{A}(t,T) e^{-B(t,T)r(t)}$$

其中，

$$\bar{A}(t,T) = \frac{P^M(0,T) A(0,t) \exp\{-B(0,t) x_0\}}{P^M(0,t) A(0,T) \exp\{-B(0,T) x_0\}} A(t,T) e^{B(t,T) \varphi^{CIR}(t;\alpha)}$$

而 $A(t,T)$ 和 $B(t,T)$ 由公式（3.18）定义。

关于 $\varphi^{CIR}(t;\alpha)$ 正值性质及其实现的充分条件的研究，读者请参考文献 [48]。

3.3.6 随机扩散强度还不够：加入跳跃的 JCIR（++）模型

在结束本章时，还有一个问题需要提及。我们所引入的 CIR ++ 随机强度模型并不总是能生成高水平隐含波动率。事实上，Brigo 和 Cousot（2006）[45]所作的数值实验就表明，用 CIR ++ 模型找到高达 30% 水平的波动率是很困难的。这主要有两个原因。首先，我们需要保持 φ 为正，而这限制了参数的配置，使高

隐含波动率难以达到。其次，该问题更为根本，并与平方根扩散动态结构相关。假设我们暂时放弃漂移，而使用 r 的时间同质 CIR 模型，或者用其他方法使 $r = x$，$\varphi = 0$，以使

$$dr_t = k(\theta - r_t)dt + \sigma\sqrt{r_t}dW_t$$

直观地看，此模型所生成期权价格的高隐含波动率对应于强度动态中的高波动率参数 σ。但是，要将 r 可实现值限制于正值域，我们需要确保满足以下条件：

$$2k\theta > \sigma^2$$

此条件意味着，如果 σ 较大，必须假设 k 和/或 θ 也较大。不过，这些概率都不是真正可取的。θ 的急剧增加意味着强度过程中均值回归程度的增加，从而 r 应该倾向于可能非常高的值。或者，就 CIR++ 的隐含波动率而言，σ 的增加会导致 k 的大幅增加。实际上，较大的 k 意味着较大的均值回归速度，这反过来又意味着变动轨迹将倾向于以更快的速度重新围绕 θ 运行，从而对于给定的 σ，系统的随机性会更小。综上所述，可以通过增加 θ 来增加隐含波动率，但由于正值条件，这将迫使我们去增加 k，其效果将抵消 σ 的最初增加。实际上，我们已经能够在现实情况下达到 30% 的隐含波动率。然而，当对随机强度 λ_t 而不是 r_t 进行建模时，信用产品中的隐含波动率，特别是在 CDS 市场，可能很容易超过 50%，如参见文献 [31] 或再次参见文献 [48]。这意味着我们可以很容易地找到这样的情况：CIR++ 模型参数没有现实的配置可以产生市场隐含波动率。这尤其令人烦心，因为平方根扩散由于其将强度限制为正值而便于处理，同时也相对可解析。

有关这些问题更为详细的分析，请参阅文献 [46] 的讨论，其建议在 CIR++ 过程中引入跳跃组件，就如同我们现在所做的那样。

3.3.7 跳跃扩散 CIR 模型（JCIR）

我们考虑仿射跳跃扩散（Affine Jump Diffusions，AJD）类模型的特例（如参见文献 [102] 和 [100]）。

在这里，我们根据违约强度 λ_t 而不是短期利率 r_t 进行建模，因为跳跃主要用于为强度建模。在风险中性测度下，λ_t 的动态过程须满足：

$$d\lambda_t = k(\mu - \lambda_t)dt + v\sqrt{\lambda_t}dZ_t + dJ_t$$

其中，J 为到达率 $\alpha > 0$、跳跃规模分布为 $\mathbb{R}^+$ 中 π 的纯跳跃过程。

请注意一个关键点：我们刚才引入的跳跃过程 J 是随机强度动态过程中的跳跃，而不是已经引入的违约过程中与 ξ 相关的基本跳跃。回想一下，τ 确实是适宜的 Cox 过程的首次跳跃。首次跳跃不是 J 跳跃。当仅 J 跳跃时，强度会受到增加的影响，但这里并不存在违约。

另请注意，我们将跳跃限制为正值，保留了基本 CIR 动态所隐含的正违约强度这一有吸引力的特征。此外，假设 π 服从均值 $\gamma > 0$ 的指数分布，且

$$J_t = \sum_{i=1}^{M_t} Y_i$$

其中，M 是强度为 α 的时间同质泊松过程，Y 服从参数为 γ 的指数分布。α 越大，跳跃越频繁，而 γ 越大，发生跳跃的规模就越大。用 $J^{\alpha,\gamma}$ 表示所形成的跳跃过程，以指明影响其动态过程的这些参数。记作：

$$d\lambda_t = \kappa(\mu - \lambda_t)dt + v\sqrt{\lambda_t}dZ_t + dJ_t^{\alpha,\gamma} \tag{3.21}$$

从而将所有参数都反映在动态过程中。

3.3.7.1 债券（或生存概率）公式

既然该模型属于可解析的仿射跳跃扩散（AJD）类模型，生存概率就具有典型的"对数仿射"形状：

$$\mathbb{Q}\{\tau > T | \mathcal{G}_t\} = \mathbf{1}_{\{\tau > t\}} \bar{\alpha}(t,T) \exp(-\bar{\beta}(t,T)\lambda_t) =: \mathbf{1}_{\{\tau > t\}} P^{JCIR}(t,T,\lambda_t)$$

其中，$\bar{\alpha}$ 和 $\bar{\beta}$ 项关于参数 κ、μ、v、α 和 γ 的函数形式[100]是通过求解通常的黎卡提方程得到的。$\bar{\alpha}$ 和 $\bar{\beta}$ 的这些表达式可重整为类似于 CIR 债券价格公式中的经典项 A 和 B，如 Brigo 和 El Bachir[46]：

$$\bar{\alpha}(t,T) = A(t,T) \left(\frac{2h \exp\left(\frac{h+\kappa+2\gamma}{2}(T-t)\right)}{2h + (\kappa + h + 2\gamma)(\exp^{h(T-t)} - 1)} \right)^{\frac{2\alpha\gamma}{v^2 - 2\kappa\gamma - 2\gamma^2}} \tag{3.22}$$

$$\bar{\beta}(t,T) = B(t,T) \tag{3.23}$$

其中，$A(t,T)$ 和 $B(t,T)$ 为来自 CIR 模型的项，且同样有 $h = \sqrt{\kappa^2 + 2v^2}$。

在该表达式中，还必须小心谨慎。大圆括号指数的分母部分可重写为

$$v^2 - 2\kappa\gamma - 2\gamma^2 = \frac{1}{2}[h^2 - (\kappa + 2\gamma)^2]$$

且当 $h = \kappa + 2\gamma$ 时为 0。通过求极限，可知这发生在上面关于 $\bar{\alpha}$ 的表达式被下式

替换时：

$$\bar{\alpha}(t,T) = A(t,T)\exp\left(-2\alpha\gamma\left[\frac{T-t}{\kappa+h+2\gamma} + \frac{e^{-h(T-t)}-1}{h(\kappa+h+2\gamma)}\right]\right)$$

3.3.7.2 CDS 的精确校准：JCIR++ 模型

一般来说，上面的跳跃扩散平方根过程可以根据通常的技巧再次漂移，以获得对信用违约互换的精确校准。事实上，对于前面给出的同质模型，计算漂移所需要的就是债券价格公式。那么，准确复制 CDS 报价的漂移为 CIR++ 漂移的如下一般化：

$$\Psi^J(t,\beta) = \Gamma^{mkt}(t) + \ln\left(\mathbb{E}\left[\exp^{-\int_0^t \lambda_s ds}\right]\right) = \Gamma^{mkt}(t) + \ln(P^{JCIR}(0,t,\lambda_0;\beta)) \tag{3.24}$$

其中，

$$\Gamma^{mkt}(t) = -\ln\mathbb{Q}(\tau>t)^{mkt}$$

这推导出跳跃扩散 CIR++ 模型（JCIR++）。同样，跳跃部分的加入使得找到确保漂移 ψ^J 为正（或等价地，其积分 Ψ^J 递增）的条件越发困难。同时，值得注意的是，不带漂移的基础模型现在有 6 个参数：κ、μ、ν、λ_0、α 和 γ。我们会使用这些参数来校准 5 个 CDS 报价和 1 个期权波动率。

更一般地，一旦通过漂移 $\psi(\cdot,\beta)$ 校准了 CDS 或公司债券数据，就只剩下参数 β 可用于校准进一步的产品。当信用衍生品市场的单名称期权数据变得更加具有流动性时会很有趣。目前，单名称 CDS 期权的买卖价差很大，且意味着要么需要谨慎考虑这些报价，要么需要尝试通过一些临时单名称的重新缩放，从更具流动性的指数期权中推导出波动率参数。目前，我们满足于通过漂移仅对 CDS 进行校准。为了帮助在没有进一步数据的情况下确定 β，可以设置一些参数值，以表示基于交易对手的假设性 CDS 期权隐含波动率的可能合理值，这符合信用价差可能的历史波动率。另一种可能性是使用 CDS 指数（iTraxx 或 CDX）期权的更具流动性的隐含波动率，并进行临时修正以考虑单名称资产的异质性。

3.3.7.3 JCIR++ 模型的模拟

至于仿真，模拟（可能漂移的）J-CIR 过程不比仅模拟扩散部分更加困难。由于布朗运动 Z 和复合泊松过程 $J^{\alpha,\gamma}$ 是相互独立的，Mikulevicius 和 Platen（1988）[150]建议生成跳跃时间和跳跃高度，然后继续实施扩散离散化方案，并在发生时加入跳跃。要在这里应用此方法，除了 CIR 讨论的常规方案外，只需能生成泊松跳跃时间和指数分布的跳跃大小，详情请参阅文献［48］。

还可为 JCIR++ 模型开发 Jamshidian 分解，以便以封闭形式对互换和 CDS 期权进行定价，请参阅文献［46］或文献［48］。

3.3.8 市场不完备性和违约不可预期性

强度模型中随机性 ξ 指数部分的"出乎意料"特征并不是我们不计报酬所要面对的成本。外生成分，除了使模型不完备以外，在一个重要的技术意义上使违约不可预知，并允许非空瞬时信用价差，这与上面所看到的其他重要的（基本）企业价值（或结构化）类模型完全不同。

3.3.9 进一步的模型

我们也应该说，这里给出的情景是信用模型领域的一个简单版本：介绍了融合结构化和强度特征的混合模型，虽然我们并没有在这里对其进行深入分析。

我们还提出了跳跃扩散模型，以取代上面所使用的扩散过程，以及广泛的列维过程类模型。跳跃扩散动态过程可以同时在结构化框架和简约框架中考虑。我们之前已经提到了上述跳跃扩散强度模型的例子。

3.4 强度模型

当处理更多交易对手或分析单笔交易的系统性交易对手风险时，违约时间之间的依赖性就会超越线性相关。当并不存在联合瞬时高斯冲击（布朗运动）时，线性相关并不适用于对变量之间的相依性进行建模，或更一般地说其并不是度量椭圆分布之外相依性的良好参数。因此，Copula 函数常被用于将强度模型联结起来完成这一任务。

3.4.1 相依结构的变量选择

不同交易对手不同违约时间 $\tau_1, \tau_2, \tau_3 \cdots$ 之间的相依性是按如下方式引入的。

在上面的简约化模型中我们已看到，将违约时间 τ 通过其累积强度 $\Lambda(t) = \int_0^t \lambda(s)\mathrm{d}s$ 进行变换会生成独立于任何无违约量的指数分布随机变量：

$$\Lambda(\tau) = \xi \sim 指数的, \mathcal{F} - 独立的$$

如果假设 λ 为正，那么可将 τ 定义为

$$\tau = \Lambda^{-1}(\xi)$$

如果有多个名称资产 1, 2, $\cdots$, n, 那么可将违约时间之间的相依性定义为

$$\tau_1 = \Lambda_1^{-1}(\xi_1), \cdots, \tau_n = \Lambda_n^{-1}(\xi_n)$$

其方式主要有三种：

1. 设置不同名称资产（随机）强度之间的相依性，并使不同名称资产的 ξ 保持独立；

2. 设置不同名称资产 ξ 之间的相依性，并使（随机的或轻微确定性的）强度 λ_i 保持独立；

3. 设置不同名称资产（随机）强度之间以及不同名称资产 ξ 之间的相依性。

下面就让我们详细了解一下这三种可能性。

3.4.1.1 具备独立 ξ 时随机强度之间的相依性

对于选项 1，可以通过为每个 $\lambda_i(t)$ 设置扩散动态过程，并将布朗运动关联起来，引入 $\lambda_i(t)$ 之间的相依性：

$$\mathrm{d}\lambda_i(t) = \mu_i(t, \lambda_i(t))\mathrm{d}t + \sigma_i(t, \lambda_i(t))\mathrm{d}W_i(t)$$
$$\mathrm{d}\lambda_j(t) = \mu_j(t, \lambda_j(t))\mathrm{d}t + \sigma_j(t, \lambda_j(t))\mathrm{d}W_j(t)$$
$$\mathrm{d}W_i\mathrm{d}W_j = \rho_{i,j}\mathrm{d}t, \xi_i 和 \xi_j 相互独立$$

该选项的优点是部分可解析性和易于实施；此外，单个名称资产的违约不会影响其他名称资产的强度。从信用价差的时间序列可以估计历史相关性，并插入模型。而且，在随机强度下，可以对利率和信用价差之间的相关性进行建模，这在某些情况下被认为是一个重要特征。

其缺点包括违约事件之间非现实的（过低的）相依性水平，参见文献 [134]。这可以通过向价差中添加跳跃并使跳跃经常发生来加以改进，这可为不同名称资产的价差之间创建很强的相依性。然而，这会导致相当不自然的传播动态，往往看起来是人为的。

3.4.1.2　具备独立强度 λ 时 ξ 之间的相依性

选项 2 的优点是：可以采用甚至确定性的强度，这使得剥离单个名称资产的违约概率更容易。通过在 ξ 之间设置被称为"Copula 函数"的相依结构，可以在不同名称资产违约时间之间生成理想的、高水平的相依性。

其缺点是：没有自然和可行的历史源估计 Copula 函数，而往往是通过不确切的方法来加以校准。此外，单个名称资产的违约会通过所添加 Copula 函数的偏导数来影响其他名称资产的强度，请参见文献［181］或［43］。在确定性强度的情况下，这种方法忽略了信用价差的波动率，而后者可能相当大（除了一般忽略了信用价差相关性以外）。

3.4.1.3　随机强度 λ 之间和 ξ 之间均存在相依性

选项 3 会导致最为复杂的框架。第三种解决方案的优点是，它考虑到可能的信用价差波动率，并可以在违约时间之间产生足够的相依性。

其缺点在于：没有自然和可行的历史来源估计 Copula 函数，而往往是通过不确切的方法来加以校准。此外，单个名称资产的违约会通过所添加 Copula 函数的偏导数来影响其他名称资产的强度。计算也是相当复杂的，因为强度 λ_i 和 ξ 都存在随机性。

3.4.2　企业价值模型？

如果我们使用违约时间的企业价值模型，则会出现不同的情况。此时，违约相依性可由不同企业价值布朗运动间的相关性来得到。这让我们回到了更为传统的模型，但如果使用首次通过模型，在存在大量交易对手时，就会面临高维障碍问题，因此模拟大量违约时间会变得相当烦琐。这就是为什么在存在多个名称资产和高维度时，带 Copula 函数的强度模型仍然优于企业价值模型，尽管其存在已知缺点。

3.4.3　Copula 函数

现在让我们关注上面的选项 2，即插入 ξ 间的相依性以及相互独立或甚至确定性的强度 λ。该选项涉及 Copula 函数。那么什么是 Copula 函数，又为什么要引入该函数呢？

众所周知，线性相关性并不足以用有效的方式表示两个随机变量之间的相依性。

举例：设 X 为标准高斯变量，并令 $Y = X^5$。Y 是对 X 的一对一变换，因此两个变量有完全相同的信息，且应有最大的相依性。但是，如果计算 X 和 Y 之间的线性相关性，易得

$$(E(X^5 X) - E(X^5)E(X))/(\text{Std}(X^5)\text{Std}(X)) = \sqrt{5/21} < \frac{1}{2}$$

我们得到的相依性测度要远小于 1（1 对应着最大的相依性）。因此，相关性在这种情况下并非对相依性的一个良好测度。

在标准金融模型中，将相关性作为相依性测度所带来的这一问题一般并不存在，因为在标准建模中，考虑的是瞬时布朗冲击之间的相依性，其为联合高斯分布。相关性对于联合高斯变量作用良好，因此只要考虑联合高斯冲击之间的瞬时相关性，不需要对相依性概念作一般化处理。

在使用强度模型的信用衍生品方面，我们发现需要在不同名称资产泊松过程的指数部分 $\xi = \Lambda(\tau)$ 之间引入相依性。这一般是通过使用 Copula 函数来实现的。

让我们来看看 Copula 函数的定义是如何得出的。关于随机变量变换的一个基本事实如下。给定一个随机变量 X，可以通过一个确定性函数以多种方式对其进行变换：$2X$、X^5、$exp(X)$……一个特别有趣的变换函数是 X 的累积分布函数 F_X。令 $U = F_X(X)$，并为简化起见，假设 F_X 可逆（即严格递增且连续）。基于某一般点 $u \in [0, 1]$ 计算 F_U 可得

$$F_U(u) = \mathbb{Q}(U \leq u) = \mathbb{Q}(F_X(X) \leq u) = \mathbb{Q}(F_X(X) \leq F_X(F_X^{-1}(u)))$$
$$= \mathbb{Q}(X \leq F_X^{-1}(u)) = F_X(F_X^{-1}(u)) = u$$

标识分布函数 $F_U(u) = u$ 具有 $[0, 1]$ 间均匀随机变量的特征，这意味着 $U = F_X(X)$ 是一个均匀随机变量。同样需要注意的是，由于 F_X 是一对一的，U 包含了与 X 相同的信息。

然后，通过 F_X 实现对所有随机变量 X 的变换，获取包含与起始 X 相同信息的所有均匀分布变量。这样，就摆脱了边际分布，只获得均匀随机变量，并能专注于直接引入这些标准化均匀分布变量的依赖性。

实际上，令 $(U_1, \cdots, U_n)$ 为具有均匀边际分布函数和联合分布函数 $C(u_1, \cdots, u_n)$ 的随机向量。$C(u_1, \cdots, u_n)$ 为随机向量的 Copula 函数。它可以具有许多属性，这里不再重复，具体可参见文献 [160]、[131]、[78] 或 [106]。关于高斯 Copula 函数参数化如何被滥用以及将动态属性不适当地归于 Copula 函数所带来危险的讨论，参见文献 [60] 和 [43]。

如下是一个重要的结果，其可直观地写为

$$H(x_1, \cdots, x_n) = \mathbb{Q}(X_1 \leqslant x_1, \cdots, X_n \leqslant x_n)$$
$$= \mathbb{Q}(F_1(X_1) \leqslant F_1(x_1), \cdots, F_n(X_n) \leqslant F_n(x_n))$$
$$= \mathbb{Q}(U_1 \leqslant F_1(x_1), \cdots, U_n \leqslant F_n(x_n)) = C(F_1(x_1), \cdots, F_n(x_n))$$

其中，C 为均匀分布变量 U_1，$\cdots$，U_n 的联合分布函数。

这可一般化为：对于任何边际分布函数为 F_1，$\cdots$，F_n 的联合分布函数 $H(x_1, \cdots, x_n)$，存在着一个 Copula 函数 $C(u_1, \cdots, u_n)$（即 n 个均匀分布变量的联合分布函数），满足：

$$H(x_1, \cdots, x_n) = C(F_1(x_1), \cdots, F_n(x_n))$$

注意 C 包含纯粹的相依信息。

同样可记作：

$$C(u_1, \cdots, u_n) = H(F_1^{-1}(u_1), \cdots, F_n^{-1}(u_n)) \tag{3.25}$$

由此可知，可用任何已知的联合分布函数 H 来定义 Copula 函数 C。

再次考虑标准高斯变量 X 与 $Y = X^5$ 和 $Z = X$ 的例子。X 和 Z 之间的 Copula 函数为表示最大相依性的 Copula 函数 [相关性在这里也同样适用：$Corr(X, Z) = 1$]。该 Copula 函数是 $U_1 = F_X(X)$ 和 $U_2 = F_Z(Z) = F_X(X) = U_1$ 的联合分布函数，有

$$\mathbb{Q}(U_1 < u_1, U_1 < u_2) = \mathbb{Q}(U_1 < \min(u_1, u_2)) = \min(u_1, u_2)$$

那么，该"最小"Copula 函数对应于最大相依性。现在考虑 $Y = X^5$ 以及 X 和 Y 之间的相依性。上面看到，线性相关性在这种情况下并非对相依性的有效测度。有 $U_5 = F_Y(Y)$。注意有

$$F_{X^5}(x^5) = \mathbb{Q}(X^5 \leqslant x^5) = \mathbb{Q}(X \leqslant x) = F_X(x), \; \forall x$$

那么，特别有

$$U_5 = F_Y(Y) = \boxed{F_{X^5}(x^5) = F_X(X)} = U_1$$

考虑 X 和 Y 之间的 Copula 函数。由于 $U_5 = U_1$，该 Copula 函数为

$$\mathbb{Q}(U_1 < u_1, U_5 < u_2) = \mathbb{Q}(U_1 < u_1, U_1 < u_2) = \min(u_1, u_2)$$

与前面相同。那么，X 与 X^5 同样可以利用 Copula 函数得到最大相依性。

此例子实际上有一个更为一般化的版本：如 $g_1, \cdots, g_n$ 为一对一变换（即严格递增），那么给定 $X_1, \cdots, X_n$ 的 Copula 函数与 $g_1(X_1), \cdots, g_n(X_n)$ 的（而不是相关性的）Copula 函数是相同的。因此，对于保留信息的确定性变换，Copula 函数是不变的。这再次告诉我们，Copula 函数确实表示了相依性的核心。

同样，可证明，每个 Copula 函数 C 都在两个函数 C^+ 和 C^- 之间，即所谓 Fréchet–Hoeffding 边界：

$$C(u_1, u_2, \cdots, u_n)^- \leqslant C(u_1, u_2, \cdots, u_n) \leqslant C(u_1, u_2, \cdots, u_n)^+$$

其中，

$$C(u_1, u_2, \cdots, u_n)^- = \max(u_1 + u_2 + \cdots + u_n + 1 - n, 0)$$
$$C(u_1, u_2, \cdots, u_n)^+ = \min(u_1, u_2, \cdots, u_n)$$

这与上面的例子相同。一般 C^+ 为一个 Copula 函数，而 C^- 仅在维度 2 上为一个 Copula 函数。同样可定义与独立变量相对应的"正交"Copula 函数 $C^\perp$：

$$C(u_1, u_2, \cdots, u_n)^\perp = u_1 \cdot u_2 \cdot \cdots \cdot u_n$$

那么，C^+ 为对应于最大相依性的 Copula 函数，而 C^-（在维度 2 上）为对应于最大负相依性的 Copula 函数。$C^\perp$ 对应于两个变量之间的完全非相依性。

同样再回到生存 Copula 函数：其被定义为

$$\mathbb{P}[X_1 > x_1, \cdots, X_n > x_n] = \check{C}(\overline{F}_1(x_1), \cdots, \overline{F}_n(x_n))$$

其中，$\overline{F}$ 为边际生存函数（即如 $\overline{F}_1(x_1) = \mathbb{Q}(X_1 > x_1) = 1 - F_1(x_1)$）。生存 Copula 函数并不是简单地与 Copula 函数相联结。可证明，在二维上如下两个联系成立：

$$\check{C}(u, v) = u + v - 1 + C(1 - u, 1 - v)$$

一般而言，如果能从原始 Copula 函数计算得到生存 Copula 函数，那么也就能从每个给定的 Copula 函数族得到更多的 Copula 函数族。

基于这一点，有必要指出一个重要事实。

备注 3.4.1（表明统计相依性：完整 Copula 函数与单个数字） 我们有动力引入 Copula 函数，因为我们注意到，如果 X 为高斯标准随机变量，则 X 和信息

等效的 X^S 之间的线性相关性会严格小于 1。线性相关性未能识别到 X 和 X^S 之间的相依性就是最大可能相依性。作为解决这个问题的一种办法，我们引入了 Copula 函数概念。但是，两个随机变量之间的 Copula 函数并不是像 1 那样的单个数字，而是一个完整的双变量分布，因此是一个完整的二维函数。在某些应用中，最好使用单个数字来合成两个随机变量之间的相依信息。我们也许需要类似于线性相关性的改良版本（即一个数字），但我们确实需要一个数字来确认 X 和 X^S 之间的相依性是最大的。

这样的数字是存在的，称为秩相关性，或和谐性测度。两个重要的例子是肯德尔 tau 和斯皮尔曼 rho，我们将在下面进行描述。

我们现在提出两个重要的和谐性测度。它们在非高斯（和非椭圆）分布的成对变量间的相依性测度方面，为线性相关系数提供了可能最佳的替代方法，因为线性相关系数在这方面不适合，且常具有误导性。

定义 3.4.2　两个随机变量 X 和 Y 之间的肯德尔 tau 被定义为如下概率：

$$\tau(X,Y) = \mathbb{Q}\{(X-\tilde{X})(Y-\tilde{Y}) > 0\} - \mathbb{Q}\{(X-\tilde{X})(Y-\tilde{Y}) < 0\}$$

其中，$(\tilde{X},\tilde{Y})$ 是 (X,Y) 独立同分布的复制。可证明，如果 (X,Y) 为带 Copula 函数 C 的一对连续随机变量，那么有

$$\tau(X,Y) = 4\iint_{[0,1]^2} C(u,v)\mathrm{d}C(u,v) - 1$$

成对随机变量 (X,Y) 的肯德尔 tau 在严格递增分量变换下是不变的，因此 X 和 X^S 之间的 tau 与 X 和 X 之间的 tau 相同，均为 1。

定义 3.4.3　两个随机变量 X 和 Y 之间的斯皮尔曼 rho 被定义为如下概率：

$$\rho_S(X,Y) = 3\mathbb{Q}\{(X-\tilde{X})(Y-Y') > 0\} - \mathbb{Q}\{(X-\tilde{X})(Y-Y') < 0\}$$

其中，(X',Y') 和 $(\tilde{X},\tilde{Y})$ 均为 (X,Y) 独立同分布的复制。可证明，如果 (X,Y) 为带 Copula 函数 C 的一对连续随机变量，那么有

$$\rho(X,Y) = 12\iint_{[0,1]^2} C(u,v)\mathrm{d}u\mathrm{d}v - 3$$

成对随机变量 (X,Y) 的斯皮尔曼 rho 在严格递增分量变换下是不变的，因此 X 和 X^S 之间的 rho 与 X 和 X 之间的 rho 相同，均为 1。

至于 Copula 函数的特例，我们有明确属性：如果 (X,Y) 为带 Copula 函数 C 的成对随机变量，那么有

$$C = C^+ \to \tau_C = \rho_C = 1$$
$$C = C^\perp \to \tau_C = \rho_C = 0$$
$$C = C^- \to \tau_C = \rho_C = -1$$

在开始介绍最重要的 Copula 函数族之前，让我们先定义尾部相依概念。

尾部相依概念与双变量分布的右上象限尾部或左下象限尾部的相依程度有关。这是一个与研究极值之间相依性相关的概念。大致来说，这是相依结构的"肥尾"思想。

事实证明，两个连续随机变量 X 和 Y 之间的尾部相依性是一个 Copula 属性，因此在 X 和 Y 严格递增的变换下，尾部相依性是不变的。

令 (X, Y) 为一对连续随机变量，具有边际分布函数 F_X 和 F_Y。那么只要极限 $\lambda_U \in [0, 1]$ 存在，(X, Y) 的上尾相依系数即为

$$\lim_{u \uparrow 1} \mathbb{Q}\{Y > F_Y^{-1}(u) \mid X > F_X^{-1}(u)\} = \lambda_U$$

如果 $\lambda_U \in (0, 1]$，那么就认为 X 和 Y 在上尾处是渐进相依的；如果 $\lambda_U = 0$，那么就认为 X 和 Y 在上尾处是渐进独立的。

由于 $\mathbb{Q}\{Y > F_Y^{-1}(u) \mid X > F_X^{-1}(u)\}$ 可被重写为

$$\frac{1 - \mathbb{Q}\{X \leq F_X^{-1}(u)\} - \mathbb{Q}\{Y \leq F_Y^{-1}(u)\} + \mathbb{Q}\{X \leq F_X^{-1}(u), Y \leq F_Y^{-1}(u)\}}{1 - \mathbb{Q}\{X \leq F_X^{-1}(u)\}}$$

因此表明尾部相依确实为 Copula 属性的（连续随机变量的）可选等价定义如下：

$$\lim_{u \uparrow 1} (1 - 2u + C(u, u))/(1 - u) = \lambda_U$$

在生存 Copula 函数方面，可以给出一个更为紧凑的上尾相依特征：

$$\lim_{u \downarrow 0} \bar{C}(v, v)/v = \lambda_U$$

下尾相依性也可用类似方式定义。如果极限

$$\lim_{u \downarrow 0} \mathbb{Q}\{Y \leq F_Y^{-1}(u) \mid X \leq F_X^{-1}(u)\} = \lim_{u \downarrow 0} C(u, u)/u = \lambda_L$$

存在，那么当 $\lambda_L \in (0, 1]$ 时 C 有下尾相依性，当 $\lambda_L = 0$ 时 C 有下尾独立性。

我们现在描述什么是最有名的 Copula 函数：高斯 Copula 函数。可通过使用多变量 n 维正态分布 Φ_R^n，以及标准高斯边际分布函数和相关性矩阵 R，获得作为多变量分布函数 H 的高斯 Copula 函数：

$$C_{\mathcal{N}(R)}(u_1, \cdots, u_n) = \Phi_R^n(\Phi^{-1}(u_1), \cdots, \Phi^{-1}(u_n)) \tag{3.26}$$

其中，Φ^{-1} 为标准正态累积分布函数的拟函数。不幸的是，该 Copula 函数不能以

封闭形式表示。事实上，在 2 维情况下有

$$C_{\mathcal{N}(R)}(u,v) = \int_{-\infty}^{\Phi^{-1}(u)} \int_{-\infty}^{\Phi^{-1}(v)} \frac{1}{2\pi(1-\rho^2)^{1/2}} \exp\left\{-\frac{s^2 - 2\rho st + t^2}{2(1-\rho^2)}\right\} \mathrm{d}s \mathrm{d}t$$

(3.27)

其中，ρ 为 2×2 矩阵 R 的（唯一）相关性参数。注意在为 n 个名称资产间的相依性进行建模时，相关性矩阵 R 在原则上有 $n(n-1)/2$ 个自由参数。

在 $\rho \in (-1, 1)$ 时高斯 Copula 函数的某些属性为：
- 既不存在上尾相依性，也不存在下尾相依性；

$C(u,v) = C(v,u)$，即是可交换的 Copula 函数。

然后是阿基米德 Copula 函数族，对此我们指的是文献。

高斯 Copula 函数的一个替代是 t–Copula 函数族。如随机变量向量 $\mathbf{X}$ 有随机表达 $\mathbf{X} \sim \mu + \frac{\sqrt{v}}{\sqrt{S}} \mathbf{Z}$，其中 $\mu \in \mathbb{E}^n$，v 为一个正整数，$S \simeq \chi_v^2$ 和 $\mathbf{Z} \simeq \mathcal{N}(0, \Sigma)$ 相互独立，其中 Σ 为 $n \times n$ 的协方差矩阵，那么 $\mathbf{X}$ 即为均值为 μ（对于 $v > 1$）、协方差矩阵为 $\frac{v}{v-2} \Sigma$（对于 $v > 2$）的 n 元 t_v 分布变量。如果 $v \leq 2$，那么 $\mathrm{Cov}(\mathbf{X})$ 无定义。此时，可将 Σ 解释为 $\mathbf{X}$ 分布函数的形状参数。

上面所定义的 $\mathbf{X}$ 的 Copula 函数可写作

$$C_{v,R}^t(\mathbf{u}) = t_{v,R}^n(t_v^{-1}(u_1), \cdots, t_v^{-1}(u_n))$$

其中，对于 $i, j \in \{1, \cdots, n\}$ 有 $R_{ij} = \Sigma_{ij} / \sqrt{\Sigma_{ii} \Sigma_{jj}}$，$t_{v,R}^n$ 表示 $\sqrt{v}\mathbf{Y}/\sqrt{S}$ 的分布函数，且 $S \simeq \chi_v^2$ 和 $\mathbf{Y} \simeq \mathcal{N}(\mathbf{0}, R)$ 相互独立。这里，t_v 代表 $t_{v,R}^n$ 的（相等）边际函数，即 $\sqrt{v}Y_1/\sqrt{S}$ 的分布函数。

在双变量情况下，Copula 函数表达式可写作

$$C_{v,R}^t(u,v) = \int_{-\infty}^{t_v^{-1}(u)} \int_{-\infty}^{t_v^{-1}(v)} \frac{1}{2\pi(1-R_{12}^2)^{1/2}} \left\{1 + \frac{s^2 - 2R_{12}st + t^2}{v(1-R_{12}^2)}\right\}^{-\frac{v+2}{2}} \mathrm{d}s \mathrm{d}t$$

请注意，当 $v = 2$ 时，R_{12} 就只是相应 t_v 分布双变量之间通常的线性相关系数。

当转向大于 2 的更高维度时，就如典型的多名称信用衍生工具一样，我们需要关注大量随机变量之间的 Copula 函数。必须指出以下几点：

备注 3.4.4（高斯 Copula 函数：在成对相依性中分解出块相依性） 高斯

Copula 函数以及部分 t – Copula 函数的一个非常重要但往往被低估的属性，在于块相依性结构可以通过 Copula 函数本身的矩阵参数化从成对相依性结构中分解出来。绝不是对所有不同 Copula 函数都是如此。例如，一般来说，不可能从每对随机变量 X_i 和 X_j 得到的肯德尔 tau 或斯皮尔曼 rho 矩阵中推导出随机向量 $X_1,\cdots,X_n(n>2)$ 的 Copula 函数。这只可能用高斯 Copula 函数，以及自由度已知的 t – Copula 函数才能实现。

我们上面介绍的所有 Copula 函数都是可交换的。在某些情况下，使用不可交换的 Copula 函数是适当的。下面我们介绍一个这样的函数族。在结束对 Copula 函数的这种偏离之前，我们介绍了一个最新的发展。文献 [5] 根据周期函数引入了新的 Copula 函数族。这是基于以下观察：如果 f 是一个 1 周期非负函数，其在 [0，1] 之间的积分为 1，且 φ 为 f 的双重原函数，则 $\varphi(u+v) - \varphi(u) - \varphi(v)$ 和 $-\varphi(u-v) + \varphi(u) + \varphi(-v)$ 都是 Copula 函数，其中第二个函数是不可交换的。

由此产生的 Copula 函数不能刻画尾部相依性，可以轻松从 C^- 变到 C^+，相对容易仿真，可以扩展到超过 2 的维度。

3.4.4　Copula 函数校正、CDOs 和对 Copula 函数的批评

从市场数据中校准 Copula 函数参数是一项艰巨的任务。要了解信用市场在校准担保债务凭证（CDOs）分层数据时是如何使用和滥用 Copula 概念的，请参见文献 [189] 和 [60]。隐含相关性和基本相关性的概念在这类文章中被讨论，表明它可能会导致可套利的后果，如负值损失。

除了滥用已经有限的和静态的 Copula 概念，信用市场通常也假设零信用价差波动率，而实际上信用价差波动率一直被认为相当大，很容易超过 50%（参见文献 [31]）。文献 [43] 在对 CDS 交易对手风险的讨论中，强调了零信用价差波动率假设与 Copula 违约建模一起存在的危险，也请参阅第 7 章第 7.5 节关于 CDS 的 CVA 的讨论。

除了上述与 CDO 应用相关的具体批评外，Copula 函数还受到很多方法论上的批评，参见文献 [149] 以及 [113] 的回应。我们对这场辩论的看法是，Copula 函数不应该被妖魔化，也不应该被盲目崇拜。我们相信，在适当的环境

中，可以正确使用 Copula 函数。在某种意义上，Copula 函数只不过是多变量分布（在标准化掉边际信息之后），因此并不是复杂的随机过程，但这并不意味着其不会带来有趣的问题。例如，可以研究 Copula 函数的极值属性，甚至通过 Copula 函数将记忆缺失一般化到多变量场景，请参见文献 [44]。

在本书中，我们将仅对低维系统使用 Copula 函数，以便使上述 CDO 案例中所描述的信息平展、校准和套利问题不会影响我们的分析。尽管如此，正如我们将在第 7 章所讨论的，缺乏动态过程、边际与相依性之间的人为分割仍然可能带来问题。

第2篇

交易对手风险定价：单边CVA

4

单边 CVA 和利率产品净额结算

本章对 Brigo 和 Masetti（2005）[47] 以及 Brigo 和 Mercurio（2006）[48] 的材料进行重新阐述和扩展。

本章将介绍在利率资产类别中对一些基本金融产品定价时如何处理交易对手风险。特别地，我们正在详细分析交易对手风险（或违约风险）利率互换。在此过程中，我们还将建立交易对手风险定价的基本公式和框架。我们在初始利率章节中确定一般公式是恰当的，因为利率互换是通常采用交易对手风险定价的大多数工具。

因此，本章开始考虑计算信用估值调整（CVA）的观点。

一般来说，在评估合约时引入交易对手风险的原因与许多金融合约在交易所之外的场外交易（OTC）有关，因此交易对手的信用质量非常重要。为了让读者对场外衍生品市场的规模有所了解。先列举一些数据，此类工具名义未偿金额的 2007 年统计数据显示，2007 年 6 月达到 516 万亿美元（1 万亿 = 10^{12} = 10000 亿）。更重要的是，还是在 2007 年 6 月，代表所有开仓合约现价置换成本的市场总值估计达到了 11 万亿美元（参见国际清算银行季度评论[23]）。以这些数字为背景，还要考虑到美国同一时期的国内生产总值为 13 万亿美元。

场外衍生品市场规模之大清楚地表明，交易对手风险是一个非常重要的问题。当想到重要金融公司和银行在过去几年中，特别是国际金融危机期间，所经历的不同违约情况，情况尤其令人痛心。与 FASB 和 IAS 会计准则相关的监管问题鼓励将交易对手风险纳入估值实践，但并非总是以符合资本要求法规的方式，如即将出台的《巴塞尔协议Ⅲ》。我们将在本书的稍后部分对有关此类差异作更多介绍，但也另请参阅第 1 章。

4.1 迈向 CVA 定价公式的第一步

我们面对的问题，是从进入金融合约的安全（无违约风险）交易对手的视角出发的，而另一个交易对手在合约到期之前有一个正的违约概率。这是一种格式化的情况，显然并不现实，因为即使是在主权国家，如今也很难找到无违约风险的交易对手。

我们将交易双方命名为"B"和"C"。例如，"B"通常可为一家银行，而"C"可能是与银行进行互换交易的公司交易对手。在本书的其余部分，银行"B"将被一个更为一般的投资者"I"所取代，但思路是一样的。更一般地，除了公司以外，交易对手还可为另一家银行或买方客户"C"。在本章，"C"不提交抵押物，因此 CVA 是重要的（我们将在本书后面看到，由于缺口风险，即使存在每日抵押保证金要求，CVA 也是重要的），尽管我们的符号是完全通用的，相反的情况可能适用。

通常，我们从无违约风险方（即"B"）的视角来计算合约价值。

4.1.1 对称与非对称

交易对手风险何时对称？何时不对称？对称性涉及一种局部"货币节约"原则：

定义 4.1.1 如果 B 在给定时间估值的头寸总价格（包括交易对手风险）与当时估值的 C 的头寸价值的总价格刚好完全相反（同样包括交易对手风险），则称交易对手风险估值问题对 B 和 C 双方是对称的。

我们可以将非对称情况定义为：

定义 4.1.2 如果对 B 和 C 双方是不对称的，则称交易对手风险估值问题是非对称的。

上述定义中特别有意思的是在至少有一方（如 B）被视为无违约风险时。这也是本章所采用的观点。

假设 4.1.3　单边违约假设（Unilateral Default Assumption，UDA）：假设一方（B）是无违约风险的。本章假设计算是考虑到"B"是无违约风险的。合约估值通常是从"B"的角度来看的。

在假设 4.1.3 下，如果 C 承认 B 是无违约风险的，那么情况就是对称的；如果 C 不承认 B 是无违约风险的，则情况将是不对称的。事实上，如果 C 不承认 B 是无违约风险的，其将向 B 收取 B 没有承认的交易对手风险调整费用，从而导致估值的不对称性。

非对称情况为对称情况的一个近似是非对称情况在实践中可以起作用的一个背景。假设 B 的信用质量比 C 高得多。在这种情况下，C 可能同意在出于实际目的对 C 的交易对手风险进行估值时假设 B 为无违约风险。这样的话，C 还假定其对 B 头寸的交易对手风险估值调整为零，因为出于实际目的，B 被视为具有零违约概率（即使事实并非如此）。

备注 4.1.4（关于 2008 年金融业 8 起信用事件后 UDA 假设 4.1.3 的现实性）　自 2008 年以来，很难接受市场各方可为无违约风险的概念。在 2007 年爆发的次贷危机中，甚至主权债务也面临显著的信用问题。过去，金融机构的信用质量往往被认为高于企业，它们在评估 CVA 时往往认为自己是无违约风险的，因此遵循上述的 UDA 假设 4.1.3。这是被 C 所普遍承认的，因此我们处于上述对称性定义中。然而，2008 年一个月内发生的 8 起金融机构信用事件（房利美、房地美、雷曼兄弟、华盛顿互惠银行、Landsbanki、Glitnir、Kaupthing 以及美林）清楚地表明，认为重要金融机构无违约风险的假设是不现实的。

我们将首先采用 UDA 假设 4.1.3，并在本书的稍后部分探讨与双方均可违约的双边假设。这是因为只有一个可违约方的情况已经足以突出处理 CVA 计算时所面临的一些基本问题。

正如我们上面所暗示的，我们假设此时没有担保（如抵押品），并且违约风险是预先向交易对手 C 收取的，并且必须包含在风险中性定价范式中。从这个观点看，在投资违约风险资产时，需要溢价作为承担违约风险的报酬。例如，如果考虑公司债券，我们知道其收益率高于假设的无风险债券的相应收益率，这种差异通常称为信用价差。与无违约风险债券相比,(正的)信用价差意味着更低的债券价格。这是每个资产的典型特征:与受违约风险影响的交易对手交易的一般要求权的价值始终小于与具有零违约概率的交易对手交易的同一要求权的价值。这意味着无违约风险方"B"的价格调整将是负数,事实上,我们将看到,信用估值调整(CVA)是一个在对"C"头寸进行盯市时,从"B"的无风险价格中减去正值项。在本章,我们称之为单边信用估值调整(Unilateral Credit Valuation Adjustment,UCVA),"单边"是指根据 UDA 假设 4.1.3,违约风险仅位于一边。

在本章,我们特别关注以下几点:
- 假设没有担保,其必须通过将包含在风险中性估值范式中作为价格的组成部分,以被预收费用。
- 说明在估值中包含交易对手风险是如何通过增加一定的期权性来使回报模型相互依赖的。
- 通过从信用违约互换(CDS)或公司债券数据中提取交易对手的风险中性违约概率。
- 由于上一点,所选的违约模型必须校准为 CDS 数据。
- 在可能的情况下(在本书中的稍后部分),我们将考虑合约标的资产与交易对手违约之间的相关性。这将使我们能够模拟错向风险(WWR)。

4.1.2 交易对手违约过程的建模

我们在第 3 章中详细介绍了如何对交易对手违约进行建模。在这里,我们简要地总结该章的相关部分。

在评估违约风险资产时,必须在定价模型中引入违约时间与违约概率。我们认为信用违约互换是市场风险中性违约概率的流动性来源。另一种选择可能是使用公司债券的信用价差来校准违约概率,但由于 CDS 债券基差的存在,即使应用于同一个名称资产,结果也会不相同。CDS 债券基差已成为一个非常重要的量,并在文献 [157] 中讨论了可能的解释。我们坚持使用 CDS,但在数学上将完全与债券一样。

正如我们在第 3 章中所看到的,可使用不同模型来校准 CDS 数据和获得违约概率。在这里，我们采用强度模型，并在第 8 章中使用与权益市场相关的结构化模型。在处理利率互换的示例时，我们采用最基本强度模型中最为简单的公式，从 CDS 数据中抽取违约概率。在此公式中，违约被建模为泊松过程中的首次跳跃。

本章从第 4.3 节开始采用单边交易对手风险估值的通用公式。我们证明了交易对手风险存在时的价格只是无违约风险价格减去提前违约情况下的期权贴现项乘以违约损失率。该期权是执行价格为 0，并以违约时的剩余现值为标的资产的。我们注意到，即使估值与模型无关时的回报也会因交易对手风险而依赖模型。当试图以不破坏无违约风险估值模型的方式纳入交易对手风险时，这就格外显著。

本章中，我们可能会在存在着净额结算协议的情况下计算利率互换投资组合的一次性交易对手风险。我们将推导出快速近似公式，并利用价格的完整蒙特卡洛模拟对其进行测试。推导将假定利率和信用价差（强度）之间相互独立，或者更特别地假设确定性强度。该框架还适用于计算非标准互换合约（如零息互换、摊销互换等）的交易对于风险。在独立性假设下，我们忽略了错向风险的重要特征。第 5 章将深入分析错向风险。

备注 4.1.5（重叠）。我们希望保持章节尽可能自成一体，以便只对特定资产类别感兴趣的读者不需要阅读整本书。因此，各章之间会有一定程度的重叠。

4.2 概率框架

本节包含我们的概率假设。

我们将置于一个概率空间 $(\Omega, \mathcal{G}, \mathcal{G}_t, \mathbb{Q})$。通常将该空间解释为一次实验，有助于获得直观感受。用 $\omega \in \Omega$ 表示特定实验结果；Ω 表示随机实验的所有可能结果集，σ-域 $\mathcal{G}$ 代表我们会处理的事件 $A \subset \Omega$ 所组成的集合。σ-域 $\mathcal{G}_t$ 代表直至 t 时可知的信息。对于所有 $t \leq u$，有 $\mathcal{G}_t \subseteq \mathcal{G}_u \subseteq \mathcal{G}$。$\sigma$-域 $(\mathcal{G}_t)_{t \geq 0}$ 族被称为滤子。

当实验结果为 ω，且 $\omega \in A \in \mathcal{G}$ 时，称事件 A 发生了。当 $\omega \in A \in \mathcal{G}_t$ 时，则称事件 A 在小于等于 t 的时间发生了。

概率测度 $\mathbb{Q}$ 为风险中性测度，或定价测度。这是与局部无风险的银行账户基准量相关的测度，并根据无风险利率 r 演变：

$$dB_t = r_t B_t dt, \quad B_0 = 1$$

在该测度下,所有可交易资产的价格在被 B_t 除后均为鞅。对于更多细节,请参阅文献 [48] 的第 2 章,其所用符号类似本书。值得注意的是,可违约资产是不能作为基准量的,这会对 CDS 期权和更一般的可违约要求权进行估值时带来问题。感兴趣的读者请参阅文献 [48] 的第 20 章至第 23 章,因为它们在所用符号上对于本书读者而言是易读的,并请参阅文献 [156] 对"基准量"可能消失的情况下多名称信用资产定价的讨论。

我们使用符号 $\mathbb{E}$ 表示概率测度 $\mathbb{Q}$ 下的期望。

违约时间 τ 将在这一概率空间内被定义。

该空间具备右侧连续和完备的子滤子 $\mathcal{F}_t$,其代表除了违约事件以外的所有可观测市场量(因此有 $\mathcal{F}_t \subset \mathcal{G}_t := \mathcal{F}_t \vee \mathcal{H}_t$,其中 $\mathcal{H}_t = \sigma(\{\tau \leq u\} : u \leq t)$ 为由违约事件产生的右侧连续滤子)。设 $\mathbb{E}[\cdot] := \mathbb{E}[\cdot | \mathcal{G}_t]$。

用更为口语化的术语表述,$\mathcal{G}_t$ 在整章中为直至 t 时的市场信息进行建模的滤子,包括直至 t 时的显式违约监控,而 $\mathcal{F}_t$ 为直至 t 时的没有违约监控的无违约风险市场信息(汇率、利率等)。

我们对交易对手的违约时间使用强度模型。在(确定性)强度模型中,违约事件由跳跃过程所描述,特别是强度为 γ 的泊松过程。跳跃完全独立于其他市场可观测量,并作为外生成分被引入。交易对手的违约时间 τ 是强度为 $\gamma(t)$(我们假设严格为正)的时间非同质泊松过程的首次跳跃时间,即定义为

$$\tau := \Gamma^{-1}(\xi) \tag{4.1}$$

其中,Γ 为累积强度,$\Gamma(t) = \int_0^t \gamma(s) ds$,而 ξ 为服从标准指数分布的 $\mathcal{F}_t$ 独立随机变量。

备注 4.2.1(瞬时违约概率)。在这些模型中,一般有 $\mathcal{F}_t \subset \mathcal{G}_t$。当强度为确定性时,滤子 $\mathcal{F}$ 起的作用微不足道:$\mathbb{Q}\{\tau \leq u | \mathcal{F}_t\} = \mathbb{Q}\{\tau \leq u\}$。此外,我们还记得 γ 对泊松过程的解释:

$$\mathbb{Q}(\tau \in [t, t+dt] | \tau \geq t) = \gamma(t) dt$$

那么,$\gamma(t)$ 是与 t 时附近的违约概率相关的。

违约概率为 $\mathbb{Q}\{\tau \leq T\} = 1 - \mathbb{Q}\{\tau > T\}$,其中利用上面的指数分布有

$$\mathbb{Q}\{\tau > T\} = \mathbb{Q}\{\Gamma(\tau) > \Gamma(T)\} = \mathbb{Q}\{\xi > \Gamma(T)\} = \exp\left(-\int_0^T \gamma_s ds\right)$$

$$(4.2)$$

强度函数可以从市场上交易活跃的信用衍生工具的市场价格中抽取得到，例如信用违约互换。通常为 γ 假设一个特定的形状，即分段常量或分段线性。详情请参阅文献 [48] 的第 3 章或第 22 章。

4.3 单边交易对手风险的一般定价公式

称 T 为我们所要评估的偿付的最终到期日。将交易中的双方视为投资者和交易对手。我们从投资者（通常为投资银行"B"）的角度来作计算。考虑单边交易对手风险情况，即我们假设投资者"B"可以认为自己是无违约风险的，且可以得到可违约交易对手"C"的同意。

对交易对手违约的现金流的快速分析如下：

- 如果 $\tau > T$，则交易对手在产品生命周期期间没有违约，并且交易对手在偿还投资者时没有问题。
- 相反，如果 $\tau \leq T$，则交易对手无法履行其偿债义务，因此会发生以下情况。
- 在 τ 时，到期前剩余偿付的净现值（NPV）计算如下：
    ■ 如果净现值对投资者（违约交易对手）而言为负值（正值），则由投资者（交易对手）自己全额支付（接收）。
    ■ 如果净现值对投资者（交易对手）而言为正值（负值），则投资者（违约交易对手的清算方）只能收到（支付）净现值的回收部分的损失率。

在信用估值调整的推导过程中，我们将遵循这一结构。

这里所有的期望 $\mathbb{E}_t$ 都是基于风险中性测度 $\mathbb{Q}$ 和相关滤子 $\mathcal{G}_t$ 的。

将 $\prod(u,s)$ 定义为从投资者"B"视角看到的被考查要求权在 u 时和 s 时之间被贴现回 u 时并加总的净现金流，但是与假设的无违约风险交易对手进行交易的。换句话说，这是在"B"和"C"双方之间交易的无违约风险合约，没有包含任何交易对手违约风险的分析。然后，我们将 t 时的无违约风险净现值定义为 $\mathrm{NPV}(t) = \mathbb{E}_t[\prod(t,T)]$。回想一下，在第 2 章中，数量 $(\mathrm{NPV}(t))^+$ 已被定义为 $\mathrm{Ex}(t)$。

将 $\overline{\prod}(t,T)$ 称为与违约交易对手交易所形成的相同偿付，那么有：

$$\overline{\prod}(t,T) = \mathbf{1}_{\{\tau>T\}}\prod(t,T) + \mathbf{1}_{\{t<\tau\leq T\}}[\prod(t,\tau) \\ + D(t,\tau)(REC(NPV(\tau))^+ - (-NPV(\tau))^+)] \quad (4.3)$$

最后一个表达式是交易对手风险下的一般偿付。

- 事实上，如果没有提前违约，此表达式将被缩减为偿付的风险中性估值（右侧第一项）$\mathbf{1}_{\{\tau>T\}}\prod(t,T)$。
- 如果提前违约。
- 违约发生前的支付正常交换（第二项），$\prod(t,\tau)$

然后，

- 如果剩余净现值为正，则投资者"B"只收到其回收部分（第三项），$REC(NPV(\tau))^+$。
- 相反如果为负，则支付全额（第四项）$-(-NPV(\tau))^+$

此处 REC 是 "C" 的回收比例，而 τ 为 "C" 的违约时间。

可以证明以下情况：

命题 4.3.1（一般单边交易对手风险定价公式）。在估值时刻 t，如果交易对手在 t 时之前没有违约，即有 $\{\tau>t\}$，那么在交易对手风险到期日为 T 的偿付价格为

$$\mathbb{E}_t[\overline{\prod}(t,T)] = \mathbb{E}_t[\prod(t,T)] - \underbrace{\mathbb{E}_t[LGD\mathbf{1}_{\{t<\tau\leq T\}}D(t,\tau)(NPV(\tau))^+]}_{\text{正的交易对手风险调整}}$$

$$= \mathbb{E}_t[\prod(t,T)] - U_{CVA}(t,T)$$

(4.4)

以及

$$U_{CVA}(t,T) := \mathbb{E}_t[LGD\mathbf{1}_{\{t<\tau\leq T\}}D(t,\tau)(NPV(\tau))^+]$$
$$= \mathbb{E}_t[LGD\mathbf{1}_{\{t<\tau\leq T\}}D(t,\tau)Ex(\tau)]$$
$$= \mathbb{E}_t[LGD\mathbf{1}_{\{t<\tau\leq T\}}D(t,\tau)EAD]$$

其中，$LGD := 1 - REC$ 为违约损失率，除非另有规定，损失率 REC 被假设为确定的。很明显，可违约要求权的价值是相应的无违约风险要求权价值之和减去一个正的调整。要减去的正调整被称为（单边）信用估值调整（(U)CVA），由违约时针对剩余净现值的看涨期权（零执行价格）给出，其仅在 $\tau\leq T$ 时有非零价值。因此，交易对手风险在原始偿付中增加了期权性。即使原始偿付与模

型无关，也会使交易对手风险偿付是模型相关的。这意味着，例如，虽然没有交易对手风险的互换估值是模型独立的，不需要期限结构的动态模型（特别是没有波动性和相关性的），但交易对手风险下的互换估值需要利率模型。这意味着很难实现对现有定价流程的快速修复，以纳入交易对手风险。

我们现在来证明这一命题。对技术不感兴趣的读者可以直接转到下一节，在那节我们开始将该公式应用于特定的金融合约，特别是应用到单一利率互换和具有净额结算系数的 IRS 投资组合里。

证明。由

$$\prod(t,T) = \mathbf{1}_{\{\tau > T\}} \prod(t,T) + \mathbf{1}_{\{\tau \leq T\}} \prod(t,T)$$

可将式（4.4）右侧表达式中的各项重写为

$$\prod(t,T) - \mathrm{LGD}\mathbf{1}_{\{\tau \leq T\}} D(t,\tau)(NPV(\tau))^+$$

$$= \mathbf{1}_{\{\tau > T\}} \prod(t,T) - \mathbf{1}_{\{\tau \leq T\}} \prod(t,T) + (REC - 1)\mathbf{1}_{\{\tau \leq T\}} D(t,\tau)(NPV(\tau))^+$$

$$= \mathbf{1}_{\{\tau > T\}} \prod(t,T) - \mathbf{1}_{\{\tau \leq T\}} \prod(t,T) + REC\mathbf{1}_{\{\tau \leq T\}} D(t,\tau)(NPV(\tau))^+$$

$$- \mathbf{1}_{\{\tau \leq T\}} D(t,\tau)(NPV(\tau))^+$$

(4.5)

以 τ 时的信息为条件，第 2 项和第 4 项等于

$$\mathbb{E}_\tau \left[\mathbf{1}_{\{\tau \leq T\}} \prod(t,T) - \mathbf{1}_{\{\tau \leq T\}} D(t,\tau)(NPV(\tau))^+ \right]$$

$$= \mathbb{E}_\tau \left[\mathbf{1}_{\{\tau \leq T\}} \left[\prod(t,T) + D(t,\tau) \prod(\tau,T) - D(t,\tau) \left(\mathbb{E}_\tau \left[\prod(\tau,T) \right] \right)^+ \right] \right]$$

$$= \mathbf{1}_{\{\tau \leq T\}} \left[\prod(t,T) + D(t,\tau) \mathbb{E}_\tau \left[\prod(\tau,T) \right] - D(t,\tau) \left(\mathbb{E}_\tau \left[\prod(\tau,T) \right] \right)^+ \right]$$

$$= \mathbf{1}_{\{\tau \leq T\}} \left[\prod(t,T) - D(t,\tau) \left(\mathbb{E}_\tau \left[\prod(\tau,T) \right] \right)^- \right]$$

$$= \mathbf{1}_{\{\tau \leq T\}} \left[\prod(t,T) - D(t,\tau) \left(\mathbb{E}_\tau \left[-\prod(\tau,T) \right] \right)^+ \right]$$

$$= \mathbf{1}_{\{\tau \leq T\}} \left[\prod(t,T) - D(t,\tau)(-NPV(\tau))^+ \right]$$

(4.6)

由于显然有

$$\mathbf{1}_{\{\tau \leq T\}} \prod(t,T) = \mathbf{1}_{\{\tau \leq T\}} \left(\prod(t,T) + D(t,\tau) \prod(\tau,T) \right)$$

以及 $f = f^+ - f^- = f^+ - (-f)^+$。然后，可以看到，在对 τ 时信息式（4.5）进行

调节并替换式（4.6）的第 2 项和第 4 项之后，式（4.3）针对 $\mathcal{F}_t$ 的期望值利用迭代期望性质后与式（4.4）是完全一致的。

最后请注意，前一个公式可以近似如下。为简化取 $t=0$，基于离散时间网格 $T_0, T_1, \cdots, T_b = T$，写作

$$\mathbb{E}\left[\overline{\prod}(0,T_b)\right] = \mathbb{E}\left[\prod(0,T_b)\right] - LGD \sum_{j=1}^{b} \mathbb{E}\left[\mathbf{1}_{\{T_{j-1}<\tau\leq T_j\}} D(0,\tau) \left(\mathbb{E}_\tau\left[\prod(\tau,T_b)\right]\right)^+\right]$$

$$\approx \mathbb{E}\left[\prod(0,T_b)\right] - LGD \sum_{j=1}^{b} \underbrace{\mathbb{E}\left[\mathbf{1}_{\{T_{j-1}<\tau\leq T_j\}} D(0,T_j) \left(\mathbb{E}_{T_j}\left[\prod(T_j,T_b)\right]\right)^+\right]}_{\text{近似（正）调整}}$$

(4.7)

其中，近似包括将违约时间推迟到每个分桶中 τ 时之后的第一个 T_i。从最后一个表达式可知，在 $\prod$ 和 τ 相互独立时，可以考虑将外层期望放到违约概率乘以期权价格的求和项中。在 $\prod$ 和 τ 相互独立时，有

$$\mathbb{E}\left[\overline{\prod}(0,T_b)\right] \approx \mathbb{E}\left[\prod(0,T_b)\right]$$

$$- LGD \sum_{j=1}^{b} \underbrace{\mathbb{Q}\{T_{j-1}<\tau\leq T_j\}}_{\text{违约概率}} \underbrace{\mathbb{E}_{T_j}\left[D(0,T_j) \left(\mathbb{E}_{T_j}\left[\prod(T_j,T_b)\right]\right)^+\right]}_{\text{基于剩余}NPV\text{到期日为}T_j\text{的期权}}$$

(4.8)

由此我们就不需要违约模型，而只需要生存概率和 $\prod$ 标的市场的期权模型。只有在违约过程和利率相互独立，并且仅有零相关性的情况下，才有可能这样做。这就是导致文献［47］对存在交易对手风险的互换所作早期分析结果的原因，我们将在下面章节看到。

在后续章节中，我们不假定独立性，因此，总的来说，我们需要计算交易对手风险，而不考虑预期。为此，我们需要一个与基本利率市场相关联的违约模型。

4.4 利率互换（IRS）组合

在第一部分中，我们专门讨论了特定产品，处理利率互换（IRS）组合中的交易对手风险。其结果可以很容易地转移到具备非标准特征的单个 IRS，如零息票 IRS、摊销 IRS、子弹 IRS 等。在下面适当定义投资组合系数 α 和 χ 就足够了。

本节其余部分结构如下：在第 4.4.1 节，我们将一般公式应用于单个 IRS。我们发现了已知的结果（另见文献 [186]、[7] 第 6 章、文献 [18] 第 14 章、文献 [79] 或 [47]，以及其他参考文献），即由于交易对手风险导致 IRS 价格构成成分是具有不同到期日的互换权价格之和，每个价格权值为在到期日附近的违约概率。

当我们在第 4.4.2 节中考虑存在净额结算协议的情况下针对单一交易对手的 IRS 组合时，事情就变得更加有趣了。当违约发生时，我们需要考虑基于整个投资组合剩余现值的期权。此期权不能作为标准互换权来定价，而是需要要么求助于 LIBOR 模拟（在 LIBOR 模型下，或者可选的互换模型下），要么求助于推导出解析近似值。我们根据 LIBOR 模型[30]中互换权定价的标准"漂移冻结"技术得出一个解析近似值，另见文献 [48] 第 6 章，并介绍了公式和数值测试的标准推导。

我们发现一个公式，期望可以在投资组合中的所有 IRS 具有相同方向的情况下发挥作用：如果有一个 IRS 投资组合，都是针对同一交易对手的多头或空头，那么定价问题就变得类似于有不同 LIBOR 和在每个付款日执行的互换的定价。然后，问题被简化为具有非标准现金流的 IRS 期权定价。我们通过上述漂移冻结技术做到这一点，并得出一个解析近似值。我们在第 4.5 节中使用 LIBOR 模拟基于净额结算组合的不同格式化部分测试了该近似值。与在具有漂移冻结的 LIBOR 模型下标准互换权众所周知的结果一致，我们发现近似在合理的范围内工作得很好。

然而，更有趣的部分是允许 IRS 针对一个给定交易对手，但为多头和空头两个不同方向。这一次，情况变得更加复杂：我们可以将提前违约时的剩余现值看作两个互换利率差额的期权，每个利率都大致服从对数正态分布。我们研究了漂移冻结流程，以及一个替代的三阶矩匹配过程。我们根据不同的投资组合配置在第 4.5 节中针对蒙特卡洛模拟对两个近似作了测试。在大多数情况下，我们都获得了一个很好的近似。

近似公式非常适合于风险管理，其中每个风险因子场景的计算时间都至关重要，它们可能需要解析近似来加以控制。

4.4.1 单个 IRS 的交易对手风险

对于利率互换相关理论，我们指的是如文献 [48]。假设我们是一个无违约风险的交易对手"B",与一个可违约交易对手"C"达成一笔付款方互换交易,在时刻 $T_{a+1},\cdots,T_b$ 用固定支付交换浮动支付。

用 β_i 表示 T_{i-1} 与 T_i 之间用年表示的时间,并用 $P(t,T_i)$ 表示到期日为 T_i 的无违约风险零息债券在 t 时的价格。我们使用互换的单位名义本金。合约要求我们支付固定利率 K,并接收浮动利率 L,该利率提前一期重置直至"B"的违约时间 τ 或在 $\tau>T$ 时直至最终到期日 T。在无违约风险市场中,给定时间 t 时的公平(远期互换)利率 K 是使互换在 t 时价值为零的利率。

在无违约风险情况下,付款方 IRS 的贴现偿付为

$$\sum_{j=1}^{b} D(t,T_i)\beta_i(L(T_{i-1},T_i) - K) \tag{4.9}$$

使合约价格公平的远期互换利率为

$$K = S(t;T_a,T_b) = S_{a,b}(t) = \frac{P(t,T_a) - P(t,T_b)}{\sum_{i=a+1}^{b}\beta_i P(t,T_i)} \tag{4.10}$$

当然,如果考虑"C"违约的可能性,固定付费方的正确价差要低于我们承担该违约风险所愿意获得的报酬。特别地,利用前面的公式(4.4),发现有

$$\overline{\prod}_{IRS}(t,T_b) = \prod_{IRS}(t,T_b) - U_{CVA}(t,T_b) \tag{4.11}$$

其中,$U_{CVA}(\cdot)$ 为违约造成的单边信用估值调整(UCVA):

$$U_{CVA}(t,T_b) = \mathrm{LGD}\,\mathbb{E}_t[\mathbf{1}_{\{\tau \leq T_b\}} D(t,\tau)(NPV(\tau))^+]$$

$$= \mathrm{LGD}\int_{T_a}^{T_b} PS(t;s,T_b,K,S(t;s,T_b),\sigma_{s,T_b})d_s\mathbb{Q}\{\tau \leq s\}$$

$$\tag{4.12}$$

$PS(t;s,T_b,K,S(t;s,T_b),\sigma_{s,T_b})$ 为互换权在 t 时的价格,其到期日为 s,执行价格为 K,标的远期互换利率为 $S(t;s,T_b)$,波动率为 σ_{s,T_b},标的互换的到期日为 T_b。当对于某些 j 有 $s = T_j$ 时,用指标 j 和 b 来代替参数 s 和 T_b。

证明很简单:给定 τ 和利率之间的独立性,并给定剩余净现值为在违约时间开始的远期启动的 IRS,基于剩余净现值的期权是到期日范围为违约事件不同可能值的互换权之和,每个的权重(由于独立性)为在每个时间值附近违约的概率。

可以通过一些假设来简化公式(4.12):允许违约仅在固定部分的支付网格点 T_i 发生。特别是可以应用两种不同的规范:一个是违约被预期发生在 τ 之前

的最后一个 T_i，另一个是违约被推迟到 τ 之后的第一个 T_i。这样，表达式 (4.12) 中的预期损失部分就被简化了。事实上，在推迟（P）偿付的情况下，可得

$$U_{CVA}{}^P(t,T_b) := \text{LGD} \sum_{i=a+1}^{b-1} \mathbb{Q}\{\tau \in (T_{i-1}, T_i]\} PS_{i,b}(t; K, S_{i,b}(t), \sigma_{i,b})$$

$$= \text{LGD} \sum_{i=a+1}^{b-1} (\mathbb{Q}\{\tau > T_{i-1}\} - \mathbb{Q}\{\tau > T_i\}) PS_{i,b}(t; K, S_{i,b}(t), \sigma_{i,b})$$

(4.13)

这可以很容易地通过对整个 T_i 求和，并通过强度函数 γ 使用市场 CDS 价格中隐含的违约概率计算得到。

类似结果也可以通过考虑预期（A）约而得到

$$U_{CVA}{}^A(t,T_b) := \text{LGD} \sum_{i=a}^{b-1} \mathbb{Q}\{\tau \in (T_i, T_{i+1}]\} PS_{i,b}(t; K, S_{i,b}(t), \sigma_{i,b})$$

$$= \text{LGD} \sum_{i=a}^{b-1} (\mathbb{Q}\{\tau > T_i\} - \mathbb{Q}\{\tau > T_{i+1}\}) PS_{i,b}(t; K, S_{i,b}(t), \sigma_{i,b})$$

(4.14)

我们进行了一些数值实验，分析交易对手风险对互换公平利率的影响。对于贴现率和互换利率，我们使用的是 2004 年 3 月 10 日的数据。互换权的波动率矩阵是任意选择的，特别是我们在所有期限和到期日中保持了 15% 的水平互换波动率矩阵。我们还考虑了交易对手不同违约风险状况，研究了高、中、低三个样式化的违约风险场景。此外，我们选择了分段固定的强度 γ。

γ 形状的选择带来了一些问题。主要是，当市场报价 CDS 的期限只有 10 年时，可能会面临对 30 年期互换进行估值的问题。在这种情况下，我们需要从可用的 CDS 中抽取强度，然后必须推断出更长期限的强度值，或者可能使用可用的债券信息，同时注意从 CDS 和债券抽取强度的差异，从而产生所谓的 CDS 债券基差。如果使用分段线性强度，那么当外推到 20 年时，我们会发现奇怪的结果（原则上也有负概率）。使用分段固定强度的缺点是其为非连续的，但通常在外推时（至少在 10 年后得到正的违约概率），这只会带来轻微扭曲。

在表 4.1 中，我们报告了三个不同交易对手信用质量场景下的生存概率和强度，而在表 4.2 中，我们报告了不同到期日的无风险互换利率，以及包括在

交易对手风险时要使互换价格公平而必须减去的价差。

表 4.1　　　　　三个不同交易对手信用质量场景下的
强度节点和相关生存概率 $\mathbb{Q}\{\tau > T\}$

日期	低风险		中风险		高风险	
	强度	生存率	强度	生存率	强度	生存率
2004 年 3 月 10 日	0.0036	100.00%	0.0202	100.00%	0.0534	100.00%
2005 年 3 月 12 日	0.0036	99.64%	0.0202	97.96%	0.0534	94.70%
2007 年 3 月 12 日	0.0065	98.34%	0.0231	93.48%	0.0564	84.47%
2009 年 3 月 12 日	0.0099	96.38%	0.0266	88.57%	0.0600	74.78%
2011 年 3 月 12 日	0.0111	94.24%	0.0278	83.71%	0.0614	66.03%
2014 年 3 月 12 日	0.0177	89.31%	0.0349	75.27%	0.0696	53.42%
2019 年 3 月 12 日	0.0177	81.64%	0.0349	63.05%	0.0696	37.53%
2024 年 3 月 12 日	0.0177	74.63%	0.0349	52.80%	0.0696	26.36%
2029 年 3 月 12 日	0.0177	68.22%	0.0349	44.23%	0.0696	18.51%
2034 年 3 月 12 日	0.0177	62.36%	0.0349	37.05%	0.0696	13.01%

表 4.2　　　无风险隐含互换利率及相关交易对手风险价差负调整。
我们报告了因预期和推迟的违约近似而减去的价差（基点）

到期日（年）	无风险互换利率	低风险		中风险		高风险	
		预期	推迟	预期	推迟	预期	推迟
5	3.248%	0.64	0.50	1.91	1.80	4.27	4.25
10	4.075%	2.52	2.16	6.09	5.8	12.28	12.26
15	4.462%	4.92	4.47	10.52	10.2	19.55	19.68
20	4.676%	7.24	6.78	14.51	14.22	25.44	25.77
25	4.775%	9.1	8.63	17.53	17.28	29.46	29.93
30	4.810%	10.51	10.07	19.66	19.45	31.97	32.54

我们看到，正如预期的那样，价差调整（从隐含无风险互换利率中减去）随着交易对手风险的增长，以及标的互换到期日的增加而增加。我们还看到，两个近似值之间的差值非常小（大多数时候小于 0.5 个基点）。可以决定使用两个值的平均值，以使其在表达式 (4.12) 中得到更好的精确修正代理，但在任何情况下，误差在大多数实践中都可忽略不计。

作为进一步的备注，我们提到，如果进入一个收款方 IRS，并仍然认为只有我们的交易对手可以违约，那么可应用类似的程序，但在这种情况下，互换利率 K 比在无违约风险情况下的取值更高（这是直观的，因为如果我们是"B"，接收的是固定支付，我们就会希望有一个溢价以承担"C"的违约风险）。

4.4.2 带净额结算时 IRS 组合的交易对手风险

如果根据轧差协议处理针对单个交易对手的 IRS 投资组合，就需要考虑轧差的可能性。这使问题变得复杂得多，正如不久之后将要看到的那样。我们将得出一个解析近似，并在不同的轧差系数下对此进行测试。

备注 4.4.1（IRS 投资组合） 在由多个单一 IRS 组成的投资组合中，将不同的时间安排和期限放在一起，有些长有些短，我们可能会考虑在每个重置日期汇总现金流。浮动利率在每次重置时加入和减去 LIBOR 的倍数（正或负），基本 IRS 的固定利率（执行利率）也作类似处理。

假设一个由 N 个 IRS 组成的投资组合，具有同质的重置日期，但有不同的到期日和初始日期。对于所有 $i \in [a+1, b]$，令

$$\alpha_i := \beta_i \left| \sum_{j=1}^{N} A_i^j \phi_j \right|, \quad K_i := \beta_i \left| \sum_{j=1}^{N} A_i^j K_j \phi_j \right|$$

$$\chi_i := \text{sign}\left(\sum_{j=1}^{N} A_i^j \phi_j \right), \quad \psi_i := \text{sign}\left(\sum_{j=1}^{N} A_i^j K_j \phi_j \right)$$

其中，$A_i^j \geq 0$ 是相对于第 j 个 IRS 在重置日期 T_i 的名义本金（这允许包括任何摊销计划）；φ_j 是付款方/收款方固定利率标志，其取值为 $\{-1, 1\}$（例如付款方为 1，收款方为 -1）；$K_j > 0$ 为是固定利率。

示例 4.4.2 基本上 χ_i 可能不等于 ψ_i。考虑一个具有三个子弹式 IRS 的投资组合，其有相同的到期日、相同的名义本金（假设对所有 $\{i, j\} \in [a+1, b] \cup [1, N]$ 有 $A_i^j = 1$）和相同的重置周期。假设我们面临以下结构：

- IRS1（付款方固定利率）：$K_1 = 1\%$；
- IRS2（付款方固定利率）：$K_2 = 2\%$；
- IRS3（收款方固定利率）：$K_3 = 4\%$。

其遵循只要 $\psi_i = -1$，就有 $\chi_i = 1$。

我们用 $L(T_{i-1}, T_i)$ 表示重置期 T_{i-1} 和 T_i（T_i 以年分数表示）的 LIBOR。

$t \leqslant T_a$ 时的投资组合总贴现偿付可写为

$$\Pi_{\text{PIRS}}(t, T_b) = \sum_{i=a+1}^{b} D(t, T_i)(\chi_i \alpha_i L(T_{i-1}, T_i) - \psi_i K_i)$$

$$= \sum_{i=a+1}^{b} D(t, T_i)\chi_i \left(\alpha_i L(T_{i-1}, T_i) - \widetilde{K}_i\right)$$

其中，$\widetilde{K}_i := \left(\dfrac{\psi_i}{\chi_i}\right) K_i$。$\alpha_i$ 为针对给定交易对手的 IRS 总投资组合中 LIBOR 前的正年分数（也称净系数）。

此框架还可通过适当定义 α 和 K，用于单个非标准 IRS（零息票、子弹式、摊销式……）。$\widetilde{K}_i$ 表示在 t 时估值时在 T_i 时交换的总投资组合的累积固定利率。

无违约风险投资组合在 t 时的预期价值已知为

$$\mathbb{E}_t[\Pi_{\text{PIRS}}(t, T_b)] = \sum_{i=a+1}^{b} P(t, T_i)\chi_i \left(\alpha_i F_i(t) - \widetilde{K}_i\right)$$

如果采用相关的远期测度等方法可以轻松计算总和中的每一个期望值，而 $F_i(t)$ 为在 t 时以 T_{i-1} 为起算日、T_i 为到期日的远期 LIBOR。此预期值表示无交易对手风险的互换价格，我们将此价格视为独立于模型。只需要初始的 t 时的利率曲线来计算远期利率 $F_i(t)$ 和贴现因子 $P(t, T_i)$，而无须假设期限结构的动态过程。使用式（4.4），可以在交易对手风险下计算 IRS 投资组合的预期价值

$$\mathbb{E}_t\left[\bar{\Pi}_{\text{PIRS}}(t, T_b)\right] = \mathbb{E}_t[\Pi_{\text{PIRS}}(t, T_b)] - \text{L{\scriptsize GD}}\, \mathbb{E}_t\left[\mathbf{1}_{\{t < \tau \leqslant T_b\}} D(t, \tau)(\text{NPV}(\tau))^+\right]$$

$$(4.15)$$

其中，$NPV(\tau) = \mathbb{E}_\tau\left[\prod_{\text{PIRS}}(\tau, T_b)\right]$。

式（4.15）的 UCVA 部分可重写为

$$\text{U{\scriptsize CVA}}(t, T_b) = \text{L{\scriptsize GD}}\, \mathbb{E}_t\left[\mathbf{1}_{\{\tau \leqslant T_b\}} D(t, \tau)(\text{NPV}(\tau))^+\right]$$

$$= \text{L{\scriptsize GD}} \sum_{i=a+1}^{b} \mathbb{E}_t\left[\mathbf{1}_{\{\tau \in (T_{i-1}, T_i]\}} D(t, \tau)(\text{NPV}(\tau))^+\right]$$

由于假设的是确定性强度，如果将违约事件推迟到 τ 之后的第一个 T_i 时，即

$$\inf\{T_i : i \in \mathbb{Z}, T_i \geqslant \tau\}$$

那么最终有

$$\text{U}_{\text{CVA}}(t, T_b) = \text{L}_{\text{GD}} \sum_{i=a+1}^{b} \mathbb{Q}\{\tau \in (T_{i-1}, T_i]\} \mathbb{E}_t \left[D(t, T_i)(\text{NPV}(T_i))^+ \right] \quad (4.16)$$

回想一下，在这种情况下有

$$\text{NPV}(T_i) = \sum_{k=i+1}^{b} P(T_i, T_k) \chi_k [\alpha_k F_k(T_i) - \widetilde{K}_k]$$

由于交易对手风险投资组合被分解为互换（非标准系数）和对 $NPV(\tau)$ 期望值的加权和，现在面临的唯一问题是对 $\mathbb{E}_t[D(t, T_i)(NPV(T_i))^+]$ 进行估值。通过乘除 $\hat{C}_{i,b}(T_i) := \sum_{h=i+1}^{b} \alpha_h P(T_i, T_h)$ 后，此期望可以重写为

$$\mathbb{E}_t \left[D(t, T_i)(\text{NPV}(T_i))^+ \right] = \mathbb{E}_t \left[D(t, T_i)\hat{C}_{i,b}(T_i) \left(\hat{S}_{i,b}(T_i) - \widehat{K}(T_i) \right)^+ \right]$$

其中，如令对于所有 T，有 $\hat{w}_k(T) := \alpha_k P(T, T_k)/\hat{C}_{i,b}(T)$，那么有

$$\widehat{S}_{i,b}(T) := \sum_{k=i+1}^{b} \hat{w}_k(T) \chi_k F_k(T), \quad \widehat{K}(T) := \sum_{k=i+1}^{b} \hat{w}_k(T) \chi_k \frac{\widetilde{K}_k}{\alpha_k}$$

4.4.3 漂移冻结近似

现在考虑以下近似：

$$\widehat{S}_{i,b}(T_i) \approx \sum_{k=i+1}^{b} \hat{w}_k(t) \chi_k F_k(T_i)$$

从而对于 $t' \in [t, T_i]$ 有 $d\hat{S}_{i,b}(t') \approx \sum_{k=i+1}^{b} \hat{w}_k(t) \chi_k dF_k(t')$。

其遵循的逻辑完全类似用于近似互换权定价公式的方法（Brace、Gatarek 和 Musiela（1997）[30]，以及 Brigo 和 Mercurio（2001）[48]，命题 6.13.1），即 $\hat{S}_{i,b}(T_i)$ 在 t 时的方差可以很容易地近似为

$$v_{i,b}^2 = v_{i,b}^2(t, T_i)$$
$$\approx \widehat{S}_{i,b}(t)^{-2} \sum_{h,k=i+1}^{b} \hat{w}_h(t)\hat{w}_k(t)\chi_h \chi_k F_h(t) F_k(t) \rho_{h,k} \int_t^{T_i} \sigma_h(s)\sigma_k(s) ds$$

其中，σ_h 和 σ_k 是远期利率 F_h 和 F_k 的瞬时波动率，而 $\rho_{h,k}$ 是 F_h 和 F_k 的布朗运动之间的瞬时相关性。请注意，此程序非常接近两矩量匹配技术。我们在下一

节调查三矩量匹配技术。

最后，如果 $\hat{S}_{i,b}(t)$ 和 $\hat{K}$ 同号，更改计价单位并使用近似动态过程

$$\begin{aligned}
\mathbb{E}_t[D(t,T_i)(\mathrm{NPV}(T_i))^+] &= \mathbb{E}_t^B[B(t)(\mathrm{NPV}(T_i))^+/B(T_i)] \\
&= \widehat{\mathbb{E}}_t^{i,b}[\widehat{C}_{i,b}(t)(\mathrm{NPV}(T_i))^+/\widehat{C}_{i,b}(T_i)] \\
&= \widehat{C}_{i,b}(t)\widehat{\mathbb{E}}_t^{i,b}[(\widehat{S}_{i,b}(T_i) - \hat{K}(T_i))^+] \\
&\approx \widehat{C}_{i,b}(t)\phi \mathrm{Bl}(\hat{K}, \widehat{S}_{i,b}(t), v_{i,b}^2, \phi)
\end{aligned} \quad (4.17)$$

其中，$Bl(K,S,Q,f)$ 表示 Black 公式的核心，即对于执行价格为 K、即期价格为 S、波动率平方为 Q 的标准互换权（对于看涨期权 $f=1$，看跌期权 $f=-1$），有

$$fK\Phi(fd_1) - fS\Phi(fd_2)$$

此外，有

$$\phi := \begin{cases} +1, & \text{当 } \hat{S}_{i,b}(t) > 0 \text{ 且 } \hat{K} > 0; \\ -1, & \text{当 } \hat{S}_{i,b}(t) < 0 \text{ 且 } \hat{K} < 0; \end{cases}$$

如果相反 $\hat{S}_{i,b}(t) > 0$ 且 $\hat{K} < 0$，那么价格就会降低到 $\hat{S}_{i,b}(T_i)$ 的远期价格，而当 $\hat{S}_{i,b}(t_i) < 0$ 且 $\hat{K} > 0$，价格则为零。

请注意，$\hat{S}_{i,b}$ 是与计价单位 $\widehat{C}_{i,b}$ 相关测度下的一个鞅，因为其可被写为零息票债券组合除以计价单位本身。事实上，根据 $\hat{S}$ 的定义，可有

$$\begin{aligned}
\widehat{S}_{i,b}(t') &= \sum_{k=i+1}^{b} \widehat{w}_k(t')\chi_k F_k(t') \\
&= \sum_{k=i+1}^{b} \frac{\alpha_k P(t',T_k)}{\widehat{C}_{i,b}(t')} \chi_k F_k(t') \\
&= \sum_{k=i+1}^{b} \frac{\alpha_k P(t',T_k)}{\widehat{C}_{i,b}(t')} \chi_k \frac{1}{\beta_k}\left(\frac{P(t',T_{k-1})}{P(t',T_k)} - 1\right) \\
&= \sum_{k=i+1}^{b} \frac{\alpha_k}{\widehat{C}_{i,b}(t')} \chi_k \frac{1}{\beta_k}(P(t',T_{k-1}) - P(t',T_k))
\end{aligned} \quad (4.18)$$

上述定价公式必须谨慎处理。请特别注意，近似动态过程的初始条件，即 $\hat{S}_{i,b}(t)$，可为负。在这种情况下，$\hat{S}_{i,b}(t)$ 遵循具有负初始条件的近似几何布朗运动，就是减去具有相反（正）初始条件和相同波动率的几何布朗运动。看涨期

权随后便成为基于相反几何布朗运动的看跌期权，并必须依此定价。

我们可以期望这些公式在投资组合中的互换在所有情况下都具有相同方向的有效，即当所有 χ 彼此相等时。在这种情况下，标的 $\hat{S}_{i,b}$ 在所有场景中始终具有相同的符号，且几何布朗运动近似在原则上是合理的。

在具有混合 χ 的其他情况下（即投资组合既有 IRS 的多头也有空头），标的 $\hat{S}_{i,b}$ 在不同场景和不同时间上可为正和为负（即使其仍然是一个鞅）。此时，我们采用几何布朗运动来对其近似，该几何布朗运动保持与初始条件符号相同的固定符号，并具有和往常一样的近似波动率。我们将看到，只要使用一些技巧，结果就并不像预期的那么糟糕。特别是，使用看涨看跌平价时，必须将自己设置为对数正态近似密度的正确尾部。

事实上，例如考虑在初始时间 $t=0$ 时 $\hat{S}_{i,b}(0)$ 为正但轧差系数生成了 $\hat{S}_{i,b}(T_i)$ 为负的一些未来情景的情况。这样，$\hat{S}_{i,b}(T_i)$ 的密度将具有正尾和负尾。如果我们将对数正态分布与具有正初始条件 $\hat{S}_{i,b}(0)$ 的几何布朗运动相拟合，当对基于 $\hat{S}_{i,b}(T_i)$ 的看涨期权进行定价时，真实密度和近似对数正态分布都有（右）尾部，而如果为看跌期权定价，那么真实的标的 $\hat{S}_{i,b}(T_i)$ 具有左尾，而对数正态近似过程无左尾。这意味着看涨期权将在真实标的和近似过程都存在尾部时定价，而看跌期权中的近似过程将没有尾部。因此，从这个角度来看，最好是给看涨期权而非看跌期权进行定价。如果必须给看跌期权定价，仍然可以给看涨期权定价，然后应用平价关系得到看跌期权价格。这将比直接用缺少尾部的近似密度来对看跌期权偿付直接积分而得到的近似结果更好。将第 4.5.3 节中的此方法应用于情况 C，使用看涨期权价格和平价公式计算看跌期权价格。2 年至 10 年期内看跌期权偿付直接积分的相对误差为 -3.929%，而通过应用平价公式得到的为 -2.156%。

即便如此，有时精度还是不够。我们在后面采用的方法，还考虑了对标的 $\hat{S}_{i,b}$ 的第三阶矩的近似估计。

4.4.4 三矩量匹配技术

正如上面所解释的，在混合（即正和负）轧差系数的情况下，对数正态近似可能不是正确的选择。特别是，对数正态分布变量的单位权重（正或负）线性组合不再是对数正态分布的。

在这种情况下，我们通过参数 X 的漂移使用了三大阶矩匹配技术，即带有标志 $\varphi \in \{-1, +1\}$ 的辅助鞅对数正态过程 Y，得到如下形式的动态过程：

$$A_{T_i} = X + \phi Y(T_i)$$
$$= X + \phi Y(t) \exp\left(\int_t^{T_i} \eta(s) dW_s - 1/2 \int_t^{T_i} \eta(s)^2 ds\right)$$

其中，W 为 $\hat{C}_{i,b}$ 测度下的布朗过程，η 为过程 Y 的波动率。特别地，有

$$\widehat{\mathbb{E}}_t^{i,b}[A_{T_i}] = X + \phi Y(t),$$
$$\widehat{\mathbb{E}}_t^{i,b}[(A_{T_i})^2] = X^2 + Y(t)^2 \exp\left(\int_t^{T_i} \eta(s)^2 ds\right) + 2\phi XY(t),$$
$$\widehat{\mathbb{E}}_t^{i,b}[(A_{T_i})^3] = X^3 + \phi Y(t)^3 \exp\left(3\int_t^{T_i} \eta(s)^2 ds\right) + 3\phi X^2 Y(t)$$
$$+ 3XY(t)^2 \exp\left(\int_t^{T_i} \eta(s)^2 ds\right)$$

这些非中心矩必须与 $\hat{S}_{i,b}(T_i)$ 的前三个阶矩相匹配：

$$\widehat{\mathbb{E}}_t^{i,b}[(\widehat{S}_{i,b}(T_i))^m] = \sum_{j_1=i+1}^{b} \cdots \sum_{j_m=i+1}^{b} \prod_{\ell=j_1}^{j_m} \widehat{w}_\ell(t) \chi_\ell F_\ell(t)$$
$$\cdot \exp\left\{\sum_{k=i+1}^{m+i-1} \sum_{h=k+1}^{m+i} \rho_{j_k, j_h} \int_t^{T_i} \sigma_{j_k}(s) \sigma_{j_h}(s) ds\right\} \quad (4.19)$$

其中，$m = 1, 2, 3$。

为了简化，假设 η 为常数，取 $t = 0$，并求解系统解析解，则对于 X、$Y(0)$ 和 η 有

$$\widehat{\mathbb{E}}_t^{i,b}[\widehat{S}_{i,b}(T_i)] = \widehat{\mathbb{E}}_t^{i,b}[A_{T_i}]$$
$$\widehat{\mathbb{E}}_t^{i,b}[(\widehat{S}_{i,b}(T_i))^2] = \widehat{\mathbb{E}}_t^{i,b}[(A_{T_i})^2]$$
$$\widehat{\mathbb{E}}_t^{i,b}[(\widehat{S}_{i,b}(T_i))^3] = \widehat{\mathbb{E}}_t^{i,b}[(A_{T_i})^3]$$

可利用辅助过程来近似得到式（4.17）的价格

$$\widehat{C}_{i,b}(0) \phi \text{Bl}((\widehat{K} - X), Y(0), \eta^2(T_i), \phi) \quad (4.20)$$

其中，三元数组 $(Y(0), \eta^2(T_i), X)$ 为以下方程系统的解

$$Y(0) = \sqrt{\frac{m_2 - m_1^2}{\exp(\eta^2(T_i)) - 1}}, \quad X = m_1 + \phi Y(0)$$

和

$$\sqrt{\exp(\eta^2(T_i)) - 1} = \frac{(-4\beta + 4\sqrt{4+\beta^2})^{1/3}}{2} - \frac{2}{(-4\beta + 4\sqrt{4+\beta^2})^{1/3}}$$

其中

$$\beta = \phi \frac{m_1(3m_2 - 2m_1^2) - m_3}{(m_2 - m_1^2)^{3/2}},$$

且 (m_1, m_2, m_3) 为通过下面公式得到的阶矩

$$m_n(T_i) = \sum_{j_1=i+1}^{b} \cdots \sum_{j_n=i+1}^{b} \prod_{\ell=j_1}^{j_n} \widehat{w}_\ell(0) \chi_\ell F_\ell(0) \cdot \exp\left\{\sum_{k=i+1}^{n+i-1} \sum_{h=k+1}^{n+i} \rho_{j_k, j_h} \int_0^{T_i} \sigma_{j_k}(s) \sigma_{j_h}(s) \mathrm{d}s\right\}$$

其中，$n = 1, 2, 3$。

只要 $Y(0)$ 和 $(\hat{K} - X)$ 同号，此式就成立。否则，根据 $(Y(0), \hat{K} - X)$ 的符号，我们将有基于 $Y(0)$ 的远期合约，或具有零现值的索偿权（如上面式 (4.17) 之后所讨论的内容）。

φ 的作用是打开正确质点的分布，同样，这取决于轧差系数的符号。因此，φ 为开关因子，X 为辅助过程的漂移因子。

4.5 数值检验

这里，我们报告近似检验与蒙特卡洛模拟（MC）的对比结果。设对于每个 $i \in (a, b] = (0, 40]$ 有 $t = T_a = 0$、$T_b = 10$ 和 $\beta_i = 0.25$。然后，对于固定的 T_i，我们比较了分别通过 MC 和 Black 类近似所计算得到的预期 $\mathbb{E}_t[D(t, T_i)(NPV(T_i))^+]$，用于在不同波动率、瞬时相关性和远期利率曲线的情况下对不同轧差系数 α_i 方案进行检验。

我们已经假设了对于所有 $i \in (a, b]$ 有 $\chi_i = \psi_i$。

在表 4.3 中，**B** 表示 Black 类近似公式（**3MM** 表示 Black 三阶矩匹配近似），MC 表示蒙特卡洛模拟，CI 表示置信区间 1.96*（MC 标准误）、B - MC（3MM - MC）表示 B（3MM）和 MC 之间的差，%BM 表示相对差（**B**/MC - 1）× 100（(**3MM**/MC - 1) × 100）。请注意，一旦远期利率曲线发生变化（向上倾斜或平移 +200 个基点），则互换利率 $\hat{K}_i$ 也必定改变。核查点 T_i 在投资组合生命期

内是固定的。最后，对于每次检验，我们在第一列使用了以下符号：

σ, ρ, F：表示初始市场输入值的检验；

$2\sigma, \rho, F$：表示相对于初始市场输入值而言两倍波动率的检验；

$\sigma, \rho, \vec{F}$：表示相对于初始市场输入值而言向上陡峭远期曲线的测试；

$\sigma, \rho, \tilde{F}$：表示相对于初始市场输入值而言向上平移 +200 个基点远期曲线的测试；

$\sigma, \rho \approx 1, F$：表示瞬时相关性接近于 1 的测试。

在第 4.5.1 节和第 4.5.2 节中，我们只考虑了正轧差系数，而在第 4.5.3 节、第 4.5.4 节和第 4.5.5 节中，我们允许投资组合在其投资期内做多或做空。对于前者的选择，我们有两种情况：递增（A）和递减（B）的现金流。对于后者的选择，我们有两种对称情况（C，D）以及一种非对称情况（E），其中假设是不那么保守的投资组合策略；此外，我们在这里还包括平价、价内和价外检验，并设：

ATM 平价检验：执行价格为 $\tilde{K}_i, i \in (a, b]$；

ITM 价内检验：执行价格为 $0.75 \tilde{K}_i, i \in (a, b]$；

OTM 价外检验：执行价格为 $1.25 \tilde{K}_i, i \in (a, b]$。

如前所述，给定轧差系数的当前结构，我们必须对 MC 模拟与 Black 近似以及与 Black 三阶矩匹配近似（在第 4.4.4 节推导得出）进行检验。

4.5.1 案例 A：具备共同截止支付时间的 IRS

在这种情况下，我们继续执行以下的轧差系数和执行价格方案：

Ⅰ：对于每个 $i \in (a, b]$ 有 $\alpha_i = (T_i - T_a)$（其中 T 以年份数表示，且所有 i 为整数），即所考虑的 IRS 具有递增的起始日和相同的到期日 T_b（见图 4.1）。

Ⅱ：对于每个 $i \in (a, b]$ 有 $\tilde{K}_i = \beta_i \sum_{j=a}^{i-1} S_{j,b}(t)$；

Ⅲ：$S_{i,b}(t) = \dfrac{\sum_{j=i+1}^{b} \beta_j P(t, T_j) F_j(t)}{\sum_{j=i+1}^{b} \beta_j P(t, T_j)}$。

4 单边 CVA 和利率产品净额结算 | 131

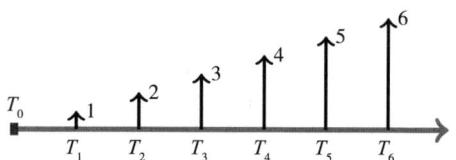

图 4.1 案例 A：具有正现金流和共同截止日的 IRS 投资组合：在第一次重置时，只有一个流量，在第二次重置时有两个流量，依此类推

表 4.3 列出了不同检验的数值结果。

表 4.3 具有共同截止支付日的 IRS 检验

检验 A1	T_i	MC（400K 路径）	CI	B	B − MC	% BM
$[\sigma, \rho, F]$	2y10y	0.564613	0.002746	0.56672	0.002107	0.373176
$[\sigma, \rho, F]$	5y10y	0.680602	0.003811	0.68034	−0.00026	−0.0385
$[\sigma, \rho, F]$	8y10y	0.393573	0.00278	0.39438	0.000807	0.205045
(a) 检验 A1：标准市场输入值						
检验 A2	T_i	MC（4M 路径）	CI	B	B − MC	% BM
$[2\sigma, \rho, F]$	2y10y	1.07034	0.001755	1.0799	0.00956	0.893174
$[2\sigma, \rho, F]$	5y10y	1.2291	0.002506	1.2377	0.0086	0.699699
$[2\sigma, \rho, F]$	8y10y	0.713387	0.001975	0.71503	0.001643	0.23031
(b) 检验 A2：双倍波动率						
检验 A3	T_i	MC（400K 路径）	CI	B	B − MC	% BM
$[\sigma, \rho, \vec{F}]$	5y10y	0.870294	0.004875	0.87496	4.67E−03	0.536141
(c) 检验 A3：远期利率曲线向上倾斜，$\vec{F}_{a+1}(0) = F_{a+1}(0)$						
检验 A4	T_i	MC（400K 路径）	CI	B	B − MC	% BM
$[\sigma, \rho, \hat{F}]$	5y10y	0.773326	0.004813	0.7753	1.97E−03	0.255261
(d) 检验 A4：远期利率曲线移动 +200 个基点						
检验 A5	T_i	MC（4M 路径）	CI	B	B − MC	% BM
$[\sigma, \rho \approx 1, F]$	5y10y	0.726936	0.001313	0.72829	1.35E−03	0.186261
(e) 检验 A5：完全相关性						

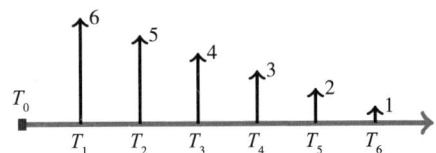

图 4.2 案例 B：具有正现金流和共同起始日的 IRS 投资组合：在最后重置时，只有一个流量，倒数第二个重置时有两个流量，依此类推

4.5.2 案例 B：具备双边初期重置时间的 IRS

在这种情况下，我们继续执行以下的轧差系数和执行价格方案：

Ⅰ：对于每个 $i \in (a,b]$ 有 $\alpha_i = (T_b + \beta_i - T_i)$，即 IRS 投资组合具有递减的期限和相同的起始日（见图 4.2）。

Ⅱ：对于每个 $i \in (a,b]$ 有 $\widehat{K}_i = \beta_i \sum_{j=i}^{b} S_{a,j}(t)$；

Ⅲ：$S_{a,i}(t) = \dfrac{\sum_{j=a+1}^{i} \beta_j P(t,T_j) F_j(t)}{\sum_{j=a+1}^{b} \beta_j P(t,T_j)}$。

4.5.3 案例 C：具备首先为正然后为负现金流的 IRS

在这种情况下，我们继续执行以下的轧差系数和执行价格方案：

Ⅰ：对于每个 $i \in (a,b]$ 有 $\alpha_i = (T_{b/2} + \beta_i - T_i)\mathbf{1}_{\{T_i \leq T_{b/2}\}} - (T_i - T_{b/2} - T_a)\mathbf{1}_{\{T_i > T_{b/2}\}}$，从而形成图 4.3 所示的现金流结构；

Ⅱ：对于每个 $i \in (a,b]$ 有 $\chi \widehat{K}_i = \beta_i \sum_{j=i}^{b/2} S_{a,j}(t)\mathbf{1}_{\{T_i \leq T_{b/2}\}} - \beta_i \sum_{j=b/2+1}^{b/2} S_{j,b}(t)\mathbf{1}_{\{T_i > T_{b/2}\}}$；

Ⅲ：$S_{i,b}(t) = \dfrac{\sum_{j=i+1}^{b} \beta_j P(t,T_j) F_j(t)}{\sum_{j=i+1}^{b} \beta_j P(t,T_j)}$；

Ⅳ：$S_{a,i}(t) = \dfrac{\sum_{j=a+1}^{i} \beta_j P(t,T_j) F_j(t)}{\sum_{j=a+1}^{b} \beta_j P(t,T_j)}$；

4 单边 CVA 和利率产品净额结算

$$V: \chi_i = \mathbf{1}_{\{T_i \leqslant T_{b/2}\}} - \mathbf{1}_{\{T_i > T_{b/2}\}} \circ$$

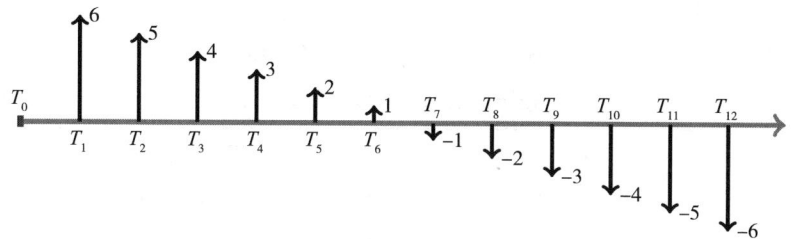

图 4.3 案例 C：现金流量递减的 IRS 投资组合：先是正现金流，然后是负现金流

表 4.4 列出了不同检验的数值结果。

表 4.4 具有共同起始重置日的 IRS 检验

检验 B1	T_i	MC（400K 路径）	CI	B	B − MC	%BM
$[\sigma, \rho, F]$	2y10y	0.673734	0.002688	0.67721	0.003476	0.515931
$[\sigma, \rho, F]$	5y10y	0.386824	0.001781	0.38792	0.001096	0.283333
$[\sigma, \rho, F]$	8y10y	0.069669	0.000408	0.069615	− 5.4E − 05	− 0.07737
(a) 检验 B1：标准市场输入值						
检验 B2	T_i	MC（4M 路径）	CI	B	B − MC	%BM
$[2\sigma, \rho, F]$	2y10y	1.04435	0.001664	1.0532	0.00885	0.847417
$[2\sigma, \rho, F]$	5y10y	0.577499	0.001138	0.58102	0.003521	0.609698
$[2\sigma, \rho, F]$	8y10y	0.106133	0.000277	0.10643	0.000297	0.279838
(b) 检验 B2：双倍波动率						
检验 B3	T_i	MC（400K 路径）	CI	B	B − MC	%BM
$[\sigma, \rho, \vec{F}]$	5y10y	0.560052	0.0024	0.56053	0.000478	0.085349
(c) 检验 B3：远期利率曲线向上倾斜，$\vec{F}_{a+1}(0) = F_{a+1}(0)$						
检验 B4	T_i	MC（400K 路径）	CI	B	B − MC	%BM
$[\sigma, \rho, \hat{F}]$	5y10y	0.415113	0.002266	0.41611	0.000997	0.240176
(d) 检验 B4：远期利率曲线移动 +200 个基点						
检验 B5	T_i	MC（4M 路径）	CI	B	B − MC	%BM
$[\sigma, \rho \approx 1, F]$	5y10y	0.399305	0.000598	0.40002	0.000715	0.179061
(e) 检验 B5：完全相关性						

案例 C 是利用看涨看跌平价公式获得的。① ATM、ITM 和 OTM 不同检验的数值结果分别在表 4.5、表 4.6 和表 4.7 中列出。

表 4.5 　　现金流量递减的 IRS 投资组合的 ATM 检验：
先是正现金流，然后是负现金流

检验 C1	T_i	MC（4M 路径）	CI	**B**	B − MC	% BM
$[\sigma, \rho, F]$	2y10y	0.1501014	0.000393	0.15149	0.001389	0.925108
$[\sigma, \rho, F]$	5y10y	0.189583	0.001151	0.18967	8.7E − 05	0.04589
$[\sigma, \rho, F]$	8y10y	0.1481094	0.001186	0.14812	1.06E − 05	0.007157
检验 C1	T_i	MC（4M 路径）	CI	**3MM**	B − MC	% BM
$[\sigma, \rho, F]$	2y10y	0.1501014	0.000393	0.15122	0.001119	0.74523
$[\sigma, \rho, F]$	5y10y	0.189583	0.001151	0.1897	0.000117	0.061714
$[\sigma, \rho, F]$	8y10y	0.1481094	0.001186	0.14812	1.06E − 05	0.007157
(a) 检验 C1/ATM：标准市场输入值						
检验 C2	T_i	MC（4M 路径）	CI	**B**	B − MC	% BM
$[2\sigma, \rho, F]$	2y10y	0.247454	0.000299	0.24694	− 0.00051	− 0.20772
$[2\sigma, \rho, F]$	5y10y	0.37552	0.000773	0.3765	0.00098	0.260971
$[2\sigma, \rho, F]$	8y10y	0.2954154	0.000868	0.2961	0.000685	0.231741
检验 C2	T_i	MC（4M 路径）	CI	**3MM**	B − MC	% BM
$[2\sigma, \rho, F]$	2y10y	0.247454	0.000299	0.25069	0.003236	1.307718
$[2\sigma, \rho, F]$	5y10y	0.37552	0.000773	0.37663	0.00111	0.29559
$[2\sigma, \rho, F]$	8y10y	0.2954154	0.000868	0.29606	0.000645	0.218201
(b) 检验 C2/ATM：双倍波动率						
检验 C3	T_i	MC（400K 路径）	CI	**B**	B − MC	% BM
$[\sigma, \rho, \vec{F}]$	5y10y	0.228914	0.00143	0.22984	0.000926	0.404519
检验 C3	T_i	MC（400K 路径）	CI	**3MM**	B − MC	% BM
$[\sigma, \rho, \vec{F}]$	5y10y	0.228914	0.00143	0.22987	0.000956	0.417624
(c) 检验 C3/ATM：远期利率曲线向上倾斜，$\vec{F}_{a+1}(0) = F_{a+1}(0)$						

---

① 基于案例 C 和案例 D 的对称性，我们使用蒙特卡洛模拟的案例 D 和 $\hat{S}_{i,b}$ 的远期价值来获得蒙特卡洛模拟的案例 C。

续表

检验 C4	T_i	MC（400K 路径）	CI	**B**	B - MC	%BM
$[\sigma, \rho, \hat{F}]$	5y10y	0.220466	0.001444	0.2208	0.000334	0.151497
检验 C4	T_i	MC（400K 路径）	CI	**3MM**	B - MC	%BM
$[\sigma, \rho, \hat{F}]$	5y10y	0.220466	0.001444	0.22082	0.000354	0.160569
(d) 检验 C4/ATM：远期利率曲线移动 +200 个基点						
检验 C5	T_i	MC（4M 路径）	CI	**B**	B - MC	%BM
$[\sigma, \rho \approx 1, F]$	5y10y	0.203206	0.000392	0.20363	0.000424	0.208655
检验 C5	T_i	MC（4M 路径］）	CI	**3MM**	B - MC	%BM
$[\sigma, \rho \approx 1, F]$	5y10y	0.203206	0.000392	0.20362	0.000414	0.203734
(e) 检验 C5/ATM：完全相关性						

表 4.6 现金流量递减的 IRS 投资组合的 ITM 检验：
先是正现金流，然后是负现金流

检验 C1	T_i	MC（400K 路径）	CI	**B**	B - MC	%BM
$[\sigma, \rho, F]$	2y10y	0.017351	0.000676	0.016977	-0.00037	-2.1555
$[\sigma, \rho, F]$	5y10y	0.024322	0.00159	0.024541	0.000219	0.900419
$[\sigma, \rho, F]$	8y10y	0.032865	0.001535	0.032859	-6E-06	-0.01826
检验 C1	T_i	MC（400K 路径）	CI	**3MM**	B - MC	%BM
$[\sigma, \rho, F]$	2y10y	0.017351	0.000676	0.018907	0.001556	8.967783
$[\sigma, \rho, F]$	5y10y	0.024322	0.00159	0.02449	0.000168	0.690733
$[\sigma, \rho, F]$	8y10y	0.032865	0.001535	0.03281	-5.5E-05	-0.16735
(a) 检验 C1/ITM：标准市场输入值						
检验 C2	T_i	MC（4M 路径）	CI	**B**	B - MC	%BM
$[2\sigma, \rho, F]$	2y10y	0.089582	0.000388	0.08282	-0.00676	-7.54839
$[2\sigma, \rho, F]$	5y10y	0.139803	0.000915	0.1405	0.000697	0.498559
$[2\sigma, \rho, F]$	8y10y	0.137311	0.000975	0.13767	0.000359	0.26145
检验 C2	T_i	MC（4M 路径）	CI	**3MM**	B - MC	%BM
$[2\sigma, \rho, F]$	2y10y	0.089582	0.000388	0.092842	0.00326	3.639124
$[2\sigma, \rho, F]$	5y10y	0.139803	0.000915	0.14033	0.000527	0.376959
$[2\sigma, \rho, F]$	8y10y	0.137311	0.000975	0.13745	0.000139	0.10123
(b) 检验 C2/ITM：双倍波动率						

检验 C3	T_i	MC（400K 路径）	CI	**B**	B - MC	% BM
$[\sigma, \rho, \vec{F}]$	5y10y	0.029607	0.001972	0.029813	0.000206	0.695781
检验 C3	T_i	MC（400K 路径）	CI	**3MM**	B - MC	% BM
$[\sigma, \rho, \vec{F}]$	5y10y	0.029607	0.001972	0.029748	0.000141	0.476239
（c）检验 C3/ITM：远期利率曲线向上倾斜，$\vec{F}_{a+1}(0) = F_{a+1}(0)$						
检验 C4	T_i	MC（400K 路径）	CI	**B**	B - MC	% BM
$[\sigma, \rho, \hat{F}]$	5y10y	0.029094	0.001991	0.02869	-0.0004	-1.3886
检验 C4	T_i	MC（400K 路径）	CI	**3MM**	B - MC	% BM
$[\sigma, \rho, \hat{F}]$	5y10y	0.029094	0.001991	0.028625	-0.00047	-1.61202
（d）检验 C4/ITM：远期利率曲线移动 +200 个基点						
检验 C5	T_i	MC（4M 路径）	CI	**B**	B - MC	% BM
$[\sigma, \rho \approx 1, F]$	5y10y	0.030852	0.000533	0.030943	9.1E-05	0.294957
检验 C5	T_i	MC（4M 路径）	CI	**3MM**	B - MC	% BM
$[\sigma, \rho \approx 1, F]$	5y10y	0.030852	0.000533	0.030794	-5.8E-05	-0.18799
（e）检验 C5/ITM：完全相关性						

表 4.7　现金流量递减的 IRS 投资组合的 OTM 检验：
先是正现金流，然后是负现金流

检验 C1	T_i	MC（400K 路径）	CI	**B**	B - MC	% BM
$[\sigma, \rho, F]$	2y10y	0.413263	0.000144	0.41434	0.001077	0.260674
$[\sigma, \rho, F]$	5y10y	0.536445	0.000626	0.53685	0.000405	0.075497
$[\sigma, \rho, F]$	8y10y	0.348977	0.000805	0.34906	8.32E-05	0.023841
检验 C1	T_i	MC（400K 路径）	CI	**3MM**	B - MC	% BM
$[\sigma, \rho, F]$	2y10y	0.413263	0.000144	0.41321	-5.3E-05	-0.01276
$[\sigma, \rho, F]$	5y10y	0.536445	0.000626	0.53694	0.000495	0.092274
$[\sigma, \rho, F]$	8y10y	0.348977	0.000805	0.34912	0.000143	0.041034
（a）检验 C1/OTM：标准市场输入值						
检验 C2	T_i	MC（4M 路径）	CI	**B**	B - MC	% BM
$[2\sigma, \rho, F]$	2y10y	0.479013	0.000212	0.48127	0.002257	0.471156
$[2\sigma, \rho, F]$	5y10y	0.706206	0.00062	0.70742	0.001214	0.171905
$[2\sigma, \rho, F]$	8y10y	0.496787	0.000761	0.49733	0.000543	0.109302

检验 C2	T_i	MC（4M 路径）	CI	3MM	B－MC	%BM
$[2\sigma, \rho, F]$	2y10y	0.479013	0.000212	0.47918	0.000167	0.034842
$[2\sigma, \rho, F]$	5y10y	0.706206	0.00062	0.70778	0.001574	0.222881
$[2\sigma, \rho, F]$	8y10y	0.496787	0.000761	0.49745	0.000663	0.133458
（b）检验 C2/OTM：双倍波动率						
检验 C3	T_i	MC（400K 路径）	CI	B	B－MC	%BM
$[\sigma, \rho, \vec{F}]$	5y10y	0.650079	0.000782	0.65003	－4.9E－05	－0.0076
检验 C3	T_i	MC（400K 路径）	CI	3MM	B－MC	%BM
$[\sigma, \rho, \vec{F}]$	5y10y	0.650079	0.000782	0.65014	6.06E－05	0.009322
（c）检验 C3/OTM：远期利率曲线向上倾斜，$\vec{F}_{a+1}(0) = F_{a+1}(0)$						
检验 C4	T_i	MC（400K 路径）	CI	B	B－MC	%BM
$[\sigma, \rho, \hat{F}]$	5y10y	0.623693	0.000788	0.62412	0.000427	0.068495
检验 C4	T_i	MC（400K 路径）	CI	3MM	B－MC	%BM
$[\sigma, \rho, \hat{F}]$	5y10y	0.623693	0.000788	0.62422	0.000527	0.084529
（d）检验 C4/OTM：远期利率曲线移动＋200 个基点						
检验 C5	T_i	MC（4M 路径）	CI	B	B－MC	%BM
$[\sigma, \rho\approx 1, F]$	5y10y	0.547512	0.000228	0.5475	－1.2E－05	－0.00217
检验 C5	T_i	MC（4M 路径）	CI	3MM	B－MC	%BM
$[\sigma, \rho\approx 1, F]$	5y10y	0.547512	0.000228	0.54764	0.000128	0.023397
（e）检验 C5/OTM：完全相关性						

4.5.4 案例 D：具备首次为负然后为正现金流的 IRS

在这种情况下，我们继续执行以下的轧差系数和执行价格方案：

Ⅰ：对于每个 $i \in (a,b)$ 有 $\alpha_i = -(T_{b/2} + \beta_i - T_i)1_{\{T_i \le T_{b/2}\}} + (T_i - T_{b/2} - T_a)1_{\{T_i > T_{b/2}\}}$，这导致如图 4.4 所示的现金流结构。

Ⅱ：对于每个 $i \in (a,b)$ 有 $\chi \tilde{K}_i = -\beta_i \sum_{j=i}^{b/2} S_{a,j}(t)1_{\{T_i \le T_{b/2}\}} + \beta_i \sum_{j=b/2+1}^{b/2} S_{j,b}(t)1_{\{T_i > T_{b/2}\}}$；

Ⅲ：$S_{i,b}(t) = \dfrac{\sum_{j=i+1}^{b} \beta_j P(t,T_j) F_j(t)}{\sum_{j=i+1}^{b} \beta_j P(t,T_j)}$；

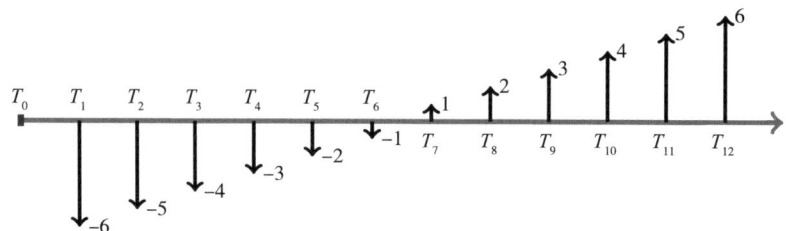

图 4.4 案例 D：现金流量递增的 IRS 投资组合：先是负现金流，然后是正现金流

$$\text{IV}: S_{a,i}(t) = \frac{\sum_{j=a+1}^{i} \beta_j P(t,T_j) F_j(t)}{\sum_{j=a+1}^{b} \beta_j P(t,T_j)};$$

$$\text{V}: \chi_i = -\mathbf{1}_{\{T_i \leq T_{b/2}\}} + \mathbf{1}_{\{T_i > T_{b/2}\}}。$$

案例 D 与案例 C 是对称的。表 4.8、表 4.9 和表 4.10 列出了 ATM、ITM 和 OTM 不同检验的数值结果。

表 4.8 现金流量递增的 IRS 投资组合的 ATM 检验：先是负现金流，然后是正现金流

检验 D1	T_i	MC（4M 路径）	CI	**B**	B − MC	% BM
[σ, ρ, F]	2y10y	0.059502	0.000393	0.06089	0.001388	2.332007
[σ, ρ, F]	5y10y	0.189583	0.001151	0.18967	8.7E − 05	0.04589
[σ, ρ, F]	8y10y	0.155868	0.001186	0.15588	1.2E − 05	0.007699
检验 D1	T_i	MC（4M 路径）	CI	**3MM**	B − MC	% BM
[σ, ρ, F]	2y10y	0.059502	0.000393	0.060626	0.001124	1.888327
[σ, ρ, F]	5y10y	0.189583	0.001151	0.1897	0.000117	0.061714
[σ, ρ, F]	8y10y	0.155868	0.001186	0.15588	1.2E − 05	0.007699
(a) 检验 D1/ATM：标准市场输入值						
检验 D2	T_i	MC（4M 路径）	CI	**B**	B − MC	% BM
[$2\sigma, \rho, F$]	2y10y	0.156855	0.000299	0.15635	− 0.00051	− 0.32195
[$2\sigma, \rho, F$]	5y10y	0.37552	0.000773	0.3765	0.00098	0.260971
[$2\sigma, \rho, F$]	8y10y	0.303174	0.000868	0.30386	0.000686	0.226273
检验 D2	T_i	MC（4M 路径）	CI	**3MM**	B − MC	% BM
[$2\sigma, \rho, F$]	2y10y	0.156855	0.000299	0.16009	0.003235	2.062414
[$2\sigma, \rho, F$]	5y10y	0.37552	0.000773	0.37663	0.00111	0.29559
[$2\sigma, \rho, F$]	8y10y	0.303174	0.000868	0.30381	0.000636	0.209781
(b) 检验 D2/ATM：双倍波动率						

4 单边 CVA 和利率产品净额结算

续表

检验 D3	T_i	MC（400K 路径）	CI	**B**	B - MC	% BM
$[\sigma, \rho, \vec{F}]$	5y10y	0.228914	0.001428	0.22984	0.000926	0.404519
检验 D3	T_i	MC（400K 路径）	CI	**3MM**	B - MC	% BM
$[\sigma, \rho, \vec{F}]$	5y10y	0.228914	0.001428	0.22987	0.000956	0.417624
（c）检验 D3/ATM：远期利率曲线向上倾斜，$\vec{F}_{a+1}(0) = F_{a+1}(0)$							
检验 D4	T_i	MC（400K 路径）	CI	**B**	B - MC	% BM
$[\sigma, \rho, \hat{F}]$	5y10y	0.220466	0.001444	0.2208	0.000334	0.151497
检验 D4	T_i	MC（400K 路径）	CI	**3MM**	B - MC	% BM
$[\sigma, \rho, \hat{F}]$	5y10y	0.220466	0.001444	0.22082	0.000354	0.160569
（d）检验 D4/ATM：远期利率曲线移动 +200 个基点							
检验 D5	T_i	MC（4M 路径）	CI	**B**	B - MC	% BM
$[\sigma, \rho \approx 1, F]$	5y10y	0.203206	0.000392	0.20363	0.000424	0.208655
检验 D5	T_i	MC（4M 路径）	CI	**3MM**	B - MC	% BM
$[\sigma, \rho \approx 1, F]$	5y10y	0.203206	0.000392	0.20362	0.000414	0.203734
（e）检验 D5/ATM：完全相关性							

表 4.9　现金流量递增的 IRS 投资组合的 ITM 检验：先是负现金流，然后是正现金流

检验 D1	T_i	MC（400K 路径）	CI	**B**	B - MC	% BM
$[\sigma, \rho, F]$	2y10y	0.241171	0.000676	0.2408	-0.00037	-0.15383
$[\sigma, \rho, F]$	5y10y	0.508562	0.00159	0.50878	0.000218	0.042866
$[\sigma, \rho, F]$	8y10y	0.332985	0.001535	0.33298	-5E-06	-0.0015
检验 D1	T_i	MC（400K 路径）	CI	**3MM**	B - MC	% BM
$[\sigma, \rho, F]$	2y10y	0.241171	0.000676	0.24273	0.001559	0.646429
$[\sigma, \rho, F]$	5y10y	0.508562	0.00159	0.50873	0.000168	0.033034
$[\sigma, \rho, F]$	8y10y	0.332985	0.001535	0.33293	-5.5E-05	-0.01652
（a）检验 D1/ITM：标准市场输入值							
检验 D2	T_i	MC（4M 路径）	CI	**B**	B - MC	% BM
$[2\sigma, \rho, F]$	2y10y	0.313402	0.000388	0.30665	-0.00675	-2.15442
$[2\sigma, \rho, F]$	5y10y	0.624043	0.000915	0.62474	0.000697	0.11691
$[2\sigma, \rho, F]$	8y10y	0.437431	0.000975	0.4378	0.000369	0.084356
检验 D2	T_i	MC（4M 路径）	CI	**3MM**	B - MC	% BM
$[2\sigma, \rho, F]$	2y10y	0.313402	0.000388	0.31667	0.003268	1.04275
$[2\sigma, \rho, F]$	5y10y	0.624043	0.000915	0.62457	0.000527	0.084449
$[2\sigma, \rho, F]$	8y10y	0.437431	0.000975	0.43757	0.000139	0.031776
（b）检验 D2/ITM：双倍波动率							

续表

检验 D3	T_i	MC（400K 路径）	CI	**B**	B - MC	% BM
$[\sigma, \rho, \vec{F}]$	5y10y	0.615777	0.001972	0.61598	0.000203	0.032966
检验 D3	T_i	MC（400K 路径）	CI	**3MM**	B - MC	% BM
$[\sigma, \rho, \vec{F}]$	5y10y	0.615777	0.001972	0.61591	0.000133	0.021599
（c）检验 D3/ITM：远期利率曲线向上倾斜，$\vec{F}_{a+1}(0) = F_{a+1}(0)$						
检验 D4	T_i	MC（400K 路径）	CI	**B**	B - MC	% BM
$[\sigma, \rho, \hat{F}]$	5y10y	0.591784	0.001991	0.59138	- 0.0004	- 0.06827
检验 D4	T_i	MC（400K 路径）	CI	**3MM**	B - MC	% BM
$[\sigma, \rho, \hat{F}]$	5y10y	0.591784	0.001991	0.59131	- 0.00047	- 0.0801
（d）检验 D4/ITM：远期利率曲线移动 +200 个基点						
检验 D5	T_i	MC（4M 路径）	CI	**B**	B - MC	% BM
$[\sigma, \rho \approx 1, F]$	5y10y	0.515092	0.000533	0.51518	8.8E - 05	0.017084
检验 D5	T_i	MC（4M 路径）	CI	**3MM**	B - MC	% BM
$[\sigma, \rho \approx 1, F]$	5y10y	0.515092	0.000533	0.51504	- 5.2E - 05	- 0.0101
（e）检验 D5/ITM：完全相关性						

表 4.10　　现金流量递增的 IRS 投资组合的 OTM 检验：先是负现金流，然后是正现金流

检验 D1	T_i	MC（400K 路径）	CI	**B**	B - MC	% BM
$[\sigma, \rho, F]$	2y10y	0.008243	0.000144	0.009317	0.001074	13.02687
$[\sigma, \rho, F]$	5y10y	0.052205	0.000626	0.05261	0.000405	0.775788
$[\sigma, \rho, F]$	8y10y	0.064367	0.000805	0.064456	8.92E - 05	0.138581
检验 D1	T_i	MC（400K 路径）	CI	**3MM**	B - MC	% BM
$[\sigma, \rho, F]$	2y10y	0.008243	0.000144	0.008185	- 5.8E - 05	- 0.70644
$[\sigma, \rho, F]$	5y10y	0.052205	0.000626	0.052694	0.000489	0.936692
$[\sigma, \rho, F]$	8y10y	0.064367	0.000805	0.064509	0.000142	0.220921
（a）检验 D1/OTM：标准市场输入值						
检验 D2	T_i	MC（4M 路径）	CI	**B**	B - MC	% BM
$[2\sigma, \rho, F]$	2y10y	0.073993	0.000212	0.076245	0.002252	3.043392
$[2\sigma, \rho, F]$	5y10y	0.221966	0.00062	0.22318	0.001214	0.546931
$[2\sigma, \rho, F]$	8y10y	0.212177	0.000761	0.21272	0.000543	0.255918
检验 D2	T_i	MC（4M 路径）	CI	**3MM**	B - MC	% BM
$[2\sigma, \rho, F]$	2y10y	0.073993	0.000212	0.074158	0.000165	0.222859
$[2\sigma, \rho, F]$	5y10y	0.221966	0.00062	0.22354	0.001574	0.709118
$[2\sigma, \rho, F]$	8y10y	0.212177	0.000761	0.21285	0.000673	0.317188
（b）检验 D2/OTM：双倍波动率						

4 单边 CVA 和利率产品净额结算

续表

检验 D3	T_i	MC（400K 路径）	CI	B	B − MC	%BM
$[\sigma, \rho, \vec{F}]$	5y10y	0.063909	0.000782	0.063864	−4.5E−05	−0.07104
检验 D3	T_i	MC（400K 路径）	CI	3MM	B − MC	%BM
$[\sigma, \rho, \vec{F}]$	5y10y	0.063909	0.000782	0.063971	6.16E−05	0.096386
(c) 检验 D3/OTM：远期利率曲线向上倾斜，$\vec{F}_{a+1}(0) = F_{a+1}(0)$						
检验 D4	T_i	MC（400K 路径）	CI	B	B − MC	%BM
$[\sigma, \rho, \hat{F}]$	5y10y	0.061003	0.000788	0.061427	0.000424	0.695378
检验 D4	T_i	MC（400K 路径）	CI	3MM	B − MC	%BM
$[\sigma, \rho, \hat{F}]$	5y10y	0.061003	0.000788	0.061532	0.000529	0.867501
(d) 检验 D4/OTM：远期利率曲线移动 +200 个基点						
检验 D5	T_i	MC（4M 路径）	CI	B	B − MC	%BM
$[\sigma, \rho \approx 1, F]$	5y10y	0.063272	0.000228	0.063256	−1.6E−05	−0.02513
检验 D5	T_i	MC（4M 路径）	CI	3MM	B − MC	%BM
$[\sigma, \rho \approx 1, F]$	5y10y	0.063272	0.000228	0.063397	0.000125	0.197718
(e) 检验 D5/OTM：完全相关性						

表 4.11　交替现金流 IRS 投资组合的 ATM 检验

检验 E1	T_i	MC（4M 路径）	CI	B	B − MC	%BM
$[\sigma, \rho, F]$	2y10y	0.017589	0.000101	0.017398	−0.00019	−1.08422
$[\sigma, \rho, F]$	5y10y	0.016347	0.000101	0.016079	−0.00027	−1.64005
$[\sigma, \rho, F]$	8y10y	0.007337	4.94E−05	0.007325	−1.2E−05	−0.16573
检验 E1	T_i	MC（4M 路径）	CI	3MM	B − MC	%BM
$[\sigma, \rho, F]$	2y10y	0.017589	0.000101	0.017545	−4.4E−05	−0.24845
$[\sigma, \rho, F]$	5y10y	0.016347	0.000101	0.016255	−9.2E−05	−0.5634
$[\sigma, \rho, F]$	8y10y	0.007337	4.94E−05	0.007348	1.05E−05	0.143648
(a) 检验 E1/ATM：标准市场输入值						
检验 E2	T_i	MC（4M 路径）	CI	B	B − MC	%BM
$[2\sigma, \rho, F]$	2y10y	0.036143	7.59E−05	0.035204	−0.00094	−2.59855
$[2\sigma, \rho, F]$	5y10y	0.029971	7.70E−05	0.028942	−0.00103	−3.433
$[2\sigma, \rho, F]$	8y10y	0.012224	3.71E−05	0.012083	−0.00014	−1.15509
检验 E2	T_i	MC（4M 路径）	CI	3MM	B − MC	%BM
$[2\sigma, \rho, F]$	2y10y	0.036143	7.59E−05	0.036503	0.00036	0.995485
$[2\sigma, \rho, F]$	5y10y	0.029971	7.70E−05	0.030137	0.000166	0.554204
$[2\sigma, \rho, F]$	8y10y	0.012224	3.71E−05	0.012231	6.8E−06	0.055627
(b) 检验 E2/ATM：双倍波动率						

续表

检验 E3	T_i	MC（400K 路径）	CI	**B**	B - MC	%BM
$[\sigma, \rho, \vec{F}]$	5y10y	0.021802	0.000135	0.021471	-0.00033	-1.51595
检验 E3	T_i	MC（400K 路径）	CI	**3MM**	B - MC	%BM
$[\sigma, \rho, \vec{F}]$	5y10y	0.021802	0.000135	0.021717	-8.5E-05	-0.38759
(c) 检验 E3/ATM：远期利率曲线向上倾斜，$\vec{F}_{a+1}(0) = F_{a+1}(0)$						
检验 E4	T_i	MC（400K 路径）	CI	**B**	B - MC	%BM
$[\sigma, \rho, \hat{F}]$	5y10y	0.020228	0.00014	0.020002	-0.00023	-1.1158
检验 E4	T_i	MC（400K 路径）	CI	**3MM**	B - MC	%BM
$[\sigma, \rho, \hat{F}]$	5y10y	0.020228	0.00014	0.020182	-4.6E-05	-0.22593
(d) 检验 E4/ATM：远期利率曲线移动 +200 个基点						
检验 E5	T_i	MC（4M 路径）	CI	**B**	B - MC	%BM
$[\sigma, \rho \approx 1, F]$	5y10y	0.013206	2.48E-05	0.013109	-9.7E-05	-0.73451
检验 E5	T_i	MC（4M 路径）	CI	**3MM**	B - MC	%BM
$[\sigma, \rho \approx 1, F]$	5y10y	0.013206	2.48E-05	0.013103	-0.0001	-0.77995
(e) 检验 E5/ATM：完全相关性						

表 4.12　交替现金流 IRS 投资组合的 ITM 检验

检验 E1	T_i	MC（400K 路径）	CI	**B**	B - MC	%BM
$[\sigma, \rho, F]$	2y10y	0.041527	0.000137	0.041063	-0.00046	-1.11758
$[\sigma, \rho, F]$	5y10y	0.030593	0.000124	0.030207	-0.00039	-1.26205
$[\sigma, \rho, F]$	8y10y	0.012757	5.80E-05	0.012744	-1.3E-05	-0.09956
检验 E1	T_i	MC（400K 路径）	CI	**3MM**	B - MC	%BM
$[\sigma, \rho, F]$	2y10y	0.041527	0.000137	0.041482	-4.5E-05	-0.1086
$[\sigma, \rho, F]$	5y10y	0.030593	0.000124	0.030454	-0.00014	-0.45468
$[\sigma, \rho, F]$	8y10y	0.012757	5.80E-05	0.012769	1.23E-05	0.09642
(a) 检验 E1/ITM：标准市场输入值						
检验 E2	T_i	MC（4M 路径）	CI	**B**	B - MC	%BM
$[2\sigma, \rho, F]$	2y10y	0.055429	8.76E-05	0.053473	-0.00196	-3.52849
$[2\sigma, \rho, F]$	5y10y	0.0407	8.46E-05	0.039227	-0.00147	-3.61964
$[2\sigma, \rho, F]$	8y10y	0.016122	4.02E-05	0.015923	-0.0002	-1.23679
检验 E2	T_i	MC（4M 路径）	CI	**3MM**	B - MC	%BM
$[2\sigma, \rho, F]$	2y10y	0.055429	8.76E-05	0.055487	5.82E-05	0.105
$[2\sigma, \rho, F]$	5y10y	0.0407	8.46E-05	0.040647	-5.3E-05	-0.13071
$[2\sigma, \rho, F]$	8y10y	0.016122	4.02E-05	0.01609	-3.2E-05	-0.20096
(b) 检验 E2/ITM：双倍波动率						

续表

检验 E3	T_i	MC (400K 路径)	CI	**B**	B − MC	%BM
$[\sigma, \rho, \vec{F}]$	5y10y	0.03946	0.000163	0.039052	− 0.00041	− 1.0327
检验 E3	T_i	MC (400K 路径)	CI	**3MM**	B − MC	%BM
$[\sigma, \rho, \vec{F}]$	5y10y	0.03946	0.000163	0.039364	− 9.5E − 05	− 0.24202
(c) 检验 E3/ITM：远期利率曲线向上倾斜，$\vec{F}_{a+1}(0) = F_{a+1}(0)$						
检验 E4	T_i	MC (400K 路径)	CI	**B**	B − MC	%BM
$[\sigma, \rho, \hat{F}]$	5y10y	0.038709	0.000174	0.038346	− 0.00036	− 0.93649
检验 E4	T_i	MC (400K 路径)	CI	**3MM**	B − MC	%BM
$[\sigma, \rho, \hat{F}]$	5y10y	0.038709	0.000174	0.038597	− 0.00011	− 0.28805
(d) 检验 E4/ITM：远期利率曲线移动 +200 个基点						
检验 E5	T_i	MC (4M 路径)	CI	**B**	B − MC	%BM
$[\sigma, \rho \approx 1, F]$		0.028727	3.15E − 05	0.028723	− 4.3E − 06	− 0.01497
检验 E5	T_i	MC (4M 路径)	CI	**3MM**	B − MC	%BM
$[\sigma, \rho \approx 1, F]$	5y10y	0.028727	3.15E − 05	0.028708	− 1.9E − 05	− 0.06718
(e) 检验 E5/ITM：完全相关性						

表 4.13　交替现金流 IRS 投资组合的 OTM 检验

检验 E1	T_i	MC (400K 路径)	CI	**B**	B − MC	%BM
$[\sigma, \rho, F]$	2y10y	0.005991	6.12E − 05	0.006199	0.000208	3.474119
$[\sigma, \rho, F]$	5y10y	0.007945	7.48E − 05	0.007883	− 6.2E − 05	− 0.77584
$[\sigma, \rho, F]$	8y10y	0.003923	3.86E − 05	0.003916	− 6.7E − 06	− 0.17182
检验 E1	T_i	MC (400K 路径)	CI	**3MM**	B − MC	%BM
$[\sigma, \rho, F]$	2y10y	0.005991	6.12E − 05	0.005998	7.14E − 06	0.119176
$[\sigma, \rho, F]$	5y10y	0.007945	7.48E − 05	0.00789	− 5.5E − 05	− 0.69654
$[\sigma, \rho, F]$	8y10y	0.003923	3.86E − 05	0.003922	− 2.4E − 07	− 0.00612
(a) 检验 E1/OTM：标准市场输入值						
检验 E2	T_i	MC (4M 路径)	CI	**B**	B − MC	%BM
$[2\sigma, \rho, F]$	2y10y	0.023315	6.42E − 05	0.023247	− 6.8E − 05	− 0.29337
$[2\sigma, \rho, F]$	5y10y	0.022213	6.98E − 05	0.021605	− 0.00061	− 2.73626
$[2\sigma, \rho, F]$	8y10y	0.009391	3.41E − 05	0.009268	− 0.00012	− 1.30774
检验 E2	T_i	MC (4M 路径)	CI	**3MM**	B − MC	%BM
$[2\sigma, \rho, F]$	2y10y	0.023315	6.42E − 05	0.023708	0.000393	1.683866
$[2\sigma, \rho, F]$	5y10y	0.022213	6.98E − 05	0.022465	0.000252	1.135381
$[2\sigma, \rho, F]$	8y10y	0.009391	3.41E − 05	0.009382	− 8.8E − 06	− 0.09381
(b) 检验 E2/OTM：双倍波动率						

续表

检验 E3	T_i	MC（400K 路径）	CI	**B**	B − MC	%BM
$[\sigma, \rho, \vec{F}]$	5y10y	0.010923	0.000101	0.010896	−2.7E−05	−0.24992
检验 E3	T_i	MC（400K 路径）	CI	**3MM**	B − MC	%BM
$[\sigma, \rho, \vec{F}]$	5y10y	0.010923	0.000101	0.010929	5.7E−06	0.052182
(c) 检验 E3/OTM：远期利率曲线向上倾斜，$\vec{F}_{a+1}(0) = F_{a+1}(0)$						
检验 E4	T_i	MC（400K 路径）	CI	**B**	B − MC	%BM
$[\sigma, \rho, \hat{F}]$	5y10y	0.009574	0.000102	0.009557	−1.7E−05	−0.17912
检验 E4	T_i	MC（400K 路径）	CI	**3MM**	B − MC	%BM
$[\sigma, \rho, \hat{F}]$	5y10y	0.009574	0.000102	0.009568	−6.6E−06	−0.06841
(d) 检验 E4/OTM：远期利率曲线移动 +200 个基点						
检验 E5	T_i	MC（4M 路径）	CI	**B**	B − MC	%BM
$[\sigma, \rho \approx 1, F]$	5y10y	0.005087	1.65E−05	0.004942	−0.00015	−2.86004
检验 E5	T_i	MC（4M 路径）	CI	**3MM**	B − MC	%BM
$[\sigma, \rho \approx 1, F]$	5y10y	0.005087	1.65E−05	0.004954	−0.00013	−2.61825
(e) 检验 E5/OTM：完全相关性						

4.5.5 案例 E：具有首先次交替现金流的 IRS

在这种情况下，我们继续执行以下的轧差系数和执行价格方案：

Ⅰ：对于每个 $i \in (a,b)$ 有 $\alpha_i = (-1)^{i+1}(T_b + \beta_i - T_i)$，从而形成图 4.5 所示的现金流结构。

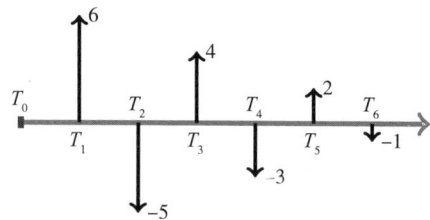

图 4.5 案例 E：具备交替现金流的 IRS 投资组合

Ⅱ：对于每个 $i \in (a,b)$ 有 $\chi_i \widetilde{K}_i = (-1)^{i+1} \beta_i \sum_{j=i}^{b} S_{a,j}(t)$；

Ⅲ：$S_{a,i}(t) = \dfrac{\sum_{j=a+1}^{i} \beta_j P(t,T_j) F_j(t)}{\sum_{j=a+1}^{b} \beta_j P(t,T_j)}$；

Ⅳ: $\chi_i = (-1)^{i+1}$。

案例 E 是完全不对称的，因此不能再应用看涨看跌平价公式。实际上，案例 E 是案例 D 的特例，具有相同的首次重置日（在第 4.5.2 节中描述），但具有长头和空头头寸，可在投资组合期限内切换。表 4.11、表 4.12 和表 4.13 列出了 ATM、ITM 和 OTM 不同检验的数值结果。

4.6 结论

本章介绍了单边违约风险的交易对手风险公式，然后将其应用于利率互换（IRS）中，也考虑了轧差协议下的情况。对于轧差下的互换投资组合，我们推导出两个近似公式，并根据蒙特卡洛模拟检验了两个公式，在大多数市场配置下找到了良好的协议。

更详细地说，如预期那样，当轧差系数朝同一方向时，Black 类近似的效果很好。然而，当考虑一个既有正系数又有负系数的投资组合时，结果并不那么好，尤其是对于"价内"和"价外"执行价格。一般来说，更精练的公式（Black 三阶矩匹配近似，漂移对数正态分布）要优于标准 Black 近似（对数正常分布）。此结果对第 4.5.3 节的特定 C/ITM 案例不适用，此时三阶矩匹配公式没有优于更简单的 Black 近似。然而，我们注意到，这两个结果仍然在蒙特卡洛标准误差内。

在几种情况下，相对于基本 Black 公式，矩匹配带来了相当大的改善。例如，对于 ATM、ITM 和 OTM 检验的第 4.5.4 节中的案例 D、OTM 检验 B1 和案例 C（以不对称系数为特征）。

一般来说，由于交易对手的风险，包括轧差协议的可能性大大降低了价格调整的规模。事实上，在没有轧差的情况下，我们只能得到每个单一 IRS 中交易对手风险定价的总和，这意味着我们计算的现金流违约影响是单一 IRS 的很多倍。从某种意义上说，这就像通过对每个正部分进行定价，然后加在一起为给定正部分之和的偿付定价。因为有

$$\left(\prod\nolimits_{IRS_1} + \prod\nolimits_{IRS_2} + \cdots + \prod\nolimits_{IRS_n}\right)^+ \leq \prod\nolimits_{IRS_1}^+ + \prod\nolimits_{IRS_2}^+ + \cdots + \prod\nolimits_{IRS_n}^+$$

（左侧对应于剩余 NPV 的轧差投资组合）我们看到轧差协议下的价格总是小于无轧差协议的价格。由于此期权组件（乘以 LGD）是从无违约风险值中减去以

确定的交易对手风险价格的，我们最终在无轧差协议的情况下扣减得更多；轧差协议一般在交易对手价格中产生了更小的"期权"成分，因此索偿权的总价值更大。感兴趣的读者可以使用我们的近似公式（4.16、4.17）或更精炼的公式（4.16、4.20）来考查不同违约概率曲线下的案例，以评估不同违约概率配置中轧差协议的典型影响，本部分提供了需要的所有工具。

请注意，本章考虑了在没有抵押品作为担保时，交易对手风险定价的第一种方法。此风险的价格被预先收取，并在风险中性估值框架中计算。对于涉及抵押品的一些最初考虑，我们参考了文献［79］和接下来的第 13 章。此外，在第 5 章中，我们计划分析信用价差波动率（随机强度）和强度/利率相关性（错向风险）对互换交易对手风险的影响。

5

利率的错向风险

本章对最初在 Brigo 和 Pallavicini（2006，2007，2008）[56]、[57]和[58]中介绍的材料进行了重新阐述和扩展。

本章考虑在违约事件与利率之间存在相关性的情况下对利率偿付的交易对手做风险定价。

我们特别详细地对具有交易对手风险（或违约风险）的利率互换（IRS）展开分析，继续 Sorensen 和 Bollier（1994）[186]以及 Brigo 和 Masetti（2005）[47]的工作，因为其没有考虑到相关性。我们还分析交易对手风险下的期权回报。

与以前一样，交易中有两个当事方，一个投资者或银行（"B"）和一个交易对手"C"，可能是一家公司、另一家银行或另一个实体。我们从"B"的角度看待估值。与前一章一样，我们假设以下内容：

假设 5.0.1　单边违约假设（UDA）：假设一方（"B"）是无违约风险的。 本章假设计算通过考虑"B"是无违约风险进行。合约估值通常从"B"的角度进行。

与第 4 章一样，我们从无违约交易对手"B"与另一个交易对手"C"签订金融合约的角度看待问题，"C"在最终到期前有正的违约概率。我们正式确定了一个一般和合理的事实，即受交易对手风险约束的一般索偿权的价值，总是小于具有零违约概率的类似索偿权的价值，并用信用估值调整（CVA）精确的定量项来表示这一差异。

正如我们在前几章中所看到的那样，在评估违约风险资产时，必须引入定价模型中的违约时间和违约概率。我们认为信用违约互换（CDS）是市场违约概率的流动性来源。不同的模型可用于校准 CDS 数据并获取违约概率，正如我们在第 3 章中看到的。在这一章中，我们采用了第二个框架，即强度模型，因为这有助于更自然地与利率建模相互作用，并允许以一种非常自然的方式将违约事件与利率相关联。与第 4 章的一个重要区别在于，这里将允许"C"的违约强度是随机的，从而"C"的信用波动率也是随机的，更重要的是"C"的信用质量和利率之间的相关性将被纳入考虑中。

本章将说明交易对手风险如何对产品价格产生重要影响，进而说明利率与违约之间的相关性如何因交易对手风险对其他无违约利率支出的影响而对调整产生重要影响。我们通过一些基本数值示例来分析产品特征和期限结构变化等影响模式，为 CVA 调整找到稳定和合理的金融模式。

特别是，我们发现（正）CVA 交易对手风险调整应从无违约风险价格（由"B"计算）中减去，以此降低收款方回报的相关性。付款方偿付的类似调整会随着相关性的增加而增加。我们分析的产品，如标准互换、互换投资组合、欧式和百慕大式互换权，主要都是收款方类型的。我们还考虑固定到期互换（CMS）的价差期权，这些基于利率价差的期权不在我们的"付款方/收款方"分类中。

一般来说，我们的结果确定了交易对手风险调整和相关性对交易对手风险的影响是重要的。我们将在结论中更详细地说明我们的发现。

最后，我们回顾信用混合产品，如以利率为标的资产或有信用违约互换（或有 CDS），假设其形式与 CVA 期限完全相同，或是在利率偿付回报的交易对手风险估值问题中的期权部分。这使得我们的方法也可用于或有 CDS 估值。

在详细阅读本章之前，请尚不熟悉第 4 章的读者先熟悉公式（4.4）。

5.1 建模假设

在本节，我们考虑的利率无论是在利率（标的市场）还是在违约强度（交易对手）上都是随机的。引入相关性需要联合随机性。利率部分是按照漂移双因子高斯短期利率过程（下称 G2 ++）进行建模的，而违约强度部分则根据平方根过程（下称 CIR ++）进行建模。这两种模型的详细信息可在 Brigo 和 Mercurio（2001，2006）中找到。这两种模式是通过其关联的布朗冲击来耦合的。

5.1.1 G2++利率模型

假设风险中性测度下瞬时短期利率过程的动态为

$$r_t := x_t + z_t + \varphi(t;\alpha) \tag{5.1}$$

其中，α 为一组参数，过程 x 和 z 为 $\mathcal{F}_t$ 适应的和并满足

$$\begin{aligned} dx_t &= -ax_t dt + \sigma dZ_t^1, \quad x(0) = 0 \\ dz_t &= -bz_t dt + \eta dZ_t^2, \quad z(0) = 0 \end{aligned} \tag{5.2}$$

其中，(Z^1, Z^2) 是一个二维布朗运动，且瞬时相关性为 $\rho_{1,2}$

$$dZ_t^1 dZ_t^2 = \rho_{1,2} dt$$

其中，r_0、a、b、σ 和 η 为正常数，且 $-1 \leq \rho_{1,2} \leq 1$。这些是进入 φ 的参数，有 $\alpha = [r_0, a, b, \sigma, \eta, \rho_{1,2}]$。函数 $\varphi(\cdot;\alpha)$ 是确定的，且定义在时间区间 $[0, T^*]$ 内，T^* 为给定时间范围，通常为 10、30 或 50（年）。特别地，$\varphi(0;\alpha) = r_0$。此函数可以设置为自动校准市场上观察到的初始零息票曲线的价值。

在数值测试中，我们使用表5.1 和表5.2 中列出的与参数 α 对应的市场输入值：

$$a = 0.0558, \ b = 0.5493, \ \sigma = 0.0093, \ \eta = 0.0138, \ \rho_{1,2} = -0.7$$

表 5.1　　　　　　　　2006 年 6 月 23 日观察到的
欧元零息票连续复利即期利率（ACT/360）

日期	利率	日期	利率	日期	利率	日期	利率
2006-06-26	2.83%	2007-09-20	3.46%	2016-06-27	4.19%	2028-06-27	4.51%
2006-06-27	2.83%	2007-12-19	3.52%	2017-06-27	4.23%	2029-06-27	4.51%
2006-06-28	2.83%	2008-03-19	3.57%	2018-06-27	4.27%	2030-06-27	4.52%
2006-07-04	2.87%	2008-06-19	3.61%	2019-06-27	4.31%	2031-06-27	4.52%
2006-07-11	2.87%	2008-09-18	3.65%	2020-06-29	4.35%	2032-06-28	4.52%
2006-07-18	2.87%	2009-06-29	3.75%	2021-06-28	4.38%	2033-06-27	4.52%
2006-07-27	2.88%	2010-06-28	3.84%	2022-06-27	4.41%	2034-06-27	4.52%
2006-08-28	2.92%	2011-06-27	3.91%	2023-06-27	4.43%	2035-06-27	4.52%
2006-09-20	2.96%	2012-06-27	3.98%	2024-06-27	4.45%	2036-06-27	4.52%
2006-12-20	3.14%	2013-06-27	4.03%	2025-06-27	4.47%	2046-06-27	4.49%
2007-03-20	3.27%	2014-06-27	4.09%	2026-06-29	4.48%	2056-06-27	4.46%
2007-06-21	3.38%	2015-06-29	4.14%	2027-06-28	4.50%		

表 5.2　　2006 年 6 月 23 日观察到的平价互换权波动率

（到期日为 t 和期限为 b）

$t\downarrow/b\rightarrow$	1y	2y	5y	7y	10y	15y	20y
1y	17.51%	15.86%	14.63%	14.20%	13.41%	12.14%	11.16%
2y	16.05%	15.26%	14.55%	14.09%	13.29%	12.03%	11.09%
3y	15.58%	15.06%	14.43%	13.92%	13.10%	11.87%	10.96%
4y	15.29%	14.90%	14.20%	13.67%	12.85%	11.66%	10.79%
5y	15.05%	14.67%	13.90%	13.36%	12.55%	11.42%	10.60%
7y	14.39%	14.00%	13.22%	12.70%	11.96%	10.95%	10.20%
10y	13.25%	12.94%	12.23%	11.79%	11.17%	10.31%	9.65%
15y	11.87%	11.64%	11.11%	10.76%	10.26%	9.52%	8.89%
20y	11.09%	10.92%	10.45%	10.14%	9.67%	8.91%	8.27%

在第 12.2.1 节中，我们再次考虑 G2++ 模型，并尝试将其校准为最新数据。我们还将讨论危机后数据集中出现的问题。

5.1.2　CIR++ 随机强度模型

对于随机强度模型，设：

$$\lambda_t := y_t + \psi(t;\beta), \quad t \geq 0 \tag{5.3}$$

其中，ψ 为一个确定性函数，取决于参数向量 β（包括 y_0），该函数在闭合区间上是可积的。初始条件 y_0 是我们掌握的又一个参数：可以自由选择其值，只要

$$\psi(0;\beta) = \lambda_0 - y_0$$

令 y 为 Cox–Ingersoll–Ross 过程（见 Brigo 和 Mercurio（2001）或 (2006)[50]）：

$$dy_t = \kappa(\mu - y_t)dt + \nu\sqrt{y_t}\,dZ_t^3$$

其中，参数向量为 $\beta = (\kappa,\mu,\nu,y_0)$，而 κ，μ，ν，y_0 为正定常数。与往常一样，Z^3 为风险中性测度下的标准布朗运动过程，代表了动态过程中的随机冲击。假设初始值无法获得，即

$$2\kappa\mu > \nu^2$$

我们经常使用积分后的量：

$$\Lambda(t) := \int_0^t \lambda_s \, ds, \quad Y(t) := \int_0^t y_s \, ds, \quad \Psi(t, \beta) := \int_0^t \psi(s, \beta) \, ds$$

5.1.3 CIR++模型：CDS 校正

假设强度 λ 和累积强度 Λ 与短期利率以及一般利率均无关。由于在我们的 Cox 过程中设置了 $\tau = \Lambda^{-1}(\xi)$ 为 ξ 指数型且独立于利率，在此零相关的情况下，违约时间 τ 和利率量 r、$D(s,t)$……均是独立的。由此可见，（收款方）CDS 估值变得是模型独立的，并由如下公式给出：

$$\begin{aligned} \text{CDS}_0(T_a, T_b; S, \text{LGD}) := & S \sum_{i=a+1}^{b} D(0, T_i) \alpha_i \mathbb{Q}\{\tau > T_i\} \\ & - S \int_{T_a}^{T_b} D(0, u)(u - T_{\beta(u)}) \, d\mathbb{Q}\{\tau > u\} \\ & + \text{LGD} \int_{T_a}^{T_b} D(t, u) \, d\mathbb{Q}\{\tau > u\} \end{aligned} \quad (5.4)$$

其中，α_i 为息票应计时期，$\beta(u)$ 为 u 时之前的最后一个息票日（例如，详细信息请参阅 Brigo 和 Mercurio（2006）[48]中的信用章节）。这里 S 是保护卖方从保费端（直至最终到期日或违约后的第一个 T_i）收到的定期保费率（或"价差"），而 LGD = 1 − Rec 为在提前违约情况下违约后第一个 T_i 时违约（或保护）端支付给保护买方的违约损失率保护支付。

此公式意味着，如果以模拟独立的方式从 CDS 中剥离生存概率，校准 CDS 市场报价，我们只需要确保从 CDS 中剥离的生存概率是由 CIR++模型正确复制的。由于 CIR++模型中的生存概率由下列公式给出：

$$\mathbb{Q}\{\tau > t\}_{model} = \mathbb{E}_0\left[e^{-\Lambda(t)}\right] = \mathbb{E}_0\left[e^{-\Psi(t,\beta)-Y(t)}\right] \quad (5.5)$$

我们只需要确保：

$$\mathbb{E}_0\left[e^{-\Psi(t,\beta)-Y(t)}\right] = \mathbb{Q}\{\tau > t\}_{market}$$

并得

$$\Psi(t, \beta) = \ln\left(\frac{\mathbb{E}_0\left[e^{-Y(t)}\right]}{\mathbb{Q}\{\tau > t\}_{market}}\right) = \ln\left(\frac{P^{\text{CIR}}(0, t, y_0; \beta)}{\mathbb{Q}\{\tau > t\}_{market}}\right) \quad (5.6)$$

我们选择参数 β，以便有正函数 ψ（即随 Ψ 递增）以及 P^{CIR} 为时间同质 CIR 模型中债券价格的封闭表达式，该模型的初始条件为 y_0 和参数 β [如见 Brigo 和 Mercurio（2001，2006）[48]]。因此，如果根据最后一个公式选择 ψ，正如我们现在开始所假设的那样，该模型就很容易被自动校准为市场生存概率（可从 CDS 数据中剥离）。

此 CDS 校准程序假定违约和利率之间为零相关性，因此原则上在采用非零相关性时，我们无法采用它。然而，在文献 [35] 以及 Brigo 与 Mercurio（2006）中可以进一步看到，利率/违约相关性对 CDS 的影响通常可以忽略不计，因此即使在非零相关性下，我们也可以保留此校准程序，我们将在这一章这样做。

一旦这样做，并通过 $\psi(\cdot,\beta)$ 校准 CDS 数据，我们就只剩下参数 β，其可用于校准其他产品。然而，当信用衍生品市场上的单一名称期权数据变得更具流动性时，这将是有趣的。（目前，单一名称 CDS 期权的买卖价差很大，建议谨慎考虑这些报价。我们目前满足于只校准 CDS 的信用部分。）为了帮助在没有进一步数据的情况下确定 β，我们设置了一些参数值，其隐含了交易对手假设性 CDS 期权隐含波动率的可能合理值。

在检验中，我们对交易对手采取格式化的水平 CDS 曲线，假设其在 0 时所隐含的初始生存概率与如下风险函数公式一致：

$$\mathbb{Q}\{\tau > t\}_{market} = e^{-\gamma t} \tag{5.7}$$

其中，γ 为确定性常量。这个公式被解释为生存概率的引用机制，而不是一个模型。我们假设具有不同到期日的交易对手 CDS 都在 0 时，从而具有给定的 γ 值，并对在 γ 的不同值下的交易对手风险进行估值。这种关于 CDS 价差的假设是格式化的，但我们的目标是考查影响，而不是得到一个非常精确的估值。

在数值示例中，我们将强度波动率参数 y_0、κ、μ、ν 进行如下取值：

$$y_0 = 0.0165, \quad \kappa = 0.4, \quad \mu = 0.026, \quad \nu = 0.14$$

将这些参数与符合 γ 几个可能值的生存概率式（5.7）相一致的格式化 CDS 数据配对，其隐含的 CDS 波动率①在表 5.3 中列出。

---

① 关于 CDS 隐含波动率的准确概念，请参阅文献 [31] 和 [32]。

表 5.3　CIR++ 模型隐含的 CDS 期权 Black 波动率

（参数 $y_0 = 0.0165$，$\kappa = 0.4$，$\mu = 0.026$，$\nu = 0.14$），

选择了不同的违约概率参数 γ。利率按第 5.1.1 节进行建模，且 $\bar{\rho} = 0$

γ	σ_{impl}			
	1×1	1×4	4×1	1×9
3%	42%	25%	26%	15%
5%	25%	15%	15%	9%
7%	18%	11%	11%	7%

5.1.4　利率/信用价差相关性

令短期利率因子 x 和 z 与强度过程 y 相关，即假设所驱动的布朗运动 Z_1、Z_2 和 Z_3 瞬时相关，有

$$\mathrm{d}Z_t^i \, \mathrm{d}Z_t^3 = \rho_{i,3} \, \mathrm{d}t, \quad i \in \{1, 2\}$$

请注意，由此产生的短期利率和强度之间的瞬时相关性，即瞬时利率/信用价差相关性为

$$\bar{\rho} := \mathrm{Corr}(\mathrm{d}r_t, \mathrm{d}\lambda_t) = \frac{\sigma \rho_{1,3} + \eta \rho_{2,3}}{\sqrt{\sigma^2 + \eta^2 + 2\sigma\eta\rho_{1,2}}} \tag{5.8}$$

我们根据表 5.4 找到 -1、0 和 1 的极限值。

表 5.4　模型瞬时相关性值 $\rho_{1,3}$ 和 $\rho_{2,3}$ 确保对所选的利率和

强度动态参数有特殊利率/信用价差瞬时相关性 $\bar{\rho}$。

请注意，瞬时相关性在跳跃时取决于状态，即当 $\zeta_1 > 0$ 且 $\zeta_2 > 0$ 时，

因此表的最后两行仅为在极限 $y_t \to \mu$ 上得到的指示性值

	$\rho_{1,3}$		4.05%	0.00%	-4.05%
	$\rho_{2,3}$		-74.19%	0.00%	74.19%
ζ_1	ζ_2		$\bar{\rho}$		
0	0		-100.00%	0.00%	100.00%
0.1	0.1		-45.06%	0.00%	45.06%
0.15	0.15		-26.49%	0.00%	26.49%

5.1.5 向信用价差加入跳跃

市场上报价的 CDS 波动率不具有流动性，但通常高于 CIR ++ 模型获得的 CDS 隐含波动率。向强度模型添加跳跃是增强隐含波动率的一种手段（见文献［31］），其也符合信用价差的历史时间序列。因此，通过参考文献［58］，我们还将考虑模型的违约强度部分具有指数跳跃的平方根过程（以下简称 JCIR ++）

$$dy_t = \kappa(\mu - y_t)dt + \nu\sqrt{y_t}\,dZ_t^3 + dJ_t(\zeta_1, \zeta_2),$$

其中，参数向量 β 现在被增强包括跳跃参数，并且每个参数都是正定常数。与以前一样，Z_3 是风险中性测度下的标准布朗运动过程，其跳跃部分 $J_t(\zeta_1, \zeta_2)$ 被定义为

$$J_t(\zeta_1, \zeta_2) := \sum_{i=i}^{M_t(\zeta_1)} X_i(\zeta_2)$$

其中，M 是一个时间同质的泊松过程，强度为 ζ_1（独立于 Z），X 呈指数分布，其正的有限均值 ζ_2 与 M（和 Z）无关。

请注意，由此产生的短期利率和强度之间的瞬时相关性缩减为跳跃，如表 5.4 所示，其为

$$\bar{\rho} := \text{Corr}(dr_t, d\lambda_t) = \frac{\sigma\rho_{1,3} + \eta\rho_{2,3}}{\sqrt{\sigma^2 + \eta^2 + 2\sigma\eta\rho_{1,2}}\sqrt{1 + \frac{2\zeta_1\zeta_2^2}{\nu^2 y_t}}}$$

与 CIR ++ 中的情况一样，我们在校准时假设违约强度和利率相互独立，因此从给定 CDS 报价中提取的市场隐含违约概率，始终可以获得 $\psi(\cdot, \beta)$ 的封闭公式，以使 JCIR ++ 模型完全符合市场违约概率，如见文献［46］，Brigo 和 Mercurio（2006）[48] 中也做出了报告。

我们将 JCIR ++ 模型的扩散部分强度参数设置为

$$y_0 = 0.035, \quad \kappa = 0.35, \quad \mu = 0.045, \quad \nu = 0.15$$

然后，对于 CDS 曲线的三种不同选择，考虑跳跃参数 ζ_1 和 ζ_2 的不同可能取值，再现不同的现实市场情况（见表 5.5）。

表 5.5　　JCIR++模型隐含的 CDS 期权 Black 波动率
（参数 $y_0 = 0.035$，$\kappa = 0.35$，$\mu = 0.045$，$\nu = 0.15$），
选择了不同的跳跃参数。利率根据第 5.1.1 节进行建模，且 $\bar{\rho} = 0$

ζ_1	ζ_2	σ_{impl} 1×5	\multicolumn{4}{c}{R}
			1	3	5	10
0	0	28%	2.59%	2.71%	2.77%	2.84%
0.1	0.1	40%	2.89%	3.37%	3.64%	3.93%
0.15	0.15	57%	3.25%	4.12%	4.58%	5.07%

5.2　数值方法

使用蒙特卡洛模拟对本章考虑的所有偿付进行估值。

我们采用以下方案来有效地实施该算法。每次蒙特卡洛运行的标准误差为表中报告数的最后一个数字。

5.2.1　离散方案

这时需要联合转移密度，通过三个基本变量 x、z 和 y 的蒙特卡洛模拟，用利率和信用联合模型来计算偿付现值，已知 G2++ 模型的转移密度为封闭形式，而 CIR++ 模型需要一个离散方案，这导致三维高斯局部离散化。对于 CIR++，采用每周一步的离散化。对于采用文献[144]所引入的全截断方案，以及文献[35]的隐含方案，我们发现了类似的收敛结果。在以下方面，我们采用前一个方案。

5.2.2　模拟强度跳跃

为了在强度过程中添加跳跃，我们首先根据离散方案（采用与 CIR++ 模型相同的离散方案）在固定日期集 $0 = t_0 < t_1 < \cdots < t_n$，模拟过程的扩散部分。其

次，我们在每条路径上计算每个时间间隔发生的跳跃次数及其幅度。最后，通过考虑每个离散期结束时发生的所有贡献来添加跳跃。

5.2.3 "美式蒙特卡洛"（Pallavicini，2006）

在这里，我们来看看计算远期期望的近似方法。除非两个付款日期之间的时间间隔超过两个月，模拟算法才允许交易对手在合约付款日期违约。在这种情况下，会添加对交易对手违约的额外检查，以确保允许的违约时间之间的间隔最多为两个月。根据式（4.7）（内部预期 $\mathbb{E}_{T_j}$）给出的交易对手风险估值要求的远期预期计算，是通过在有效违约时间 T_j 与利率模型标的资产 x 和 z 的多项式序列进行近似预期得到的，定价是在 τ 后的首次允许违约时间（即 T_j 时）进行的。序列展开的系数是通过最小二乘法回归来计算的，后者通常被用于给百慕大期权进行定价。最小二乘模拟算法是由文献 [188]、[72] 和 [143] 逐步引入的。

据我们所知，当这项技术应用于 CVA 时也被称为 "美式蒙特卡洛"，它首次出现在文献 [57] 中。

值得注意的是，虽然近似计算的次优性确保了其在文献 [188]、[72] 和 [143] 的提前行使期权定价案例中的偏差是单向的，但在这里，对于 CVA，我们不知道最小二乘法近似所涉及偏差的方向，因此把此技术应用于 CVA 没有比将此技术应用于提前执行期权更安全。

5.2.4 可赎回偿付

可赎回偿付的交易对手风险是按两个步骤计算的。首先，给定偿付的无风险版本，偿付执行边界是由蒙特卡洛模拟与 Longstaff 和 Schwartz 算法计算的。其次，由于从模型利率部分的角度来看，违约时间是不可预知的，作为执行日的基础函数，相同的行使边界被假设对于违约风险偿付依然成立。所以，风险偿付以及执行边界被视为一个标准的欧式违约风险期权，因为在任何相关时间的连续值现在成为标的过程的一个函数。

5.3 结果和讨论

我们考虑在三种不同违约概率情景（表示为风险率 $\gamma=3\%$、5% 和 7%）以及三种不同相关性情景（$\bar{\rho}=-1$、0 和 1）下存在交易对手风险时的不同偿付定价。有关偿付的详细描述，读者可参考文献 [48]。

5.3.1 单一 IRS 中的错向风险

下面，我们考虑的偿付取决于在欧元市场上支付的平价固定收款方远期利率互换（IRS）。这些合约从交易日开始的给定年数进行重置，并在两个工作日后开始累计。IRS 的固定端每年支付 30E/360 的执行利率，而浮动端每年两次支付 LIBOR。我们分析的第一批产品就是这种简单的 IRS。表 5.6 列出了不同违约概率水平对 10 年期 IRS 交易对手风险的调整和相关性的影响。

表 5.6　第 5.3.2 节定义了 10 年期收款方 IRS 投资组合的
交易对手风险价格，以及 10 年互换的交易对手风险价格。
构成投资组合的每个 IRS 都有统一的名义本金。价格以基点表示

γ	$\bar{\rho}$	$\prod 1$	$\prod 2$	IRS
3%	-1	-140	-294	-36
	0	-84	-190	-22
	1	-47	-115	-13
5%	-1	-181	-377	-46
	0	-132	-290	-34
	1	-99	-227	-26
7%	-1	-218	-447	-54
	0	-173	-369	-44
	1	-143	-316	-37

我们为单一 IRS 的交易对手风险定价，同时允许违约强度跳跃。结果如表 5.7 所示。请注意，在违约强度出现跳跃时，相关性的影响可能会增强。

表 5.7 对第 5.3.1 节所定义的 10 年期收款方 IRS 的交易对手风险价格，
用表 5.5 给出的带跳跃 JCIR++ 模型进行三种不同校准。
价格以基点表示，括号内为蒙特卡洛统计误差

ζ_1	ζ_2	$\bar{\rho}$	10 年期
0	0	-100%	-56 (0)
		0	-45 (0)
		100%	-37 (0)
0.1	0.1	-45%	-69 (1)
		0	-58 (0)
		45%	-50 (1)
0.15	0.15	-26%	-93 (4)
		0	-71 (3)
		26%	-57 (3)

5.3.2 带轧差 IRS 组合的错向风险

在单一 IRS 之后，我们考虑具有不同起始日期或不同到期日期的平价 IRS 组合。尤其关注于以下两个组合：

1. （$\prod 1$）给定一组年度间隔日期 $\{T_i: i=0, \cdots, N\}$，其中 T_0 为交易日后的第二个工作日，考虑每个 T_i 到期时的互换组合，其中 $i > 0$，所有交易从 T_0 开始。投资组合的轧差净额等于未偿还额递减的摊销互换（见图 5.1）。

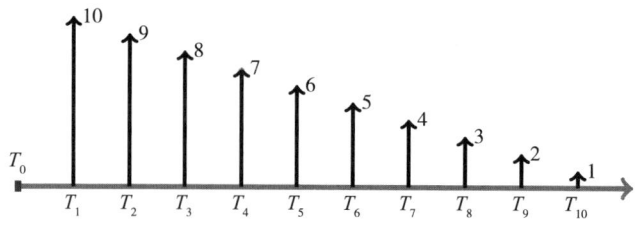

图 5.1 投资组合 $\prod 1$：带正现金流和具有相同起始日的 IRS 投资组合：
在最后重置日，只有一笔现金流，在倒数第二个重置日有两笔现金流，依此类推

2. ($\prod 2$) 给定一组相同年度间隔日期，考虑从每个 T_i 开始的互换组合，其中 $i < N$，且均在 T_N 到期时。投资组合的轧差净额等于未偿还额递增的摊销互换（见图 5.2）。

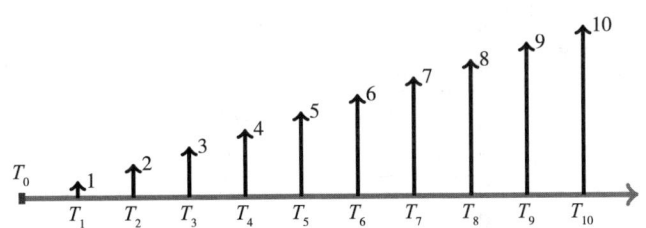

图 5.2 案例 $\prod 2$：带正现金流和具有相同到期日的 IRS 投资组合：在第一个重置日，只有一笔现金流，在第二个重置日有两笔现金流，依此类推

5.3.3 欧式互换权中的错向风险

我们考虑的合约赋予了在 IRS 重置日进入收款方 IRS 的机会。进入互换的执行利率固定在期权开始时（即交易日）所观察到的平价远期互换水平。表 5.8 列出了无风险合约和风险合约的价格。表 5.10 中，相同的数据以 Black 隐含互换权波动率来表示，即在互换权的 Black 公式中，我们计算的 Black 互换波动率与交易对手风险调整的互换权价格相匹配。相反表 5.9 展示了付款方互换的一个示例。

表 5.8 第 5.3.3 节中定义的欧式收款方互换权的交易对手风险价格
（具有不同的到期日和期限）。无风险价格也被列出。
合约均有单位名义本金。价格以基点表示

γ	$\bar{\rho}$	1 × 5	5 × 5	10 × 5	20 × 5
	−1	−14	−37	−53	−56
3%	0	−9	−27	−42	−48
	1	−6	−19	−34	−41
	−1	−19	−50	−71	−70
5%	0	−14	−41	−61	−65
	1	−11	−35	−55	−61

续表

γ	$\bar{\rho}$	1×5	5×5	10×5	20×5
7%	-1	-23	-61	-84	-79
	0	-19	-53	-77	-75
	1	-16	-47	-72	-73
	无风险	106	205	215	157
γ	$\bar{\rho}$	1×10	5×10	10×10	20×10
3%	-1	-38	-78	-98	-98
	0	-25	-56	-78	-83
	1	-16	-43	-64	-72
	无风险	184	342	353	256
γ	$\bar{\rho}$	1×20	5×20	10×20	20×20
3%	-1	-87	-140	-160	-150
	0	-61	-107	-129	-131
	1	-45	-83	-107	-114
	无风险	261	474	486	354

表 5.9 第 5.3.3 节中定义的欧式付款方互换权的交易对手风险价格（具有不同的到期日和期限）。无风险价格也被列出。合约均有单位名义本金。价格以基点表示

γ	$\bar{\rho}$	1×5	5×5	10×5	20×5
3%	-1	-6	-20	-33	-40
	0	-10	-28	-44	-50
	1	-16	-39	-56	-58
	无风险	106	205	215	157

表 5.10 第 5.3.3 节中定义的欧式收款方互换权的交易对手风险隐含波动率（具有不同的到期日和期限）。无风险隐含波动率也被列出。合约均有单位名义本金

γ	$\bar{\rho}$	1×5	5×5	10×5	20×5
3%	-1	-1.96%	-2.52%	-3.06%	-3.74%
	0	-1.26%	-1.82%	-2.38%	-3.20%
	1	-0.77%	-1.32%	-1.93%	-2.78%

续表

γ	$\bar{\rho}$	1×5	5×5	10×5	20×5
5%	-1	-2.60%	-3.40%	-4.06%	-4.71%
	0	-1.96%	-2.78%	-3.51%	-4.37%
	1	-1.54%	-2.35%	-3.16%	-4.09%
7%	-1	-3.19%	-4.14%	-4.81%	-5.32%
	0	-2.62%	-3.60%	-4.39%	-5.06%
	1	-2.22%	-3.23%	-4.11%	-4.89%
无风险		14.63%	13.90%	12.23%	10.45%

γ	$\bar{\rho}$	1×10	5×10	10×10	20×10
3%	-1	-2.74%	-2.86%	-3.14%	-3.72%
	0	-1.84%	-2.08%	-2.50%	-3.17%
	1	-1.19%	-1.59%	-2.03%	-2.75%
无风险		13.41%	12.55%	11.17%	9.67%

γ	$\bar{\rho}$	1×20	5×20	10×20	20×20
3%	-1	-3.71%	-3.14%	-3.19%	-3.53%
	0	-2.63%	-2.40%	-2.57%	-3.09%
	1	-1.95%	-1.87%	-2.14%	-2.68%
无风险		11.16%	10.60%	9.65%	8.27%

5.3.4 百慕大互换权中的错向风险

我们考虑的合约，根据第 5.3.2 节的定义，在互换固定端每个累计期开始之前的每两个工作日将有机会进入 IRS 组合。表 5.11 列出了进入每个有风险和无风险投资组合的价格，以及在相同执行日进入的价格，其包含具有最长期限的 IRS。

表 5.11　第 5.3.4 节所定义的 10 年期可赎回收款方 IRS 投资组合的交易对手风险价格，以及即期开始的 10 年期百慕大互换的交易对手风险价格。无风险价格也被列出。构成投资组合的每个 IRS 都有单位名义本金。价格以基点表示

γ	$\bar{\rho}$	$\prod 1$	$\prod 2$	IRS
3%	−1	−197	−387	−47
	0	−140	−289	−34
	1	−101	−219	−25
5%	−1	−272	−528	−65
	0	−223	−446	−54
	1	−188	−387	−46
7%	−1	−340	−652	−80
	0	−295	−578	−70
	1	−266	−529	−63
无风险		1083	1917	240

5.3.5　CMS 价差期权中的错向风险

我们考虑欧元市场合约，从两个工作日内开始，直至到期日 t_M，每季度按 ACT/360 支付以下奇异指数：

$$(L(S_a(t_i) - S_b(t_i)) - K)^+$$

其中，L 和 K 是正常数，$S_k(t_i)$ 为固定到期时间的互换利率（以下简称 CMS），其中 $k \in \{a, b\}$ 且 $i = 0, \cdots, M$，该利率在每个应计期开始日 t_i 之前的两个工作日确定，即在 t_i 时确定 k 年期 IRS 的平价利率。表 5.12 列出了违约风险的和无风险的期权价格。

5.4　或有 CDS（CCDS）

或有信用违约互换（CCDS）是这样一种 CDS，在参考信用违约时，如果为正则支付给定投资组合剩余净现值的违约损失率。相反，标准 CDS 支付预先指定的名义金额的违约损失率，我们在早期的 CDS 公式（5.4）中假设该金额

为 1。

紧接着,当构成保护名义本金的 CCDS 标的投资组合为 $\prod$ 时,违约端 CCDS 估值只是公式(4.4)中的交易对手风险调整。那么,上述的调整计算也可以被解释为或有 CDS 定价的例子。①

5.5 结果解释和结论

本章发现了交易对手风险对利率偿付价格有重要影响,反过来,利率与违约(强度)之间的相关性则因交易对手风险而对调整产生重要影响。这同样适用于或有信用违约互换定价,因为其与交易对手风险估值非常相似。

表 5.12   第 5.3.5 节所定义的 CMS 价差期权的交易对手风险价格,

其中 $L = 15$、$K = 15\%$、$a = 10$ 年、$b = 2$ 年,

三个不同到期日为 $t_M \in \{5y, 10y, 15y\}$。无风险价格也被列出。价格以基点表示

γ	$\bar{\rho}$	5 年	10 年	20 年
3%	−1	−5	−16	−34
	0	−4	−11	−24
	1	−2	−8	−18
5%	−1	−7	−22	−44
	0	−6	−17	−37
	1	−5	−15	−31
7%	−1	−9	−26	−52
	0	−7	−23	−46
	1	−6	−20	−42
无风险		58	122	182

我们通过一些基本的数值实例分析了产品特征和期限结构变化等的影响模式,并找到了稳定合理的模式。特别是,从无违约风险价格中减去的(正)CVA 交易对手风险调整随收款方偿付的相关性增强而递减(IRS、IRS 投资组合、欧式和百慕大式互换权)。这是在意料之中的。如果违约强度增加,在较高

---

① 我们感谢华盛顿特区联邦存款保险公司的 Gloria Ikosi 就此问题提供的有用信件。

的正相关性下，相关利率将比低相关性增长得更多；因为当利率上升时，收款方互换权价值会降低。我们看到，在所有条件不变时，较高相关性就意味着影响调整的互换权价值更低，因此关联性越高，调整绝对值就会越低。而付款方偿付的类似调整会随着相关性而递增，这也是意料之中的。

一般来说，我们的结果，包括 CMS 价差期权，都确认交易对手风险调整是重要的，反过来相关性对交易对手风险的影响也是重要的，特别是当违约强度存在跳跃的情况下，这是实现 CDS 期权更高隐含波动率所必需的。我们还发现了以下进一步的格式化事实，它对于所有偿付都成立。随着交易对手 CDS 隐含违约概率的增加，交易对手风险导致的调整规模也会增加，但相关性对它的影响会趋于降低。这在一定程度上是可预期的：鉴于交易对手的违约概率很大，动态过程的细节（如与利率的相关性）变得不那么重要了，因为这些都毫无保留地被大规模违约所摧毁。相反，在违约概率较小时，动态过程的精细结构（尤其是相关性）就更重要了。

结论是，在评估交易对手风险利率偿付时，我们应考虑利率/信用价差的相关性，尤其是在违约概率不是非常高的情况下。虽然我们在 2006 年首次写这篇文章时[56]，人们并没有过多地关注错向风险，但如今这一方面在 CVA 建模问题中被认为是至关重要的。

6
具备错向风险的商品单边 CVA

本章对最初在 Brigo 和 Bakkar（2009）[36]中所介绍的材料进行了重新阐述和扩展。

将交易对手风险定价纳入商品估值非常重要。这个问题长期以来一直争论不休，并与商品远期合约和期货合约之间的差异有关。事实上，由于保证金的存在，期货通常具有非常小或微不足道的交易对手风险（暂时撇开缺口风险，因为我们将在本书的后面探讨保证金要求之间的缺口风险）。相反，远期合约在与经纪人或外部清算所交易时，或在嵌入互换等其他合约时，可能会承担交易对手违约的全部风险。人们普遍认为，商品期货和远期价格原则上在没有交易对手风险时是一致的。然而，事实证明，无交易对手风险的假设越来越难以接受，因此，现在越来越多的商品交易中需要加入 CVA。

在这一章中，我们特别关注能源商品，特别是原油。我们使用混合商品-信用模型来评估单边交易对手风险对定价公式的影响，包括违约概率的总效应以及信用价差波动率、商品波动率和信用商品相关性的微妙影响（以及错向风险）。我们通过基于原油互换的案例研究来说明我们的一般方法，结论表明与其他资产类别类似，对交易对手风险的准确估值取决于波动率和相关性，不能通过预先定义的乘数来准确计算。我们的发现与之前对其他资产类别的发现相同：CVA 的精确估值需要明确的建模选择。在本章，我们忽略了抵押品建模、双边交易对手风险（债务估值调整）和清算金额评估，因为我们将在以后的章节中处理此类问题。这样的做法是可行的，因为即使是单边 CVA 的简单案例也足以突出商品 CVA 定价问题的复杂性，这使得快速实现无违约估值框架极为困难。

与前几章一样，我们在此处执行以下内容：

假设 6.0.1 单边违约假设（UDA）：假设一方是无违约风险的。 本章计算是通过假设双方之一为无违约风险来进行的，虽然我们偶尔交换双方的角色。

6.1 原油互换和交易对手风险

更深入一点，本章考虑了在违约事件与标的商品之间存在相关性的情况下商品偿付的交易对手风险，以及信用和商品的波动率。本章专注于原油，但我们的很多推理可以适用于其他具有类似特征（可存储性、流动性和类似季节性）的商品。

以往关于不同资产类别的交易对手风险定价工作可参见文献［186］、［47］、［56］、［57］ 和 ［58］，关于利率互换和奇异标的资产则也可参见第 4 章和第 5 章。信用标的资产（CDS）的交易对手风险可参见文献［140］和［43］，以及第 7 章的讨论。

在这里，我们详细分析具有交易对手风险（或违约风险）的原油远期和互换合约。

一般来说，在评估合约时引入交易对手风险的原因与许多金融合约在场外交易，从而产生的交易对手信用质量的重要性有关。在考虑一些重要公司过去几年所经历的不同违约时，这更加合适，尤其是在能源和金融部门。

在商品交易对手风险方面的早期工作包括文献［70］，人们更多地从资本充足/风险管理的角度分析这一概念。特别是，他们的方法不是动态的，没有明确考虑信用价差波动率，尤其是标的商品和信用价差之间的相关性。在我们的方法中，错向风险是通过这些相关性来模拟的。然而，大部分不同之处在于目的。我们对交易对手风险的定价更多是为了定价而非风险管理，采用了完全无套利和微调风险的中性方法。这就是为什么我们所有的流程都校准到市场信息上。其相关性更难估计，但我们通过让相关性远期曲线和波动率的流动性取不同可能值来分析相关性影响。

总的来说，因为我们从安全（无违约风险）机构与在最终到期日前具有正违约概率的另一个交易对手签订金融合约的角度看待这个问题，因此我们研究的是单边交易对手的风险。我们以下具有一般性和合理性的事实，即具有交易对手风险的一般索偿权的价值总是小于具有零违约概率的类似索偿权的价值，并用精确的定量术语来表示两者之间的差异（信用估值调整，CVA）。

我们将交易对手的信用违约互换（CDS）作为市场违约概率的流动性来源。我们可以使用交易对手发行的债券，或者同时注意可能的 CDS 债券基础。不同的模型可用于校准 CDS 或公司债券数据，并获取违约概率：在这里，我们使用文献［35］所研究的随机强度模型，其带有的 CDS 期权解析公式的跳跃扩展在文献［46］中有所说明。该模型也存在于第 3.3.5 节和第 3.3.6 节中。

作为原油模型，我们采用了两因子模型来形成价格的短期偏差和均衡价格水平，这与文献［182］相同。此模型被证明相当于一个如文献［114］中的更经典的便利收益率模型，以及在文献［112］中考虑的类似方法的随机波动率扩展。模拟的是原油即期价格，隐含假设是这种即期价格过程是存在的。例如，电力市场的情况就并非如此，即使是像原油这样的市场，即期价格每天被报价，即期的确切含义也很难得到。尽管如此，我们假设，与大多数行业一样，有个交易的即期资产。

在本章，我们发现交易对手风险对产品价格有重要影响，而原油和交易对手信用价差之间的相关性则因交易对手风险而对调整产生重要影响。同样，原油和信用价差波动率对调整也有重要影响。我们用基于原油互换的案例研究来说明这一点。

本章组织如下。第 6.2 节继续总结作为信用模型的 CIR++ 规范，而第 6.2.1 节概述 Schwartz 和 Smith 两因子商品模型。第 6.3 节和第 6.4 节分别说明远期和互换的交易对手调整。第 6.5 节描述基于银行和航空公司之间互换合约的一个示例，其中我们假设有一家航空公司从信用质量极高的银行购买原油互换合约。因此，我们首先假设银行是无违约风险的。该银行希望在确定远期价格时向航空公司收取交易对手风险费用，因为这里没有抵押品提交，也没有保证金。其次，我们也会考虑这样一个情况，即虽然最初银行的信用风险非常低，但由于危机其风险在之后会增加，并超过航空公司的信用风险，因此相对于银行来说航空公司变成无违约风险的。例如，雷曼兄弟于 2006 年开始并于 2008 年 9 月被重估的原油互换，就是这种情况。

在详细阅读本章之前，我们建议尚不熟悉第 4 章的读者先熟悉公式 (4.4)。

6.2　建模假设

本节考虑交易对手违约强度随机的简约化模型。我们稍后会将此模型的信用价差与标的商品模型相关联，以使我们能考虑错向风险（WWR）。

我们假设确定性的无违约风险瞬时利率 $t \mapsto r_t$ [从而确定性的贴现因子 $D(s, t)$ ……]，我们的分析即使是在与原油和信用价差无关的随机利率下也能工作得很好。

6.2.1　商品模型

这里考虑原油。作为原油模型，我们采用了两因子模型来形成价格的短期偏差和均衡价格水平，这与文献 [182] 相同。此模型可被证明相当于一个如文献 [114] 中的更经典的便利收益率模型，以及在文献 [112] 中考虑了的类似方法的随机波动率扩展。模拟的是原油即期价格，其隐含假设是这种即期价格过程是存在的。例如，电力市场的情况就并非如此，即使是像原油这样的市场，即期价格每天被报价，即期的确切含义也很难得到。尽管如此，我们假设，与大多数行业一样，有一个交易的即期资产。

如果用 S_t 表示 t 时的原油即期价格，那么对数价格过程可写为

$$\log S_t = \varphi(t) + x_t + L_t$$

其中，在风险中性测度下，有

$$\begin{aligned} \mathrm{d}x_t &= -\kappa_x x_t \, \mathrm{d}t + \sigma_x \, \mathrm{d}Z_t^x \\ \mathrm{d}L_t &= \mu_L \, \mathrm{d}t + \sigma_L \, \mathrm{d}Z_t^L \end{aligned} \tag{6.1}$$

其中，Z_t^x 和 Z_t^L 是两个相关联的布朗运动，且

$$\mathrm{d}Z_t^x \mathrm{d}Z_t^L = \rho_{xL} \, \mathrm{d}t$$

φ 为确定性漂移，用于校准所报的原油期货价格，而 κ_x，σ_x，μ_L，σ_L 为正的常数。过程 x_t 表示短期偏差，而 L_t 表示长期均衡价格水平的支柱。

关于应用，在此模型中得出即期商品的转移密度非常重要。对于这两个因子，我们有一个联合高斯转移，其均值和方差为

$$\mathbb{E}_s[x_t] = x_s e^{-\kappa_x(t-s)}, \quad \mathbb{E}_s[L_t] = L_s + \mu_L(t-s)$$

$$\text{Var}_s[x_t] = \frac{\sigma_x^2}{2\kappa_x}\left(1 - e^{-2\kappa_x(t-s)}\right), \quad \text{Var}_s[L_t] = \sigma_L^2(t-s)$$

$$\text{Cov}_s[x_t, L_t] = \frac{\sigma_x \sigma_L \rho_{xL}}{\kappa_x}\left(1 - e^{-\kappa_x(t-s)}\right)$$

这可用于时间 s 和 u 之间的精确模拟。正如我们所知，两个联合高斯随机变量的和也是高斯的，有

$$\log S_t|_{x_s, L_s} \sim \mathcal{N}(m(s,t), V(s,t))$$

其中，

$$m(s,t) := \varphi(t) + x_s e^{-\kappa_x(t-s)} + L_s + \mu_L(t-s)$$

$$v(s,t) := \frac{\sigma_x^2}{2\kappa_x}\left(1 - e^{-2\kappa_x(t-s)}\right) + \sigma_L^2(t-s) + 2\text{Cov}_s[x_t, L_t]$$

由此，特别有

$$\mathbb{E}_s[S_t] = \exp\left\{\varphi(t) + x_s e^{-\kappa_x(t-s)} + L_s + \mu_L(t-s) + \frac{1}{2}v(s,t)\right\}$$

因此，当交易对手风险可以忽略不计且利率为确定性时，可以在 t 时计算到期日为 T 的商品远期价格 $\mathbb{E}_t[S_T]$

$$F_t(T) = \exp\left\{\varphi(T) + x(t)e^{-\kappa_x(T-t)} + L(t) + \mu_L(T-t) + \frac{1}{2}v(t,T)\right\} \quad (6.2)$$

特别是，给定市场上的远期曲线 $T \mapsto F_0^M(T)$，使模型与该曲线一致的漂移 $\varphi^M(T)$ 的表达式为

$$\varphi^M(T) = \log F_0^M(T) - x_0 e^{-\kappa_x T} - L_0 - \mu_L T - \frac{1}{2}v(0,T)$$

下面设 $x_0 = L_0 = 0$，因为我们只需使用 φ 即可实现对市场远期价格的完美校准。

当 $\varphi = 0$ 时，短期/均衡价格模型 (x, L) 相当于更经典的 Gibson 和 Schwartz (1990) 模型，其公式为

$$\begin{aligned} d\log S_t &= \left(r(t) - q_t - \frac{1}{2}\sigma_x^2\right)dt + \sigma_S dZ_t^S \\ dq_t &= \kappa_q(\mu_q - q_t)dt + \sigma_q dZ_t^q \end{aligned} \quad (6.3)$$

以及

$$dZ_t^S dZ_t^q = \rho_{qS} dt$$

其中，关系为（我们设 μ_L 为时间的确定性函数）

$$x_t = \frac{1}{\kappa_q}(q_t - \mu_q), \quad L_t = \log S_t - \frac{1}{\kappa_q}(q_t - \mu_q)$$

$$\kappa_x = \kappa_q, \quad \mu_L(t) = r(t) - \mu_q - \frac{1}{2}\sigma_S^2$$

$$\sigma_x = \frac{\sigma_q}{\kappa_q}, \quad \sigma_L = \sqrt{\sigma_S^2 + \frac{\sigma_q^2}{\kappa_q^2} - 2\frac{\sigma_S \sigma_q \rho_{qS}}{\kappa_q}}$$

$$\mathrm{d}Z_t^x = \mathrm{d}Z_t^q, \quad \mathrm{d}Z_t^L = \frac{\sigma_S}{\sigma_L}\mathrm{d}Z_t^S - \frac{\sigma_q}{\kappa_x \sigma_L}\mathrm{d}Z_t^q, \quad \rho_{xL} = \frac{\sigma_S \rho_{qS}}{\sigma_L} - \frac{\sigma_q}{\kappa_x \sigma_L}$$

6.2.2　CIR++ 随机强度模型

对于随机强度模型，我们遵循第 3.3.5 节，或者更具体地说，第 3.3.6 节的无跳跃模型。在处理利率衍生品时，第 5.1.2 节也使用了同样的模型。对于随机强度模型，设

$$\lambda_t := y_t + \psi(t), \quad t \geqslant 0 \qquad (6.4)$$

其中，ψ 是一个确定性函数，并令 y 为一个 Cox - Ingersoll - Ross 过程（见文献[48]）

$$\mathrm{d}y_t = \kappa(\mu - y_t)\mathrm{d}t + \nu\sqrt{y_t}\,\mathrm{d}Z_t^3$$

其中，参数是正定常数，用 β 表示其值的向量。与往常一样，Z^3 是风险中性测度下的标准布朗运动过程，代表了动态过程中的随机冲击。我们经常使用积分量

$$\Lambda(t) := \int_0^t \lambda_s\,\mathrm{d}s, \quad Y(t) := \int_0^t y_s\,\mathrm{d}s \text{ and } \Psi(t, \beta) := \int_0^t \psi(s, \beta)\,\mathrm{d}s$$

更详细地说，我们假设强度路径几乎在任何地方都严格为正，因此 $t \mapsto \Lambda(t)$ 为可逆函数。违约事件被模拟为 Cox - Ingersoll - Ross 过程，并设

$$\tau = \Lambda^{-1}(\xi)$$

其中，ξ 为独立于利率的标准（单位均值）指数随机变量。

每方的违约强度过程可以如第 5.1.3 节那样校准到 CDS 的所报价差。然而，并非所有模型参数都能以这种方式确定。一旦做到了这一点，并校准了 CDS 或公司债券数据，我们就只剩下波动率参数了，其可用于校准其他产品。然而，当信用衍生品市场上的单一名称期权数据变得更具流动性时，这将是有趣的。目前，

单一名称 CDS 期权的买卖价差很大，建议要么谨慎考虑这些报价，要么尝试通过一些临时单一名称重新缩放，从流动性更强的指数期权中推导波动率参数。目前，我们满足于只校准 CDS，而没有期权。为了帮助在没有进一步数据时指定 β，我们设置了一些参数值，暗示交易对手假设 CDS 期权的隐含波动率可能具有合理的值，这些值符合信用价差可能的历史波动率。另一种可能性是使用 CDS 指数（iTraxx 或 CDX）期权更有流动性的隐含波动率，以修正单一名称的特异性。

6.3 远期和期货价格

交易对手风险的加入与商品远期合约和期货合约之间的差异有关。因为保证金，期货通常具有非常小或微不足道的交易对手风险。相反，远期合约可能承担交易对手违约的全部风险。现在考虑一份远期合约。此原型远期合约遵循以下几点。

令 t 为估值时间。在将来的 T 时，一方同意以今天确定的价格 K 从第二方购买商品。就是说，第一方已经进入了付款方远期利率协议（FRA）。第二方已同意进入收款方远期利率协议。合约到期时对第一方和第二方的价值分别为

$$S_T - K, \quad K - S_T$$

即对于付款方为到期商品的实际价格减去预先约定价格，而收款方的情况正好相反。让我们关注付款方。当以确定利率贴现回 t 时，并采用风险中性预期时，这会导致价格为

$$\mathbb{E}_t[D(t,T)(S_T - K)] = D(t,T)(\mathbb{E}_t[S_T] - K) = D(t,T)(F(t,T) - K) \quad (6.5)$$

请注意，远期价格正是使合约价格为零的预设利率 K 的值，即 $K = F(t,T)$。让我们在考查的远期合约中保持一个通用的 K。

在上面的原油模型中，远期合约价格是通过将式（6.2）插入式（6.5）来给出的。用 $\text{Fwdp}(t,T;K)$ 来表示这样的价格（"p" 表示付款方），

$$\text{Fwdp}(t,T;K) = D(t,T)\left(\exp\left\{\varphi(T) + x_t e^{-\kappa_x(T-t)} + L(t) + \mu_L(T-t) + \tfrac{1}{2}v(t,T)\right\} - K\right) \quad (6.6)$$

而该量的相反数由 $\text{Fwdr}(t,T;K)$（"r" 表示收款方）表示。

将交易对手风险框架应用于远期合约，其中现有 $\Pi(t,T) = D(t,T)(S_T - K)$ 和 $\text{NPV}(t) = \text{Fwdp}(t,T;K)$。在交易对手风险下由式（4.4）可得付款方远期合约的价格：

$$\overline{\mathrm{Fwdp}}(t,T;K) = \mathrm{Fwdp}(t,T;K) \\ \underbrace{- \mathrm{LGD}\,\mathbb{E}_t\left[\mathbf{1}_{\{t<\tau\leq T\}}D(t,\tau)(\mathrm{Fwdp}(\tau,T;K))^+\right]}_{\text{正的交易对手风险调整}} \quad (6.7)$$

在式（4.7）给出的分桶近似下，有

$$\overline{\mathrm{Fwdp}}(t,T;K) = \mathrm{Fwdp}(t,T;K) \\ - \mathrm{LGD}\sum_{j=1}^{b} D(t,T_j)\mathbb{E}_t\left[\mathbf{1}_{\{T_{j-1}<\tau\leq T_j\}}(\mathrm{Fwdp}(T_j,T;K))^+\right]$$

6.3.1 无错向风险的商品期货 CVA

如果假设标的商品与交易对手违约之间相互独立，则分解上述预期可得：

$$\overline{\mathrm{Fwdp}}_0(t,T;K) = \mathrm{Fwdp}(t,T;K) \\ - \mathrm{LGD}\sum_{j=1}^{b} \mathbb{Q}(T_{j-1}<\tau\leq T_j)\mathbb{E}_t\left[D(t,T_j)(\mathrm{Fwdp}(T_j,T;K))^+\right]$$

其中，我们在风险价格处使用了下标 0 来表示独立性假设。最后一项为远期价格的期权价格，已知其在 Schwartz 和 Smith 模型中为封闭形式，尽管我们必须在公式中加入漂移项。我们有

$$\mathbb{E}_t\left[D(t,T_j)(\mathrm{Fwdp}(T_j,T;K))^+\right] = D(t,T)\exp\left\{M(t,T,T_j;x_t,L_t) + \frac{1}{2}V(t,T,T_j)\right\} \\ \cdot \Phi\left(\frac{M(t,T,T_j;x_t,L_t) + V(t,T,T_j) - \log K}{\sqrt{V(t,T,T_j)}}\right) \\ - D(t,T)K\,\Phi\left(\frac{M(t,T,T_j;x_t,L_t) - \log K}{\sqrt{V(t,T,T_j)}}\right)$$

其中有

$$M(t,T,T_j;x_t,L_t) := \varphi(T) + x_t e^{-\kappa_x(T-t)} + L_t + \frac{1}{2}v(T_j,T)$$

以及

$$V(t,T,T_j) := \sigma_L^2(T_j - t) \\ + \frac{\sigma_x^2}{2\kappa_x}e^{-2\kappa_x(T-T_j)}(1 - e^{-2\kappa_x(T_j-t)}) \\ + 2\frac{\sigma_x\sigma_L\rho_{xL}}{\kappa_x}e^{-\kappa_x(T-T_j)}(1 - e^{-\kappa_x(T_j-t)})$$

其中，Φ 为标准高斯的累积分布函数。

因此，我们将调整作为违约概率加权的远期期权流。

6.3.2 具有错向风险的商品期货的CVA

如果不假设独立性，那么就需要取代强度模型。通过迭代条件，易得

$$\overline{\text{Fwdp}_0}(t,T;K) = \text{Fwdp}(t,T;K)$$
$$-\text{LGD}\sum_{j=1}^{b} D(t,T_j)\mathbb{E}_t\left[\left(e^{-\Lambda(T_{j-1})} - e^{-\Lambda(T_j)}\right)(\text{Fwdp}(T_j,T;K))^+\right]$$

如果我们特别选择 $K = F(t,T)$，则 $\text{Fwdp}(t,T;K)$ 将为零。

此价格可以通过违约强度 λ 以及商品的驱动因子 x 和 L 的联合模拟来计算。可通过将违约强度中的冲击 Z^3 与商品中的冲击 Z^x 和 Z^L 相关联，实现信用价差与商品的关联。如假设

$$\mathrm{d}Z_t^x \mathrm{d}Z_t^3 = \rho_x \,\mathrm{d}t, \quad \mathrm{d}Z_t^L \mathrm{d}Z_t^3 = \rho_L \,\mathrm{d}t$$

那么违约强度和商品价格之间的瞬时相关性为

$$\text{Corr}(\mathrm{d}\lambda_t, \mathrm{d}S_t) = \frac{\sigma_x \rho_x + \sigma_L \rho_L}{\sqrt{\sigma_x^2 + \sigma_L^2 + 2\sigma_x \sigma_L \rho_{xL}}}$$

这可尝试通过历史估计或流动性市场报价所隐含的数据从市场推断出相关性。一般来说，以前没有校准的参数就只有 ρ_x 和 ρ_L。例如，如果假设两者是相同的：

$$\bar{\rho} := \rho_x = \rho_L$$

那么我们就可得到模型相关参数，其为已校准参数和市场相关性的函数

$$\bar{\rho} = \frac{\sqrt{\sigma_x^2 + \sigma_L^2 + 2x\sigma_x\sigma_L\rho_{xL}}}{\sigma_x + \sigma_L} \text{Corr}(\mathrm{d}\lambda_t, \mathrm{d}S_t)$$

6.4 互换和交易对手风险

现在考虑互换合约。原型互换合约实际上是具有不同期限的远期合约组合，设置如下：

令 t 为估值时间。在 $\mathcal{T} := \{T_{a+1}, T_{a+2}, \cdots, T_b\}$ 中的未来时间 T_i，第一方同意以今天确定的价格 K 从第二方购买商品，名义本金为 α_i。就是说，第一方已经进入了付款方互换协议，第二方已同意进入收款方互换协议。我们考虑确定性的利率。付款方商品互换合约在 t 时对于第一方的价值为

$$\text{Swapp}(t, \mathcal{T}; K) = \mathbb{E}_t\left[\sum_{i=a+1}^{b} D(t, T_i)\alpha_i(S_{T_i} - K)\right]$$

$$= \sum_{i=a+1}^{b} \alpha_i D(t, T_i)(F(t, T_i) - K)$$

$$= \sum_{i=a+1}^{b} \alpha_i \text{Fwdp}(t, T_i; K)$$

由于最后一个公式在我们的原油模型中是已知的，所以按过程项 x_t 和 L_t，我们很容易通过加总获得商品互换的公式。

如果寻找将合约价格设为零的 K 值，即所谓的远期互换商品价格 $S_{a,b}(t)$，那么有

$$S_{a,b}(t) := \frac{\sum_{i=a+1}^{b} \alpha_i D(t, T_i)F(t, T_i)}{\sum_{i=a+1}^{b} \alpha_i D(t, T_i)}$$

通过使用该利率，我们也可将通用执行价格水平 K 上的付款方商品互换价格表示为

$$\text{Swapp}(t, \mathcal{T}; K) = (S_{a,b}(t) - K)\sum_{i=a+1}^{b} \alpha_i D(t, T_i)$$

而收款方商品交换价格为

$$\text{Swapr}(t, \mathcal{T}; K) = (K - S_{a,b}(t))\sum_{i=a+1}^{b} \alpha_i D(t, T_i)$$

当存在清算所或保证金协议时，以及当忽略缺口风险和极端传染时，这些公式提供了这些合约的价值。但是，互换通常在此类背景之外进行交易，因此嵌入了交易对手风险。

对于付款方商品互换，当包括交易对手风险时，我们的一般公式（4.4）在互换情况下为：

$$\overline{\text{Swapp}}(t,\mathcal{T};K) = \text{Swapp}(t,\mathcal{T};K) - \underbrace{\mathbb{E}_t\left[\text{LGD}\,\mathbf{1}_{\{t<\tau\leq T_b\}}D(t,\tau)\left(\text{Swapp}(\tau,\mathcal{T};K)\right)^+\right]}_{\text{正的交易对手风险调整}}$$

$$= \text{Swapp}(t,\mathcal{T};K) - \mathbb{E}_t\left[\text{LGD}\,\mathbf{1}_{\{t<\tau\leq T_b\}}D(t,\tau)\left(\sum_{i=a+1}^{b}\alpha_i\text{Fwdp}(\tau,T_i;K)\right)^+\right] \tag{6.8}$$

由于远期公式在模型中为封闭形式，我们可以类似于远期情况，通过模拟来计算互换情况下的交易对手风险调整。收款方情况是完全类似的。

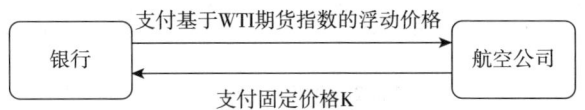

图 6.1 航空公司与银行之间的合约

6.5 商品互换的 UCVA

作为案例研究，我们考虑原油互换。航空公司将来需要购买原油，并担心油价可能发生变化。为了对冲这一价格变动，航空公司要求银行进入互换，其中银行在息票日定期向航空公司支付与相关原油期货价格指数挂钩的（浮动）金额。作为交换，航空公司定期支付一笔在开始时就固定的金额 K。

在过去，我们假设银行的信用风险很低。此时，如果必须像假设 6.0.1 那样假设单边 UDA 设置，则银行被视为无违约风险，那么计算向航空公司收取的单边 CVA 就是有意义的。然而，由于国际金融危机，银行的信用风险高于航空公司的信用风险。因此，如果在之后还执行假设 6.0.1，则假设航空公司是无违约风险的，并由航空公司计算要向银行收取的交易对手风险调整就是有意义的。因此，我们将分别从双方的角度看待单边交易对手风险调整，并在每种情况下充分校准信用模型。

原油模型经过校准，以完全匹配图 6.2 中显示的从西得克萨斯中质原油（WTI）期货提取的远期曲线，并最优拟合图 6.3 中显示的价内期货期权的隐含波动率。模型参数 μ_L 被设为零，因为它可由确定性漂移 φ 来替代。由此产生的原油模型参数见表 6.1。

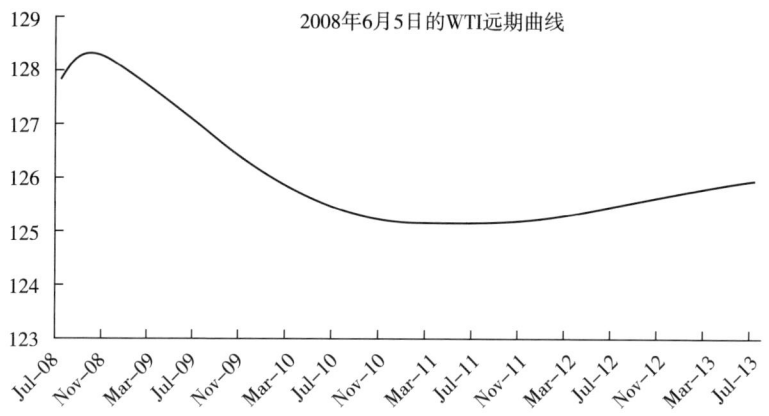

图 6.2 校准：远期曲线

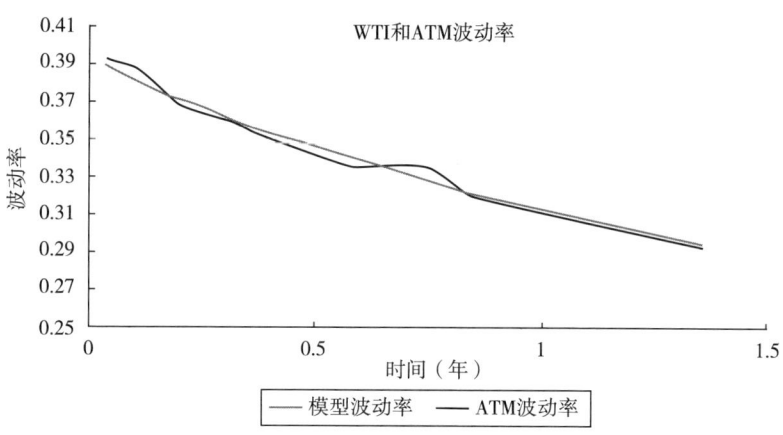

图 6.3 校准：ATM 波动率曲线

表 6.1　　　　　　　　　校准参数

κ_x	σ_x	σ_L	ρ_{xL}
0.7170	0.3522	0.19	−0.0392

我们考虑原油互换的最终到期时间为 5 年，每月付款，执行价格 $K=126$ 美元，即该执行价格使 5 年期无违约风险原油互换的价值为零。α_i 等于 1（桶）。

6.5.1　付款方视角的交易对手风险：航空公司计算交易对手风险

我们现在正处在假设的后期，银行的信用风险由于金融危机已经高于航空公司的信用风险。我们使用银行的 CDS 价差（见表 6.2）。收益率曲线在表 6.3 中给出。

表 6.2　　　　　　　　　银行的 CDS 价差期限结构

到期时间（年）	0.5	1	2	3	4	5
价差（bps）	345	332	287	256	232	217

在下面，我们假设银行信用质量由 CIR++ 随机强度模型表示，该模型通过漂移 ψ 在价差水平上与表 6.2 一致，同时允许通过 CIR 动态过程模拟信用价差波动率。我们使用表 6.4 中给出的基本 CIR 参数。之后，我们通过小于 1 的乘法因子来改变价差波动率参数 ν，并重新校准模型漂移，以保持与表 6.2 的一致性。通过这种方式，我们考查了价差波动率对交易对手调整的影响。

表 6.3　　　　　　　　　零息票连续复利即期利率

到期时间（年）	3/12	6/12	2	5	10	30
收益率（%）	2.68	2.92	3.40	4.27	4.87	5.376

表 6.4　　　　　　银行信用价差波动率基本案例的 CIR 参数

y_0	κ	μ	ν
0.0560	0.6331	0.0293	0.5945

图 6.4 和图 6.6 说明了我们对 CVA 的一些结果。交易对手风险表示为 5 年

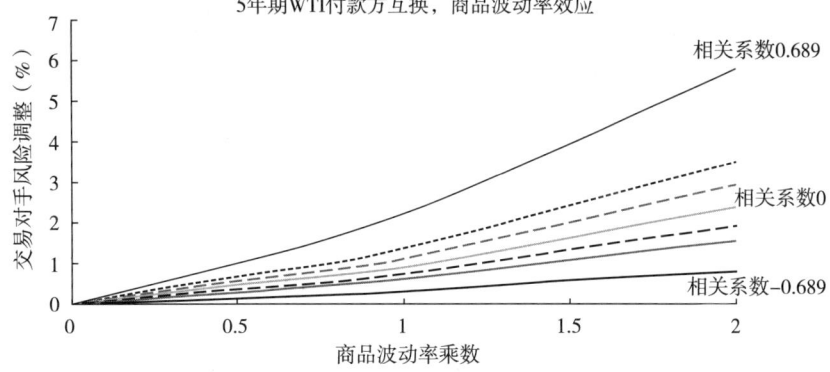

注：5 年期固定端价格：6852.35 美元，名义本金为每月 1 桶，CVA 表示为固定端价格的百分数（%）。

图 6.4　商品互换 CVA：商品波动率效应

期互换固定端价值的百分比,即 6852.35 美元。首先,我们观察了商品波动率变化的影响,同时将信用强度波动率固定为 $\nu_{Bank}=59\%$。① 通过将乘数因子应用于两因子瞬时波动率 σ_x 和 σ_L,商品波动率是可变的。作为隐含波动率水平的指标,当乘数因子为 2 时的商品隐含波动率期限结构在图 6.5 中给出。

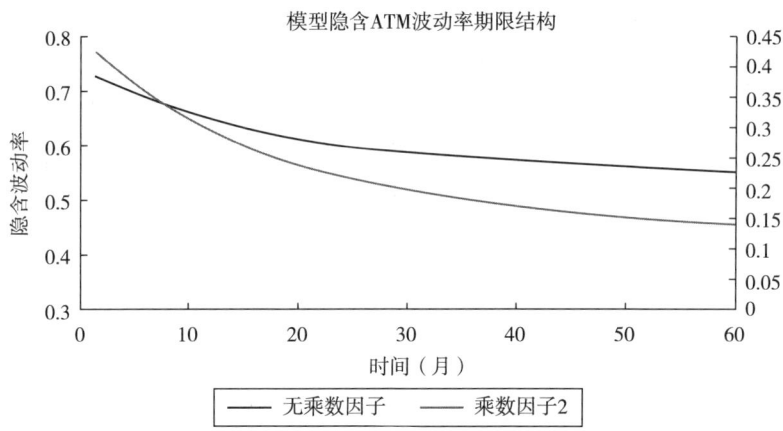

图 6.5　模型隐含波动率:无乘数因子(右刻度)和有乘数因子(左刻度)

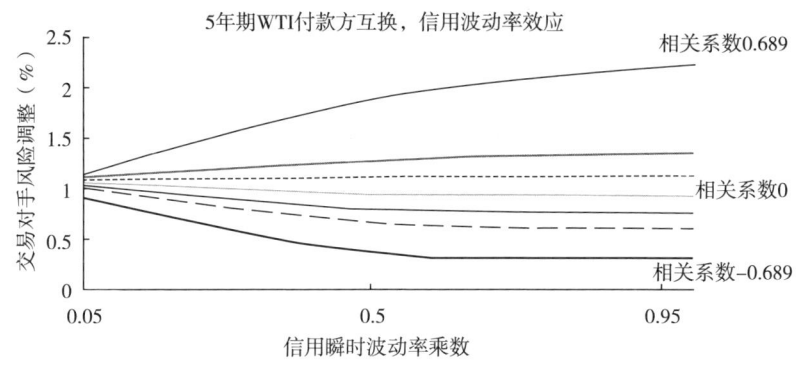

注:5 年期固定端价格:6852.35 美元,名义本金为每月 1 桶,CVA 表示为固定端价格的百分数(%)。

图 6.6　商品互换 CVA:信用波动率效应

---

① 与这些参数相关的 CDS 隐含波动率为 26%。根据 CDS 市场模型,Brigo(2005,2006)表明,CDS 期权的隐含波动率很容易超过 50%。

然后，我们观察到强度波动率变化的影响，同时将商品即期波动率固定在表 6.1 所隐含的 $\sigma_S = 32.82\%$。表 6.5 和表 6.6 以不同方式呈现相同的结果。在这些表格中，我们给出了美元表示的调整绝对值。我们还将其表示为调整后的执行价格，付款方可能会选择通过估计调整以此执行价格向交易对手进行支付。

表 6.5　　　　　　　　　信用价差波动率对 CVA 的影响

$\bar{\rho}$	强度波动率 ν	0.0295	0.295	0.59
−68.9%	调整（美元）	63.49	25.17	21.58
	调整后执行价格	124.84	125.54	125.60
−27.6%	CVA（美元）	69.99	45.89	41.50
	调整后执行价格	124.71	125.16	125.24
−13.8%	CVA（美元）	71.83	55.02	51.48
	调整后执行价格	124.68	124.99	125.05
0%	CVA（美元）	73.30	65.23	63.42
	调整后执行价格	124.66	124.80	124.84
13.8%	CVA（美元）	74.62	76.63	77.36
	调整后执行价格	124.63	124.59	124.58
27.6%	CVA（美元）	75.88	88.93	93.08
	调整后执行价格	124.61	124.37	124.29
68.9%	CVA（美元）	79.32	130.39	152.05
	调整后执行价格	124.54	123.61	123.21

注：5 年期固定端价格：6852.35 美元，名义本金为每月 1 桶，无交易对手风险的公平执行价格为 126 美元。

表 6.6　　　　　　　　　原油波动率对 CVA 的影响

$\bar{\rho}$	商品即期波动率 σ_S	0.033	0.1642	0.3285	0.657
−68.9%	CVA（美元）	1.17	11.05	21.58	57.11
	调整后执行价格	125.98	125.79	125.60	124.95
−27.6%	CVA（美元）	1.63	21.75	41.50	107.48
	调整后执行价格	125.97	125.60	125.24	124.03
−13.8%	CVA（美元）	1.80	26.71	51.48	133.49
	调整后执行价格	125.96	125.51	125.05	123.55
0%	CVA（美元）	1.98	32.40	63.42	164.27
	调整后执行价格	125.96	125.41	124.84	122.98

$\bar{\rho}$	商品即期波动率 σ_S	0.033	0.1642	0.3285	0.657
13.8%	CVA（美元）	2.15	38.85	77.36	200.08
	调整后执行价格	125.96	125.28	124.58	122.33
27.6%	CVA（美元）	2.34	46.05	93.08	240.41
	调整后执行价格	125.96	125.15	124.29	121.59
68.9%	CVA（美元）	2.92	72.47	152.05	397.87
	调整后执行价格	125.95	124.67	123.21	118.70

注：5 年期固定端价格：6852.35 美元，名义本金为每月 1 桶，无交易对手风险的公平执行价格为 126 美元。

6.5.2　收款方视角的交易对手风险：银行计算交易对手风险

现在，我们把自己放在银行的位置，使用航空公司的 CDS 价差（见表 6.7）。我们使用与表 6.3 相同的贴现曲线。

表 6.7　　　　　　　航空公司的 CDS 价差期限结构

到期时间（年）	0.5	1	2	3	4	5
价差（bps）	76	82	104	122	139	154

在这里，航空公司的信用质量由 CIR++ 随机强度模型表示，该模型通过漂移 ψ 在价差水平上与表 6.7 一致，同时允许通过 CIR 动态过程模拟信用价差波动率。我们使用表 6.8 中给出的基本 CIR 参数。随后，我们通过小于 1 的乘法因子来改变价差波动率参数 ν，并重新校准模型漂移，以保持与表 6.7 的一致性。通过这种方式，我们考查了价差波动率对交易对手调整的影响。

表 6.8　　　　　航空公司信用价差波动率基本案例的 CIR 参数

y_0	κ	μ	ν
0.0000	0.5341	0.0328	0.2105

与以前一样，我们观察商品波动率和航空公司信用强度波动率变化的影响，从表 6.1 中的 $\sigma_S=32.82\%$，以及 $\nu_{\text{Airline}}=21\%$ 开始。我们应用与以前相同的乘数因子，结果在图 6.7 和图 6.8 中作了总结。表 6.9 和表 6.10 更详细地呈现了同样的结果。

表 6.9　信用价差波动率对 CVA 的影响

$\bar{\rho}$	强度波动率 ν	0.0295	0.295	0.59
−68.9%	CVA（美元）	29.62	38.95	46.62
	调整后执行价格	126.54	126.71	126.85
−27.6%	CVA（美元）	28.41	32.58	35.82
	调整后执行价格	126.52	126.59	126.66
−13.8%	CVA（美元）	28.21	31.02	32.40
	调整后执行价格	126.52	126.57	126.59
0%	CVA（美元）	27.99	29.37	29.16
	调整后执行价格	126.51	126.54	126.53
13.8%	CVA（美元）	27.78	27.72	26.09
	调整后执行价格	126.51	126.51	126.48
27.6%	CVA（美元）	27.49	26.15	23.42
	调整后执行价格	126.50	126.48	126.43
68.9%	CVA（美元）	26.48	22.23	16.31
	调整后执行价格	126.48	126.41	126.30

注：5年期固定端价格：6852.35美元，名义本金为每月1桶，无交易对手风险的公平执行价格为126美元。

表 6.10　原油波动率对 CVA 的影响

$\bar{\rho}$	商品即期波动率 σ_S	0.033	0.1642	0.3285	0.657
−68.9%	CVA（美元）	0.12	26.33	46.62	80.26
	调整后执行价格	126.00	126.48	126.85	127.47
−27.6%	CVA（美元）	0.09	19.33	35.82	59.23
	调整后执行价格	126.00	126.35	126.65	127.08
−13.8%	CVA（美元）	0.08	17.35	32.40	53.64
	调整后执行价格	126.00	126.32	126.59	126.98
0%	CR−CVA（美元）	0.07	15.42	29.16	48.59
	调整后执行价格	126.00	126.28	126.53	126.89
13.8%	CVA（美元）	0.06	13.58	26.09	43.88
	调整后执行价格	126.00	126.25	126.48	126.80
27.6%	CVA（美元）	0.05	11.86	23.42	39.09
	调整后执行价格	126.00	126.22	126.43	126.72
68.9%	CVA（美元）	0.03	7.40	16.31	27.16
	调整后执行价格	126.00	126.13	126.30	126.50

注：5年期固定端价格：6852.35美元，名义本金为每月1桶，无交易对手风险的公平执行价格为126美元。

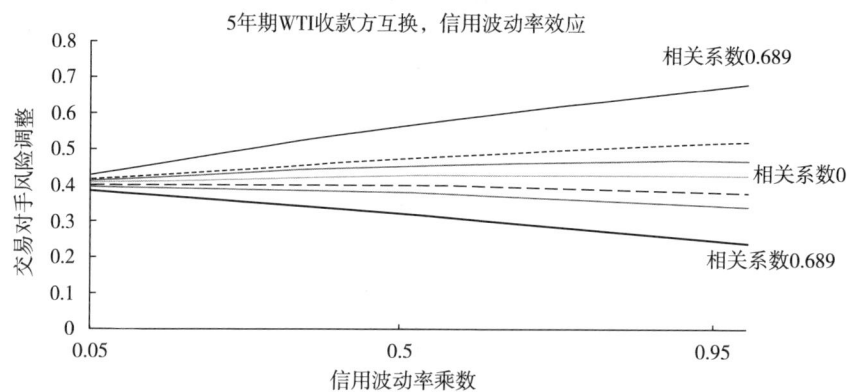

注：5年期固定端价格：6852.35美元，名义本金为每月1桶，CVA为固定端价格的百分比（%）。

图6.7　商品互换CVA：信用波动率效应

如果用于我们的原油互换，则除此之外，表6.6和表6.9有以下两种错向风险调整：

$$(397.87 - 124.67)/124.67 = 219\% \gg 40\%$$
$$(29.62 - 27.99)/27.99 = 5.82\% \ll 20\%$$

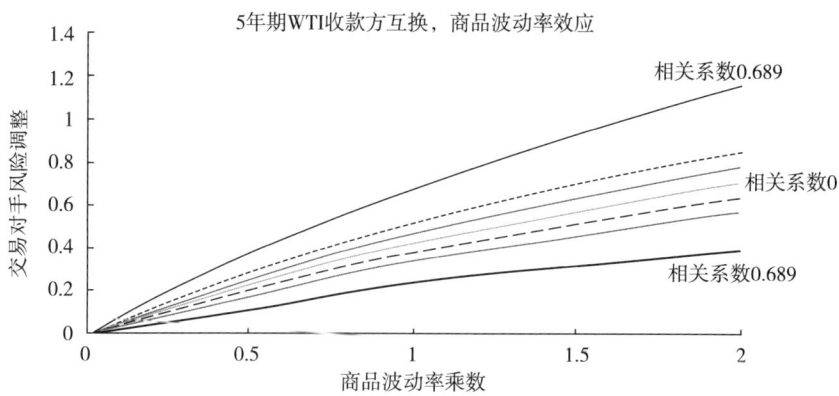

注：5年期固定端价格：6852.35美元，名义本金为每月1桶，CVA为固定端价格的百分比（%）。

图6.8　商品互换CVA：商品波动率效应

6.6 巴塞尔错向风险乘数的不足

我们在此可能还记得，根据"内部模型法"，《巴塞尔协议Ⅱ》通过应用于零相关性案例的1.4乘数因子来模拟错向风险，即使银行可以选择计算自己对乘数的估计，但也永远不应低于1.2。此乘数用于将零相关性假设下的信用风险测度转换为错向风险的信用风险测度。我们应该具体说明，这种方法适用于风险衡量和风险测度，如信用VaR（见第1章和第2章），但不是定价，且只适用于大型分散化的投资组合。然而，业界在过去也应用这种乘数方法来定价CVA。

CVA的大小取决于波动率和相关性动态参数的精确值，这些参数只能通过1.2和1.4之间粗略的一刀切乘数由零相关性案例来解释。事实上，在我们的示例中，相关性远低于1，而乘数很容易获得如1.06或3.19的值。

6.7 结论

我们在交易对手风险信用估值调整（CVA）中观察到的模式是自然的。从收款方案例开始，对于固定信用价差波动率，收款方CVA会增加原油波动率并降低相关性。给定嵌入的原油期权，随原油波动率递增是自然的（如在付款方案例）。至于相关性，随着它的增加，原油往往会随着信用价差而波动。这意味着，较高的信用价差将导致更高的原油价格，而随着原油即期价格的上涨，该期权最终将变得更非价内。付款方案例中会出现相反的情况。同样解释了信用价差波动的模式。

本章总结了商品CVA，特别是原油互换。我们下一步将转向另一个资产类别，该类别在错向风险方面特别重要：信用本身。

7

具备错向风险信用产品的单边 CVA

本章以 Brigo 和 Chourdakis (2009)[43]为基础展开，实际上是 Brigo、Capponi 和 Pallavicini (2012)[40]的一个具体案例，将在第 15 章予以说明。

交易对手风险是信用违约互换（CDS）管理中一个特别令人信服的方面，因为它可能会大大降低通过信用违约互换所购买保护的有效性。本章将讨论 CDS 的单边信用估值调整（UCVA）。

7.1 具有交易对手风险的 CDS 简介

本章考虑对假定无违约风险投资者或银行（命名为"I"）所持有的信用违约互换（CDS）的交易对手风险定价进行研究，且在交易对手（命名为"C"）违约与 CDS 标的参考信用（命名为"U"）违约之间存在相关性。我们对文献[43]中的方法进行了创新，除了以前在早期方法中考虑的违约相关性外，我们还模拟了信用价差波动率。我们将在这节重新阐述这些发现，并阐明信用波动率在确定 CDS 信用估值调整（CVA）方面所发挥的根本作用，该调整将由"I"从"C"处收取。当标的参考合约本身就是 CDS 时，这一点尤其重要，因为交易对手信用估值调整涉及 CDS 期权，而标的资产没有波动的期权建模是相当不可取的。我们考查参考波动率对交易对手调整的影响，这一基本特征在其他方法中被忽略或未被明确研究。

关于符号的一个重点：

在这里，表示投资者或银行的之前符号"B"被替换为了"I"。这是因为在CDS中，保护买方是否是银行并不明显，而且在很多情况下，UCVA可能由其他类型实体来计算。虽然使用"B"符号也是完全通用的，但我们更喜欢在本章中用"I"来表示投资者，因为这更为明确。

与前几章一样，本章执行单边违约假设：

假设7.1.1 单边违约假设（UDA）：假设一方（"I"）是无违约风险的。 本章假设计算是考虑"I"无违约风险而进行的。CDS合约估值通常从"I"的角度进行。

这一假设在实践中可能与"I"的信用质量远高于交易对手"C"的情况相近。我们将考虑"I"持有CDS合约出售（收款方CDS）或购买（付款方CDS）保护的两种情况，第二种情况对于错向风险问题的研究更有意思。由于不考虑"I"的违约，我们只需要同时模拟两个违约时间：τ_U（CDS参考信用）和τ_C。如果没有单边假设7.1.1，就需要模拟第三个违约时间，即τ_I，我们将在本书后面这样做。即使没有τ_I，我们也需要违约相依性或"相关性"模型的第一个明确案例。对于最广义的相依性，我们使用"相关性"这一术语。

就本章建模框架，更详细地说，违约事件采用了随机强度模型，违约通过Copula函数相互连接。为了评估违约相关性和信用价差波动率对正交易对手风险信用估值调整（CVA）（从交易对手无风险价格中减去）的重要影响，我们在一些基本数值示例中对相关性和波动率做了变化，特别是在分析错向风险时。鉴于单边信用估值调整与或有CDS的理论等价，我们还提出了对基于CDS的或有CDS进行估值的方法。

我们的分析对于从信用质量恶化的其他机构购买CDS保护或保险的金融机构来说尤其重要。次贷危机后单线保险公司的情况只可能是一个例子。

就早期关于CDS之CVA的文献而言，文献［123］通过采用违约障碍相关模型来解决CDS的交易对手风险问题，而没有明确考虑参考CDS中的信用价差波动率。而文献［140］在文献［81］的模型基础上，将违约强度作为确定性常数，而将其他各方面的违约指标作为源。违约时间的指数触发器被视为独立，而违约相关性来源于交叉源，尽管没有再次明确地为信用价差波动率建模。此外，业内的大多数模型，特别是当应用于担保债务凭证（CDO）或第k次违约篮子时，都会对违约相关性建模，而忽略信用价差波动率。如本书前面所示，特别是第 3.4 节，在多方偿付信用相关性模型中，通常假定信用价差具有确定性，并在违约时间的指数触发器上假定了一个 Copula 来模拟违约相关性，另见文献 [60]。尽管有证据表明信用波动率非常高，但还是做到了这一点，如文献 [31]。这与过去利率衍生品的交易对手风险正好相反，例如在文献 [187] 或 [47] 中，参见第 4 章，其中相关性被忽略，而波动率被建模。

在这里，我们纠正这一点，除了仍然非常重要的标的资产/交易对手相关性以外，模型还考虑信用价差波动率。我们发现，在极端的违约相关性下（错向风险）的结果对信用价差波动率非常敏感。这说明，信用价差波动率在这些情况下不应被忽视。忽略标的资产和交易对手之间的相关性也是危险的，尤其当标的工具是信用敏感工具（如 CDS）时。此信用标的资产案例涉及违约相关性，其中，市场认为违约相关性比我们在第 5 章利率标的资产案例中所见可疑的利率/信用价差相关性更为重要。与其说是后者不太重要，不如说后者对交易对手风险信用估值调整没有影响。我们在文献 [56]、[57] 和 [58] 以及第 5 章中看到，改变这一相关性参数对利率衍生品有重要影响。关键是，这种相关性的价值很难从历史数据估计或从市场报价中隐含得到，而历史估计往往产生非常低甚至为负的相关性参数。因此，即使此参数具有影响，也很难为其分配值，并且此值通常几乎为 0。相反，违约相关性更清楚地被视为也可通过细分市场报价指数（iTraxx 和 CDX）中的隐含相关性（无论多么可疑）来衡量，请参阅文献 [60]。

7.1.1 本章的结构

为了能从本章获得最大的好处，我们从不同的读者视角出发，为本章的结构制定如下的指南。

第 7.4 节的案例研究描述了基本结果，因此旨在获得本章主要信息但只有最小技术能力的读者可以直接转到此部分，该部分已被写成尽可能独立完整。

否则，读者可以先暂时回到第 4.3 节，用相当通用的术语描述交易对手的风险估值问题，然后再继续阅读第 7.2 节。该节描述了本章的简约化模型设置，具有随机强度和基于指数触发器的 Copula 函数（见第 3 章）。漂移平方根跳跃扩散模型（JCIR++）及其 CDS 校准的详情，以前已在文献［35］、［45］和［46］中进行了分析，但同样也出现在第 3 章中。第 7.3 节详细说明了第 4.3 节给出的交易对手信用估值调整（CVA）的一般公式是如何根据本章的具体 CDS 偿付和建模假设来给出的，尽管这里没有用到公式推导，但我们将根据本书稍后所发现的结果采用更直接的数值方法来展开。然而，该节能让人感觉到问题的复杂性和必须面对的问题，本节正是由此才提出的。最后，第 7.4 节简要回顾了建模假设，并利用案例研究本身说明本章的结论。

在详细阅读本章之前，请尚不熟悉第 4 章的读者先熟悉公式（4.4）。

本章还没有假设存在抵押品。我们将在本书进一步处理 CDS 的抵押品和缺口风险，同样也考虑双边 CVA 和 DVA 的情况。

最后，我们提到，为了使这一章尽可能自成一体，建模部分将与前几章内容有所重复。

7.2 建模假设

本节考虑交易对手和 CDS 参考信用的违约强度均随机的简约化模型。我们不会将价差相互关联，因为通常价差相关性对违约时间相依性的影响要比违约相关性小得多，可参见文献［134］。后者被严格定义为描述双方违约时间的指数随机变量的相依性结构。这种相依性结构通常被建模为一个 Copula 函数。

在概率框架中，我们把自己置于一个概率空间 $(\Omega, \mathcal{G}, \mathcal{G}_t, \mathbb{Q})$，对该空间的解释可参见第 4.2 节。集合 Ω 代表随机实验的所有可能结果集，σ 域 $\mathcal{G}$ 表示我们工作的事件集 $A \subset \mathcal{G}$。σ 域 $\mathcal{G}_t$ 表示 t 时可用的信息。（非递减的）σ 域族 $(\mathcal{G}_t)_{t \geq 0}$ 被称为滤子。概率测度 $\mathbb{Q}$ 为风险中性测度或定价测度。使用符号 $\mathbb{E}$ 表示对概率测度 $\mathbb{Q}$ 的预期。违约时间 τ 将在此概率空间上被定义。该空间具有一个代表除违约事件外所有可观察市场量的右连续且完备的子滤子 $\mathcal{F}_t$（从而有 $\mathcal{F}_t \subseteq \mathcal{G}_t$：$= \mathcal{F}_t \vee \mathcal{H}_t$，其中 $\mathcal{H}_t = \sigma(\{\tau \leq u\}: u \leq t)$）为由违约事件生成的右连续滤子）。我们假设 $\mathbb{E}_t[\cdot] := \mathbb{E}[\cdot | \mathcal{G}_t]$。

用更通俗的话语说，整章中的 $\mathcal{G}_t$ 为对 t 时市场信息进行建模的滤子，包括 t 时前明确的违约监控，而 $\mathcal{F}_t$ 则是 t 时前不包括违约监控的无违约市场信息（外汇、利率、违约前信用价差 λ 等）。

就本章的具体模型而言，我们假设交易对手的违约强度 λ^C 和累积强度 $\Lambda^C(t) = \int_0^t \lambda^C(s)\,\mathrm{d}s$ 独立于参考 CDS 的违约强度 λ^U，其累积强度用 Λ^U 表示。假设强度严格为正，因此 $t \mapsto \Lambda(t)$ 为可逆函数。

假设确定性无违约瞬时利率 r（从而确定性贴现因子 $D(s,t)$，……），但我们的所有结论在当随机利率独立于违约时间时也均成立。

我们处于 Cox 过程设置中，其中

$$\tau_U = (\Lambda^U)^{-1}(\xi_U), \quad \tau_C = (\Lambda^C)^{-1}(\xi_C)$$

ξ_U 和 ξ_C 为标准（单位均值）指数随机变量，其相关的均匀分布变量 Υ 通过 Copula 函数 C_ρ 的复制函数相关联。假设

$$\Upsilon_j = 1 - \exp(-\xi_j), j \in \{C, U\}, \quad C_\rho(v_U, v_C) := \mathbb{Q}(\Upsilon_U < v_U, \Upsilon_C < v_C)$$

在下面的案例研究中，我们假设 Copula 函数是高斯式的，相关性参数为 ρ，由于框架具有一般性，因此选择很容易改变。在这个特殊情况下，高斯 Copula 函数并不是一个坏的选择。尽管其缺乏上尾相依性，但当 ρ 从 0 变到 1 时，高斯 Copula 函数达到了所有可能的有限相依性范围，因为其导致肯德尔 tau（一个很好的对相依性的通用测度）从 0（独立）变到 1（同调），可参见第 3.4 节。这将可能有助于压力测试，因为我们将能得到从独立到同调的整个范围。

7.2.1 CIR++ 随机强度模型

对于我们设置的随机强度模型，有

$$\lambda_t^j = y_t^j + \psi^j(t; \beta^j), \quad t \geq 0, \ j \in \{U, C\} \tag{7.1}$$

其中，ψ^j 是一个取决于参数向量 β^j（包括 y_0^j）的确定性函数，并在闭合区间可积。初始条件 y_0^j 是我们掌握的又一个参数：可自由选择其值，只要满足

$$\psi^j(0; \beta^j) = \lambda_0^j - y_0^j$$

令每个 y^j 为一个 Cox–Ingersoll–Ross（CIR）过程（参见文献 [48]）：

$$\mathrm{d}y_t^j = \kappa^j(\mu^j - y_t^j)\,\mathrm{d}t + \nu^j\sqrt{y_t^j}\,\mathrm{d}Z_{3,t}^j, \quad j \in \{U, C\}$$

其中，参数向量 $\beta^j = \{\kappa^j, \mu^j, \nu^j, y_0^j\}$，由正定常数组成。与往常一样，$Z$ 为风险中性测度下的标准布朗运动过程，代表动态过程中的随机冲击。

对于 CIR 模型，通常都假设有保证原点无法访问的条件，该条件为 $2\kappa^j\mu^j >$

$(\nu^j)^2$。然而，这限制了 CDS 的隐含波动率，该波动率由设置漂移 ψ^j 为正的模型产生，此条件我们将在下面使用，以避免出现负的强度。这也是我们不执行这些条件的原因，但在下面的案例研究中，这些条件将被违反。

价差中的相关性是违约相关性的次要驱动因素，因此假设两个布朗运动 Z 是相互独立的。每个 $j \in \{U, C\}$，我们将经常使用其积分量

$$\Lambda^j(t) = \int_0^t \lambda_s^j \mathrm{d}s, \quad Y^j(t) = \int_0^t y_s^j \mathrm{d}s, \quad \Psi^j(t, \beta^j) = \int_0^t \psi^j(s, \beta^j) \mathrm{d}s$$

这种模型和 CDS 的相关校准在文献 [35] 以及本书第 3 章作了详细考察，而文献 [45] 则考查了与模型相关的 CDS 隐含波动性模式。

请注意，我们可以在扩散过程中轻松引入跳跃。文献 [46] 考虑如下公式

$$\mathrm{d}y_t^j = \kappa^j(\mu^j - y_t^j)\mathrm{d}t + \nu^j\sqrt{y_t^j}\,\mathrm{d}Z_{3,t}^j + \mathrm{d}J_t^j(\zeta_1^j, \zeta_2^j), \quad j \in \{U, C\}$$

其中，参数向量 β_j 现在被增强跳跃参数，并且每个参数都是正定常数。与以前一样，Z 为风险中性测度下的标准布朗运动过程，而跳跃部分 $J_t^j(\zeta_1^j, \zeta_2^j)$ 被定义为

$$J_t^j(\zeta_1^j, \zeta_2^j) := \sum_{i=i}^{M_t^j(\zeta_1^j)} X_i^j(\zeta_2^j)$$

其中，每个 M^j 为时间同质的泊松过程，其强度为 ζ_1^j 且独立于其他所有过程，X^j 服从具有正有限均值 ζ_2^j 的指数分布，也独立于其他所有过程。

除了推导出与无跳跃 CIR 模型完全同形的仿对数生存概率公式外，文献 [46] 还为 CDS 期权推导出了封闭解，请再次参阅第 3 章。我们后续将假设没有跳跃。但是，所有计算以及分数傅里叶（FRFT）变换都完全适用于具有跳跃的扩展模型。

7.2.2　CIR++ 模型：CDS 校正

我们根据第 5.1.3 节对违约强度模型进行了校准。在此回顾一下（付款方）CDS 的定价公式，即在确定性利率下定期保险费率 S 在 0 时为 j 方以及在 T_a 和 T_b 之间的违约购买保护。

$$\begin{aligned}
\mathrm{CDS}_0(T_a, T_b; S_j, \mathrm{LGD}_j) := &-S_j \sum_{i=a+1}^{b} D(0, T_i)\alpha_i \mathbb{Q}\{\tau_j > T_i\} \\
&- S_j \int_{T_a}^{T_b} D(0, u)(u - T_{\beta(u)})\,\mathrm{d}\mathbb{Q}\{\tau_j < u\} \quad (7.2)\\
&+ \mathrm{LGD}_j \int_{T_a}^{T_b} D(0, u)\,\mathrm{d}\mathbb{Q}\{\tau_j < u\}
\end{aligned}$$

其中，一般 $T_{\beta(t)}$ 为 t 之前的最后一个 T_i。回想一下，我们可以用生存概率微分的相反数 $-\mathrm{d}\mathbb{Q}\{\tau_j \geq u\}$ 取代所有的违约概率微分 $\mathrm{d}\mathbb{Q}\{\tau_j < u\}$。

式（7.2）的模型是独立的。这意味着，如果在 0 时以模型独立的方式从 CDS 市场中剥离生存（或违约）概率，以校准市场 CDS 报价，就只需要确保从 CDS 中剥离的生存概率能由 CIR++ 模型正确复制。详情请参阅第 5.1.3 节。

一旦做到了这一点，并通过 $\psi^j(\cdot, \beta^j)$ 校准 CDS 数据，那就只剩下参数 β^j 了，其可用于校准更多的产品。然而，当信用衍生品市场上的单一名称期权数据变得更具流动性时，这将是有趣的。目前，单一名称 CDS 期权的买卖价差很大，建议要么谨慎考虑这些报价，要么尝试从流动性更强的指数期权中推导波动率参数，并对单一名称产品的异质性进行特别的调整。目前，我们满足于只校准 CDS，而为了帮助指定没有进一步数据的 β^j，我们为参数设置了一些值，这意味着交易对手和参考信用上假设的 CDS 期权隐含波动率可具有合理值。

用于数值示例的基本案例强度参数值已在表 7.1 中给出。我们与信用质量高于参考信用的交易对手进行交易，所交易的 CDS 是以这些参考信用为标的而发行的，其违约强度在 2 倍到 3 倍（y_0 和 μ 更小），波动性显著更低（更高的 κ 和更低的 ν）。这是 CDS 合约签订之初需要考查的自然案例，因为公司从比标的参考风险的风险更高的保护卖方那里购买保护是不同寻常的。为了衡量我们的结果，我们使用无交易对手风险的案例。假设水平风险利率曲线为 3%，回收率为 30%，则 5 年期 CDS 的价差等于 252 个基点。跨到期时间的即期 CDS 价差曲线对应表 7.2 中的两个参数集。

表 7.1　参考信用"U"和交易对手"C"的强度参数

名称	y_0	κ	μ	ν
"U"	0.03	0.50	0.05	0.50
"C"	0.01	0.80	0.02	0.20

表 7.2　　　与表 7.1 给出的强度参数对应的
不同到期时间的 CDS 价差（漂移 ψ 为零）

到期时间	价差（按基点）	
	"U"	"C"
1 年	234	92
2 年	244	104
3 年	248	112
4 年	251	117
5 年	252	120
6 年	253	123
7 年	253	125
8 年	254	126
9 年	254	127
10 年	254	128

注：两种 CDS 的 LGD 均为 0.7。

7.3　内嵌于 CVA 定价中的 CDS 期权

现在开始使用式（4.4）来计算交易对手风险调整：

$$U_{\text{CVA}}(0,T) = \mathbb{E}_0\left[\text{LGD}\,\mathbf{1}_{\{\tau_C \leq T\}} D(0,\tau_C)\left(\mathbb{E}_{\tau_C}[\Pi(\tau_C,T)]\right)^+\right] \quad (7.3)$$

现在计算调整 $U_{\text{CVA}}(0,T)$。需要结算的唯一非不平凡项（利率假定为确定性的）为

$$\mathbb{E}_0[\mathbf{1}_{\{\tau_C \leq T\}}(\mathbb{E}[\Pi(\tau_C,T_b)|\mathcal{G}_{\tau_C}])^+]$$

在这里，我们遵循启发式的方法，而公式在双边信用风险、DVA 和抵押的更一般性情况下的严格推导将在第 15.2.2 节描述。

我们有（再次采用确定性利率，并假设确定性回收率和 LGD）

$$\begin{aligned} U_{\text{CVA}}(0,T) &= \text{LGD}\int_{T_a}^{T_b} D(0,t)\mathbb{E}_0\left[(\mathbb{E}_t[\Pi(t,T)])^+\,\mathbf{1}_{\{\tau_C \in [t,t+dt]\}}\right] \\ &= \text{LGD}\int_{T_a}^{T_b} D(0,t)\mathbb{E}_0\left[(\mathbb{E}_t[\Pi(t,T)])^+\,\mathbb{Q}(\tau_C \in [t,t+dt]|\mathcal{G}_t)\right] \end{aligned} \quad (7.4)$$

假设我们是投资者"I"，并与交易对手"C"进行交易，从后者中我们以给

定价差 S_U 通过对基于相关参考信用 "U" 进行 CDS 购买保护。此时，我们在交易对手违约时处于最危急状态。我们持有基于参考信用 "U" 的付款方 CDS（我们购买保护和支付定期保费）。因此 $\mathbb{E}_t \Pi(t, T_b)$ 为 t 时付款方 CDS 在 t 和 T_b 之间的剩余净现值（NPV），且 $T_a < t \leq T_b$。付款方 CDS 在 t 时的 NPV 类似于式（7.2），除了现在估值发生在 t 时之外，必须以市场上在 t 时可用的信息为条件，即 $\mathcal{G}_t$。

只要看看相关的 CDS 偿付定义，就可以发现，这种未来 t 时的 CDS 价格将完全由下面类型的生存概率决定

$$\mathbb{Q}(\tau_U > u | \mathcal{G}_t)$$

其中，$u > t$。在计算这些概率时，必须注意一个非常精细的点。

如果仅在违约时间 τ_U 的滤子 $\mathcal{G}_t^U := \mathcal{F}_t \vee \mathcal{H}_t^U$ 下，而不是包含在 τ_C 信息的 $\mathcal{G}_t$ 下计算上述概率，得到 CDS_t 简单公式的这种计算将更简便。事实上，在第一种情况下，我们有

$$\begin{aligned}
\mathbb{Q}\{\tau_U \geq u | \mathcal{G}_t^U\} &= \mathbf{1}_{\{\tau_U > t\}} \mathbb{E}\left[\exp\left(-\int_t^u \lambda_s^U \mathrm{d}s\right) \middle| \mathcal{F}_t\right] \\
&= \mathbf{1}_{\{\tau_U > t\}} P^{CIR++}(t, u; y^U(t)) \\
&= \mathbf{1}_{\{\tau_U > t\}} \exp\left(-(\Psi^U(u) - \Psi^U(t))\right) P^{CIR}(t, u; y^U(t))
\end{aligned} \quad (7.5)$$

即对于 λ^U 的 CIR++ 模型债券价格 $P^{CIR}(t, u; y^U(t))$ 为 y^U 的非漂移时间同质 CIR 债券价格公式。CDS 价格公式中对 t 时生存概率的替换为我们提供当 t 时的 NPV，因为 CDS_t 将使用式（7.5）来计算。因此，我们将拥有所有必要的组件，通过模拟 T_b 时的 λ 来计算交易对手风险调整。

然而，这种做法有一个致命的缺点。促成 CDS_t 估值的生存概率也必须根据 t 时可用的交易对手违约信息 τ_C 进行计算。

这导致条件概率表达式更为复杂，涉及相当复杂的 Copula 项。同样，第 15.2.2 节在更一般的背景下介绍了完整的计算。这里的公式是在一个特殊情况下得到的，没有抵押，投资者 "I" 也没有违约风险。

7.4 信用违约互换的 UCVA：一个案例研究

我们考虑有一家无违约风险机构，其与交易对手 "C" 交易一笔基于参考方

"U"的CDS,其中交易对手"C"面临着违约风险。对于第一家机构的信用质量远高于交易对手信用质量的情况,无违约风险假设也可以是一种近似的CDS。我们要计算交易对手风险的CDS,基于参考信用"U",到期时间为5年,回收率为0.3。对于标的方"U"和交易对手方"C"的CDS价差,表7.2给出了我们所需考虑的基本参数集。

我们的目标是考查对交易对手风险信用估值调整(CVA)的两个重要数量的分别影响和综合影响:违约相关性和信用价差波动率。为了做到这一点,我们设计了一个可以考虑到这两个特征的建模设置。在我们的分析中,特别新颖的是第二个特征,因为早期的尝试主要侧重于第一个特征。

为了模拟"违约相关性",或者更确切地说是两方违约的相依性,我们在违约时间的指数触发器上假设有一个高斯Copula,尽管也可以使用任何其他可解析的Copula。我们所说的"违约相关性"参数是指高斯Copula参数ρ。

在此背景下,如果定义累积强度$\Lambda^j(t) := \int_0^t \lambda_u^j du, j = 1, C$,那么参考信用和交易对手的违约时间$\tau_U$和$\tau_C$分别由$\tau_j = (\Lambda^j)^{-1}(\xi_j)$给出,其中$\xi_U$和$\xi_C$为单位均值指数随机变量,并且它们通过具有相关性参数ρ的高斯Copula相互连接。

当我们说"信用价差波动率"参数时,通常指的是参考信用的ν^U和交易对手的ν^C。由于重点主要是参考信用的信用价差波动率,我们还考查所选择的ν^U和假设参考信用CDS期权的其他参数是如何生成隐含CDS波动率的,该期权到期时间为1年,且在行使该期权时进入一个4年期期权多头的CDS。这样,我们将有更为直接的市场数量与信用价差波动率参数与之相联系。

7.4.1 改变Copula函数参数

我们从这样一个案例开始:在λ^C的驱动下,交易对手的信用价差几乎是确定的。我们假设$\nu^C = 0.01$。

表7.3报告了我们的结果。我们注意到了一些有趣的模式。可以先考查表列。让我们从前五列开始。我们看到,除了相关性光谱的末端以外,随着相关性的增加,付款方CDS的CVA也随之增加。事实上,当最后一步的相关性从0.9增加到0.99时,CVA会下降。

表 7.3　案例 $\nu^C = 0.01$（包括 LGD $= 0.7$）中以基点表示的 CVA

ρ	波动率参数 ν^U	0.01	0.10	0.20	0.30	0.40	0.50
	CDS 隐含波动率	1.5%	15%	28%	37%	42%	42%
−99%	付款方调整	0 (0)	0 (0)	0 (0)	0 (0)	0 (0)	0 (0)
	收款方调整	39 (2)	38 (2)	42 (2)	38 (2)	40 (2)	41 (2)
−90%	付款方调整	0 (0)	0 (0)	0 (0)	0 (0)	0 (0)	0 (0)
	收款方调整	39 (2)	38 (2)	41 (2)	39 (2)	40 (2)	41 (2)
−60%	付款方调整	0 (0)	0 (0)	0 (0)	0 (0)	0 (0)	1 (0)
	收款方调整	37 (2)	36 (1)	38 (1)	35 (1)	38 (1)	37 (1)
−20%	付款方调整	0 (0)	0 (0)	1 (0)	3 (0)	3 (0)	4 (1)
	收款方调整	18 (1)	16 (1)	18 (1)	18 (1)	20 (1)	21 (1)
0	付款方调整	3 (0)	4 (0)	6 (0)	7 (1)	6 (1)	6 (1)
	收款方调整	0 (0)	2 (0)	5 (0)	7 (0)	10 (0)	12 (1)
20%	付款方调整	28 (1)	27 (1)	23 (1)	21 (1)	17 (2)	15 (1)
	收款方调整	0 (0)	0 (0)	1 (0)	1 (0)	2 (0)	3 (0)
60%	付款方调整	87 (4)	78 (4)	73 (4)	66 (4)	55 (3)	52 (3)
	接收方调整	0 (0)	0 (0)	0 (0)	0 (0)	0 (0)	0 (0)
90%	付款方调整	80 (6)	81 (6)	77 (5)	82 (5)	78 (5)	73 (5)
	接收方调整	0 (0)	0 (0)	0 (0)	0 (0)	0 (0)	0 (0)
99%	付款方调整	2 (1)	7 (2)	30 (3)	66 (5)	61 (5)	84 (5)
	接收方调整	0 (0)	0 (0)	0 (0)	0 (0)	0 (0)	0 (0)

注：括号内的数字表示蒙特卡洛标准误；参考信用 CDS 也有 LGD $= 0.7$ 和 5 年到期时间。

乍一看，人们并不喜欢这样的一个事实，即极端相关性（相依性，因为这是与肯德尔 tau 一一对应的）参数对应于最初增长模式后错向风险的降低。不幸的是，使用 Copula 函数和强度模型时，这是某种自然的违约时间建模方式，我们将在后面加以解释。让我们以第一列为例，这里的参考信用波动率参数 ν^U 也非常小。因此，从本质上讲，λ^U 和 λ^C 的强度几乎是确定的。为了简化，假设 λ^U 和 λ^C 在时间上是不变的。那么在违约相关性 0.99 下，指数触发器 ξ_U 和 ξ_C 几乎是完全相关的，即 $\xi_U \approx \xi_C =: \xi$。因此有 $\tau_U = \xi/\lambda^U$ 和 $\tau_C = \xi/\lambda^C$。即当 $\lambda^U > \lambda^C$ 时，所有情景下都有 $\xi/\lambda^U < \xi/\lambda^C$，从而在所有情景下有 $\tau_U < \tau_C$。但如果发生这种情况，那么在交易对手违约的 τ_C 时，基于参考信用 "U" 的 CDS 剩余 NPV

为零,因为参考信用总是在交易对手之前违约。这解释了为什么当 λ^U 的波动率很小时,我们发现 CVA 几乎为零。请注意,这不仅是高斯 Copula 函数的缺点,也是任何 Copula 函数的缺点。

如果增加 λ^U 的波动率,并且在理想化的例子中仍然保持 λ^U 在时间上不变,但增加其方差作为一个静态随机变量,那么 $\xi/\lambda^U < \xi/\lambda^C$ 将不再在所有情况下发生,因为 λ^U 的随机性会产生一些实际上 λ^U 小于 λ^C 从而 $\tau_U > \tau_C$ 的路径。随着波动率的增加,在表格最后一行,我们看到付款方调整的值从零开始不断增加,因为 λ^U 随机性的增加产生了越来越多的 λ^U 小于 λ^C 的路径。在相关性等于 0.99 的极端情况下,相关性 0.99 的 CVA 甚至不会回去,而是相对相关性 0.9 的情况而继续增加。从这个意义上说,表的最后一列在质上与所有其他列不同,因为它是唯一的 CVA 持续增长直到所考虑的相关性光谱结束时的情况。

我们将这些模式放大为图 7.1 中 $\nu^C = 0.1$ 的后一个案例,例如低波动率情况 $\nu^U = 0.1$ 和高波动率情况 $\nu^U = 0.5$ 的"付款方"图。前一图最终回归到零,而后一图则在继续增长。

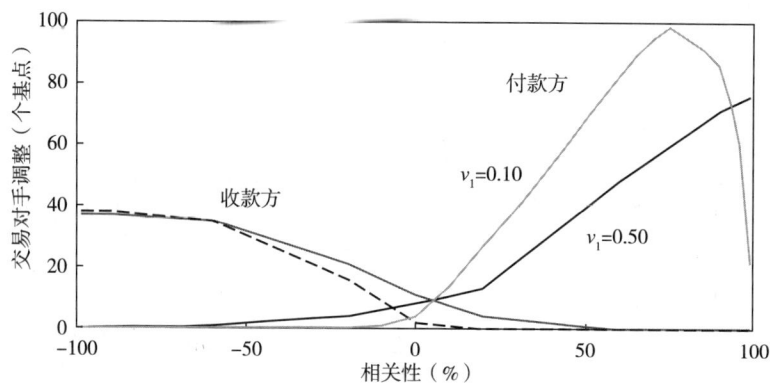

图 7.1 付款方和收款方 CDS 的相关性以及低(0.1)和高(0.5)参考信用波动率 ν^U 的 CVA 模式(交易对手波动率 ν^C 为 0.1)

请注意,通常付款方 CDS 的 CVA 会因强负相关而消失。这是因为,在该区域中,当交易对手违约时标的 CDS 不会违约。在这种情况下,我们在交易对手违约时有一个 CDS 期权,其中标的 CDS 价差由于交易对手违约引起的 Copula 传染有一个大的负跳跃。这种负跳跃会导致期权变得毫无价值,因为在几乎所有情况下，标的资产价格都会低于执行价格。

我们也可以分析收款方调整，它以更格式化的模式进行演变。随着违约相关性的增加，调整仍在显著减少，在高相关性下会趋于零。因为此时，在 $\tau_U > \tau_C$ 和参考 CDS 在交易对手违约时仍然具有价值的少数场景中，正相关性会诱发生存参考方 "U" 强度传染 Copula 函数的相关项。这反过来又会导致期权变得深度价外，因此可以忽略不计结果为零的 CVA。

由于交易对手波动率 ν^C 首先增加到 0.1，然后增加到 0.2，所以我们上面描述的所有定性特征都得以维持，尽管更大的交易对手波动率在某种程度上使其更为平缓。详细结果见表 7.4 和表 7.5。

表 7.4　　案例 $\nu^C = 0.1$（包括 LGD = 0.7）的 CVA

ρ	波动率参数 ν^U	0.01	0.10	0.20	0.30	0.40	0.50
	CDS 隐含波动率	1.5%	15%	28%	37%	42%	42%
-99%	付款方调整	0 (0)	0 (0)	0 (0)	0 (0)	0 (0)	0 (0)
	收款方调整	40 (2)	38 (2)	39 (2)	38 (2)	36 (1)	37 (1)
-90%	付款方调整	0 (0)	0 (0)	0 (0)	0 (0)	0 (0)	0 (0)
	收款方调整	39 (2)	38 (2)	38 (2)	38 (2)	35 (1)	37 (2)
-60%	付款方调整	0 (0)	0 (0)	0 (0)	0 (0)	0 (0)	1 (0)
	收款方调整	36 (1)	35 (1)	36 (1)	36 (1)	32 (1)	35 (1)
-20%	付款方调整	0 (0)	0 (0)	1 (0)	2 (0)	3 (0)	4 (1)
	收款方调整	16 (1)	16 (1)	17 (1)	19 (1)	18 (1)	21 (1)
0%	付款方调整	3 (0)	4 (0)	5 (0)	7 (1)	7 (1)	8 (1)
	收款方调整	0 (0)	2 (0)	5 (0)	8 (0)	10 (0)	11 (1)
20%	付款方调整	27 (1)	25 (1)	23 (1)	20 (1)	16 (2)	13 (1)
	收款方调整	0 (0)	0 (0)	1 (0)	2 (0)	2 (0)	4 (0)
60%	付款方调整	80 (4)	82 (4)	67 (4)	64 (4)	55 (3)	48 (3)
	接收方调整	0 (0)	0 (0)	0 (0)	0 (0)	0 (0)	0 (0)
90%	付款方调整	87 (6)	86 (6)	88 (6)	78 (5)	80 (5)	71 (4)
	接收方调整	0 (0)	0 (0)	0 (0)	0 (0)	0 (0)	0 (0)
99%	付款方调整	10 (2)	21 (3)	52 (5)	68 (5)	73 (5)	76 (5)
	接收方调整	0 (0)	0 (0)	0 (0)	0 (0)	0 (0)	0 (0)

注：括号内的数字表示蒙特卡洛标准误；参考信用 CDS 也有 LGD = 0.7 和 5 年到期时间。

表7.5　案例 $\nu^C=0.2$（包括 LGD = 0.7）的 CVA

ρ	波动率参数 ν^U	0.01	0.10	0.20	0.30	0.40	0.50
	CDS 隐含波动率	1.5%	15%	28%	37%	42%	42%
−99%	付款方调整	0（0）	0（0）	0（0）	0（0）	0（0）	0（0）
	收款方调整	41（2）	40（2）	39（2）	40（2）	40（2）	40（2）
−90%	付款方调整	0（0）	0（0）	0（0）	0（0）	0（0）	0（0）
	收款方调整	41（2）	39（2）	39（2）	41（2）	40（2）	40（2）
−60%	付款方调整	0（0）	0（0）	0（0）	0（0）	1（0）	1（0）
	收款方调整	39（1）	37（1）	37（1）	37（1）	36（1）	35（1）
−20%	付款方调整	0（0）	0（0）	2（0）	3（0）	3（0）	4（1）
	收款方调整	17（1）	17（1）	17（1）	19（1）	21（1）	20（1）
0%	付款方调整	3（0）	5（0）	6（0）	7（1）	6（1）	6（1）
	收款方调整	0（0）	2（0）	4（0）	7（0）	10（0）	12（0）
20%	付款方调整	25（1）	24（1）	23（1）	20（1）	17（1）	15（1）
	收款方调整	0（0）	0（0）	1（0）	2（0）	0（0）	4（0）
60%	付款方调整	74（4）	74（4）	69（4）	59（3）	54（3）	52（3）
	接收方调整	0（0）	0（0）	0（0）	0（0）	0（0）	1（0）
90%	付款方调整	91（6）	90（6）	88（5）	80（5）	81（5）	81（5）
	接收方调整	0（0）	0（0）	0（0）	0（0）	0（0）	0（0）
99%	付款方调整	43（4）	56（5）	57（5）	72（5）	74（5）	78（5）
	接收方调整	0（0）	0（0）	0（0）	0（0）	0（0）	0（0）

注：括号内的数字表示蒙特卡洛标准误；参考信用 CDS 也有 LGD = 0.7 和 5 年到期时间。

表7.6　三种情况下的 CVA：（1）第一列以图 7.1 给出的 $\nu^U=0.1$（和 $\nu^C=0.1$）的付款方案例为例；（2）第二列显示相同的调整，我们交换了表 7.1 中的参数，即现在交易对手"C"比 CDS 参考信用"U"的风险更大；（3）第三种情况表明，在原始参数下，如果再次将参考信用初始水平和长期平均值提高到 $\lambda^U(0)=0.05$ 和 $\mu^U=0.07$ 会发生什么情况

ρ	基准	风险交易对手	高强度
10%	14	12	15
20%	25	29	28
30%	39	46	40

续表

ρ	基准	风险交易对手	高强度
40%	53	66	53
50%	68	88	65
60%	82	115	75
65%	89	131	79
70%	94	148	81
75%	99	168	81
80%	95	191	74
85%	91	220	65
90%	86	254	48
99%	21	359	2

7.4.2　改变市场参数

我们还考查了如果交换参考信用和交易对手的 CIR 参数会发生的情况，即交易对手的风险会更大。结果在表 7.6 中，我们看到，现在 λ^C 趋于大于 λ^U。因此，在相关性 0.99 和几乎确定性强度的情况下，大多数场景下会有 $\tau_U = \xi/\lambda^U > \xi/\lambda^C = \tau_C$，因此我们不再预期 CVA 会因极端相关性而被扼杀或减少。事实上，我们看到，在表 7.6 的"风险交易对手"列中，即使相关性非常高，调整也在不断增加。

最后，我们检查如果提高参考信用的强度水平（而不是波动率）会发生的情况。如果我们这样做，因为相关性增加到极端值，CVA 模式的倒置（对于付款方案例）如预期那样将会提前到达。

7.5　结论

我们从上述案例研究中可以看到，信用价差波动性和违约相关性在评估交易对手风险方面都很重要。我们看到，信用价差波动率调整的模式在质上取决于相关性，因为根据一个修复的特定违约相关值，信用价差波动率调整的模式可以是水平的、递减的或递增的。至于相关性模式，在质上也取决于所选择的信用价差波动率。对于付款方 CDS 而言，极端相关性（有时称为"错向风险"）可能导致交易对手风险相对较温和的相关性值变小，不然除非信用价差波动率足够大。

事实上，要使交易对手风险的错向风险对付款方 CDS 产生重要影响，我们还需要使信用价差波动率上升。这是我们需要注意的 Copula 模型的一个特点。在具有确定性信用价差（行业标准假设）的 Copula 模型中，如果忽略信用价差波动率，导致交易对手风险在相关性较低时就会消失。如果我们愿意使用基于 Copula 函数的简约化模型，那么为了获得错向风险的重要影响，我们将需要把信用价差波动率重新纳入。虽然市场信用波动率较高，例如文献 [31]，将其引入可能很合适，但它引发了对使用 Copula 函数和信用强度模型来表示错向风险的担忧。

8

具备错向风险的权益单边 CVA

本章以 Brigo 和 Tarenghi（2004，2005）[61]和[62]，Brigo 和 Morini（2006）[49]，以及 Brigo、Morini 和 Tarenghi（2011）[55] 以及 Brigo 和 Morini（2009）[51] 为基础。在本章，我们处理股票市场上的交易对手风险定价。

首先使用第 3 章已经推出的 AT1P 和 SBTV 模型。作为第一个描述性案例，我们考虑第 8.1 节和相关部分中的权益回报互换（ERS）的交易对手风险定价示例。在这里，我们不将企业的权益动态过程看作结构化模型的内生结果，而是要将其添加到我们建模框架中的外生过程。换句话说，对于交易对手违约，我们采用的是企业价值模型，而对于标的权益，我们直接假设一种并非源于信用模型的权益模型。完全一致的方法将要求我们假设与交易对手相同的信用模型，以及标的权益，然后从标的信用模型推导出标的权益过程。本章稍后将采用第二种方法。

第 8.1.2 节中的 ERS 示例是一个有趣的选择，因为此合约的价值全部是由于交易对手风险带来的：正如我们所见，在没有交易对手风险时，此合约的公平价差为空。我们根据考虑的不同模型族来展示 ERS 估值。

从第 8.2 节开始，我们承诺执行一项宏伟的任务，即计算我们的交易对手所采用类似信用模型的隐含标的企业股价的内生过程。这是信用—权益混合产品和权益衍生品信用交易对手风险定价的最一致的方法。事实上，在这种情况下，模型是联合校准信用和权益数据的，包括权益隐含波动率和波动率微笑。

在第 8.3 节介绍了各种模型校准示例后,我们将在第 8.4 节展示对权益期权的信用估值调整(CVA)的应用,然后讨论我们的发现并总结全章。

关于符号的最后注释:一般来说,我们用 $f[t,T]$ 表示函数 f 在区间 $[t,T]$ 内的值集,例如 $\sigma[0,T] = \{\sigma(s): s \in [0,T]\}$。

8.1 没有完全混合模型的权益产品交易对手风险

正如我们在第 3 章中看到的那样,经典结构化模型[24]和[148]假设了企业价值 V 的几何布朗运动(GBM,Black 和 Scholes)对数正态动态过程。在这些模型中,企业价值 V 是企业权益值 E(或 S)与企业债务价值 D 的和。特别是企业权益价值 S,可被视为基于企业价值 V 的一种(香草或障碍式)期权。当需要给混合权益/信用产品定价时,此联系也很重要。这就是为什么在本章中,我们使用第 3 章引入结构化模型的原因。然而,第 8.1 节并没有完全一致地模拟权益和信用。我们将假设交易对手企业价值遵循经典的企业价值模型,并根据交易对手的 CDS 进行校准,然后假设 ERS 的标的权益也遵循 GBM。这意味着标的权益不能违约,因为 GBM 的权益永远不会达到零。在这种设置错误的方式中,人为地引入相关性,作为交易对手企业价值与标的权益之间的瞬时(布朗式)关联。完全一致的方法将要求我们用与交易对手企业价值相同的模型模拟标的权益的企业价值;然后从标的企业价值推导出标的(可违约的)权益的价值,同时将标的企业价值与交易对手企业价值相关联。我们将在第 8.2 节解决这个问题。首先,我们说明了一种更简单的方法,即标的权益不是由企业价值模型推导出来的。

8.1.1 根据交易对手 CDS 数据的 AT1P 校正

首先,我们将 AT1P 校准到 2004 年 3 月 10 日沃达丰公司的下列数据。我们已将偿付率 $q(t)$ 设为零并将 AT1P 结构化模型校准到 CDS 合约,该合约以沃达丰为标的资产,其回收率 REC = 40%(LGD = 0.6)。表 8.1 报告 LE 合约的到期日 T_b 和相应按基点(1bp = 10^{-4})表示的"中间"CDS 利率 $R_{0,b}^{MID}(0)$(按季支付)。我们设在所有情况下有 $T_a = 0$。

表 8.1　　　　　　　　2004 年 3 月 10 日的沃达丰 CDS 报价

期限	CDS 到期时间 T_b	$R_{0,b}^{BID}(0)$（基点）	$R_{0,b}^{ASK}(0)$	$R_{0,b}^{MID}(0)$
1 年	2005 – 03 – 20	19	24	21.5
3 年	2007 – 03 – 20	32	34	33
5 年	2009 – 03 – 20	42	44	43
7 年	2011 – 03 – 20	45	53	49
10 年	2014 – 03 – 20	56	66	61

表 8.2 报告了将保费率 R 买卖报价插入偿付中所计算的 CDS 价值（按基点），并以中间价中剥离的确定性强度对 CDS 进行估值。通过这种方式，我们将费率 R 的买卖价差转变为基于 CDS 现值的买卖价差。表 8.3 展示了使用结构化模型执行校准的结果。作为比较，也展示了以确定强度（信用价差）模型（使用分段线性强度）执行校准的结果。在第一个示例中，结构化模型使用的参数是根据定性考虑选择的，有 $q = 0$，$\beta = 0.5$ 和 $H/V_0 = 0.4$（这是一个重要选择，因为此值在稍后的场景模型中符合随机变量 H 的预期值，且完全由市场报价决定）。

表 8.2　　从沃达丰中间报价 R 以及保费端买卖报价 R 中剥离的

确定性违约强度所计算的 CDS 价值。

这些可以被视为 CDS 的 NPV 买卖报价的代理，而不是价差

CDS 到期时间 T_b	$CDS_{0,b}$ 买价（基点）	$CDS_{0,b}$ 卖价（基点）
1 年	2.56	– 2.56
3 年	2.93	– 2.93
5 年	4.67	– 4.67
7 年	24.94	– 24.94
10 年	41.14	– 41.14

表 8.3　　　　　　　　使用两种模型的校准结果

T_i	$\sigma(T_{i-1}, T_i)$	$\mathbb{Q}(\tau > T_i)$ AT1P	强度	$\mathbb{Q}(\tau > T_i)$ 强度模型
0	32.625%	100.000%	0.357%	100.000%
1 年	32.625%	99.625%	0.357%	99.627%
3 年	17.311%	98.315%	0.952%	98.316%
5 年	17.683%	96.353%	1.033%	96.355%
7 年	17.763%	94.206%	1.189%	94.206%
10 年	21.861%	89.650%	2.104%	89.604%

我们报告了两个模型中校准参数（波动率性和强度）的值，以及两个不同模型下似乎非常接近的生存概率。这并不奇怪，因为在确定性利率框架中，违约概率可以以模型独立的方式从 CDS 中提取。

关于短期信用价差真实性和 CDS 违约概率稳健性的进一步讨论请参见文献 [61] 以及本书第 3 章。

8.1.2 权益回报互换中的交易对手风险

本节总结了文献 [61] 和 [62] 中 AT1P 下权益回报互换中交易对手风险定价的结果。这是在权益市场中使用校准结构化模型给交易对手风险定价的一个例子。这种方法可以很容易地推广到不同的权益偿付。

考虑 ERS 的偿付。假设我们是与交易对手公司 "C" 签订合约的公司 "B"。参照标的权益为企业 "U"。原型形式的合约设置如下：公司 "B" 和 "C" 同意（以价格 $S = S^U$）从参考实体 "U" 获取数量为 K 的股票，作为名义本金（$N = KS_0$）。合约从 $T_a = 0$ 开始，最终到期时间为 $T_b = T$。当 $t = 0$ 时，没有现金交换（或者，可以看作 "C" 向 "B" 提供数量为 K 的 "U" 股票，并收到等于 KS_0 的现金金额）。在中间时间，"B" 向 "C" 支付权益的股息现金流（如果有的话），以换取定期利率（例如，半年期 LIBOR 利率 L，也可能是隔夜利率）加上价差 X。在最终到期日 $T = T_b$，"B" 向 "C" 支付 KS_T（或返还数量为 K 的股票），并收到付款 KS_0。这可以总结如下：

$$\text{初始时间 } 0: \text{无现金流，或}$$
$$B \to \text{现金 } KS_0^U \to C$$
$$B \leftarrow K \text{ 股 "U" 的权益} \leftarrow C$$
$$\cdots\cdots$$
$$\text{时间 } T_i:$$
$$B \to \text{"U" 的权益股息} \to C$$
$$B \leftarrow \text{浮动无风险利率 + 价差} \leftarrow C$$
$$\cdots\cdots$$
$$\text{最后时间 } T_b:$$
$$B \to K \text{ 股 "U" 的权益} \to C$$
$$B \leftarrow \text{现金 } KS_0^U \leftarrow C\text{。}$$

此产品的价格可以使用风险中性估值来推导，选择（公平）价差是为了使合约价值在开始时为 0。由于我们忽略了标的"U"的违约，因此假设其信用质量比交易对手"C"高得多，但"C"仍然是我们的主要兴趣所在。如果不考虑交易对手"C"的违约风险，可以证明公平价差等于 0。这使得 ERS 成为一份有趣的合约，因为其所有价值都来源于交易对手风险。事实上，如果在估值中考虑交易对手违约风险，那么公平价差不再为 0。如果交易对手"C"提前违约，将发生以下的情况。令在 $\tau = \tau_C$ 时瞬时违约，在 τ 之前一切如常，但如果 $\tau \leqslant T$，则计算 τ 时头寸的净现值（NPV）。如果此 NPV 对我们（即"B"）来说为负，那么其反面就是完全由我们在 τ 时向"C"进行支付。相反，如果 NPV 对于"B"为正，那么其不会被完全收到，我们只能收到 NPV 的回收部分 REC。显然，当 NPV 较大且为正时，交易对手风险对我们（"B"）来说是一个问题，因为如果"C"违约，我们便只能收到其中的一小部分。

贴现偿付的风险中性预期在以下命题中给出（参见文献 [61]，$L(S,T)$ 为 S 时到期时为 T 的简单复利率）：

命题 8.1.1（交易对手风险下的权益回报互换价格）。上述定义的权益回报互换公平价格可简化为

$$ERS(0) = K S_0 X \sum_{i=1}^{b} \alpha_i P(0, T_i) - L_{GD} \mathbb{E}_0 \left[\mathbf{1}_{\{\tau \leqslant T_b\}} D(0, \tau)(NPV(\tau))^+ \right]$$

其中

$$NPV(\tau) := \mathbb{E}_\tau \left[\left(K S_0 - K S_{T_b} \right) D(\tau, T_b) \right] - K NPV_{dividends}^{[\tau, T_b]}(\tau) \\ + \mathbb{E}_\tau \left[K S_0 \sum_{i=\beta(\tau)}^{b} D(\tau, T_i) \alpha_i \left(L(T_{i-1}, T_i) + X \right) \right] \quad (8.1)$$

我们用 $NPV_{dividends}^{[s,t]}(u)$ 表示在 u 时计算的 s 和 t 之间股息现金流的净现值。

$ERS(0)$ 中的第一项是无违约风险中的权益互换价格，而第二项是由交易对手风险产生的期权价格部分，请参阅第一部分推导的一般公式（12.3）。

如果我们试图通过蒙特卡洛模拟计算来预期获得上述价格，就必须模拟作为互换标的资产的权益"U"价格 S_t 的行为和交易对手"C"的违约。特别是我们需要确切知道 $\tau = \tau_C$。显然，"C"和"U"之间的相关性可能会对合约价值产生重要影响。在这里，结构化模型可能会有所帮助：假设将标的过程 V 校准为"C"方的 CDS，用 AT1P 模型根据第 3 章概述的程序找到适当的违约障碍和波

动率。我们可以设置过程 V_t^C（"C"的企业价值）和 S_t^U（"U"的权益价格）之间的相关性，例如可直接通过基于权益回报率的历史估计得出，并模拟 $[V_t^C, S_t^C]$ 的联合演变。作为这两个量之间相关性的代理，可以考虑从 S_t^C 和 S_t^U 之间（即权益价格之间）的相关性推断出此相关性。当相关方陷入金融危机时，这可能很管用，但总的来说，在区分信用相关性与权益相关性时，必须小心谨慎，因为这两种资产类别可能大相径庭。

对于标的权益，我们只假设一个几何布朗运动。总结如下：

$$\mathrm{d}V_t^C = rV_t^C \mathrm{d}t + \sigma_V^C(t)V_t^C \mathrm{d}W_t^C, \quad V_0^C = 1$$
$$\mathrm{d}S_t^U = (r-q^U)S_t^U \mathrm{d}t + \sigma_S^U(t)S_t^U \mathrm{d}W_t^U, \quad S_0^U$$
$$\mathrm{d}W_t^C \mathrm{d}W_t^U = \rho \mathrm{d}t$$

其中，r 为无风险短期利率（假设为常数）。

正如我们前面所解释的，这不是一个完全一致的方法。要完全一致，我们应该针对标的资产方假设一个企业价值模型

$$\mathrm{d}V_t^U = rV_t^U \mathrm{d}t + \sigma_V^U(t)V_t^U \mathrm{d}W_t^U$$

其可能与交易对手的企业价值相关，然后从 V^U 推导出标的权益，而不是像上面所做的那样直接假设 S^U 的动态过程。我们将在第 8.2 节中以更一致和全面的方法处理这个问题，为了加以区分，我们将权益过程称为 E 而不是 S。

回到我们的权益互换，现在可以运用蒙特卡洛模拟，寻找使合约公平的价差 X。

- 我们在对"C"的企业价值与"U"的权益价值之间相关性的不同假设下，进行了一些模拟。我们考虑了五个案例：

$$\rho=-1、\rho=-0.2、\rho=0、\rho=0.5 \text{ 和 } \rho=1。$$

- 表 8.4 展示了模拟结果，以及由标准差给出的误差（蒙特卡洛标准误）。
- 对于交易对手"C"，我们使用了之前看到的沃达丰 CDS 利率。
- 对于参考股票"U"，我们使用了初始价格为 $S_0 = 20$、波动性为 $\sigma = 20\%$ 和固定股息收益率为 $q = 0.80\%$ 的假设股票。
- 合约到期日为 $T = 5$ 年，浮动无风险利率的结算周期为半年。
- 回收率 REC = 0.4，且 LGD = 1 − REC。
- 起始日期与校准使用日期相同，即 2004 年 3 月 10 日。
- 由于权益参考数量 K 只是一个乘以整个偿付的常数，在不失一般性的情

况下我们不失一般性设其等于 1。

表 8.4 在 5 个相关性值下的价差 X（按基差），$S_0 = 20$，基本 AT1P 模型。我们还报告了 2000000 个场景模拟的偿付均值（乘以 10000）及其标准误差，从而表明 X 是公平的（导致几乎为零的 NPV）

ρ	X	ERS 偿付（基点）	MC 误差（bps）
-1	0	0	0
-0.2	2.45	-0.02	1.71
0	4.87	-0.90	2.32
0.5	14.2	-0.53	2.71
1	24.4	-0.34	0.72

为了减小模拟误差，我们采纳了方差缩减技术，将违约指示（其预期值为已知违约概率）作为控制变量。特别是，我们在合约的到期日 T 时使用了违约指标 $1_{\{\tau \leq T\}}$，其与最终偿付有很大关联。即便如此，要获得比 X 级别更低的误差，还需要大量情景。在模拟中，我们使用了 $N = 2000000$。

我们注意到 X 随 ρ 的增加而增加。这是因为，给定相同的企业价值和障碍水平，相关性控制了 CVA 调整中所嵌入权益互换期权的货币性，这与表 8.4 所示相同。绝对值较大的正相关性意味着，当交易对手企业价值下降到一定水平时，标的权益将比相关性较低时下降得更多。较低的权益价格意味着 CVA 调整中的内嵌期权将更为价内，因此 CVA 将更大，并且需要更大的价差 X 来补偿它。

为了考查障碍假设的影响，文献［62］已用与表 8.4 中 AT1P 模型相同的 X 作了重新定价，该模型具有随机障碍，如第 3 章（第 3.1.9 节）所引入的 SBTV 模型。AT1P 和 SBTV 模型中不同的动态假设导致在权益回报互换中出现了不同的交易对手风险估值，但与买卖价差 CDS 相比，差异并不大，因此在这种情况下，模型风险似乎部分得到了控制。

我们将分析与本章第 8.3.2 节相关的随机障碍。

8.2 混合权益结构化模型的交易对手风险

接着我们描述了以具有时间依赖参数和现实违约障碍的结构化第一通道模

型为基础的权益和信用联合模型。我们从 AT1P 和 SBTV 信用模型开始（在第 3 章被部分引入），然后参照文献 [51]，看看简单但合理的经济假设如何使这种信用风险表示转变为一个模型，并可以内生地产生权益和权益期权的价值。该模型特别适合对权益衍生品中的交易对手风险进行评估，因为具有交易对手风险的权益衍生品需要混合信用—权益模型。关于符号的说明：权益价值在这里将由 E 表示，为将这种方法与之前采用的直接假设权益价格 S 动态过程的方法区分开来。

8.2.1 信用模型

起始模型为 AT1P，参数 B 设为 0，因为我们不需要将其保留为一般化参数所赋予的额外灵活性。我们还将采用 AT1P 的随机障碍扩展，即 SBTV。命题 3.1.2，SBTV 案例，以及对于 $B=0$ 的特例值得重新陈述，因为我们将在这里大量使用此模型。

命题 8.2.1（$B=0$ 的 AT1P 模型） 假设企业价值 V 的风险中性动态过程的特点是有无风险利率为 $r(t)$、偿付比率为 $q(t)$ 和瞬时波动率为 $\sigma(t)$，方程为

$$dV_t = V_t(r(t) - q(t))dt + V_t \sigma(t) dW_t \tag{8.2}$$

并假设违约障碍 $H(t)$（取决于参数 H）的形式为

$$H(t) = H \exp\left(\int_0^t (r(u) - q(u))du\right) = \boxed{\frac{H}{V_0} E^{\mathbb{Q}}[V_t]} \tag{8.3}$$

将 τ 定义为 $V(t)$ 从 $V_0 > H$ 开始由上面第一次触碰 $H(t)$ 的时间，

$$\tau = \inf\{t \geqslant 0 : V_t \leqslant H(t)\}$$

那么生存概率的解析式为

$$\mathbb{Q}\{\tau > T\} = \Phi\left(\frac{\log \frac{V_0}{H} - \frac{1}{2}\int_0^T \sigma(t)^2 dt}{\sqrt{\int_0^T \sigma(t)^2 dt}}\right) - \frac{V_0}{H} \Phi\left(\frac{\log \frac{H}{V_0} - \frac{1}{2}\int_0^T \sigma(t)^2 dt}{\sqrt{\int_0^T \sigma(t)^2 dt}}\right) \tag{8.4}$$

相反，如果假定违约障碍采取随机场景，即为

$$H^I(t) = H^I \exp\left(\int_0^t (r(u) - q(u))du\right) = \frac{H^I}{V_0} \mathbb{E}[V_t] \tag{8.5}$$

其中，H^I 假设场景情况 H^1 和 H^2 的 $\mathbb{Q}$ 概率 p^1 和 p^2，那么我们就有了 AT1P 的随机障碍版本，称为 SBTV。这两个概率 p 都在 $[0, 1]$ 中且和为 1，H^I 独立于 W。

违约时间 τ 仍被定义为 V 首次从上面触碰障碍的时间。如果通过迭代预期给违约敏感的贴现偿付 Π 定价,那么有

$$\mathbb{E}[\Pi] = \mathbb{E}\left[\mathbb{E}\left[\Pi|H^I\right]\right] = \sum_{i=1}^{2} p^i\, \mathbb{E}\left[\Pi|H^I = H^i\right]$$

那么,证券价格是不同场景中证券价格的加权平均值,权重等于不同场景的概率。

正如我们在第 3 章(第 3.1.6 节)中所介绍的,$H(t)$ 的行为有一个简单的经济学解释。t 时违约障碍的主干是公司资产预期价值在 t 时由参数 H 控制的一定比例。H 可能取决于负债价值、安全契约以及公司资本结构的一般特征。这一障碍与文献 [116] 中的观察结果一致,即随着到期日的增加,第一通道模型的水平障碍会导致信用价差不切实际地减少。事实上,预计企业价值将以 $r(t) - q(t)$ 的速度增长,因此如果违约障碍为水平的,那么信用价差将随着到期日而递减。正如文献 [80] 所指出的,企业的目标是保持稳定的杠杆率,而不是稳定的债务水平,因此当资产价值增加时,债务也会增加,违约障碍应遵循债务的行为。一致地,在上述模型中,违约障碍仍为企业预期价值的一定比例 $\dfrac{H}{V(0)}$。文献 [61] 首次表明,在此类结构化模型中,即使具有时间依赖参数,我们也可得到违约概率的解析公式。在这里,我们将公式(8.4)更简短地写为

$$\mathbb{Q}\{\tau > T\} = Q(T, V_0, H, \sigma[0;T])$$

其中,$\sigma[0;T]$ 指函数 $\sigma(t)$,且 $0 \leqslant t \leqslant T$。如果可能,当公式输入值为时间的函数时,类似符号也将能在下面应用。

在第 3 章(第 3.1.7 节)中,我们看到该模型能够校准雷曼的 CDS 市场报价,直到雷曼违约之日。然而,在此模型中,校准通常是通过在短期内非常高而在长期内会减少的波动率 $\sigma(t)$ 获得的。在文献 [61] 和 [49] 对 Parmalat 公司违约所作的类似研究中,也有类似的发现。

这种行为可能取决于具有确定性障碍扩散过程的第一通道模型的典型特征。在此类模型中,由于企业价值具有需要时间才能跨越违约边界的连续路径,在短期内违约出现的可能性极小。这与我们在第 3.1.2 节对 Merton 模型中当到期日很短时风险趋于 0 的讨论有关。

因此，当障碍为确定的时，经典企业价值模型很难在较短的时间内校准到非消失的违约概率，而不假设特别高的短期波动率。

违约障碍为确定的且为时间已知函数的模型假设，与数据完全可靠的假设相对应。Parmalat 的情况并非如此，其是因为会计欺诈，而不是雷曼兄弟的情况，后者主要是因为对信用衍生品的考虑缺乏透明度，以及此类产品正确估值存在严重不确定性。在最关键的许多实际违约中，公司财务状况似乎存在不确定性，因此确定性违约障碍的假设似乎是不现实的。

正如我们在第3章中看到的，为了简单而合理地考虑市场不确定性，在上述模型中，H 可以被替换为随机变量，假设其在不同场景中具有不同的值，每个场景具有不同的概率，从而生成了我们称为 SBTV 的模型。有了这种不同的模型，假设 $N=2$，这意味着有两种可能的情况，在文献［49］中，信用数据的校准不需要波动率在短期和长期之间非连续，而获得的障碍分布代表着 Parmalat 危机以非常合理和具有经济意义的方式展开。事实上，在文献［49］的校准练习中，随着会计欺诈证据的出现，最悲观场景的概率增加了，相关的违约障碍越来越接近企业价值，因为突发新闻显示 Parmalat 的真实情况比官方会计所揭示的要糟糕得多。

下面，我们将扩展式（8.2）和式（8.3）给出的具有确定性障碍的权益定价模型；只有当所分析的市场形势需要这种模式时，我们才会采用具有不确定性障碍式（8.5）的模型。

8.2.2 权益模型

权益价值和权益期权价格模型由文献［51］中的上述信用模型推导得出。在第3章（第3.1.2节）的标准 Merton 模型中，对来自信用模型的权益价值 $E(t)$ 的表达式，当企业价值 $V(T)$ 在债券持有人和股东间分配时，需要假设企业存在一个终止时间 T。当所有债务都已被偿付时，T 时的权益价值就为企业价值的剩余（如果为正）

$$E(T) = (V(T) - D(T))^+$$

其中，$D(T)$ 为 T 时的债务价值。在 Merton 模型中，T 为企业生命周期中唯一可能的终止时间，因为违约不能提早发生，从而权益价值对应于欧洲看涨期权的

价值

$$E(t) = \mathbb{E}_t \left[e^{-\int_t^T (r(s)-q(s))ds} (V(T) - D(T))^+ \right]$$

我们简要评论利率 $r-q$ 时的贴现。简言之,当权益资产融资所支付的利率为 $r(s)$ 时,以利率 $r(s)$ 来贴现是正确的,可参见文献 [25]。只有在资产不支付股息时,贴现率 $r(s)$ 才是正确的。如果资产支付连续股息收益率 $q(s)$,则实际融资成本为 $r(s) - q(s)$,如果我们想要有一个无套利模型,那么这是必须用于贴现的利率。在若干简化假设中,这一观点是对融资成本一般性方法的简化表述,其将在第 17 章进行分析。

回到我们的推导,在 Merton 模型中,可将 $D(T)$ 视为违约阈值或障碍 $H(T)$,当 $V(T) < H(T)$ 时,违约会在 T 时发生,那么在更改符号后有

$$E(t) = \mathbb{E}_t \left[e^{-\int_t^T (r(s)-q(s))ds} (V(T) - H(T))^+ \right]$$

在到期日为 T 的单一零息债务假设下,这是有效的。现在,我们转向第一通道模型,违约可发生在 T 之前,且我们希望保留隐含权益价值 $E(t)$ 表达式的模型。我们仍必须至少在开始时进行假设,如果违约没有提前发生时企业价值 $V(T)$ 在债券持有人和股东间分配,那么企业就存在一个终止时间 T。此外,现在我们必须考虑在 T 之前因 $V(T)$ 低于 $H(T)$ 而发生违约的可能性,在这种情况下,股东将一无所有。因此,在结构化模型中,T 时的权益价值为

$$E(T) = 1_{\{V(s)>H(s),0\leq s<T\}} (V(T) - H(T))^+$$

其值在特定时间 $0 \leq t \leq T$ 为

$$E(t) = 1_{\{V(s)>H(s),0\leq s\leq t\}} \mathbb{E}_t \left[1_{\{V(s)>H(s),t<s<T\}} e^{-\int_t^T (r(s)-q(s))ds} (V(T) - H(T))^+ \right]$$

因此,权益价值对应于向下敲出看涨障碍期权的价值,记为

$$E(t) = 1_{\{\tau>t\}} \mathbb{E}_t \left[1_{\{V(s)>H(s),t<s<T\}} e^{-\int_t^T (r(s)-q(s))ds} (V(T) - H(T))^+ \right]$$

其中,$1_{\{\tau>t\}}$ 表示指标 $1_{\{V(s)>H(s),0\leq s\leq t\}}$,因为后者只是对应一个生存指标,以保证企业在估值的 t 时还存活。

备注 8.2.2(T 不需为债务到期日) 在 Merton 类模型中,通常 T 被解释为企业债务的唯一到期日。遵循 $H(T) = D(T)$,其必须等于 T 时的债务价值,也等于债务的名义本金。此简化假设在这里不是绝对必要的。事实上,要使上述模型的设置具有现实性,我们只需要 $D(T) = H(T)$ 为 T 时的债务市场价值。事

实上，如果 T 不是债务到期日，那么企业价值高于其债务市值的企业，只需以市值回购其自身债务（而不会违约），并将剩余部分交给股东，就可以在 T 时关闭其业务。例如，当 $H(T)$ 的值低于债务名义本金时，这一方式就是可能的。如果 T 恰好是危机时刻，那么 $H(T)$ 可能比债务名义水平更接近预期回收水平。我们指出这一点是因为在所有第一通道模型中，障碍必须接近债务人在违约的 τ 时收到的回收部分，因为 $H(\tau) = V(\tau)$ 且

$$V(\tau) = H(\tau) \approx \text{REC} \cdot \text{DebtNotional}(\tau) \quad vs \quad \text{DebtNotional}(T)$$

其中，REC 为回收率。如果 T 被视为债务到期日，那么 $H(T)$ 与债务名义本金相关，这意味着回收部分至少在 T 时将接近整个名义本金，在后续检验中，我们不切实际和不具有一致性地假设了较低的回收率。这是不可行的，因为我们避免将 T 与债务到期日联系起来。

备注 8.2.3（**不依赖于 T 的框架**）我们强调了上述备注，以帮助读者思考结构化模型的含义，但在实践中，基于虚构终止日期 T 的假设并不会影响结果，因为 T 将在随后的计算中从模型中完全消失。这是赞成文献 [51] 所采取的方法的合理性的一个重要观点。

8.2.3 从障碍期权到权益定价

由于上述权益模型具有类似障碍期权的结构，文献 [51] 在参数依赖时间时，为此障碍期权提供了解析公式。他们考查了文献 [174] 和 [142] 的结果，这些结果在文献 [61] 中被用来推导公式（8.4），并在经过一些调整后考虑了障碍可被适应于我们违约障碍的形状。我们在下面重复这些计算。

8.2.3.1 障碍期权的定价公式

根据文献 [174] 和 [142]，当标的资产为 $X(s)$ 且障碍为 $H_X(s)$ 时，基于以下动态过程

$$dX(s) = X(s)(r(s) - q_X(s))\,dt + X(s)\sigma_X(s)\,dW(s) \tag{8.6}$$

$$H_X(s) = H_X \exp\left(-\int_s^T (r(u) - q_X(u))\,du\right) \tag{8.7}$$

执行价格为 K 和到期时间为 T 的向下敲出看涨期权的价格，

$$\mathbb{E}_t\left[1_{\{X(s) > H_X(s),\, t \leq s \leq T\}} e^{-\int_t^T r(s)\,ds} (X(T) - K)^+\right]$$

可以解析计算为

$$DO_t(T, X(t), H_X, K, r[t,T], q_X[t,T], \sigma_X[t,T]) = e^{-\int_t^T r(s)ds}$$
$$\cdot \left\{ X(t)e^{\int_t^T \left(v(s)+\frac{\sigma_X(s)^2}{2}\right)ds} \Phi\left(\frac{\ln\left(\frac{X(t)}{H_X}\right) - \ln\left(\frac{K}{H_X}\right) + \int_t^T (v(s)+\sigma_X(s)^2)ds}{\Sigma}\right) \right.$$
$$-KN\left(\frac{\ln\left(\frac{X(t)}{H_X}\right) - \ln\left(\frac{K}{H_X}\right) + \int_t^T v(s)ds}{\Sigma}\right) +$$
$$-H_X(t)e^{\int_t^T \left(v(s)+\frac{\sigma_X(s)^2}{2}\right)ds} \Phi\left(\frac{\ln\left(\frac{H_X(t)^2}{X(t)H_X}\right) - \ln\left(\frac{K}{H_X}\right) + \int_t^T (v(s)+\sigma_X(s)^2)ds}{\Sigma}\right)$$
$$\left. + K\left(\frac{X(t)}{H_X(t)}\right) \Phi\left(\frac{\ln\left(\frac{H_X(t)^2}{X(t)H_X}\right) - \ln\left(\frac{K}{H_X}\right) + \int_t^T v(s)ds}{\Sigma}\right) \right\} \quad (8.8)$$

并指出 $v(s) = r(s) - q_X(s) - \frac{\sigma_X(s)^2}{2}$ 和 $\Sigma = \sqrt{\int_t^T \sigma_X(s)^2 ds}$。

8.2.3.2 使障碍期权适应第一通道模型

信用模型的假设式（8.2）和式（8.3）与期权定价公式背后的假设式（8.6）和式（8.7）之间的主要区别与障碍动态有关。在期权公式中此障碍取决于到期时间，而在模型中其取决于时间。为了缩小这个差距，我们可设：

$$q_X(s) = r(s) \quad (8.9)$$

从而障碍 $H_X(s)$ 在 H_X 水平上不变。现在，为了在特定时间 t 对权益进行定价，我们额外设：

$$X(t) = V(t)$$
$$\sigma_X(s) = \sigma(s), s > t \quad (8.10)$$
$$H_X = H(t)$$

我们有了类似 $V(t)$（除了 $q(t) \neq qX(t)$）并与水平障碍 $H_X = H(t)$ 相关的过程。我们可以用解析公式（8.8）对障碍期权问题定价（执行价格等于水平障碍，$K = H_X$）

$$1_{\{X(t)>H_X\}}\mathbb{E}_t\left[1_{\{X(s)>H_X, t<s<T\}}e^{-\int_t^T r(s)ds}(X(T) - H_X)^+\right]$$

为了计算权益价值，我们需要计算

$$E(t) = 1_{\{\tau>t\}}e^{\int_t^T q(s)ds}\mathbb{E}_t\left[1_{\{V(s)>H(s), t<s<T\}}e^{-\int_t^T r(s)ds}(V(T) - H(T))^+\right]$$

8 具备错向风险的权益单边 CVA

注意到对于 $s \geq t$ 有

$$V(s) = X(s) \exp\left(\int_t^s (-q(u) + r(u))\mathrm{d}u\right)$$

$$H(s) = H_X \exp\left(\int_t^s (-q(u) + r(u))\mathrm{d}u\right)$$

因此,对于 $t < s < T$ 有

$$X(s) > H_X \iff V(s) > H(s)$$

$$1_{\{X(s)>H_X, t<s\leq T\}} = 1_{\{V(s)>H(s), t<s<T\}}$$

且可有

$$\mathbb{E}_t\left[1_{\{V(s)>H(s), t<s<T\}} e^{-\int_t^T r(s)\mathrm{d}s}(V(T) - H(T))^+\right]$$

$$= \exp\left(\int_t^T (-q(u)+r(u))\mathrm{d}u\right) \mathbb{E}_t\left[1_{\{X(s)>H_X, t<s<T\}} e^{-\int_t^T r(s)\mathrm{d}s}(X(T) - H_X)^+\right]$$

对于后者的期望,由式(8.8)有

$$E(t) = 1_{\{\tau > t\}} e^{\int_t^T q(s)\mathrm{d}s} \mathbb{E}_t\left[1_{\{V(s)>H(s), t<s<T\}} e^{-\int_t^T r(s)\mathrm{d}s}(V(T) - H(T))^+\right]$$

$$= 1_{\{\tau > t\}} e^{\int_t^T q(s)\mathrm{d}s} \exp\left(\int_t^T -q(u) + r(u)\mathrm{d}u\right)$$

$$\cdot DO_t\left(T, V(t), H(t), H(t), r[t,T], \left[r(s) - (1+2\beta)\frac{\sigma(s)^2}{2}\right]_{t\leq s\leq T}, \sigma[t,T]\right)$$

$$= 1_{\{\tau > t\}} \exp\left(\int_t^T r(u)\mathrm{d}u\right) \cdot DO_t(\cdots)$$

$$(8.11)$$

现在,从一般的式(8.8)开始,并利用式(8.9)和式(8.10)明确计算该式,得:

$$DO_t(T, V(t), H(t), H(t), r[t,T], r[t,T], \sigma[t,T]) =$$

$$= e^{-\int_t^T r(s)\mathrm{d}s}\left\{V(t)\Phi\left(\left(\ln\left(\frac{V(t)}{H(t)}\right) + \frac{1}{2}\int_t^T \sigma(s)^2\mathrm{d}s\right)\Big/\Sigma\right)\right.$$

$$- H(t)\Phi\left(\left(\ln\left(\frac{V(t)}{H(t)}\right) - \frac{1}{2}\int_t^T \sigma(s)^2\mathrm{d}s\right)\Big/\Sigma\right)$$

$$- H(t)\Phi\left(\left(\ln\left(\frac{H(t)}{V(t)}\right) + \frac{1}{2}\int_t^T \sigma^2(s)\mathrm{d}s\right)\Big/\Sigma\right)$$

$$\left. + V(t)\Phi\left(\left(\ln\left(\frac{H(t)}{V(t)}\right) - \frac{1}{2}\int_t^T \sigma(s)^2\mathrm{d}s\right)\Big/\Sigma\right)\right\}$$

$$= e^{-\int_t^T r(s)\mathrm{d}s}(V(t) - H(t))$$

(8.12)

这为模型中的权益价格给出了令人惊讶的解析式。

定理 8.2.4（AT1P 模型中得权益：可缩减为企业价值远期合约的期权公式） 在 AT1P 企业价值模型中，权益价格为：

$$E(t) = 1_{\{V(s) > H(s), 0 \leq s < t\}}(V(t) - H(t))$$

并缩减为远期合约价格。

我们得出了一个令人惊讶的结果，根据假设，向下敲出看涨障碍期权的价值与标的远期合约相同。文献 [51] 使用了三种不同规格的模型，以三种方式进一步说明和验证了此结果：

- 当 $V(t)$ 只是一个无漂移算术布朗运动时，文献 [51] 直观地使用了图像方法。
- 当模型限制为水平参数时，文献 [51] 使用了标准障碍期权公式，例如文献 [122]。
- 对于一般情况，文献 [51] 使用了文献 [71] 的结果。

感兴趣的读者请参考文献 [51]。现在，我们给出内生于我们信用模型的权益和权益期权表达式。

8.2.4 权益和权益期权

要使式（8.11）适应于不依赖波动率的情况，即在命题 8.2.1 中 $B = 0$，我们再次有

$$\begin{aligned}
E(t) &= 1_{\{\tau > t\}} \mathbb{E}_t \left[1_{\{V(s) > H(s), t < s < T\}} e^{-\int_t^T (r(s) - q(s)) ds} (V(T) - H(T))^+ \right] \\
&= 1_{\{\tau > t\}} \exp\left(\int_t^T r(u) du \right) \\
&\quad \cdot DO_t(T, V(t), H(t), H(t), r[t,T], r[t,T], \sigma[t,T]) \\
&= 1_{\{\tau > t\}} e^{\int_t^T r(u) du} e^{-\int_t^T r(u) du} (V(t) - H(t)) \\
&= 1_{\{V(s) > H(s), 0 \leq s < t\}}(V(t) - H(t))
\end{aligned} \quad (8.13)$$

因此，我们有了基于企业价值和违约障碍的权益表达式，它简单并且相对可解析。

备注 8.2.5（公式不取决于最终到期日 T） 请注意，以便将权益表示为企业价值的期权，权益价值不再取决于我们引入的企业债务的任意到期时间。虽然此值基于该假设，但无论假设的任意到期日期如何，结果均不会改变。

权益具有类似于时间依赖性漂移的移位对数正态过程，更重要的是，具有时间依赖性移位。然而，这些动态过程使我们能够用解析公式对权益期权进行定价。具有到期日 $\hat{T}$ 的权益期权具有价格

$$\begin{aligned}
Call_t(\hat{T}, K, E(t)) &= \mathbb{E}_t\left[e^{-\int_t^{\hat{T}} r(u)du}(E(\hat{T}) - K)^+\right] \\
&= \mathbb{E}_t\left[e^{-\int_t^{\hat{T}} r(u)du}\left(1_{\{V(s) > H(s), 0 \leqslant s < \hat{T}\}}[V(\hat{T}) - H(\hat{T})] - K\right)^+\right] \\
&= 1_{\{\tau > t\}}\mathbb{E}_t\left[e^{-\int_t^{\hat{T}} r(u)du} 1_{\{V(s) > H(s), t \leqslant s < \hat{T}\}}([V(\hat{T}) - H(\hat{T})] - K)^+\right]
\end{aligned}$$

指出

$$\hat{K} = H(t) + e^{-\int_t^{\hat{T}}(r(u) - q(u))du} K$$

有

$$\begin{aligned}
Call_t(\hat{T}, K, E(t)) &= 1_{\{\tau > t\}} e^{\int_t^{\hat{T}} -q(u) + r(u)du} \mathbb{E}_t\left[e^{-\int_t^{\hat{T}} r(u)du} 1_{\{X(s) > H(t), s < \hat{T}\}}(X(\hat{T}) - \hat{K})^+\right] \\
&= 1_{\{\tau > t\}} e^{-\int_t^{\hat{T}} q(u) - r(u)du} \mathbb{E}_t\left[e^{-\int_t^{\hat{T}} r(u)du} 1_{\{X(s) > H(t), s < \hat{T}\}}(X(\hat{T}) - \hat{K})^+\right] \\
&= 1_{\{\tau > t\}} e^{-\int_t^{\hat{T}} q(u) - r(u)du} \times DO_t(\hat{T}, V(t), H(t), \hat{K}, r[t, \hat{T}], r[t, \hat{T}], \sigma[t, \hat{T}])
\end{aligned}$$

(8.14)

其中

$$\begin{aligned}
&DO_t\left(\hat{T}, V(t), H(t), \hat{K}, r[t, \hat{T}], r[t, \hat{T}], \sigma[t, \hat{T}], -\frac{1}{2}\right) \\
&= e^{-\int_t^{\hat{T}} r(s)ds}\left\{V(t)N\left(\left(\ln\left(\frac{V(t)}{\hat{K}}\right) + \int_t^{\hat{T}} \frac{\sigma_X(s)^2}{2}ds\right)\bigg/\Sigma\right)\right. \\
&\quad - \hat{K}N\left(\left(\ln\left(\frac{V(t)}{\hat{K}}\right) - \int_t^{\hat{T}} \frac{\sigma_X(s)^2}{2}ds\right)\bigg/\Sigma\right) \\
&\quad - H(t)N\left(\left(\ln\left(\frac{H(t)^2}{V(t)\hat{K}}\right) + \int_t^{\hat{T}} \frac{\sigma_X(s)^2}{2}ds\right)\bigg/\Sigma\right) \\
&\quad \left. + \hat{K}\left(\frac{V(t)}{H(t)}\right)N\left(\left(\ln\left(\frac{H(t)^2}{V(t)\hat{K}}\right) - \int_t^{\hat{T}} \frac{\sigma_X(s)^2}{2}ds\right)\bigg/\Sigma\right)\right\}
\end{aligned}$$

这也为权益期权提供了解析定价。在下一节中，我们将检验此表达式系统是否与权益、权益期权和信用违约互换的实际价格一致。在此之前，我们提醒读者，作者在文献［51］中说明了为什么权益（通常为基于企业价值的障碍期权）会缩减为远期企业价值价格。在文献［51］中，定理 8.2.4 的结果以三种不同方式作了解释。

8.3 模型校正和实证结果

现在，我们来看看如何校准我们的模型。在企业价值动态过程（8.2）中，

$$dV(s) = V(s)(r(s) - q(s))dt + V(s)\sigma(s)dW_s$$

市场直接提供了 $r[t,T]$ 和 $q[t,T]$，而剩余参数为 $V(0)$ 和 $\sigma[t,T]$。

在障碍动态过程中，有

$$H(s) = H\exp\left(-\int_0^s q(u) - r(u)du\right)$$

唯一剩下的参数是 H。这些参数需要校准为信用和权益报价。如果我们假设波动率是一个可取 M 个不同值的分段常数结构，

$t \in [T_0, T_1]$	$t \in [T_1, T_2]$	$\cdots$	$t \in [T_{M-1}, T_M = T]$
$\sigma(t) = \sigma_1$	$\sigma(t) = \sigma_2$	$\cdots$	$\sigma(t) = \sigma_M$

(8.15)

然后我们有 $M+2$ 个未知参数需要校准。如果波动率是水平的，则只有三个参数：

$$V(0) \quad H \quad \sigma.$$

人们可能还记得，AT1P 模型中的违约概率取决于 V_0/H 而不是单独的 V_0 和 H，因此就信用违约互换而言，该模型只有两个参数。只要我们不将此模型扩展到权益，这就是对的；当给权益和权益期权定价时，单独的 V_0 和 H 都很重要，正如我们在下面解释参数的使用方式时所看到的。

我们应该接受多少参数？相关的问题如下。流动性市场产品的价格取决于我们模型中的上述三个参数，同时可用解析公式定价，以便在校准时可被合理使用。我们能观察到多少种这样的产品呢？

我们有不同到期日的 CDS（或企业债券），权益价格，以及不同到期日和基于权益不同执行价格的欧式期权。我们用于校准 $V(0)$、H 和 σ 的方法如下：

1. $Q(T, V_0/H, \sigma[0;T])$，用于校准市场 CDS 的模型违约概率。
2. $E(0) = (V(0) - H)$，即市场权益模型值，用作将 $V(0)$ 写为 H；$V(0) = E(0) + H$ 函数的约束。
3. $Call(0, K_i, T; V(0), H, \sigma)$，即模型期权价格，用于校准具有不同执行价格 K_i（$i = 1, 2, \cdots, n$）的一组权益看涨期权。

我们想要检验如何将模型与权益和信用进行联合校准。流动性最强的权益期权通常期限很短，因此我们将使用一组期限在 1 年左右的欧式期权和 1 年期 CDS 来检验适合信用和权益的模型行为。更深层次的流动性数据，例如整个 CDS 期限结构，可以通过资产波动率的时间相依性式（8.15）来拟合。信用和权益数据可以共同修复所有模型参数，将近似的初步校准替换为仅使用文献 [49] 用过的信用数据来确定 H/V_0 值。对于此检验，我们将波动率保持在 σ 不变。如果兴趣在于校准不同的到期时间，则可以使波动率变为时间依赖的，如式（8.15）中那样，以提高我们的自由度。

我们选择了两家具有不同特点的企业：

英国石油公司：第一家企业是英国石油企业（British Petroleum，BP），这是一家经历了信用危机，但依然财务稳健、增长前景良好的企业。由于 2010 年的漏油事件，该企业在危机开始后受到严重的影响。

菲亚特：另一家企业是菲亚特（FIAT），一家意大利汽车企业，在信用紧缩时期保持扩张，最明显的是收购了克莱斯勒。雷曼破产后，市场对 FIAT 的看法似乎发生了巨大变化，当时市场投资者似乎认为，汽车业的危机将给这家意大利汽车制造商带来沉重打击，同时考虑到该集团在最近的扩张中加大了杠杆作用。

8.3.1 2009 年的 BP 和 FIAT

我们显示不同日期的校准结果。

8.3.1.1 2009 年 4 月 6 日的 BP

我们从 2009 年 4 月 6 日开始。表 8.5 列出了 BP 的市场数据。

与 2009 年春季的一般市场情况相比，权益和信用数据都属于一家健康的企业。我们使用权益价格来获得 $V(0) = E^{Mkt}(0) - H$，那么还剩下两个参数 H 和 σ。这两个参数被用于校准上述六组市场数据（CDS 价差和 5 个权益期权），以获得表 8.6 和图 8.1 中列出的校准结果。

信用价差完全拟合，隐含波动误差在买卖价差之内，此校准是令人满意的，表明我们获得的权益与信用的一致性关系是合理的，与市场数据一致。从这个角度看，当涉及信用和权益关系时，我们可以认为使用该模型评估交易对手风险是安全的。

表 8.5　　　　　　　2009 年 4 月 6 日英国石油公司市场数据

英国石油公司，2009 年 4 月 6 日					
权益：					
权益价格：458.25					
股息收益率 = 6%					
9 个月到期期权：					
执行价格	420	440	460	480	500
隐含波动率	42.7%	40.6%	39%	38.7%	37.5%
信用：					
回收率：40%					
1 年期 CDS 价差：64.7 个基点					

表 8.6　　　　　　　2009 年 4 月 6 日英国石油公司的校准结果

9 个月到期期权的误差（市场波动率减去模型波动率）：					
执行价格	420	440	460	480	500
隐含波动率	0.48%	0.18%	-0.1%	0.17%	-0.23%

注：CDS 价差误差（市场价差减去模型价差）为 0 基点。

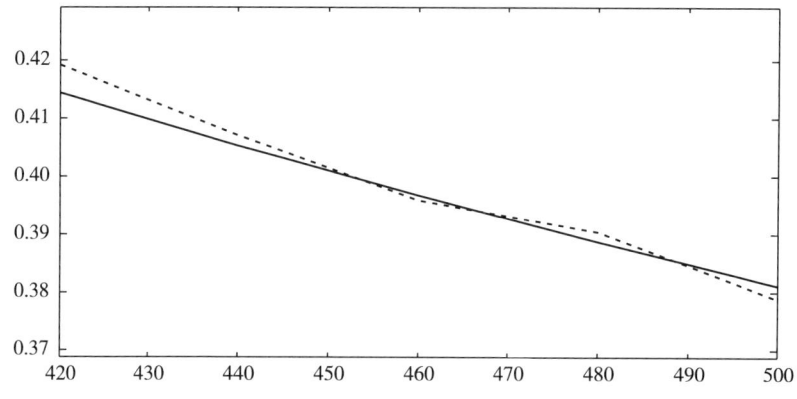

注：虚线为市场数据，实线为模型隐含的波动率。

图 8.1　英国石油公司 2009 年 4 月 6 日的模型隐含波动率

8.3.1.2　2009年4月6日的菲亚特

我们现在转向同一天的菲亚特，市场数据列在表8.7中。

表 8.7　2009年4月6日菲亚特市场数据

菲亚特，2009年4月6日					
权益：					
权益价格：7.215					
股息收益率=0%					
9个月到期期权：					
执行价格	6.8	7	7.2	7.4	7.6
隐含波动率	72.9%	71.5%	70.5%	69.5%	68.6%
信用：					
回收率：40%					
1年期CDS价差：1211个基点					

这两个市场都清楚地显示出了更加紧张的局面，尤其是信用市场。由图8.2中FIAT信用价差的急剧恶化可以看到这情况。

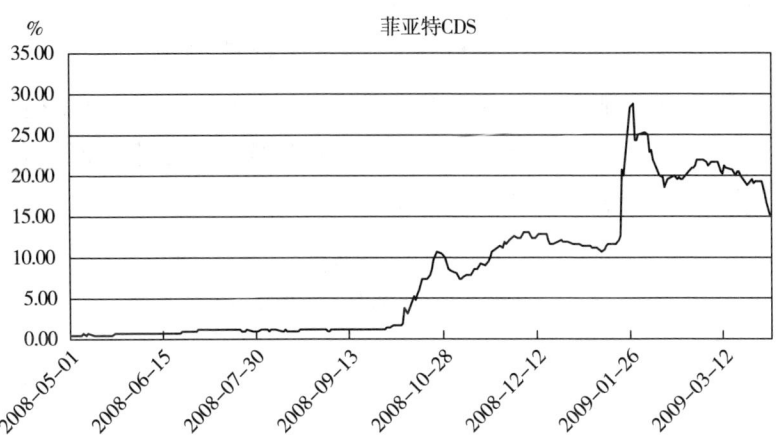

图 8.2　菲亚特 CDS 的历史数据

校准结果列在表8.8中。

表 8.8　　　　　　2009 年 4 月 6 日菲亚特校准结果

9 个月到期期权误差（市场 - 模型）：					
执行价格	6.8	7	7.2	7.4	7.6
隐含波动率	-7.7%	-7.6%	-37.2%	-6.8%	-6.5%

注：CDS 价差误差（市场价差减去模型价差）为 305 个基点。

在图 8.3 中可见，现在权益期权市场的误差是不可忽视的。

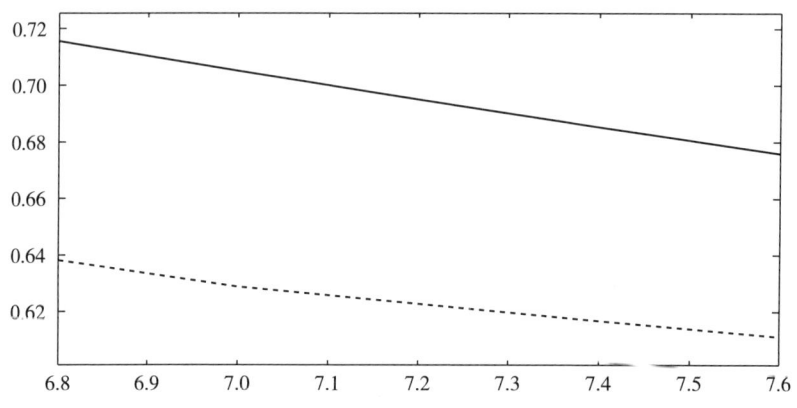

注：虚线为市场数据，实线为模型隐含波动率。

图 8.3　2009 年 4 月 6 日菲亚特的模型隐含波动率

特别是，该模型低估了信用价差，高估了隐含的波动率。当我们强制实现对 CDS 价差的良好拟合，而使权益波动率由信用校准决定时，模型预测的隐含波动率水平很有观看意思。结果见表 8.9 和图 8.4。

表 8.9　　　当信用价差的校准误差被控制在 5 个基点以内时，

2009 年 4 月 6 日的菲亚特校准结果

9 个月到期期权误差（市场 - 模型）：					
执行价格	6.8	7	7.2	7.4	7.6
隐含波动率	-15.4%	-15%	-14.6%	-14.2%	-13.7%

据证实，信用数据似乎意味着权益波动性比在权益市场中的要高得多，偏度也更大。现在来看，当强制实现对权益期权的良好拟合，而信用价差由权益校准决定时会发生的情况。结果见表 8.10 和图 8.5。

8 具备错向风险的权益单边 CVA | 221

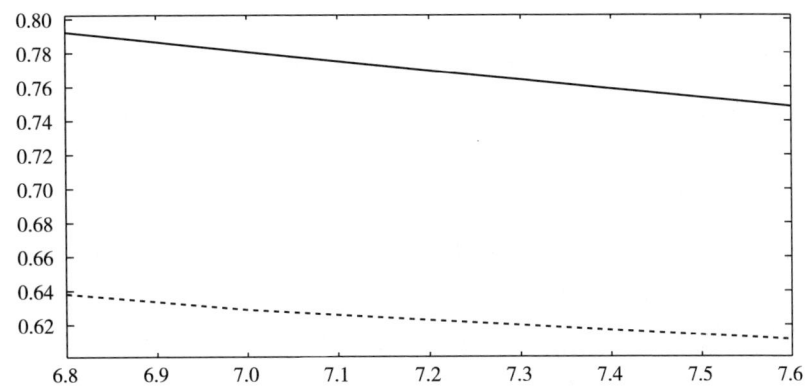

注：实线为市场数据，虚线为模型隐含波动率。

图 8.4 2009 年 4 月 6 日，当信用价差的校准误差被强制在 5 个基点以内时，FIAT 的模型隐含波动率

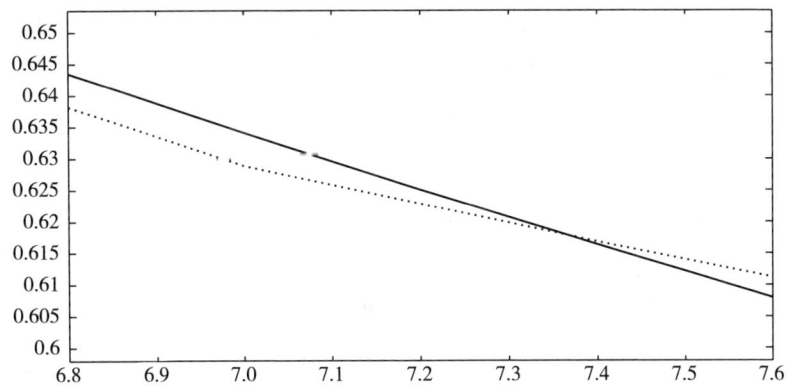

注：虚线为市场数据，实线为模型隐含波动率。

图 8.5 当信用价差未进行校准时，2009 年 4 月 6 日的菲亚特隐含波动率

表 8.10 当信用价差没有校准时，2009 年 4 月 6 日的菲亚特校准结果

9 个月到期期权误差（市场－模型）：					
执行价格	6.8	7	7.2	7.4	7.6
隐含波动率	－0.5%	－0.5%	－0.2%	－0.04%	－0.3%

注：CDS 价差误差（市场价差减去模型价差）为 567 个基点。

与之前的校准结果一致，但现在反转了这种方法，我们看到，对权益期权的良好拟合意味着 CDS 比实际市场 CDS 价差低了 567 个基点。

8.3.1.3 回收率的影响

我们可以从这些结果中推断出什么？对所使用模型的所有假设都有信心的参与者会认为这是"资本结构套利"的典型案例。这意味着，信用市场和权益市场对该企业的看法是不一致的。这种不一致之处被非常类似的模型揭示，该模型以微不足道的误差解释了英国石油公司在这两个市场上的数据。我们可能认为这种不一致性不能持久：一旦市场意识到这种不一致性，它将回到模型可以很好校准两个市场的情况。这意味着，CDS 价差要么会降低，要么权益波动率偏度会越来越高。事实上众所周知的是，许多银行参与了菲亚特 CDS – 权益套利交易，正是押注了这样的市场走势。

然而，有不同的方法来解释这种情况。首先，请注意，我们的定价假设回收率为 40%。尽管这是菲亚特和英国石油公司 Markit 的 CDS 数据报价，但人们可能会认为，在危机时期，40% 的隐含回收率对于菲亚特来说太高了，这是合理的。然而，即使我们设定的回收率为 0，我们也无法以见到的英国石油公司精度来拟合市场。详情请参见表 8.11 列出的结果。

表 8.11　　　　　2009 年 4 月 6 日菲亚特校准结果

9 个月到期期权误差（市场 – 模型）：					
执行价格	6.8	7	7.2	7.4	7.6
隐含波动率	– 2.1%	– 2%	– 1.8%	– 1.5%	– 1.2%

注：回收率设为 0，CDS 价差误差（市场价差减去模型价差）为 45 个基点。

其次，降低回收率似乎是朝着正确方向迈出的一步，但即使是 0 最低可能的回收率（这肯定是一个保守的低估），我们也没有获得对英国石油公司权益甚至 CDS 的良好拟合。信用和权益期权仍然存在明显的误差。如果使用的回收率低于 40%，但比 0 更现实，例如 20%，则误差甚至会更大。我们现在是否应该得出结论，在某种程度上，我们真的处于资本结构套利之前吗？在接受和采纳这一解释之前，有一个重要的反对意见需要考虑。

8.3.2　市场预期中的不确定性

请回想一下，正如我们在第 3.1.9 节和第 8.2.1 节中解释的那样（也可参见文献 [49] 和 [55]），可以通过采用不确定性违约障碍的第一通道模型来改进校准结果。在 SBTV 等模型中，市场参与者并不完全了解违约障碍，因为实际负债并不完全为人所知，所以将障碍视为如简单 AT1P 模型中那样的确定性参数就过于简单化了。障碍的不确定性可能是由于像 Parmalat 或安然案那样的会计欺诈风险，或者由于 CDO 市场的会计不透明和流动性不足，如雷曼兄弟的情况。2009 年 4 月，市场投资者对于菲亚特可能也处于类似的不确定性状态，因为与其规模相比，该企业正在增加对巨额投资的杠杆，而且此类投资的结果仍不明朗，尤其是在雷曼兄弟违约之后。通过假设障碍不确定，可以在我们的建模框架中解决这一问题。特别是，假设该障碍可以取两种不同的值，一种较高的（更高的违约风险）和一种较低的（较低的违约风险），以便使确定性障碍式（8.3）被替换为式（8.5）

$$H^I = \begin{cases} H^1 & \text{概率为 } p_1 \\ H^2 & \text{概率为 } p_2 \end{cases}$$

8.3.2.1　2009 年 4 月 6 日的英国石油公司

我们将此模型应用于测试的第一家企业。我们是否能够通过引入违约障碍的不确定性（这无论如何都是一个现实的特征）来改善为英国石油公司所取得的良好结果呢？将这种新模型应用于我们已使用的 4 月 6 日英国石油公司数据的结果可参见表 8.12。

表 8.12　　　　　英国石油公司在 2009 年 4 月 6 日的校准结果

9 个月到期期权误差（市场 – 模型）：					
执行价格	420	440	460	480	500
隐含波动率	0.48%	0.18%	– 0.1%	0.17%	– 0.23%

注：CDS 价差误差（市场价差减去模型价差）为 0 个基点。

与具有确定性障碍的模型结果相比，添加两个参数（障碍水平 H^2 及其概率 p_2）并不能改善现有情况。事实上，从校准结果的细节来看，我们已经得到了 $H^1 \cong H^2$。企业负债的不确定性似乎并不需要用来联合拟合英国石油公司的权益和信用数据，因为这种不确定性也很容易在具有确定性违约障碍的更为简朴的模型中完成。校准返回两个相同的障碍值，这证实了我们不需要资产负债表上的任一不确定性来解释英国石油公司市场数据：这可以通过确定性模型很好地完成。该模型至少告诉我们，英国石油公司在 2009 年 4 月 6 日的财务状况并未受到市场不确定性的影响。

8.3.2.2 2009 年 4 月 6 日的菲亚特

现在，我们以 2009 年 4 月 6 日的菲亚特市场数据再次测试了存在障碍不确定性的新模型，并保持 40% 的初始回收恢复率。障碍场景和场景概率的结果参见表 8.13。

表 8.13　由 2009 年 4 月 6 日菲亚特校准得到的障碍场景和场景概率

$H^1/V_1 = 0.98$	$p_1 = 0.35$
$H^2/V_2 = 0.0001$	$p_2 = 0.65$

我们不再有 $H^1 \cong H^2$。相反，这两种场景下的障碍是不同的：(1) 给出一个不太可能的非常悲观的场景；(2) 一个更可能的乐观场景。基于这个模型，校准结果列在表 8.14 和图 8.6 中。

表 8.14　　　　　2009 年 4 月 6 日的菲亚特校准结果

9 个月到期期权误差（市场 – 模型）：					
执行价格	6.8	7	7.2	7.4	7.6
隐含波动率	-0.18%	-0.36%	-0.17%	-0.07%	0.4%

注：CDS 价差误差（市场价差减去模型价差）为 0.2 个基点。

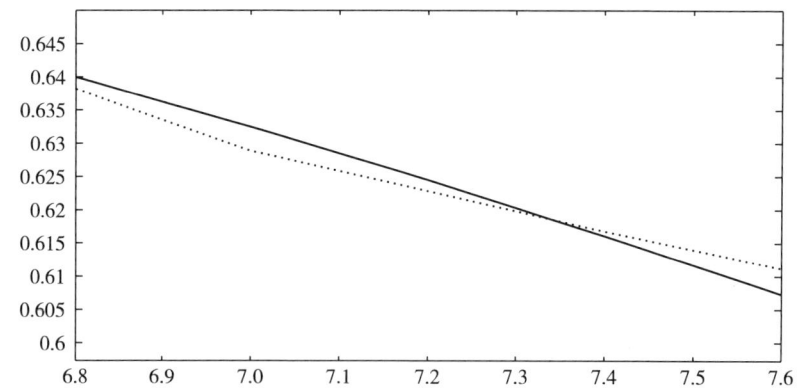

注：虚线为市场数据，实线为模型隐含波动率。

图 8.6　2009 年 4 月 6 日存在不确定性障碍的菲亚特隐含波动率

8.3.2.3 结果讨论

与之前在确定性障碍下取得的结果相比，这是一个显著的改进。虽然由于违约障碍的不确定性,此模型有 4 个而不是 2 个参数,但该模型仍然比较平稳,因为我们拟合了 6 个市场报价(CDS 价差和 5 个权益期权)。但从金融角度来看,现在该拟合是完美的。由于是通过在模型中引入一个现实性因素而获得的完美拟合,其并没有使模型过于复杂,因此我们认为没有任何理由声称我们正处于资本结构套利之前。有一个更简单的答案是:企业财务状况的额外不确定性。

对于交易者来说,这个答案并不一定比"资本结构套利"的想法更有吸引力。当套利者看到套利时,他押注一旦市场本身意识到套利的存在,市场就会回到无套利状态。在我们的案例中,这意味着较低的 CDS 或更高更陡峭的权益波动率偏度,即确定性障碍模型可以很好地对权益和信用进行共同校准。相反,如果交易者接受模型所指出的,市场只是对菲亚特财务状况的不确定性定价,那么在这种情况下也可以看到交易机会。交易者会发现假设不确定性迟早会得到解决的说法是合理的;这也意味着较低的 CDS 或更高更陡峭的权益波动率偏度,因为在这种情况下,较低的不确定性意味着校准确定性障碍模型的可能性。同样方向的交易也可以说"存在套利时,一旦市场意识到就会消除它,我要对此下注",或者说"这家企业的市场状况存在不确定性;这种不确定性迟早会得到解决,我要对此下注"。

从金融建模者的角度来看,我们通过定量模型获得的结果证明了第二种方法是正当的,而不是第一种方法。第一种只能由有外部信念的经营者证明,即企业账簿上的市场不确定性是不可能的,即使是在很短的时间内。另请注意,这两种方法可以证明同一交易的合理性,但请注意,在两种情况下,一些不相关的细节是不同的。第一,障碍的不确定性因素影响了市场完备性和明确的套期保值技术。第二,更重要的是,能够导致交易成败的机制和时机是不同的。在第一种情况下,你声称已经发现了一个"不一致性",你便期望市场会消除它。而在第二种情况下,你声称在描述市场,然后便会查看将来会发生什么。

8.3.3 进一步的结果:2008 年的菲亚特和 2010 年的英国石油公司

下面我们进一步考查这个模型。我们的目的是确认该模型实际上可以提供一个简化但合理的现实解释。例如,迄今为止的结果表明,当某些事件突然使市场对企业的期望变得不一致时,违约障碍的不确定性就很重要。例如,雷曼兄弟的违约事件可能会引发对一家涉及高风险扩张的企业的担忧(如菲亚特)。否则,障碍的不确定性似乎就不那么重要了——或者根本不重要,就像英国石油公司在2009年4月的情况一样。

8.3.3.1 2008年3月11日的菲亚特——雷曼违约事件前夕

为了确定这种解释是否合理,我们尝试用雷曼破产前的菲亚特数据来校准不存在不确定性的更简单模型。表8.15列出了2008年3月11日的市场数据。

表8.15　　2008年3月11日的菲亚特市场数据

菲亚特,2008年3月11日				
权益:				
权益价格:12.588				
股息收益率=0				
6个月到期期权:				
执行价格	11.33	12.27	12.9	13.85
隐含波动率	44.6%	43.2%	42.8%	41.8%
信用:				
回收率:40%				
1年期CDS价差:173个基点				

市场对企业信用质量的看法似乎要好得多。带确定性障碍模型的校准结果见表8.16和图8.7。

表8.16　　存在不确定障碍的2008年3月11日菲亚特校准结果

6个月到期期权的误差(市场−模型):				
6个月到期期权:				
执行价格	11.33	12.27	12.9	13.85
隐含波动率	−1.1%	−0.7%	−0.05%	0.4%

注:CDS价差误差(市场价差减去模型价差)为0个基点。

与雷曼破产后的情况不同,对这些早期数据,具有确定性障碍的简单模型可以完全拟合信用价差,同时暗示误差在权益期权买卖价差附近,这类似于从英国石油公司这样的健康企业获得的结果。由此证实了最初的解释。

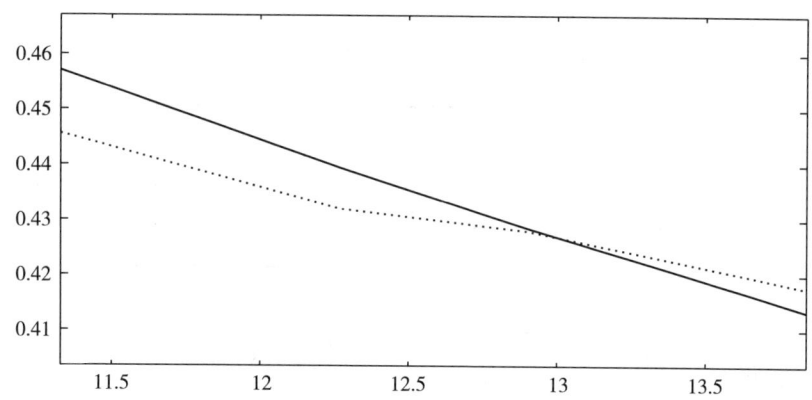

注：虚线为市场数据，实线为模型隐含波动率。

图 8.7　2008 年 3 月 11 日菲亚特模型隐含波动率与不确定性障碍

8.3.3.2　2010 年 6 月 17 日的英国石油公司——深水地平线事故后

这是对我们结论作的一次额外检验。我们考虑的另一家企业——英国石油公司遭受了一次意外的危机打击。在 2010 年 4 月 20 日，英国石油公司的深水地平线钻井平台发生了爆炸，其造成 11 名员工死亡并引发漏油事故，这成为过去几十年来最严重的环境灾难之一。并造成了市场对英国石油公司评价的真正混乱。英国石油公司可能需应对数百亿美元的环境破坏责任；但它也可能证明其遵循了最佳实践和尽职调查，而减少其责任。它作为世界上最稳固的国际企业之一，变成了一家未来充满麻烦的企业。它的资产价值当然很高，对市场投资者来说可能并不难评估，但其负债价值已变得非常难以评估，这使得英国石油公司成为受高度不确定性影响的企业中的典型例子。① 就在英国石油公司同意向美国政府支付最初 200 亿美元以赔偿漏油造成的损失之后，从图 8.8 所示的 CDS 价差图以及我们在表 8.17 中报告的 2010 年 6 月 17 日的 CDS 和权益期权市场数据中就可以清楚地看到这场打击英国石油公司的危机。

---

① 我们指出，早在 2010 年钻井平台爆炸之前，我们在 2009 年初就选择英国石油公司作为检验的基准。因此，这些随后事件赋予了检验我们这些假设的可能性，这并非事前规划好的。尽管我们从测试中证实了初步假设，但我们对进行此检验的可能性深感遗憾。我们宁愿在墨西哥湾有更清澈的水域，也不愿对任何金融问题有更明确的想法。

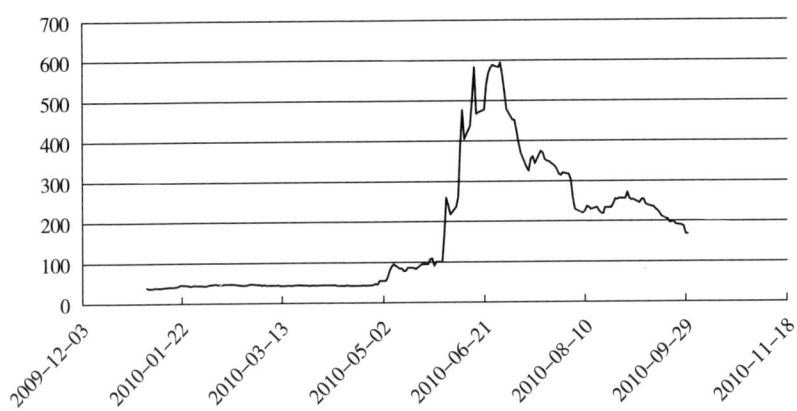

图 8.8　英国石油公司 CDS 历史数据

表 8.17　　　　2010 年 6 月 17 日的英国石油公司市场数据

英国石油公司，2010 年 6 月 17 日					
权益					
权益价格：337					
股息收益率 = 0					
9 个月到期期权：					
执行价格	280	320	360	400	440
隐含波动率	53%	49.7%	46.8%	45.7%	44%
信用：					
回收率：40					
1 年期 CDS 价差：635 个基点					

如果我们上面给出的解释是正确的，那么在此事件后，用假设确定性违约障碍的基本模型联合校准英国石油公司的 CDS 和股票期权就是非常困难的。实际结果列于表 8.18 中。

表 8.18　　　　2010 年 6 月 17 日的英国石油公司校准结果

9 个月到期期权的误差（市场波动率减去模型波动率）：					
执行价格	280	320	360	400	440
隐含波动率	-7.2%	-6.6%	-6.3%	-5.2%	-3.7%

注：CDS 价差误差（市场价差减去模型价差）为 244 个基点。

在这种情况下，对债务水平（违约障碍）具有明显不确定性的模型应该更有效。我们对此进行了尝试，得出表 8.19 中列出的结果。

表 8.19　存在不确定性障碍的 2010 年 6 月 17 日英国石油公司校准结果

9 个月到期期权的误差（市场波动率减去模型波动率）：					
执行价格	280	320	360	400	440
隐含波动率	−0.4%	−0.9%	−1.3%	−0.6%	0.8%

注：CDS 价差误差（市场价差减去模型价差）为 3 个基点。

这是通过表 8.20 中列出的不确定障碍参数获得的。它显示了英国石油公司较高的负债水平与较低负债水平之间的不确定性，其概率几乎相同。为了证实上述解释，仅在这两种场景下，我们就能在深水地平线石油泄漏危机的高峰期校准英国石油公司的市场数据。

表 8.20　2009 年 4 月 6 日菲亚特校准产生的障碍场景和场景概率

$H^1/V_1 = 0.92$	$p_1 = 0.52$
$H^2/V_2 = 0.6$	$p_2 = 0.48$

8.4　交易对手风险和错向风险

在联合校准信用违约互换和权益期权方面取得的良好结果以及对这些结果进行的简单金融解释表明，该模型可能适合对权益衍生品中的交易对手风险进行定价。该模型引入了信用与权益之间的结构性关系。如果这种关系如上述结果所证实的那样是合理的，该方法就优于使用强度模型或 Copula 模型，其中这两种资产类别之间的关系只能从外部叠加。同样的考虑因素也影响结构化模型，其中权益和信用之间的关系只是通过简化的假设引入，如本章的第 8.1 节（以及文献 [49] 或 [55]），而不是像这里这样由解析推导得出。

我们考虑衍生品中的交易对手风险，其标的是某些参考企业或机构或指数的权益（股票），但交易对手的违约风险不可忽视。如果假设标的权益与交易对手信用风险之间相互独立，那么即使没有真正的信用权益混合模型，我们也没有所谓的错向风险，那么定价也并不难。然而，这种独立性假设，就权益衍生品而言，不能被视为具有现实性。

事实上，交易对手的权益价值和标的参考信用的权益价值很可能是相关的：权益价格在很大程度上取决于全球经济的趋势，因此可以保证几乎有正相关关系。在这种情况下，使参考权益和交易对手信用风险之间相互独立的唯一方法是假设交易对手的权益价值和信用风险是独立的。但这绝对是不可能的，以至于当违约风险变成实际违约时，权益价值必然为0。我们还在最后一节的例子中看到，不仅市场信用和权益衍生品价格会因同一事件变化，而且它们甚至能通过一个参数很少的模型来加以联合解释。这正是我们模型的特征，我们在下面将利用其来描述错向风险的影响。这可通过参考权益和交易对手权益之间基于市场的相关性，然后使用权益和信用之间的内置关联模型来获得。

首先，我们认为具有确定性障碍的模型似乎足以拟合稳定企业的市场数据；在这里，我们唯一可以引入的相依性是企业价值的相关性。请注意在此模型中，由式（8.13）可知，两家企业价值之间的瞬时相关性等于以两家企业生存为条件的股价瞬时相关性。因此，这个参数可以估计，例如通过权益市场上的历史数据或通过篮子衍生品。

其次，我们考虑具有随机障碍更一般性的模型，特别是要求有非稳定性时刻；在第二种情况下，我们将详细看到，由于障碍的联合分布，两个交易对手之间可能存在另一种违约相依性。

我们将特别探讨权益期权的交易对手风险调整，同时考虑看涨期权和看跌期权以及不同的执行价格；不同执行价格在我们的框架中特别有趣，因为我们的模型与权益衍生品市场可以自然观察到波动率微笑相一致，正如我们在校准示例中所示。银行担心权益期权的交易对手风险并非不可能。例如，在2008年和2009年，许多银行都担心其对传奇投资者沃伦·巴菲特管理的金融企业伯克希尔·哈撒韦所承担的交易对手风险。该企业在前些年通过卖出名义价值高达350亿美元的股票和股票指数看跌期权来给自己融资。这些看跌期权的原始期限为15年或20年，并在市场上受到冲击，其导致总溢价为45亿美元，它们也没有抵押。也就是说，在2007年和2008年的信用危机之后，这些期权变得深度价内，银行承担着巨大的交易对手风险。尽管沃伦·巴菲特不得不在那些年标记这些期权的巨大损失，但从交易对手风险角度来看，他很高兴站在交易的"正确"一边：在 2007 年，伯克希尔·哈撒韦在年度报告中写道："我们衍生品合约的两个方面尤为重要。首先，我们在所有情况下都持有这笔钱，这意味着我们没有交易对手风险……"

对于看涨期权，我们提供了前面章节中关于定价的所有详细信息。对于看跌期权，我们可以使用以下的即期看涨看跌平价关系（请回想一下，我们假设了确定性的无风险短期利率 r）。我们知道

$$Call(0, K, T) - Put(0, K, T) = Forw(0, K, T)$$

其中

$$Forw(0, K, T) = \mathbb{E}\left[e^{-\int_0^T r(u)du} E(T)\right] - e^{-\int_t^T r(u)du} K$$

通过修改先前的结果来计算第一个期望的可能方法之一如下：

$$\mathbb{E}\left[e^{-\int_0^T r(u)du} E(T)\right] = \mathbb{E}\left[e^{-\int_0^T r(u)du} 1_{\{V(s) > H(s), 0 \le s < T\}} [V(T) - H(T)]\right]$$
$$= \mathbb{E}\left[e^{-\int_0^T r(u)du} 1_{\{V(s) > H(s), t < s < T\}} ([V(T) - H(T)])^+\right]$$

其中，最后一段来自违约指示器的存在与 $V(t)$ 和 $H(t)$ 的连续性。现在有

$$\mathbb{E}\left[e^{-\int_0^T r(u)du} E(T)\right] = e^{-\int_0^T q(u)du} \mathbb{E}\left[e^{-\int_0^T (r(u)-q(u))du} 1_{\{V(s) > H(s), t < s < T\}} ([V(T) - H(T)])^+\right]$$
$$= e^{-\int_0^T q(u)du} E(0)$$

其中，我们使用了式（8.13）。这导致了意料之中的结果：

$$Put(0, K, T) = Call(0, K, T) - e^{-\int_0^T q(u)du} E(0) + e^{-\int_0^T r(u)du} K$$

8.4.1 确定性违约障碍

我们看到，具有确定性障碍的模型足以在稳定的时刻拟合企业的市场数据；此时，我们能在交易对手违约和标的权益之间产生的唯一相依性是企业价值的相关性。在此示例中，我们使用一家企业作为标的权益，取水平波动率 $\sigma(t) = 10$，而障碍 $H = 0.7$。没有预期股息，而市场利率取的是 2009 年 4 月 9 日的值。我们以企业价值 $V(0)$ 为单位，从而权益价格 $E(0) = 0.3$。该企业的 1.5 年期权益看涨期权按无风险定价的价格和隐含波动率见表 8.21，其中执行价格表示为权益价格的百分比。权益期权的价格按式（8.14）进行解析计算。

表 8.21　　　　　　　　　　示例企业的市场数据

执行价格	0.8	0.9	1	1.1	1.2
隐含波动率	37.3%	35.7%	34.35%	33.16%	32.13%
价格	0.089	0.070	0.054	0.040	0.030

注：本表列出了 1.5 年期权益看涨期权在 2009 年 4 月 9 日的情况。

交易对手是一家具有类似特征但风险更高的企业，因为其 $H=0.8$（仍然假设 $V(0)=1$）。对于这样的企业，按式（8.4）解析计算的 1.5 年期违约概率为 7.6%。设回收率 $R=40\%$，在此简单设置中，我们计算了从 -1 到 $+1$ 的不同资产相关性假设下 1.5 年期看涨期权和看跌期权的交易对手风险。

表 8.22 报告了上述期权的信用估值调整（CVA），这些期权在列上具有不同的执行价格，在行上具有不同的相关性。表 8.23 报告了在 98% 置信水平下相应的蒙特卡洛半误差窗口。在 $\rho=0$ 时，CVA 的解析值由解析期权价格和解析违约概率的乘积给出，并都乘以 $(1-R)$，因此蒙特卡洛误差为 0。当 CVA 相反特别低（特别是表的底部）且蒙特卡洛窗口风险包括零时，我们增加了模拟场景的数量，从而减少了蒙特卡洛窗口。①

表 8.22　　　　　　　　权益看涨期权的信用价值调整

$\rho \backslash K$	0.8	0.9	1	1.1	1.2
-1	0.01346	0.01221	0.01096	0.00971	0.00846
-0.75	0.01081	0.00957	0.00835	0.00716	0.00602
-0.5	0.00828	0.00712	0.00602	0.00499	0.00406
-0.25	0.00601	0.00500	0.00408	0.00327	0.00257
0	0.00408	0.00321	0.00247	0.00186	0.00136
0.25	0.00246	0.00185	0.00136	0.00098	0.00070
0.5	0.00121	0.00084	0.00057	0.00038	0.00026
0.75	0.00040	0.00026	0.00017	0.00013	0.00010
1	0.00013	0.00011	0.00010	0.00010	0.00009

---

① 我们记得，蒙特卡洛模拟在结构化模型中可能很长，因为当连续过程跨越障碍时，监控需要非常短的蒙特卡洛步骤（我们每年使用 300 步）。因此解决这一计算负担的办法将是布朗桥方法。

8　具备错向风险的权益单边 CVA

表 8.23　　　　　权益看涨期权 CVA 的蒙特卡洛不确定性

$\rho \setminus K$	0.8	0.9	1	1.1	1.2
-1	0.00051	0.00046	0.00042	0.00037	0.00033
-0.75	0.00043	0.00039	0.00035	0.00031	0.000027
-0.5	0.00036	0.00032	0.00028	0.00025	0.000021
-0.25	0.00029	0.00025	0.00022	0.00019	0.00016
0	0	0	0	0	0
0.25	0.00016	0.00013	0.00011	0.00010	0.00008
0.5	0.00010	0.00009	0.00008	0.00007	0.00006
0.75	0.00007	0.00006	0.00006	0.00005	0.00005
1	0.00002	0.00002	0.00002	0.00002	0.00002

我们在表 8.22 中可以看到，当相关性增加时，CVA 会减少，无一例外。原因很简单，在看涨期权中，如果期权以价内结束，那么期权买方期望在到期时收到权益价格。当标的实体的股价很高时，我们由式（8.13）可知其企业价值也会很高。如果存在正相关关系，我们预计在这些场景下，交易对手企业价值也会很高，而违约概率会很低。因为在期权净现值高的情况下，违约风险较低，交易对手风险便被降低了。

由于在权益市场上，相关性往往是正的，并且在危机时期会特别高，因此看涨期权往往不太容易受到交易对手风险的影响。

表 8.22 中还有另一个特征需要注意，即对具有不同执行价格期权的交易对手风险行为。我们可以将其总结如下：当期权为价内时，相关性的影响更强，而在价外时，则影响更弱。事实上，相关性降低时 CVA 的增长以及相关性上升时 CVA 的减少，在左边的第一列中最强，而在最后一列最弱。原因很简单，CVA 是偿付的价格，其为非零，且以违约为条件。相关性改变了以违约为条件的预期权益价格，较高的相关性意味着较低的条件预期权益价格，较低的相关性则意味着较高的条件预期权益价格。因此，期权对错向风险的敏感性类似于其对标的权益价格的敏感性，即它类似于 delta，即 $\frac{\partial Call}{\partial E}$。delta 随着货币性的增长而增长。在表 8.22 中，我们并没有确切地看到敏感性的行为，因为我们考虑了相关性的离散变化，但这些模式大致上是我们了解 delta 敏感性行为所能期望的。

上述修正可能看起来较低，但如果我们将其作为期权价格的百分比呈现，则不是这样（见表 8.24）。

表 8.24　　　作为看涨期权价格百分比的权益看涨期权 CVA

$\rho \backslash K$	0.8	0.9	1	1.1	1.2
−1	15.17%	17.49%	20.45%	24.16%	28.80%
−0.75	12.19%	13.72%	15.59%	17.83%	20.48%
−0.5	9.33%	10.20%	11.23%	12.43%	13.83%
−0.25	6.77%	7.16%	7.62%	8.14%	8.75%
0	4.59%	4.59%	4.59%	4.59%	4.59%
0.25	2.77%	2.65%	2.54%	2.44%	2.37%
0.5	1.36%	1.20%	1.06%	0.96%	0.90%
0.75	0.45%	0.37%	0.32%	0.32%	0.35%
1	0.15%	0.16%	0.19%	0.24%	0.30%

表 8.24 还显示，对于固定执行价格，当相关性降低且 CVA 在绝对值上较高时，其作为无风险期权价格的百分比也更高。相反，CVA 随执行价格的行为几乎颠倒过来了！现在，除了最高相关性值外，相关性或错向风险会随着货币性而递减。我们可以从上述对 CVA 绝对变化的解释开始，通过了解我们在表 8.24 中看到的模式，可以看到 CVA 相对于期权价格的变化。Delta，$\frac{\partial Call}{\partial E}$，随着货币性的增加而递增。但在这里，我们不应看 delta（衡量期权价格的绝对变化），而应从弹性上衡量期权价格相对于期权本身价值的变化。其实我们这里有一个弹性的特殊情况

$$\left(\frac{\partial Call^1(E^1)}{\partial E^1} \right) / Call^2(E^2) \tag{8.16}$$

其中，作为分子的期权 $Call^1$ 和作为分母的期权 $Call^2$ 是用标的资产 E^1 和 E^2 的不同预期估值的。事实上，期权 $Call^2$ 是一种标准期权，其中 $E^2 = \mathbb{E}[E^{ref}(T)]$ 为定价测度下，在到期时参考实体权益价格 $E^{ref}(T)$ 的标准预期，而 $Call^1$ 为期权的 CVA，因此其估值是以交易对手违约为条件的，因此有 $E^1 = \mathbb{E}[E^{ref}(\tau) | E^{cr}(\tau) = 0]$，其中 $E^{cr}(\tau)$ 为交易对手在自身违约时间 τ 时的权益价值。条件期望 E^1 取决于交易对手和参考实体之间的相关性，特别是，正相关性意味着 $E^1 < E^2$，而负相关性则意味着 $E^1 > E^2$。弹性式（8.16）随着货币性的增加而递减（在看涨期权情况下随着执行价格而递增），除非 $E^1 \ll E^2$。这与我们在表 8.24 中看到的行

为类似，其中除了最高相关值外，相关性的影响会随着货币性的增加而递减。

我们现在考虑与上述看涨期权具有相同执行价格的看跌期权。价格列在表 8.25 中。

表 8.25　　　　　　　　示例企业的市场数据

执行价格	0.8	0.9	1	1.1	1.2
隐含波动率	37.3%	35.7%	34.35%	33.16%	32.13%
价格	0.021	0.031	0.044	0.059	0.077

注：本表列出了 1.5 年期权益看跌期权在 2009 年 4 月 9 日的情况。

表 8.26 展示了 CVA，表 8.27 则展示了相应的蒙特卡洛半窗，然后表 8.28 展示了表示期权价格百分比的 CVA。

表 8.26　　　　　　　权益看跌期权的信用价值调整

$\rho \backslash K$	0.8	0.9	1	1.1	1.2
−1	0.00013	0.00013	0.00013	0.00013	0.00014
−0.75	0.00014	0.00015	0.00019	0.00025	0.00036
−0.5	0.00022	0.00031	0.00046	0.00069	0.00101
−0.25	0.00049	0.00073	0.00106	0.00150	0.00205
0	0.00099	0.00142	0.00196	0.00262	0.0038
0.25	0.00173	0.00237	0.00313	0.00400	0.00497
0.5	0.00274	0.00361	0.00460	0.00567	0.00680
0.75	0.00409	0.00520	0.00637	0.00758	0.00880
1	0.00593	0.00717	0.00841	0.00966	0.01090

表 8.27　　　　　　权益看跌期权 CVA 的蒙特卡洛不确定性

$\rho \backslash K$	0.8	0.9	1	1.1	1.2
−1	0.000003	0.00003	0.000003	0.00003	0.00003
−0.75	0.000003	0.000003	0.000003	0.00003	0.00003
−0.5	0.000008	0.000008	0.000008	0.00009	0.00010
−0.25	0.000008	0.00009	0.00010	0.00012	0.00014
0	0	0	0	0	0
0.25	0.00012	0.00014	0.00017	0.00020	0.00023
0.5	0.00015	0.00018	0.00021	0.00025	0.00029
0.75	0.00019	0.00022	0.00026	0.00030	0.00035
1	0.00023	0.00027	0.00032	0.00036	0.00041

在这里,我们看到 CVA 和相关性之间的关系发生了逆转。在看跌期权中,期权买方将看到其偿付因参考实体权益价值而减少。当权益价值较低时,其回报会更高。但是,在结构化模型中,较低的权益意味着较低的企业价值,相对应较高的违约概率。如果参考实体和交易对手之间有正相关关系,如股市的常见趋势,当期权买方预计能从期权中获得更多资金时,其预计的信用风险也会更高。交易对手风险随相关性而增长。由于相关性在权益市场通常是正的,因此无抵押看空期权尤其具有风险,因为它受到错向风险的负面影响。根据结构性模型,如果经济进入危机——当权益价格下跌,而违约风险和相关性上升时——看跌期权买方的交易对手风险将会非常高。沃伦·巴菲特和伯克希尔·哈撒韦的例子最近证实了这一点。对于增加的相关性,交易对手风险也在增加,不管是在绝对值上(见表 8.26),还是作为无风险期权价格的百分比(见表 8.28)。

表 8.28   作为看跌期权价格百分比的权益看跌期权 CVA

$\rho \setminus K$	0.8	0.9	1	1.1	1.2
-1	0.62%	0.41%	0.29%	0.22%	0.18%
-0.75	0.67%	0.50%	0.43%	0.42%	0.47%
-0.5	1.05%	1.00%	1.05%	1.16%	1.31%
-0.25	2.36%	2.36%	2.43%	2.54%	2.65%
0	4.59%	4.59%	4.59%	4.59%	4.59%
0.25	8.34%	7.69%	7.17%	6.76%	6.42%
0.5	13.22%	11.72%	10.53%	9.56%	8.77%
0.75	19.77%	16.88%	14.59%	12.79%	11.36%
1	28.66%	23.27%	19.27%	16.30%	14.07%

此外,错向风险的影响与执行价格之间的关系也发生了逆转。我们了解到,相关性对 CVA 的绝对影响对较高的执行价格更强,而相对影响对于较低执行价格则显得更强,但相关性为负的情况除外。然而,低执行价格的看涨期权是价内的,而高执行价格的看跌期权是价内的,因此我们并不意外的是,看跌期权表的模式几乎对称于看涨期权表。请注意,当相关性等于零时,CVA 始终是期权价格的固定比例:当以期权价值表示时,它不依赖执行价格。

8.4.2 违约障碍的不确定性

我们早些时候引入的具有随机障碍的更一般性模型 SBTV，似乎对解释非稳定时刻的市场报价特别有用。与以前具有确定性障碍的模型相比，我们在两个交易对手之间有了由（现在随机的）障碍的联合分布给出的另一种可能的相依性。此外，在这种情况下，一家企业的模型要求不将临时扩展应用于多名称背景下（如交易对手风险），因为两个风险因子（企业驱动价值和随机障碍）与另一家企业模型的相应因素联系起来是很自然的。此外，这两个随机因子都与文献中所分析的两种主要信用相依性的其中之一有关。

正如文献 [98] 所示，文献 [116] 指出，因为均依赖平稳变化的宏观经济因素，信用价差之间也是平稳相关的。这通常被称为"周期违约相关性"。此外，正如文献 [6] 指出的以及最近被危机所证实的，价差也有突然常见的大变化，有时企业的突然违约伴随着相关企业的极高价差，甚至伴随着紧随其后的其他违约。例如，在雷曼破产后的 2008 年，一个月内还发生了许多其他违约事件，包括三家冰岛银行的联合违约。特别是，在一个月内，有八家金融企业联合违约。这不能解释为对平稳变化的宏观经济因素的共同依赖，而应解释为企业之间业务、财务或法律联系的结果，对意外和戏剧性的宏观经济或部门场景的共同依赖。这种现象通常被称为"违约传染"，对在 CDO 和多名称信用衍生工具的不同背景下对此进行的讨论，请参见文献 [60]。

周期违约相关性可以通过资产价值动态过程的瞬时相关性自然引入我们的模型中，就像我们为具有确定性障碍的模型所做的那样。此外，扩展模型中引入的障碍随机性使我们能够引入导致违约传染的非平滑风险因素。

8.4.2.1 模型

为简化起见，我们考虑两家企业：1 和 2，其中障碍水平的分布允许有两种情况：

$$H_i = \begin{cases} H_i^h & \text{概率为 } p_i^h \\ H_i^l & \text{概率为 } p_i^l \end{cases}, H_i^h > H_i^l, i = 1, 2$$

考虑也有由两个随机布朗冲击 W^1 和 W^2 所驱动的两个企业价值 V^1 和 V^2，控制违约相依性的模型元素为：

- 推动资产价值的扩散冲击相关性

$$\rho = corr(dW_t^1, dW_t^2) = \frac{d}{dt}\langle W^1, W^2 \rangle_t$$

这自然代表了来自平稳变化的常见变量的违约相依量，这些变量与非压力时期的权益相关性有关。

- (H_1, H_2) 的多变量联合分布

$$(H_1, H_2) = \begin{cases} H_1^h, H_2^h \text{ 概率为 } p^{hh} \\ H_1^h, H_2^l \text{ 概率为 } p^{hl} \\ H_1^l, H_2^h \text{ 概率为 } p^{lh} \\ H_1^l, H_2^l \text{ 概率为 } p^{ll} \end{cases}$$

这自然地代表了来自更为突发传染效应的违约相依量。由于普遍依赖国际或国内经济的总体趋势，两家企业的权益相关性可能很强，即使在违约时也不会经历风险传染，但也有相反的情况：两家企业可能属于两个不同的国家或部门，在正常时期似乎没有什么关联，但在接近违约时却表现出很强的联系。也许是因为，像雷曼兄弟和美国国际集团（AIG）在信用危机中一样，后者已经出售了对前者的保护。看看模型在表示不同情况时的灵活性，以及不同假设的影响是什么，就变得有趣了。

在障碍上有三个有趣的极端场景：

（1）强联系：$p^{hh}, p^{ll} \gg p^{hl}, p^{lh}$（正相依性）；

（2）几乎没有关联的企业：$p^{ab} \approx p_1^a p_2^b$（独立性）；

（3）竞争对手：$p^{hh}, p^{ll} \ll p^{hl}, p^{lh}$（负相依性）。

案例（1）、（2）和（3）是分别与高斯 Copula 违约相关性案例 $\rho \approx 1$、$\rho \approx 0$ 和 $\rho \approx -1$ 相对应的。与高斯相关性案例一样，第三个案例不太可能只适用于非常特殊的情况。

我们从单名称数据校准中获取边际（单独）分布，我们的目标是构建一个与边际分布一致的联合分布，并允许最大的正相依性、最大的负相依性、独立性和所有中间情况。不难证实，一旦我们知道边际分布，以下累积概率分布便可以通过选择例如 p^{ll} 例子来加以定义

$$F_{H_1, H_2}(h_1, h_2) = \mathbb{Q}(H_1 \leq h_1, H_2 \leq h_2)$$

其必须尊重以下约束：

- 联合概率必须低于边际概率

$$p^{ll} \leq \min(p_1^l, p_2^l) \tag{8.17}$$

- 所有由此产生的概率必须为非负值，这意味着

$$\begin{aligned} p^{hl} &= p_2^l - p^{ll} \geq 0 \\ p^{lh} &= p_2^h - p^{hh} \geq 0 \\ p^{hh} &= 1 - p_2^l - p_1^l + p^{ll} \geq 0 \end{aligned} \tag{8.18}$$

式（8.18）的前两个条件已经由式（8.17）保证，因此约束可概括为：

$$\max(p_2^l + p_1^l - 1, 0) \leq p^{ll} \leq \min(p_1^l, p_2^l) \tag{8.19}$$

这显然平行于 Copula 建模的弗雷切特–霍夫丁界限。这显示了如何获得障碍相依性的三个关键格式化案例：

（1）最大相依性→ $p^{ll} = \min(p_1^l, p_2^l)$；
（2）独立性→ $p^{ll} = p_1^l \cdot p_2^l$；
（3）最大负相依性→ $p^{ll} = \max(p_2^l + p_1^l - 1, 0)$。

8.4.2.2 不确定性下权益期权的交易对手风险

与前一个例子一样，我们考虑两家企业，一家是权益期权的标的资产，另一家是期权卖方。CVA 由期权买方计算，合约不附带担保。这两家企业有相同的违约概率边际分布。它们都有水平的波动率 $\sigma(t) = 10\%$，以及以下障碍分布：

$$H = \begin{cases} H_h = 0.95 & \text{概率为 } 0.11 \\ H_l = 0.4 & \text{概率为 } 0.89 \end{cases}$$

这是一家有代表性的企业，其实际财务状况的不确定性有限。此企业很有可能是稳健的，但由于其财务状况可能比预期更糟，使企业正处于违约的边缘。虽然这样的可能性很小，但不可忽视。这与投机者开始对其押注时的菲亚特情况，或危机前的帕玛拉特以及文献 [49] 中的沃达丰例子，没有多少不同。

对于具有上述参数的企业，1.5 年期的违约概率为 7.6%，就像上一个具有确定性障碍的示例一样。没有预期股息，市场利率为 2009 年 4 月 9 日的值，我们以企业价值 $V(0)$ 为单位，所以现在的权益价格 $E(0) = 0.54$。该企业的 1.5 年期权益看涨期权的无风险价格和隐含波动性见表 8.29。

在具有不确定性障碍的该模型中，偏度更为陡峭。我们在表 8.30 中给出了上述三个期权的 CVA，考虑了由 $\rho = \{-1; 0; 1\}$ 以及最大负相依性、独立性和最大正相依性给出的错向风险的关键案例。

表 8.29　　　　　　　　　示例企业的市场数据

执行价格	0.8	1	1.2
隐含波动率	40.02%	30.03%	24.35%
价格	0.165	0.086	0.034

注：本表列出了 1.5 年期权益期权在 2009 年 4 月 9 日的情况。

表 8.30　　　　　　　　　权益期权的信用价值调整

最大负相依性障碍			
$\rho \setminus K$	0.8	1	1.2
-1	0.0104	0.0060	0.0025
0	0.0082	0.0043	0.0017
1	0.0059	0.0023	0.0006
独立性障碍			
$\rho \setminus K$	0.8	1	1.2
-1	0.0093	0.0053	0.0022
0	0.0075	0.0039	0.0015
1	0.0053	0.0020	0.0005
最大相依性障碍			
$\rho \setminus K$	0.8	1	1.2
-1	2.58E$-$05	1.04E$-$05	6.81E$-$06
0	1.89E$-$05	8.62E$-$06	5.78E$-$06
1	8.24E$-$06	6.73E$-$06	5.10E$-$06

第一个证据是，不同水平的障碍相依性具有与相关性效应相同符号的效应。对于看涨期权，权益价格越高，其偿付就越高。在 ρ 为负的情况下，相反相依性的程度越大，CVA 就越高。事实上，最大的 CVA 是在 $\rho = -1$ 以及障碍为最大负相依性时得到的。不同执行价格的影响与上述情况相同：期权的价内程度更多地受到错向风险的影响，无论是障碍相依性的错向风险还是布朗资产相关性的错向风险。表 8.31 为看涨期权价格比例的 CVA。相关性和障碍相依性的类比也以相对值得到了证实；虽然由于存在随机障碍，执行价格的

影响不是很明显，但其仍然类似于确定性障碍下的结果。这一证据将通过看跌期权得以确认。

表 8.31　　作为看涨期权价格百分比的权益看涨期权 CVA

最大负相依性障碍			
$\rho \backslash K$	0.8	1	1.2
−1	6.30%	6.98%	7.44%
0	4.97%	5.01%	5.06%
1	3.58%	2.68%	1.79%
独立性障碍			
$\rho \backslash K$	0.8	1	1.2
−1	5.64%	6.17%	6.55%
0	4.55%	4.54%	4.46%
1	3.21%	2.33%	1.49%
最大相依性障碍			
$\rho \backslash K$	0.8	1	1.2
−1	0.02%	0.01%	0.02%
0	0.01%	0.01%	0.02%
1	0.00%	0.01%	0.02%

事实上，看跌期权的结果证实了在确定性障碍情况下的观察结果，以及相关性对企业价值的作用与障碍相依性作用之间的类比。无风险定价时的看跌期权价格列在了表 8.32 中。

表 8.32　　示例企业的市场数据

执行价格	0.8	1	1.2
隐含波动率	40.02%	30.03%	24.35%
价格	0.042	0.068	0.120

注：本表列出了 1.5 年期权益期权在 2009 年 4 月 9 日的情况。

表 8.33 和表 8.34 表明，对于看跌期权，最高的 CVA 是当 $\rho = 1$ 且障碍完全相依时，而当障碍之间以及企业价值之间都存在负相依性时则为零。

表 8.33　权益看跌期权的信用价值调整

最大负相依性障碍			
$\rho \setminus K$	0.8	1	1.2
-1	0	0.0002	0.0013
0	0.0001	0.0008	0.0028
1	0.0001	0.0012	0.0041
独立性障碍			
$\rho \setminus K$	0.8	1	1.2
-1	0.0015	0.0022	0.0037
0	0.0019	0.0031	0.0055
1	0.0022	0.0036	0.0067
最大相依性障碍			
$\rho \setminus K$	0.8	1	1.2
-1	0.0141	0.0187	0.0233
0	0.0163	0.0209	0.0256
1	0.0187	0.0233	0.0279

表 8.34　权益期权的 CVA 占推价的百分比

最大负相依性障碍			
$\rho \setminus K$	0.8	1	1.2
-1	0.00%	0.30%	1.09%
0	0.24%	1.19%	2.34%
1	0.24%	1.78%	3.43%
独立性障碍			
$\rho \setminus K$	0.8	1	1.2
-1	3.54%	3.26%	3.10%
0	4.48%	4.59%	4.60%
1	5.19%	5.33%	5.61%
最大相依性障碍			
$\rho \setminus K$	0.8	1	1.2
-1	33.02%	27.70%	19.50%
0	38.44%	30.96%	21.42%
1	44.10%	34.52%	23.35%

上面我们指出了企业价值相关性效应与障碍相依性效应的类比。现在，我们已经看到所有的结果，也可以分析这两种效果的差异。首先，看一下当障碍被假定为随机时的相关性影响，这一假设与前一节不同，但保持了独立性。与前几节中存在的确定性障碍相比，ρ 的影响现在要小得多。这是有道理的：当障碍随机时，违约时间和权益价值取决于两个随机性来源。而现在 ρ 只是影响两者之一，比起企业价值是唯一的随机驱动因素，并没有造成那么多的相依性。

从看跌期权结果来看，障碍分布似乎比布朗资产（高斯）相关性更为重要。这是我们所选企业的预期结果，这些企业具有较低的企业价值波动率 $\sigma(t) = 10$，而障碍分布却在乐观和悲观场景之间造成了巨大的违约概率差异（在乐观场景中略高于零，而在悲观情景中几乎为70%）。当两家企业处于这种境地时，违约传染是其主要的担忧。我们所做的其他检验表明，当考虑不同的企业时（波动性较高且差异较小的 H^l 和 H^u）——有点像危机期间的英国石油公司原油——这两个相关性来源的重要性会发生逆转，易变企业价值的相关性可能会更为重要。

最后一个引人注目的证据是，在本示例中，看涨期权的 CVA 在某些相依性假设下几乎为零，并且从未超过看涨期权价格的个位数百分比。看跌期权的 CVA 永远不会变得微不足道，反过来在最不利的相依性假设下，会达到接近看跌期权价值的50%。我们能解释这些模式吗？我们必须重新审视障碍分布。当两家企业发现自己处于非常危险状态的可能性很低，而处于更乐观状态的可能性很高时，这不允许我们在两个障碍之间设置太多的负相依性。看看式（8.19）在"弗雷切特边界"以下的部分：其取值为 0.78，而原则上它可以低至 0。在以上所有表格中，由于边际分布设置的约束，最大负相依性的情况与独立性情况没有太大不同，而最大正相依性情况则大不相同。在市场条件下，当在两个违约时间之间设置反向相依性的可能性有限时，显然看涨期权更有利，反向相依性对其而言是最危险的情况，而看跌期权并没有好处。

我们发现了此建模框架的一个特点：在这里，对个别企业分布的假设会影响如何将它们连接在一起。与简约式框架相比，该框架缺乏灵活性，但这也可能是其附加值之一。两家企业的个体情况以何种方式和在何种程度上影响其违约是可以关联在一起的，这在金融上是有意义的；此外，在本示例中，对权益市场上负相关性程度以及两个违约时间反单调性程度的限制，是与在市场现实中可以观察到的类似限制相对应的。

事实上，简约式模型往往没有这种防护措施。我们在第 7.4.1 节中看到，当将 Copula 违约相关性推至最大值，同时具有非常低的信用价差波动率时，会产生完全不切实际的结果，其中一方违约会在将来某个时间触发另一方违约，而这个时间在第一次违约时就已知了。正如我们在第 7.4.1 节中对 CDS 的 CVA 案例再次指出的那样，这是一种共调的形式，其可能导致对错向风险变动情况的误解。从这个意义上说，我们在这里分析的企业价值模型似乎避免了这个问题，这是一个好消息。

9

外汇交易的单边 CVA

本章主要基于 Facchinetti 和 Morini（2008）[107]，评估不同类型的交叉货币互换（Cross Currency Swap，CCS）的 CVA，该评估涉及利率、货币和信用风险。在信用紧缩时期，这个问题特别重要。事实上，交叉货币交易是抵御货币风险的一种非常流行的套期保值工具，而国际金融危机期间汇率的巨大变化意味着许多 CCS 对一方来说是深度价内的，因此当交易对手的信用质量较差时，其将面临巨大的违约风险。

本章还涉及"更替"的概念，这与交易对手风险和或有信用违约互换有重要的关系。虽然我们不会在任何章节中明确定义"更替"，但显然，我们所说的大部分内容都可以应用于更替建模。

接下来将侧重于简化设置，与第 4 章类似，我们假设标的远期汇率和交易对手信用风险相互独立。当这一假设可被接受时，我们就可将估值简化为简单和直观的封闭公式。封闭公式将基于漂移冻结技术展开，这些技术与文献中对 LIBOR 市场模型（或 BGM 模型）所使用的技术相同，这些模型被用于给普通香草利率产品（如互换权）定价：例如文献 [48]。请注意，当 CCS 是基于美元或欧元等广泛使用货币之间的汇率，或者当交易中有大型国际公司作为交易对手时，独立性假设将是一个相对标准和普遍的选择。然而，当 CCS 涉及新兴市场国家货币时，必须谨慎处理这一假设，因为新兴市场国家也是风险交易对手业务的核心。在这种情况下，存在错向风险或正向风险是非常可能的。由于很难估计标的汇率与交易对手违约风险之间的正确相关性，下面的零相关性框架仍然可能是一个简单的基准，但必须意识到，选择零相关性可能导致低估或高估 CVA，而这绝不是一个中立的假设，同时这也是一个忽视系统性风险影响的假设。

即使交易对手信用风险与标的汇率的市场风险之间存在独立性，问题却也保持一定的复杂性，因为必须正确考虑远期汇率、涉及即期汇率的市场量和来自两种不同货币期限结构的债券之间的相关性。事实上，我们将在这种相关性参数化方面留出一些空间。本章与第 4 章类似，说明了如何计算 CVA 仍然是一个非常复杂的期权定价问题——即使假设标的违约和交易对手违约之间不存在相依性。

读者会注意到，在对待 CCS 时，我们并不考虑 CCS 交易员所熟知的复杂性因素，即交叉货币基差的存在。两种流动性最强的交叉货币衍生工具，即外汇远期和 CCS，其回报似乎很容易被复制。事实上，外汇远期债券相当于两种零息债券的交换，一种是本币，另一种是外币，而标准 CCS 似乎是本国浮动利率债券和外国债券两种头寸（一种多头和一种空头）的组合。然而，市场外汇远期和 CCS 的价格偏离了复制的价格，这种偏差是基差。甚至在 2007 年信用危机开始之前，CCS 基差的存在就已经被记录下来了。文献 [29] 指出，由于 CCS 是浮动利率债券之间的交易，浮动利率债券在成立之初总是平价的，一旦名义本币端等于转换为本币的名义外币端，CCS 就应该是公平的。"但在实践中"，正如人们所说，只有当"存在一个被称为交叉货币基差价差的价差，置于基差互换一端的浮动利率之上"时，CCS 才会以面值报价。更早的文献 [191] 甚至说过，交叉货币互换"通常以美元 LIBOR 对外币加上或减去一个价差来报价"。

我们之所以在下面假设 CCS 是平价的，不需要基差，是因为解释交叉货币基差的最新理论将其依赖市场上 CCS 报价的抵押。因为当我们谈论 CVA 时，我们隐含地假设了标的衍生品的无抵押或部分抵押，所以我们将看到，根据这一理论，市场报价的基差不应影响无抵押 CCS 的 CVA 估值。

本章结构如下：在第 9.1 节中，我们考查多货币产品定价的基础。我们将回顾在这种背景下的主要非套利结果，其处理方法类似于文献 [48] 第 2 章的分析。在第 9.2 节中，我们开始分析固定端 CCS 的单边 CVA，采用基于交叉货币互换权现金流的公式。特别是，在第 9.2.1 节中，我们处理 CCS 互换利率的波动率近似，这对于计算 CCS 的 UCVA 非常重要；而在第 9.2.2 节中，我们关注不同远期汇率之间的相关性，这是计算 CCS 互换波动率公式所必需的，从而为 CCS 的 CVA 提供了一个简单的公式；第 9.3 节分析了 CCS 有浮动端时的 CVA；第 9.4 节讨论了基差，因为这一点，我们在本章的其余部分忽略了，并将解释为什么 CCS 市场现在存在基差，其主要是因为 LIBOR 并非无风险，而且市场上现在存在多个贴现曲线；在第 9.5 节中，我们总结了我们的发现，并为 CCS 的 CVA 展示一些重要示例；第 9.6 节分析了可用于覆盖交易对手风险的工具，类似于合成或有信用违约互换；更替，特别是，第 9.6.2 节解释了如何通过流动性等来扩展框架，以便能够正确为更替定价。

为了理解下面的结果，我们首先需要修订交叉货币建模的基础，现在就转向此内容。

9.1 两种货币时的定价：基础

由于需要同时模拟两个市场，我们必须了解无套利的标准概念是如何在此背景下得到解释的（对于更详细的处理请参见文献 [48]）。在引入利率之前，我们先考虑证券价格。我们用上标 f 表示外国价格或外国利率（外币）。

考虑 T 时支付 X_T^f 的外国可交易资产 X^f。对于外国投资者来说，外国市场的标准单币种无套利定价意味着其价格是外国风险中性测度下与外国银行账户相关的偿付贴现预期。

$$X_0^f = B_0^f \mathbb{E}_0^f \left[\frac{X_T^f}{B_T^f} \right]$$

其中，B_t^f 为 t 时的外国银行账户，$\mathbb{Q}^f$ 为相关的风险中性测度。

那么对于国内投资者来说，该证券的价格是多少呢？我们需要定义汇率 φ_t：

$$\varphi_t = \text{一单位外币的本币金额}$$

特别是，

$$X_0 = \varphi_0 X_0^f, \quad X_T = \varphi_T X_T^f$$

由汇率的该定义，对于国内投资者来说，上述投资的资产价格为

$$X_0 = \varphi_0 X_0^f = \varphi_0 B_0^f \mathbb{E}_0^f \left[\frac{X_T^f}{B_T^f} \right] \tag{9.1}$$

此外，国内投资者有另一种看待这个产品的方式。对于国内投资者来说，该产品在 T 时的偿付为 $\varphi_T X_T^f$。因此，国内市场的标准单币种无套利定价意味着其价格为国内风险中性测度下与国内银行账户相关的该偿付的贴现预期。

$$X_0 = B_0 \mathbb{E}_0 \left[\frac{\varphi_T X_T^f}{B_T} \right] \tag{9.2}$$

同一资产的这两种价格式（9.1）和式（9.2）之间所需的无套利一致性有以下关系

$$\mathbb{E}_0^f \left[\frac{\varphi_0 B_0^f}{\varphi_T B_T^f} X_T \right] = \mathbb{E}_0 \left[\frac{B_0}{B_T} X_T \right] \tag{9.3}$$

或等价地有

$$\mathbb{E}_0^f \left[\frac{B_0^f}{B_T^f} X_T^f \right] = \mathbb{E}_0 \left[\frac{B_0/\varphi_0}{B_T/\varphi_T} X_T^f \right] \tag{9.4}$$

这里有两点值得注意。首先，上面的等式限制了外国利率、国内利率和汇率中至少一个变量的随机行为。事实上，我们可以假设，偿付 X_T^f 的策略是外国投资者在 0 时对外国银行账户投资 B_0^f 得到的，即 $X_T^f = B_T^f$。回顾我们通常假设的

$$dB_t = r^d(t) B_t dt, \quad dB_t^f = r^f(t) B_t^f dt$$

其中，r^d 和 r^f 为两种货币（分别本国和外国）短期利率的调整过程，由式（9.4）以及 $X_T^f = B_T^f$ 有

$$\mathbb{E}_0 \left[\frac{e^{\int_0^T r^f(s)ds}}{e^{\int_0^T r^d(s)ds}} \frac{\varphi_T}{\varphi_0} \right] = 1 \tag{9.5}$$

其中，r^d 和 r^f 为用于贴现的短期利率，在此经典背景中与两种货币的无风险利率一致。我们看到，在预期中，汇率的增长必须与国外和国内银行账户之间的比率相匹配。由此可得出类似的等式：

$$\mathbb{E}_t \left[\frac{e^{\int_t^T r^f(s)ds}}{e^{\int_t^T r^d(s)ds}} \frac{\varphi_T}{\varphi_t} \right] = 1, \quad \text{for all } 0 \leq t \leq T \tag{9.6}$$

这是有道理的。对于一个无套利市场，如果期望从无风险外汇投资中获得比对本国货币的类似投资多得多的收益，则必须与预期的本国货币价值的下降相匹配。

由于 t 和 T 是可以完全任意选择的，可推断出，如假设汇率动态过程由下式

给出

$$d\varphi_t = \mu_t \varphi_t dt + \sigma_t \varphi_t dW_t$$

其中，μ_t 和 σ_t 为适应过程，W 为国内风险中性测度下以 B^d 为计价单位的布朗运动，那么式（9.6）考虑了所有可能的 t 和 T 取值，这意味着

$$\mu_t = r^d(t) - r^f(t)$$

这表明，在本币风险中性测度下，外币与本币兑换汇率的漂移项为本币无风险利率与外币无风险利率之间的差，这是一个众所周知的结果，可参见文献 [48]。通过对无穷小 dt 设 $T = t + dt$，可立即得到非正式的证明。这种无套利关系适用于无风险贴现率的世界，在对以后理解抵押 CCS 中基差的存在将很有用。

第二点是针对式（9.3）和式（9.4）的，这些关系看起来像是计价单位的变化，其告诉我们，如果要将这种测度变化完全视为计价单位的变化，那就必须考虑有哪些计价单位。如文献 [48] 所示，我们在计价单位 B_t^f（外国银行账户）和计价单位 B_t/φ_t（以外币表示的国内银行账户）之间转变，或者等价地在计价单位 $\varphi_t B_t^f$（以本币表示的外国银行账户）和计价单位 B_t（国内银行账户）之间转变。后一种表达式的好处是其不会改变我们对国内风险中心测度的定义，所以我们将遵循此。显然，我们需要用相同的货币来表达数量，以找到无套利关系。

以上关系可以概括为 X_t^f 是国外可交易资产，当且仅当 $\varphi_t X_t^f$ 是国内可交易资产时。

对于远期测度，测度链的变化导致

$$P^f(0,T) \mathbb{E}_0^{\mathbb{Q}^{fT}} \left[X_T^f \right] = P(0,T) \mathbb{E}_0^{\mathbb{Q}^T} \left[\frac{\varphi_T}{\varphi_0} X_T^f \right]$$

以上关系表明，从 $\mathbb{Q}^{N1} = \mathbb{Q}^{fT}$（国外）变更为 $\mathbb{Q}^{N2} = \mathbb{Q}^T$（国内），有

$$\frac{N1_T N2_0}{N1_0 N2_T} = \frac{P(0,T)}{P(T,T)} \frac{\varphi_T}{\varphi_0} \frac{P^f(T,T)}{P^f(0,T)}$$

从而有 $N1_t = P^f(t,T)$ 和 $N2_t = P(t,T)/\varphi_t$，或等效地有 $N1_t = P^f(t,T)\varphi_t$ 和 $N2_t = P(t,T)$。

在引入国外远期测度时，我们使用了新的符号 $P^f(0,T)$ 表示外国债券的价格。使用外国计价单位和测度，其被显然定义为

$$P^f(0,T) = \mathbb{E}_0^f \left[\frac{B_0^f}{B_T^f} \right] = \mathbb{E}_0^f \left[D^f(0,T) \right]$$

但现在我们有了国内外定价之间的关系，从国内的角度来看，这也是有用的：

$$P^f(0,T) = \frac{\mathbb{E}_0[D(0,T)\varphi_T]}{\varphi_0} \tag{9.7}$$

国内价格是 $P^f(0,T)\varphi_0$。我们现在可以将国内远期利率定义为

$$F_i^d(t) = \frac{1}{(T_i - T_{i-1})}\left[\frac{P(t,T_{i-1})}{P(t,T_i)} - 1\right]$$

将国外远期利率定义为

$$F_i^f(t) = \frac{1}{(T_i - T_{i-1})}\left[\frac{P^f(t,T_{i-1})}{P^f(t,T_i)} - 1\right]$$

将远期汇率定义为

$$\Phi_i(t) = \frac{P^f(t,T_i)}{P(t,T_i)/\varphi_t} = \frac{\varphi_t P^f(t,T_i)}{P(t,T_i)} \tag{9.8}$$

后者定义可以从在 t 时所进入合约得出，该合约在 T_i 时可用 $\Phi_i(0)$ 单位本币购买一单位外币，并强制合约在开始时是公平的

$$\mathbb{E}_0\left[D(0,T_i)(\varphi_{T_i} - \Phi_i(0))\right] = 0$$

从而有

$$\mathbb{E}_0\left[D(0,T_i)\varphi_{T_i}\right] = P(0,T_i)\Phi_i(0)$$

$$\Phi_i(0) = \frac{\mathbb{E}_0\left[D(0,T_i)\varphi_{T_i}\right]}{P(0,T_i)} \stackrel{by\ (9.7)}{=} \frac{\varphi_0 P^f(0,T_i)}{P(0,T_i)}$$

外国远期利率是其自然国外远期测度 $\mathbb{Q}^{if}$ 下的鞅。

报价标准市场模型假设其为对数正态分布的

$$\boxed{dF_i^f(t) = \sigma_i^f F_i^f(t)\, dV_i^{if}(t)}$$

其中，V^{if} 是 $\mathbb{Q}^{if}$ 下的布朗运动。我们可以看到其在国内测度 $\mathbb{Q}^i$ 下的动态过程。我们需要计价单位比的扩散系数，其现在为 $\frac{N1}{N2} = \frac{P^f(t,T)\varphi_t}{P(t,T)}$。请注意，此为 $\Phi_i(t)$，即远期汇率。该变量是 $\mathbb{Q}^i$ 下的鞅，因为其由国内市场可交易资产的价格除以 $\mathbb{Q}^i$ 下的国内计价单位。市场上存在基于汇率的期权，其报价标准意味着远期汇率为服从对数正态分布的动态过程，

$$d\Phi_i(t) = \sigma_i \Phi_i(t)\, dW_i^i(t)$$

其中，W^i 为 $\mathbb{Q}^i$ 下的布朗运动。这意味着，在国内测度 $\mathbb{Q}^i$ 下，国外远期利率的动态过程为

$$\mathrm{d}F_i^f(t) = -F_i^f(t)\sigma_i^f \sigma_i \rho_i^f + \sigma_i^f F_i^f(t)\,\mathrm{d}V_i^i(t)$$

其中，V^i 为 $\mathbb{Q}^i$ 下的布朗运动，且有 $\rho_i^f \mathrm{d}t = \mathrm{d}V_i^i(t)\mathrm{d}W_i^i(t)$。

9.2 固定端对固定端汇率 CCS 的单边 CVA

交叉货币互换（CCS）可能涉及不同货币的固定端和与不同货币挂钩的浮动利率端的支付。然而，与量化衍生工具不同，指数化与支付货币之间并没有不匹配。难以评估 CCS 中单边交易对手风险的原因是，在存在交易对手违约风险时，我们需要计算在交易对手违约时间 τ 时的 CCS 净现值正值部分的预期，

$$\mathbb{E}_t\left[1_{\{\tau<T\}}D(t,\tau)\left(NPV_\tau^{CCS}\right)^+\right]$$

从而引入了在无违约风险 CCS 中不存在的期权性（以及对波动率和相关性的依赖）。如果使用分装假设和独立性假设（本章始终采用后者）导致在第 2.3 节中看到的 ICVAA 定义，那么我们最终将为一系列交叉货币互换定价，而这些互换并不是市场上的流动性产品。

A 和 B 两个交易对手之间典型的固定端对固定端的交叉货币互换涉及在网格 $[T_0,\cdots,T_M]$ 上 $(T_i - T_{i-1} =: \alpha_i:)$ 的以下支付：

初始交换：

- 在 T_0 时 A 方向 B 方支付 N^f 的外币。
- 在 T_0 时 B 方向 A 方支付 N 本币。根据市场惯例，我们假设 $N = \varphi_0 N^f$，所以没有真正的交换。

持续支付：

- 本国固定端：在 $T_i(i = 1,\cdots,M)$ 时，A 方以本币支付确定性金额 $N\alpha_i K(T_i)$。
- 外国固定端：在 $T_i(i = 1,\cdots,M)$ 时，B 方以外币支付确定性金额 $N^f \alpha_i K^f(T_i)$。

最终交换：

- 在 T_M 时 A 方向 B 方支付 N 的本币。
- 在 T_M 时 B 方向 A 方支付 N^f 外币。

在下面，我们展示了如何以封闭形式评估剩余 CCS 在交换期限结构中包含

任何固定日期 $T_i \geq T_0$ 的净现值或风险暴露。该风险暴露（带符号）对国内端的接收方（即 B 方）来说为，

$$\text{Exs}(T_i, T_M) := \mathbb{E}_{T_i} \left[N \sum_{j=i+1}^{M} \alpha_j D(T_i, T_j) K(T_j) + \right.$$
$$\left. -N^f \sum_{j=i+1}^{M} \alpha_j \varphi_j D(T_i, T_j) K^f(T_j) + (N - \varphi_M N^f) D(T_i, T_M) \right]$$

其中，$\varphi_j = \varphi_{T_j}$，且预期在国内风险中性测度下作出。在下面，当从上下文来看非常清楚时，第二个参数就会被省略。我们还展示了在独立于标的资产的信用风险假设下，如何以封闭公式计算基于上述 NPV 的期权价值，

$$\mathbb{E}_t \left[D(t, T_i) (\text{Exs}(T_i))^+ \right]$$

这就是我们计算单边 CVA 所需要的一切，因为：

$$NPV^D(0) = NPV(0) - CVA(0),$$
$$CVA(0) = \text{LGD} \, \mathbb{E}_0 \left[1_{\{0 \leq \tau \leq T_M\}} D(0, \tau) (\text{Exs}(\tau))^+ \right]$$

并且，与第 4 章的 IRS 一样，当违约风险独立于标的资产时，我们可以通过假设违约只能发生在两端支付网格的 T_i 时点上来简化计算。因此，假设延迟违约，有

$$ICVAA^P(0) = \text{LGD} \sum_{i=1}^{M} \mathbb{Q}\{\tau \in (T_{i-1}, T_i]\} \mathbb{E}_0 \left[D(0, T_i) (\text{Exs}(T_i))^+ \right] \quad (9.9)$$

而对于预期偿付，有

$$ICVAA^A(0) = \text{LGD} \sum_{i=0}^{M-1} \mathbb{Q}\{\tau \in (T_i, T_{i+1}]\} \mathbb{E}_0 \left[D(0, T_i) (\text{Exs}(T_i))^+ \right] \quad (9.10)$$

我们在下面看到，虽然 $Exs(T_i)$ 可以按照标准技术来进行计算，但要计算 $\mathbb{E}_0 \left[D(0, T_i) (Exs(T_i))^+ \right]$ 还需要付出更多的努力，也因为基于 CCS 的期权不是像基于 IRS（互换权）的期权那样具有流动性，所以还没有准备好市场报价，需要设计出一种符合市场标准的定价方法。

我们现在重写 $Exs(T_i)$，使其尽可能易于计算 CCS 期权价格。切换到国内 T_i 远期测度：

$$\text{Exs}(T_i) = N \sum_{j=i+1}^{M} \alpha_j P(T_i, T_j) K(T_j) - N^f \sum_{j=i+1}^{M} \alpha_j \mathbb{E}_{T_i}^{j} [\varphi_j] P(T_i, T_j) K^f(T_j)$$
$$+ \left(N - \mathbb{E}_{T_i}^{M} [\varphi_M] N^f \right) P(T_i, T_M)$$

请注意有 $\mathbb{E}_{T_i}^j[\varphi_j] = \mathbb{E}_{T_i}^j[\varphi_j(T_j)]$，而 $\Phi_j(t) = \varphi_t \dfrac{P^f(t,T_j)}{P(t,T_j)}$ 是在 T_j 远期测度下的鞅，所以有

$$\mathrm{Exs}(T_i) = N \sum_{j=i+1}^{M} \alpha_j P(T_i, T_j) K(T_j) - N^f \sum_{j=i+1}^{M} \alpha_j P(T_i, T_j) \Phi_j(T_i) K^f(T_j)$$
$$+ \left(N - \Phi_j(T_i) N^f\right) P(T_i, T_M)$$

(9.11)

首先，我们定义国外端

$$K_j^f \equiv \begin{cases} \dfrac{K^f(T_j)}{\varphi_0} & j = i+1, \cdots, M-1 \\ \dfrac{K^f(T_j) + 1/\alpha_M}{\varphi_0} & j = M \end{cases}$$

从而有

$$\mathrm{Exs}(T_i) = N \left[\sum_{j=i+1}^{M} \alpha_j P(T_i, T_j) K(T_j) - \dfrac{N^f}{N} \sum_{j=i+1}^{M} \alpha_j P(T_i, T_j) \Phi_j(T_i) K^f(T_j) \right.$$
$$\left. + \left(1 - \dfrac{\Phi_M(T_i) N^f}{N}\right) P(T_i, T_M) \right]$$
$$= N \left[\sum_{j=i+1}^{M} \alpha_j P(T_i, T_j) K(T_j) - \dfrac{1}{\varphi_0} \sum_{j=i+1}^{M} \alpha_j P(T_i, T_j) \Phi_j(T_i) K^f(T_j) \right.$$
$$\left. + \left(1 - \dfrac{\Phi_M(T_i)}{\varphi_0}\right) P(T_i, T_M) \right]$$
$$= N \left[\sum_{j=i+1}^{M} \alpha_j P(T_i, T_j) K(T_j) - \sum_{j=i+1}^{M} \alpha_j K_j^f P(T_i, T_j) \Phi_j(T_i) + P(T_i, T_M) \right]$$

然后考察国内端，并定义

$$K_j \equiv \begin{cases} K(T_j) & j = i+1, \cdots, M-1 \\ K(T_j) + 1/\alpha_M & j = M \end{cases}$$

有

$$\mathrm{Exs}(T_i) = N \left[\sum_{j=i+1}^{M} \alpha_j K_j P(T_i, T_j) - \sum_{j=i+1}^{M} \alpha_j K_j^f P(T_i, T_j) \Phi_j(T_i) \right]$$

就如一个标准互换，我们寻求共同的公平的国内固定利率，即使是起始时 NPV

为 0 的利率 $K_{i,M}^{eq}(T_i)$，但当

$$K_{i+1} = K_{i+2} = \cdots = K_M = K_{i,M}^{eq}(T_i)$$

可得

$$K_{i,M}^{eq}(T_i) = \frac{\sum_{j=i+1}^{M} \alpha_j K_j^f P(T_i, T_j) \Phi_j(T_i)}{\sum_{j=i+1}^{M} \alpha_j P(T_i, T_j)}$$

以及

$$\text{Exs}(T_i) = N \left[\sum_{j=i+1}^{M} \alpha_j K_j P(T_i, T_j) - K_{i,M}^{eq}(T_i) \sum_{j=i+1}^{M} \alpha_j P(T_i, T_j) \right]$$

与标准互换一样，我们发现均衡利率是标的变量的加权平均值。然而，这里的变量是远期汇率，而不是远期利率而且与标准互换不同，权重加起来不会为 1。

为了理解导致这种差异的原因，我们计算了有效国外利率，即保持国外端 NPV 不变的水平利率，

$$\widetilde{K^f}_{i,M}(T_i) \sum_{j=i+1}^{M} \alpha_j P(T_i, T_j) \Phi_j(T_i) = \sum_{j=i+1}^{M} \alpha_j K_j^f P(T_i, T_j) \Phi_j(T_i)$$

即

$$\begin{aligned}\widetilde{K^f}_{i,M}(T_i) &= \frac{\sum_{j=i+1}^{M} \alpha_j K_j^f P(T_i, T_j) \Phi_j(T_i)}{\sum_{j=i+1}^{M} \alpha_j P(T_i, T_j) \Phi_j(T_i)} = \frac{\sum_{j=i+1}^{M} \alpha_j K_j^f P(T_i, T_j) \varphi_{T_i} \frac{P^f(T_i, T_j)}{P(T_i, T_j)}}{\sum_{j=i+1}^{M} \alpha_j P(T_i, T_j) \varphi_{T_i} \frac{P^f(T_i, T_j)}{P(T_i, T_j)}} \\ &= \sum_{j=i+1}^{M} \frac{\alpha_j P^f(T_i, T_j)}{\sum_{k=i+1}^{M} \alpha_k P^f(T_i, T_k)} K_j^f = \sum_{j=i+1}^{M} \varpi_j^f(T_i) K_j^f\end{aligned}$$

(9.12)

其中，权重为

$$\varpi_j^f(T_i) := \frac{\alpha_j P^f(T_i, T_j)}{\sum_{k=i+1}^{M} \alpha_k P^f(T_i, T_k)}$$

与用国外远期利率表示国外互换利率时出现的权重相同，并加总为 1。

回到公平国内利率，其现在可写为

$$K_{i,M}^{eq}(T_i) = \widetilde{K^f}_{i,M}(T_i) \frac{\sum_{j=i+1}^{M} \alpha_j P(T_i, T_j) \Phi_j(T_i)}{\sum_{k=i+1}^{M} \alpha_k P(T_i, T_k)}$$

$$= \widetilde{K^f}_{i,M}(T_i) \sum_{j=i+1}^{M} \frac{\alpha_j P(T_i, T_j)}{\sum_{k=i+1}^{M} \alpha_k P(T_i, T_k)} \Phi_j(T_i)$$

$$= \widetilde{K^f}_{i,M}(T_i) \sum_{j=i+1}^{M} \varpi_j(T_i) \Phi_j(T_i)$$

这里的权重

$$\varpi_j(T_i) := \frac{\alpha_j P(T_i, T_j)}{\sum_{k=i+1}^{M} \alpha_k P(T_i, T_k)}$$

与用国内远期利率表示国内互换利率时出现的权重相同，并加总为 1。

为了获得更方便的（不变）NPV 表示：

$$\text{Exs}(T_i) = N \left[\sum_{j=i+1}^{M} \alpha_j K_j P(T_i, T_j) - K_{i,M}^{eq}(T_i) \sum_{j=i+1}^{M} \alpha_j P(T_i, T_j) \right]$$

我们还引入了有效国内利率 $\widetilde{K}_{i,M}(T_i)$：

$$\widetilde{K}_{i,M}(T_i) \sum_{j=i+1}^{M} \alpha_j P(T_i, T_j) = \sum_{j=i+1}^{M} \alpha_j P(T_i, T_j) K_j$$

即

$$\widetilde{K}_{i,M}(T_i) = \sum_{j=i+1}^{M} \frac{\alpha_j P(T_i, T_j)}{\sum_{j=i+1}^{M} \alpha_j P(T_i, T_j)} K_j = \sum_{j=i+1}^{M} \varpi_j(T_i) K_j$$

通常对权重的考虑也适用。我们已就 CCS 净现值得到了简便的表达式

$$\text{Exs}(T_i) = N \sum_{j=i+1}^{M} \alpha_j P(T_i, T_j) \left(\widetilde{K}_{i,M}(T_i) - K_{i,M}^{eq}(T_i) \right) \quad (9.13)$$

我们必须计算剩余 NPV 正值部分的预期值：

$$Ex(T_i) = (\text{Exs}(T_i))^+ = N \sum_{j=i+1}^{M} \alpha_j P(T_i, T_j) \left(\widetilde{K}_{i,M}(T_i) - K_{i,M}^{eq}(T_i) \right)^+$$

CCS 的偿付预期并不涉及波动率和相关性（或边际分布和相依性演变），但我们现在已转向一种期权，因此我们必须就所涉及的相关变量的波动率和相关性进行评估。

该偿付估值有三个关键变量：国外和国内有效利率，以及公平 CCS 利率，分别如下：

$$\widetilde{K^f}_{i,M}(t) = \sum_{j=i+1}^{M} \varpi_j^f(t) K_j^f$$

$$\widetilde{K}_{i,M}(t) = \sum_{j=i+1}^{M} \varpi_j(t) K_j$$

$$K_{i,M}^{eq}(t) = \widetilde{K^f}_{i,M}(t) \sum_{j=i+1}^{M} \varpi_j(t) \Phi_j(t)$$

它们都是更基础的变量的加权和，如标准互换利率 $S_{i,M}(t)$ 为标准远期利率 $F_j(t)$ 的加权和，而权重 $\varpi_j(t)$ 与在互换利率情况下完全相同。显然，对于有效国外汇率，我们必须考虑国外互换利率。

因此，我们遵循将 LIBOR 和互换市场模型应用于利率衍生品的典型方法。文献 [30]、[175] 和 [48] 表明，权重 $\varpi_j(t)$ 的易变性是很低的。蒙特卡洛模拟和历史分析都证明了这一点，并假设在 $t>0$ 时得到 LIBOR 市场模型中互换利率波动率的标准市场近似

$$\varpi_j(t) \approx \varpi_j(0) = \varpi_j \text{（权重冻结）}$$

根据该近似，$\widetilde{K}_{i,M}(t)$ 和 $\widetilde{K^f}_{i,M}(t)$ 可以被视为确定性量 $\widetilde{K}_{i,M} = \widetilde{K}_{i,M}(0)$ 和 $\widetilde{K^f}_{i,M} = \widetilde{K^f}_{i,M}(0)$，而关键随机量 $K_{i,M}^{eq}(t)$ 可被写为远期汇率的线性组合。这相当于第 4 章（另见文献 [47]）中用于具有期限相依和时间相依执行价格的利率互换的方法，且其允许我们以封闭形式计算 CCS 信用风险调整。权重的低易变性通常可直观地由下式得到

$$\varpi_j(t) = \frac{\alpha_j P(t, T_j)}{\sum_{k=i+1}^{M} \alpha_k P(t, T_k)} = \frac{\frac{P(t, T_j)}{P(t, T_i)} \alpha_j}{\sum_{k=i+1}^{M} \frac{P(t, T_k)}{P(t, T_i)} \alpha_k}$$

$$= \frac{\alpha_j \prod_{h=i+1}^{j} \frac{1}{1+\alpha_h F_h(t)}}{\sum_{k=i+1}^{M} \alpha_k \prod_{h=i+1}^{k} \frac{1}{1+\alpha_h F_h(t)}}$$

我们有一个特定的函数形式，在分母和分子上都是远期利率，这导致它们的波动率被相互抵消了。作为警告，我们提醒您，对于利率期限结构的平移，这基本上是正确的；但对于高阶主成分变化而言这并不是一个很好的近似。

在我们的应用中，需要评估：

$$\mathbb{E}_t\left[D(t,T_i)(\text{Exs}(T_i))^+\right] = N\mathbb{E}_t\left[D(t,T_i)\left(\widetilde{K}_{i,M} - K_{i,M}^{eq}(T_i)\right)^+ \sum_{j=i+1}^{M}\alpha_j P(T_i,T_j)\right]$$

$$= N\sum_{j=i+1}^{M}\alpha_j P(t,T_j)\mathbb{E}_t^{i,M}\left[\left(\widetilde{K}_{i,M} - K_{i,M}^{eq}(T_i)\right)^+\right]$$

在最后一段中，我们切换到以 $C_{i,M}$ 为计价单位的国内互换测度，其在 t 时的表达式为

$$C_{i,M}(t) = \sum_{j=i+1}^{M}\alpha_j P(t,T_j)$$

（例如，请参阅文献［48］中的计价单位变化工具包）那么，在此互换定价测度下，标的 $K_{i,M}^{eq}(t)$ 的漂移和波动率是怎样的呢？

9.2.1 近似估计交叉货币互换利率的波动率

我们已经知道，类似于标准互换利率 $S_{i,M}(t)$，$K_{i,M}^{eq}(t)$ 是定价互换测度下的鞅，因为

$$K_{i,M}^{eq}(t) \approx \widetilde{K^f}_{i,M} \frac{\sum_{j=i+1}^{M}\alpha_j P(t,T_j)\Phi_j(t)}{\sum_{j=i+1}^{M}\alpha_j P(t,T_j)} \tag{9.14}$$

因此，动态过程中不会有漂移。至于波动率，我们必须从远期汇率 $\Phi_j(t)$ 的动态过程开始。如果想要与外汇期权的标准市场模型保持一致，就必须假设 $\Phi_j(t)$ 为其自然测度下对数正态分布的鞅。我们从 LIBOR 市场模型的文献中知道，对数正态变量的线性组合（如 $K_{i,M}^{eq}(t)$）不会完全是对数正态的，但可以通过具有适当波动率的对数正态分布过程来近似，计算如下：

由标准随机微积分，当下式成立时

$$dK_{i,M}^{eq}(t) = \sigma_{i,M}(t)K_{i,M}^{eq}(t)dW_t^{i,M}$$

可将波动率独立出来为

$$\frac{\mathrm{d}K_{i,M}^{eq}(t)\,\mathrm{d}K_{i,M}^{eq}(t)}{\left(K_{i,M}^{eq}(t)\right)^2} = \frac{\sigma_{i,M}^2(t)\left(K_{i,M}^{eq}(t)\right)^2\mathrm{d}t}{\left(K_{i,M}^{eq}(t)\right)^2} = \sigma_{i,M}^2(t)\,\mathrm{d}t$$

我们现在从远期汇率的市场动态开始执行相同的通道，其中我们冻结 $\widetilde{K^f}_{i,M}(t)$ 及其权重 $\varpi(t)$ 中的时间为 0

$$K_{i,M}^{eq}(t) \approx \widetilde{K^f}_{i,M} \sum_{j=i+1}^{M} \varpi_j \Phi_j(t)$$

$$\frac{\mathrm{d}K_{i,M}^{eq}(t)\,\mathrm{d}K_{i,M}^{eq}(t)}{\left(K_{i,M}^{eq}(t)\right)^2} \approx \frac{\left(\widetilde{K^f}_{i,M}\right)^2 \sum_{j=i+1}^{M} \varpi_j \mathrm{d}\Phi(t,T_j) \sum_{k=i+1}^{M} \varpi_k \mathrm{d}\Phi(t,T_k)}{\left(\widetilde{K^f}_{i,M} \sum_{j=i+1}^{M} \varpi_j \Phi_j(t)\right)^2}$$

远期汇率 $\Phi_j(t)$ 的动态过程为

$$\mathrm{d}\Phi_j(t) = \sigma_j(t)\,\Phi_j(t)\,\mathrm{d}W_t^j$$

导致有

$$\frac{\mathrm{d}K_{i,M}^{eq}(t)\,\mathrm{d}K_{i,M}^{eq}(t)}{\left(K_{i,M}^{eq}(t)\right)^2} \approx \frac{\sum_{j,k=i+1}^{M} \varpi_j \varpi_k\,\Phi_j(t)\,\Phi_k(t)\,\rho_{jk}\,\sigma_j(t)\sigma_k(t)}{\left(\sum_{m=i+1}^{M} \varpi_m\,\Phi_m(t)\right)^2}\mathrm{d}t$$

其中，ρ_{jk} 为 Φ_j 和 Φ_k 的布朗运动 $\mathrm{d}W_t^j$ 和 $\mathrm{d}W_t^k$ 之间的瞬时相关性，其论证与用于近似互换权定价公式[30]、[175]和[48]的过程类似，其 CCS 利率波动率的近似为

$$\hat{\sigma}_{i,M}^2(t) = \sum_{j,k=i+1}^{M} \frac{\varpi_j \varpi_k\,\Phi_j(0)\,\Phi_k(0)\,\rho_{jk}\,\sigma_j(t)\sigma_k(t)}{\left(\sum_{j=i+1}^{M} \varpi_j \Phi_j(0)\right)^2} \tag{9.15}$$

其中，提出的近似值相当于将所有被认为具有低波动率的量冻结在目前的水平上。以矩阵乘积形式表示，$\sigma_{i,M}^2(t)$ 为

$$\frac{(\varpi_{i+1}\Phi_{i+1}(0)\sigma_{i+1}(t),\cdots,\varpi_M\Phi_M(0)\sigma_M(t))\begin{pmatrix}\rho_{11} & \cdots & \rho_{M1}\\ \cdots & \cdots & \cdots\\ \rho_{1M} & \cdots & \rho_{MM}\end{pmatrix}\begin{pmatrix}\varpi_{i+1}\Phi_{i+1}(0)\sigma_{i+1}(t)\\ \cdots\\ \varpi_M\Phi_M(0)\sigma_M(t)\end{pmatrix}}{\left(\sum_{j=i+1}^{M}\varpi_j\Phi_j(0)\right)^2}$$

这使我们能够使用基于标准 Black 公式的定价方法，得到

$$\text{ICVAA}^P(0) = \text{L{\scriptsize GD}} \sum_{i=1}^{M} \mathbb{Q}\{\tau \in (T_{i-1}, T_i]\} \mathbb{E}_0\left[D(0, T_i)(\text{Exs}(T_i))^+\right]$$

且

$$\mathbb{E}_0\left[D(0, T_i)(\text{Exs}(T_i))^+\right] = NC_{i,M}(0) \mathbb{E}_0^{i,M}\left[\left(\widetilde{K}_{i,M} - K_{i,M}^{eq}(T_i)\right)^+\right]$$
$$= NC_{i,M}(0) \, Bl\left(\widetilde{K}_{i,M}, K_{i,M}^{eq}(0), \sqrt{\int_0^{T_i} \hat{\sigma}_{i,M}^2(s)\,ds}, \omega = -1\right)$$

其中有

$$Bl(K, F, v, \omega) = F\omega\mathbb{N}(\omega d_1(K, F, v)) - K\omega\mathbb{N}(\omega d_2(K, F, v))$$
$$d_1(K, F, v) = \frac{\ln(\frac{F}{K}) + \frac{1}{2}v^2}{v}, \qquad d_2(K, F, v) = \frac{\ln(\frac{F}{K}) - \frac{1}{2}v^2}{v}$$

9.2.2 外汇相关性的参数化

我们指出，上述定价 CCS 的 CVA 定价公式可缩减为由违约概率加权的交叉货币互换期权组合的价格，因为 IRS 的 CVA 可缩减为互换权组合（另见第 4 章关于 IRS 的结果）。然而，一个重要的区别是，虽然利率互换权在市场上被报价，从而每个期权使用的隐含波动率是可用的，但对于没有报价的交叉货币互换期权来说，情况并非如此，其仅有汇率期权有报价。因此，我们被迫计算公式，从市场报价的远期汇率波动率以及远期汇率 $\Phi_j(t)$ 和 $\Phi_k(t)$ 之间的相关性 $[\rho]_{jk}$ 开始，以获得交叉货币期权的波动率。后者的输入值只能通过历史估计获得市场信息，这与使用 LIBOR 市场模型给多名称利率衍生品定价时相同，详情可参见文献 [48]。

在利率的应用中，通常不会将历史估计的相关性直接插入计算中。这是因为它们可能是不规则的、不稳定的和不完整的，因为时间序列对于某些中期利率会缺失，对于长期交易中的最长到期日也常会缺失。因此要完成流动性不足期限的矩阵，通常可以按历史估计来拟合，即远期利率相关性的典型参数化之一，特别是文献 [176] 的双参数形式：

$$\rho_{ij} = \gamma + (1 - \gamma)\exp\{-\beta|i - j|\}$$

或三参数版本：

$$\rho_{ij} = \gamma + (1-\gamma)\exp\{-|i-j|[\beta - \alpha(\max(i,j)-1)]\}$$

（这不能保证是正半定的）众所周知，这些参数化被认为与远期利率相关性矩阵的行为拟合得很好，事实上，其特征是从主对角线上的单位元素开始的列呈指数级下降，$i \geqslant j$。我们可以在表9.1的相关性矩阵中观察到这一点，其列在图9.1中绘制。使用2008年初开始的一年数据，在Euribor利率数据基础上估算相关性矩阵。

表9.1　　　　　利率相关性（2008年的历史估计）

$d\langle F_i^d, F_j^d \rangle$	1	2	3	4	5	6	7	8	9	10
1	1.00	0.79	0.46	0.50	0.48	0.39	0.37	0.42	0.38	0.38
2	0.79	1.00	0.63	0.67	0.68	0.57	0.54	0.64	0.62	0.60
3	0.46	0.63	1.00	0.85	0.71	0.65	0.57	0.67	0.64	0.62
4	0.50	0.67	0.85	1.00	0.77	0.66	0.62	0.74	0.72	0.69
5	0.48	0.68	0.71	0.77	1.00	0.93	0.91	0.89	0.77	0.76
6	0.39	0.57	0.65	0.66	0.93	1.00	0.96	0.86	0.71	0.70
7	0.37	0.54	0.57	0.62	0.91	0.96	1.00	0.84	0.69	0.68
8	0.42	0.64	0.67	0.74	0.89	0.86	0.84	1.00	0.93	0.92
9	0.38	0.62	0.64	0.72	0.77	0.71	0.69	0.93	1.00	0.99
10	0.38	0.60	0.62	0.69	0.76	0.70	0.68	0.92	0.99	1.00

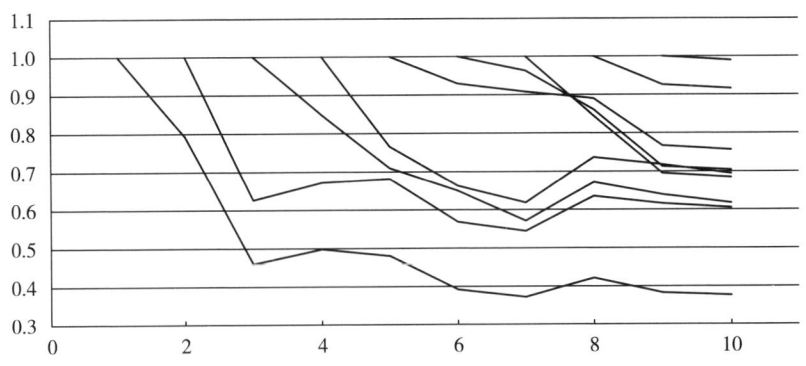

图9.1　利率相关性矩阵（列）（2008年的历史估计）

相关性在列的开头随着$|i-j|$的增加而迅速下降，这使得指数形式能很好地拟合其行为。遗憾的是，在远期汇率之间的相关性中找不到利率相关性矩阵

的这些特征，如表 9.2 和图 9.2 所示。

表 9.2　外汇汇率（远期汇率）相关性（2008 年的欧元/美元历史估算）

$d\langle\Phi_i,\Phi_j\rangle$	1	2	3	4	5	6	7	8	9	10
1	1.00	0.99	0.93	0.91	0.86	0.74	0.71	0.64	0.61	0.59
2	0.99	1.00	0.97	0.92	0.88	0.75	0.73	0.66	0.63	0.61
3	0.93	0.97	1.00	0.89	0.86	0.75	0.72	0.66	0.62	0.60
4	0.91	0.92	0.89	1.00	0.99	0.80	0.79	0.73	0.70	0.68
5	0.86	0.88	0.86	0.99	1.00	0.81	0.79	0.74	0.71	0.69
6	0.74	0.75	0.75	0.80	0.81	1.00	0.98	0.96	0.93	0.92
7	0.71	0.73	0.72	0.79	0.79	0.98	1.00	0.97	0.94	0.95
8	0.64	0.66	0.66	0.73	0.74	0.96	0.97	1.00	0.96	0.96
9	0.61	0.63	0.62	0.70	0.71	0.93	0.94	0.96	1.00	0.96
10	0.59	0.61	0.60	0.68	0.69	0.92	0.95	0.96	0.96	1.00

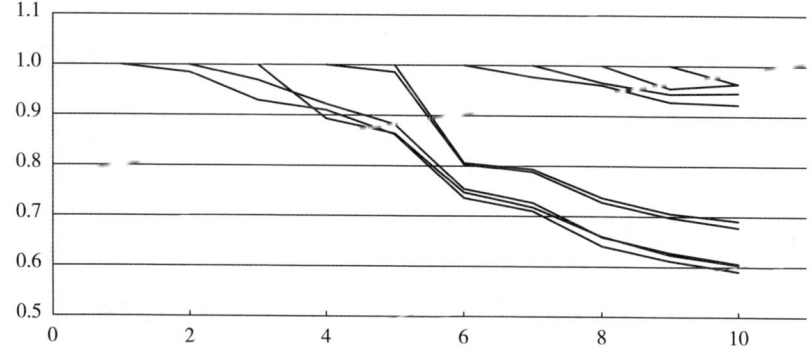

图 9.2　汇率相关性矩阵（列）（2008 年的欧元/美元历史估计）

我们看到，远期汇率相关性在列的开头不会迅速下降。相反，相关性在开始时下降得较慢，然后变得更为陡峭，直到列尾，陡度才再次降低。或者可以说，相关性被视为远期汇率至到期日之间距离的函数，在所考虑范围的近端为凹函数，在远端为凸函数。

我们怎样才能得到允许这种行为的参数化呢？一种可能性可参见文献 [107]，其是通过完善文献 [180] 的框架来实现的。

命题 9.2.1 相关性的参数化必须保证以下属性：

- 单位对角线：$\rho_{ii}=1$，$i=1,\cdots,n$
- 对称性：$\rho_{ij}=\rho_{ji}$，$i,j=1,\cdots,n$
- 正半定矩阵：$x^T\rho x \geq 0 \ \forall\, x \in R^n$

文献 [180] 通过如下设置来实现

$$\rho(i,j)=\frac{b(i)}{b(j)}, \quad j \geq i$$

其中，$b(j)>0$ 且 $b(j)$ 随 $[1,n]$ 中的 j 严格递增，那么上述所有属性都能得到保证。

证明：令 $b_i(i=1,\cdots,n)$ 为正的递增数字，然后设

$$c_i := \begin{cases} \sqrt{b_i^2-b_{i-1}^2} & \text{当 } i=2,\cdots,n \\ b_1 & \text{当 } i=1 \end{cases}$$

令 $Z_i(i=1,\cdots,n)$ 为独立的标准高斯变量，并设 $Y_i=\sum_{k=1}^{i}c_k Z_k$。那么对于 $i \leq j$ 有

$$\mathrm{Cov}(Y_i,Y_j)=\mathbb{E}\left[\sum_{k=1}^{i}c_k Z_k \sum_{h=1}^{j}c_h Z_h\right]$$

$$\mathrm{Cov}(Y_i,Y_j)=\mathbb{E}\left[\sum_{k=1}^{i}c_k Z_k \left(\sum_{k=1}^{i}c_k Z_k+\sum_{h=i+1}^{j}c_h Z_h\right)\right]$$

$$=\mathbb{E}\left[\left(\sum_{k=1}^{i}c_k Z_k\right)^2\right]=\mathrm{Var}\left(\sum_{k=1}^{i}c_k Z_k\right)$$

$$=\mathrm{Var}\left(Z_1 b_1+\sum_{k=2}^{i}\sqrt{b_k^2-b_{k-1}^2}\,Z_k\right)=b_1^2+\sum_{k=2}^{i}(b_k^2-b_{k-1}^2)=b_i^2$$

$$\mathrm{Corr}(Y_i,Y_j)=\frac{\mathrm{Cov}(Y_i,Y_j)}{\sqrt{\mathrm{Var}(Y_i)}\sqrt{\mathrm{Var}(Y_j)}}=\frac{b_i^2}{b_i b_j}=\frac{b_i}{b_j}$$

只要我们遵循这个框架，我们构建的矩阵就能保证是一个相关性矩阵。此外，文献 [180] 还要求函数 $h(j)=\dfrac{b(j)}{b(j+1)}$ 随 j 严格递增。它们表明，如果此条件能得到保证，我们不仅具备该矩阵成为相关性矩阵的所有充分必要条件，而且我们有两个适用于远期利率相关性矩阵的属性：

1. 递减的列：对于 $k>0$，$\rho_{i,i+k}$ 随 k 递减。
2. 递增的次对角线：$\rho_{i,i+k}$ 随 i 递增。

考查上述矩阵，我们看到第一个属性对我们很重要，而第二个属性与我们的经验证据不一致（此类属性在利率相关性矩阵中也没有被观察到，请参阅文献［50］）。

另外，还有我们感兴趣的其他属性，特别是，我们希望能够控制列的凸性。我们将在下面显示，在文献［180］的框架中，可以通过控制函数 $b(j)$ 的行为来控制相关性矩阵中列的行为。为了更好理解这一点，简便地将此条件重写为

$$\rho(i,j) = \frac{b(j)}{b(i)}, \ i \geqslant j$$

并定义 $a(j) = \frac{1}{b(j)}$，从而有

$$\rho(i,j) = \frac{b(j)}{b(i)} = \frac{a(i)}{a(j)}, \ i \geqslant j$$

因此，现在控制矩阵列的行为对应于控制 $\rho(i,j)$ 的行为，其为 j 不变时 i 的函数，特别是因为每列的 j 是一个正常数，每个列的行为就与 $a(i)$ 的行为相同。

为了保持在保证矩阵良好定义的框架中，我们必须选择递减函数 $a(j)$（对应于递增的 $b(j)$）。这转化为文献［180］中递减列（属性1）是可取的，因为它符合我们的经验证据。此外，我们希望该函数在近端为凹，而在较远端转为凸。递减函数与二阶导数的这种行为在范围 $[0,\pi]$ 内是余弦型的。

显然，我们需要将其转变成一个正函数，并灵活处理凸性反转的拐点。可以通过以下参数化来实现这样的目标：

$$a(j) = \cos\left(\pi\alpha + \pi(\beta - \alpha)\frac{j}{n}\right) - \cos(\beta\pi) + \gamma, \ 0 \leqslant \alpha \leqslant \beta \leqslant 1, \gamma > 0$$

(9.16)

其中，添加的 $-\cos(\beta\pi)$ 将函数最小值变为了零，并且 γ 通过将函数转向正半方案（条件 $\gamma > 0$ 确保有 $a(j) > 0$，要求 $\rho(i,j)$ 被明确定义），从而在恢复市场模式方面提供了一些更大的灵活性。系数 α 和 β 使我们能够选择最符合市场模式的余弦的"凸面区域"。在图 9.3 中，我们绘制了 $x \in (0,1]$ 时的 $\cos(x\pi)$ 和 $\cos(\pi\alpha + \pi(\beta - \alpha)x) - \cos(\beta\pi)$，且设 $\alpha = 0.2$ 和 $\beta = 0.9$。

请注意，如果设 $x = \frac{j}{n}$，那么有

$$a(j) = y(x) = \cos(\pi\alpha + \pi(\beta - \alpha)x) - \cos(\beta\pi) + \gamma, \ x \in (0,1] \quad (9.17)$$

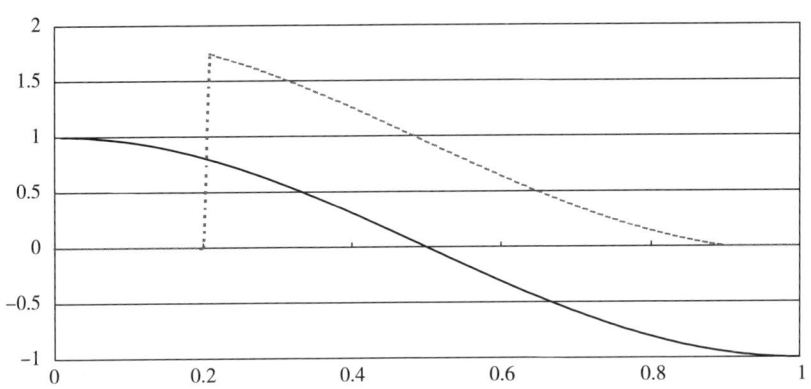

图 9.3　外汇相关性的余弦参数化

由 $0 \leq \alpha \leq \beta \leq 1$，余弦函数的参数 $\pi\alpha + \pi(\beta - \alpha)x$ 可在集合 $[0, \pi]$ 中取值。我们有

$$y'(x) = -\sin(\pi\alpha + \pi(\beta - \alpha)x)\pi(\beta - \alpha)$$
$$y''(x) = -\cos(\pi\alpha + \pi(\beta - \alpha)x)\pi^2(\beta - \alpha)^2$$

那么有

$$y'(x) > 0 \implies x > \frac{1 - \alpha}{\beta - \alpha}$$

$$y''(x) \geq 0 \implies \frac{1/2 - \alpha}{\beta - \alpha} \leq x \leq \frac{3/2 - \alpha}{\beta - \alpha}$$

由于 $\frac{1-\alpha}{\beta-\alpha} \geq 1$，一阶导条件永远不会得到满足，因此相关性不能与典型市场模式保持一致。由于 $\frac{3/2-\alpha}{\beta-\alpha} > 1$，二阶导条件可简化为以下事实，即由 $\alpha \geq 1/2$，凸度始终非负，否则在 $x = \frac{1/2-\alpha}{\beta-\alpha}$ 时凸度将由负值变为正值。

将此表拟合到我们的历史估计中，发现了 5% 的百分比均方根误差（$\sqrt{\sum_{i,j}\left(\frac{\rho_{ij} - \hat{\rho}_{ij}}{\rho_{ij}}\right)^2}$），而有三个参数的指数形式等价误差为 7%。差异虽小，但令人安心的是，观察第一列的图像可以看出，指数形式对市场模式拟合得最好，其成为一条直线，我们的参数化可以重现相关性的实际行为。

上述参数化取决于 n，这意味着在估计参数时，应提前知道相关性矩阵的最

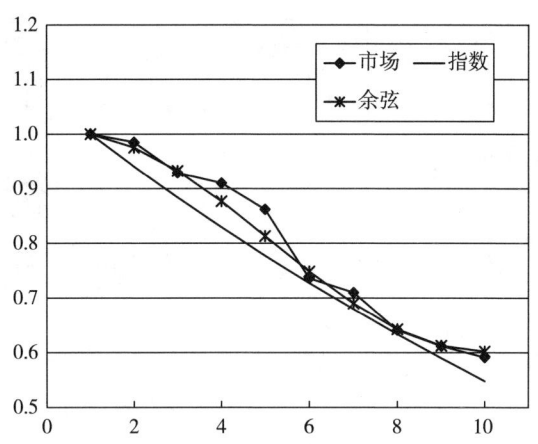

图 9.4　用不同参数化来拟合历史外汇相关性

大可能规模,而这可能很麻烦。以上参数化的略微变化就可以避免这种情况,因此我们不用考虑相关性矩阵的大小,就能获得类似的行为:

$$a(j) = \cos\left(\pi\alpha + \pi(1-\alpha)\left(1 - e^{-\varepsilon(j-1)}\right)\right) + 1 + \gamma, \quad 0 \leqslant \alpha \leqslant 1, \varepsilon \geqslant 0, \gamma > 0$$

此参数化可以被扩展到任何大小的矩阵,同时始终保持其良好定义。

当我们将余弦参数应用于交叉货币相关性时,参数 α 的最优值为 $\alpha^* = 0$,因此两个参数化实际上只有两个参数。这似乎是在该市场条件下的一个非常具体的特点。保持 α 为自由参数允许参数化也拟合利率市场的不同配置,包括表 9.1 中的指数配置(在这种情况下,参数 α 的最优值倾向于为 $\alpha^* > 0.5$,因此参数化结果总是凸的)。

除了此参数化降低了对该问题解的影响以外,我们还发现其对如何构建良好定义的参数化是一个很好的例子,其特征使我们能够捕捉市场变化以及拟合特定市场,它比指数参数化更为通用。

9.3　存在浮动汇率时跨货币互换的单边 CVA

现在,我们来看看在交易还涉及与国内和国外 LIBOR 利率挂钩的浮动端支付 $L_j^d(T_{j-1})$ 和 $L_j^f(T_{j-1})$ 时,如何修改上述框架,

$$L_j^d(T_{j-1}) = \frac{1}{(T_j - T_{j-1})}\left[\frac{1}{P(T_{j-1}, T_j)} - 1\right]$$

$$L_j^f(T_{j-1}) = \frac{1}{(T_j - T_{j-1})}\left[\frac{1}{P^f(T_{j-1}, T_j)} - 1\right]$$

在典型 CCS 中，我们可有：

初始交换：

- 在 T_0 时 A 方支付 N^f 的外币，B 方支付 N 的本币，然后有 $N = \varphi_0 N^f$。

各端：

- 国内端：在 T_j 时 $(j = 1, \cdots, M)$ A 方支付 $N\alpha_j(K + L_j^d(T_{j-1}))$ 的本币给 B 方。

- 外国端：在 T_j 时 $(j = 1, \cdots, M)$ B 方支付 $N^f\alpha_j(K^f + L_j^f(T_{j-1}))$ 的本币给 A 方。

最终交换：

- 在 T_M 时，A 方支付 N 的本币，B 方支付 N^f 的外币。

在国内风险中性测度下，B 方国内端的价值为

$$\text{Exs}(T_i, T_M) = NPV_{T_i}^d$$
$$= \mathbb{E}_{T_i}\left[NK\sum_{j=i+1}^{M}\alpha_j D(T_i, T_j) + N\sum_{j=i+1}^{M}\alpha_j L_j^d(T_{j-1}) D(T_i, T_j) + ND(T_i, T_M)\right]$$

切换到国内 T_j 远期测度：

$$NPV_{T_i}^d = N\left[K\sum_{j=i+1}^{M}\alpha_j P(T_i, T_j) + \sum_{j=i+1}^{M}\alpha_j P(T_i, T_j)\mathbb{E}_{T_i}^j\left[L_j^d(T_{j-1})\right] + P(T_i, T_M)\right]$$

$$= N\left[K\sum_{j=i+1}^{M}\alpha_j P(T_i, T_j) + \sum_{j=i+1}^{M}\alpha_j P(T_i, T_j)\mathbb{E}_{T_i}^j\left[F_j^d(T_{j-1})\right] + P(T_i, T_M)\right]$$

$$= N\left[K\sum_{j=i+1}^{M}\alpha_j P(T_i, T_j) + \sum_{j=i+1}^{M} P(T_i, T_j)\left[\frac{P(T_i, T_{j-1})}{P(T_i, T_j)} - 1\right] + P(T_i, T_M)\right]$$

其中，F 是与 LIBOR 利率 L 相关的远期 LIBOR 利率，即 $F_j^f(t)$ 为国外市场的远期 LIBOR 利率

$$F_j^f(t) = \frac{1}{T_j - T_{j-1}}\left(\frac{P^f(t, T_{j-1})}{P^f(t, T_j)} - 1\right)$$

在 t 时的 LIBOR 利率 $L_j^f(T_{j-1})$ 参见文献 [48]。对于本币也是一样的。在上面，我们使用了这样一个事实，即 F_j^d 为 T_j 国内远期测度下的鞅（见本书后面关于多曲线和基差影响的部分）。这很容易简化为

$$NPV_{T_i}^d = NK \sum_{j=i+1}^{M} \alpha_j P(T_i, T_j) + N\,P(T_i, T_i) - N\,P(T_i, T_M) + NP(T_i, T_M)$$

$$NPV_{T_i}^d = NK \sum_{j=i+1}^{M} \alpha_j P(T_i, T_j) + N$$

这对于国外测度下的外国付款方也同样成立

$$NPV_{T_i}^f = N^f K \sum_{j=i+1}^{M} \alpha_j P^f(T_i, T_j) + N^f$$

将价值转换为本币

$$\varphi(T_i) NPV_{T_i}^f = N^f K^f \sum_{j=i+1}^{M} \varphi(T_i) P^f(T_i, T_j) \alpha_j + N^f \varphi(T_i)$$

$$= N^f K^f \sum_{j=i+1}^{M} P(T_i, T_j) \Phi_j(T_i) \alpha_j + N^f \Phi_i(T_i)$$

因此，通过下式

$$NPV_{T_i} = NK \sum_{j=i+1}^{M} \alpha_j P(T_i, T_j) + NP(T_i, T_M)$$

$$- N^f K^f \sum_{j=i+1}^{M} \alpha_j P(T_i, T_j) \Phi_j(T_i) - N^f P(T_i, T_M) \Phi_M(T_i)$$

我们已经从式（9.11）给出的无浮动端 CCS 的 NPV 转向了也涉及浮动端 CCS 的 NPV

$$NPV_{T_i} = NK \sum_{j=i+1}^{M} \alpha_j P(T_i, T_j) + N$$

$$- N^f K^f \sum_{j=i+1}^{M} P(T_i, T_j) \Phi_j(T_i) \alpha_j - N^f \Phi_i(T_i)$$

我们已将名义付款从开始交易的远期结束时转到了开始时。通过对 K_j 和 K_j^f 的简单的重新定义，我们仍然可以使用前一节的方法来计算 CCS 的信用价值调整。

9.4 为什么需要交叉货币基差？

令 $x \in \{f,d\}$ 表示一个用外币或是用本币的指数，分别用 N^x、D^x、P^x 和 L^x 表示以货币 x 计价的名义本金、贴现因子、零息票债券和利率。用 $\mathbb{E}^{(x)}$ 表示与货币 x 相关测度下的预期。对于在两个纯浮动端进行交换的标准市场 CCS，有

$$\begin{aligned}
\text{NPV}_{T_i}^x &= N^x \mathbb{E}_{T_i}^{(x)} \left[\sum_{j=i+1}^{M} \alpha_j L_j^x(T_{j-1}) D^x(T_i, T_j) + D^x(T_i, T_M) \right] \\
&= N^x \left[\sum_{j=i+1}^{M} \alpha_j P^x(T_i, T_j) \mathbb{E}_{T_i}^{(x)j} \left[L_j^x(T_{j-1}) \right] + P^x(T_i, T_M) \right] \\
&= N^x \left[\sum_{j=i+1}^{M} P^x(T_i, T_j) \left[\frac{P^x(T_i, T_{j-1})}{P^x(T_i, T_j)} - 1 \right] + P^x(T_i, T_M) \right] \\
&= N^x
\end{aligned} \quad (9.18)$$

这意味着，在固定日期 T_i 进行估值时，CCS 是公平的，且我们均设

$$N = N^f \Phi_i(T_i)$$

如果我们假设这样的条件成立，那么就不应该有任何基差价差被添加到两端之一，使 CCS 处于平衡状态。在市场报价 CCS 的现实中，上述设置有什么不同以证明存在基差是合理的呢？显然，如果贴现因子不属于与偿付中利率相同的曲线，我们就不会在式（9.18）最后一段进行简化。众所周知，2007 年夏季之后，在偿付中所支付的 LIBOR 利率（如 CCS）与必须用于贴现抵押偿付的 OIS（隔夜指数互换）之间存在着很大的基差。关于全球金融危机开始时在抵押利率衍生品报价中所存在基差价差的分析请参阅文献［155］。由于市场报价 CCS 是指抵押产品，因此 CCS 的两端没有按平价估值这一点并不奇怪，从而其导致了存在 CCS 基差。LIBOR 挂钩的浮动利率不再按平价估值这一事实也存在于单一货币互换市场中，预计 CCS 将继承单一货币基差价差也是自然的。特别是，如果单一货币 LIBOR – OIS 价差在两种货币中有所不同（例如，对于欧元 – 美元 CCS，我们看到基于 Euribor 和基于 Eonia 的 OIS 之间的基差不同于美元 LIBOR 和基于美联储联邦基金的 OIS 之间的基差），则这种差异就出现在 CCS 估值中。

然而，这并没有解释为什么 CCS 基差在 2007 年夏季之前就已经存在了。在

2007 年夏季之前，单一货币基差可以忽略不计（而且经常被交易者所忽视），而 CCS 基差经常达到 10 个基点甚至更多，甚至当到期时间仅有几年时也如此。如今，能解释这一基差的理论出现了。出发点是上述式（9.18）对于抵押 CCS 的描述是错误的，因为它没有考虑到抵押化的后果。正如前面所提到的，贴现应该基于为交易抵押支付的利率——这将在第 16 章中得到详细讨论。在上述描述中，两端都使用了相应货币的短期利率来贴现，但在 CCS 中这是不可能的，因为抵押品是单一货币的。因此必须至少有一端支付货币 y 的利率，但要用抵押所选择的货币 x 的短期利率来贴现打折，该端就可能不以平价估值，这解释了为什么要使 CCS 达到平衡，就应该增加正的或负的价差到该端的原因。

9.4.1 Fuji、Shimada 和 Takahashi（2010）的方法

这一直观知识在最近的一些论文中得到了更详细的发展，特别是文献[109]、[110] 和 [111]。他们假设 CCS 是所谓的"完全抵押化"的，其中的抵押品是现金，抵押更新和利息支付是连续的，没有暂停抵押的门槛或最低转移金额。作为一般框架的一个特例，我们分析了第 16.2.1 节中完全抵押的条件，并在第 16.3 节中重申了 Takahashi 和合著者的结果。

我们的基本变量为

- $r^x(t)$：货币 x 的无风险短期利率，为国内无风险银行账户 $D^x(t,T) = B_t^x/B_T^x$ 的增长率；
- $c^x(t)$：作为抵押账户 C_t^x 按货币 x 增长率的短期利率。$C^x(t,T) = C_t^x/C_T^x$。

在 CCS 中发生的情况是，存在与两种货币 x 和 y 相关的两端，而两端的抵押品将以单一货币计价，其甚至可以是第三方货币 z。但为了简化，也为了不失问题的核心，我们将考虑一端以货币 x 计价而抵押品以货币 y 计价的情况。用 $P_X^{x,C,y}(t)$ 表示最初无抵押简单索偿权 $X^x(T)$（以货币 x）在 t 时的价格，该索偿权在 T 时支付且没有早期现金流，并针对以货币 y 计价的抵押作了调整，但仍以货币 x 表示。货币 x 通常是本国货币。

$$P_X^{x,C,y}(t) = \mathbb{E}_t^x\left[D^x(t,T)X^x(T)\right]$$
$$+ \varphi^{x,y}(t)\mathbb{E}_t^y\left[\int_t^T D^y(t,u)\left(r^y(u) - c^y(u)\right)\left(\frac{P_X^{x,C,y}(u)}{\varphi^{x,y}(u)}\right)du\right]$$

(9.19)

其中，$\varphi(t)^{x,y}$ 为要获得一单位 y 所需的 x 单位数。我们如何解释这样的定价公式呢？

1. 第一个预期是标准定价，但随后我们又增加了第二个预期：表示为贴现价差支付流的抵押净回报，与交易净现值挂钩。

2. 交易净现值的指数化，其源于这样一个事实，即根据定义，在本章格式化的"完全抵押"假设下（我们将在以下章节中放松该假设），抵押品必须始终与另一方违约时其中一方可能遭受的损失相匹配。特别是，当 NPV 为正时，投资者收到抵押品，当其为负时，投资者支付抵押品，因此 NPV 的符号决定了抵押支付的符号。

3. 汇率的存在来自这样的一个事实，即如果抵押品以 y 计价，则 NPV 的指数化以 y 计价：抵押流中涉及的所有利率均以 y 计价；最后，这些现金流的净现值被转换为以会计货币 x 计价。

4. 抵押品净支付是通过抵押利率与抵押货币无风险利率之间的价差支付的，因为假定抵押现金在收到时以无风险利率再投资，而在必须被提交时以无风险利率借入（请注意，再抵押是被隐性允许的。我们将在后面章节中看到更多关于该假设的内容）。例如，当我们持有抵押品时，假设是我们投资它，且我们以外国无风险利率 r^y 获得报酬，而我们以利率 c^y 支付抵押品提供者，从而我们就能得到 $r^y - c^y$ 的净回报。

虽然公式的其余部分几乎是不言而喻的，但最后的假设还需要一些注解。抵押品可以以有风险的利率进行投资，即补偿某些违约风险的利率。然而，这并没有使上述公式失效，因为此时，在无套利市场中，较高的回报率应与较高的违约风险相匹配，使净回报恢复到无风险状态。在简化模型中，如果此替代投资的回收率为零，则投资违约的强度为 $\lambda(t)$。在没有违约时，投资支付将在到期日 T 被支付，无套利要求此违约风险由等于 $r(s) + \lambda(s)$ 的回报 $z(t)$ 进行补偿，以使预期偿付为

$$\mathbb{E}\left[e^{\int_0^T z(t)ds} 1_{(\tau>T)}\right] = \mathbb{E}\left[e^{\int_0^T (r(s)+\lambda(s))ds} 1_{(\tau>T)}\right]$$
$$= \mathbb{E}\left[e^{\int_0^T (r(s)+\lambda(s))ds} e^{\int_0^T -\lambda(s)ds}\right] = \mathbb{E}\left[e^{\int_0^T r(s)ds}\right] \quad (9.20)$$

这与无风险投资中的一样。类似的推理可以适用于抵押融资成本。融资通常不是无风险的，因为在需要流动性时其受到投资者违约风险的影响。但是，

由于违约而无法偿还资金的这种可能性将得到更高的融资价差的补偿，这将使预期融资成本与无风险融资成本相等。这一逻辑最初在文献［157］中被提出，后来在第 11.3 节被提出，并作为第 17.3 节中特定流动性政策的组成部分被讨论。显然，投资者在评估其融资成本时，必须考虑自己的违约风险，这是令人不安的。类似于 DVA，出于类似的原因，它可能没有完全被银行应用于实践。但从整体经济角度来看，即使不是从投资者视角，它也是交易现金流的正确代表。相关争论请参阅文献［155］。

9.4.2　抵押率与无风险利率

式（9.20）有一个方面会产生更多的困惑。很明显，式（9.20）意味着抵押账户是一个无风险（无违约风险）账户，公式中没有违约指标。事实上，如果我们假设在交易对手违约时，标的工具价值不会瞬间跳跃，那么用我们所谓的"完全抵押"来抵押交易，则抵押和交易都是无风险的（我们将在第 15 章看到此假设被违反的标的 CDS 案例）。在这些假设下，抵押和标的交易之间相互担保。但是，我们假设抵押利率 c^y 与无风险利率 r^y 不一致，那么将在下面看到，CCS 基差的解释是基于假设由于 c^y 的风险性而有 $c^y > r^y$ 而作出的。这意味着无风险抵押账户以风险利率累计。这不应该是一个套利吗？所有结论都是在无套利机会假设下得出的，这难道不令人不安吗？

只有将违约包括到不完全抵押交易或瞬时传染中，并明确说明抵押利率风险的原因，才能澄清这一问题。我们在第 3 篇中部分处理了这一问题，我们将与现实一致地假设，抵押交易并非没有风险，因为抵押品充其量只是每日更新而非连续更新的。另外，此类抵押是对隔夜利率的指数化，而后者并非完全无风险，这是文献［155］讨论的一个话题，即它们受到交易对手今天向隔夜市场承认隔夜违约可能性的影响。这是市场上可用的最低风险，但并非没有违约风险。那么，我们是否真的有适用于无风险账户的风险利率，或者有与抵押账户风险的隔夜保证金期限相符的抵押利率隔夜风险呢？因为缺乏这样的分析，我们可以将适用于无风险抵押的风险利率情况视为市场细分：当涉及抵押协议时，投资者进入了一个特殊的货币市场，以可能与市场实际无风险利率不符的特殊利率借出无风险金额的资金。

9.4.3 完全抵押的结果

由于现在已经讨论了式（9.20），我们可以根据文献［111］看到其等价于：

$$P_X^{x,C,y}(t) = \mathbb{E}_t^x \left[e^{-\int_0^T (r^x(s)+c^y(s)-r^y(s))ds} X_T^x \right] \quad (9.21)$$

该公式表明，正确的贴现率是"国内"无风险利率加上超过相同抵押货币无风险利率的抵押差价。这有一些重要的推论。

当国内货币和抵押货币相同（$x = y$）时，我们能得到之前提到的臭名昭著的结果，根据该结果，抵押品交易应按抵押利率贴现

$$P_X^{x,C,y}(t) = \mathbb{E}_t^x \left[e^{-\int_0^T c^x(s)ds} X_T^x \right] \quad (9.22)$$

该结果随后由第 16.2.1 节的一般框架推导得出。此外，当抵押利率是无风险利率（$x = y, c^x = r^x$）时，这仅仅是标准的 Black 和 Scholes 定价。

$$P_X^{x,C,y}(t) = \mathbb{E}_t^x \left[e^{-\int_0^T r^x(s)ds} X_T^x \right] \quad (9.23)$$

式（9.21）的第二个有趣的方面是，当抵押利率与其自身货币的无风险利率一致时（$c^y = r^y$），即使其与本国货币的无风险利率 r^x 不同，抵押货币还是无关紧要的，因为我们有式（9.23），所以就好像我们是以国内无风险抵押品进行抵押的。这与多货币市场的标准无套利关系是一致的。事实上，我们在式（9.5）中看到，汇率有望弥补两种不同货币无风险投资的回报差异。因此，即使以 y 计价的抵押意味着以货币 y 进行融资从而以 y 进行贴现，我们也必须考虑抵押是与以 y 表示的交易 NPV，以及 y 无风险贴现以及被贴现量中的汇率 $\frac{1}{\varphi^{x,y}(u)} = \varphi^{y,x}(u)$ 的联合效应挂钩的，因此其相当于 x 无风险贴现，如在式（9.4）中。

因此，在无风险抵押下，以 y 抵押的 x 端与以 x 抵押的 x 端具有相同的价格，且其没有任何基差。然而，如果抵押品不是无风险的（$c^y > r^y$），因为其很可能以现实世界的隔夜抵押利率计价，那么事情将是不同的。要使全球市场无套利，我们需要知道，如果以 y 货币投资的金额与以 x 货币投资的单位金额相当，那么预期净现值与式（9.5）一样，

$$\mathbb{E}_0^x\left[D^x(0,T)\varphi(T)^{x,y}\left(\frac{B_0^x}{B_0^y}\frac{1}{\varphi(0)^{x,y}}\right)B_T^y\right]$$

$$=\mathbb{E}_0^x\left[e^{-\int_0^T r^x(s)ds}\varphi(T)^{x,y}\left(\frac{1}{\varphi(0)^{x,y}}e^{\int_0^T r^y(s)ds}\right)\right]=1$$

其使国外无风险投资与单位国内无风险投资相当，

$$\mathbb{E}_0^x\left[D^x(0,T)B_T^x\right]=1$$

但是，如果我们以高于无风险利率的风险抵押利率 c^y 进行贴现，该利率受到 τ 时可能出现的违约事件的影响的可能性会更高，则汇率 $\varphi(t)^{y,x}$ 将不会被迫调整此利率与 x 的无风险利率 r^x 之间的差额，因为在无套利时 c^y 超过 r^y 的部分已由违约风险来保证，这与式（9.20）相同，

$$\mathbb{E}_0^y\left[D^y(0,T)e^{\int_0^T c^y(s)ds}1_{(\tau>T)}\right]=\mathbb{E}_0^y\left[D^y(0,T)e^{\int_0^T(r^y(s)+\underbrace{c^y(s)-r^y(s)}_{\text{违约强度}})ds}1_{(\tau>T)}\right]$$

$$=\mathbb{E}_0^y\left[D^y(0,T)e^{\int_0^T r^y(s)ds}\right]=1$$

只有 $r^y(t)$ 和 $r^x(t)$ 之间的差才是汇率要适应的。因此，当抵押有风险时，支付 x 费率但以 y 进行抵押的一端实际上是以利率 $r^x(s)+c^y(s)-r^y(s)$ 进行贴现的。这与已支付的利率不一致，后者是与 $r^x(s)$ 挂钩的。因为该端不会按平价估值，因此基差会出现。

因此，根据最新理论，市场报价的 CCS 基差与具体抵押交易是相关的（特别是文献 [111] 对以美元抵押 CCS 实践的讨论）。这种基差没有进入非抵押 CCS 的估值——本章的重点——其是以标准贴现和 CVA 定价的。因此，我们恢复对 CCS 的 CVA 的分析，并在计算时不考虑市场基差。

9.5 实践中 CCS 的 CVA

首先，我们总结了本章前几节的主要结论。

$$\text{ICVAA}^P(0)=\text{L}_{\text{GD}}\sum_{i=0}^{M-1}\mathbb{Q}\{\tau\in(T_i,T_{i+1})\}\mathbb{E}_0\left[D(0,T_i)(\text{Exs}(T_i))^+\right]$$

$$\mathbb{E}_0\left[D(0,T_i)(\text{Exs}(T_i))^+\right]=N\sum_{j=i+1}^M\alpha_j P(0,T_j)\mathbb{E}_0^{i,M}\left[(\widetilde{K}_{i,M}-K_{i,M}^{eq}(T_i))^+\right]$$

$$\mathbb{E}_0^{i,M}\left[\left(\widetilde{K}_{i,M} - K_{i,M}^{eq}(T_i)\right)^+\right] = Bl\left(\widetilde{K}_{i,M}, K_{i,M}^{eq}(0), \sqrt{\int_0^{T_i} \hat{\sigma}_{i,M}^2(s)\,\mathrm{d}s}, \omega = -1\right)$$

$$\hat{\sigma}_{i,M}^2(t) = \sum_{j,k=i+1}^{M} \frac{\varpi_j \varpi_k\, \Phi_j(0)\, \Phi_k(0)\, \rho_{jk}\, \sigma_j(t)\sigma_k(t)}{\left(\sum_{m=i+1}^{M} \varpi_m \Phi_m(0)\right)^2}$$

其中，

$$K_{i,M}^{eq}(0) = \widetilde{Kf}_{i,M} \sum_{j=i+1}^{M} \varpi_j(0)\Phi_j(0)$$

$$\widetilde{Kf}_{i,M} = \sum_{j=i+1}^{M} \varpi_j^f(0) K_j^f$$

$$\widetilde{K}_{i,M} = \sum_{j=i+1}^{M} \varpi_j(0) K_j$$

至于相关性元素，我们已展示了将其参数化为下式的优势：

$$\rho(i,j) = \frac{b(j)}{b(i)} = \frac{a(i)}{a(j)}, i \geqslant j$$

其中，

$$a(j) = \cos\left(\pi\alpha + \pi(\beta-\alpha)\frac{j}{n}\right) - \cos(\beta\pi) + \gamma, \quad 0 \leqslant \alpha \leqslant \beta \leqslant 1, \gamma > 0$$

或者，如果寻求独立于交易到期日的参数化

$$a(j) = \cos\left(\pi\alpha + \pi(1-\alpha)\left(1-\mathrm{e}^{-\varepsilon(j-1)}\right)\right) + 1 + \gamma, \quad 0 \leqslant \alpha \leqslant 1, \varepsilon \geqslant 0, \gamma > 0$$

现在，我们将看到上述公式在实践中的应用。作为示例，我们考虑了一个非常简单的欧元－美元 CCS。该 CCS 被设置为是在汇率为 0.833 时建立的，因此国外名义本金为国内名义本金除以 0.833，因为有 $N = \varphi_0 N^f$。当即期汇率后续变为 0.803 时，对 CCS 进行估值。CCS 的特征如表 9.3 所示，其包括交易对手预期回收率和决定国外名义本金的初始汇率。

表 9.3　　　　　　　　作为分析示例的 CCS 特征

初始汇率	0.83300	国内固定利率	4.39%
即期汇率	0.80300	国外固定利率	4.56%
国内名义本金	10 亿	回收率	40%

我们将"国内"作为支付欧元的一端,而将"国外"作为支付美元的一端,并计算国内端付款方的分装预期 CVA。在表 9.4 中,我们看到了计算交叉货币互换价格所需的基本市场输入值的示例。前两列为 CCS 的付款日期,分别为日历日期和模型中的 T_i。时间是根据这些付款日期进行划分的,因此基本量的计

表 9.4　　　　　计算交叉货币互换价格所需的基本市场输入值

i	日期 T_i	远期汇率 $\Phi_i(0)$	国内债券价格 $P(0,T_i)$
0	2008 - 09 - 22	0.682	1
1	2009 - 07 - 15	0.692	0.959761
2	2010 - 07 - 15	0.696	0.920115
3	2011 - 07 - 15	0.694	0.881873
4	2012 - 07 - 15	0.691	0.844823
5	2013 - 07 - 17	0.688	0.808879
6	2014 - 07 - 16	0.685	0.774026
7	2015 - 07 - 15	0.681	0.73982
8	2016 - 07 - 15	0.678	0.706354
9	2017 - 07 - 15	0.675	0.673447
10	2018 - 07 - 15	0.673	0.641121
11	2019 - 07 - 17	0.672	0.60966
12	2020 - 07 - 15	0.671	0.579588
13	2021 - 07 - 15	0.671	0.55082
14	2022 - 07 - 15	0.670	0.523415
15	2023 - 07 - 15	0.669	0.497557
16	2024 - 07 - 17	0.668	0.473089
17	2025 - 07 - 16	0.667	0.450273
18	2026 - 07 - 15	0.665	0.428842
19	2027 - 07 - 15	0.663	0.408648
20	2028 - 07 - 15	0.660	0.389695
21	2029 - 07 - 15	0.657	0.371996
22	2030 - 07 - 17	0.654	0.3553
23	2031 - 07 - 16	0.650	0.33968
24	2032 - 07 - 15	0.646	0.324927
25	2033 - 07 - 15	0.641	0.310889

算与这些日期相对应，从 T_0 开始的，因为在此时我们展示了预期的 CVA。我们需要即期汇率，以及与日期 T_i 相关到期日的国外和国内期限结构。这些数量一起通过式（9.8）提供了远期汇率。在表 9.4 中，有 CCS 定价所需的所有输入值。如果目标不仅是对 CCS 进行定价，而对 CCS 的 CVA 进行定价，则需要有关波动率以及远期汇率相关性的信息。我们使用 20.7% 的水平波动率和所有项都等于 1 的相关性矩阵，以保持输入值尽可能简单并可复制。

表 9.5 显示了得到 CVA 值所需的主要计算。我们计算了有效国内外利率，

表 9.5　　　　　　　　计算 CVA 所需的主要计算输出值

i	有效国内利率 $\hat{K}_{i,M}(T_i)$	有效国外利率 $\hat{K}'_{i,M}(T_i)$	CCS利率 $K^{eq}_{i,M}(T_i)$	带符号的风险暴露 $\mathbb{E}_0[D(0,T_i)Exs(T_i)]$	波动率 $\hat{\sigma}^2_{i,M}$	正风险暴露 $\mathbb{E}_0[D(0,T_i)Ex(T_i)]$	违约概率 $\{\tau \in T_{i-1}, T_i\}$	CVA $ICVAA^P(t)$
0	6.50%	7.87%	6.26%	34563289	20.69%	89043843	4.7%	2499422
1	6.64%	8.05%	6.39%	35220428	20.69%	118842891	5.5%	3901217
2	6.81%	8.24%	6.53%	36082386	20.69%	137843757	5.2%	4266766
3	6.99%	8.45%	6.68%	36823733	20.69%	151119838	4.9%	4420421
4	7.19%	8.69%	6.85%	37377855	20.69%	160595630	4.6%	4438595
5	7.41%	8.95%	7.05%	37738705	20.69%	167174388	4.3%	4318642
6	7.66%	9.25%	7.26%	37904451	20.69%	171719569	4.1%	4181692
7	7.94%	9.58%	7.51%	37886845	20.69%	174679892	3.8%	4031047
8	8.26%	9.95%	7.79%	37720201	20.69%	176264048	3.6%	3822937
9	8.62%	10.37%	8.11%	37451397	20.69%	176830384	3.4%	3615164
10	9.02%	10.85%	8.47%	37116713	20.69%	176608622	3.2%	3421728
11	9.50%	11.41%	8.89%	36746979	20.69%	175628080	3.0%	3181112
12	10.04%	12.05%	9.38%	36351551	20.69%	174192997	2.9%	2982484
13	10.68%	12.80%	9.95%	35957447	20.69%	172314161	2.7%	2781019
14	11.43%	13.70%	10.63%	35565199	20.69%	170092263	2.5%	2587635
15	12.34%	14.77%	11.44%	35155061	20.69%	167620455	2.4%	2422877
16	13.46%	16.11%	12.45%	34736738	20.69%	164812926	2.2%	2220818
17	14.85%	17.77%	13.70%	34311889	20.69%	161894672	2.1%	2056649
18	16.64%	19.90%	15.31%	33859858	20.69%	158829625	2.0%	1907311
19	19.03%	22.77%	17.46%	33365432	20.69%	155623649	1.9%	1766259
20	22.39%	26.79%	20.49%	32813063	20.69%	152278825	1.8%	1624539
21	27.42%	32.83%	25.03%	32216772	20.69%	148879109	1.7%	1505093
22	35.86%	42.98%	32.66%	31566789	20.69%	145351991	1.6%	1373679
23	52.62%	63.17%	47.83%	30867810	20.69%	141825606	1.5%	1267014
24	103.02%	123.88%	93.47%	30107240	20.69%	138238288	1.4%	1164101
								71758224

注：本表特别列出了有效国内和国外利率，以及均衡交叉货币互换利率。

以及均衡交叉货币互换利率。由于我们选择了简单的具有固定国内利率和固定国外利率的固定对固定 CCS，所以这些数量随时间的增长，主要是由于在交易结束时存在名义交易。有了这些输入值，我们可以计算在任何未来时间的风险暴露，但为了获得正的风险暴露，我们需要计算交叉货币互换利率的波动率，其通过式（9.15）计算得到，并列在"波动率"列中。通过添加周期违约概率，我们可以计算与不同时间间隔 $T_i - T_{i+1}$ 中违约的可能性相关的周期 CVA。综上所述，我们得到了 CCS 的 CVA。此表显示了可以轻松地在工作表中实现计算的近似方法，其中所有基本的 CVA 即期和远期元素都可以轻松被读取和解释。

计算交易对手风险调整的关键要素是不同离散日期的正风险暴露（见图 9.5）以及预期风险暴露。这两种风险暴露随时间的增长是 CCS 交易对手风险的一个基本特征，这主要是由于交易结束时存在名义本金的交换。这可以很好地用这里提出的简单方法来处理，其使风险暴露与标准 IRS 的交易对手风险中的模式不同。如果我们考虑交换与上述 CCS 相同的持续现金流的合约，但没有最终的名义本金交换（就如 IRS 那样），那么我们会发现风险暴露在达到最大值后会开始减少（见图 9.6）。

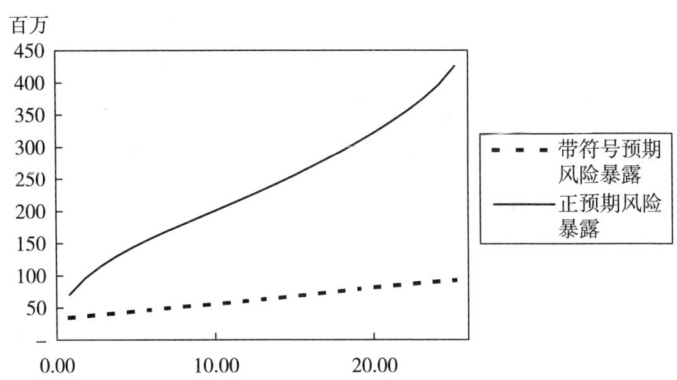

图 9.5 带名义本金交换的 CCS

[绘制了随 T_i 变化的带符号预期风险暴露 $\mathbb{E}_0[D(0,T_i)Exs(T_i)]$ 和（正的）预期风险暴露 $\mathbb{E}_0[D(0,T_i)(Exs(T_i))^+]$]

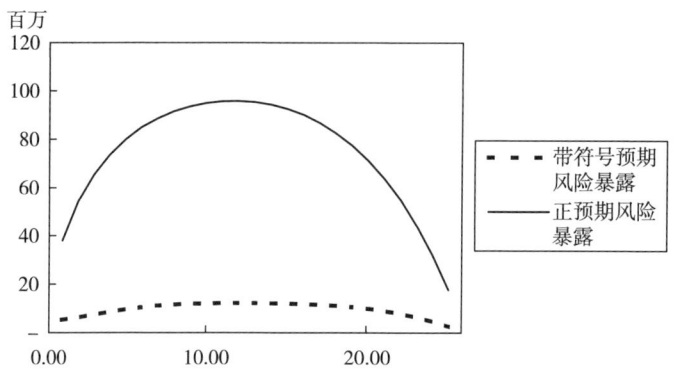

图 9.6　无名义本金交换的 CCS

[绘制了随 T_i 变化的带符号的和（正的）预期风险暴露]

9.5.1　改变 CCS 的货币性

决定 CCS 交易对手风险大小的另一个关键因素是标的 CCS 的货币性，这里意指初始汇率 φ_0（决定了国内外名义本金的比）和当前汇率 φ_t 之间的差额。有意思的是，如果用不同汇率进行估值，那么上述 CCS 的交易对手风险将会怎样。例如，假设（1）其于 2005 年 9 月达成，并在信用紧缩开始后以 2008 年 2 月的即期汇率进行估值（见表 9.6）；（2）在 2008 年 2 月对其像被重置为 ATM 一样进行估值（见表 9.7）；（3）在 7 个月后的 2008 年 9 月以即期汇率重新估值（见表 9.8）。在这三种情况下，除了日期被前移，我们考虑与以前相同的 CCS 具有与表 9.4 相同的输入值，以保持 CCS 具有相同的长度。因此，我们只改变汇率 φ_0 比较完全相同的产品。我们采用 10% 的水平汇率波动率，因为相对较低的波动率水平使我们能够更准确地看到货币性的影响。此外，我们首先考虑在 2008 年 2 月的重新估值。

**表 9.6　　　　　　　　CCS 特征，于 2005 年 9 月达成，
并在信用紧缩开始后以 2008 年 2 月的即期汇率被进行估值**

初始汇率（2005 年 9 月）	0.833
即期汇率（2008 年 2 月）	0.682
CCS 的 CVA	69605911

表 9.7　CCS 特征，于 2008 年 2 月达成，像被重置为 ATM 一样

初始汇率（2008 年 2 月）	0.682
即期汇率（2008 年 2 月）	0.682
CCS 的 CVA	35577156

表 9.8　CCS 特征，于 2008 年 2 月开始 7 个月后的即期汇率达成

初始汇率（2008 年 2 月）	0.682
即期汇率（2008 年 10 月）	0.803
CCS 的 CVA	18132494

由于美元相对于欧元的贬值，CCS 对于交易对手（一位面临违约风险的交易对手）来说变得深度价内。由于很高的正风险暴露，CVA 也很高。此外，带符号预期风险暴露也高，且离正风险暴露并不是不远。正如图 9.7 所示，其表明了 CVA 的水平并不那么依赖波动率。

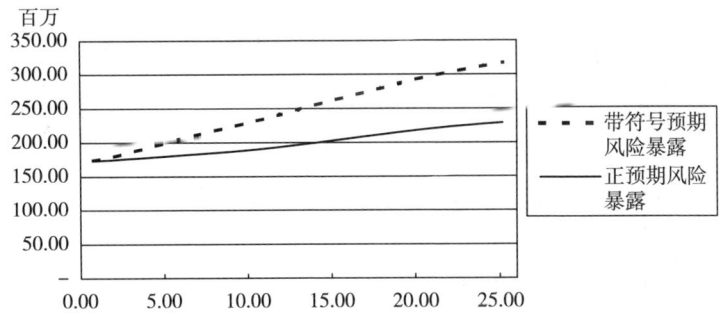

图 9.7　ITM 的 CCS［绘制了随 T_i 变化的带符号的和（正的）预期风险暴露］

在 2008 年 2 月，重新包装交易并进入新的平价 CCS 是合理的，就如表 9.8 中所描述的一样。

CVA 虽然已经被削减了一半，但其依然很高，尽管预期风险暴露是从零开始的。作为 CVA 的真正相关的量，CVA 现在远远高于带符号的预期风险暴露，这表明标的远期汇率波动率［其取决于两个期限结构的即期汇率和远期汇率波动率，正如在式（9.8）看到的］在这里发挥着更为重要的作用。

如果我们仅在 7 个月后以欧元/美元即期汇率对类似的 CCS 进行估值，则 CCS 就变为价外了，因为欧元兑美元汇率再次上升，回到了 2005 年的水平。

CVA 约为其在 2008 年 2 月的一半，预期风险在所有未来日期均为负，这表明正预期风险暴露的正值水平是由波动率推动的，请参阅图 9.9。

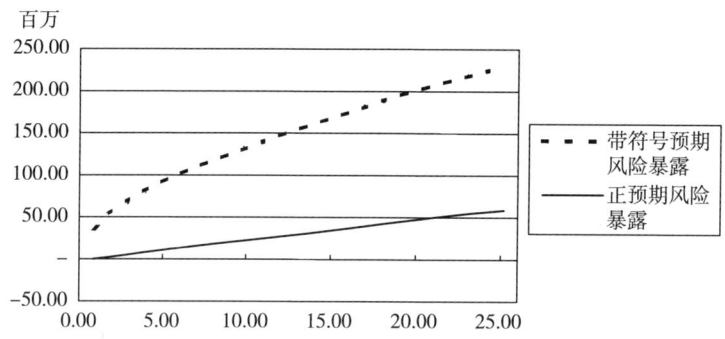

图 9.8　ATM 的 CCS［绘制了随 T_i 变化的带符号的和（正的）预期风险暴露］

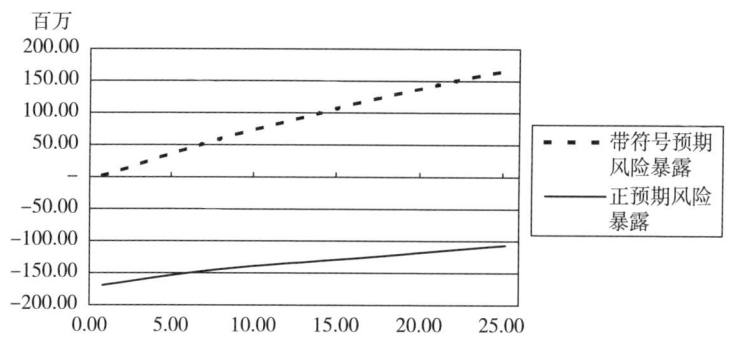

图 9.9　OTM 的 CCS［绘制了随 T_i 变化的带符号的和（正的）预期风险暴露］

9.5.2　改变波动率

我们了解到，货币性和波动率之间的相互作用是 CCS 的 CVA 重要的驱动因素。现在，我们研究这种相互作用的另一个方面。对于刚刚分析的三个 CCS（ITM、ATM 和 OTM），当波动率从 10% 增加到 20% 时，CVA 会如何变化呢？我们从表 9.9 和图 9.10 看到了不同假设下的 CVA，以及这种变化是如何强烈地依赖货币性的。

表 9.9　　作为分析示例的 CCS 的货币性和波动率

	低波动率	高波动率	低/高
OTM	19129036	51710552	37%
ATM	36322172	68484453	53%
ITM	67502482	92590984	73%

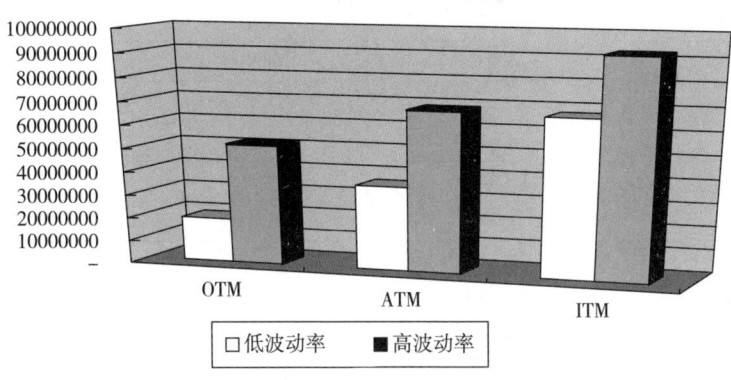

图 9.10　三种不同货币性水平和两种波动率水平下 CCS 的 CVA

对于 OTM 的 CCS，波动率翻倍的效果增加到了近三倍的 CVA，对于 ATM 的 CCS，CVA 增加不到一倍，而对于 ITM 的 CCS，其影响约为 CVA 的三分之一。

9.5.3　改变汇率相关性

我们分析的最后一个方面是相关性的影响。正如我们在第 9.2.1 节中所看到的，进入 CVA 最终公式的波动率是交叉货币互换利率的波动率，该波动率是远期汇率波动率和通过远期汇率相关性矩阵转换的组合。从 20.69% 的远期汇率水平波动率开始，并保持相关性矩阵的所有项等于 1，这意味着交叉货币互换利率的波动率是水平的。减少相关性会带来"分散化"，并能减少由此产生的波动率。我们看到，将其变为 0 会对 CVA 产生重要影响，使 CVA 减少到略高于三分之一。如果变为一个现实的历史估计相关性矩阵，其中大多数元素均相对接近于 1，则会有一个不可忽视的效果（见表 9.10）。

表 9.10　　不同时间的交叉货币互换利率波动率（依赖相关性）

时间	$\rho = [0]$	$\rho =$ 历史估计	$\rho = 1$
1	4.40%	15.13%	20.69%
2	4.47%	15.06%	20.69%
3	4.55%	15.00%	20.69%
4	4.64%	14.95%	20.69%
5	4.73%	14.92%	20.69%
6	4.82%	14.91%	20.69%
7	4.93%	14.91%	20.69%
8	5.05%	14.93%	20.69%
9	5.17%	14.96%	20.69%
10	5.31%	15.01%	20.69%
11	5.47%	15.08%	20.69%
12	5.64%	15.16%	20.69%
13	5.84%	15.27%	20.69%
14	6.06%	15.41%	20.69%
15	6.32%	15.57%	20.69%
16	6.61%	15.76%	20.69%
17	6.95%	15.99%	20.69%
18	7.36%	16.26%	20.69%
19	7.86%	16.57%	20.69%
20	8.48%	16.94%	20.69%
21	9.28%	17.39%	20.69%
22	10.36%	17.92%	20.69%
23	11.95%	18.57%	20.69%
24	14.63%	19.40%	20.69%
25	20.69%	20.69%	20.69%
CVA	28846834.70	56644007	71758224

注：远期汇率波动率持平于 20.69%。

9.6　更替与流动性成本

本节考虑一种交易类型——更替，其在全球金融危机爆发后已经流行多年。该交易与 CVA 有关，因为它是防止交易对手风险的一种形式，与外汇有关，并且标的风险通常为交叉货币风险，因此本章的结尾将对其展开讨论提供方便场所。与 CDS 一样，更替针对违约风险提供保护，涉及三方：保护买方、保护卖方和参考实体。更替与或有 CDS（CCDS）有关。在第 1 章中"对冲交易对手风险：CCDS"一节以及之后的第 5.4 节中简要介绍了或有 CDS。更替具有类似于或有 CDS 的金融效应，但有两个重要的区别。第一，更替不需要像或有 CDS 那样的特定期限表，而是从基本交易和标准抵押协议中合成得到的。第二，更替涉及在或有 CDS 中未提供的融资流动交换。更替是信用危机爆发后融资流动性变得如此重要的首要背景之一，它成为许多交易定价的关键要素。下面，我们用一个简单的方法来对其进行估值。在理念上，它与上述在互换或交叉货币互换中对 CVA 的估值方法相似，在交易对手信用风险和标的交易价值之间具有独立性。

9.6.1　合成或有 CDS：更替

考虑存在一笔交易，我们将其称为"原始交易"，该交易是一家银行（我们将其称为"银行"）与另一家与该银行没有抵押协议的交易对手达成的。当银行与交易对手没有抵押协议时，该交易对手通常是来自金融业以外的其他行业的一家公司。因此，我们称此交易对手为"公司"。原始交易通常是一种互换，无论是基于利率、交叉货币还是商品，它对银行来说都具有很强的正的净现值，或是带有符号的风险暴露。原则上，银行和企业都面临交易对手违约的风险，但我们出于以下考虑忽略银行的违约风险：

1. 要使交易在财务上更方便，银行违约的可能性就必须低于公司。这在信用紧缩开始时是典型的，尽管在随后的部分危机阶段并非如此。

2. 更重要的是，由于交易的 NPV 对银行强烈为正，因此，仅有银行对交易对手违约有实际风险暴露，而公司的风险暴露只是潜在的。换句话说，银行预计未来从公司收到的款项将远远超过其预期向公司支付的，因此只有银行会担心交易对手违约的风险。

下图解释了这种情况，并标明了银行（或公司）将来应向公司（或银行）支付的所有现金流。代表公司付款的箭头上的"违约"标签表示，由于没有抵押，这些现金流可能会面临违约风险。公司应付款的箭头较粗，表明了其预期价值大于银行到期的付款额,与两个交易对手的风险暴露符号一致:银行风险暴露 Exs 为正值,而公司风险暴露$\overline{\text{Exs}}$ = − Exs 明显为负。

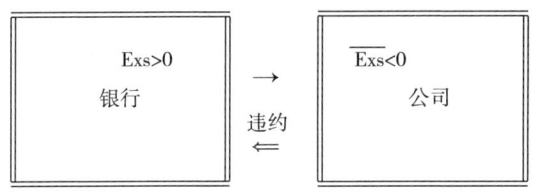

这种情况在信用紧缩期间经常出现。2007 年底至 2008 年初,货币、利率期限结构和大宗商品价格的波动相当剧烈,这导致许多交易的 NPV 非常强劲,以至有利于其中任何一个交易对手。

在上述情况下,银行可以保护自己免受违约风险,即作为保护买方与另一家银行达成或有 CDS 交易,后者我们称为"担保人",并使公司作为参考实体,原始交易作为标的交易。如果公司在 τ 时违约,担保人将向银行支付违约损失,一般计算如下:

$$\text{L{\scriptsize GD}}(\text{Exs}(\tau))^+$$

然而,还有一个简单的替代方案能为银行提供违约保护。该替代方案就是"更替",即原始交易担保人被所规定的两份合约所取代。担保人必须选择与银行有抵押协议的银行。我们考虑以下最为标准的抵押协议。

- 交换的抵押品为纯现金;
- 担保人在 t 时提供的抵押品金额 $C(t)$ 由以下简单规则给出

$$C(t) = \text{Exs}(t)$$

- 抵押品被每日监管,由此产生的利息也受到监管。银行在 t_i 时支付的抵押利息为

$$C(t_i) R_O(t_i)(t_i - t_{i-1})$$

其中,$C(t_i)$ 是 t_i 时的抵押品金额,$(t_i - t_{i-1})$ 为一日期的长度,$R_O(t_i)$ 是从 t_i 时开始的一天利率(令 t_i 为第 i 日的午夜)。设 $R_O(t_i)$ 为所报的隔夜利率,这与大多数抵押协议相同。

担保人必须签订两份被复制的剩余原始交易的合约。第一份合约与银行签订,担保人在这里处于与原交易中的公司相同的位置。本合约由银行与担保人之间的抵押协议覆盖,因此实际上没有风险。第二份合约由担保人与公司签订,

担保人处于与银行在原始交易中相同的位置。由此产生的情况如下图所示。

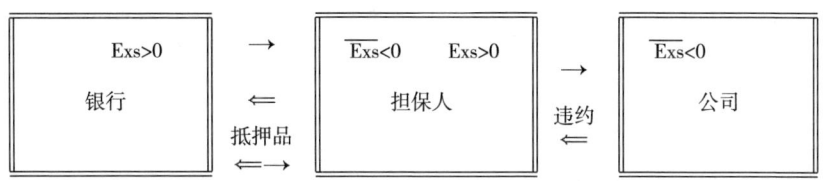

与原始交易相比,有什么变化呢?对于公司来说,完全没有。对于银行来说,其所涉及的现金流与原始合约相同,因此市场风险暴露依然保留,但有两个区别:

1. 银行从担保人那里获得抵押品。如果抵押品是现金,则银行现在通过担保人提供的流动性工具为交易提供资金。

2. 由于抵押,银行与担保人之间的交易现金流不再受违约风险的影响。银行受到保护,将能免受违约风险。

至于担保人,我们有相对称的情况:

1. 担保人提交抵押品,这意味着流动性外流。

2. 如果没有违约,担保人除抵押品外没有净流出或流入(不暴露于市场风险)。如果公司违约,担保人将遭受下列损失:

$$\text{LGD}(\text{Exs}(\tau))^+$$

显然,在这种更替中,担保人向银行提供违约保护和一定数额的资金(如下图所示),因此担保人要求银行给予补偿,这通常是受到监管的一次性预付费用。

违约保护的价值可以照常计算。如果交易期限为 T_M,则此保护的风险中性贴现预期价值为

$$\text{LGD}\,\mathbb{E}_0\left[1_{\{0\leq\tau\leq T_M\}}D(0,\tau)(\text{Exs}(\tau))^+\right]$$

这既等于原始交易的 CVA,也等于基于与公司作为参考实体的原始交易上的或

有 CDS 的预付价格。与或有 CDS 相比，不同的是，更替实施起来可能更容易、更快捷，因为它不需要任何特定的期限。担保人补偿的这一信用部分的估值遵循了上述方法。相反，以简单和实用的方法对流动性工具进行估值将在下面展开讨论。

9.6.2　流动性估值方法的扩展

抵押协议要求银行向担保人支付作为抵押品所提交的流动性的利息 $R_O(t_i)$，因此可能认为，此流动性工具不需要任何预付款额进行补偿。只要市场上的期限溢价可以被忽略不计，情况便是如此，但这种情况很少见。在信用紧缩期间肯定并非如此。由于流动性担保是从现在到 T_M 时的，当存在包含此期限溢价的不同利率 $R(0, T_M)$ 时，更替中隐含的流动性供给就必须以该利率对其进行估值。该流动性供给的价值可以通过两种不同但等效的方式来处理：一是计算更替中所涉及两笔交易的定价差异——抵押的和无抵押的（其差异是由于 CVA 和 FVA，即所谓的融资价值调整），并向担保人支付此正差额；二是评估抵押账户以 $R(0, T_M)$ 和 $R_O(t_i)$ 之间的价差收到的资金，并将此作为预付款支付给担保人。前一种方法在理论上更为稳健，将在第 11 章和第 17 章中对其予以考虑，其中将对其在严格的框架内处理融资流动性的影响。在这里，我们采用一种非正式的分析，基于一些实际的和有些"传统"的假设。另请注意，虽然忽略了文献［157］的结果，但我们稍后将在第 11 章审查这些结果。

回到我们的分析，如果担保人提供的流动性金额是一个恒定的确定性量 C，那么银行在 T_M 时支付的公平补偿将为

$$R(0, T_M) C T_M$$

如果这种补偿是预付的，就要进行无风险贴现

$$R(0, T_M) C T_M P(0, T_M)$$

相反，我们知道

$$C(t) = \text{Exs}(t)$$

所以其是随机的，甚至可能会改变符号：当 $\text{Exs}(t) < 0$ 时，银行将向担保人提供流动性。在市场上，通常使用资金的确定性等价金额 $\overline{C}$ 来计算此流动性供给的价值，有

$$\mathbb{E}_0\left[\int_0^{T_M} D(0,t)\,\text{Exs}(t)\,\mathrm{d}t\right] = \overline{C}\,T_M\,P(0,T_M)$$

得到

$$\overline{C} = \frac{\mathbb{E}_0\left[\int_0^{T_M} D(0,t)\,\text{Exs}(t)\,\mathrm{d}t\right]}{T_M\,P(0,T_M)}$$

这是从 0 时到 T_M 时所提供预期流动性的平均值。与式（9.9）的离散 CVA 一样，我们可以将积分计算离散化到如下日期

$$[T_0, T_1, \cdots, T_M]$$

我们得到

$$\begin{aligned} I\overline{C}^P &= \mathbb{E}_0\left[\sum_{i=1}^M \frac{D(0,T_i)(T_i - T_{i-1})}{P(0,T_M)T_M}\text{Exs}(T_i)\right] \\ &= \sum_{i=1}^M \mathbb{E}[\text{Exs}(T_i)]\frac{P(0,T_i)}{P(0,T_M)}\frac{T_i - T_{i-1}}{T_M} \end{aligned} \quad (9.24)$$

上述公式在标的风险暴露 $\text{Exs}(T_i)$ 和贴现因子相互独立时成立。如果标的资产依赖利率，或者一般来说，当这种独立性不适用时，公式在风险中性预期替换为 T_i 远期测度下的预期依然能成立。

基于从 0 时到 T_M 时所提供的确定性流动性金额 $\overline{IC}^P$，在 T_M 时所支付的公平利息的现值为

$$I\overline{C}^P R(0,T_M)T_M P(0,T_M) \quad (9.25)$$

相反，如果根据抵押协议，相同金额的流动性在隔夜补偿，则此补偿的现值为

$$I\overline{C}^P \mathbb{E}_0^M\left[\prod_{i=1}^M [1 + R_O(t_i)(t_i - t_{i-1})] - 1\right] P(0,T_M) = I\overline{C}^P\, OIS(0,T_M)T_M P(0,T_M) \quad (9.26)$$

其中，$OIS(0,TM)$ 表示到期日 $T_M = t_M$ 的隔夜指数化互换（Overnight Indexed Swap，OIS）利率。在名义本金为 1、到期日为 t_M 的 OIS 合约中，一方支付固定金额 K_{t_M}，而另一方支付的金额则是在 t_M 时以从 0 到 t_M 期间固定的隔夜利率按复利计算得到的。OIS 利率是使两端当前值相等的 K 值，即

$$\mathbb{E}_0\left[D(0,t_M)\prod_{i=1}^M[1 + R_O(t_i)(t_i - t_{i-1})]\right] = P(0,t_M)(1 + OIS(0,t_M)t_M)$$

这就解释了式（9.26）。

担保人因抵押流动性供给所获得的补偿由式（9.26）给出，而其应获得的

由式（9.25）给出。其差异由预付费用解决，并由基于独立性的流动性估值近似调整给出

$$\text{ILVAA}^P(0) = P(0,T_M)I\overline{C}^P R(0,T_M)T_M - P(0,T_M)I\overline{C}^P OIS(0,T_M)T_M$$
$$= P(0,T_M)I\overline{C}^P S(0,T_M)T_M$$

其中，

$$S(0,T_M) := R(0,T_M) - OIS(0,T_M)$$

其为 OIS 之上的市场价差，以捕获期限 T_M 内贷款的期限溢价。

由式（9.24），有

$$\text{ILVAA}^P(0) = \sum_{i=1}^M P(0,T_i)\mathbb{E}_0[\text{Exs}(T_i)]S(0,T_M)(T_i - T_{i-1}) \tag{9.27}$$

这提醒了我们式（9.9）：

$$\text{ICVAA}^P(0) = \sum_{i=1}^M P(0,T_i)\mathbb{E}_0\left[(\text{Exs}(T_i))^+\right]\mathbb{Q}\{\tau \in (T_{i-1},T_i]\}\text{L}_{\text{GD}}$$

在 $\text{ILVAA}^P(0)$ 项中，L 代表"流动性"，取代了 $\text{ICVAA}^P(0)$ 中的 C（"信用"）。

式（9.27）和式（9.9）之间有两个区别。第一个区别是，$\mathbb{E}_0[\text{Exs}(T_i)]$ 取代了 $\mathbb{E}_0[(\text{Exs}(T_i))^+]$，这是有道理的，因为单边交易对手风险对交易的影响仅与（正）风险暴露成比例：一方面，当违约时，净现值对生存方为负，交易不受交易对手违约的影响。另一方面，流动资金成本适用于带符号的风险暴露，因为一旦净现值对担保人变成负值，将存在角色转换（担保人不再是贷款人，而是借款人）。但仍必须考虑流动性供给。

第二个区别是

$$S(0,T_M)(T_i - T_{i-1})$$

取代了

$$\mathbb{Q}\{\tau \in (T_{i-1},T_i]\}\text{L}_{\text{gd}}$$

我们注意到，这两个量看起来差别并不像第一眼看到的那么大。事实上，在水平确定性违约强度 λ 下，通过一阶麦克劳林泰勒展开，可得

$$\mathbb{Q}\{\tau \in (T_{i-1},T_i]\} = e^{-\lambda T_{i-1}} - e^{-\lambda T_i}$$
$$\approx \lambda(T_i - T_{i-1})$$

另一个共同市场的近似，首先基于水平强度，其次基于用支付持续溢价的 CDS 近似市场 CDS，得到［参见式（3.13）］

$$\lambda \approx \frac{S^{CDS}(0, T_M)}{\text{LGD}}$$

其中，$S^{CDS}(0, T_M)$ 为 0 时对于到期时 T_M 的交易对手 CDS 价差。最后，我们得到

$$\mathbb{Q}\{\tau \in (T_{i-1}, T_i]\}\,\text{LGD} \approx S^{CDS}(0, T_M)(T_i - T_{i-1})$$

这正式类似于

$$S(0, T_M)(T_i - T_{i-1})$$

9.7 结论

本章评估了不同类型交叉货币互换（CCS）的单边 CVA，因此通过一些更具代表性的产品，讨论了作为一种资产类别的外汇。实际上，CCS 涉及来自利率、货币和信用的风险。

本章还讨论了更替概念，其与交易对手风险和或有信用违约互换有重要关系。这也促使我们分析了融资流动性估值的早期和简化方法，其将在第 11 章和第 17 章中得到推广和完善。

总的来说，本章详细说明了这样一个事实，即使通过违约和标的合约之间的独立性假设（没有错向风险）放弃采用信用模型，但仍然需要为标的投资组合期权市场开发高级动态模型。

第3篇

高级信用风险和融资风险定价

10

新一代交易对手和融资风险定价

本章是第3篇的开头,即书中最高级的部分。从某种意义上说,通过对前几章的总结,对以下几章的讨论,以及引入的进一步分析,说明了本书所涵盖的领域。这些领域在早期关于交易对手风险的著作中均没有涉及,如 Pykthin (2005)[173]、Cesari 等 (2010)[76]、Gregory (2010)[119] 以及 Kenyon 和 Stamm (2012)[136] (虽然最后一本书涉及了我们在这里描述的一些关键问题),从而使本书成为一本独特的关于交易对手风险定价的高水平著作。

本章作为对 CVA 高级问题的一个导览,可以独立阅读,因为除了明确提到的其他章节外,它相对自成一体。但是最好是在阅读了第1章的介绍性对话后,再来欣赏本章。

10.1 本书高级部分的引言

本书的高级部分将涉及以下关键领域:
- 自有信用风险(债务估值调整,DVA)。
- 清算模型:无风险清算与重置清算。
- 在清算中适当地包含首次违约时间的重要性以及行业所用的常见的(而不适当的)近似方法。
- 抵押建模和再抵押。

- 缺口风险和即使连续抵押也未能有效减少 CVA 和 DVA 的情况。
- 始终一致地纳入融资成本建模。
- 交易对手风险重组。
- 从或有 CDS 和 CDO 类型结构到浮动利率 CVA/DVA 和保证金贷款。
- 建模正变得全面,我们需要一致的全球估值技术。"区分和单独分析"不再有效。

我们以介绍 DVA 开始本章。目前为止,我们主要从一个实体(即银行 B)的角度看待交易对手风险和信用估值调整(CVA),该实体认为自己是无违约的,并将另一个实体(即公司 C)视为可违约。我们称由此产生的 CVA 为单边的,因为其是通过仅嵌入 C 端而没有 B 端的违约风险来进行计算的。

如果双方都同意这一点,并且没有抵押品作为担保,就像与公司实体的交易经常发生的情况一样[192],那么交易对手风险估值时发生的事情就是我们在本书的上一篇所看到的。特别是,无论有没有错向风险(WWR),我们已经看到如何计算相关的单边 CVA(UCVA)。

即使没有抵押品,没有违约的银行,UCVA 的计算也会是模型密集型的且其相当复杂。我们在处理不同资产类别 UCVA 的章节中看到了这一点。

UCVA 已在第 1 章被非正式引入,在第 2 章更正式一点,在第 4 章则被正式引入。在这些以及后续章节中,我们采纳了下面报告的 UDA 假设 4.1.3:

假设 10.1.1 单边违约假设(UDA):假设一方(B)是无违约风险。计算时考虑 B 是无违约风险的。合约估值通常是从 B 的视角进行的。

正如第 4 章所解释的,我们有兴趣区分估值中的对称性与不对称性。如果对 B 的交易价格只是对 C 交易价格的相反数,就如互换中一样,那么我们就处于对称情况下。根据假设 10.1.1,如果 C 认可 B 是无违约风险的,我们就具有对称性。而如果 C 不承认 B 是无违约风险的,则我们就具有不对称性。事实上,如果 C 不承认 B 是无违约风险的,其将向 B 收取不被 B 承认的交易对手风险调整费用,那么将会导致估值的不对称性。

在实践中,不对称性会起作用的一种情况是,其是对称性情况的一种近似。如果 B 的信用质量远高于 C,则 C 可能会出于实际目的在交易对手风险评估时同意 B 假定其自身是无违约风险的。如此,C 还假设,如果 C 本身的计算对 B 头寸的交易对手风险估值进行调整,那么其为 0,因为出于实际目的 B 的违约概率为 0。

在 2007 年次贷危机爆发之前,单边违约假设是一个可以接受的现实近似。当时银行的信用价差非常低,远远低于企业。当时企业没有技术来考虑银行的信用风险,因此忽视这种风险对交易双方来说都很方便。正如第 4 章已经提到的,此假设不再可被接受。自 2008 年以来,任何市场方没有违约风险的观点很难被接受。在 2007 年开始的次贷危机中,即使是主权债务也面临严重的信用问题。此外,2008 年一个月内发生的 8 起金融机构信用事件(房利美、房地美、雷曼兄弟、华盛顿互惠银行、Landsbanki、Glitnir、Kaupthing,以及某种程度上的美林)清楚地表明,重要金融机构没有违约风险的假设是不现实的。因此,即使我们本身是 B 我们也应该接受 B 可能违约的事实,并在估值中包括这一点。

另外,认为交易对手风险是双边风险的想法可以追溯到过去。《巴塞尔协议 II》文件、附件四 2/A 在信用风险测度空间中提到了双边风险:

与公司在贷款中的信用风险暴露不同,其信用风险暴露是单方面的。只有贷款银行面临损失风险,而交易对手的信用风险会产生双边损失风险:交易的市值对交易的任何交易对手而言都可能是正的或负的。

我们现在将去掉单边违约假设,并允许双方在合约估值时违约。但是,这将打开一个潘多拉魔盒,即

DVA——债务估值调整

除了通常的机会主义/政治行动之外,行业和监管者对此意见不一。我们可以将现代 CVA 计算大致确定为 DVA 进入图景的情况并纳入讨论之中(是否决定保留它)。

10.2 之前我们看到的:单边 CVA

我们首先总结在前几章看到的主要的关于单边 CVA 的内容,尽管有些新的变化。

让我们考虑银行 B 和公司 C,并假设上述 UDA 假设有效。考虑一个市场产品,其现金流在 t 到 T 时之间被加总并贴现回 t 时,但其没有交易对手违约风险,被表示为 $\Pi_B(t,T)$。存在 C 的违约风险时,相同的现金流由 $\Pi_B^D(t,T)$ 表示。

在本书的前面,特别是在第 4 章中,C 存在交易对手违约风险时,B 视角的

偿付为

$$\Pi_B^D(t,T) = \mathbf{1}_{\tau_C > T} \Pi_B(t,T) \\ + \mathbf{1}_{t < \tau_C \leq T} \left[\Pi_B(t,\tau_C) + D(t,\tau_C) \left(REC_C \left(NPV_B(\tau_C) \right)^+ - \left(-NPV_B(\tau_C) \right)^+ \right) \right]$$

(10.1)

与通常一样，有

$$NPV_B(u) = \mathbb{E}_u[\Pi_B(u,T)]$$

其为剩余头寸在 u 时对于 Π 的风险中性预期或价格（净现值）。最后一个表达式 $\Pi_B^D(t,T)$ 为 C 存在交易对手违约风险时 B 视角的一般偿付。事实上，可看式（10.1）：

1. 如果没有提前违约，此表达式将缩减到右侧的第一项，即无违约风险索偿权的偿付。
2. 在交易对手提前违约的情况下，收到违约发生前的到期支付（第 2 项）。
3. 如果剩余净现值为正，则只收到交易对手的回收值 REC_C（第 3 项）。
4. 如果剩余净现值为负，则由银行 B 全额支付（第 4 项）。

正如在第 4 章中所看到的那样，如果简化现金流并采用风险中性预期，那么当计算银行 B 无违约风险时，可以获得交易对手风险估值的基本公式：

$$\mathbb{E}_t\left[\Pi_B^D(t,T)\right] = 1_{\{\tau_C > t\}} \mathbb{E}_t\left[\Pi_B(t,T)\right] - \mathbb{E}_t\left[L_{GD_C} 1_{\{t < \tau_C \leq T\}} D(t,\tau_C) [NPV_B(\tau_C)]^+\right]$$

(10.2)

此公式由以下部分组成：

- 第 1 项：无交易对手风险的价值。
- 第 2 项：单边交易对手估值调整。

$NPV(\tau_C) = \mathbb{E}_{\tau_C}[\Pi(\tau_C,T)]$ 为交易对手违约时的交易价值。L_{GD} = $1 - R_{EC}$。

我们将单边 CVA（计算包括 C 的违约风险，但不包括 B 的）定义为 B 进行计算

$$UCVA_B(t) = \mathbb{E}_t\left[L_{GD_C} 1_{\{t < \tau_C \leq T\}} D(t,\tau_C) [NPV_B(\tau_C)]^+\right]$$

(10.3)

我们能立即观察到：

- 在交易对手违约风险下，同一交易的价值较小，因为我们减去了正的 UCVA 调整。这是意料之中的。如果 B 可以选择无违约风险交易对手或可违约交易对手交易 Π，那么 B 始终会选择无违约风险交易，除非可违约交易对手在

交易价格上给予 B 折扣。此折扣就是 UCVA 项。
- 将交易对手风险包括在其他无违约风险衍生工具的估值中，便会得到信用混合衍生工具。
- 交易对手风险的加入为偿付增加了一定程度的期权性。如果原始 Π 是普通香草互换组合，则 CVA 成为基于互换组合中的一个期权，且具有由交易对手违约确定的随机到期日。因此，与无交易对手风险的互换不同，存在 CVA 的互换取决于对潜在市场动态和波动率的看法，以及对标的市场风险与交易对手违约之间的统计相依性（或"相关性"）的看法。

10.2.1 近似：违约分装和独立性

如果将违约分装到跨越整个 $(0, T]$ 的一个时间间隔集合 $(T_{j-1}, T_j]$ 中，我们可将 UCVA 近似为

$$\text{UCVA}_B(0) = \text{L}_{\text{GD}} \sum_{j=1}^{b} \mathbb{E}_0[1\{\tau \in (T_{j-1}, T_j]\} D(0, T_j)(\mathbb{E}_{T_j} \Pi(T_j, T))^+]$$

在此公式中，违约被分装并推迟到每组的最后时点，但我们仍然需要 τ 和标的 Π 的联合模型，其包括统计相依性（"相关性"）。在 τ 情景中还需要一个期权模型。

如果进一步假设 Π 和 C 违约之间是相互独立的，有

$$\text{UCVABI}_B(0) = \text{L}_{\text{GD}} \sum_{j=1}^{b} \mathbb{Q}\{\tau \in (T_{j-1}, T_j]\} \mathbb{E}_0[D(0, T_j)(\mathbb{E}_{T_j} \Pi(T_j, T))^+]$$

在此公式中，违约被分装并推迟到每组的最后时点，并且仅需要生存概率（无违约模型）。但是标的 Π 仍然需要一个期权模型。

在前几章中，我们看到了如何在分装加独立假设（第 4 章和第 9 章）下计算 UCVA，以及在没有该假设但存在错向风险的情况下进行计算（第 5 章、第 6 章、第 7 章和第 8 章）。

10.3 单边债务估值调整（UDVA）

我们现在进行一项有用的工作，虽然其很少被明确进行，但却很有启发性。

考虑与前一节相同的情况，但需从交易对手 C 的视角出发。即从 C 的视角来考虑交易，同时仍停留在只有 C 可能违约的世界中。我们有

$$\Pi_C^D(t,T) = \mathbf{1}_{\tau_C > T} \Pi_C(t,T) \\ + \mathbf{1}_{t < \tau_C \leq T} \left[\Pi_C(t,\tau_C) + D(t,\tau_C) \left((\text{NPV}_C(\tau_C))^+ - \text{REC}_C (-\text{NPV}_C(\tau_C))^+ \right) \right]$$

最后一项表达式为存在单边交易对手违约风险下 $C(\Pi_C, NPV_C)$ 视角的一般偿付。事实上有：

1. 如果没有提前违约，此表达式将缩减到右侧的第一项，即无违约风险索偿权的偿付。
2. 在 C 提前违约的情况下，收到违约发生前的到期支付（第 2 项）。
3. 如果剩余净现值对违约的 C 为正，则从 B 全额收款（第 3 项）。
4. 如果为负，则只向 B 支付回收部分 REC_C（第 4 项）。

以上公式简化为

$$\mathbb{E}_t \left[\Pi_C^D(t,T) \right] = 1_{\tau_C > t} \mathbb{E}_t \left[\Pi_C(t,T) \right] + \mathbb{E}_t \left[\text{LGD}_C 1_{t < \tau_C \leq T} D(t,\tau_C)(-\text{NPV}_C(\tau_C))^+ \right] \tag{10.4}$$

与无风险价格 $\mathbb{E}_t[\Pi_C(t,T)]$ 相关的调整项称为单边债务估值调整（UDVA）：

$$\text{UDVA}_C(t) = \mathbb{E}_t \left[\text{LGD}_C 1_{\{t < \tau_C \leq T\}} D(t,\tau_C)(-\text{NPV}_C(\tau_C))^+ \right] \tag{10.5}$$

在这种情况下，C 的交易价格增加了一个 UDVA 正项。这是有道理的。在这里，C 预计要达成交易 Π 比其他无违约风险交易对手会被 B 收取的费用更高。交易价格的上涨是因为 C 可能会违约，并称其为 UDVA。

我们注意到一个重要的事实

$$\text{UDVA}_C = \text{UCVA}_B$$

另请注意，在假设 UDA10.1.1 下的世界中，有

$$0 = \text{UDVA}_B = \text{UCVA}_C$$

这是意料之中的：如果我们通过假设 B 无违约风险来进行计算，那么 C 针对 B 所计算的 CVA 项将为 0，因为 B 不会违约，且 C 看不到来自 B 的交易对手风险。同样，如果计算 B 的 DVA，即因为 B 可能违约而导致的价格变化，则其在假设 B 不会违约所进行的计算中为零。

10.4 单边风险和 DVA

现在假设我们是银行 B。我们在本章开头列出现阶段一个重要问题：

我们（银行 B）在估值中除了 C 的违约以外是否应该包括自己的违约？

通常，银行在计算交易对手风险调整时，认为自己是无违约的。这可能是一个不切实际的假设，也可能是当交易对手的违约概率远高于银行时的一个近似。如果在没有一方实际无违约风险时作出这一假设，则单边估值调整是不对称的：如果 C 现在与交易对手 B 作交易时是无违约风险的，且 C 针对 B 计算其交易对手风险调整，则此调整不会与 B 在原情况下所计算的调整相反。

包括交易对手风险在内的总 NPV 也同样不对称，因为 B 的头寸总值与 C 的头寸总值并不相反，且不存在完全的现金留存。

如果在计算交易对手风险时也允许银行 B 违约，那么会回到对称性。这也会导致对交易对手 C 更便宜的调整。当交易对手风险调整由 B 计算时，交易对手 C 可能愿意要求银行 B 将 B 的违约事件纳入模型中。

假设现在允许双方在模型中违约。那么当由 B 进行计算时，允许 B 和 C 违约的总调整是多少呢？

分别用 τ_B 和 τ_C 表示 B 和 C 的违约时间。T 为交易的最后到期日。

考虑构成整个样本空间的如下事件：

$$\mathcal{A} = \{\tau_B \leq \tau_C \leq T\} \quad \mathcal{E} = \{T \leq \tau_B \leq \tau_C\}$$
$$\mathcal{B} = \{\tau_B \leq T \leq \tau_C\} \quad \mathcal{F} = \{T \leq \tau_C \leq \tau_B\}$$
$$\mathcal{C} = \{\tau_C \leq \tau_B \leq T\}$$
$$\mathcal{D} = \{\tau_C \leq T \leq \tau_B\}$$

定义 $NPV_{|B,C|}(t) := \mathbb{E}_t[\Pi_{|B,C|}(t,T)]$，且前面有 $\Pi_B = -\Pi_C$。根据 B 和 C 的违约风险进行调整的以 B 为视角的交易现金流，即 Π_B^D，为

$$\begin{aligned}\Pi_B^D(t,T) = &\mathbf{1}_{\mathcal{E}\cup\mathcal{F}}\Pi_B(t,T) \\ &+ \mathbf{1}_{\mathcal{C}\cup\mathcal{D}}\left[\Pi_B(t,\tau_C) + D(t,\tau_C)\left(\text{REC}_C\left(\text{NPV}_B(\tau_C)\right)^+ - \left(-\text{NPV}_B(\tau_C)\right)^+\right)\right] \\ &+ \mathbf{1}_{\mathcal{A}\cup\mathcal{B}}\left[\Pi_B(t,\tau_B) + D(t,\tau_B)\left(\left(\text{NPV}_B(\tau_B)\right)^+ - \text{REC}_B\left(-\text{NPV}_B(\tau_B)\right)^+\right)\right]\end{aligned}$$

(10.6)

对这些现金流的解释如下：

1. 如果没有提前违约 ⇒ 无违约索偿权的偿付（第 1 项）；
2. 如果交易对手提前违约，则收到违约前到期的付款（第 2 项）；
3. 如果剩余净现值为正，则只收到交易对手的回收值 REC_C（第 3 项）；
4. 如果为负，则由投资者/银行全额支付（第 4 项）；
5. 如果投资者提前违约，则收到违约前到期的付款（第 5 项）；

6. 如果剩余净现值为正，则由交易对手全额支付给投资者/银行（第6项）；
7. 如果为负，则只向交易对手支付投资者/银行的回收值 REC_B（第7项）。

偿付估值在根据 B 和 C 的双边违约风险进行调整后，可通过对上述现金流进行风险中性预期来获得。在文献［39］中，我们严格地证明了以下结果：

$$\mathbb{E}_t\left[\Pi_B^D(t,T)\right] = \mathbb{E}_t\left[\Pi_B(t,T)\right] + \text{DVA}_B(t) - \text{CVA}_B(t)$$

$$\text{DVA}_B(t) = \mathbb{E}_t\left[\text{LGD}_B \cdot 1(t < \tau^{1st} = \tau_B < T) \cdot D(t,\tau_B) \cdot (-\text{NPV}_B(\tau_B))^+\right] \quad (10.7)$$

$$\text{CVA}_B(t) = \mathbb{E}_t\left[\text{LGD}_C \cdot 1(t < \tau^{1st} = \tau_C < T) \cdot D(t,\tau_C) \cdot (\text{NPV}_B(\tau_C))^+\right]$$

$$1(\mathcal{A} \cup \mathcal{B}) = 1(t < \tau^{1st} = \tau_B < T), \quad 1(\mathcal{C} \cup \mathcal{D}) = 1(t < \tau^{1st} = \tau_C < T)$$

强调如下：

- 这个公式分两个步骤获得：首先简化以前的公式，其次对简化后表达式取期望。
- 第 2 项是在 $\tau_B < \tau_C$ 的场景下所作的调整。并这对银行 B 是正的，并被称为（双边）"债务估值调整"（DVA）。
- 第 3 项：在 $\tau_C < \tau_B$ 的场景下的交易对手 CVA 调整。请注意，这与迄今看到的单边 CVA 不同，我们称其为"双边 CVA"。
- B 视角的双边估值调整（BVA）：

$$\text{BVA}_B(t) = \text{DVA}_B(t) - \text{CVA}_B(t)$$

这是被添加的工具无违约风险价格，在由 B 定价时对 B 和 C 的违约风险进行调整。

- 如果从 B 的交易对手 C 的相反视角来计算，则有 $BVA_C = -BVA_B$，其有对称性。

10.5 DVA 的不良成分

DVA 是一个相当有争议的量，其引发辩论的要点包括以下方面。

10.5.1 从信用质量的自身恶化中获利

当银行 B 的信用质量恶化时，银行 B 有正的账面盯市价值。事实上，在所有条件不变时，增加 B 的违约概率将使 DVA_B 项中的指标 $1(t < \tau^{1st} = \tau_B < T)$ 更

有可能，从而使 DVA 项变大。这相当于降低了银行偿还其债务的可能性，因此降低了负债价值，同时使资产不变。同样，如果银行的信用质量提高，那么银行有负的账面盯市负值。

这不仅仅是一个学术案例：这种计算的确会发生。花旗集团在 2009 年第一季度收入的新闻稿中报告了由其信用质量恶化带来的正盯市价值：

收入还包括［……］衍生品头寸（不包括单一产品线）上净价值 25 亿美元的正 CVA，这主要是由于花旗 CDS 价差扩大所造成的。

另一个例子是 2011 年 10 月 18 日美国东部时间下午 3 点 59 分在《华尔街日报》上刊登的新闻文章《高盛减少波动性收益的对冲方式》。

高盛第三季度的 DVA 收益总计为 4.5 亿美元［……］这一数额相对小于摩根大通和花旗集团第三季度取得的 19 亿美元 DVA 收益。美国银行公布其投资银行的 DVA 收益为 17 亿美元。分析师估计，当摩根士丹利周三公布财报时，其 DVA 净收益将达到 15 亿美元［……］。

10.5.2 DVA 对冲？

我们通过风险中性预期来计算 DVA，因为我们假设该价格可以通过标准无套利理论来计算。但是，这是正确的吗？DVA 是真的吗？

要使 DVA 真实且可能作为价格来实施，就可能需要套期保值策略。那么能对冲 DVA 吗？一个人应该出售对自己的保护，这是一个相当困难的壮举……在 CDS 市场上，没有交易对手会接受这种保护，因为卖方应支付保护金的日期正是其违约的日子。另一种选择可能是回购已发行的债券（保护的融资出售），但此类债券在困难情况下可能变得流动性不足，或者已发行的债券可能已经不存在了。最常见的是，DVA 通过代理进行对冲。与其出售对自己的保护，不如出售被认为与自己高度相关的对象的保护。

再次引用同一篇《华尔街日报》的文章：

［……］高盛首席财务官 David Viniar 周二表示，该公司试图利用一篮子不同的金融工具来对冲（DVA）。高盛发言人证实，该公司通过向一系列金融公司出售 CDS 来证实这一点。［……］高盛不愿透露篮子里的具体金融工具，但维尼亚尔证实，［……］篮子里装着"同行"。大多数人会认为高盛的同行是其他

拥有大型投行业务的大型银行，包括摩根士丹利、摩根大通、美国银行、花旗集团等。这些公司债券的业绩将与高盛的债券高度相关。

这可以近似对冲 DVA 的价差风险，但不能对冲向违约风险的跳跃。早在 2008 年，一家顶级投行通过出售对雷曼兄弟的保护来对冲 DVA 风险就不是个好主意：在雷曼破产时，其他顶级投行没有违约，因此没有实质性的 DVA 套期保值。与此同时，另一家银行可能正经历着一段艰难的时期，因为除了雷曼违约造成的直接损失外，其还不得不为雷曼支付 CDS 保护费，因此情况将会更加恶化。事实上，这种套期保值技术可能会加剧系统性风险，不太可能受到监管机构的重视。

10.5.3 DVA：会计与资本要求

资本要求监管和会计监管对于是否应该引入 DVA 存在分歧。我们有：

10.5.3.1 要 DVA：FAS 157

在财务会计准则（FAS）157 中，我们发现［同样见国际会计准则（IAS）39］：

由于不良风险（不履行债务的风险）包括报告实体的信用风险，报告实体应考虑其信用风险（信用状况）对其他会计声明下的以公允价值衡量的债务在所有期间的公允价值的影响。

这是会计基本原则的自然结果：金融资产和负债应按公允价值计入，定义如下："公允价值是在有序交易中因出售资产而收取或因转移负债而支付的价格"（FAS 157）。由于一方的 DVA 进入市场的价格，与交易对手计算的 CVA 相同，所以其自然包含在了公允价值定义中。

10.5.3.2 不要 DVA：巴塞尔协议Ⅲ

在 2011 年 7 月发布的巴塞尔协议Ⅲ第 37 页中，我们发现：

此 CVA 损失的计算没有考虑到根据第 75 段从资本中扣除的任何冲抵的债务估值调整。

巴塞尔银行监管委员会前秘书 Stefan Walter 宣称：

利润与信用程度下降相关联带来的潜在不正当激励措施意味着资本要求无法对其进行识别［……］不承认 DVA 作为冲销的一个原因是，这不符合监管审慎原则，根据这一原则，我们不会为公司自身信用质量恶化导致的监管资本增加提供信用。

10.5.4 DVA：总结与现实主义争论

我们将根据 Brigo 和 Capponi（2008）[39]，Brigo、Pallavicini 和 Papatheodorou（2011）[59]，Brigo、Capponi、Pallavicini 和 Papatheodorou（2011）[41] 以及 Brigo、Capponi 和 Pallavicini（2011）[40]，从第 12 章开始严格介绍 DVA。

在这里，我们以更加非正式的方式来分析 DVA，由此观察到：

- DVA：关于单边情况，我们还有一项。
- 根据信用价差和相关性，现在要减去的总调整（CVA – DVA）可以为正也可以为负。在单边情况下，其只能为正。
- 忽视对称性显然对交易对手来说更昂贵，但对银行来说更便宜。
- 对冲 DVA 是困难的。通过"同行"代理套期保值会忽略向违约风险和系统性风险的跳跃。

以下是一个重要的备注：

DVA 是一个奇怪的对象，因为当用于盯市公式时，它就会如上面所看到的，而当我们的信用质量恶化时，它就会上升。从某种意义上说，我们的债务得到了一定程度的抵扣，因为突然之间，我们可能无须偿还债务了。但这是一个利润，是我们只能通过违约实现的现金流。一旦我们违约，也许我们的清算人会对此感兴趣，但我们不会在那里得到这种利润。

DVA 的诋毁者借此认为 DVA 不真实，不应被记账。虽然这是可以理解的，但这些批评者还应考虑以下两个事实：

- 没有 DVA，价格就不能对称，两个违约风险方就不能就交易价格达成一致。
- B 端视角的 DVA 正是 C 端视角的 CVA。由于没有关于 CVA 是否真实的辩论，我们认为价格的真实性将成为一个观点性问题。价格可以被对冲，且在被 C 看到时是真实的，但如果被 B 看到则不是。

这些关于 DVA 批评的进一步考虑并不是总结性的，而是表明对 DVA 的反对并非最终的。DVA 概念有利有弊，即使监管者也无法决定是希望 DVA 留下还是离开，这一事实也说明了这一点。

10.6 清算：无风险或者重置？

我们由下式计算双边调整公式

$$\Pi_B^D(t,T) = \mathbf{1}_{E \cup F} \Pi_B(t,T)$$
$$+ \mathbf{1}_{C \cup D} \left[\Pi_B(t,\tau_C) + D(t,\tau_C) \left(REC_C \left(NPV_B(\tau_C) \right)^+ - \left(-NPV_B(\tau_C) \right)^+ \right) \right]$$
$$+ \mathbf{1}_{A \cup B} \left[\Pi_B(t,\tau_B) + D(t,\tau_B) \left(\left(-NPV_C(\tau_B) \right)^+ - REC_B \left(NPV_C(\tau_B) \right)^+ \right) \right]$$

（我们现在在最后两项中替换了 $NPV_B = -NPV_C$），这里我们在首次违约时使用了无风险 NPV 来结束交易。但是，如果第一个实体违约时，交易估值是否需要考虑到生存方的信用质量呢，如果我们作如下替换呢？

$$NPV_B(\tau_C) \to NPV_B(\tau_C) + UDVA_B(\tau_C)$$
$$NPV_C(\tau_B) \to NPV_C(\tau_B) + UDVA_C(\tau_B)$$
(10.8)

如果生存方（例如 B）试图用新的交易替换现有交易，例如与新的无违约风险方（例如交易所），那么就会发生这种情况。生存方 B 将按照交易所视角被收取单边 CVA，而从生存方 B 的视角来看，这个 CVA 就是交易中生存方 B 的单边 DVA，即 $UDVA_B$。所以有上述替换。

这些替换部分由 ISDA 文档授予：ISDA（2009）清算金额协议。

在确定清算金额时，确定方可以考虑任何相关信息，包括［……］由一个或多个第三方提供替换交易的（实质性或指示性）报价，这些交易可能考虑到确定方在提供报价时的信用程度。

这使得估值更加连续：在违约时，我们仍然像违约前那样，在价格中包括 DVA。鉴于另一方违约，它现在变为了单边 DVA。

然后，通过将替换式（10.8）代入标准双边调整偿付式（10.6）中，可以得到重置清算的最终公式，并得到新的调整偿付

$$\Pi_B^D(t,T) = \mathbf{1}_{E \cup F} \Pi_B(t,T) + \mathbf{1}_{C \cup D} \Big[\Pi_B(t,\tau_C) + D(t,\tau_C)$$
$$\cdot \left(REC_C \left(NPV_B(\tau_C) + UDVA_B(\tau_C) \right)^+ - \left(-NPV_B(\tau_C) - UDVA_B(\tau_C) \right)^+ \right) \Big]$$
$$+ \mathbf{1}_{A \cup B} \Big[\Pi_B(t,\tau_B) + D(t,\tau_B)$$
$$\cdot \left(\left(-NPV_C(\tau_B) - UDVA_C(\tau_B) \right)^+ - REC_B \left(NPV_C(\tau_B) + UDVA_C(\tau_B) \right)^+ \right) \Big]$$
(10.9)

我们指的是未经替换式（10.8）所计算的双边 CVA 和 DVA，这导致"无风险清算"情况下的调整后偿付式（10.6）。这是因为在清算时这笔交易被当作是无风险的，其没有包括任何剩余的信用风险（对于生存方）。在采用替换时，我们转向"重置"或"置换清算"，得到了调整后偿付式（10.9）。事实上，正如我们所解释的，清算时的价格是现在用新交易取代现有交易时所付出的价格。

我们将在第 12 章描述这两种清算类型，并在第 14 章研究其微妙之处和内在差异。它们的差异可能相当大，会对债权人或债务人造成损失，另见 Brigo 和 Morini（2010）[52] 以及 Brigo 和 Morini（2011）[54]。更重要的是，一种清算相对另一种的便利性将是 B 和 C 之间违约相依性的函数。这是一个相当重要的选择，迄今为止，监管机构几乎没有给出任何指导。

此外，当在第 16 章中引入保证金成本和第 17 章中引入融资成本时，我们看到，对清算金额的敏感定义还应包括在 ISDA"场外衍生品双边抵押时间的市场回顾"（2010）中明确指出的成本。

10.7 能忽视首次违约时间吗？

本节说明了一个对于双边估值调整没有首次违约时间的简化公式。

- 简化公式只是对双边风险的简化表示，而忽略在首次违约时就启动了清算程序。这种简化还涉及一定程度的重复计算。
- 其具有吸引力，因为其允许仅基于单边交易对手风险定价分析来构建双边交易对手风险定价系统。
- 正确公式涉及双方通过 τ^{1st} 的违约相依性，不允许此类增量构建。
- 我们通过考查零息票债券和权益远期来分析投资者"B"和交易对手"C"之间的违约相依性对两个公式之间差异的影响。

我们在式（10.7）中看到，对 B 的双边估值调整为

$$\mathrm{BVA}_B(t) = \mathrm{DVA}_B(t) - \mathrm{CVA}_B(t)$$

被添加到无风险偿付中以获得调整后的价格，这是作为双边 DVA 和 CVA 项的差得到的，这两个项都包含首次违约指标。然而，行业通常主张一个类似但更简单的公式，由以下调整组成

$$\mathrm{BVAS}_B(t) = \mathrm{UDVA}_B(t) - \mathrm{UCVA}_B(t)$$

这基本上是相同的，但从偿付中删除了首次违约时间检查。该公式得到部分 CVA 文献的提倡，如文献 [167]。

我们现在分析正确的 BVA 公式和近似公式 BVAS 之间的差异。全部细节请参考文献 [37]。

可以很容易地看到，完全正确的双边公式和简化公式之间的区别为

$$\begin{aligned} D^{BC} &= \text{BVA}_B(t) - \text{BVAS}_B(t) \\ &= (\text{DVA}_B(t) - \text{CVA}_B(t)) - (\text{UDVA}_B(t) - \text{UCVA}_B(t)) \\ &= \mathbb{E}_0\left[1_{\{\tau_B < \tau_C < T\}} \text{LGD}_C D(0, \tau_C)(\mathbb{E}_{\tau_C}[\Pi(\tau_C, T)])^+\right] \\ &\quad - \mathbb{E}_0\left[1_{\{\tau_C < \tau_B < T\}} \text{LGD}_B D(0, \tau_B)(-\mathbb{E}_{\tau_B}[\Pi(\tau_B, T)])^+\right] \end{aligned} \qquad (10.10)$$

我们在确定利率下分析。我们考虑 B（贷款人）持有的 $P(t, T)$，后者在 C 没有违约时将在最终到期日 T 从 C（借款人）获得名义本金 1。

在无风险清算下，正确双边公式和简化公式之间的区别为

$$D_{\text{BOND}}^{BC} = \text{LGD}_C P(0, T) \mathbb{Q}(\tau_B < \tau_C < T)$$

置换清算情况反而微不足道，差异为零。对于债券，简化公式与完全置换清算公式一致。因此，上述差异与无风险清算公式和置换清算公式之间的差异相同，其已在文献 [52] 中进行了研究，在风险传染方面也是如此。关于此的更多内容请参阅第 14 章。

10.7.1 无首次违约的简化公式：权益远期的例子

在这种情况下，到期日 T 时的偿付由 $S_T - K$ 给出，其中 S_T 为 T 时的标的权益价格，K 为远期合约的执行价格（通常有 $K = S_0$，称为"平价"，或 $K = S_0/P(0, T)$，称为"平价远期"）。我们计算了正确的双边无风险清算公式和简化公式之间的差 D^{BC}。得到 $D^{BC}: = A_1 = A_2$，其中有

$$A_1 = E_0\left[1_{\{\tau_B < \tau_C < T\}} \text{LGD}_C D(0, \tau_C)(S_{\tau_C} - P(\tau_C, T)K)^+\right]$$
$$A_2 = E_0\left[1_{\{\tau_C < \tau_B < T\}} \text{LGD}_B D(0, \tau_B)(P(\tau_B, T)K - S_{\tau_B})^+\right]$$

最坏的情况是 A_1 项和 A_2 项不能相互弥补。例如，假设 $\tau_B < \tau_C$ 且远期合约为深度价内的概率较高。在这种情况下，A_1 将很大，而 A_2 将很小。

同样，如果 $\tau_C < \tau_B$ 的可能性很大，而且远期为深度价外，这将导致较大的 A_2 和较小的 A_1。

但是，我们在图 10.1 中用数值示例进行说明，即使远期合约为平价，差异也是显著的。有关的更多详情，请参阅 Brigo、Buescu 和 Morini（2011）[37]。

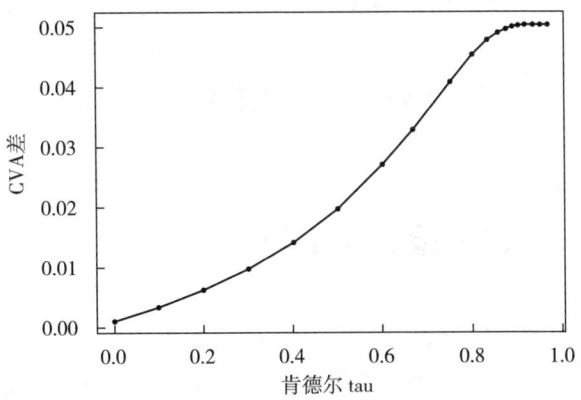

注：所有其他数量均不变：即期权益价格 $S_0 = 1$，到期日 $T = 5$，Black – Scholes 模型中的权益波动率 $\sigma = 0.4$，执行价格 $K = 1$，B 的固定违约强度 $\lambda_B = 0.1$，$\lambda_C = 0.05$。回收率为 0。

图 10.1　CVA 差与肯德尔 tau 之间的函数关系

10.8　偿付风险

正如我们在本章中看到的那样，对与信用和债务价值调整相对应的确切偿付尚不清楚。这源于一种新的风险，我们可称之为"支出风险"或"偿付风险"。分歧来自

- 是否包括 DVA？
- 清算的类型？
- 首次违约检查与否？
- 抵押和融资究竟是如何考虑的？（我们稍后再看）

在最近由其中一个作者所主持的 CVA 行业小组讨论会上，一些行业代表一致认为，"五家银行会以 15 种不同的方式计算 CVA"。这不是玩笑。不同银行会使用不同的 CVA 模型，因为它们有不同的定价模型。它们可以作出不同的清算假设。即使是同一家银行也可以以各种其他方式在内部计算 CVA。其 CVA 管理团队可以使用完整的投资组合双边 CVA 建模框架，但针对不太复杂的交易对手

会使用简单的 UCVA 方法，当然还会使用可能基于历史计算的不同的 CVA 模型用于监管资本。

偿付风险先于模型风险。由 UCVA 章节我们已经看到，人们目前认识到 CVA 涉及了大量的模型风险。现在，我们已经看到其不仅有模型风险，在此之前还有偿付风险，因为交易 CVA 的两家银行甚至可能不确定被定价的是什么类型的偿付。

10.9 抵押、缺口风险和再抵押

CVA 的下一个现代方面在"危机"开始后变得至关重要，它适当地考虑了抵押品。抵押品（受信用支持附件的监管）被认为是解决交易对手风险的办法。粗略地说，头寸被定期重新估值（盯市），与价值变动相关的数量由因价值变动而受到惩罚的一方提交到抵押账户上。

这样，在周期性日期的抵押账户包含了接近投资组合实际价值的金额，如果一个交易对手违约，该金额将被生存方用作担保（反之亦然）。

缺口风险是重新调整了周期性而留下的剩余风险。如果市场在两个重新调整（保证金）日期之间变动得多，其仍将面临重大损失。

民间传说：抵押品完全杀死了 CVA，缺口风险可以忽略不计。

我们要表明，虽然这种情况经常发生，但也有一些场合根本不是这样的（见第 15 章，还有 Brigo、Capponi 和 Pallavicini（2011）[40]）。

- 由于条款的复杂性，在存在抵押品管理时对交易对手风险进行风险中性评估可能是一项艰巨的任务。

- 只有少数几篇文献处理了这个问题。其中我们引用了文献 [79]、[1]、[196]、[8]、[41] 和本书的参考文献。

- 示例：图 10.2 显示了具有不同保证金频率和允许（不允许）抵押品再抵押的 IRS 轧差投资组合的抵押双边 CVA，该 IRS 具有 10 年到期日和每年息票。可参见 Brigo、Capponi 和 Pallavicini（2011）[40]）。

图 10.2 显示了 10 年期 IRS 的双边估值调整（DVA − CVA）。其存在通过保证金的抵押机制，该机制是更新频率 δ 的函数，利率与交易对手价差之间零相关，利率与投资者价差之间零相关，交易对手与投资者违约之间零相关。该模

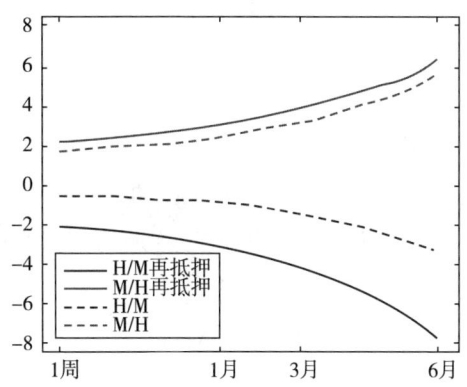

图 10.2 IRS 的 CVA 和 DVA：有效抵押

型还允许非零相关性。

实线表示再抵押，即收款方可以重新使用被提交或接收到的抵押品作为其他交易的进一步担保。虚线代表相反的情况。顶部的线代表投资者比交易对手的风险高，而底部的线代表投资者的风险低于交易对手。所有值均以基点表示。

从图 10.2 中可以看到，如果投资者风险高于交易对手（M/H），就会导致 DVA – CVA 的差为正值，但当投资者风险低于交易对手时，则有相反的效果。如果考查 DVA 和 CVA 项（另见第 15 章），我们会发现，当投资者风险更大时，修正的 DVA 部分占主导地位；但当投资者风险较低时，交易对手的行为则相反。

再抵押可增强修正的绝对规模，这是一种合理行为，因为此时每一方都有更大的风险，违约时向另一方提交的抵押金额是无担保的。

在这种情况下，抵押在杀死 CVA 和 DVA 上是相当有效的，即使存在再抵押。剩余调整仅是几个基点。有关详细信息，请参阅文献 [41]，以及第 15 章。

现在，让我们来看看一个更具传染性以及缺口风险的很重要的案例：CDS 作为标的交易。图 10.3 描绘了这一场景。

该图将付款方 CDS 合约作为标的合约。更多案例，请参阅 Brigo、Capponi 和 Pallavicini（2011）[40] 的完整论文。

如果投资者持有付款方 CDS，则他从交易对手那里购买了保护，即他是保护买方。我们假设 CDS 固定端的价差为 100 个基点，而初始均衡价差约为 250

个基点。鉴于付款方 CDS 在大多数情况下都是正的，因此当投资者违约时，净现值不太可能对交易对手有利。然后，我们预计 CVA 项是重要的，因为相关期权很可能是价内的。而我们的结果证实了这一点。从图 10.3 中可以看到相关的 CVA 组件（双边 DVA - CVA 的一部分），其从 10 个基点开始，在高相关性下以 60 个基点结束。我们还看到，对于零相关性，抵押品成功地完全去除了 CVA，后者从 10 个基点下降到 0 个基点。然而，随着违约相依性的增加，抵押似乎变得不那么有效了，因为抵押和无抵押 CVA 越来越接近。对于高相关性，即使是在连续抵押下我们仍然得到 60 个基点的 CVA。

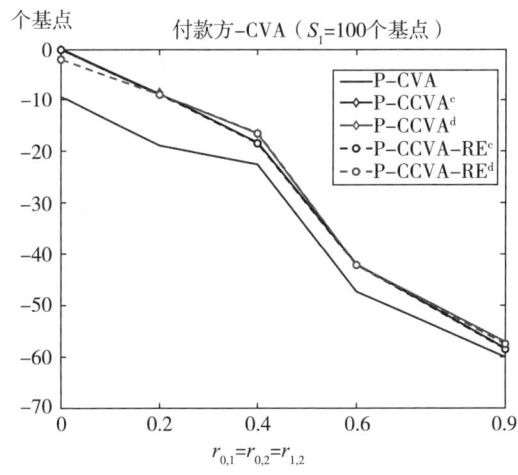

图 10.3 CDS 的 CVA 和 DVA：抵押无效

导致上述情况的原因是瞬时违约传染，因为在正相依性下，一旦交易对手违约，就会推高生存实体的强度。

事实上，违约时生存概率的期限结构显著低于以 G_{T_-} 为条件的违约前生存概率，尤其是当违约相关性较大时。其结果是，CDS 的违约端将因传染而增加价值，且在瞬时付款方 CDS 的价值将更高。这将立即增加投资者的损失，CVA 价值的大部分将来自这一跳跃。

鉴于跳跃的瞬时性质，违约价值将与跳跃前抵押品提交的最后日期的价值大不相同，这便解释了在显著正违约相依性下抵押有效性有限的原因。

有关详细信息，请参阅文献 [40]，以及第 13 章和第 15 章，以了解 CVA 和 DVA 是如何在存在抵押和再抵押的情况下被精确设置从而获得上述图形的。

10.10 融资成本

交易对手风险定价还要求对融资成本进行分析,特别是在 2007 年次贷危机爆发后。事实上,信用风险的增长意味着银行和公司将更难获得融资流动性,这使得这个问题更加重要。与此同时,它们必须为融资支付的价差现在很高,而且各银行之间差别也很大,这要求的精度在 2007 年之前使用单一的"无风险"融资/利率曲线就能通过。这场危机就像一个显微镜,可以更清楚地看到以前的细节,并迫使银行进行更为精确的分析。

保证金和融资成本不能被简单地关闭并假装由此产生的价格对市场有意义而为了对"裸"衍生品进行定价。任何市场报价的估值都应考虑到抵押条款和融资成本,因此对市场校准的金融模型必须包括此类更正,并摒弃现在被违反的内置无套利关系。例如,2007 年危机后,利率市场基础互换价差的上升,导致出现了多种收益率曲线模型对单一货币的利率互换进行定价。标准金融模型应该从根本上被重新思考,可参见文献 [151] 和 [152]。

我们研究了第 2 章的融资成本,并将在第 11 章和第 17 章再次研究这些成本。在那里,我们将看到融资成本计算的两个关键方面,其虽然已经被提到但还是值得在这里重复一下:

1. 融资成本计算并不独立于 DVA 和 CVA 的计算,DVA 与融资成本之间可能存在部分重叠(具体见第 11 章),但一般来说,用融资确定 DVA 是不合适的(具体见第 17 章)。

2. 适当纳入融资成本会导致递归定价问题。递归问题可以用后向随机微分方程(BSDE,如文献 [85])或离散时间向后感应方程(如文献 [165])来公式化,请参阅第 17 章。

虽然该行业经常提倡基于贴现或可加调整等简单工具的融资成本理论,但如果试图构建与 CVA、DVA 和抵押一致的理论,则根本不可能这样做。该问题本质上是递归的,因为现金和抵押品过程的价值可能取决于衍生品的价格,而衍生品的价格又取决于此类过程,从而将信用—融资调整定价公式转换为了递归公式。因此,融资成本不能被视为不考虑配资成本而所得价格的一个简单可加项(FVA)。

10.11 重构交易对手风险

到目前为止，我们已经解决了一个问题，"什么是交易对手风险？我们如何对其定价？能用与其他风险和无套利原则一致的定价方式吗？"

- 正如我们在第 1 章的对话中所看到的那样，早期对定价的尝试都展现了显著的 CVA 波动性，其在危机期间造成了重要的盯市损失。让我们在这里回顾一下相关的报价。

当风险估值比风险本身更危险时：

根据巴塞尔协议Ⅱ，交易对手违约风险和信用迁移风险得到了解决，但信用估值调整（CVA）造成的盯市损失没有得到解决。然而，在金融危机期间，约三分之二的损失归因于交易对手信用风险，而只有约三分之一是由于实际违约造成的。

巴塞尔银行监管委员会、国际清算银行（2011）。新闻稿参见 http://www.bis.org/press/p110601.pdf。

- 这种波动性与信用价差的高波动性（如参见文献 [31]）、风险暴露的高波动性和错向风险是相关联的。前几章已对此进行了讨论。

- 据监管机构称，为了应对 CVA 的盯市风险，主要有两种选择：抵押/CSA 和保证金提交或 CVA VaR 及相关资本要求。这两种方式都可能使流动性状况恶化。可将在以下几章中更详细地研究抵押，CVA 和 VaR 在第 1 章的对话中被简要提及，在第 2 章中则被详细讨论。

- 从此处开始，我们现在考虑的问题是："我们如何处理交易对手风险？"

- 该行业一直在寻找应对 CVA 风险和要求的可能方法。在这里，我们将分析重组或外包 CVA 的方法。

- 从历史上看，或有 CDS（见第 1 章和第 5 章）将是对交易对手风险的良好对冲。但是，此类产品不透明、不具流动性且价格昂贵，本身也面临交易对手风险。因此，其有效性相当有限。即使在 ISDA 建议对此类合约的基础进行部分标准化之后，这些问题仍然存在。

- 该行业最近的一次尝试是通过传统现金 CDO 型结构（例如"Papillon"和"Score"交易）实现 CVA 的证券化。

- 在这里，银行将 CVA 汇集成为一个跨越多个交易对手的大型投资组合，然后对其分层，并针对这些分层的保护来交易。我们在第 1 章中看到了对这些（大多失败的）企图的非正式叙述。
- 这些传统结构将为交易的保护提供固定的周期性保费或一次性费用。然而，如后文所示，这意味着 CVA 盯市的高波动性。
- 因此，我们将探讨重组 CVA 的创新建议，即基于保证金贷款和 CVA 浮动利率概念的证券化形式。

10.11.1 CVA 波动率：错向风险

单边 CVA 的传统一次性预付费用或固定周期费用的问题在于，它将 CVA 波动率留给了投资者/银行，而不是产生 CVA 的风险交易对手。这也影响了当前重组交易对手风险的尝试（Papillon 和 Score）。

在单边情况下，银行向交易对手收取 CVA 的一次性预付费用，然后实施套期保值策略。因此，该银行在未来暴露于 CVA 盯市波动率下。或者，银行可以向交易对手索要抵押品，但并非所有交易对手都能定期提交抵押品[192]，这对某些公司的交易对手来说可能相当具有惩罚性。

基于浮动 CVA 的浮动保证金贷款是解决波动性问题的一个"正确"建议。

10.11.2 浮动保证金借贷

传统上，CVA 通常由结构化银行 B（投资者）预先收取费用，或者将其作为固定息票流内置于结构中。浮动保证金贷款的前提是浮动利率 CVA 的概念。然后，在 6 个月后，银行将要求 CVA 支付对未来 6 个月的保护，以确定当时的风险暴露，以此类推，直到最后期限。

浮动保证金贷款旨在将条件信用价差波动率风险和盯市波动率风险或者说 CVA 波动率从银行转移到交易对手。

纯浮动 CVA 可以与保证金贷款相结合。图 10.4 中的箭头详细解释了这一点。

为了避免提交抵押品，C 进入浮动保证金贷款交易。C 定期向保证金贷款方 A（"保险费"箭头将 C 连接到 A）支付浮动利率 CVA，而 A 向投资者支付

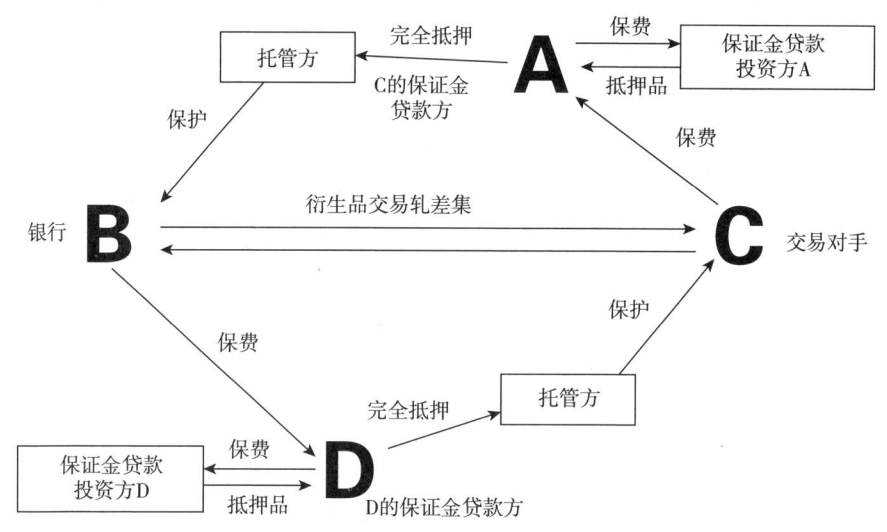

图 10.4 通过浮动 CVA 的保证金贷款

("保险费"箭头将 A 连接到投资者）。该图中最后的支付可以有一个类似于现金 CDO 的优先级结构。作为交换，投资者向 A 每日提交抵押品（"抵押品"箭头将投资者与 A 连接起来），A 将抵押品传递给托管方（"抵押品"箭头将 A 与托管方连接起来）。这种抵押品不必是现金，它可以是假设的形式。这简化了一些运营风险问题。如果 C 在半年期内违约，则抵押品将被支付给 B 以提供保护（"保护"箭头将托管方与 B 连接起来的），以及提供给抵押品的投资者承担损失。在 6 个月周期结束时，保证金贷款方会决定是继续交易还是退出。在这种机制下，C 承担了 CVA 波动率风险，而 B 则不暴露于 CVA 波动率风险中，这与传统的预付 CVA 费用正好相反。

传统 CVA，Albanese、Brigo 和 Oertel (2011)[3]认为，每当实体的信用恶化时，就会从交易对手那里获得补贴，其形式是 DVA 的正盯市价值，只有实体债券持有人违约后才能将其货币化。每当实体的信用改善时，其实际上被征税了，因为其 DVA 贬值了。因此，财富从信用质量提高的公司转移到信用质量恶化的公司，这种转移以传统 CVA/DVA 机制为中介。此外，文献 [3] 认为浮动保证金贷款结构可能有助于扭转这种宏观经济效应。

尽管有这些积极的特点，但上述浮动保证金贷款框架仍存在一些可能的问题。首先，企业交易对手可能会发现浮动信用价差支付与其他解决方案一样具有惩罚性，因为浮动信用价差支付在开始遇到信用问题时就会增加付款，具有顺周期效应。其次，对向贷款人提供抵押品的投资者进行适当的估值和对冲将是困难的。甚至没有令人满意的标准，即使是简单的合成 CDO，例如，见文献［60］。不可否认，这需要一个有效的全球估值框架，见文献［2］的讨论。另一个问题是：是否所有保证金贷款方会在某个时候都因系统性危机而退出呢？有人可能会争辩说，如果停止对违约公司的错误激励措施，并实施浮动保证金贷款等相反结构，市场首先不太可能出现这种情况。

还有一个包括清算所的五边形版本（见图 10.5）。

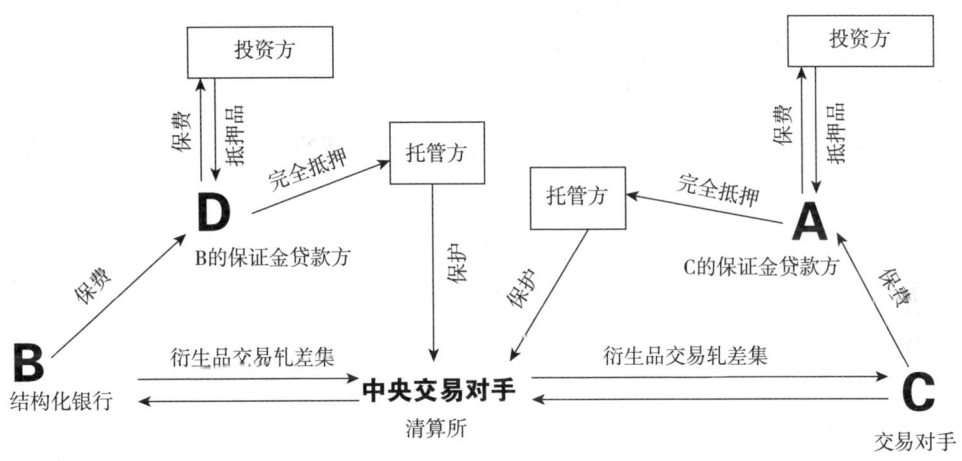

图 10.5　五边形结构的保证金贷款

10.11.3　全面估值

通过浮动保证金贷款实现 CVA 重组的公平估值和风险管理，这需要一种全球模式，才能具有一致性的和切合实际的希腊字母。但是，即使像我们上面的例子所指出的那样，当大型投资组合保留传统预付 CVA 和 DVA 时，不同资产类别也需使用不同的模型。这可能导致模型相互不一致，例如，第 8 章中的权益示例使用了企业价值模型，而在其他资产类别中，我们使用了简约化模型。那如果一个投资组合包含了所有资产类别呢？更笼统地说，如何确保一个一致的建模框架，以获得有意义的价格，特别是交叉相关敏感性的？这个问题相当困难，涉及重要的计算资源和智能系统架构。很少有文献试图建立一个全球估值框架，但可参见文献［2］。

更多细枝末节包括：不同违约之间相依性的建模和校准；违约和资产类别彼此之间相依性的建模和校准；不同资产类别之间相依性的建模和校准；信用波动率和正信用价差的适当纳入。

10.12 结论

我们可将结论总结为一系列观点，我们已经在本章节中对其作了考查或即将作考查，并将争论留给业内。具体如下：

- 交易对手风险增加了一定的期权性（特别是第 1 章、第 2 章和第 4 章，但书中几乎每一章都如此）。即使是估值独立于模型的投资组合，也通过添加 CVA 而变为依赖模型。这使得更新定价库是一件相当烦琐的任务。
- 包括标的资产/交易对手违约相关性的分析要求信用模型与交易投资组合的标的资产相关（见第 3 章；我们在第 5 章、第 6 章、第 7 章、第 12 章和第 15 章中使用了强度信用模型，在第 8 章中使用了企业价值信用模型）。
- 这导致了高度专业化的混合建模框架（第 5 章、第 6 章、第 7 章、第 8 章、第 12 章和第 15 章）。
- 只有这样，才能准确预测错向风险（第 5 章、第 6 章、第 7 章、第 8 章、第 12 章和第 15 章）。
- 输出结果各不相同，可能与巴塞尔的转置乘数或表大相径庭（第 5 章、第 6 章、第 7 章和第 8 章）。
- 输出结构具有很强的模型依赖性，涉及支出风险、模型风险和模型选择（第 5 章、第 6 章、第 7 章、第 8 章、第 12 章、第 15 章和本章）。
- 双边 CVA 和 DVA 带来了对称性，但也带来了自相矛盾的陈述（本章和第 12 章）。
- 双边 CVA 需要选择清算方式（无风险或置换），这是很重要的（本章、第 13 章和第 14 章）。
- 双边 CVA 中的 DVA 项很难被对冲，尤其是跳转至违约风险组件中（本章）。
- 忽略首次违约风险的近似的（有时在行业中使用）效果并不好（本章）。

- 包括抵押品和轧差规则是可能的（第2章、第4章和第5章处理轧差，而第13章、第15章、第16章和第17章处理抵押品和可能的轧差）。
- 在存在强烈传染的情况下，抵押中的缺口风险仍然重要（第15章）。此外，缺口风险可能来自交易的抵押品（第16章）。
- CSA合约执行的保证金程序可能要求抵押品按预先固定的费率累计，从而在定价公式中对融资要求进行相关修改（第16章）。
- 融资成本为衍生品定价开辟了一个新的维度。现在，定价取决于融资流动性政策和套期保值策略。单一价格不能被再确定：价格取决于谁定价，谁是其交易对手以及市场状况。清算金额评估也同样会发生变化（第17章）。
- 巴塞尔协议III将使资本要求相当严格（第1章和本章）。
- 或有CDS作为套期保值工具的有效性有限（第1章）。
- CVA通过浮动保证金贷款和假设进行重组是一种可能的选择（第1章和本章）。
- 对CVA，特别是CVA重组进行适当的估值和管理，需要一致的全球估值方法（第1章和本章）。
- 这也适用于其他可能形式的CVA证券化。

将整本书浓缩成一条信息可能具有误导性，但如果读者要求用一段话来概括我们对CVA – DVA – FVA等的理解，则是这样的：

交易对手和融资风险定价是一项非常复杂和模型依赖的任务，需要采用整体方法进行建模，这对大多数投资银行和大多数金融业中根深蒂固的文化构成了挑战。监管者正拼命地试图以最简单的方式标准化相关计算，但我们的结论是，这种计算是复杂的，但需要保留其以保持准确性。试图将每一种风险标准化为简单公式是具有误导性的，并可能导致相关风险根本没有得到解决。这种做法助长了所谓的监管套利，即银行利用监管的弱点和刚性开展的活动；它有利于顺周期，使所有银行在泡沫和危机期间聚集在一起。而且，最危险的是，它促使许多机构承诺遵守监管机构给出的简单标准化规则，然后利用这种正式合规作为在重大风险管理方面特别松懈的理由。相反，业内和监管者应该认识到这个问题的复杂性，并努力在学术界和私人研究的帮助下获得必要的方法和技术能力，而不是尝试绕过它。

这没有简单的出路。

11

对融资成本建模的首次攻击

本章以 Morini 和 Prampolini（2010）[158] 以及 Morini 和 Prampolini（2011）[157] 为基础。

本章首先处理对融资成本建模和计算的攻击。正如我们在第 2.6 节所看到的，融资问题是银行在历史时刻所面对的一个根本问题。

正如在第 1 章的介绍性对话以及之后的第 2.6 节中所观察到的，在管理交易头寸时，需要获得现金才能进行一些操作：对冲头寸、提交抵押品、支付息票或名义本金或其他现金流、设置流动性储备、支付收到的抵押品利息、管理更替成本等。现金可以从司库部门或市场获得，现金也可能因持有某头寸而获得：息票、现金流、名义返还、正向盯市变动、抵押调整等。简言之，如果是借款，就将有成本，如果是贷款，就将提供收入。因此，大致而言，包括融资成本就意味着要适当考虑这些特征。

我们已经在第 2.6 节提到的一些参考文献中看到了融资问题的最初历史，我们将其称为一般性介绍。

我们在这里简要重复一下，在第 17 章我们遵循文献 [165]，其与文献 [85] 是第一次尝试的一个真正全面的框架。但在此之前，我们展示开创性文献 [157] 所提出的主要结果，因为这是考虑将融资成本与交易对手违约风险保持一致的根本性挑战的第一步。

注意：本融资章节取决于基本强度/简约化模型和 CDS 市场。不熟悉这种概念的读者应返回到第 3.1.4 节和第 3.3 节（特别是第 3.3.2 节）。这可能有助于充分了解此处总结的文献［158］和［157］对融资问题的研究结果。这部分还依赖 DVA 的基本定义。这是在第 1 章和上一章中非正式介绍的，并将在本书下一篇详细讨论。读者在详细阅读了关于 DVA 的信息后，可能还是希望回到本篇，尽管给出的非正式介绍应该足以先读读本篇。

11.1 问题

通过遵循文献［158］和［157］，我们考虑了这样一笔交易，其中被称为 B（借款人）实体承诺在 T 时支付固定金额 K 给一方 L（贷款人）。这是一个非常简单的偿付，使我们能够专注于流动性和信用成本，而不会出现不必要的复杂情况。简单偿付限制了分析的范围，但相当于 B 发行零息债券或由 L 向 B 贷款的衍生等价工具，因此其允许将结果与此类产品的成熟市场实践进行比较。有关一般框架以及在此类框架内衍生的更详细示例，请参阅文献［165］的第 17 章。

假设 X 方（$X \subset \{B,L\}$）的回收率为 R_X，适用于到期日 T 的无风险利率为确定值 r。X 方在市场上融资，为简化将其称之为债券市场。X 方也是 CDS 市场的参考实体。因此，我们有以下信息：

1. CDS 价差 π_X。设该价差为确定性的，并作为 CDS 的保险费部分连续支付（而非按季度支付）。遵循 CDS 市场信用风险的标准市场模型，即我们在第 3.3.2 节中看到的简约化模型或强度模型。

在此设置中，有

$$\pi_X = \lambda_X LGD_X \tag{11.1}$$

其中，λ_X 为确定性的违约强度，而 $LGD_X = 1 - R_X$ 为实体 X 的违约损失率。如果回收率为 0，如我们为简化所假设的那样，有 $LGD_X = 1$ 且 CDS 价差与 λ_X 一致，从而有 $\mathbb{Q}(\tau_X > T) = e^{-\pi_X T}$。在此公式中，$\tau$ 遵循典型强度模型的指数分布假设，我们在第 3.3 节中详细地看到了这一假设。

2. 融资成本 s_X。对大多数发行人来说，这是在二级债券市场衡量的，代表了对一方融资所支付的超过无风险利率的价差的最佳估计。也设 s_X 为短期/瞬时和确定性的，因此可以根据具有相同属性的流动性基差 γ_X 来计算，从而有

$$s_X = \pi_X + \gamma_X$$

流动性基差是对债券价差与 CDS 价差差异的近似。

在简单的信用设置中，上述交易对贷款人 L 的总价值为

$$V_L = e^{-rT} K - CVA_L - P \tag{11.2}$$

其中，P 为贷款人 L 在初始时支付的保费，且 CVA 考虑了借款人 B 在到期日前违约的概率，因此有

$$CVA_L = \mathbb{E}[e^{-rT} K 1_{\{\tau_B \leq T\}}] = e^{-rT} K \mathbb{Q}[\tau_B \leq T]$$
$$= e^{-rT} K [1 - e^{-\pi_B T}]$$

有

$$V_L = 0 \Rightarrow P = e^{-rT} K - CVA_L$$

同时对于 B 方（借款人）的价值为

$$V_B = -e^{-rT} K + DVA_B + P \tag{11.3}$$
$$V_B = 0 \Rightarrow P = e^{-rT} K - DVA_B$$

且 $CVA_L = DVA_B$。

这保证了对称性 $V_B = V_L = 0$ 以及各方就加以保险费达成一致的可能性，

$$P = e^{-rT} e^{-\pi_B T} K \tag{11.4}$$

该方法没有明确考虑流动性的价值。事实上，作为索偿权的交换条件，当 B 方在 0 时从 L 方获得等于 P 的现金流时，那么 L 方必须在交易到期日前以其融资价差 s_L 融通资金的同时，B 方可以减少相当于 P 的融资。因此，B 方应看到融资收益，而 L 方应看到其索偿权的公平价值因融资成本而降低。为什么这些融资部分没有出现在上述估值中呢？我们能否假设两家公司的融资成本可以忽略不计？其不完全是这样。通过假设 $s_L = 0$，L 融资项的缺失确实是合理的。这意味着 $\pi_L = 0$。但是，如果不完全改变交易的性质，对 B 就无法作出同样的假设。事实上，假设 $s_B = 0$ 意味着 $\pi_B = 0$，这将取消 DVA 项和 CVA 项。因此，当 B 是具有不可忽视的违约风险的一方时，其必须至少有 $s_B = \pi_B > 0$ 的融资成本。上述公式中似乎缺少融资成本的这种影响。在下一节中，我们将分析其是否真的缺失了。

11.2 对融资和贴现的进一步审视

让我们看看，如果通过调整贴现项（根据文献［168］的思路）来引入流动

性成本，但同时引入偿付的违约性，会发生什么情况。贷款人得到的偿付为

$$\begin{aligned} V_L &= \mathbb{E}\left[e^{-(r+s_L)T} K 1_{\{\tau_B > T\}}\right] - P \\ &= \mathbb{E}\left[e^{-rT} e^{-\gamma_L T} e^{-\pi_L T} K 1_{\{\tau_B > T\}}\right] - P \\ &= e^{-(r+\gamma_L+\pi_L+\pi_B)T} K - P \end{aligned} \quad (11.5)$$

类似借款人的偿付为

$$\begin{aligned} V_B &= -\mathbb{E}\left[e^{-(r+s_B)T} K 1_{\{\tau_B > T\}}\right] + P \\ &= -\mathbb{E}\left[e^{-rT} e^{-\pi_B T} e^{-\gamma_B T} K 1_{\{\tau_B > T\}}\right] + P \\ &= -e^{-rT} e^{-\pi_B T} e^{-\gamma_B T} K e^{-\pi_B T} + P \\ &= -e^{-(r+\gamma_B+2\pi_B)T} K + P \end{aligned} \quad (11.6)$$

要将此结果（包括 CVA、DVA 和贴现流动性）与之前获得并推导出式（11.4）的 DVA 结果相比较，那么简化到最简单情况是很便利的：L 是无违约风险且无流动性价差，而 B 是可违约的，并且在这种情况下允许具有最低的流动性价差。那么有

$$s_L = 0, \quad s_B = \pi_B > 0$$

令 $V_L = V_B = 0$，那么"公平"价格 P 对于 L 和 B 是不同的：

$$\begin{aligned} P_L &= e^{-rT} e^{-\pi_B T} K \\ P_B &= e^{-rT} e^{-2\pi_B T} K = e^{-rT} e^{-\pi_B T} \boxed{e^{-\pi_B T}} K \end{aligned}$$

此表达式中有两个奇怪的方面。

- 第一，即使在假设没有流动性价差的情况下，两个交易对手也不会就具有违约风险的最简单交易达成一致，因为现在的 P_L 和 P_B 是不同的，这与之前推导的式（11.4）不同。我们刚刚发现的公式意味着借款人在所有交易中的 CVA 都应计入第一天的利润。这与多年的市场现实相反。
- 第二，明确包含 DVA 项会导致承担债务一方的融资收益被重复计算。该公式意味着，与所有证据不同，融资收益得到了两次报酬。如果这是正确的，那么以公平价值对负债进行一致性考虑，就需要在零息票债券定价时将其无风险现值的两倍乘以其生存概率。这也与多年的市场现实相反。

11.3 Morini 和 Prampolini（2010）提出的方法

为了解决这一难题，文献［158］没有通过式（11.5）和式（11.6）的调整后贴现来计算流动性，而是通过明确模拟融资策略来产生流动性成本和收益。

他们采取的方法是，公司利用无风险利率 r 来资本化和贴现资金，然后添加或减去交易管理中出现的实际信用和融资成本。按照这种方法，我们看到上述交易有两个部分。例如，如果我们考虑贷款人 L，那么

- 一部分是"交易部分"，其净现值为

$$\mathbb{E}\left[-P + \mathrm{e}^{-rT}\Pi\right]$$

其中，Π 为 T 时的偿付，其包括一个潜在的违约指标。该部分考虑了贷款人最初向借款人转移（因此为减号）的正金额 P，以及贷款人将在到期日 T 时（如果借款人是有偿付能力的）获得贷款的还本付息，即 Π。

- 另一部分是"融资部分"，其净现值为

$$\mathbb{E}\left[+P - \mathrm{e}^{-rT}F\right]$$

其中，F 为 T 时的融资回报，包括潜在的违约指标。这部分的特点是，贷款人获得的正金额 P 为上一时点支付 $-P$ 提供的融资，而这笔融资将不得不在将来的 T 时用现金流 F 偿还。

当没有涉及违约风险或流动性成本时，可以忽略此融资部分，因为其价值为

$$\mathbb{E}\left[+P - \mathrm{e}^{-rT}\mathrm{e}^{rT}P\right] = 0$$

相反，在一般情况下，总净现值为

$$\begin{aligned}V_L &= \mathbb{E}\left[-P + \mathrm{e}^{-rT}\Pi + P - \mathrm{e}^{-rT}F\right]\\ &= \mathbb{E}\left[\mathrm{e}^{-rT}\Pi - \mathrm{e}^{-rT}F\right]\end{aligned}$$

因此，0 时的保险费取消了此融资，留下的是包括交易偿付 Π 和流动性回报 $-F$ 的折扣总偿付。

11.3.1 借款方的例子

现在，从借款人情况出发，详细介绍我们正在考虑的上述简单偿付计划。借款人 B 在 0 时收到保险费 P，从而具有了流动性优势，因为其允许将其融资要求降低至 P 的金额。当必须偿还融资时，融资金额 P 会在 T 时产生负现金流

$$-P\mathrm{e}^{rT}\mathrm{e}^{s_B T}1_{\{\tau_B > T\}} \tag{11.7}$$

对外现金流等于以融资成本资本化的 P 乘以违约指标 $1_{\{\tau_B > T\}}$。为什么需要包括违约指标 $1_{\{\tau_B > T\}}$ 呢？因为在违约时，基于 0 回收率假设，借款人不偿还借入的资金，从而就没有对外现金流。因此，将融资金额减少 P 相当于在 T 时收到绝对

值等于式（11.7）的正值金额，

$$P e^{rT} e^{s_B T} 1_{\{\tau_B > T\}} = P e^{rT} e^{\pi_B T} e^{\gamma_B T} 1_{\{\tau_B > T\}} \tag{11.8}$$

其被添加到交易中 B 必须支付的金额：$-K 1_{\{\tau_B > T\}}$。

因此，T 时的总偿付为

$$1_{\{\tau_B > T\}} P e^{rT} e^{\pi_B T} e^{\gamma_B T} - 1_{\{\tau_B > T\}} K \tag{11.9}$$

取贴现后期望得到

$$V_B = e^{-\pi_B T} P e^{\pi_B T} e^{\gamma_B T} - K e^{-\pi_B T} e^{-rT} = P e^{\gamma_B T} - K e^{-\pi_B T} e^{-rT} \tag{11.10}$$

与式（11.6）进行比较。现在我们没有对违约概率进行不切实际的重复计算了。

请注意

$$V_B = 0 \quad \Rightarrow \quad P_B = K e^{-\pi_B T} e^{-\gamma_B T} e^{-rT} \tag{11.11}$$

其中，P_B 为借款人的盈亏平衡保险费，因为借款人会觉得使这笔交易很便利的条件为

$$V_B \geqslant 0 \quad \Rightarrow \quad P \geqslant P_B$$

假如在式（11.3）一样有 $\gamma_B = 0$，那么在这种情况下有

$$P_B = K e^{-\pi_B T} e^{-rT} \tag{11.12}$$

并与式（11.4）进行比较。我们可以得出结论，在这种情况下推导出式（11.4）的标准计算是正确的，因为考虑了融资收益估值中的违约概率会消除借款人的任何流动性优势。我们的公式显示了当融资成本中也有"纯流动性基差"成分（$\gamma_B > 0$）时会发生的情况。另外，按照第 11.2 节调整后的融资价差收取流动性成本，自然不能扩展到我们想明确观察衍生工具出现违约事件可能性的情况；为了保持一致，我们需要像文献［168］那样，将违约事件从图景中去除。

备注 11.3.1（价差滤子和完全违约监控滤子）。对这个结果的一个有趣解释是，以价差 π_B 贴现的想法已经对应于对生存指标对象（如 $1_{\{\tau_B > T\}}$）取期望，那么有

$$\mathbb{E}_0[1_{\{\tau_B > T\}}] = \mathbb{E}[1_{\{\tau_B > T\}} | \mathcal{F}_T] = \exp(-\pi_B T), \quad \mathbb{E}[1_{\{\tau_B > T\}} | \mathcal{G}_T] = 1_{\{\tau_B > T\}}$$

其中，$\mathcal{G}_T$ 为包括直至 T 时违约监控的整个滤子，而 $\mathcal{F}_T$ 为包括直至 T 时不包括违约的信用价差信息的违约前滤子。由于这种区别，导致有

$$\mathcal{G}_T \ under \ 1_{\{\tau_B > T\}} \longrightarrow \mathcal{F}_T \ under \ \exp(-\pi_B T)$$

其在（第 3.3 节所引入）强度模型中很重要。从这个意义上说，当我们包括

$\exp(-\pi_B T)$ 等项时,就已经包括了违约风险,但为滤子 $\mathcal{F}$ 下的,这就通常被称为信用风险。信用风险和违约风险之间的这种区别,是如文献 [168] 等处理问题的基础,但如我们所看到的,其在很多方面都相当人为和具误导性。原始项 $\exp(-\pi_B T)$ 在部分过滤后已经嵌入了违约风险。

11.3.2 贷款方的情况

现在考虑贷款人的情况。如果贷款人在 0 时支付 P,则其将产生流动性成本。事实上,他需要在 T 时之前融资(借入)P。在 T 时,L 会偿还借来的资金及利息,但前提是其没有违约。否则,他不会有任何偿还,所以流出现金流为

$$P e^{rT} e^{s_L T} 1_{\{\tau_L > T\}} = P e^{rT} e^{\gamma_L T} e^{\pi_L T} 1_{\{\tau_L > T\}} \tag{11.13}$$

而其在交易中收到:$K 1_{\{\tau_B > T\}}$。因此 T 时的总偿付为

$$-P e^{rT} e^{\gamma_L T} e^{\pi_L T} 1_{\{\tau_L > T\}} + K 1_{\{\tau_B > T\}} \tag{11.14}$$

取贴现后期望,有

$$V_L = -P e^{\gamma_L T} e^{-\pi_L T} e^{\pi_L T} + K e^{-rT} e^{-\pi_B T} = -P e^{\gamma_L T} + K e^{-rT} e^{-\pi_B T} \tag{11.15}$$

使交易便利贷款人的条件为

$$\begin{aligned} V_L &\geq 0 \quad \Rightarrow \quad P \leq P_L \\ P_L &= K e^{-rT} e^{-\gamma_L T} e^{-\pi_B T} \end{aligned} \tag{11.16}$$

其中,P_L 为贷款人的盈亏平衡保费。有趣的是,贷款人在计算交易价值时,考虑到交易对手视角的所有未来现金流,其不会包括向借款人收取与自身违约风险相关的融资成本的 π_L 部分。由于在违约时融资不会被偿还,这一情况就被取消了。就交易的相对估值而言,贷款人的这一情况与借款人的情况是完全对称的,后者将 DVA 加入进来消除了与 π_B 相关的流动性优势。相反,借款人和贷款人在现金流管理方面有一个重要的区别,第 11.3.4 节对此进行了讨论。要在市场上达成协议,需要有

$$V_L \geq 0, \ V_B \geq 0$$

其中,由式 (11.11) 和式 (11.16) 意味着有

$$\begin{aligned} P_L &\geq P \geq P_B \\ K e^{-rT} e^{-\gamma_L T} e^{-\pi_B T} &\geq P \geq K e^{-rT} e^{-\gamma_B T} e^{-\pi_B T} \end{aligned} \tag{11.17}$$

因此,协议达成的条件为

$$\gamma_B \geq \gamma_L$$

这表明，如果只想保证交易的正预期回报，那么需要向未抵押衍生品交易的交易对手收取的流动性成本仅为流动性基差，而不是债券价差或 CDS 价差。这与 2007—2009 年流动性危机期间的情况是一致的，当时债券 CDS 基差爆发式增长。最后两节的结果超出了文献［168］的范畴，其表明只有债券 CDS 基差才是适当的流动性价差，而与违约强度相关的 CDS 价差是融资成本的一部分，后者被融资策略中的违约概率所抵消。有关向正回收率的扩展，请参见文献［157］。

11.3.3　DVA 的争议性作用：借款方

显然在此背景下考虑到了融资战略的 DVA。DVA 最具争议的一个方面是借款人未来的负债取决于是否生存，这可能会造成一种扭曲的观点，即我们的违约就是我们的幸运日。那么，看看借款人不以生存为条件的负债是怎么样的，即假装其是无违约风险的，通过忽略 DVA，避免违约为一个积极事件的扭曲观点。

出于会计目的，令 B 方假装为无违约风险的。贷款人支付的保险费 P 使 B 在 T 时的融资偿付减少了相当于 T 时的以下现金流：

$$P e^{rT} e^{s_B T}$$

其中没有违约指标，因为 B 将自身视为无违约风险的。此现金流必须与 T 时的偿付进行比较，其为

$$-K$$

同样的违约指标，即没有 DVA。因此，T 时的总偿付为

$$e^{rT} e^{s_B T} - K \tag{11.18}$$

通过贴现到 0 时，可得到一个会计值 V_B，使

$$V_B = P e^{s_B T} - K e^{-rT}$$

其为借款人产生了会计盈亏平衡保费 P_B，等于式（11.11）的盈亏平衡点

$$P_B = K e^{-rT} e^{-\pi_B T} e^{-\gamma_B T} \tag{11.19}$$

因此，借款人 B 再次在其负债中确认了实际考虑到自身市场违约风险的融资收益 π_B，以及额外流动性基差 γ_B，从而匹配了借款人计算的保费，其中包括了 CVA/DVA 项。但现在，该项被视为一种融资收益，而不是因违约而减少未来预期负债所带来的好处。请记住备注 11.3.1。

11.3.4　DVA 的争议性作用：贷款方

上述结果表明，如果借款人认为自己没有违约风险，其估值就不会改变，也不会取决于市场融资价差是如何分为信用价差和流动性基差的。对于贷款人也有类似属性吗？完全不是。因为，根据第 11.3.2 节，有

$$P_L = Ke^{-rT}e^{-\gamma_L T}e^{-\pi_B T}$$

盈亏平衡保费和将在市场上达成的协议都取决于 γ_L。这不是借款人和贷款人情况的唯一区别。请注意，借款人在到期日 T 的净支付额由式（11.9）给出，如果保持 $P \geqslant P_B$，则在任何世界状态下其均为非负值，尽管后一个条件只是为了保证预期支付为非负值。相反，对于贷款人的到期付款由式（11.14）给出。贷款人预期付款的非负条件式（11.16）并不意味着式（11.14）的非负性，特别是我们可以有一个负的持有，即使假设两个交易对手将生存到到期日。如果想要保证非负持有，至少当没有人违约时，那么除了式（11.16）外还需要满足以下条件

$$\pi_L \leqslant \pi_B \tag{11.20}$$

否则，与借款人不同，贷款人将面临流动性短缺和负持有，即使这笔交易平均而言有利于他。当没有违约时，流动性短缺可以通过强制每笔交易执行式（11.20）来避免，或者通过假设贷款人没有违约风险来提供适用于与任何交易对手的任一交易的解决方案。只有当贷款人出于会计目的假装没有违约风险时，基于预期现金流的交易便利条件才为

$$P \leqslant Ke^{-rT}e^{-s_L T}e^{-\pi_B T} = Ke^{-rT}e^{-\gamma_L T}e^{-\pi_L T}e^{-\pi_B T}$$

这显然意味着式（11.14）的非负性。

假设自己无违约风险会导致相当于文献［168］的结果。事实上基于此假设，无抵押偿付在我们的简单设置下也应在完全融资中被贴现。考虑银行 X 是假装无违约风险的。当银行处于借款人位置时，有

$$P_B = P_X = e^{-s_X T}e^{-rT}K$$

而当银行处于无风险交易对手的贷款人位置时（如文献［168］中的示例），盈亏平衡保费为

$$P_L = e^{-s_X T}e^{-rT}K = P_B = P_X$$

且对于正风险暴露和负风险暴露，以融资利率 $r + s_X$ 的贴现都被回收。

但是，对于具有非零信用风险和流动性成本的一般交易对手，贷款人无违约风险的假设使得达成市场协议非常困难，因为在这种情况下，如下协议

$$Ke^{-rT}e^{-\gamma_B T}e^{-\pi_B T} \leqslant P \leqslant Ke^{-rT}e^{-\gamma_L T}e^{-\pi_L T}e^{-\pi_B T}$$

意味着有

$$\boxed{\gamma_B \geqslant \gamma_L + \pi_L}$$

而不是有

$$\boxed{\gamma_B \geqslant \gamma_L}$$

在每一方都认为自己是无违约风险且交易对手为可违约的市场中时，一方希望以仅含自身 CDS 的价差 $[(\gamma_B + \pi_B)]$ 为自己提供资金，但当其为其他各方融资时，其向它们收取包括两个 CDS 价差的价差

$$(\gamma_L + \pi_L + \pi_B)$$

11.3.5 讨论

哪一个是正确的解决方案？两者都有各自的利弊。在第一种情况下，银行会像交易对手一样看待自己，考虑到自己的违约情况，从而降低资产贴现率，以避免向银行借款的交易对手收取两笔信用价差。这很好，因为两个信用价差的其中之一正是银行因为不支付其债务的自身风险而必须支付的，且这里并没有财务理由向借款人收取。这样的话，银行向借款人收取的总成本与按银行计算自身融资成本的方式得到的结果一致，银行将保持竞争力，因此在市场上达成协议就并非不可能。

另外，银行如此决定是基于将自己的违约视为一种财务优势：一个看起来可能很便利的策略，只是因为银行的定价是出于如下事实，即其万一违约，就不会偿还自己的融资。但是，如果银行不违约，这将是一个谬论！当双方都生存下来时，在哪里可以找到资金来为可能导致负持有的交易提供融资呢？

在第二种情况下，银行避免了这个问题，其假定自身不能违约，这样在没有违约时就不会面临道德风险，也不会有融资损失：其所有融资成本都全额向交易对手收取。然而，这种观点与交易对手对银行的看法形成鲜明对比：它们知道银行可能违约，它们知道银行的部分融资成本是仅出于此原因的，而且当它们向银行借款时，它们可能不接受被收取这些费用。想想你自己：如果你向

银行申请抵押贷款，银行告诉你：你的信用价差为3%，因为这个是你的违约概率，但我的价差为4%，因为这是我的违约概率，所以我会向你收取7%。你觉得这公平吗？你会接受吗？

今天，银行似乎正在采取一种二选一的方法。贷款人的信用差价没有向借款人全额收取。这是基于考虑到债券市场衡量的融资成本只是银行融资成本的一部分，这也涉及成本低得多的融资，如中央银行贷款或存款，其中银行并不会被收取其全部信用风险的费用。同时，银行的信用价差部分进入流动性成本的收取。有关不同选择影响的进一步讨论，请参见文献[155]。

11.4 关于融资的下一步讨论

上述分析是融资成本分析的一个基本发展，但它只是迈向一般定价框架的第一步。事实上，就进一步一般化而言，我们可能注意到，有关问题还没有得到解决。
- 可能并不总是依赖借款人和贷款人之间的明确区别。有些产品，如互换和奇异产品，超出了这种区别。
- 可能希望对银行及其司库部门的融资政策作出假设（例如，在不同程度的同质性上的微观与宏观融资），并将融资收益视为此类政策的要素之一。
- 可能希望从现金流的角度完全一般化地模拟抵押过程及其与CVA/DVA的互动关系。
- 可能希望通过考虑融资成本来重新思考清算金额的评估。
- 可能希望考查融资对潜在风险因子动态过程定义的影响。
- 可能希望量化融资对套期保值策略选择的影响。
- 可能希望引入信用价差波动率和违约相关性。
- 可能希望纳入错向风险。
- 可能希望得出一个与无套利理论相一致的主公式，同时尽可能实现一般化。

这是一个冗长而没有穷尽的议题清单，如果希望将融资成本纳入定价框架，我们就必须处理这些主题。这些问题已在文献[85]和[165]中得到处理，其试图建立融资估值调整的第一个一般性理论。

在将定价框架扩展到包括抵押品之后，我们将在第16章和第17章对此进行研究。

12

双边 CVA – DVA 和利率产品

本章以 Brigo、Capponi （2008）[39]、Brigo、Pallavicini 和 Papatheodorou （2011）[59]为基础。

正如第 10 章开篇所指出的，巴塞尔协议 II 附件四 2/A 已经在信用风险测度空间中提到了交易对手信用风险的双边性质：

与企业在贷款上的信用风险暴露不同，其贷款风险暴露是单边的，只有贷款银行面临损失风险，交易对手信用风险会产生双边损失风险：交易的市值对交易中的所有交易对手都可能是正的或负的。

本章遵循文献［41］，关注利率产品，概括之前在第 5 章提到的单边 CVA 的双边案例，然后介绍利率产品的一些数值结果。在双边违约风险下，利率互换的第一个一般化无套利公式出现在文献［18］中。在这里，我们本着早期关于具有单边特征 CVA 的研究精神，详细介绍了模型选择、数值示例以及动态参数和错向风险的影响。事实上，先前运用动态模型对单边 CVA 进行的准确无套利估值的研究，分析了商品（文献［36］第 6 章）、利率（文献［57］第 5 章）和信用（文献［43］第 7 章），它们都假设计算估值调整的一方是无违约分析的。我们在此介绍了在双边违约风险的情况下（包括投资者违约）进行交易对手风险调整的一般无套利估值框架，这在文献［39］中作了介绍，并在第 10 章引言部分勾勒出了大概情况。我们说明了估值的对称性，并表明调整涉及看跌期权的多头头寸和看涨期权的空头头寸，其执行价格均为 0，标的资产为相关违约时间的合约剩余净值。我们允许投资者、交易对手和潜在投资组合风险因子之间的统计相依性（"相关性"），并使用无套利随机动态模型。

然后，我们专门分析利率偿付支出作为标的投资组合的情况。与 CDS 案例作为标的工具相比，其中的重点在于行业内大多数信用模型，特别是当应用于抵押债务责任或第 k 次违约篮子时，会考虑违约相关性，但其忽略了信用价差波动率。信用价差通常被认为是决定性的，并在违约时间的指数触发器上假定了一个 Copula 来模拟违约相关性。这与过去利率产品交易对手风险的情况正好相反，例如在文献 [186] 或 [47] 第 4 章中，相关性被忽略了，但其模拟了波动率。文献 [43] 的作者（参见第 7 章）在用 CDS 时纠正了这一点，但只处理了单边和不对称的交易对手风险。随后，文献 [39] 将这种方法推广到 CDS，其包括信用价差波动率以及双边案例中的违约相关性，文献 [40] 则增加了抵押保证金的影响。

对于利率产品，以前关于标的资产波动率与交易对手信用价差相关性的文献可见文献 [57]（参见第 5 章），作者同时涉及单边交易对手风险下的普通香草利率互换和奇异互换。在这项工作中，假设其遵循文献 [35] 和 [46] 逻辑的随机强度模型（见第 3 章），此模型与驱动利率动态的多因素短期利率过程相关。在一些基本示例中也考查了轧差。本章旨在将此方法一般化到双边情况。此时，需要对以下相关性或更好的相依性进行建模：

- 交易对手 C 违约和银行 B 违约之间的相依性。顺便提到，本章也称"银行"（B）为"投资者"（I），因为 B 可能是不同的公司或其他实体，而不是真正的银行；因此，在本章中"B" = "I"。
- 标的资产（利率）与交易对手信用价差之间的相关性。
- 标的资产（利率）与投资者"I"信用价差之间的相关性。
- 除了交易对手和投资者之间的违约相关性外，我们可能还希望模拟信用价差相关性。

除最后一个外，我们将在下面对上述其余的相依性进行建模，因为违约相关性在我们将要考查的案例中比价差相关性更为重要。请注意，如果根据交易对手的信用质量将模型扩展到包括抵押品，则也应该模拟最后一种相依性，此时该相依关系是重要的。通常被忽略的一个特征是投资者和交易对手的信用价差波动率，因为信用价差通常被视为是确定性的。我们通过假设投资者和交易

12 双边 CVA-DVA 和利率产品

对手的随机价差来改善这一点。正如文献 [43] 一样，第 7 章强调了忽视 CDS 的 CVA 中信用价差波动率的危险性。

在目前的工作中，尽管我们处理了一些格式化的轧差案例，我们仍不考虑具体的抵押条款或担保。其假设我们正在处理的是场外利率组合交易的交易对手风险，不存在定期保证金或抵押品提交。例如，当交易对手是公司时，情况可能就是这样，请参阅文献 [192]。以往在利率背景下处理轧差问题的工作可参见文献 [57] 和 [47]，详见第 4 章和第 5 章。文献 [194] 分析了交易对手信用触发器对 CVA 的影响。文献 [8] 和 [41] 分析了 CVA 计算中抵押和保证金的建模，我们将在以后的章节对此加以讨论。

最后，在给出或有 CDS 信用估值调整的理论等价品的同时，我们还提出了一种按利率对或有 CDS 进行估值的方法。有关或有 CDS 的更多详细信息可参见文献 [57] 以及第 1 章和第 5 章的讨论。

本章的结构如下：第 12.1 节总结了文献 [39] 的双边交易对手风险评估公式，并建立了适当的注释，还讨论了双边风险的具体特点及一些看似自相矛盾的方面，其与真正的银行报告也作了关联。第 12.2 节提供了将方法应用于利率互换的细节。建议采用双因子高斯利率模型，以应对双边交易对手风险调整的期权特征。该模型根据零息票利率曲线和互换权作了校准。然后，引入交易对手 "C" 和投资者 "I" 的平方根漂移扩散信用价差模型。交易对手和投资者的违约是由高斯 Copula 关联在一起的。另外，详细解释了导致利率和违约之间相依性的相关性结构，最后说明了用于估价调整的数值蒙特卡洛技术。第 12.4 节提出了基于单一利率互换以及三个可能的利率互换组合的案例研究，其中嵌入了一些轧差条款。我们分析了信用价差水平和波动率，标的利率和违约及互换或投资组合未来货币性之间的相关性，以及对交易对手和投资者违约之间相依性的影响。第 12.5 节总结了全章。

12.1 双边交易对手风险的无套利定价

正如我们在引言中指出的，巴塞尔协议 II 中提到了双边交易对手风险。然而，巴塞尔协议 II 更关心的是风险测度而不是定价。对于风险测度空间中交易对手风险的分析，请参考文献 [93]，它们考虑为衍生品投资组合建立随机信用风险模型。然而，在估值领域，双边特征也相当重要，而且往往要对看似自相矛盾的陈述负责，正如文献［39］和我们在第10章所看到的那样。例如，让我们再次回顾一下，花旗集团在2009年第一季度收入的新闻稿中报告了由恶化的信用质量带来的正盯市价值："收入还包括……衍生头寸（不包括单产品线）净额为25亿美元的正CVA，这主要是由于花旗集团CDS价差的扩大"。在这一章中，我们准确地解释了这种情况是如何产生的。

我们提到交易中涉及的存在信用风险的两方：

$$投资者 \rightarrow I$$

$$交易对手 \rightarrow C$$

一般来说，我们会从投资者（I）的角度处理估值问题，使I收到的现金流为正，而I支付（及由C收到）的现金流为负。

分别以τ_I和τ_C表示投资者和交易对手的违约时间，并把自己置于概率空间$(\Omega, \mathcal{G}, \mathcal{G}_t, \mathbb{Q})$中。滤子$\mathcal{G}_t$对包括信用在内的整个市场信息流进行建模，而$\mathbb{Q}$为风险中性测度。此空间还赋予了一个右连续的和完整的子滤子$\mathcal{F}_t$，代表除了违约事件外所有可观察到的市场量，因此有$\mathcal{F}_t \subseteq \mathcal{G}_t$：$= \mathcal{F}_t \vee \mathcal{H}_t$。在这里，$\mathcal{H}_t = \sigma(\{\tau_I \leq u\} \vee \{\tau_C \leq u\} : u \leq t)$是违约事件产生的右连续滤子，无论是对于投资者的还是其交易对手的。

假设不可能完全同时出现违约，因此假设

$$\mathbb{Q}(\tau_I = \tau_C) = 0$$

大多数模型都验证了这一假设，但有一些值得注意的例外（例如，具有离散组件的多变量Marshall–Olkin指数分布[146]）。

称T为所需估值偿付的最终到期日，并定义其停止时间为

$$\tau = \min\{\tau_I, \tau_C\} \qquad (12.1)$$

如果$\tau > T$，则投资者及其交易对手在合约期内都不违约，双方均可履行合约。相反，如果$\tau \leq T$，则投资者或其交易对手（或两者都）在合约到期日内违约了。在τ时计算到期前剩余回报的净现值（NPV）。① 然后区分这两种情况：

- $\tau = \tau_C$。如果违约时的NPV对投资者（违约交易对手）为负（为正），则投资

---

① 在本章，我们将清算金额评估为交易的中端市场盯市价值。第13章讨论了如何评估清算金额。我们参考文献［127］的不同策略。对于采用置换清算而不是中端市场清算效果的具体示例，另请参阅文献［41］和［52］，如第14章所总结的。

者（违约交易对手）自身完全支付（收到）NPV。如果违约时的 NPV 对投资者（交易对手）为正（负），则仅交换 NPV 的回收部分 REC_C。

- $\tau = \tau_I$。如果违约时的 NPV 对违约投资者（交易对手）为正（为负），则违约投资者（交易对手）自身完全收到（支付）NPV。如果违约时的 NPV 对违约投资者（交易对手）为负（正），则仅交换 NPV 的回收部分 REC_I。

定义以下（互斥且穷尽的）按违约时间排序的事件：

$$\begin{aligned}&\mathcal{I}_1 = \{\tau_I < \tau_C < T\}, \quad \mathcal{I}_2 = \{\tau_I < T \le \tau_C\}, \quad \mathcal{I}_3 = \{\tau_C \le \tau_I < T\}\\&\mathcal{I}_4 = \{\tau_C < T \le \tau_I\}, \quad \mathcal{I}_5 = \{T \le \tau_I < \tau_C\}, \quad \mathcal{I}_6 = \{T \le \tau_C \le \tau_I\}\end{aligned} \quad (12.2)$$

将一般可违约索偿权在 t 时的贴现偿付称为 $\bar{\Pi}(t,T)$，无违约交易对手的等价索偿权的贴现偿付称为 $\Pi(t,T)$。请注意，我们在前几章还使用了符号 Π^D，从而有

$$\bar{\Pi}(t,T) = \Pi^D(t,T)$$

然后有以下命题，其在文献［39］中已得到证明，并在第 10 章中得到了不那么正式的概述。

命题 12.1.1（一般双边交易对手风险定价公式） 在估值时间 t 以及事件 $\{\tau > t\}$ 情况下，双边交易对手风险下的偿付价格为

$$\begin{aligned}\mathbb{E}_t[\bar{\Pi}(t,T)] = \mathbb{E}_t[\Pi(t,T)] &+ \mathbb{E}_t\left[L_{GD_I}\mathbf{1}_{\{\mathcal{I}_1 \cup \mathcal{I}_2\}}D(t,\tau_I)(-NPV(\tau_I))^+\right]\\&- \mathbb{E}_t\left[L_{GD_C}\mathbf{1}_{\{\mathcal{I}_3 \cup \mathcal{I}_4\}}D(t,\tau_C)(NPV(\tau_C))^+\right]\end{aligned} \quad (12.3)$$

其中，$LGD_i := 1 - REC_i$ 为给定的违约损失，REC_i 为回收比例，且 $i \in \{I, C\}$。我们还定义

$$NPV(u) := \mathbb{E}_u[\Pi(u,T)]$$

显然，可违约索偿权的价值是相应的无违约风险索偿权的价值，加上基于剩余 NPV（给定非零金额）的一份执行价格为 0 的多头看跌期权（在投资者于最终到期前最早违约的情况下），或者基于剩余 NPV（给定非零金额）的一份执行价格为 0 的空头看涨期权（在交易对手于最终到期前最早违约的情况下）。最后，我们定义投资者"I"视角的双边债务估值调整（DVA）和双边信用估值调整（CVA）为

$$\begin{aligned}D_{VA}(t,T) &= \mathbb{E}_t\left[L_{GD_I}\mathbf{1}_{\{\mathcal{I}_1 \cup \mathcal{I}_2\}} \cdot D(t,\tau_I) \cdot (-NPV(\tau_I))^+\right]\\C_{VA}(t,T) &= \mathbb{E}_t\left[L_{GD_C}\mathbf{1}_{\{\mathcal{I}_3 \cup \mathcal{I}_4\}} \cdot D(t,\tau_C) \cdot (NPV(\tau_C))^+\right]\end{aligned}$$

DVA 项和 CVA 项通过事件 $\mathcal{I}_1, \cdots, \mathcal{I}_4$ 和 LGD_i 依赖 T，其中 $i \in \{I, C\}$，这是一个速记符号，表示对各方违约损失率的依赖。

证明因为式（12.2）中的事件形成了一个完备集，所以有

$$\Pi(t,T) = \mathbf{1}_{\mathcal{I}_1 \cup \mathcal{I}_2} \Pi(t,T) + \mathbf{1}_{\mathcal{I}_3 \cup \mathcal{I}_4} \Pi(t,T) + \mathbf{1}_{\mathcal{I}_5 \cup \mathcal{I}_6} \Pi(t,T) \quad (12.4)$$

可用式（12.4）重写式（12.3）的右侧

$$\begin{aligned}\mathbb{E}_t[\bar{\Pi}(t,T)] = {} & \mathbb{E}_t[\mathbf{1}_{\mathcal{I}_1 \cup \mathcal{I}_2} \Pi(t,T) + (1 - \text{Rec}_I)\mathbf{1}_{\mathcal{I}_1 \cup \mathcal{I}_2} D(t,\tau_I)[-NPV(\tau_I)]^+] \\ & + \mathbb{E}_t[\mathbf{1}_{\mathcal{I}_3 \cup \mathcal{I}_4} \Pi(t,T) + (\text{Rec}_C - 1)\mathbf{1}_{\mathcal{I}_3 \cup \mathcal{I}_4} D(t,\tau_C)[NPV(\tau_C)]^+] \\ & + \mathbb{E}_t[\mathbf{1}_{\mathcal{I}_5 \cup \mathcal{I}_6} \Pi(t,T)]\end{aligned}$$

$$(12.5)$$

接下来处理式（12.5）中的三个期望。

第一个期望中的表达式可以重写为

$$\begin{aligned}& \mathbf{1}_{\mathcal{I}_1 \cup \mathcal{I}_2} \Pi(t,T) + (1 - \text{Rec}_I)\mathbf{1}_{\mathcal{I}_1 \cup \mathcal{I}_2} D(t,\tau_I)[-NPV(\tau_I)]^+ \\ = {} & \mathbf{1}_{\mathcal{I}_1 \cup \mathcal{I}_2} \Pi(t,T) + \mathbf{1}_{\mathcal{I}_1 \cup \mathcal{I}_2} D(t,\tau_I)[-NPV(\tau_I)]^+ - \text{Rec}_I \mathbf{1}_{\mathcal{I}_1 \cup \mathcal{I}_2} D(t,\tau_I)[-NPV(\tau_I)]^+\end{aligned}$$

$$(12.6)$$

以 τ_I 的信息为条件，式（12.6）中表达式的期望等于：

$$\begin{aligned}& \mathbb{E}_{\tau_I}[\mathbf{1}_{\mathcal{I}_1 \cup \mathcal{I}_2} \Pi(t,T) + \mathbf{1}_{\mathcal{I}_1 \cup \mathcal{I}_2} D(t,\tau_I)(-NPV(\tau_I))^+ - \text{Rec}_I \mathbf{1}_{\mathcal{I}_1 \cup \mathcal{I}_2} D(t,\tau_I)[-NPV(\tau_I)]^+] \\ = {} & \mathbb{E}_{\tau_I}[\mathbf{1}_{\mathcal{I}_1 \cup \mathcal{I}_2}[\Pi(t,\tau_I) + D(t,\tau_I)\Pi(\tau_I,T) + D(t,\tau_I)\left(-\mathbb{E}_{\tau_I}[\Pi(\tau_I,T)]\right)^+ \\ & - \text{Rec}_I D(t,\tau_I)[-NPV(\tau_I)]^+]] \\ = {} & \mathbf{1}_{\mathcal{I}_1 \cup \mathcal{I}_2}[\Pi(t,\tau_I) + D(t,\tau_I)\mathbb{E}_{\tau_I}[\Pi(\tau_I,T)] + D(t,\tau_I)\left(-\mathbb{E}_{\tau_I}[\Pi(\tau_I,T)]\right)^+ \\ & - \text{Rec}_I D(t,\tau_I)[-NPV(\tau_I)]^+] \\ = {} & \mathbf{1}_{\mathcal{I}_1 \cup \mathcal{I}_2}[\Pi(t,\tau_I) + D(t,\tau_I)\left(\mathbb{E}_{\tau_I}[\Pi(\tau_I,T)]\right)^+ - \text{Rec}_I D(t,\tau_I)[-NPV(\tau_I)]^+] \\ = {} & \mathbf{1}_{\mathcal{I}_1 \cup \mathcal{I}_2}[\Pi(t,\tau_I) + D(t,\tau_I)(NPV(\tau_I))^+ - \text{Rec}_I D(t,\tau_I)[-NPV(\tau_I)]^+]\end{aligned}$$

式（12.7）中的第一个等式如下：

$$\mathbf{1}_{\mathcal{I}_1 \cup \mathcal{I}_2} \Pi(t,T) = \mathbf{1}_{\mathcal{I}_1 \cup \mathcal{I}_2}[\Pi(t,\tau_I) + D(t,\tau_I)\Pi(\tau_I,T)] \quad (12.7)$$

在事件 $\mathcal{I}_1 \cup \mathcal{I}_2$ 下，违约时间 τ_I 总是小于 T。根据 t 时可用信息所得结果，并使用 $t < \tau_I$ 得 $\mathbb{E}_t[\mathbb{E}_{\tau_I}[\cdot]] = \mathbb{E}_t[\cdot]$，由此可得式（12.5）的第一项为

$$\mathbb{E}_t\left[\mathbf{1}_{\mathcal{I}_1 \cup \mathcal{I}_2}\left[\Pi(t,\tau_I) + D(t,\tau_I)(NPV(\tau_I))^+ - \text{Rec}_I D(t,\tau_I)(-NPV(\tau_I))^+\right]\right]$$

$$(12.8)$$

这与式（12.3）中第三项的期望一致。

接下来，对式（12.5）中第二个期望重复类似过程，有

$$\begin{aligned}& \mathbf{1}_{\mathcal{I}_3 \cup \mathcal{I}_4} \Pi(t,T) + (\text{Rec}_C - 1)\mathbf{1}_{\mathcal{I}_3 \cup \mathcal{I}_4} D(t,\tau_C)[NPV(\tau_C)]^+ \\ = {} & \mathbf{1}_{\mathcal{I}_3 \cup \mathcal{I}_4} \Pi(t,T) - \mathbf{1}_{\mathcal{I}_3 \cup \mathcal{I}_4} D(t,\tau_C)[NPV(\tau_C)]^+ + \text{Rec}_C \mathbf{1}_{\mathcal{I}_3 \cup \mathcal{I}_4} D(t,\tau_C)[NPV(\tau_C)]^+\end{aligned}$$

$$(12.9)$$

根据 τ_C 时的可用信息，有

$$\mathbb{E}_{\tau_C}\left[\mathbf{1}_{\mathcal{I}_3\cup\mathcal{I}_4}\Pi(t,T) - \mathbf{1}_{\mathcal{I}_3\cup\mathcal{I}_4}D(t,\tau_C)(NPV(\tau_C))^+ \text{R}\text{\tiny EC}_C\mathbf{1}_{\mathcal{I}_3\cup\mathcal{I}_4}D(t,\tau_C)[NPV(\tau_C)]^+\right]$$

$$= \mathbb{E}_{\tau_C}[\mathbf{1}_{\mathcal{I}_3\cup\mathcal{I}_4}[\Pi(t,\tau_C) + D(t,\tau_C)\Pi(\tau_C,T) - D(t,\tau_C)\left(\mathbb{E}_{\tau_C}\left[\Pi(\tau_C,T)\right]\right)^+$$
$$+ \text{R}\text{\tiny EC}_C D(t,\tau_C)[NPV(\tau_C)]^+]]$$

$$= \mathbf{1}_{\mathcal{I}_3\cup\mathcal{I}_4}[\Pi(t,\tau_C) + D(t,\tau_C)\mathbb{E}_{\tau_C}\left[\Pi(\tau_C,T)\right] - D(t,\tau_C)\left(\mathbb{E}_{\tau_C}\left[\Pi(\tau_C,T)\right]\right)^+$$
$$+ \text{R}\text{\tiny EC}_C D(t,\tau_C)[NPV(\tau_C)]^+]$$

$$= \mathbf{1}_{\mathcal{I}_3\cup\mathcal{I}_4}\left[\Pi(t,\tau_C) - D(t,\tau_C)\left(\mathbb{E}_{\tau_C}\left[-\Pi(\tau_C,T)\right]\right)^+ + \text{R}\text{\tiny EC}_C D(t,\tau_C)[NPV(\tau_C)]^+\right]$$

$$= \mathbf{1}_{\mathcal{I}_3\cup\mathcal{I}_4}\left[\Pi(t,\tau_C) - D(t,\tau_C)(-NPV(\tau_C))^+ + \text{R}\text{\tiny EC}_C D(t,\tau_C)[NPV(\tau_C)]^+\right]$$

(12.10)

其中第一个等式如下：

$$\mathbf{1}_{\mathcal{I}_3\cup\mathcal{I}_4}\Pi(t,T) = \mathbf{1}_{\mathcal{I}_3\cup\mathcal{I}_4}[\Pi(t,\tau_C) + D(t,\tau_C)\Pi(\tau_C,T)] \quad (12.11)$$

在事件 $\mathcal{I}_3\cup\mathcal{I}_4$ 下，违约时间 τ_C 总是小于 T。根据 $t < \tau_C$ 时可用信息所得的结果，可得式（12.5）的第二项为

$$\mathbb{E}_t\left[\mathbf{1}_{\mathcal{I}_3\cup\mathcal{I}_4}\left[\Pi(t,\tau_C) + D(t,\tau_C)\text{R}\text{\tiny EC}_C(NPV(\tau_C))^+ - D(t,\tau_C)(-NPV(\tau_C))^+\right]\right]$$

(12.12)

这与式（12.3）中第二项的期望完全吻合。

因为式（12.5）中的第三个期望与式（12.3）中第一个项相吻合，因此它们的期望应该是相同的。由于已经证明了式（12.3）中每项的期望都等于式（12.5）中对应项的期望，因此得出了预期的结果。

定义 12.1.2（双边 VA、双边 DVA、双边 CVA） 我们将"BVA"（双边估值调整或双边 VA）称为第 10 章中无风险价格的正可加调整

$$B\text{\tiny VA}(t,T) = D\text{\tiny VA}(t,T) - C\text{\tiny VA}(t,T) \quad (12.13)$$

基于该定义，有

$$\mathbb{E}_t\left[\bar{\Pi}(t,T)\right] = \mathbb{E}_t\left[\Pi(t,T)\right] + B\text{\tiny VA}(t,T) \quad (12.14)$$

必须指出的是，该业内对于双边调整使用了几个不同的名称，这造成了困惑。

困惑的主要来源是，术语"双边信用估值调整"或"双边 CVA"在行业内通常是指 $-BVA = CVA - DVA$，即为获得无违约风险调整价格而从无违约风险价格中减去的调整。严格地说，用这个术语很难区分 CVA（即双边调整的 CVA 部分）和总调整 $-BVA$。当说起"双边信用估值调整"时，到底指的是 $-BVA$ 还是 CVA 呢？

为了避免这一模糊性，我们将总双边估值调整 DVA - CVA 简单地称为双边估值调整 BVA。我们还指出，应将 BVA 定义为在无违约风险价格中加上而不是减去的调整，但这显然是一个惯例问题。如果想保持调整为扣减，则显然取 - BVA 就够了[①]。

BVA 调整可能是负的，也可能是正的，这具体取决于交易对手是否比投资者违约的可能性更大或更小，以及其波动率和相依性（"相关性"）。

同样，与单边情况一样，CVA 的定价公式往往需要数值积分。让我们考虑一个简单的零息票债券与确定性回收率的情况。即使在这种情况下，因为存在正向和错向风险，我们也必须采用数值算法来计算 CVA。事实上，我们得到

$$B_{VA}(t, T) = -\text{LGD}_C \mathbb{E}_t \left[\mathbf{1}_{\{\mathcal{I}_3 \cup \mathcal{I}_4\}} D(t, T) \right]$$

由于违约指标与贴现系数之间的相依性，无法以封闭形式进行计算。

请注意，本章假设回收比例（从而违约损失率）是确定性的。

12.1.1 对称与非对称

正如第 10 章中预测的那样，对于交易对手风险估值的早期结果，式 (12.13) 的对称性具有巨大优势。也就是说，如果 C 要计算其对 I 头寸的交易对手的风险，即要添加到无违约风险价格中以包括交易对手风险的项，C 就会准确地找到 $-BVA(t, T)$。但是，如果每一方都通过假设自己是无违约风险的来计算要添加的调整，并且只考虑另一方的违约，那么由 I 计算的调整将是

$$-U_{CVA_I}(t) = -\mathbb{E}_t \left[\text{LGD}_C \mathbf{1}_{\{\tau_C < T\}} \cdot D(t, \tau_C) \cdot (NPV(\tau_C))^+ \right]$$

而由 C 方计算的调整将是

$$-U_{CVA_C}(t) = -\mathbb{E}_t \left[\text{LGD}_I \mathbf{1}_{\{\tau_I < T\}} \cdot D(t, \tau_I) \cdot (-NPV(\tau_I))^+ \right]$$

它们不会是相互的对立面。这意味着，只有在采用全面双边调整 BVA 的情况下，双方才会就添加到无违约价格中的交易对手风险调整的价值达成一致。

[①] 在文献［39］表中报告相反的数量，即 = Bva。虽然这一定义更符合从无风险价格中减去调整期限的想法，这是我们在单边 CVA 案例中发现的，但我们认为，一旦理解了调整可以双向进行，那么更自然地表示调整应添加到无风险价格中，而不是减去。但是，这可以通过简单地更改符号轻松转换为要减去的调整。

12.1.2 信用质量的恶化和正向盯市

正如第 10 章中所预测的那样（对此我们提到了更多信息和示例），与无违约风险投资者有关的非对称交易对手风险估值的早期结果发现需要添加的调整总是负的。然而，在我们的对称情况下，即使初始调整因为 $CVA(t,T) > DVA(t,T)$ 是负的，即

$$\mathbb{E}_t \left[L_{GD_C} \mathbf{1}_{\{\mathcal{I}_3 \cup \mathcal{I}_4\}} D(t, \tau_C)(\text{NPV}(\tau_C))^+ \right] > \mathbb{E}_t \left[L_{GD_I} \mathbf{1}_{\{\mathcal{I}_1 \cup \mathcal{I}_2\}} D(t, \tau_I)(-\text{NPV}(\tau_I))^+ \right]$$

情况也可能会随时改变，因为当 I 的信用质量在恶化而 C 的在改善时，这两项会被取消或调整或会改变符号，从而使不等式的方向被改变。

特别是，当所有条件不变而 I 的信用质量恶化时，如果投资者在以后使用式 (12.3) 对其头寸进行盯市，则我们可以看到 LGD_I 项在增加。例如，如果我们增加投资者的信用价差，现在的 $\tau_I < \tau_C$ 将会更频繁地发生，并给予 LGD_I 项更多的权重。这是上述花旗集团等声明的基础。

12.2 建模假设

本节的建模设置与第 5 章采用的设置非常相似，更多细节请读者参阅该章。在这里，我们采用双边并加入投资者"I"的违约。投资者（银行"B"）在第 5 章被假定为无违约风险。

本节考虑的模型在利率（标的市场）和违约强度（交易对手）上都是随机的，其需要联合随机性来引入这两个量之间的相关性。利率是按照短期利率高斯漂移两因素过程（下称 G2++）进行建模的，而两个违约强度均按照平方根过程（下称 CIR++）进行建模。例如，关于这两种模型的更多细节请参阅文献 [48]。这两种模型通过关联其布朗冲击来进行耦合。

12.2.1 G2++ 利率模型

对于利率，我们与第 5.1.1 节相同。假设有 G2++ 模型，并以 2009 年 5 月 26 日市场报价的 ATM 互换波动率进行校准。市场数据列在表 12.1 和表 12.2

中，而有关此方法的更多详细信息可在文献 [57] 中找到。

表 12.1 2009 年 5 月 26 日观察到的
欧元零息票连续复合即期利率（ACT/360）

日期	利率	日期	利率	日期	利率
2009/05/27	1.15%	2009/12/28	1.49%	2017/05/29	3.40%
2009/05/28	1.02%	2010/01/28	1.53%	2018/05/28	3.54%
2009/05/29	0.98%	2010/02/26	1.56%	2019/05/28	3.66%
2009/06/04	0.93%	2010/03/29	1.59%	2021/05/28	3.87%
2009/06/11	0.92%	2010/04/28	1.61%	2024/05/28	4.09%
2009/06/18	0.91%	2010/05/28	1.63%	2029/05/28	4.19%
2009/06/29	0.91%	2011/05/30	1.72%	2034/05/29	4.07%
2009/07/28	1.05%	2012/05/28	2.13%	2039/05/30	3.92%
2009/08/28	1.26%	2013/05/28	2.48%		
2009/09/28	1.34%	2014/05/28	2.78%		
2009/10/28	1.41%	2015/05/28	3.02%		
2009/11/30	1.46%	2016/05/30	3.23%		

表 12.2 2009 年 5 月 26 日观察到的市场平价互换权的波动率
（过期时间为 t，合约期限为 b）

$t\downarrow/b\rightarrow$	1 年	2 年	3 年	4 年	5 年
1 年	42.8%	34.3%	31.0%	28.8%	27.7%
2 年	28.7%	25.6%	24.1%	23.1%	22.4%
3 年	23.5%	21.1%	20.4%	20.0%	19.7%
4 年	19.9%	18.5%	18.2%	18.1%	18.0%
5 年	17.6%	16.8%	16.9%	16.9%	17.0%
7 年	15.4%	15.3%	15.3%	15.3%	15.3%
10 年	14.2%	14.2%	14.2%	14.3%	14.4%
$t\downarrow/b\rightarrow$	6 年	7 年	8 年	9 年	10 年
1 年	26.9%	26.5%	26.3%	26.2%	26.2%
2 年	22.3%	22.2%	22.3%	22.4%	22.4%
3 年	19.7%	19.7%	19.8%	19.9%	20.1%
4 年	18.1%	18.1%	18.2%	18.2%	18.4%
5 年	16.9%	17.0%	17.0%	17.0%	17.1%
7 年	15.3%	15.3%	15.4%	15.5%	15.6%
10 年	14.5%	14.6%	14.7%	14.8%	15.0%

图 12.1 报告了以基点表示的校准模型参数和绝对校准错误（左轴为过期时间，右轴为合约期限）。

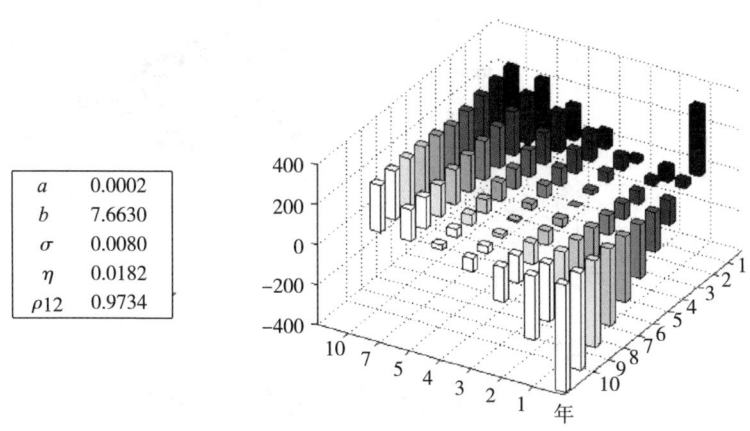

图 12.1 时间同质 G2++ 模型以基点表示的校准模型参数和绝对校准误差（左轴为过期时间，右轴为合约期限）

G2++ 模型将互换权波动率对期限的依赖与初始收益率曲线的形式联系了起来。在危机时期之前，G2++ 模型的这种约束似乎不太重要，但情况从 2008 年春季开始发生了变化，当时收益率曲线随着市场波动率曲面的移动而变得陡峭，而该模型无法复制这一情况。然而，具有时间依赖波动率的模型版本可以以令人满意的方式校准 ATM 互换权波动率。例如，如果引入时间网格 $t_0 = 0$，$t_1, \cdots, t_m$，就可以考虑如下时间依赖波动率

$$\sigma(t) := \bar{\sigma} f(\ell(t)), \quad \eta(t) := \bar{\eta} f(\ell(t))$$

其中，$\ell(t) := \max\{t^* \in \{t_0, \cdots, t_m\} : t^* \leq t\}$ 函数选择每个间隔的左极，且有

$$f(t) := 1 - e^{-\beta_1 t} + \beta_0 e^{-\beta_2 t}$$

请注意，我们按这种方式不会改变 G2++ 模型的可解析性，因为所有涉及的模型分段定常参数的积分都可以用来作为有限和进行计算。

但是，在关于交易对手风险的本章中，我们考虑了 G2++ 模型更为简单的常数参数版本。尽管如此，我们还是在图 12.2 中以基点形式报告了 G2++ 模型时间依赖版本的模型参数和绝对校准误差（左轴为过期时间，右轴为合约期限）。

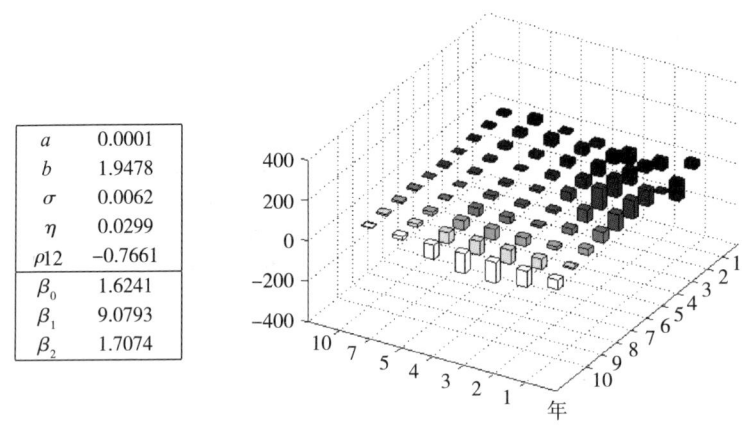

图 12.2 时间依赖 G2 ++ 模型以基点表示的校准模型参数
和绝对校准误差（左轴为过期时间，右轴为合约期限）

12.2.2 CIR ++ 随机强度模型

对于信用价差，我们假设各方采用的都是来自第 5.1.2 节的 CIR ++ 模型副本，一个用于投资者，另一个用于交易对手。所有相关量都会有一个上标来进行标识：I 指的是投资者而 C 为交易对手。

λ_I 和 λ_C 这两个强度过程被假设是相互独立的，因此驱动投资者强度的布朗运动 (Z_3^I) 独立于驱动交易对手强度的布朗运动 (Z_3^C)。该假设简化了模型参数，并侧重于违约相关性，而不是价差相关性，但如果想使模型的参数更加复杂化，则可以删除假设。一般来说，当随机强度服从扩散过程时，价差相关性相对于违约相关性而言则是第二位的。但是，在引入抵押的情况下，价差相关性将会变得重要。在我们的 Cox 过程中，违约时间被建模为

$$\tau_i = (\Lambda^i)^{-1}(\xi_i), \quad i \in \{I, C\}$$

其中，$\Lambda^i(t)$ 为 i 方在 t 时内的累积违约强度，ξ 为一个独立于利率的指数单位均值随机变量。两个 ξ 被假设通过具有相关性参数 ρ_G 的双变量高斯 Copula 函数相连接。这是一个违约相关性，并且两个违约时间通过违约关联相连接，即使它们的价差是相互独立的。一般来说，高违约相关性会在违约时间之间产生比扩散强度模型中的高价差相关性更高的相依性。

12.2.3 CDS 期权的实际市场数据集

每方的违约强度过程都可以被校准到 CDS 所报价差，如第 12.2.2 节中所述。然而，并非所有模型参数都能以这种方式进行修复。剩余的自由参数可被用于适配其他产品的价格，如单一名称期权数据。然而，信用衍生品市场上的单一名称期权并没有流动性。事实上，目前单一名称 CDS 期权的买卖价差很大，建议谨慎考虑这些报价，详见第 12.2.2 节，以便我们可以设置自由模型参数来得到基于交易对手和投资者的假设性平价 CDS 期权波动率的可能合理值。

这种 CDS 期权通常是在 T 年内的第 t 年进入 CDS 销售保护的期权。这些期权是平价的，因为如果行使期权，那么是以由 0 时给定的初始 CDS 价差在 t 时进入未来 CDS 方式进行的，其到期日为 $t+T$。此外，所进入的 CDS 是收款方 CDS，且我们不考虑对 t 时前违约的前置保护。有关我们用于从 CDS 期权价格中提取隐含波动率的市场公式的详细信息，请参阅文献 [31]。

我们专注于两组不同的 CDS 报价，并在此将其命名为中风险和高风险设置。然后，我们为每个 CDS 设置引入一组不同的模型参数。在以下各表中，我们显示了这些参数以及从 t 时开始到 T 时到期 CDS 的隐含波动率。隐含波动率是通过文献 [35] 或 [48] 中所描述的 Jamshidian 分解来计算的。

利率曲线基于 2009 年 5 月 26 日市场数据通过运用剥离法而获得（见表 12.1）。请注意，零息票曲线是随时间递增的。此外，我们始终设回收率处于 40% 的水平。

我们为 I 方和 C 方的信用质量和波动率引入了两个现实的市场设置：中风险设置和高风险设置。两种风险设置的参数在表 12.5 中给出，相关的 CDS 期限结构和隐含波动率在表 12.3 和表 12.4 中进行了报告。

表 12.3　　　　　　　　中风险初始 CDS 的期限结构

T	1 年	2 年	3 年	4 年	5 年	6 年	7 年	8 年	9 年	10 年
CDS 价差	92	104	112	117	120	122	124	125	126	127

表 12.6 和表 12.7 显示了在两个市场设置中模型所隐含的 CDS 波动率。

表 12.4　　　　　　　　　高风险初始 CDS 期限结构

T	1 年	2 年	3 年	4 年	5 年	6 年	7 年	8 年	9 年	10 年
CDS 价差	234	244	248	250	252	252	254	253	254	254

表 12.5　　　　　　　　　中高风险信用价差参数

	y_0	κ	μ	ν
中	0.01	0.80	0.02	0.20
高	0.03	0.50	0.05	0.50

表 12.6　　　与表 12.5 中参数相关的中风险 CDS 隐含波动率

t↓/T→	2 年	3 年	4 年	5 年	6 年	7 年	8 年	9 年	10 年
1 年	52%	36%	27%	21%	17%	15%	13%	12%	11%
2 年		39%	28%	21%	17%	14%	12%	11%	10%
3 年			33%	24%	18%	15%	12%	11%	9%
4 年				29%	21%	16%	13%	11%	9%
5 年					26%	19%	15%	12%	10%
6 年						24%	17%	13%	11%
7 年							23%	16%	12%
8 年								21%	15%
9 年									19%

注：每列包含给定到期日 T 时对于不同过期时间 t 的 CDS 期权波动率。

表 12.7　　　与表 12.5 中参数相关的高风险 CDS 隐含波动率

t↓/T→	2 年	3 年	4 年	5 年	6 年	7 年	8 年	9 年	10 年
1 年	96%	69%	53%	43%	36%	31%	28%	26%	24%
2 年		71%	52%	40%	32%	27%	24%	21%	19%
3 年			59%	43%	33%	26%	22%	20%	18%
4 年				51%	37%	28%	23%	20%	17%
5 年					45%	33%	26%	21%	18%
6 年						40%	30%	24%	19%
7 年							40%	29%	22%
8 年								36%	26%
9 年									34%

注：每列包含给定到期日 T 时对于不同过期时间 t 的 CDS 期权波动率。

12.3 数值方法

蒙特卡洛模拟被用于对所有偿付进行估值。

G2++模型的转移密度是已知的封闭形式，而 CIR++模型与 G2++相关联时，需要一个联合演化的离散方案。我们发现了类似的收敛结果，包括文献[144]所引入的完全截断方案和文献[35]所引入的隐含方案。下面，我们采用前一个方案。有关使用蒙特卡洛算法联合模拟市场相关量的替代方法，请参阅文献[63]。

此外，我们通过假设违约事件只能发生在时间网格 $\{T_i: 0 \leq i \leq b\}$ 中，且 $T_0 = t$ 和 $T_b = T$，并预测每个违约事件发生在之前的最后一个 T_i 时，以实现对违约时间的分装。在以下计算中，我们选择以每周作为间隔，并进行后验检查以确保网格间距足够小，并获得稳定的 BVA 价格。

交易对手风险评估所要求的未来时间预期的计算方法是，以在区间 $[t, T_i]$ 内允许的违约时间计算的多项式 $\{\psi_j\}$ 为基础，用作为资产 x 和 z 标的有限序列利率模型来对实际（分装的）违约时间 T_i 的预期进行预测。

$$\mathrm{NPV}(T_i) := \mathbb{E}_{T_i}[\Pi(T_i, T)] = \sum_{j=0}^{\infty} \alpha_{ij} \psi_j(x_{t:T_i}, z_{t:T_i}) \simeq \sum_{j=0}^{N} \alpha_{ij} \psi_j(x_{t:T_i}, z_{t:T_i})$$

请注意，如果偿付不依赖于时间，则 ψ 函数仅需在 T_i 时进行估价。序列扩展式的系数 α_{ij} 是通过最小二乘法计算得到的，且通常使用最小二乘蒙特卡洛法为百慕大期权进行定价。

因此，信用估值调整的计算如下

$$\mathrm{B_{VA}}(t, T) \simeq -\mathrm{LGD}_C \sum_{i=0}^{b-1} \mathbb{E}_t \left[\mathbf{1}_{\{\tau_I \geq \tau_C\}} \mathbf{1}_{\{T_i \leq \tau_C < T_{i+1}\}} D(t, T_i) \left(\mathbb{E}_{T_i}[\Pi(T_i, T)] \right)^+ \right]$$
$$+ \mathrm{LGD}_I \sum_{i=0}^{b-1} \mathbb{E}_t \left[\mathbf{1}_{\{\tau_I \leq \tau_C\}} \mathbf{1}_{\{T_i \leq \tau_I < T_{i+1}\}} D(t, T_i) \left(-\mathbb{E}_{T_i}[\Pi(T_i, T)] \right)^+ \right]$$

其中，远期期望被近似为

$$\mathbb{E}_{T_i}[\Pi(T_i, T)] \simeq \sum_{j=0}^{N} \alpha_{ij} \psi_j(x_{t:T_i}, z_{t:T_i})$$

$$\{\alpha_{ij}\} = \underset{\alpha_{i0}, \ldots, \alpha_{iN}}{\arg\min} \mathbb{E}_t \left[\left(\Pi(T_i, T) - \sum_{j=0}^{N} \alpha_{ij} \psi_j(x_{t:T_i}, z_{t:T_i}) \right)^2 \right]$$

在以下数值示例中，我们考虑非路径依赖性偿付，并通过函数参数的二阶多项式以及经验获得其稳定价格，即

$$\psi_0(x, z) := 1, \quad \psi_1(x, z) := x, \quad \psi_2(x, z) := z,$$
$$\psi_3(x, z) := x^2, \quad \psi_4(x, z) := z^2, \quad \psi_5(x, z) := xz.$$

另请注意，由于偿付估值取决于投影系数，而投影系数又取决于模拟路径，因此我们在蒙特卡洛样本之间引入了相关性，原则上，这使标准偏差成为统计误差的有偏估计。然而，根据我们的经验，使用单一蒙特卡洛方法来评估 α 和 BVA 价格而引入的偏差可以忽略不计。

12.4　结果和讨论

在以下数值示例中，我们使用自由相关性参数：

$$\bar{\rho}_C, \quad \bar{\rho}_I, \quad \rho_G$$

前两个参数由式（5.8）定义，表示每方的短期利率和违约强度之间的相关性。第三项是违约时间之间的高斯 Copula 参数。我们由此来恢复其他相关性。特别考虑以下情况：

- 改变 $\bar{\rho}_C$，保持固定的 $\bar{\rho}_I = 0$。
- 同时改变 $\bar{\rho}_C$ 和 $\bar{\rho}_I$，并保持它们平等，即 $\bar{\rho}_C = \bar{\rho}_I$。
- 对于 $\bar{\rho}_C$ 和 $\bar{\rho}_I$ 的每种选择，我们考虑 $\rho_G \in \{-80\%, 0\%, 80\%\}$。
- 改变 ρ_G，并保持 $\bar{\rho}_C = \bar{\rho}_I = 0$。

我们考虑的偿付取决于在欧元市场上支付的平价远期利率互换（IRS）。这些合约从交易日开始按给定年数重置，并在两个工作日后开始累计。IRS 的固定端每年支付 30E/360 的执行利率，而浮动端每年支付两次 LIBOR。

总的来说，由结果证实，无论是在中风险还是高风险设置下，双边估值调整（BVA）都是重要的和结构化的。我们特别注意到，投资者与交易对手违约风险之间的相关性影响是重要的。我们还发现，双方信用质量的信用价差波动率对违约和利率之间的相关性有重要影响，这与之前在文献［57］中对单边 CVA 计算所发现的一样。

在这几种场景下，BVA 价格的价值可能会根据投资者和交易对手的信用风险水平和波动率以及这些风险与利率的相关性而改变它们的符号。符号的这种变化是对严格 CVA 估值的动态影响的更进一步令人信服的标志。符号的可能变化也是双边情况所独有的，因为单边调整总是具有相同的符号。

我们将专注于单一 IRS 和 IRS 投资组合，从广泛的一系列结果中详细阐述我们的发现。

12.4.1 单个 IRS 中的双边 VA

本节展示了相关性、利率曲线和信用价差水平的影响，以及收款方和付款方平价互换的双边 VA 计算的波动率情景。图 12.3 显示了单一 IRS 情况下从 2009 年 5 月 26 日市场报价中用剥离法抽取的欧元收益率曲线和三个格式化收益率曲线的预期正负风险暴露（分别为 EPE 和 ENE）。图 12.4 显示了高信用风险和中信用风险情景下的违约概率曲线。

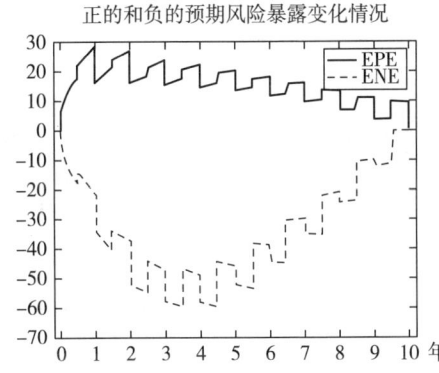
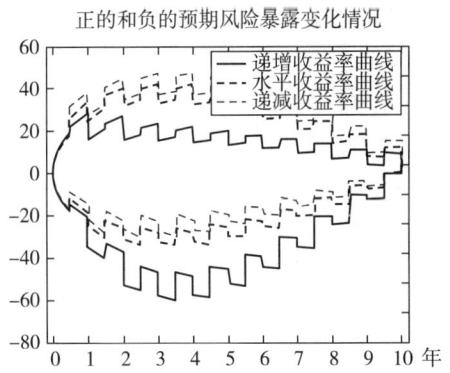

注：10 年到期时间及统一名义本金。变化图示生成方式：（左子图）从 2009 年 5 月 26 日市场数据中用剥离法抽取的欧元收益率曲线；（右子图）递增的、在 3% 水平不变的和递减的收益率曲线。风险暴露以基点表示。

图 12.3 单一收款方 IRS 的预期正（EPE）和负（ENE）风险暴露变化情况图示

表 12.8 显示了双边 VA 对信用价差与利率之间相关性的高度依赖。注意收款方和付款方 IRS 之间由于现金流符号而呈现出的相反模式：对于收款方 IRS 递增的相关性会导致更大的调整；而付款方的情况则正好相反。

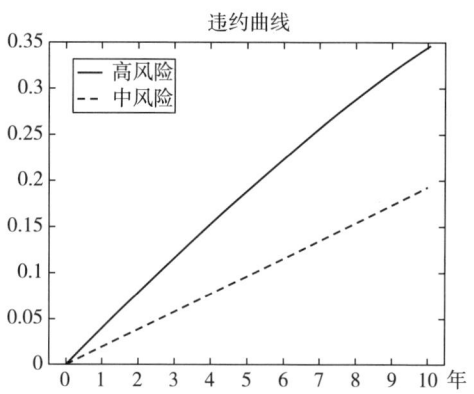

图 12.4 高信用风险和中信用风险情景下的违约概率曲线

表 12.8 单一收款方和付款方互换的 IRS 的双边估值调整

（10 年到期时间及统一名义本金）

$\bar{\rho}_C$	$\bar{\rho}_I$	H/M		$\bar{\rho}_C$	$\bar{\rho}_I$	H/M	
		收款方	付款方			收款方	付款方
−60%	0%	−22	−27	−60%	−60%	−31	−20
−40%	0%	−12	−34	−40%	−40%	−18	−30
−20%	0%	−3	−43	−20%	−20%	−6	−41
0%	0%	4	−51	0%	0%	4	−51
20%	0%	10	−62	20%	20%	13	−64
40%	0%	14	−75	40%	40%	21	−78
60%	0%	17	−87	60%	60%	28	−91

注：对交易对手使用了高风险参数设置，对投资者使用了中风险参数设置（"H/M"），违约时间不相关。价格以基点表示。蒙特卡洛标准误差很小，因此被省略了。

表 12.9 考查了双边 VA 对 CIR++ 模型参数集的依赖性，而表 12.10 和表 12.11 则考查了双边 VA 对高斯 Copula 参数的依赖性，双方利率和信用价差过程之间设置了变化的和为零的相关性参数。对于 IRS 投资组合在数值模式下的全面讨论，请参见下一节。

12 双边 CVA–DVA 和利率产品

表12.9 不同参数设置下收款方和付款方互换的双边估值调整
（10年到期时间及统一名义本金，且违约时间不相关）

$\bar{\rho}_C$	$\bar{\rho}_I$	收款方			$\bar{\rho}_C$	$\bar{\rho}_I$	付款方		
		H/M	H/H	M/H			H/M	H/H	M/H
−60%	−60%	−31	−11	19	−20	−9	30	−60%	−60%
−40%	−40%	−18	5	29	−30	−6	18	−40%	−40%
−20%	−20%	−6	20	41	−41	−21	6	−20%	−20%
0%	0%	4	33	51	−51	−34	−4	0%	0%
20%	20%	13	48	64	−64	−48	−13	20%	20%
40%	40%	21	61	77	−78	−63	−21	40%	40%
60%	60%	28	75	90	−91	−77	−29	60%	60%

注：列标题"H/M"是指对交易对手使用了高风险参数设置，对投资者使用了中风险参数设置，"M/H"表示相反的情况，"H/H"表示对双方都使用了高风险参数设置。价格以基点表示。蒙特卡洛标准误很小，因此被省略了。

表12.10 不同高斯 Copula 参数 ρ_G 设置下收款方和付款方互换的双边估值调整（10年到期时间及统一名义本金）

$\bar{\rho}_C$	$\bar{\rho}_I$	H/M					
		收款方			付款方		
		−80%	0%	80%	−80%	0%	80%
−60%	−60%	−31	−31	−38	−18	−20	−23
−40%	−40%	−17	−18	−26	−30	−30	−32
−20%	−20%	−3	−6	−14	−42	−41	−42
0%	0%	8	4	−5	−54	−51	−52
20%	20%	19	13	3	−68	−64	−64
40%	40%	29	21	10	−83	−78	−77
60%	60%	38	28	15	−98	−91	−90

注：对交易对手使用了高风险参数设置，对投资者使用了中风险参数设置（"H/M"）。价格以基点表示。蒙特卡洛标准误很小，因此被省略了。

表 12.11 不同高斯 Copula 参数 ρ_G 设置下（其他相关性设置为零）收款方和付款方互换的双边估值调整（10 年到期时间及统一名义本金）

ρ_G	收款方		付款方	
	H/M	M/H	H/M	M/H
−60%	7.3	53	−55	−7.2
−40%	6.4	53	−54	−6.4
−20%	4.4	52	−54	−5.0
0%	3.9	51	−53	−3.9
20%	2.2	51	−53	−2.4
40%	−0.3	50	−53	−0.3
60%	−2.9	51	−53	2.6

注：列标题"H/M"是指对交易对手使用了高风险参数设置，对投资者使用了中风险参数设置，"M/H"表示相反的情况。价格以基点表示。蒙特卡洛标准误很小，因此被省略了。

表 12.12 显示了改变交易对手信用价差波动性的影响。我们可以看到其产生的影响很小。

表 12.12 不同交易对手信用价差波动率 v^2 设置下收款方和付款方互换的双边估值调整（10 年到期时间及统一名义本金）

$\bar{\rho}_C$	$\bar{\rho}_I$	H/M					
		收款方			付款方		
		0%	30%	40%	0%	30%	40%
−60%	−60%	−5	−26	−30	−45	−20	−20
−40%	−40%	−2	−15	−17	−48	−31	−30
−20%	−20%	1	−5	−6	−50	−42	−41
0%	0%	4	4	4	−52	−53	−53
20%	20%	8	13	14	−54	−64	−63
40%	40%	12	21	22	−56	−75	−78
60%	60%	15	29	29	−57	−88	−91

注：对交易对手使用了高风险参数设置，对投资者使用了中风险参数设置（"H/M"）。价格以基点表示。蒙特卡洛标准误很小，因此被省略了。

最后，表 12.13 显示了收益率曲线对双边 VA 的影响。我们可以在图 12.3 的左图中看到不同的收益率曲线形状变化是如何影响收款方互换的 EPE 和 ENE

变化情况的。这和对付款方互换的 EPE 和 ENE 变化情况的影响正好相反。我们可以看到，递减收益率曲线导致收款方互换的 EPE 变化曲线高于水平和递增收益率曲线的情况。我们考虑交易对手的信用价差高于投资者的情况，即交易对手更有可能首先违约。这意味着 CVA 项对双边 VA 的影响大于 DVA 项。先前的观察解释了为什么收款方互换的双边 VA（左图）比水平和递增曲线的收益率曲线更小（更负）。而付款方互换的情况正好相反。

表 12.13　　不同收益率曲线下（增加、水平于 3% 和递减曲线）收款方和付款方互换的双边估值调整（10 年到期时间及统一名义本金）

$\bar{\rho}_C$	$\bar{\rho}_I$	H/M					
		收款方			付款方		
		递增	水平	递减	递增	水平	递减
-60%	-60%	-31	-77	-87	-20	14	24
-40%	-40%	-18	-60	-71	-30	5	15
-20%	-20%	-6	-45	-57	-41	-4	6
0%	0%	4	-32	-43	-51	-13	-1
20%	20%	13	-20	-31	-64	-25	-12
40%	40%	21	10	-21	-78	-37	-24
60%	60%	28	-1	-11	-91	-50	-36

注：对交易对手使用了高风险参数设置，对投资者使用了中风险参数设置（"H/M"）。我们还假设了不相关的违约时间。价格以基点表示。蒙特卡洛标准误很小，因此被省略了。

12.4.2　带净额结算的 IRS 组合中的双边 VA

为了考虑可能的轧差协议，我们考虑了三个互换投资组合（见图 12.5）：

• （P1）10 个互换投资组合，其中所有互换从 T_0 时开始，第 i 个互换在开始日期后第 i 年到期。投资组合的轧差净额等于未偿还额递减的摊销互换。

• （P2）10 个互换投资组合，其中所有互换从 T_0 时开始的 10 年后到期，但从不同的日期开始，即第 i 个互换在 T_0 后的第 $i-1$ 年开始。投资组合的轧差净额等于未偿还额递增的摊销互换。

• （P3）10 个互换投资组合，其中所有互换从 T_0 时开始的 10 年后到期。投资组合的轧差净额等于类似于投资组合中的单个互换，但有 10 倍大。

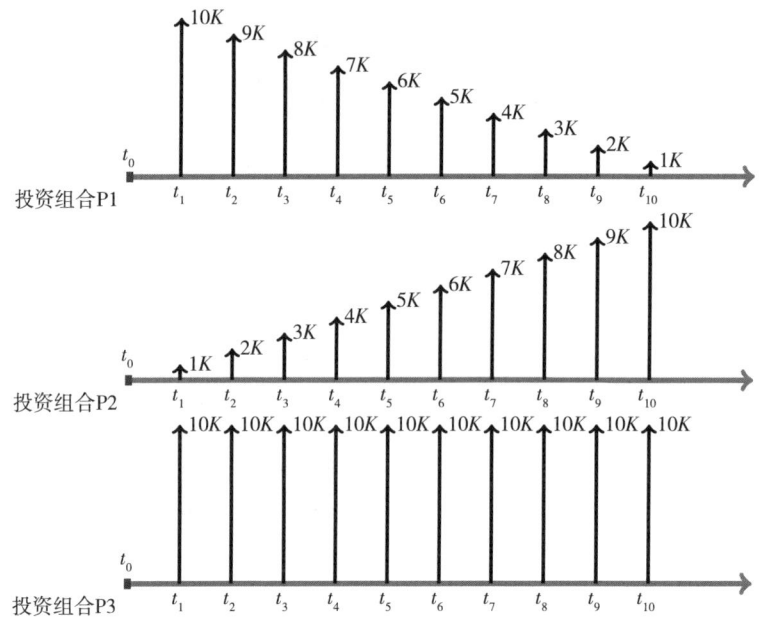

图 12.5　三种利率互换投资组合摊销计划的图形表示：P1、P2 和 P3

图 12.6 展示了 2009 年 5 月 26 日市场报价中运用剥离法所得的 EUR 收益率曲线的三个 IRS 投资组合案例的预期正负风险暴露（分别为 EPE 和 ENE）。

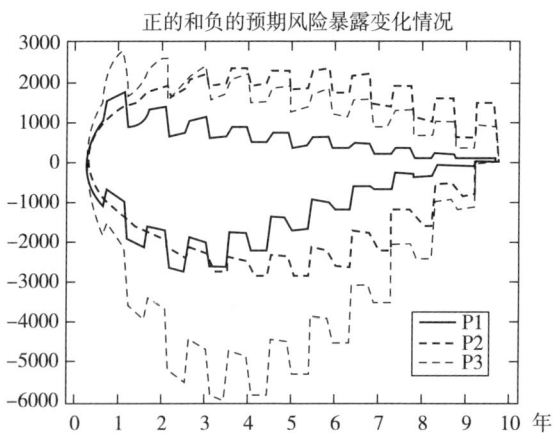

注：变化图示是用 2009 年 5 月 26 日欧元收益率曲线生成的。风险暴露以基点表示。

图 12.6　设想的三种不同投资组合的预期正（EPE）和负（ENE）风险暴露变化情况

12.4.2.1 带轧差 IRS 投资组合中的 WWR

表 12.14 和表 12.15 报告了第一组结果。这是三种不同收款方 IRS 投资组合的双边估值调整,其期限为 10 年,对交易对手信用价差都采用了高风险参数设置,而对投资者信用价差采用了中风险参数设置。两个违约时间假设为不相关,即 $\rho_G = 0$。第一组考虑了三种不同投资组合的双边 VA 计算,并考虑了不同错向相关性行为。

表 12.14 三种不同收款方 IRS 投资组合的双边估值调整(期限为 10 年)

$\bar{\rho}_C$	$\bar{\rho}_I$	H/M		
		P1	P2	P3
-60%	0%	-117(7)	-382(12)	-237(16)
-40%	0%	-74(6)	-297(11)	-138(15)
-20%	0%	-32(6)	-210(10)	-40(14)
0%	0%	-1(5)	-148(9)	31(13)
20%	0%	24(5)	-96(9)	87(12)
40%	0%	44(4)	-50(8)	131(11)
60%	0%	57(4)	-22(7)	159(11)

注:对交易对手设置高风险参数,而对投资者设置中风险参数("H/M"),违约时间不相关。每个 IRS 都有统一的名义本金。价格以基点表示。

表 12.15 三种不同收款方 IRS 投资组合的双边估值调整(期限为 10 年)

$\bar{\rho}_C$	$\bar{\rho}_I$	H/M		
		P1	P2	P3
-60%	-60%	-150(6)	-422(12)	-319(15)
-40%	-40%	-98(6)	-329(11)	-197(14)
-20%	-20%	-46(5)	-230(10)	-74(13)
0%	0%	-1(5)	-148(9)	31(13)
20%	20%	38(5)	-77(9)	121(12)
40%	40%	75(5)	-6(8)	208(12)
60%	60%	106(5)	49(8)	280(12)

注:对交易对手设置高风险参数,而对投资者设置中风险参数("H/M"),违约时间不相关。每个 IRS 都有统一的名义本金。价格以基点表示。

当 $\bar{\rho}_0$ 保持为 0 时，我们注意到在文献 [57] 的单边案例中看到 $\bar{\rho}_2$ 的相同模式。递增的相关性 $\bar{\rho}_2$ 意味着，在所有条件不变的情况下，更高的利率将与高信用价差相对应，使嵌入调整项 LGD_C 中的收款方互换权更加价外。这将导致调整项 LGD_C 在绝对值上减少。因此双边 VA 的最终值将因高相关性而更大。这一点在表 12.14 中可清楚看到，其中在表列增加时，双边 VA 将会随 $\bar{\rho}_2$ 而递增。

在表 12.15 中，当令 $\bar{\rho}_0$ 与 $\bar{\rho}_2$ 对应时，它们的行为是相同的，但其更显著。这是合理的：当 $\bar{\rho}_2$ 较大时，$\bar{\rho}_0$ 也较大。这意味着，在所有条件相同的情况下，较高的利率将相当于高信用息差，使嵌入调整项 LGD_I 中的付款方互换权更为价内，从而使该项更大。这使得双边 VA 进一步增加。毫不奇怪的是，表 12.15 中对应的正相关系数（表下面部分）的数字都大于表 12.14 中的相应数字。

就相关性对双边 VA 的影响进行最后核查是值得的，将其与巴塞尔协议 II 因错向风险的信用风险测度纠正所假设的典型 [1.2, 1.4] 区间调整因子进行比较。根据是从投资者还是从交易对手视角看待交易，我们发现了非零关联双边 VA 和零关联双边 VA 之间的以下比率。例如，我们发现

$$382/148 \approx 2.58, 159/31 \approx 5.13$$

其都比 1.4 大得多。这意味着，在估值空间中模仿巴塞尔协议 II 的规则是行不通的，因为其相关性和波动率的影响比简单乘数所能达到的要复杂得多。

最后，我们注意到，根据 $\bar{\rho}_0$ 和 $\bar{\rho}_2$ 的相关性，双边 VA 确实会更改符号，特别是对于投资组合 P1 和 P3 来说，调整的符号遵循相关性的符号。P2 是一个例外，因为未来现金流大量存在。

12.4.2.2 改变交易对手的信用价差

表 12.16 报告了相关结果的第二个例子。我们分析了 P1 和 P2 两个投资组合的双边估值调整，并再次假设不相关的违约时间，即 $\rho_G = 0$。

在这里，根据 $\bar{\rho}_0$ 和 $\bar{\rho}_2$ 的相关性，我们看到双边 VA 可能会改变符号。此外，我们从表 12.16 中注意到，对于 P2 投资组合，我们得到的两个错向风险例子以高（正或负）相关性双边 VA 与零相关性双边 VA 的比率表示为

$$422/148 \approx 2.85, 315/16 \approx 19.7$$

表 12.16 不同参数集下递减（P1）和递增（P2）IRS 投资组合的双边估值调整（10 年期且违约时间不相关）

$\bar{\rho}_C$	$\bar{\rho}_I$	P1			P2		
		H/M	H/H	M/H	H/M	H/H	M/H
−60%	−60%	−150（6）	−76（7）	47（5）	−422（12）	−284（12）	−40（9）
−40%	−40%	−98（6）	−12（6）	97（5）	−329（11）	−179（12）	36（9）
−20%	−20%	−46（5）	48（6）	135（5）	−230（10）	−77（10）	102（9）
0%	0%	−1（5）	110（6）	187（6）	−148（10）	16（10）	179（9）
20%	20%	38（5）	173（6）	241（6）	−77（9）	112（10）	262（10）
40%	40%	75（5）	239（7）	297（6）	−6（9）	218（10）	351（10）
60%	60%	106（5）	304（7）	361（7）	49（9）	315（11）	450（11）

注：每个 IRS 都有统一的名义本金。列标题"H/M"是指对交易对手使用了高风险参数设置，对投资者使用了中风险参数设置，"M/H"表示了相反的情况，"H/H"表示对双方都使用了高风险参数设置。价格以基点表示。

其均显著大于 1.4。

我们还注意到，当我们在表格中沿着一排从左到右移动时，双边 VA 总是在增长。这是预料之中的，因为我们所考虑的双边 VA 调整是由投资者加入的。这样，交易对手具有高价差风险和投资者具有中等价差风险的配置相对于投资者和交易对手而言都具有较高价差风险的配置，其将产生较小的双边 VA。这是因为，如果投资者有中等价差风险，则投资者的违约时间往往晚于投资者具有高风险的情况。因此，在后一种情况下，投资者的违约概率会更大，从而调整项 LGD_I 也会更大。因为由投资者加入的该调整项为正，所以产生了一个更大的双边 VA。

12.4.2.3 改变违约时间相关性

在表 12.17 中，我们关注 ρ_C 对调整的影响。这具有丰富的结构和复杂性。事实上，我们看到，根据 $\bar{\rho}_0$ 和 $\bar{\rho}_2$ 的特定值，ρ_C 的增加可能意味着调整的增加或减少。即使只使用负的 $\bar{\rho}_0$ 和 $\bar{\rho}_2$ 也会发生这种情况，通过比较"M/H"设置的第一行和第三行可以看到这一点。

表 12.17　不同高斯 Copula 参数 ρ_G 下递减 IRS 投资组合（P1）的双边估值调整（10 年期）

$\bar{\rho}_C$	$\bar{\rho}_I$	P1					
		H/M			M/H		
		-80%	0%	80%	-80%	0%	80%
-60%	-60%	-150（7）	-150（6）	-169（6）	32（5）	47（5）	61（5）
-40%	-40%	-91（6）	-98（6）	-122（6）	86（5）	97（5）	103（5）
-20%	-20%	-33（6）	-46（5）	-72（5）	146（6）	135（5）	137（5）
0%	0%	18（6）	-1（5）	-34（5）	194（6）	187（6）	183（5）
20%	20%	61（5）	38（5）	-3（4）	256（6）	241（6）	232（6）
40%	40%	102（5）	75（5）	29（4）	320（7）	297（6）	287（6）
60%	60%	140（5）	106（5）	53（4）	384（7）	361（7）	344（7）

注：列标题 "H/M" 是指对交易对手使用了高风险参数设置，对投资者使用了中风险参数设置，"M/H" 表示相反的情况。每个 IRS 都有统一的名义本金。价格以基点表示。

然后，表 12.18 显示了不同投资组合中改变 Copula 参数的影响。

表 12.18　不同高斯 Copula 参数 ρ_G 下（所有其他相关性均为 0）递减 IRS 投资组合（P1）的双边估值调整

ρ_G	H/M			M/H		
	P1	P2	P3	P1	P2	P3
-60%	21（5）	-121（10）	95（14）	198（6）	187（10）	539（14）
-40%	15（5）	-131（10）	76（13）	197（5）	186（10）	535（14）
-20%	7（5）	-138（9）	56（13）	193（5）	184（9）	523（14）
0%	-1（5）	-148（9）	31（12）	190（5）	186（9）	515（13）
20%	-7（5）	-157（9）	11（11）	185（5）	186（9）	502（13）
40%	-14（5）	-166（8）	-11（11）	186（5）	190（9）	501（13）
60%	-22（5）	-172（8）	-31（11）	181（5）	206（8）	506（13）

注：列标题 "H/M" 是指对交易对手使用了高风险参数设置，对投资者使用了中风险参数设置，"M/H" 表示相反的情况。每个 IRS 都有统一的名义本金。价格以基点表示。

12.4.2.4 信用价差波动的影响

表 12.19 说明了交易对手的信用价差波动率对调整的影响。我们对交易对手使用高风险信用价差，而对投资者使用中风险信用价差和参数设置。每次我们更改交易对手信用价差模型中的主要波动率参数 ν^2，将漂移 $\psi^2(t,\beta^2)$ 应用于拟合高风险情景的信用价差曲线上，使交易对手的信用价差模型与相同初始高风险 CDS 价差曲线相拟合，即使其更改了信用价差波动率。

我们的结果再次强调了信用价差波动率的重要性，这在文献中往往会被忽视。由于价差波动率，调整可能会增加几倍。假设零波动率是相当强的默许假设，当然这不是由 CDS 波动率赋予的，无论是隐含的还是历史性的均如此（参见文献 [31]）。

表 12.19　不同交易对手信用价差波动率 ν^2 下递减（P1）和递增（P2）IRS 投资组合的双边估值调整（10 年期）

$\bar{\rho}_C$	$\bar{\rho}_I$	H/M					
		P1			P2		
		0%	30%	40%	0%	30%	40%
−60%	−60%	−36 (5)	128 (6)	−152 (6)	−196 (9)	−396 (11)	−423 (12)
−40%	−40%	−23 (5)	−84 (6)	−94 (6)	−182 (9)	−313 (11)	−317 (11)
−20%	−20%	−13 (5)	−43 (5)	−48 (5)	−168 (9)	−235 (10)	−237 (10)
0%	0%	1 (5)	−2 (5)	−2 (5)	−151 (10)	−155 (10)	−151 (10)
20%	20%	14 (5)	35 (5)	35 (5)	−133 (10)	−82 (9)	−79 (9)
40%	40%	31 (6)	71 (5)	73 (5)	−108 (10)	−12 (9)	−11 (9)
60%	60%	46 (6)	106 (5)	105 (5)	−85 (10)	58 (8)	49 (9)

注：对交易对手使用了高风险信用价差，对投资者使用了中风险信用价差和参数设置（"H/M"）。每个 IRS 都有统一的名义本金。价格以基点表示。

12.4.2.5 改变利率曲线的形状

表 12.20 说明了不同到期期限的初始利率曲线形状对调整的影响。我们比较三种可能的形状：递增、水平和递减曲线。我们针对水平投资组合 P3 作了计算，但结果对 P2 可能更具戏剧性。正如我们在表 12.20 中数字所看到的，调整对初始曲线的形状相当敏感。图 12.6 显示了初始曲线如何影响每个投资组合的

未来货币性/风险暴露。

表 12.20　不同收益率曲线下（递增、水平于 3% 和递减曲线）水平 IRS 投资组合（P3）的双边估值调整（10 年期）

$\bar{\rho}_C$	$\bar{\rho}_I$	P3					
		H/M			M/H		
		递增	水平	递减	递增	水平	递减
−60%	−60%	−319（15）	−777（18）	−1193（21）	169（13）	−140（13）	−410（15）
−40%	−40%	−197（14）	−630（17）	−1032（20）	288（13）	−46（13）	−325（14）
−20%	−20%	−74（13）	−472（15）	−852（18）	384（13）	40（12）	−247（13）
0%	0%	31（13）	−344（14）	−709（17）	507（14）	142（13）	−159（13）
20%	20%	121（12）	−228（13）	−571（15）	637（15）	251（13）	−66（13）
40%	40%	208（12）	−115（12）	−436（14）	773（16）	374（14）	42（14）
60%	60%	280（12）	−25（12）	−328（13）	925（17）	511（15）	166（14）

注：列标题 "H/M" 是指对交易对手使用了高风险参数设置，对投资者使用了中风险参数设置，"M/H" 表示相反的情况。还假设违约时间不相关。每个 IRS 都有统一的名义本金。价格以基点表示。

12.4.3　奇异利率产品中的双边 VA

表 12.21 显示了对利率的奇异期权的调整。特别是，我们专注于那些偿付可能会根据未来利率报价调整而改变其自身符号的期权。

表 12.21　不同高斯 Copula 参数 ρ_G 下自动可赎回 IRS 投资组合（P3）的双边估值调整（10 年期）

$\bar{\rho}_C$	$\bar{\rho}_I$	H/M		
		−99%	0%	99%
−70%	−70%	−71	−64	−55
0%	0%	−47	−43	−34
70%	70%	−28	−26	−20

注：对交易对手使用了高风险参数设置，对投资者使用了中风险参数设置（"H/M"）。合约有统一的名义本金。价格以基点表示。内在价格为 608，自动可赎回执行水平为 A = 3%。

特殊利率期权的单边 CVA 计算被包含在文献 [57] 中。在这里，我们讨论双边情况。

例如，我们考虑 IRS 投资组合 P3，并加入由 LIBOR 触发的自动赎回功能，即在固定端付款日期时，当 LIBOR 的确定利率高于执行水平 A 时，将退出 IRS 合约。我们可以再次认识到，相关性对调整的价值具有相当大的影响。

12.5 结论

总的来说，我们的结果证实，双边估值调整对微调的动态参数是（如波动率和相关性）相当敏感的，这类似于第 5 章中的单边案例，但其模式更为复杂，因为现在的图景中还包括了投资者/银行的违约。

动态和相依参数之间的影响是重要的且结构化的。

我们特别注意到投资者与交易对手违约风险之间的相关性、两方信用质量的信用价差波动率、信用价差水平以及违约和利率之间相关性的影响。这些参数的变化可能会在多个乘数的调整中产生偏移，甚至会改变调整的符号。

特别是，似乎没有单个乘数可以提供从零相关性调整开始的高相关性调整。因此，如果目标是正确捕捉正向风险和错向风险，那么就需要在建模中用严格方式纳入这种相关性。这导致我们需要重申第 10 章结尾的信息：

交易对手和融资风险定价是一项非常复杂和模型依赖的任务。监管者正拼命地试图以最简单的方式标准化相关计算，但我们的结论是，这种计算是复杂的，需要保留其以保持准确性。试图将交易对手风险标准化为简单公式是具有误导性的，并可能导致相关风险根本没有得到合理解决。相反，业内监管者应该认识到这个问题的复杂性，并努力获得必要的方法和技术能力，而不是试图绕过它。

事实上，并没有简单的出路。

我们提出了在利率产品背景下解决这一问题可能的建模选择，对利率采用双因子高斯模型（G2++），而对投资者和交易对手的信用价差采用漂移平方根过程（CIR++）。两方的违约由高斯 Copula 函数相联结，可以很容易加入跳跃，使动态过程更为逼真，这与第 5 章暗示的内容相类似。

我们之所以使用如此简单的模型，是因为它们是各资产类别风险管理的基准。G2++ 不太适合当前市场，因为用相对较低的短期利率来校准高波动率意味着出现负利率的可能性会很大。尽管如此，我们还是说明了 G2++ 如何与随机信用价差模型一起用于（或扩展于）错向风险，但其显然鼓励读者考虑更现实的不同利率模型，例如可参阅关于利率建模的书籍[48]。

我们从一系列广泛的结果中详细介绍我们的发现。

我们的示例说明，当投资者信用价差和利率之间的相关性保持为零时，交易对手价差在与利率之间的相关性上具有与文献[57]单边案例中的情况相同的 CVA 模式，这与第 5 章相同。增加后者的相关性意味着，在所有条件相同的情况下，更高的利率将对应于更高的信用价差，这导致调整中内嵌的收款方互换权变得更加价外，并导致交易对手调整项在绝对值上减少。因此双边 VA 的终值在高相关性下将更大。当投资者信用价差与利率之间的相关性遵循交易对手与利率之间的相关性时，上述效应就会被放大。这是可以被预料的：当交易对手/利率相关性较大时，投资者/利率相关性也将很大。这意味着，在所有条件相同的情况下，较高的利率将对应于较高的信用价差，从而使投资者调整项（DVA）中内嵌的付款方互换权更为价内，从而使该项更大。这使得双边 VA 进一步增加。

利率与交易对手和投资者信用价差之间的相关性估计最有可能从历史数据中获得。事实上，从市场产品中获得这些隐含相关性可能是相当困难的。

我们最终注意到，如果包括了投资者和交易对手信用价差的非零波动率，那么双边 VA 项将会有发生显著变化的趋势。这是可以预料的：在零波动性下，信用价差将是确定性的，而信用价差/利率相关性将没有办法有所作为。

13

抵押、轧差、清算和再抵押

本章以 Brigo、Capponi、Pallavicini 和 Papatheodorou（2011）[41]为基础。

本章研究如何通过使用抵押的手段减少交易对手的风险暴露。交易对手风险抵押的想法与抵押用于降低贷款风险的方式非常相似，都是使用抵押来减少信用风险暴露。然而，由于交易对手信用风险暴露的不确定性和交易对手信用风险的双边性质，抵押管理在交易对手风险的情况下要复杂得多。一个交易对手对另一个交易对手的风险暴露每天都在变化，因此为了控制当前的风险暴露，有必要经常提交抵押品，且最好是每天提交。抵押应被用于对冲一方在违约事件中对另一方的风险暴露。抵押品可以是无风险现金流或（可违约）资产。在后一种情况下，它不应与交易的价值相关联，而应具有流动性，即在需要时能被快速轻松地出售。

我们为包括抵押在内的双边交易对手风险调整制定了无套利估值框架，提供了模式独立的公式，给出了双边抵押的信用和债务估值调整。此调整简称为 CBVA，即包含抵押品的双边估值调整。因此，我们考虑的是在违约风险投资者和违约风险交易对手之间交换投资组合。此类 CBVA 公式由期权回报项的总和给出，其中每项都取决于净风险暴露，即违约时风险暴露与违约时抵押账户之间的差额。我们考虑的情况是，抵押品是存放在隔离账户中的无风险资产，只有在违约发生时才用于轧差风险暴露，以及抵押品在违约发生前可以借出或再抵押的情况，从而使提交抵押品的一方成为无担保债权人。

就目前研究而言，我们撇开了与交易对手风险评估有关的一些问题，这些问题可能与特定设置有关：其中，我们引用了抵押争端解决和独立金额。本章一般设置的融资成本将在第 17 章进行处理。由于国际互换和衍生品协会（ISDA）目前正在积极调查这些问题，为了在持续的危机情景中调整《主协议》和《信用支持附件》，因此我们更愿意在进一步的工作进展中对此加以解决，以等待 ISDA 就定义和相关市场实践提出建议。我们也撇开商誉等特征不谈，这些问题请参见文献 [137] 以及 [136]。

由于条款的复杂性，在存在抵押品管理时对交易对手风险进行风险中性估值可能很困难。处理这个问题的文献只有几篇，其中包括文献 [79]、[8] 和 [1]。其中，文献 [8] 考虑在不计入最低转账金额和抵押阈值的情况下，为抵押流程采用高度程式化的模型，并假设抵押账户无风险，不能再抵押。文献 [1] 讨论的问题包括最低转让金额和抵押阈值，并为交易对手风险暴露（与抵押品净额轧差后）提供模型独立公式，但其再次假设了抵押品是无风险资产。

本章遵循文献 [41]，并一般化第 12 章所引入的双边交易对手风险中性估值框架，该框架没有对抵押的影响进行建模。然后，我们将对作为标的资产组合的利率偿付进行专门分析，并允许投资者、交易对手和潜在投资组合风险因子的违约时间之间进行相互关联。另外，遵循文献 [59]，我们使用无套利随机动态模型，并考虑以下相依性（或"相关性"）：

- 交易对手违约与投资者违约之间的相依性；
- 标的资产（利率）与交易对手信用价差之间的相关性；
- 标的资产（利率）和投资者信用价差之间的相关性。

本章其余部分的组织如下：第 13.1 节介绍了主协议下的交易框架，考查文件及其对拖延和争端、风险暴露和抵押品之间的清算轧差规则，以及对抵押品的再抵押的反映。

第 13.2 节提供了一般性的基于偿付的模型独立公式，用于针对信用和债务违约风险以及抵押进行现金流调整，这些公式自然遵循前面章节所述的书面标准和合约规则。这是由 CBVA 正式定义的，并用精确的数学术语推导出来的。第 13.3 节讨论了计算违约时风险暴露的问题。第 13.4 节考查 CBVA 的特定案例，表明 CBVA 是早期 BVA、CVA 和 DVA 定义的一般化。第 13.5 节列举了抵押机制的一些例子，而第 13.6 节则总结全章。

13.1 ISDA 主协议下的交易

由于条款的复杂性,在抵押管理的情况下对交易对手风险进行风险中性估值可能很困难。

本节引入了《主协议》下的交易框架,明确提到了 ISDA 文件(如文献 [127])。

第 13.1.1 节介绍了数学设置。第 13.1.2 节暗示了抵押拖延和争议。第 13.1.3 节讨论了清算轧差规则,并介绍了交易对手和投资者违约风险的概念。第 13.1.4 节讨论了抵押账户在交易的整个过程中如何使用,例如其可被再抵押。

13.1.1 数学配置和 CBVA 定义

金融合约所涉及的并存在违约风险的两方被称为

$$投资者 \to I$$
$$交易对手 \to C$$

投资者"I"在前几章中曾被称为银行或"B"。

我们分别以 τ_I 和 τ_C 表示投资者和交易对手的违约时间。我们把自己置于概率空间 $(\Omega, \mathcal{G}, \mathcal{G}_t, \mathbb{Q})$ 中。滤子 $\mathcal{G}_t$ 为对整个市场的信息流(包括违约)进行建模,$\mathbb{Q}$ 为风险中性测度。该空间还被赋予了一个右连续和完整子滤子 $\mathcal{F}_t$,代表除了违约事件外所有可观察到的市场量,因此有 $\mathcal{F}_t \subseteq \mathcal{G}_t := \mathcal{F}_t \vee \mathcal{H}_t$。在这里,$\mathcal{H}_t = (\sigma\{\tau_I \leq u\} \vee \{\tau_C \leq u\} : u \leq t)$ 为违约事件产生的右连续滤子,无论是投资者的还是其交易对手的(以及当标的投资组合对信用敏感时的参考信用的)。

用 T 表示偿付的最终到期日,为此需评估并定义的停时:

$$\tau = \tau_I \wedge \tau_C \tag{13.1}$$

定义抵押账户 C_t 是适应滤子 $\mathcal{G}_t$ 的一个随机过程。直觉上,这意味着 t 时的抵押账户是到 t 时为止所有市场可观测信息构成的信息集 $\mathcal{G}_t$,其包括了哪些实体在 t 时已违约。

假设抵押账户一方由抵押品持有人持有,投资者和交易对手在交易期间向抵押账户提交或从抵押账户提取抵押品。另一方是抵押品提供者。我们从投资者的角度看待所有的偿付。因此,当 $C_t>0$ 时,这意味着整个抵押账户在 t 时对投资者有利,而交易对手已经完成了净提交,即 t 时的账户金额为交易对手所提交的超过投资者所提交的金额的部分。在这种情况下,投资者可以使用抵押账户 $C_t>0$ 来减少"C"提前违约时的违约风险敞口。相反,当 $C_t<0$ 时,这意味着整个抵押账户在 t 时对交易对手有利,并且已由投资者完成了净提交。在这种情况下,交易对手可以使用抵押品来减少"I"提前违约时的违约风险敞口。

因此,$C_t>0$ 意味着在 t 时抵押品接受者变成了投资者,抵押品提供者是交易对手,而在第二种情况下,抵押品接受者是交易对手,抵押品提供者变成了投资者。

假设抵押账户是一个无风险现金账户,尽管一般来说,其可以是任何其他(可违约)资产,并会在违约时被清算。此外,假设每笔新交易都会重新开立抵押账户,并在违约事件或到期时关闭。如果账户被关闭,那么抵押品持有人持有的任何抵押品都必须退还给发起方。假设对于所有 $t\leq 0$ 有 $C_t=0$,而当 $t\geq T$ 时有 $C_t=0$。

与前几章一样,我们用 $\Pi(u,s)$ 表示从投资者的角度来看的情况,不考虑投资者或交易对手在 u 时至 s 时之间的违约风险,以及索偿权净现金流在 u 时的贴现值之和。用 $\bar{\Pi}(u,s;C)$ 表示交易对手和投资者存在违约风险且包含抵押轧差时索偿权的类似净现金流。含抵押双边信用和债务价值调整(CBVA)为

$$\mathrm{CBVA}(t,T;C) := \mathbb{E}_t[\bar{\Pi}(t,T;C)] - \mathbb{E}_t[\Pi(t,T)]$$

因此,与第 12 章中的 BVA 一样,CBVA 被添加到无风险价格中,以获得违约风险和抵押调整后的价格:

$$\mathbb{E}_t[\bar{\Pi}(t,T;C)] = \mathbb{E}_t[\Pi(t,T)] + \mathrm{CBVA}(t,T;C)$$

为了评估含抵押的 BVA,需要用无风险数量、违约指标和抵押等项来表示 $\bar{\Pi}(t,T;C)$。尤其应该描述投资者和交易对手为监控和减轻交易对手信用风险而执行了哪些操作,以及生存方在违约事件中执行哪些操作以使其能从潜在损失中恢复。我们需要这样做,并牢记如文献[127]等文件中所述的准则。该文件提供了有关抵押延误和争议等的准则。

13.1.2 抵押延迟和争端解决

实际上,要求抵押品的时间和实际提交抵押品的时间之间存在延迟。这是

由于抵押结算规则或一方（或双方）对投资组合或抵押品定价存在争议造成的。

通常，延迟被限制为一天，但可能会更长。根据《ISDA 抵押争议解决议定书（2009）》，各方可就标准时间安排（争议在 3 日内结束）或扩展安排（争议在 9 日内结束）达成一致。特别地，当双方达成共识或出于特定市场考虑，可能会有进一步延迟（总延迟不得超过 30 日）。此处不考虑抵押提交延迟，该问题留作未来研究。

13.1.3 清算轧差规则

《ISDA 场外衍生品双边抵押实践的市场回顾（2010）》的第 2.1.1 节规定：

清算轧差的效果是针对所有被终止的交易规定单一的轧差支付来要求的，而不是各方之间的多边支付。根据许多司法管辖区的适用会计规则和资本要求，清算轧差的可得性允许 ISDA 主协议的各方在净额基础上对交易进行核算。

这意味着，当发生违约事件时，当事各方应终止所有交易，并对到期现金流进行轧差。此外，根据《纽约法》，ISDA 信用支持附件的第 8 款规定：

担保方将在向出质人转让清算后，以及/或者在满足了出质人对任何债务应支付的所有款项后承担剩余的任何收益和所提交的信用支持；所有事件中的出质人将对任何清算和/或抵销后未付的金额继续承担债务。

这意味着，生存方应评估因违约事件而刚刚终止的交易，并仅在应用轧差规则（包括抵押账户）后才被要求偿还。我们也可以在不同法律的 CSA 中找到类似条款。

《ISDA 主协议》将清算金额定义为生存方在交易对手违约时进行重置或提供经济等价物时可能遭受的损失或成本。请注意，清算金额不是与双方角色互换的对称金额，因为其是一方在另一方违约后进行的估值。

替换交易对手可能要求生存方提交超过其对旧违约交易对手的风险暴露，以补偿流动性或生存方信用质量的恶化。对于清算金额，我们保留了违约时的风险暴露，即替换交易的价格或其经济等价物。我们区分 t 时投资者对交易对手的违约风险暴露和交易对手对投资者的违约风险暴露，并将其表示如下：

- $\varepsilon_{I,t}$ 表示投资者在 t 时对交易对手违约时的风险暴露。$\varepsilon_{I,t}$ 为正意味着投资者是交易对手的债权人。

- $\varepsilon_{C,t}$ 表示交易对手在 t 时对投资者的违约风险暴露。$\varepsilon_{C,t}$ 为负意味着交易对手是投资者的债权人。

换句话说，虽然 I 和 C 对风险暴露的度量方式有所不同，但我们总是假设现金流的符号是基于"I"的视角设定的。

13.1.4 抵押品的再抵押

在违约事件没有发生时，抵押品提供方预期将在最终到期日从抵押品接受方处收回未偿还的抵押品。同样，如果违约发生得更早（并假设违约前的抵押品接受方为生存方），那么在将抵押品与交易现金流轧差后，抵押品提供方将希望能收回账户上的剩余抵押品（如果有的话）。然而，在必须归还给抵押品提供方之前，抵押品接受方能相对不受限制地使用抵押品，这在商业上通常被认为很重要。这种不受限制的使用包括了向市场上的第三方出售抵押品的能力，而使其不受抵押品提供方的任何利益限制。其他用途包括借出抵押品或根据"回购"协议出售或再抵押抵押品。虽然根据《英国契约》，接受方不得再抵押抵押品，但根据纽约附件、英国附件或日本附件，接受方可以这样做。当抵押品接受方再抵押抵押品时，他可以将抵押品提供者作为无担保债权人进行抵押品偿还。

因此在允许再抵押时，抵押品提供方必须考虑只收回其抵押品的一小部分的可能性。当投资者为抵押品接受方时，我们用 REC'_I 表示对违约投资者再抵押的抵押品的回收比例，而当交易对手为抵押品接受方时，则用 REC'_C 表示交易对手再抵押的抵押品的回收比例。因此，定义交易对手在投资者违约时所遭受的抵押品损失为 $LGD'_I = 1 - REC'_I$，而将投资者在交易对手违约时发生的抵押品损失表示为 $LGD'_C = 1 - REC'_C$。通常，生存方会优先于其他债权人收回抵押品，因此有 $REC_I \leq REC'_I \leq 1$ 和 $REC_C \leq REC'_C \leq 1$。在这里，$REC_I(REC_C)$ 表示交易对手（投资者）在投资者（交易对手）违约时获得的交易市场价值的回收B 比例。

请注意，如果抵押品不能再抵押，并且必须保存在隔离账户中，则有 $REC'_I = REC'_C = 1$。

其中需要提及的是，抵押品再抵押受到了严厉批评，且目前正处于辩论之中。如可见文献［183］，通过观察得到：

资产托管和再抵押做法是风险传染的主要驱动因素，其将流动性风险传递给了其他公司。在英国，没有向主要经纪交易实体——雷曼兄弟国际（欧洲）（LBIE）提供中央银行流动性，也没有将客户业务转让给第三方购买者的协议。因此，LBIE 申请破产，同时持有大量托管资产，这些资产在很长一段时间内将不会返还给客户，因此不能由客户进行交易或轻易进行套期保值。此外，LBIE 的破产暴露了对冲基金在允许其主要经纪商对其证券行使再抵押权方面所面临的巨大风险。根据英国法律，客户是此类资产返还的一般债权人。再抵押资产的损失和托管资产的"冻结"在对冲基金界引起了恐慌，并导致其他公司类似账户的头寸外流。一些公司利用再抵押资产的流动性为自营头寸融资，这也加剧了融资压力。

13.2 抵押机制下的双边 CVA 公式

我们首先列出交易对手违约和投资者违约事件可能出现的所有情况。我们的目标是计算合约所涉及的所有现金流的现值，并考虑（1）抵押保证金业务；（2）违约时的清算轧差规则。请注意，我们可以安全地将合约的现金流与抵押账户的现金流进行汇总，因为在合约终止时，所有已提交抵押品都将退还给发起方。

13.2.1 收集 CVA 贡献

我们首先考虑在交易对手违约时可能出现的所有情况，并假定其在投资者之前违约。按我们的符号表示，有

$$X^+ = \max(X, 0), \quad X^- = \min(X, 0)$$

重要：请注意，负值部分 X^- 的符号并非标准的。

我们有：

1. 投资者衡量交易对手违约（$\varepsilon_{I,\tau_C} > 0$）时的正（违约时）风险暴露，且交易对手所提交的某些抵押品可用（$C_{\tau_C} > 0$）。然后，投资者风险暴露通过轧差减少了，剩余抵押品（如果有）将返还给交易对手。如果抵押品不足，投资者将

遭受剩余风险暴露的损失。因此，有

$$\mathbf{1}_{\{\tau=\tau_C<T\}}\mathbf{1}_{\{\varepsilon_{I,\tau}>0\}}\mathbf{1}_{\{C_\tau>0\}}(\text{REC}_C(\varepsilon_{I,\tau}-C_\tau)^+ + (\varepsilon_{I,\tau}-C_\tau)^-)$$

2. 投资者衡量交易对手违约（$\varepsilon_{I,\tau_C}>0$）时的正（违约时）风险暴露，且交易对手提交了可用的抵押品（$C_{\tau_C}<0$）。然后，投资者遭受整个风险暴露的损失。如果无再抵押，则所有抵押品（如果有）将返还给投资者，否则只能返回其中的回收部分。因此，有

$$\mathbf{1}_{\{\tau=\tau_C<T\}}\mathbf{1}_{\{\varepsilon_{I,\tau}>0\}}\mathbf{1}_{\{C_\tau<0\}}(\text{REC}_C\varepsilon_{I,\tau} - \text{REC}'_C C_\tau)$$

3. 投资者衡量交易对手违约（$\varepsilon_{I,\tau_C}<0$）时的正（违约时）风险暴露，以及一些由对手方提供的抵押品（$C_{\tau_C}>0$）。然后，风险暴露被支付给交易对手，交易对手将全额收回其抵押品。

$$\mathbf{1}_{\{\tau=\tau_C<T\}}\mathbf{1}_{\{\varepsilon_{I,\tau}<0\}}\mathbf{1}_{\{C_\tau>0\}}(\varepsilon_{I,\tau}-C_\tau)$$

4. 投资者衡量交易对手违约（$\varepsilon_{I,\tau_C}<0$）时的正（违约时）风险暴露，以及一些由对手方提供的抵押品（$C_{\tau_C}<0$）。然后，通过轧差被减少的风险暴露被支付给交易对手。如果无再抵押，投资者将全额回收剩余抵押品（如果有的话），否则只能回收超出风险暴露部分的回收部分。

$$\mathbf{1}_{\{\tau=\tau_C<T\}}\mathbf{1}_{\{\varepsilon_{I,\tau}<0\}}\mathbf{1}_{\{C_\tau<0\}}((\varepsilon_{I,\tau}-C_\tau)^- + \text{REC}'_C(\varepsilon_{I,\tau}-C_\tau)^+)$$

相应地，我们考虑在投资者最早违约时可能出现的所有情况。有

1. 交易对手衡量投资者违约（$\varepsilon_{C,\tau_I}<0$）时的正（违约时）风险暴露，以及一些由投资者提供的抵押品（$C_{\tau_I}<0$）。然后，交易对手风险暴露通过轧差减少了，剩余抵押品（如果有）将返还给交易对手。如果抵押品不足，投资者将遭受剩余风险暴露的损失。因此，有

$$\mathbf{1}_{\{\tau=\tau_I<T\}}\mathbf{1}_{\{\varepsilon_{C,\tau}<0\}}\mathbf{1}_{\{C_\tau<0\}}(\text{REC}_I(\varepsilon_{C,\tau}-C_\tau)^- + (\varepsilon_{C,\tau}-C_\tau)^+)$$

2. 交易对手衡量投资者违约（$\varepsilon_{C,\tau_I}<0$）时的正（违约时）风险暴露，以及一些由投资者提供的抵押品（$C_{\tau_I}>0$）。然后，交易对手将遭受整个风险暴露的损失。如果无再抵押，则所有抵押品（如果有）将返还给交易对手，否则只能返回其中的回收部分。因此，有

$$\mathbf{1}_{\{\tau=\tau_I<T\}}\mathbf{1}_{\{\varepsilon_{C,\tau}<0\}}\mathbf{1}_{\{C_\tau>0\}}(\text{REC}_I\varepsilon_{C,\tau} - \text{REC}'_I C_\tau)$$

3. 交易对手衡量投资者违约（$\varepsilon_{C,\tau_I}>0$）时的正（违约时）风险暴露，以及一些由投资者提供的抵押品（$C_{\tau_I}<0$）。然后，风险暴露被支付给投资者，投资者将全额收回其抵押品。

$$\mathbf{1}_{\{\tau=\tau_I<T\}}\mathbf{1}_{\{\varepsilon_{C,\tau}>0\}}\mathbf{1}_{\{C_\tau<0\}}(\varepsilon_{C,\tau}-C_\tau)$$

4. 交易对手衡量投资者违约（$\varepsilon_{C,\tau_I}>0$）时的正（违约时）风险暴露，以及一些由投资者提供的抵押品（$C_{\tau_I}>0$）。然后，通过轧差减少的风险暴露被支付给投资者。如果无再抵押，交易对手将全额回收剩余抵押品（如果有的话），否则只能回收超出风险暴露部分的回收部分。

$$\mathbf{1}_{\{\tau=\tau_I<T\}}\mathbf{1}_{\{\varepsilon_{C,\tau}>0\}}\mathbf{1}_{\{C_\tau>0\}}((\varepsilon_{C,\tau}-C_\tau)^+ + \text{Rec}'_I(\varepsilon_{C,\tau}-C_\tau)^-)$$

现在，我们可以汇总所有这些现金流，以及来自投资者违约的现金流和无违约时的现金流，并包括抵押账户的现金流。令 $D(t,T)$ 表示无风险贴现因子。通过加总所有款项，得到

$$\begin{aligned}
\bar\Pi(t,T;C) &= \mathbf{1}_{\{\tau>T\}}\Pi(t,T) + \mathbf{1}_{\{\tau<T\}}(\Pi(t,\tau) + D(t,\tau)C_\tau) \\
&\quad + \mathbf{1}_{\{\tau=\tau_C<T\}}D(t,\tau)\mathbf{1}_{\{\varepsilon_{I,\tau}<0\}}\mathbf{1}_{\{C_\tau>0\}}(\varepsilon_{I,\tau}-C_\tau) \\
&\quad + \mathbf{1}_{\{\tau=\tau_C<T\}}D(t,\tau)\mathbf{1}_{\{\varepsilon_{I,\tau}<0\}}\mathbf{1}_{\{C_\tau<0\}}((\varepsilon_{I,\tau}-C_\tau)^- + \text{Rec}'_C(\varepsilon_{I,\tau}-C_\tau)^+) \\
&\quad + \mathbf{1}_{\{\tau=\tau_C<T\}}D(t,\tau)\mathbf{1}_{\{\varepsilon_{I,\tau}>0\}}\mathbf{1}_{\{C_\tau>0\}}((\varepsilon_{I,\tau}-C_\tau)^- + \text{Rec}_C(\varepsilon_{I,\tau}-C_\tau)^+) \\
&\quad + \mathbf{1}_{\{\tau=\tau_C<T\}}D(t,\tau)\mathbf{1}_{\{\varepsilon_{I,\tau}>0\}}\mathbf{1}_{\{C_\tau<0\}}(\text{Rec}_C\varepsilon_{I,\tau} - \text{Rec}'_C C_\tau) \\
&\quad + \mathbf{1}_{\{\tau=\tau_I<T\}}D(t,\tau)\mathbf{1}_{\{\varepsilon_{C,\tau}>0\}}\mathbf{1}_{\{C_\tau<0\}}(\varepsilon_{C,\tau}-C_\tau) \\
&\quad + \mathbf{1}_{\{\tau=\tau_I<T\}}D(t,\tau)\mathbf{1}_{\{\varepsilon_{C,\tau}>0\}}\mathbf{1}_{\{C_\tau>0\}}((\varepsilon_{C,\tau}-C_\tau)^+ + \text{Rec}'_I(\varepsilon_{C,\tau}-C_\tau)^-) \\
&\quad + \mathbf{1}_{\{\tau=\tau_I<T\}}D(t,\tau)\mathbf{1}_{\{\varepsilon_{C,\tau}<0\}}\mathbf{1}_{\{C_\tau>0\}}((\varepsilon_{C,\tau}-C_\tau)^+ + \text{Rec}_I(\varepsilon_{C,\tau}-C_\tau)^-) \\
&\quad + \mathbf{1}_{\{\tau=\tau_I<T\}}D(t,\tau)\mathbf{1}_{\{\varepsilon_{C,\tau}<0\}}\mathbf{1}_{\{C_\tau>0\}}(\text{Rec}_I\varepsilon_{C,\tau} - \text{Rec}'_I C_\tau)
\end{aligned}$$

通过简单的计算，可得

$$\begin{aligned}
\bar\Pi(t,T;C) &= \Pi(t,T) - \mathbf{1}_{\{\tau<T\}}D(t,\tau)\left(\Pi(\tau,T) - \mathbf{1}_{\{\tau=\tau_C\}}\varepsilon_{I,\tau} - \mathbf{1}_{\{\tau=\tau_I\}}\varepsilon_{C,\tau}\right) \\
&\quad - \mathbf{1}_{\{\tau=\tau_C<T\}}D(t,\tau)(1-\text{Rec}_C)(\varepsilon_{I,\tau}^+ - C_\tau^+)^+ \\
&\quad - \mathbf{1}_{\{\tau=\tau_C<T\}}D(t,\tau)(1-\text{Rec}'_C)(\varepsilon_{I,\tau}^- - C_\tau^-)^+ \\
&\quad - \mathbf{1}_{\{\tau=\tau_I<T\}}D(t,\tau)(1-\text{Rec}_I)(\varepsilon_{C,\tau}^- - C_\tau^-)^- \\
&\quad - \mathbf{1}_{\{\tau=\tau_I<T\}}D(t,\tau)(1-\text{Rec}'_I)(\varepsilon_{C,\tau}^+ - C_\tau^+)^-
\end{aligned}$$

请注意，抵押账户仅作为减少另一方违约时各方风险暴露的输入项，同时需考虑到是哪一方提交了抵押品。

13.2.2　CBVA 一般公式

最后一步，我们引入了合约的无风险价格 V_u，其中 $t \leq u \leq T$，有

$$V_u := \mathbb{E}_u \Pi(u,T), \quad t \leq u \leq T$$

其表示 u 时之后，到期日 T 之前所有剩余现金流的无风险价格。

因此，通过对表达 CBVA 的公式两侧进行风险中性预期，并插入中端市场风险暴露的定义，我们得到了含抵押的双边（CVA 和 DVA）估值调整的一般表达式。

$$\begin{aligned} \text{C}_{\text{BVA}}(t,T;C) = & -\mathbb{E}_t\left[\mathbf{1}_{\{\tau<T\}}D(t,\tau)\left(V_\tau - \mathbf{1}_{\{\tau=\tau_C\}}\varepsilon_{I,\tau} - \mathbf{1}_{\{\tau=\tau_I\}}\varepsilon_{C,\tau}\right)\right] \\ & - \mathbb{E}_t\left[\mathbf{1}_{\{\tau=\tau_C<T\}}D(t,\tau)\text{LGD}_C(\varepsilon_{I,\tau}^+ - C_\tau^+)^+\right] \\ & - \mathbb{E}_t\left[\mathbf{1}_{\{\tau=\tau_C<T\}}D(t,\tau)\text{LGD}_C'(\varepsilon_{I,\tau}^- - C_\tau^-)^+\right] \\ & - \mathbb{E}_t\left[\mathbf{1}_{\{\tau=\tau_I<T\}}D(t,\tau)\text{LGD}_I(\varepsilon_{C,\tau}^- - C_\tau^-)^-\right] \\ & - \mathbb{E}_t\left[\mathbf{1}_{\{\tau=\tau_I<T\}}D(t,\tau)\text{LGD}_I'(\varepsilon_{C,\tau}^+ - C_\tau^+)^-\right] \end{aligned} \quad (13.2)$$

上述公式的右侧第一项表示计算无风险风险暴露和违约时风险暴露的不匹配。第二项和第三项为由于交易对手违约而产生的交易对手风险（也称为交易对手估值调整或 CVA），并带有负号（始终从投资者的角度来看）。第四项和第五项表示由于投资者违约而产生的交易对手风险（也称为债务调整或 DVA），并带有正号（再次从投资者的角度来看）。

13.2.3　CCVA 和 CDVA 的定义

我们可以引入含抵押的信用估值调整（CCVA）和含抵押的债务估值调整（CDVA），并将抵押双边 CVA 的一般表达式重写为

$$\begin{aligned} \text{C}_{\text{BVA}}(t,T;C) = & -\mathbb{E}_t\left[\mathbf{1}_{\{\tau<T\}}D(t,\tau)\left(V_\tau - \mathbf{1}_{\{\tau=\tau_C\}}\varepsilon_{I,\tau} - \mathbf{1}_{\{\tau=\tau_I\}}\varepsilon_{C,\tau}\right)\right] \\ & - \text{C}_{\text{CVA}}(t,T;C) + \text{C}_{\text{DVA}}(t,T;C) \end{aligned}$$

其中

$$\begin{aligned} \text{C}_{\text{CVA}}(t,T;C) := & \ \mathbb{E}_t\left[\mathbf{1}_{\{\tau=\tau_C<T\}}D(t,\tau)\text{LGD}_C(\varepsilon_{I,\tau}^+ - C_\tau^+)^+\right] \\ & \ \mathbb{E}_t\left[\mathbf{1}_{\{\tau=\tau_C<T\}}D(t,\tau)\text{LGD}_C'(\varepsilon_{I,\tau}^- - C_\tau^-)^+\right] \end{aligned}$$

以及

$$\begin{aligned} \text{C}_{\text{DVA}}(t,T;C) := & -\mathbb{E}_t\left[\mathbf{1}_{\{\tau=\tau_I<T\}}D(t,\tau)\text{LGD}_I(\varepsilon_{C,\tau}^- - C_\tau^-)^-\right] \\ & - \mathbb{E}_t\left[\mathbf{1}_{\{\tau=\tau_I<T\}}D(t,\tau)\text{LGD}_I'(\varepsilon_{C,\tau}^+ - C_\tau^+)^-\right] \end{aligned}$$

备注 13.2.1（CCVA/CDVA 与抵押调整 UCVA 和 UDVA）　注意，CCVA 并不是假设只有交易对手 C 可能违约时投资者"I"视角的含抵押单边 CVA。事实上，这样的数量不会取决于投资者 I 的违约时间，而 CCVA 确实如此。同样，CDVA

也并不是假设只有投资者可能违约时投资者视角的含抵押单边 DVA，因为 CDVA 也包含了交易对手违约时间。

13.3　清算量评估

《ISDA 场外衍生品双边抵押实践的市场回顾（2010）》第 2.1.5 节声称：

在违约清算时，估值在许多情况下将反映以终止方市场买方或卖方报价计算的交易重置成本，并且通常会考虑终止方的信用程度。然而，应当指出的是，风险暴露是在中端市场水平下计算的，为了以免只惩罚一方或另一方。因此，为风险暴露提供担保而所持有的抵押品金额可能或多或少超过清算时确定的终止付款额。

《ISDA 主协议》将清算金额定义为重置成本或终止交易的经济等价物，并以"善意"行事，并采用"商业上合理的"程序。有关主题的详细处理，请参阅第 14 章。请注意，如何计算违约时风险暴露的选择权留给了生存方，并且对于评估时间安排没有明确说明。事实上，生存方可能需要几天时间才能完成清算程序。关于相关清算金额评估程序失败和问题的详细描述，请参见文献 [166]。

备注 13.3.1（风险保证金期间） 违约事件和清算程序完成的时间被称为风险保证金期间。文献 [13] 中的警告是增加风险保证金期间，以捕获抵押品和交易的流动性不足、保证金要求争议的长短以及交易置换和运营的成本，从而避免对风险暴露的低估。正如文献 [13] 所说，如果交易涉及流动性不足的抵押品或不容易置换的衍生工具，风险保证金期间应等于抵押品保证金的更新间隔加 20 天。

《ISDA 市场回顾》继续写道：

估值方法的其他差异适用于确定任何提前终止付款，也有助于这两个数额之间可能存在的差异。一方可以考虑终止、清算或重建任何对冲或相关交易头寸的成本。此外，考虑融资成本也是合理的。

除了生存方信用程度外，违约时的风险暴露还取决于许多其他因素。如果开始考虑这些影响，我们也应该增加交易和抵押品头寸的融资成本。特别是在确定清算金额时，确定方可以考虑任何相关信息，其包括：

1. 对可能考虑到确定方信用程度的一个或多个第三方提供的置换交易的报价（无论是实质报价还是参考报价）；
2. 由相关市场数据构成的信息；
3. 内部来源信息，如果确定方在其业务正常过程中用于评估类似交易。

如此广泛的框架无法对清算金额或违约时风险暴露进行严格定义，而且显然会产生广泛的结果。请参阅第 14 章，其挑选出了最简单的清算方式并进行了分析，或可参考文献 [193]，其作者展示了评估清算金额的各种示例。

下面我们将用与无风险交易对手（具有相同抵押规则）进行置换操作的价值来近似违约时的风险暴露 ε_{I,τ_C} 和 ε_{C,τ_I}。关于这一选择的解释以及使用此类型的影响的详细讨论，请参见第 14 章。因此，如果将含有抵押双边 VA 的公式应用于无风险偿付，以包括生存方信用程度，那么就有

$$\varepsilon_{I,\tau_C} \doteq \varepsilon_{\tau_C} - \mathbb{E}_t \left[\mathbf{1}_{\{\tau_C < \tau_I < T\}} D(\tau_C, \tau_I) \text{LGD}_I (\varepsilon_{\tau_I}^- - C_{\tau_I}^-)^- \right]$$
$$- \mathbb{E}_t \left[\mathbf{1}_{\{\tau_C < \tau_I < T\}} D(\tau_C, \tau_I) \text{LGD}'_I (\varepsilon_{\tau_I}^+ - C_{\tau_I}^+)^- \right]$$

以及

$$\varepsilon_{C,\tau_I} \doteq \varepsilon_{\tau_I} - \mathbb{E}_t \left[\mathbf{1}_{\{\tau_I < \tau_C < T\}} D(\tau_I, \tau_C) \text{LGD}_C (\varepsilon_{\tau_C}^+ - C_{\tau_C}^+)^+ \right]$$
$$- \mathbb{E}_t \left[\mathbf{1}_{\{\tau_I < \tau_C < T\}} D(\tau_I, \tau_C) \text{LGD}'_C (\varepsilon_{\tau_C}^- - C_{\tau_C}^-)^+ \right]$$

13.4 含抵押双边信用估值调整的特例

本节专门介绍式（13.2）给出的一般化 CVA 公式。我们以所有风险暴露均在中端市场评估情况下的公式开始，即考虑

$$\varepsilon_{I,t} \doteq \varepsilon_{C,t} \doteq V_t$$

然后，我们得到抵押双边 VA（CDVA – CCVA）等于：

$$\begin{aligned}
\text{CBVA}(t, T; C) = &-\mathbb{E}_t \left[\mathbf{1}_{\{\tau = \tau_C < T\}} D(t, \tau) \text{LGD}_C (\varepsilon_\tau^+ - C_\tau^+)^+ \right] \\
&- \mathbb{E}_t \left[\mathbf{1}_{\{\tau = \tau_C < T\}} D(t, \tau) \text{LGD}'_C (\varepsilon_\tau^- - C_\tau^-)^+ \right] \\
&- \mathbb{E}_t \left[\mathbf{1}_{\{\tau = \tau_I < T\}} D(t, \tau) \text{LGD}_I (\varepsilon_\tau^- - C_\tau^-)^- \right] \\
&- \mathbb{E}_t \left[\mathbf{1}_{\{\tau = \tau_I < T\}} D(t, \tau) \text{LGD}'_I (\varepsilon_\tau^+ - C_\tau^+)^- \right]
\end{aligned} \quad (13.3)$$

如果不允许抵押品再抵押（$LGD'_C = LGD'_I = 0$），则上述公式简化为

$$\begin{aligned}
\text{CBVA}(t, T; C) = &-\mathbb{E}_t \left[\mathbf{1}_{\{\tau = \tau_C < T\}} D(t, \tau) \text{LGD}_C (\varepsilon_\tau^+ - C_\tau^+)^+ \right] \\
&- \mathbb{E}_t \left[\mathbf{1}_{\{\tau = \tau_I < T\}} D(t, \tau) \text{LGD}_I (\varepsilon_\tau^- - C_\tau^-)^- \right]
\end{aligned} \quad (13.4)$$

另外，如果允许再抵押，而生存方总是面临最坏的情况（$LGD'_C = LGD_C$ 和 $LGD'_I = LGD_I$），那么可得到

$$\text{CBVA}(t,T;C) = -\mathbb{E}_t\left[\mathbf{1}_{\{\tau=\tau_C<T\}}D(t,\tau)\text{LGD}_C(\varepsilon_\tau - C_\tau)^+\right] \\ -\mathbb{E}_t\left[\mathbf{1}_{\{\tau=\tau_I<T\}}D(t,\tau)\text{LGD}_I(\varepsilon_\tau - C_\tau)^-\right] \tag{13.5}$$

最后，我们去除抵押品，即 $C_t = 0$，那么将回到第 12 章的结果。另见文献 [39] 和文献 [59]。

$$\text{BVA}(t,T) = -\mathbb{E}_t\left[\mathbf{1}_{\{\tau=\tau_C<T\}}D(t,\tau)\text{LGD}_C\varepsilon_\tau^+\right] \\ -\mathbb{E}_t\left[\mathbf{1}_{\{\tau=\tau_I<T\}}D(t,\tau)\text{LGD}_I\varepsilon_\tau^-\right] \tag{13.6}$$

如果去除抵押品（$C_t = 0$），并考虑无风险投资者（$\tau_I \to \infty$），将回到从第 2 章开始的前几章所呈现的 UCVA 结果。另见文献 [57] 和 [69]。

$$\text{CVA}(t,T) = -\mathbb{E}_t\left[\mathbf{1}_{\{\tau_C<T\}}D(t,\tau_C)\text{LGD}_C\varepsilon_{\tau_C}^+\right] \tag{13.7}$$

13.5 关于抵押机制的例子

我们考虑一种设置，即投资者和交易对手的风险暴露等于中端市场盯市的风险暴露，其中任何一方均没有融资成本，且不允许再抵押。因此，由此产生的 CVA 和 DVA 公式由式（13.4）给出。我们考虑以下两种抵押机制。

第一种机制移除了各方的所有暴露风险，因此被称为完全抵押。

第二种机制是最现实的，而是遵循了保证金的做法，即在交易期内，双方根据当前风险暴露，在固定日期向抵押品接受方账户提交或从中提取抵押品。一般来说，抵押品接受方可能是第三方或交易中不提交抵押品的一方。我们称第二种机制为通过保证金抵押。

13.5.1 完全抵押

如合约在违约事件时连续盯市，我们可以通过连续更新抵押账户来实现完全抵押，从而获得以下抵押规则：

$$C_t^{\text{perfect}} := V_t$$

并假设无风险清算金额为

$$\varepsilon_{I,t} \doteq \varepsilon_{C,t} \doteq V_t$$

因此，如果将其插入抵押双边 CVA 公式中，那么如预期那样，所有项都会被去掉，得到：

$$\mathrm{CBVA}(t, T; C^{\text{perfect}}) = 0$$

我们将在第 17 章中看到，根据这一抵押规则，为交易定价的适当贴现曲线为抵押应计曲线。另见文献［109］和［168］。

13.5.2 通过保证金的抵押

假设抵押品提交仅在固定网格的离散时间（$t_0 = t, \cdots, t_N = T$）上发生，并且允许存在最低转账金额（$M > 0$）和阈值（K），且 $K \geq M$。阈值表示允许的无担保风险金额，因此其可能取决于交易对手的信用质量[①]。

现实的保证金做法还包括独立金额，这代表了对交易的进一步保险，并通常作为前置保护来提交，但这些金额可能会根据风险暴露变化进行更新。我们不考虑以下独立金额。

在每个抵押品提交日 t_i，抵押账户会根据风险暴露的变化进行更新。用 $C_{t_i^-}$ 表示刚好在抵押更新时间 t_i 之前的抵押账户。首先考虑投资者应向抵押账户提交或从中提取多少抵押品。其为

$$\mathbf{1}_{\{|(V_{t_i}+K_I)^- - C_{t_i^-}| > M\}}((V_{t_i} + K_I)^- - C_{t_i^-}) \tag{13.8}$$

然后，考虑交易对手应向抵押账户提交或从中提取多少抵押品。其为

$$\mathbf{1}_{\{|(V_{t_i}-K_C)^+ - C_{t_i^-}^+| > M\}}((V_{t_i} - K_C)^+ - C_{t_i^-}^+) \tag{13.9}$$

有

$$C_{t_0} := 0, \quad C_{t_n} := 0, \quad C_{u^-} := \frac{C_{\beta(u)}}{D(\beta(u), u)}$$

以及

$$\begin{aligned}C_{t_i} :=\ & C_{t_i^-} + \mathbf{1}_{\{|(V_{t_i}+K_I)^- - C_{t_i^-}^-| > M\}}((V_{t_i} + K_I)^- - C_{t_i^-}^-) \\ & + \mathbf{1}_{\{|(V_{t_i}-K_C)^+ - C_{t_i^-}^+| > M\}}((V_{t_i} - K_C)^+ - C_{t_i^-}^+)\end{aligned} \tag{13.10}$$

[①] 在市场危机期间，根据交易对手信用质量的恶化（降级触发）来变动阈值一直是流动性紧张的根源。参见 BIS 白皮书：《保证金要求和垫头在顺周期方面的作用（2010）》。

其中，$\beta(u)$ 为 u 之前的最后更新时间，且 $t_0 < u \leq t_n$。

我们还隐含了一种假设，即在 t_i 违约发生时，所有发起但尚未完成的抵押都要求被忽视。

在没有阈值（$K_I = K_C = 0$）和没有最低转账金额（$M = 0$）的情况下，可以得到更简单的规则

$$C_{t_0} = C_{t_n} = 0, \quad C_{t^-} = \frac{V_{\beta(u)}}{D(\beta(u), u)}, \quad C_{t_i} = V_{t_i}$$

13.6 结论

本章描述了双边 CVA 风险中性定价的完整框架，包括清算轧差规则和抵押保证金，同时考虑了抵押品能被再抵押的情况。在第 15 章中，我们将考虑利率和信用违约互换合约，并通过数值模拟显示抵押频率对含抵押双边 CVA 和 DVA 的影响。

最后，CBVA 公式（13.2）中隐含的复杂性、多重可选性和随机到期时间，以及第 13.2.3 节中给出的定义，其甚至在我们用模型、动态和相依性填充过程之前，以上都提醒我们要重申第 10 章和第 12 章的结尾信息：

交易对手信用和债务风险定价是一项非常复杂和需要众多模型的任务。合理考虑抵押会使相关公式变得更为复杂。监管机构（可能还有隐含）通常基于不同目的拼命试图以最简单的方式标准化相关计算。我们的结论是，此类计算是复杂的，需要保持这种计算的准确性。试图将每一种风险标准化为简单公式的操作是有误导性的，并可能导致相关风险并没有得到妥善处理。本章所分析的清算方式的精妙之处再次说明，为了必须做好这项工作，就要作出艰难的选择。行业和监管机构应认识到交易对手风险定价和风险管理的复杂性，并努力获得必要的方法和技术实力，而不是试图绕过它。

交易对手信用和借记调整定价是一项非常复杂的、依赖模型的任务。适当核算抵押品会使相关公式更加复杂。监管机构，有时还有银行，通常出于不同的目的，正试图以最简单的方式标准化相关计算。我们的结论是，这种计算是复杂的，在抵押品存在的情况下更为复杂，因此需要保持这种计算的准确性。试图将每一种风险标准化为简单公式是误导性的，并可能导致相关风险根本没

有得到解决。相反，行业和监管者应该认识到这个问题的复杂性，并努力获得必要的方法和技术能力，而不是试图逃避它。

这没有简单的出路。

在下一章中，我们将更详细地讨论清算建模，说明简单产品已经出现的微妙之处。我们将在第 15 章中继续本章的主题，将本章开发的工具直接应用于利率和 CDS，以说明缺口风险的极端情况。另外，旨在保持理论和实例发展连续性的读者可以直接跳到第 15 章，并在以后再返回阅读独立完整的第 14 章。

14

清算和风险传染：以简单偿付为例

本章以 Brigo 和 Morini (2010)[52] 与 Brigo 和 Morini (2011)[54] 为基础。

14.1 清算建模和早期工作简介

正如第 13 章已经讨论过的那样，当交易中的交易对手之一发生违约事件时，交易将停止并进行盯市：交易剩余部分的净现值将被计算。此净现值称为清算金额，被用于确定违约支付。当考虑违约方支付时，其将相当于清算金额的回收部分。虽然对回收进行建模是一项艰巨的任务，但计算清算金额从来不是深入研究的重点。在信用危机之前，实际上在雷曼兄弟违约之前，清算金额就已经通常被计算为对未来支付的预期，通过基于 LIBOR 的贴现因子曲线贴现回违约日。

然而，如今事情并非如此无关紧要了。LIBOR 不再被视为是无风险的。我们知道，对无违约风险且有流动性抵押的交易进行贴现时，应使用基于隔夜报价的无风险贴现因子曲线。而对于没有抵押的而存在违约风险的交易，应当考虑到流动性和信用成本。信用成本采取信用估值调整的形式。因此，当谈到净现值时，我们现在意识到，这必须以不同的方式计算，即使对于同等回报，也必须根据交易各方的流动性和信用条件来计算。这实际上是我们迄今为止在书中一直涵盖的主题之一。

在第 1 章对话和第 3 篇第 10 章的导言中都隐含了清算建模的一些特点。第 13 章在最一般化的双边 CVA 和 DVA 设置中引入了一致性的抵押现金流的清算模型。现在，我们将更详细地了解简单偿付，看看不同的清算定义对简单交易（如债券或贷款）的交易对手风险有什么影响。即使对于简单偿付，结果也可能相当惊人。

在此之前，我们先总结早期的发展和文献。

14.1.1　清算建模：背景

从历史上看，关于交易对手风险的文献都假设，在违约发生时的剩余交易净现值计算中，将交易视为了无风险交易来进行的。我们称这一假设为"无风险清算"，其基本上等同于第 13 章的"中端市场盯市风险暴露"假设。

在第一种称为"单边交易对手风险"（UCVA 和 UDVA）的方法中，我们在第 2 篇探讨了双方之一（通常是银行）被视为无违约风险的情况，这通常基于其非常优越的信用状况。此时，违约后的净现值只能是无风险的：事实上，唯一会违约的一方刚刚违约，而生存的一方则被假定为从一开始就没有风险，因此交易中没有留下任何信用或债务风险。

如今，任何交易对手都不能被视为是无风险的。因为如果发生违约，生存方仍然可能会在交易到期前违约。尽管如此，即使是最近假设这种"双边交易对手风险"的文献，在违约时仍然会采用无风险清算金额，如见文献［39］或［118］。

我们提议用重置清算替代无风险清算的基本理念是，在实体违约时（例如"C"，公司交易对手），生存的银行/投资者"I"试图与无违约方（例如交易所或非常高信用质量的机构）进行新的等价交易，并以新的交易取代违约交易。但是，这家新机构将认识到投资者存在违约风险，并在重启交易时向投资者收取单边 CVA 费用。正如第 10 章所解释的，由新的无违约风险方计算的 UCVA 与"I"计算的 UDVA 是相同的，后者被收取此额外费用以达成交易。换句话说，由于"I"并非无违约风险的，其被新的无违约方收取了额外费用，这是由生存方（"I"）信用风险造成的额外成本。因此，重置清算将"I"在"C"违约时所见的交易价格，视为"C"违约时的无风险价格加上 $UDVA_I(\tau_C)$，即交易中"I"的单边 DVA。

14.1.2 关于清算的法律文书

关于违约结算的法律（ISDA）文件并没有确认无风险清算假设。ISDA 于 2010 年 3 月 1 日发布的《场外衍生品双边抵押实践的市场回顾》称：

在违约清算时，估值在许多情况下将反映根据终止方的市场买卖报价计算的交易重置成本，并且通常会考虑终止方的信用程度（添加了强调）。

同样，2009 年发布的《ISDA 清算金额议定书》规定，在确定清算金额时，所使用的信息应包括：

一个或多个第三方提供的重置交易报价（无论是实质报价还是参考报价），这些报价需要考虑到确定方在提供报价时的信用程度（添加了强调）。

因此，文件承认"重置清算"可能是适用的，并明确指出，这种重置清算可能考虑到了生存方的信用程度。事实上，取代违约交易对手的真正市场交易对手是不会忽视它的。另外，没有具有约束力的处方——文件谈到的信用程度，而后者经常被考虑到，但不是总是被考虑到，而且可能也不是必须被考虑到。这就为无风险清算留下了空间，其可能更容易被计算，因为它有独立于生存方的特征。

14.1.3 文献

自《ISDA 清算金额议定书》发布以来，关于清算估值的辩论就已经在专业文献中展开了。例如文献［166］，作者讨论了 ISDA 清算估值的弱点以及可能的更改建议，文献［154］的类似分析则侧重于传染效应，以及文献［193］也如此。这种辩论很快进入 CVA 定价研讨会，本书的作者在研讨会上介绍了清算方面的工作，例如文献［161］的演示和许多基于文献［52］的演示。在专门的文献中，清算以更清晰的方式被讨论。特别是，我们再次向读者介绍技术文章文献［52］和［54］。我们还建议参考关于重置清算（现在经常被称为"风险清算"）的最新文章，以及我们参考的文献［73］的非正式版本、文献［120］以及文献［92］，其中介绍了关于清算金额的进一步考虑。

14.1.4 无风险与重置清算：现实顺序

交易对手风险调整会根据所考虑的清算金额而发生强烈变化。根据两个清算公约，公司违约时的影响将大不相同，违约传染会带来一些戏剧性的后果，免得在下一次违约时出现令人不快的意外。我们随后会对此进行说明，为了金融界（特别是ISDA）应仔细考虑这些结果，因为ISDA有可能在这个问题上给予更明确的说明。

我们首先表明，在债券或贷款市场等标准化市场出现违约的情况下，无风险清算所造成的影响与我们通常的预期非常不同。如果债券的所有者违约，或者贷款人违约，这意味着债券发行人或贷款借款人将不会遭受任何损失。相反，如果无风险违约清算是适用的，则当衍生交易中作为净债权人（因此处于类似于债券所有者或贷款人的位置）的当事方违约时，净债务人的债务价值将会骤然上升。事实上，在违约之前，净债务人的债务是盯市的，并考虑了债务人本身的违约风险。债权人违约后，如果实行无风险清算，该盯市价值就会被转变为无风险价值，其绝对值肯定大于违约前的盯市价值。

债务人的信用价差越大，其增加的幅度就越大。对于债务人来说，这是一个具有戏剧性的意外事件，其很快将不得不向违约方的清算人支付这笔增加的资金。违约事件确实会传染给违约实体的债务人，而后者在债券或贷款市场中并不存在。违约的净债务人不会喜欢无风险清算，他们更倾向于重置清算，其不会意味着必要的债务增加，因为它持续考虑了债务人的信用状况，即使是在债权人违约之后。因此，重置清算继承了基本面市场的典型特征：如果交易中的两方之一都没有未来债务，如债券或期权持有人，那么其违约概率就不会影响交易开始时的价值。

另外，重置清算与无风险清算的缺点相反。虽然违约公司的债务人更喜欢重置清算，但债权人则会优先选择无风险清算。债务人支付的钱越多，收回的金额就越高。重置清算在保护债务人的同时，在某些情况下会令人担忧地通过减少收回金额惩罚债权人。考虑到违约实体是具有高度系统性影响的公司的情况，那么，当违约时，其交易对手的信用价差预计将会跳高。雷曼兄弟的违约就是这种情况的一个很好的例子。如果交易对手的信用价差在违约时增加了，那么在重置清算下，其债务的市场价值将大幅降低，因为它将考虑到债务人本身信用程度的下降。清算人对违约公司债务人的所有债权都将会贬值，可回收金额的低水平可能会再次令人吃惊，但这次是对违约公司的债权人来说的。

我们现在将严格地和算术地实现上述分析的正式化。虽然这样做会与前面章节稍有重叠，但可以方便保持此处的分析相对独立完整。

14.2 经典单边和双边估值调整

考虑投资者"I"和交易对手"C"双方达成了最终到期日为 T 的交易。假设当"I"或"C"在 t 时违约时的交易贴现总现金流 $\Pi_I(t,T)$ 不被"I"所考虑和看到。而"C"看到的类似现金流表示为 $\Pi_C(t,T) = -\Pi_I(t,T)$。在只考虑"C"交易对手风险的"单边"情况下，可以将对于"I"而言包括交易对手风险的交易价值写为

$$NPV_I^C(t) = \mathbb{E}_t\left\{\mathbf{1}_{\tau_C>T}\Pi_I(t,T)\right\}$$
$$+\mathbb{E}_t\left\{\mathbf{1}_{t<\tau_C\leqslant T}\left[\Pi_I(t,\tau_C)+D(t,\tau_C)\left(REC_C\left(NPV_I(\tau_C)\right)^+-\left(-NPV_I(\tau_C)\right)^+\right)\right]\right\}$$

其中，REC 和 LGD $= 1 - $ REC 表示给定违约回收率的损失率，$D(t,T)$ 为时间 t 至 T 之间的贴现因子，而 $NPV_I(T) = \mathbb{E}_t[\Pi_I(t,T)]$ 为"I"视角下 t 时剩余交易的无违约风险价值。

请注意此处的符号：

$$NPV_{\text{计算方}}^{\text{违约风险方}}$$

因此，NPV_I^C 表示的是在假设"C"（且只有"C"）会违约时，由"I"计算得到的交易 NPV。

上述公式简化了常用公式，将价格表示为无交易对手风险的价格减去熟悉的正单边 CVA 调整，这与第 4 章一样请参见文献 [47]。

我们可以从"C"的角度再次进行同样的计算，且还是在只有"C"会违约的情况下，得到

$$NPV_C^C(t) = \mathbb{E}_t\left\{\mathbf{1}_{\tau_C>T}\Pi_C(t,T)\right\}$$
$$+\mathbb{E}_t\left\{\mathbf{1}_{t<\tau_C\leqslant T}\left[\Pi_C(t,\tau_C)+D(t,\tau_C)\left(\left(NPV_C(\tau_C)\right)^+-REC_C\left(-NPV_C(\tau_C)\right)^+\right)\right]\right\}$$

该公式也可以被简化为无信用风险价格加上一个正值调整，其可为单边债务估值调整，这相当于前一个公式中的单边 CVA 调整。实际上，第 10 章已经这样做了。现在转向"I"不再是无违约风险以及"I"和"C"都可能违约的情况。这将导致双边估值调整，可参见文献 [39]（第 12 章）或文献 [118]。请注意，我们的设置不允许出现同时违约的情况。一般来说，这不是问题，因为同时违约在实践中也基本不可能，除非公司彼此之间有着非常紧密的联系。即

使在这些情况下，违约在数学意义上也不是真正"同时"的；实际情况是，在一家公司违约后，第二家公司会在很短的时间内违约，因此在第一家公司违约结算时，第二家公司也处于违约状态。标准公式无法捕获此问题，因为它们将违约简化为仅能在违约事件被结算。接下来，我们在制作可能受此简化影响的示例时需要明确考虑这一点。我们定义 τ^1 为首次违约时间，即有 $\tau^1 = \min(\tau_I, \tau_C)$。

其包含双边违约风险使得价格变为

$$NPV_I^{Free,I,C}(t,T) = \mathbb{E}_t \left\{ \mathbf{1}_{\{\tau^1 > T\}} \Pi_I(t,T) \right\}$$
$$+ \mathbb{E}_t \left\{ \mathbf{1}_{\{\tau^1 = \tau_C < T\}} \left[\Pi_I(t,\tau_C) + D(t,\tau_C) \left(REC_C \left(NPV_I(\tau_C) \right)^+ - \left(-NPV_I(\tau_C) \right)^+ \right) \right] \right\}$$
$$+ \mathbb{E}_t \left\{ \mathbf{1}_{\{\tau^1 = \tau_I < T\}} \left[\Pi_I(t,\tau_I) + D(t,\tau_I) \left(\left(NPV_I(\tau_I) \right)^+ - REC_I \left(-NPV_I(\tau_I) \right)^+ \right) \right] \right\}$$

可以按照第 12 章的逻辑进行简化。上标"Free"表示使用的是无风险清算，而从上下文中可以清楚地看出当"I"和"C"都可能违约时，将省略上标"I"和"C"。

14.3 双边调整和清算：无风险或重置？

当计算双边调整公式时，我们使用了首次违约时的无风险净现值 NPV_I 来结束交易。但是，正如之前所讨论的，这一选择在双边设置中并不明显，因为生存方并非是无违约风险的，甚至 ISDA 文件也采用了考虑生存方信用质量的重置清算。可作如下替换

$$NPV_I(\tau_C) \to NPV_I^I(\tau_C)$$
$$NPV_I(\tau_I) = -NPV_C(\tau_I) \to NPV_I^C(\tau_I) = -NPV_C^C(\tau_I)?$$

那么，重置清算的最终公式为

$$NPV_I^{Repl}(t,T) = \mathbb{E}_t \left\{ \mathbf{1}_{\{\tau^1 > T\}} \Pi_I(t,T) \right\}$$
$$+ \mathbb{E}_t \left\{ \mathbf{1}_{\{t \leq \tau^1 = \tau_C < T\}} \left[\Pi_I(t,\tau_C) + D(t,\tau_C) \left(REC_C \left(NPV_I^I(\tau_C) \right)^+ - \left(-NPV_I^I(\tau_C) \right)^+ \right) \right] \right\}$$
$$+ \mathbb{E}_t \left\{ \mathbf{1}_{\{t \leq \tau^1 = \tau_I < T\}} \left[\Pi_I(t,\tau_I) + D(t,\tau_I) \left(\left(-NPV_C^C(\tau_I) \right)^+ - REC_I \left(NPV_C^C(\tau_I) \right)^+ \right) \right] \right\}$$

这与文献［52］以及第 10 章更加非正式的预期相同。

14.4 量化分析和数值例子

在这里，我们选择非常简单的偿付和建模假设。这样做是为了将其从复杂

的建模和偿付假设中分离出来，以展示对清算协议的影响，以免其被隐藏于其中。我们考虑一个到期日为 T 基于股票 S 的简单看涨期权，那么对于期权持有人 I 的无风险价格为

$$NPV_I(0,K,T) = P(0,T)\mathbb{E}_0\left[(S_T - K)^+\right]$$

其中，假设了确定性利率，$P(0,T)$ 为确定性贴现因子（无风险债券价格），并假设了一个更为简单的交易，其中 C 承诺在到期 T 时向 I 支付金额 K。在这种情况下，债券持有人 I 的无风险的价格为

$$NPV^0(0) = K\,P(0,T)$$

我们常将"I"称为贷款人，将"C"称为借款人。第二个偿付是特别相关的，因为它是债券、贷款或存款合约的"衍生等价物"，因此，当引入违约风险时，将有一个既定的市场标准与其进行比较，以便了解哪些关于清算的假设会更符合市场实践。在这里，与债券式偿付的比较是有趣的，还有另外一个原因：当衍生品引入双边交易对手风险时，市场上指出，银行将自身违约风险包括在估值中的这种方法，已经通过平价期权存在于债券中，且这一类比主导了关于其适当性的讨论。因此，我们将在这里分析已经用作参考的偿付，以便了解不同方法对交易对手风险调整计算的影响。

我们现在为双方引入违约风险。请注意，在上述交易中，因为 I 为期权或债券持有人，因此它是交易中的贷款人，在开始支付费用后就没有进一步的债务，而 C 处于借款人的位置，即承诺在未来时间执行付款的一方。如果考虑标的股票独立于各方违约风险，则根据两种可能的清算假设，上述风险价格公式可简化为

$$NPV_I^{Repl,I,C}(0) = NPV^0(0)[\mathbb{Q}(\tau_C > T) + REC_C\mathbb{Q}(\tau_C \leq T)]$$

其中，上边"$Repl$"表示重置清算，而对于无风险清算，有

$$NPV_I^{Free,I,C}(0) = NPV^0(0)[\mathbb{Q}(\tau_C > T) + \mathbb{Q}(\tau_I < \tau_C < T) + REC_C\mathbb{Q}(\tau_C \leq \min(\tau_I, T))]$$
$$= NPV^0(0)[\mathbb{Q}(\tau_C > T) + REC_C\mathbb{Q}(\tau_C \leq T) + LGD_C\mathbb{Q}(\tau_I < \tau_C < T)]$$

或者同样地有

$$NPV_I^{Free,I,C}(0) = NPV_I^{Repl,I,C}(0) + NPV^0(0)\,LGD_C\mathbb{Q}(\tau_I < \tau_C < T)$$

其中，$\mathbb{Q}$ 为风险中性概率测度。在这种情况下，我们发现无风险清算存在一个重要且奇怪的情况。在使用无风险清算时，债券或期权的调整价格取决于贷款人"I"（债券持有人或期权持有人）的信用风险。这是违反一般直觉的，因为贷款人在交易中没有债务，它不符合贷款或债券的市场实践。那么，从这个角度来

看，重置清算更为可取。

在以下数值示例中，我们可以适当理解关于价格与无风险清算对交易中无债务方违约风险依赖性的奇怪证据，其中我们考虑了标准 Black 和 Scholes 框架中 $S_0 = 2.5$、$K = 2$ 的期权式偿付，股票波动率为 40%。假设权益和违约之间是相互独立的。将无风险利率和股息收益率设为 $r = q = 3\%$，并考虑 5 年的到期日。与通常一样，期权价格随期权卖方的违约风险而变化，这里是由于无风险清算也随期权持有人的违约风险而变化。图 14.1 显示了违约强度 λ_I 和 λ_C 从零变到 100% 时的期权价格。考虑 $R^C = 0$，因此强度水平与 5 年期市场 CDS 价差大致相当。我们还假设实体"I"和"C"的违约是彼此独立的。

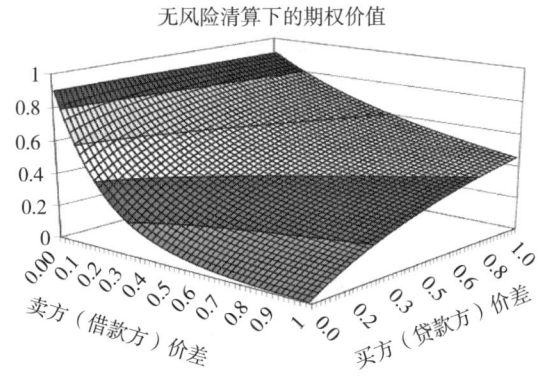

图 14.1　无风险清算下的定价

从上图中我们可以看到，持有人违约风险的影响是不容忽视的，尤其当卖方风险很高时，这种影响具有决定性意义。债券偿付的类似模式可参见文献 [52]：在无风险清算下，债券持有人的违约风险具有很强的影响，其在债券发行人违约风险越高时影响越大。图 14.1 的结果可与图 14.2 的结果相比较，后者应用了假设重置清算的公式。这是标准金融原则所期望的模式：交易价格与交易中无未来债务的交易对手的违约风险是相互独立的。

我们还可以考虑一种特殊情况，这幅图此时一看情况就不一样。假设"I"和"C"的违约是同调的，且贷款人"I"的价差更大，因此贷款人"I"在所有场景下都会先违约（如"C"是"I"的子公司，或其财富完全由"I"驱动的公司："C"是轮胎工厂，其唯一客户是汽车生产商"I"）。在这种情况下，两个公式成为

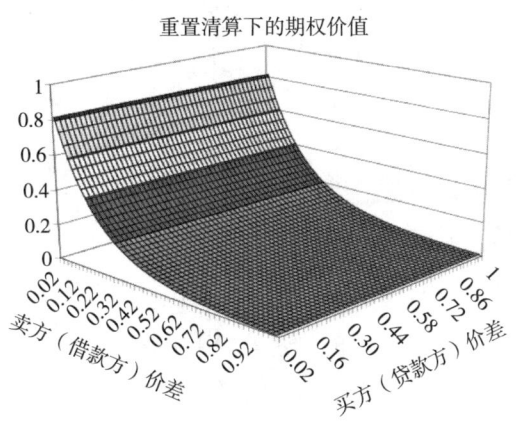

图 14.2　重置清算下的定价

$$NPV_I^{Repl}(0, K, T) = NPV_I(0, K, T)[\mathbb{Q}(\tau_C > T) + REC_C \mathbb{Q}(\tau_C \leq T)]$$
$$NPV_I^{Free}(0, K, T) = NPV_I(0, K, T)[\mathbb{Q}(\tau_C > T) + \mathbb{Q}(\tau_C < T)] = NPV_I(0, K, T)$$

我们看到，重置清算价格并不会如预期那样改变，因为偿付不依赖 τ_I，因此改变 τ_I 和 τ_C 之间的相依性不会改变重置清算下的价格。无风险清算下得到的结果与无违约风险价格 $NPV_I(0, K, T)$ 一致，其表明"C"也没有交易对手风险。在这种情况下，无风险清算给出了更合乎逻辑的结果。事实上，如果"I"不违约，从而"C"也不违约，如果"I"违约，则"C"在此确定时刻下是有偿付能力的，"I"将回收整个付款。"C"的信用风险不应影响交易。这发生在无风险清算时，而不是重置清算时。然而，人们可能会争辩说，这个结果是在一个完全不切实际的假设下得出的：完全违约相依性与异质确定性价差（共生性）的假设，可能意味着公司"C"将继续履行其债务，这也许持续几年，尽管注定其要在完全可预测的时间内违约。有关假设完全违约相依性与确定性价差时可能出现问题的讨论，请参阅文献［43］，因为我们在本书第 7 章末尾已讨论过，另外，可参考文献［153］和［155］。

在上文所述的例子中，如果借款人与贷款人如此紧密地联系在一起，现实的情况是，借款人的违约不会与贷款人的违约同时发生，而是在贷款人违约被结算之前就发生了。借款人虽然需要支付衍生工具的无风险现值，但其将处于违约状态，并且将只支付其中的回收部分。这使得偿付与在重置清算下完全相同，从而这种假设下的估值在同调公司的特殊情况下显得会更合乎逻辑。而交易对手风险的标准公式无法捕捉到这一现实,因为其将违约简化为仅在违约时间上被结算,正如我们上面所指出的。

传染问题

我们现在分析传染问题。我们将得出特定时间 $t < T$ 上的价格,然后假设贷款人在 t 和 $t + \Delta t$ 之间违约,$t < \tau_I < t + \Delta t$,并在下面两个公式中考查其后果:

$$NPV_I^{Repl}(t,T) = NPV_I(t,T)[\mathbb{Q}_t(\tau_C > T) + REC_C \mathbb{Q}_t(t < \tau_C \leq T)]$$
$$NPV_I^{Free}(t,T) = NPV_I^{Repl}(t,T) + NPV_I(t,T)LGD_C \mathbb{Q}_t(t < \tau_I < \tau_C < T)$$

(14.1)

在这里,概率的下标 t 表示依赖 t 时的市场信息。这在同调情况下至关重要。事实上,我们关注以下两种情况:

τ_I 和 τ_C 相互独立。在这种情况下,违约事件 τ_I 仅改变一个数量:我们从

$$\mathbb{Q}_t(\tau_I < \tau_C < T) < \mathbb{Q}_t(\tau_C < T)$$

转向:

$$\mathbb{Q}_{t+\Delta t}(\tau_I < \tau_C < T) = \mathbb{Q}_{t+\Delta t}(\tau_C < T) \approx \mathbb{Q}_t(\tau_C < T), \Delta t \text{ 为微小变化}$$

从而,从式(14.1)给出的 $NPV_I^{Free}(t,T)$ 转变为

$$NPV_I^{Free}(t + \Delta t, T) = NPV_I(t + \Delta t, T)$$

但重置清算价格不变。在无风险清算下,以前有风险的衍生工具突然变成了贷款人违约时的无风险衍生工具。其价值的突然增加,自动增加了借款人(债券发行人或期权卖方)的债务。借款人违约风险越高,这种效应就越强。这是一种传染形式,其影响了违约实体的债务人,并增加了影响债权人的标准传染。在重置清算下,对于债务人没有非连续性,也没有风险传染。

τ_I 和 τ_C 是同调的。以 $t < \tau_I < t + \Delta t$ 意味着的 $t + \Delta t < \tau_C < T$ 的例子为例。然后,使用 $A \mapsto B$ 表示"从 A 到 B",那么在 $t < \tau_I < t + \Delta t$ 时有

$$\mathbb{Q}_t(\tau_C > T) > 0 \mapsto \mathbb{Q}_{t+\Delta t}(\tau_C > T) = 0$$
$$\mathbb{Q}_t(\tau_C \leq T) < 1 \mapsto \mathbb{Q}_{t+\Delta t}(\tau_C \leq T) = 1$$
$$\mathbb{Q}_t(\tau_I < \tau_C < T) < 1 \mapsto \mathbb{Q}_{t+\Delta t}(\tau_I < \tau_C < T) = 1$$

这意味着,从式(14.1)给出的 $NPV_I^{Free}(t,T)$ 转变为

$$NPV_I^{Repl}(t + \Delta t, T) = REC_C NPV_I(t + \Delta t, T)$$

在同调的情况下，重置清算时贷款人的违约将合约价值压到了其最低值，即违约合约的价值。借款人对贷款人的负债将大幅减少。这对债务人来说是一件好事，但对违约公司债权人的传染性增加了，因为这会减少可回收的金额。而在无风险清算下，这种情况不会发生。这个例子是在同调的极端假设下进行的，但在这种情况下的主要结论并不取决于这一假设是否是不切实际的。我们可以把它看作是一个现实场景的极端化：当违约公司具有强大的系统性影响时，导致交易对手的价差达到非常高的值，那么在重置清算下会降低债务人的负债。我们不能否认这是现实的：这也正是我们在雷曼案例中所看到的。

让我们考虑一个数值示例，这一次使用贷款/债券/存款偿付，交易对手 C（借款人）承诺支付 $K = 1$ 给 I（贷款人）。我们从上面的 $r = 3\%$ 开始，且令到期时间为 5 年，名称本金为 10 亿。现在取 $R^C = 0$ 且存在两个风险方。假设借款人的信用质量非常低，由 $\lambda_C = 0.2$ 表示，这意味着到期前违约的概率为 63.2%。而 $\lambda_I = 0.04$，这意味着违约概率为 18.1%。类似的无风险"债券"的价格为 $P(0, 5y) = 8.607$ 亿，同时考虑到双方的违约概率（假设相互独立），有

$$\text{NPV}_I^{Free}(0, 5y) = 3.595 \text{ 亿}, \text{NPV}_I^{Repl} = 3.166 \text{ 亿}$$

这两种估值之间的差异不可忽视，但其并不显著。更重要的是在违约情况下的差异。在发生违约事件时有以下风险调整概率：

$$\min(5y, \tau^I, \tau^C) = \begin{cases} \tau^C, & \text{概率为 } 58\% \\ \tau^I, & \text{概率为 } 12\% \\ 5y, & \text{概率为 } 30\% \end{cases}$$

只有当贷款人首先违约时，这两个公式才会不一致。让我们详细分析一下在这种情况下会发生什么。假设违约发生的确切日期为 $\tau^I = 2.5y$。那么在违约的前一天，基于不同的清算假设，上述交易给借款人 C 所带来负债的账面价值为

$$\text{NPV}_C^{Free}(\tau^I - 1d, 5y) = -5.789 \text{ 亿}, \text{NPV}_C^{Repl}(\tau^I - 1d, 5y) = -5.627 \text{ 亿}$$

现在，贷款人的违约发生了。在无风险清算的情况下，债券的账面价值就变成了无风险债券的价值，

$$\text{NPV}_C^{Free}(\tau^I + 1d, 5y) = -9.277 \text{ 亿}$$

没有违约的借款人必须迅速全额地支付这笔款项。由于贷款人的违约，借款人突然损失了 3.488 亿。而在置换清算下，则有：

$$\text{NPV}_C^{Repl}(\tau^l+1d,5y) = -5.627 \text{ 亿}$$

如果贷款人违约,借款人没有非连续性,也没有损失。然而,这只存在于有独立性的情况下。如果贷款人的违约导致借款人的价差增加,那么负债就会跃升,即使是绝对值更低,这也降低了违约贷款人清算方的预期可回收金额。该情况被总结在图 14.3 和图 14.4 以及表 14.1 中。

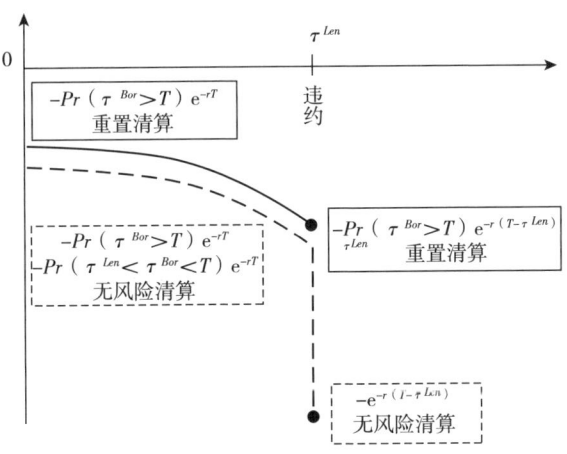

图 14.3 无风险清算下借款人在贷款人违约时的损失:
由于变为无风险,风险负债价值出现了跳跃

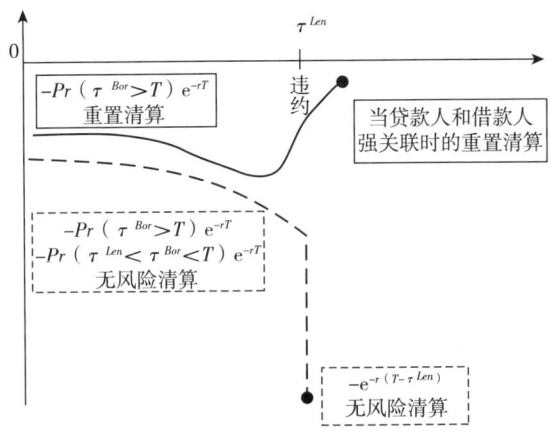

图 14.4 重置清算下债权人在系统性违约时的可回收金额较低:
由于价差增加导致的贬值,风险负债的价值大幅下降

文献[52]涵盖了在抵押交易时如何处理两种清算协议的问题，其最终结果应始终是，无论采取哪种清算，违约时的抵押和风险暴露都应相互匹配。

14.5 结论

本章分析了关于清算金额的计算假设的对衍生工具交易对手风险调整的影响。我们比较了早期文献中假设的无风险清算与这里所介绍的重置清算，后者受到了最近关于该主题的 ISDA 文档的启发。

我们提供了违约时使用重置清算的双边交易对手风险公式。我们认为，重置清算与债券和贷款等标准金融产品和合成金融产品的交易对手风险调整是一致的。相反，无风险清算在 0 时引入了对未来无债务方违约风险的依赖。

表 14.1 在无风险清算、重置清算以及贷款人和借款人的违约相互独立或同调等情况下贷款人违约的影响。理想情况下，贷款人违约应导致"无传染"，因为贷款人在交易中没有进一步的付款义务

相依性→ 清算方式↓	相互独立	同调
无风险	负向影响借款人	无传染
重置	无传染	进一步负向影响贷款人

我们还表明，在无风险清算下，作为公司净债务人的一方在后者违约时将会突然出现损失，而且债务人信用价差越高，这种损失将越高。而当考虑重置清算时，这不会发生。

因此，无风险清算增加了受违约传染影响的交易方数量，这包括目前似乎认为自己没有风险的当事方，当然这是一个负面事实。另外，它将违约损失摊派给了更多的当事方，并减少了影响债权人的典型传染渠道。对债权人来说，这是一个正面事实，因为它给违约公司的清算人带来了更多的钱。

市场各方和 ISDA 应认真考虑清算问题。例如，如果以前文献引入的无风险清算被确认为标准，那么银行必须了解其后果。事实上，银行经常进行压力测试，并为净借款人的违约风险预留准备金，但没有考虑与净贷款人违约相关的任何风险。上述计算和数值示例表明，如果以无风险清算为准，银行最好留出重要的储备来防范这种风险。另外，在重置清算下，银行在净借款人违约时能

预期的可回收金额会降低，这与无风险清算情况形成对比。事实上，在重置清算下，清算人从交易对手那里收取的资金将较低，因为交易对手本身的违约概率造成了贬值，如果其与违约实体密切关联，这种情况将更加明显。

读者可能会猜出我们将如何结束本章。

我们在之前几章中多次看到，交易对手信用和债务风险定价是一项非常复杂且模型密集的任务。监管机构和部分行业人士正拼命试图以最简单的方式标准化相关计算，但我们的结论是，此类计算是复杂的，我们需要保持这种计算的准确性。试图将每一种风险标准化为简单公式是有误导性的，并且可能会导致相关风险没有得到妥善处理。本章所分析的清算方式的微妙之处再次说明了，必须做好这项工作，作出艰难的选择。行业和监管机构应认识到交易对手风险定价和风险管理的复杂性，努力获得必要的方法和技术实力，而不是试图绕过它。正如清算问题所表明的，这没有简单的出路。或者更确切地说，对于特定的清算情况，简单的出路是禁止 DVA，缩减单边 CVA，因为这样对生存方而言就没有信用风险了。然而，正如我们在第 10 章所看到的，DVA 必须存在，这是显而易见的。更笼统地说，重置清算也可能涉及与生存方重启交易的新一方的信用风险。这里不分析这一点，但我们已给出所有可用的工具来扩展关于这方面的分析。

15
利率和信用产品的双边抵押 CVA 和 DVA

本章以 Brigo、Capponi、Pallavicini 和 Papatheodorou (2011)[41] 和 Brigo、Capponi 和 Pallavicini (2011)[40] 为基础。

本章开发了第 13 章中提出的双边抵押 CVA 和 DVA 公式的一些应用。我们将看到两个相反的例子：

- 抵押在降低交易对手风险方面相当有效的情况：利率互换。
- 抵押在降低交易对手风险方面几乎完全无效的情况：以信用违约互换作为标的工具。

我们专注于利率和信用衍生品。首先，考虑利率互换（IRS），并强调含抵押双边（信用和债务）估值调整（CBVA）对模型参数和市场数据的依赖性。特别是，我们研究保证金频率、再抵押、相关性参数和信用价差波动的影响。此示例的结论是，抵押在降低交易对手风险方面相当有效。

然后，我们将第 13 章的一般分析应用于信用违约互换（CDS）作为标的投资组合的情况。将 CDS 作为两个可违约方之间交易的标的资产，从第三个违约时间的讨论进入视线，即 CDS 参考信用的违约时间。我们假设有一个双重随机或 Cox 过程的简约框架，用于模拟合约中所有三方的违约时间，即投资者"I"、交易对手"C"和参考信用实体（简约化模型请参考第 3 章）。我们表明，即使是连续抵押计划，即双方同意在连续盯市基础上提交抵押品，也不会消除交易对手风险（信用传染风险），而且其相当无效。这是因为对违约前风险暴露的计算（确定每次应提交的抵押品）是基于滤子的，不包括违约时间最后一分钟所产生的 Sigma 代数，而违约清算金额的计算是以包括违约时间的扩大滤子为基础的。实际上，这种解释是说，抵押过程不能考虑由于突然违约而在最后一刻有的风险传染。由于最后一次抵押品提交至少发生在一分钟前，因此其是通过没有考虑到交易对手突然违约的盯市情况来完成的。这种突然的违约会瞬间影响市场信息和变量，包括这些信息的新的盯市将与上次抵押更新的对应值十分不同。因此，抵押可能完全不足以覆盖违约时的盯市价值，即使它是在几分钟前才更新的。

我们进行了一个评估由此产生的 CBVA 公式的数值研究，并显示了不同抵押策略、再抵押和违约相关性对由此产生的信用和债务价值调整的影响。

本章其余部分安排如下：第 15.1 节展示了利率互换的应用，并发现了抵押在降低交易对手风险方面非常有效。第 15.2 节展示了为 CDS 计算 CBVA 所需的详细传染计算。这些计算突出了复杂的传染计算，即使是在相当格式化和简化的相依模型中也是如此。第 15.3 节涉及信用违约互换，并说明了前一节结果在 CDS 中的应用。第 15.4 节总结本章。

15.1　利率互换的 CBVA

本节扩展了对第 12 章（基于文献 [59]）的分析，根据第 13 章所阐述的理论，介绍了抵押 CVA 和 DVA 的一些数值分析。我们考虑的模型，无论是在利率（标的市场）还是在违约强度（投资者和交易对手违约）上都是随机的。其需要联合随机性来引入利率和信用之间的相关性。如我们在第 5.1.1 节中使用利率的G2++模型，并如在第 12.2.1 节根据 2009 年 5 月 26 日的市场报价对 ATM 互换波动率作了的校准，而信用价差是按照 CIR++ 模型进行的建模（如第 5.1.2 节），违约时间则与第 12.2.2 节一样通过高斯 Copula 进行耦合。与第 5.1.4 节一样，利率和信用价差过程的布朗冲击是相关的。因此，我们的自由相关参数只有 $\bar{\rho}_C$（利率与"C"的信用价差之间的相关性）、$\bar{\rho}_I$（利率与"I"的信用价差之间的相关性）和 ρ_G（"I"和"C"之间的违约相关性)。前两个参数由式（5.8）定义，表示每方短期利率和违约强度之间的相关性。第三项为违约时间之间的高斯 Copula 参数。我们可由此恢复其他相关性。

我们通过第 13.5 节描述的保证金来使用抵押机制。假设最低转账金额和阈值为零，$M = K_I = K_C = 0$。在该抵押机制下，我们认为双边信用估值调整的行为是 δ 的函数，其中 $\delta := t_i - t_{i-1}$ 为连续两次抵押更新之间的时间。我们考虑两种情况：一是收到的抵押品不能由抵押品接受方再抵押的情况 [CBVA 由式（13.4）给出]；二是可以再抵押且生存方始终面临着最坏的情况 [CBVA 由式（13.5）给出]。

15.1.1 改变保证金频率

首先，我们考虑保证金频率 δ 从 1 周到 6 个月不等的情况。请注意，我们正在考虑的是利率互换（IRS），其固定部分支付的频率为 1 年，浮动部分的支付频率为 6 个月（与欧元市场通常相同）。通过将频率 δ 保持在 6 个月以下，避免了在现金流交换时发生 CBVA 跳跃。

图 15.1 显示了 10 年期 IRS 的 CBVA = CDVA − CCVA 对抵押保证金更新频率的敏感性，后者范围从 1 周到 6 个月不等。我们看到，投资者风险高于交易对手的情况导致了 CBCVA 为正值，而投资者风险低于交易对手的情况则相反。为了更好地解释这一点，我们还单独绘制了用于调整的 −CCVA 和 CDVA 项。从图上可明显看出，当投资者风险较大时，调整的 CDVA 部分占主导地位，而当投资者风险低于交易对手时，调整则正好相反。再抵押的效果是提高修正的绝对规模，这是一种合理行为，因为此时的每一方都面临更大风险，因为违约时向另一方提交的抵押金额是无担保的。

虽然现实的更新频率通常是每周或每天，只有在特殊情况下才达到几个月的程度，但我们也绘制了从 1 年至 10 年（即根本没有保证金）的所有情况，以作为对抵押的再抵押效果进行讨论的工具。

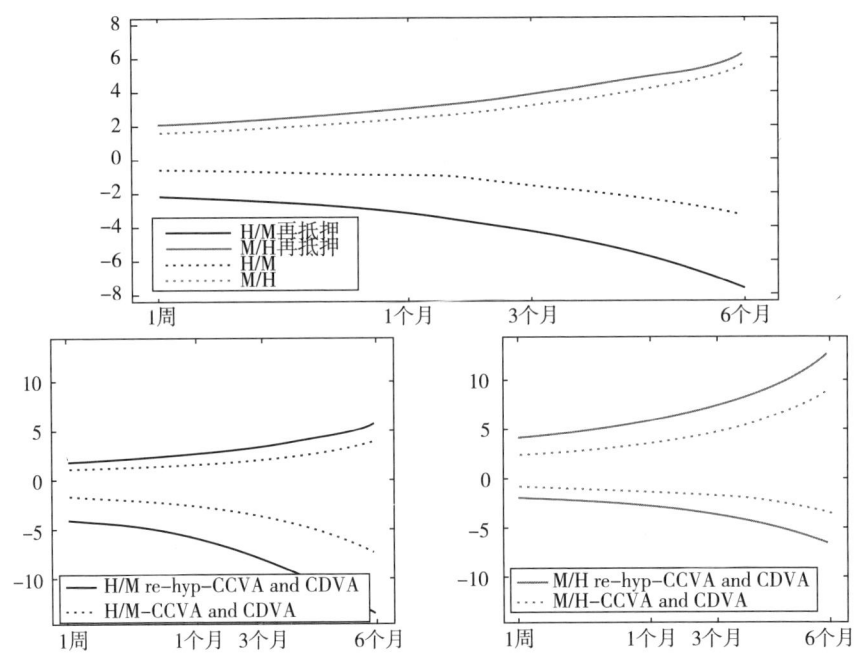

注：更新频率为6个月。实线表示再抵押情况，而虚线表示相反情况。主图顶部的线表示投资者的风险高于交易对手（中风险交易对手和高风险投资者，或 M/H），而底部的线表示投资者的风险低于交易对手（高风险交易对手和中风险投资者，或 H/M）。上面子图绘制的是 CBVA，而左下子图和右下子图分别绘制的是 -CCVA 和 CDVA 组件。所有值均以基点表示。

图 15.1 保证金抵押下 10 年期 IRS 的 CBVA，为更新频率 δ 的函数，且 $\bar{\rho}_C = \bar{\rho}_I = \rho_G = 0$

15.1.2 检查风险暴露图像

如果我们查看图 15.2，即大于 1 年的抵押更新期，可以发现，当无再抵押时，投资者比交易对手风险更高的情况下具有更高的 CBVA。相反的情况发生在 6 个月以下的频率。我们的解释如下：之前的推理分别适用于 CCVA 和 CDVA，但不适用于其差 CBVA。事实上，当更新频率等于 1 年或 1 年以上时，投资者提交抵押品的概率会更大（见图 15.3）。当允许再抵押时，这会导致 CCVA 增加，而 CDVA 则很少会受到影响。

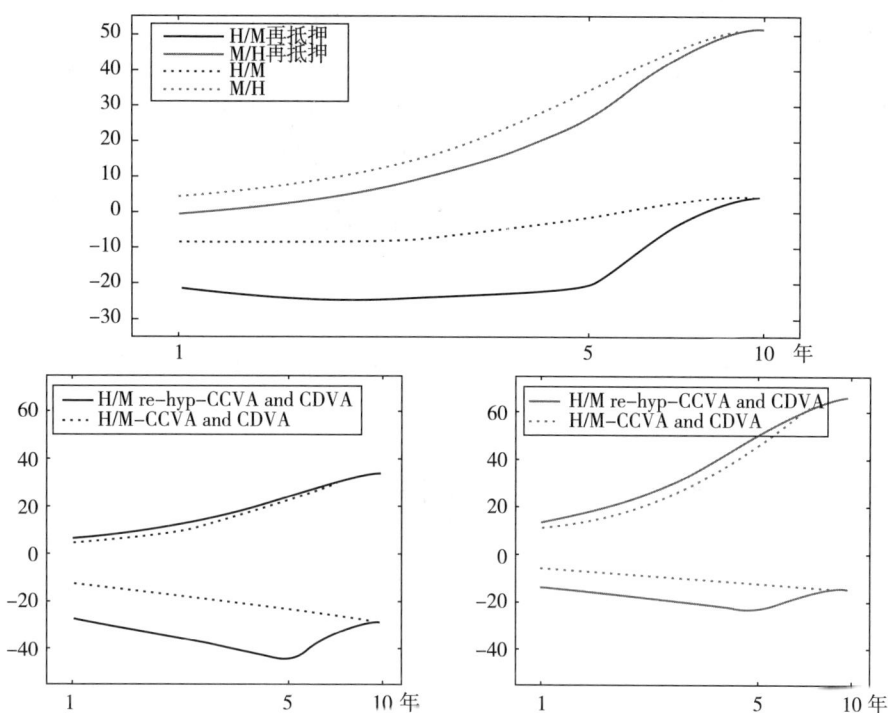

注：更新频率为1年到10年。实线表示再抵押情况，而虚线表示相反情况。主图顶部的线表示投资者的风险高于交易对手（中风险交易对手和高风险投资者，或 M/H），而底部的线表示投资者的风险低于交易对手（高风险交易对手和中风险投资者，或 H/M）。上面子图绘制的是 CBVA，而左下子图和右下子图分别绘制的是 - CCVA 和 CDVA 组件。所有值均以基点表示。

图15.2　保证金抵押下10年期 IRS 的 CBVA，为更新频率 δ 的函数，且 $\bar{\rho}_C = \bar{\rho}_I = \rho_G = 0$

通过查看有助于CBVA调整的预期风险暴露情况，并可以获得进一步见解。我们在这里作如下区分：

- （无抵押）风险暴露的正值部分 V_u^+ 及其负值部分 V_u^-；
- 无再抵押时有抵押的预期风险暴露对 CCVA 调整的影响部分 $(V_u^+ - C_u^+)^+$ 与其对 CDVA 调整影响的相应项 $(V_u^- - C_u^-)^-$；
- 存在再抵押时有抵押的预期风险暴露对 CCVA 调整的影响部分 $(V_u - C_u)^+$ 与其对 CDVA 调整影响的相应项 $(V_u - C_u)^-$。

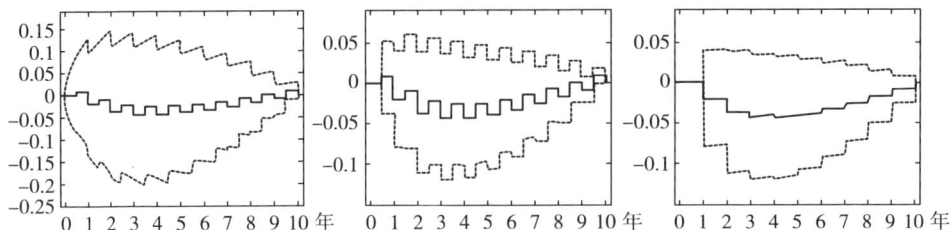

注：中图：6 个月更新频率的抵押密度随时间的变化。右图：1 年更新频率的抵押密度随时间的变化。实线为分布均值，虚线为 95% 分位数。

图 15.3　左图：10 年期 IRS 无抵押风险暴露盯市密度随时间的变化

15.1.3　再抵押比完全无抵押更差的情况

我们可以从图 15.4 的右图清楚看到，在假设允许再抵押时，抵押的预期风险暴露可能超过无抵押的风险暴露。这是一个非常奇怪的例子。

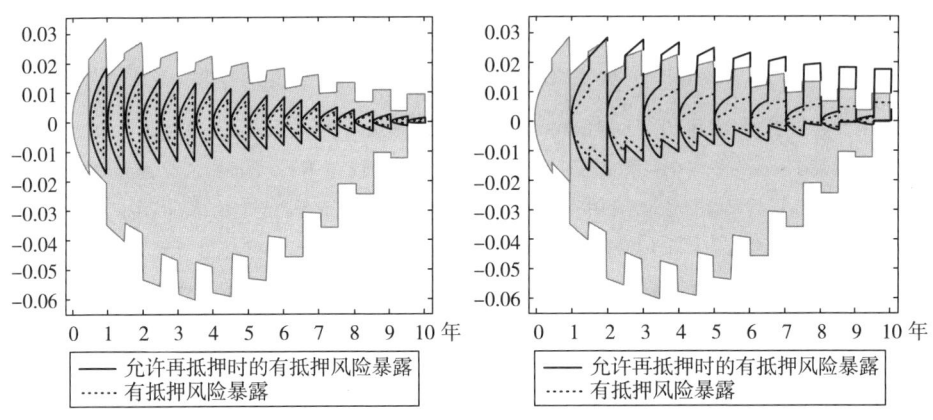

注：阴影部分边界为头寸的均值和无抵押风险暴露的负值部分（即 $\mathrm{E}[V^+]$ 和 $\mathrm{E}[V^-]$），而阴影内黑线为有抵押风险暴露（实线为再抵押情况，即 $\mathrm{E}[(V_u - C_u)^+]$ 和 $\mathrm{E}[(V_u - C_u)^-]$；虚线为相反情况，即 $\mathrm{E}[(V_u^+ - C_u^+)^+]$ 和 $\mathrm{E}[(V_u^- - C_u^-)^-]$）。左图：6 个月抵押更新频率的预期风险暴露情况。右图：1 年抵押更新频率的预期风险暴露情况。

图 15.4　10 年期 IRS 风险暴露随时间的变化情况

15 利率和信用产品的双边抵押 CVA 和 DVA

该情况的出现,是因为有 $(V_u - C_u)^+ > V_u^+$,其成立的场景是在 u 时更可能有 $C(u) < 0$,即抵押品是由投资者提交,并由交易对手再抵押的。因此,这意味着投资者现在暴露于交易对手,无论是交易的盯市价值(上次提交后可能符号相反从而变得有利于投资者),还是早期倒置前所提交的抵押品(为无担保索偿权,并可能在交易对手出现早期违约时全额返回)。

15.1.4 改变相关性参数

第二个例子是考查不同抵押更新频率的相关性(利率/信用价差和违约时间的相关性)影响。

图 15.5 和图 15.6 之间的直接比较表明,增加抵押更新频率会增加 CBVA 调

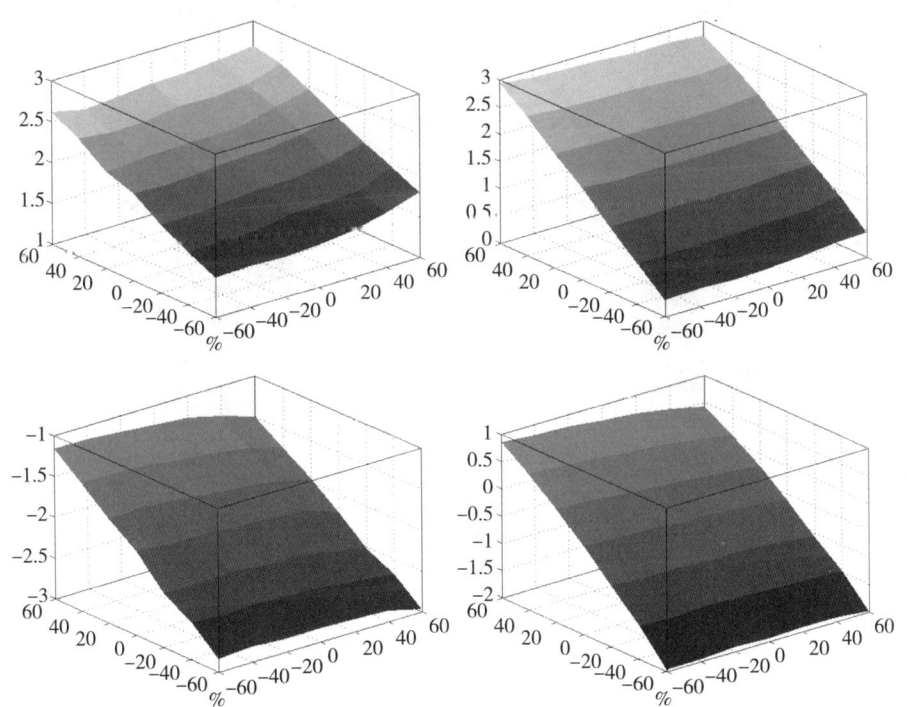

注:上图为从中至高(M/H)的市场设置,下图为从高至低(H/M)的市场设置,有不同的利率/信用价差相关性($\rho_C = \rho_I$ 参数,左轴)以及违约时间相关性(ρ_G 高斯 Copula 参数,右轴)的不同选择。左图为允许再抵押时的值,而右图为不允许再抵押时的值。所有值以基点表示。

图 15.5 抵押更新频率为 1 周至 10 年时 IRS 的 CBVA

整的幅度（较长的更新周期意味着更大的违约时风险暴露，从而产生更大的CB-VA），但这并没有显著改变 CBVA 对相关性参数的依赖模式。此外，我们注意到，通过允许或不允许再抵押，或通过将市场设置从 M/H 更改为 H/M 可得到类似结果。

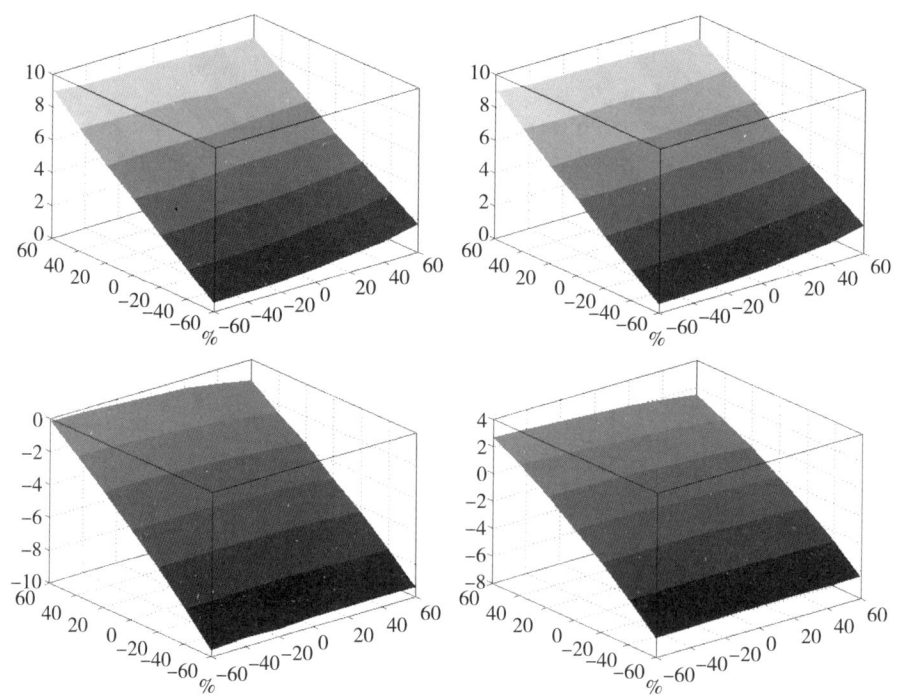

注：上图为从中至高（M/H）的市场设置，下图为从高至低（H/M）的市场设置，有不同的利率/信用价差相关性（$\rho_C = \rho_I$ 参数，左轴）以及违约时间相关性（ρ_G 高斯 Copula 参数，右轴）的不同选择。左图为允许再抵押时的值，而右图为不允许再抵押时的值。所有值以基点表示。

图15.6 抵押更新频率为 3 个月至 10 年时 IRS 的 CBVA

从上图中可以看到，对于给定水平的违约时间相关性参数 $\bar{\rho}_G$，以及共同的信用/利率相关性参数 $\bar{\rho}_C$ 和 $\bar{\rho}_I$，会导致更高的 CBVA 调整。这是因为更高的利率对应着更高的信用价差，从而使 CCVA 调整项中内嵌的收款方互换权变得更为价外。这将导致 CCVA 调整项在绝对值上减少，因此 CBVA = CDVA − CCVA 的最终值对于高相关性而言会更大。由于考虑到交易对手的风险要高于投资者，调整中的 CCVA 项将高于 CDVA 项。因此这只是双边抵押 CVA 和 DVA 计算模式复杂性的一个例子。模型依赖的动态参数（如波动率和相关性）即使在抵押品存在时也能改变双边 CBVA 计算的框架。

15.1.5　改变信用价差波动率

第三个例子涉及改变信用价差的波动率，并监测错向风险对不同抵押更新频率的影响，以及对不同利率/信用价差相关性值的影响。

与上一个情况相同，我们在图 15.7 和图 15.8 中注意到，给定交易对手信用价差波动率参数 v_C 的水平，CBVA 对信用/利率相关性参数 $\bar{\rho}_C$ 和 $\bar{\rho}_I$ 的依赖会导

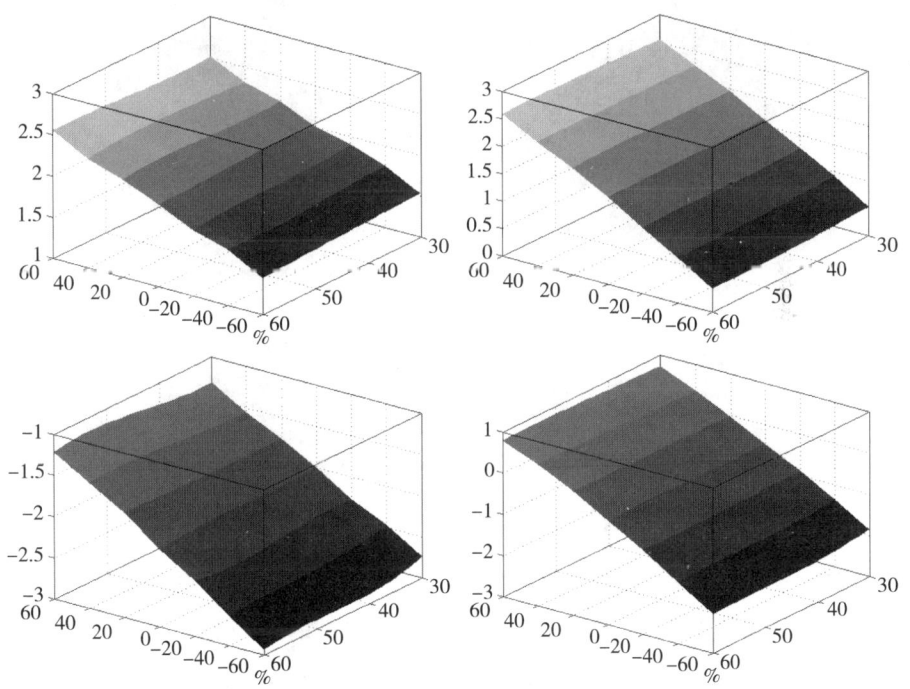

注：上图为从中至高（M/H）的市场设置，下图为从高至低（H/M）的市场设置，有不同的利率/信用价差相关性（$\rho_C = \rho_I$ 参数，左轴）以及交易对手信用价差波动率（v^C 参数，右轴）的不同选择。左图为允许再抵押时的值，而右图为不允许再抵押时的值。违约时间相关性 $\rho_C = 0$。所有值以基点表示。

图 15.7　抵押更新频率为 1 周至 10 年时 IRS 的 CBVA

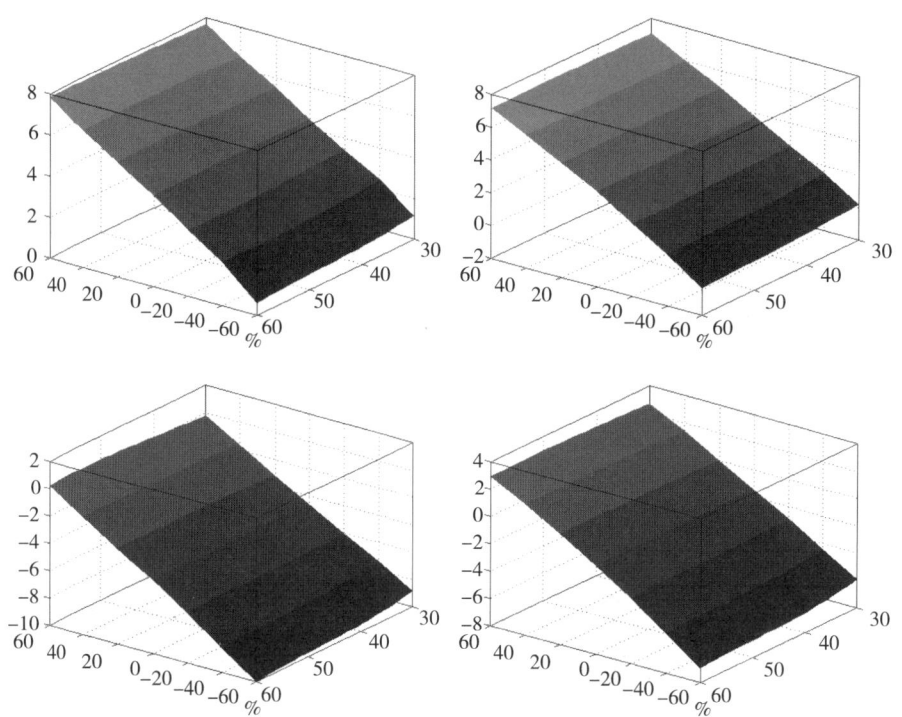

注：上图为从中至高（M/H）的市场设置，下图为从高至低（H/M）的市场设置，有不同的利率/信用价差相关性（$\rho_C = \rho_I$ 参数，左轴）以及交易对手信用价差波动率（v^C 参数，右轴）的不同选择。左图为允许再抵押时的值，而右图为不允许再抵押时的值。违约时间相关性 $\rho_G = 0$。所有值以基点表示。

图 15.8　抵押更新频率为 3 个月至 10 年时 IRS 的 CBVA

致对更高相关性的更大调整。无论抵押更新频率如何，信用价差波动对 CBVA 调整的影响都很小，而后者受利率/信用价差相关性的影响要大得多。但是，值得注意的是，对于 $\bar{\rho}_C$ 的不同选择，调整对信用价差波动率的依赖模式都可能会逆转（例如，当 $\bar{\rho}_C = 60\%$ 时调整会随 v_C 递减，而当 $\bar{\rho}_C = -60\%$ 时调整会随 v_C 递增）。

我们举的第四个例子是改变信用价差的波动率，并监测不同抵押更新频率的错向风险以及不同交易对手违约相关性的影响。我们假设有水平的风险率结构，可得到如下结果：对高风险一方取最大 CDS 价差，称为 CDS^H，并对中等风险方取最大 CDS 价差，称为 CDS^M。使用 CIR + 模型中的漂移 ψ（见第 3 章），以匹配水平风险率曲线 $h_H = CDS^H/LGD$ 和 $h_M = CDS^M/LGD$。从图 15.9 可以看到，当违约相关性为正时，调整往往会变高。这是意料之中的，因为当 v_C 接近于零且相关性为正时，在几乎所有违约场景下，风险率较高的一方往往都比风险率较低的一方更早违约。与图 15.8 类似，请注意，根据违约相关参数 ρ_C，信用调整对信用价差波动率的依赖模式可能会逆转（例如，当 $\bar{\rho}_C = 60\%$ 时调整随 v_C 递增，而当 $\bar{\rho}_C = -60\%$ 时调整随 v_C 递减）。

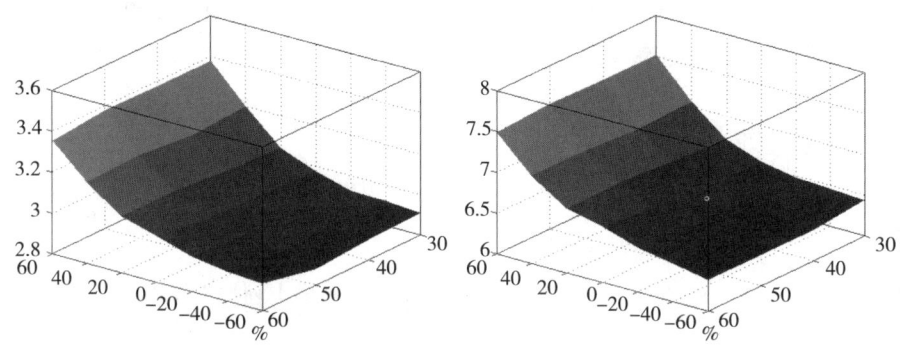

注：有不同的交易对手违约相关性选择（ρ_C 参数，左轴）以及交易对手信用价差波动率选择（v^C 参数，右轴）。假设有 $\rho_C = \rho_I = 0$。左图为 1 周的抵押更新频率，而右图为 3 个月的抵押更新频率。所有值以基点表示。

图 15.9 允许再抵押时 10 年期 IRS 的 CBVA

15.2 信用传染建模

本节使用第 13.2 节开发的公式来评估信用违约互换合约（CDS）的 CBVA。第 15.2.1 节回顾了 CDS 的价格过程。第 15.2.2 节对交易对手风险调整中出现的条件生存概率提出了明确的公式。

15.2.1 CDS 价格过程

标的 CDS 针对参考实体在 T_a 至 T_b（$t \leq T_a < T_b$）间违约而在 t 时出售保护

LGD_U,以换取定期溢价率 S_U,其价格过程 CDS_t 为

$$CDS_t(T_a, T_b; S_U, LGD_U) := \mathbb{E}_t \left[S_U \sum_{i=a+1}^{b} D(t, T_i) \alpha_i \mathbf{1}_{\{\tau_U > T_i\}} \right]$$
$$- \mathbb{E}_t \left[S_U \int_{T_a}^{T_b} D(t, u)(u - T_{\beta(u)}) \, d\mathbf{1}_{\{\tau_U > u\}} \right] \quad (15.1)$$
$$+ \mathbb{E}_t \left[LGD_U \int_{T_a}^{T_b} D(t, u) \, d\mathbf{1}_{\{\tau_U > u\}} \right]$$

其中,α_i 为息票应计期间,τ_U 为 CDS 参考信用方的违约时间。如果假设有确定性利率和确定性回收利率,那么价格过程可以写为

$$CDS_t(T_a, T_b; S_U, LGD_U) = \mathbf{1}_{\{\tau_U > t\}} S_U \sum_{i=a+1}^{b} D(t, T_i) \mathbb{Q}\{\tau_U > T_i | \mathcal{G}_t\} \, du$$
$$- \mathbf{1}_{\{\tau_U > t\}} S_U \int_{T_a}^{T_b} D(t, u)(u - T_{\beta(u)}) \, d\mathbb{Q}\{\tau_U > u | \mathcal{G}_t\}$$
$$+ \mathbf{1}_{\{\tau_U > t\}} LGD_U \int_{T_a}^{T_b} D(t, u) \, d\mathbb{Q}\{\tau_U > u | \mathcal{G}_t\}$$

$$(15.2)$$

接下来,我们继续对 CDS 合约的 CBVA 调整进行估价。通过使用我们在第 13 章中看到的抵押规则,以及回顾 $\beta(\tau)$ 作为两方之一发生违约事件之前最后一次更新抵押品的时间(在连续抵押情况下,β 函数仅为指标函数)。

将 ε 的式(13.4)、式(13.5)和式(15.2)应用于 CDS 合约情况,那么可以很容易看到,当不允许抵押品再抵押时,对存续期为从 $t = T_a$ 时到 $t = T_b$ 时的 CDS 合约收款方(保护卖方)的调整为

$$CBVA(t, T; C) = -\mathbb{E}_t \left[\mathbf{1}_{\{\tau = \tau_C < T\}} D(t, \beta(\tau)) LGD_C \left(D(\beta(\tau), \tau) CDS_\tau^+ - CDS_{\beta(\tau)-}^+ \right)^+ \right]$$
$$- \mathbb{E}_t \left[\mathbf{1}_{\{\tau = \tau_I < T\}} D(t, \beta(\tau)) LGD_I \left(D(\beta(\tau), \tau) CDS_\tau^- - CDS_{\beta(\tau)-}^- \right)^- \right]$$

$$(15.3)$$

其中,符号 $X^- = \min(X, 0)$ 并非是标准的,且有 $\tau = \min(\tau_C, \tau_I)$。在允许再抵押时,有

$$CBVA(t, T; C) = -\mathbb{E}_t \left[\mathbf{1}_{\{\tau = \tau_C < T\}} D(t, \beta(\tau)) LGD_C \left(D(\beta(\tau), \tau) CDS_\tau - CDS_{\beta(\tau)-} \right)^+ \right]$$
$$- \mathbb{E}_t \left[\mathbf{1}_{\{\tau = \tau_I < T\}} D(t, \beta(\tau)) LGD_I \left(D(\beta(\tau), \tau) CDS_\tau - CDS_{\beta(\tau)-} \right)^- \right]$$

$$(15.4)$$

最后，如果移除抵押，则有

$$\mathrm{BVA}(t, T) = -\mathbb{E}_t \left[\mathbf{1}_{\{\tau = \tau_C < T\}} D(t, \tau) \mathrm{LGD}_C \mathrm{CDS}_\tau^+ \right] - \mathbb{E}_t \left[\mathbf{1}_{\{\tau = \tau_I < T\}} D(t, \tau) \mathrm{LGD}_I \mathrm{CDS}_\tau^- \right] \tag{15.5}$$

由式（15.2）和式（15.3，15.4，15.5）可知，要能对信用估值调整进行数值计算唯一需知的项就是违约时的生存概率：

$$\mathbf{1}_{\{\tau = \tau_C \le T\}} \mathbf{1}_{\{\tau_U > \tau_C\}} \mathbb{Q} \{ \tau_U > t | \mathcal{G}_{\tau_C} \}, \quad \mathbf{1}_{\{\tau = \tau_I \le T\}} \mathbf{1}_{\{\tau_U > \tau_I\}} \mathbb{Q} \{ \tau_U > t | \mathcal{G}_{\tau_I} \}$$

假设有 $t > \tau_C > u$，那么在存在抵押时，由式（15.3）和式（15.4）可知需要评估违约前的生存概率：

$$\mathbf{1}_{\{\tau = \tau_C \le T\}} \mathbf{1}_{\{\tau_U > u\}} \mathbb{Q} \{ \tau_U > t | \mathcal{G}_u \}, \quad \mathbf{1}_{\{\tau = \tau_I \le T\}} \mathbf{1}_{\{\tau_U > u\}} \mathbb{Q} \{ \tau_U > t | \mathcal{G}_u \}$$

且定义

$$\varphi_u(w, x, v) := \mathbb{Q} \{ \tau_I > w, \tau_U > x, \tau_C > v | \mathcal{F}_u \} \tag{15.6}$$

15.2.2 生存率的计算

在开始计算生存概率之前，先来回忆文献［18］的以下引理。

引理 15.2.1（关键引理）。如 τ 为 $\mathcal{G}$ 停时且 Y 为 $\mathcal{G}$ 可测度的随机变量，那么对于任何 $t \in R_+$ 有，

$$\mathbb{E}^\mathbb{Q}[\mathbf{1}_{\{\tau > t\}} Y | \mathcal{G}_t] = \mathbf{1}_{\{\tau > t\}} \frac{\mathbb{E}^\mathbb{Q}\left[\mathbf{1}_{\{\tau > t\}} Y | \mathcal{F}_t\right]}{\mathbb{Q}(\tau > t | \mathcal{F}_t)} \tag{15.7}$$

那么，可证明第二个引理也有助于计算生存概率。

引理 15.2.2 令 ς 为有限 $\mathcal{G}$ 停时，而 X 为可积分随机变量。那么下式成立

$$\mathbb{E}_\varsigma[X] = \lim_{u \downarrow \varsigma} \mathbb{E}_u[X] \tag{15.8}$$

证明。将 ς_n 定义为 ς 向最近的 2^{-n} 倍数的向上四舍五入值。显然，随着 $n \to \infty$，ς_n 将递减到 ς，且每个 ς_n 均为有限停时，因为我们向上作了四舍五入。对于可数停时 ι，有

$$\mathbb{E}_\iota[X] = \sum_u \mathbf{1}_{\{\iota = u\}} \mathbb{E}_u[X] \tag{15.9}$$

上述等式源于停止滤子的定义，因为 $A \in \mathcal{G}_\iota$ 意味着有 $A \cap \{\iota = u\} \in \mathcal{G}_n$。由式（15.9），对于每个停时 ς_n，可得 $\eta_{\varsigma_n} = \mathbb{E}_{\varsigma_n}[X]$。令 $n \to \infty$，并使用 η_t 的右侧连续性，基于鞅收敛定理，可得

$$\lim_{n\to\infty}\eta_{\varsigma_n}=\eta_\varsigma$$

这将得到式（15.8）。

命题 15.2.3 假设 $\varphi_u(u,x,y)$ 和 $\varphi_u(y,x,u)$ 对 y 可微。如 $t>\tau_C$，则有

$$\mathbf{1}_{\{\tau=\tau_C\leqslant T\}}\mathbf{1}_{\{\tau_U>\tau_C\}}\mathbb{Q}\{\tau_U>t|\mathcal{G}_{\tau_C}\}=\lim_{u\downarrow\tau_C}\mathbf{1}_{\{u\leqslant T\}}\mathbf{1}_{\{\tau_U>u\}}\frac{\frac{\partial}{\partial y}\varphi_u(u,t,y)\Big|_{y=\tau_C}}{\frac{\partial}{\partial y}\varphi_u(u,u,y)\Big|_{y=\tau_C}}$$

(15.10)

同样，如 $t>\tau_I$，则有

$$\mathbf{1}_{\{\tau=\tau_I\leqslant T\}}\mathbf{1}_{\{\tau_U>\tau_I\}}\mathbb{Q}\{\tau_U>t|\mathcal{G}_{\tau_I}\}=\lim_{u\downarrow\tau_I}\mathbf{1}_{\{u\leqslant T\}}\mathbf{1}_{\{\tau_U>u\}}\frac{\frac{\partial}{\partial y}\varphi_u(y,t,u)\Big|_{y=\tau_I}}{\frac{\partial}{\partial y}\varphi_u(y,u,u)\Big|_{y=\tau_I}}$$

(15.11)

证明。 我们仅证明式（15.11），因为其与式（15.12）的证明是类似的，因此在此忽略了。应用引理 15.2.2，可得

$$\mathbf{1}_{\{\tau=\tau_C\leqslant T\}}\mathbf{1}_{\{\tau_U>\tau_C\}}\mathbb{Q}(\tau_U>t|\mathcal{G}_{\tau_C})=\lim_{u\downarrow\tau_C}f(u)$$

其中

$$f(u)=\mathbf{1}_{\{u\leqslant T\}}\mathbf{1}_{\{\tau_U>u\}}\mathbb{Q}\{\tau_U>t|\mathcal{G}_u\}$$

请注意，对于集合 $u>\tau_C$，有 $\mathcal{G}_u\supseteq\mathcal{G}_{\tau_C}\supseteq\sigma(\tau_C)$。因此，使用关键引理，有

$$f(u)=\mathbf{1}_{\{u\leqslant T\}}\mathbf{1}_{\{\tau_U>u\}}\frac{\mathbb{E}^{\mathbb{Q}}\left[\mathbf{1}_{\{\tau_U>t\}}\mathbf{1}_{\{\tau_U>u\}}|\mathcal{F}_u\vee\mathcal{H}_u^I\vee\sigma(\tau_C)\right]}{\mathbb{E}^{\mathbb{Q}}\left[\mathbf{1}_{\{\tau_U>u\}}|\mathcal{F}_u\vee\mathcal{H}_u^I\vee\sigma(\tau_C)\right]}$$

$$=\mathbf{1}_{\{u\leqslant T\}}\mathbf{1}_{\{\tau_U>u\}}\frac{\mathbb{E}^{\mathbb{Q}}\left[\mathbf{1}_{\{\tau_U>t\}}|\mathcal{F}_u\vee\mathcal{H}_u^I\vee\sigma(\tau_C)\right]}{\mathbb{E}^{\mathbb{Q}}\left[\mathbf{1}_{\{\tau_U>u\}}|\mathcal{F}_u\vee\mathcal{H}_u^I\vee\sigma(\tau_C)\right]}$$

进一步应用关键引理，可得

$$\mathbb{E}^{\mathbb{Q}}\left[\mathbf{1}_{\{\tau_U>t\}}|\mathcal{F}_u\vee\mathcal{H}_u^I\vee\sigma(\tau_C)\right]=\mathbf{1}_{\{\tau_I>u\}}\frac{\frac{\partial}{\partial y}\varphi_u(u,t,y)\Big|_{y=\tau_C}}{\frac{\partial}{\partial y}\varphi_u(u,0,y)\Big|_{y=\tau_C}}$$

(15.12)

和

$$\mathbb{E}^{\mathbb{Q}}\left[\mathbf{1}_{\{\tau_U>u\}}|\mathcal{F}_u\vee\mathcal{H}_u^I\vee\sigma(\tau_C)\right]=\mathbf{1}_{\{\tau_I>u\}}\frac{\frac{\partial}{\partial y}\varphi_u(u,u,y)\Big|_{y=\tau_C}}{\frac{\partial}{\partial y}\varphi_u(u,0,y)\Big|_{y=\tau_C}}$$

(15.13)

将式（15.12）和式（15.13）插入上面关于 $f(u)$ 的公式中，可得

$$f(u) = \mathbf{1}_{\{u \leq T\}} \mathbf{1}_{\{\tau_U > u\}} \frac{\left.\frac{\partial}{\partial y} \varphi_u(u, t, y)\right|_{y=\tau_C}}{\left.\frac{\partial}{\partial y} \varphi_u(u, u, y)\right|_{y=\tau_C}}$$

并可得到以下预期结果。

请注意，一般来说，违约时和违约前的生存概率具有不同的期限结构。然而，在某些特殊情况下，结果与下一个推论的所述相同。

推论 15.2.4 假设

$$\varphi(w, x, v) = \mathbb{Q}\{\tau_I > w | \mathcal{F}_u\} \mathbb{Q}\{\tau_U > x | \mathcal{F}_u\} \mathbb{Q}\{\tau_C > v | \mathcal{F}_u\}$$

那么有

$$\mathbf{1}_{\{\tau_U > \tau\}} \mathbb{Q}\{\tau_U > t | \mathcal{G}_\tau\} = \mathbf{1}_{\{\tau_U > \tau\}} \mathbb{Q}\{\tau_U > t | \mathcal{F}_\tau\} \tag{15.14}$$

随后的证明使用了独立性假设，并同时排除了模拟的违约。

备注 15.2.5（连续抵押和传染） 如果在给定参考滤子时的违约事件并非条件独立的，则当 $u = \tau_C^-$ 时，违约时和违约前的生存概率将不再相同。按金融术语，这意味着对于信用违约互换合约，连续抵押 $(\beta(\tau) = \tau)$ 并不能完全消除交易对手风险。只有在交易对手和参考实体的违约时间为条件独立时，才会如此。此外可见，这是信用违约互换等产品的一个特征，即剩余交易的盯市价格会在被定义为风险暴露 V_τ 时，在 τ 时出现跳跃。如第 15.1 节所述，当产品为利率互换等时，则不会发生同样情况。此时，调整通过 $V_\tau^+ - C_{\tau^+}^+$ 项和 $V_\tau^- - C_{\tau^-}^-$ 项而对抵押账户的依赖将会降至零，从而完全消除交易对手风险。

在下面部分，我们指定信用和违约相关性模型，然后进行数值模拟，以评估信用违约互换合约的双边 CVA。为了保持计算的可解析性，可考虑使用平方根扩散模型来得到投资者、交易对手和 CDS 参考信用的强度，并通过 Copula 结构将违约事件关联起来。我们度量了违约相关性对由此产生的调整的影响。

15.2.3 违约事件依赖性建模

对于随机强度模型，我们与第 5.1.2 节一样使用三个 CIR++ 模型，每一方一个模型：投资者 (I)、参考方 (U) 和交易对手 (C)。我们专注于两组不同的

CDS 报价：中风险和高风险设置，均在表 12.3、表 12.4 和表 12.5 中进行定义。然后，我们通过假设回收率处于 40% 水平来校准 CIR 模型的参数。

三方之间违约时间的相关性是通过刻画三方违约时间的指数随机变量的相依结构来定义的。该相依结构是通过使用三变量 Copula 函数来建模的。

分别用 λ_t^i 和 $\Lambda^i(T) = \int_0^t \lambda_s^i ds$ 表示 i 方在 t 时所评估的违约强度和累积强度。因此，通过遵循第 5.1.2 节的信用价差模型，有

$$\lambda_t^i := y_t^i + \psi^i(t; \beta^i), \quad t \geq 0$$

且 $i \in \{I, U, C\}$，ψ^i 为确定性函数，并取决于参数向量 β^i（包括 y_0^i），该参数在闭合区间内可积。设每个 y^i 均为 CIR 过程，有

$$dy_t^i = \kappa^i(\mu^i - y_t^i)dt + \nu^i\sqrt{y_t^i}\,dZ_{3,t}^i$$

可像第 3 章那样添加跳跃，但要保持结构的简洁，因为参数数量已经很高了，且讨论将变得烦琐。假设对于所有 $i = j$，λ^i 均独立于 λ^j，且每个在任何处均严格为正，那么意味着 Λ^i 不可逆。因此，我们处于 Cox 过程设置之中，有

$$\tau_i = (\Lambda^i)^{-1}(\xi_i), i \in \{I, U, C\} \tag{15.15}$$

其中，ξ_I、ξ_U 和 ξ_C 均为标准指数随机变量，其相关均匀分布变量 $Y_i := 1 - exp\{-\xi_i\}$ 是通过高斯三变量 Copula 函数相互连接的

$$C_{\mathbf{R}}(\upsilon_I, \upsilon_U, \upsilon_C) := \mathbb{Q}\{Y_I < \upsilon_I, Y_U < \upsilon_U, Y_C < \upsilon_C\}$$

其中，$R = [r_{i,j}]_{i,j=I,U,C}$ 为参数化高斯 Copula 的关联矩阵。请注意，三变量高斯 Copula 意味着双变量高斯边缘 Copula。更具体地说，违约时间对 τ_i 和 τ_j（$i \neq j$）是通过双变量高斯 Copula $C_{R_{ij}}(u_i, u_j)$ 连接的，其中 $R_{i,j}$ 表示由行 i 和行 j 与列 i 和列 j 的交集所形成 2×2 子矩阵。

15.3 信用违约互换的 CBVA

为了模拟三个 $y^i(t)$，我们使用了众所周知的事实，即给定 $y^i(u)$ 时，对于某些 $u < t$，$y^i(t)$ 在一个比例因子内服从非中心卡方分布，请参阅文献［83］或［48］。更确切地说，给定 $y^i(u)$ 时 $y^i(t)$ 的转移规则可表达为

$$y^i(t) = \frac{(\nu^i)^2(1 - e^{-\kappa^i(t-u)})}{4\kappa^i}\chi_d'\left(\frac{4\kappa^i e^{-\kappa^i(t-u)}}{(\nu^i)^2(1 - e^{-\kappa^i(t-u)})}y^i(u)\right)$$

其中

$$d = \frac{4\kappa^i \mu^i}{(v^i)^2}$$

且 $\chi'_u(v)$ 表示自由度为 u 和非中心参数为 v 的非中心卡方分布随机变量。这样，如已知 $y^i(0)$，就可通过从非中心卡方分布中抽样，在离散时间网格上准确模拟过程 $y^i(t)$。用 $\Phi^{t,u}_{CIR,i}(x)$ 表示积分漂移 CIR 过程 $\Lambda^i(t)$ 的累积分布函数，该过程依赖在 x 时估值的 $\mathcal{F}_u$。该分布可以通过对积分 CIR 过程的特征函数求逆来获得，这在文献 [83] 和关于布朗运动的相关文献中是众所周知的，因为其与列维随机面积公式密切相关，另见文献 [195]。此外，令 $\Xi(z) := -\log(1-\Phi(z))$，其中 $\Phi(\cdot)$ 表示单变量高斯分布的累积分布函数。在 Copula 模型下，有

$$\varphi_u(v,s,w) = \mathbb{E}^{\phi_R}\left[\Phi^{v,u}_{CIR,0}(\Xi(z_I))\Phi^{s,u}_{CIR,1}(\Xi(z_U))\Phi^{w,u}_{CIR,2}(\Xi(z_C))\right] \quad (15.16)$$

其中，(z_I, z_U, z_C) 是密度为 φ_R 的标准高斯向量，而 R 为相关性矩阵。

15.3.1 改变 Copula 函数参数

我们认为投资者与交易对手是基于参考方交易 5 年期 CDS 合约的。投资者和交易对手都面临违约风险。考虑两种不同的信用风险水平（中等和较高），并根据三种不同的抵押策略衡量交易对手调整：（1）连续抵押；（2）3 个月保证金频率的抵押；（3）完全没有抵押。

考虑两组模拟。在这两种情况下，投资者和交易对手都有中等信用风险特征，而参考方具有较高信用风险特征。此外，所有三方均相互关联，并考虑 5 年期 CDS。在第一组模拟（a）中，将保险费部分的 CDS 价差 S_U 设置为 100 个基点，而在第二组模拟（b）中，将其设置为 500 个基点，使 CDS 总值在 0 时为 0 的 S_U 盈亏平衡或公平价差值为 251 个基点。在此数值研究中，我们在保险费部分实施适当的季度间隔，而不是理想化的连续支付。其结果分别显示在图 15.10 和图 15.12 中。

首先分析一下在保护费为 100 个基点时的结果（a）。鉴于公平价差为 251，付款方 CDS 在此设置中具有明显为正的初始值，而收款方 CDS 具有明显的负值。保护费为 500 个基点的情况（b）将在第 15.3.3 节讨论。

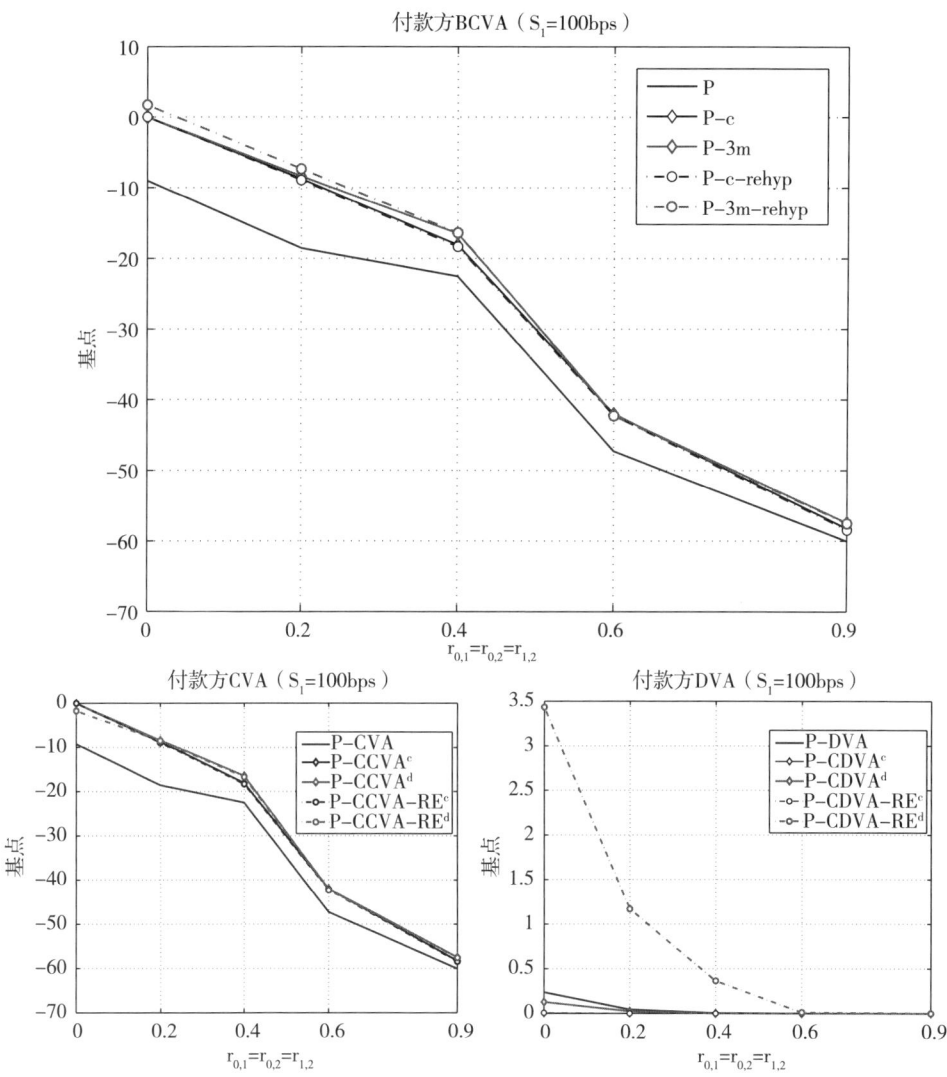

注：同 5 年期付款方 CDS 合约在不同抵押战略下的违约相关性。5 年期 CDS 价差被设定为 100 个基点。

图 15.10　含抵押的双边估值调整 CBVA 与 CCVA 和 CDVA 组件

下面，我们将讨论付款方 CDS 合约的结果，因为收款方结果呈现出镜面模式。如果投资者持有付款方 CDS，即为保护买方从交易对手那里购买保护。鉴于付款方 CDS 在大多数情况下均为正，当投资者违约时，净现值（NPV）不太

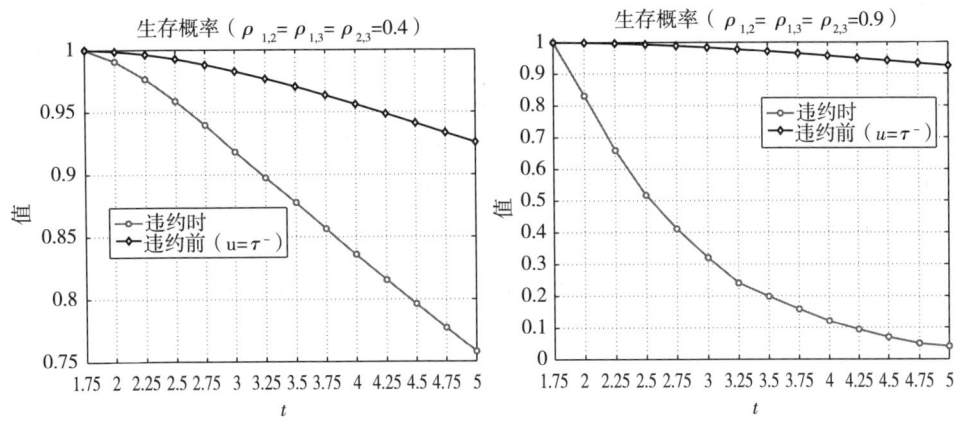

图 15.11 违约时生存概率和违约前生存概率。违约时间为 $\tau=\tau_I=1.75$

可能有利于交易对手。因此，由于相关期权的价外性，预计 DVA 在大多数情况下都很小或为 0。这就是我们从图 15.10 的中间子图中看到的，除非在零关联和允许再抵押的抵押下，此时零关联的 DVA 才约为 3.5 个基点，而不是 0。相关解释如下。在允许再抵押的抵押下，由于 NPV 在大多数情况下有利于投资者，交易对手将向投资者提交抵押品。如果允许投资者再抵押，然后违约，则交易对手将只得到抵押品的回收部分，而投资者将得到其需要返还给交易对手的抵押品的折扣。而且此折扣产生非 0 但很小的 DVA。但是，当违约相关性上升时，投资者单独违约和首先违约的可能性就更小了，而交易对手和标的 CDS 也没有同时违约，因此，DVA 回报期因投资者的首次违约而被激活的情况将会更少。

15.3.2 探寻传染风险

我们现在分析 CVA 项。同样，给定付款方 CDS 在大多数情况下均为正，我们预计 CVA 项是重要的，因为相关期权大多为价内。我们的结果也证实了这一点。从图 15.10 可以看到，相关 CVA 项大约从 10 开始，在高相关性下以 60 个基点结束。我们还看到，对于零相关性，抵押完全成功地消除了 CVA，其从 10 个基点降到了 0 个基点。然而，随着违约相依性的增长，抵押似乎变得不那么有效了，因为有抵押和无抵押 CVA 变得越来越接近，而对于高相关性，仍然得到了 60 个基点的 CVA，即使在抵押下也是如此。其原因是瞬时违约传染，即在正的相依性下，一旦交易对手违约，就会推高生存实体的违约强度。事实上，从图 15.11 中可以清楚地看到，违约生存概率的期限结构低于以 $\mathcal{G}_{\tau^-}$ 为条件的违约前生存概率。此外，我们可以看到，对于较大的违约相关性（参见违约相关性为 0.9 时的情况），违约时生存曲线明显低于违约前曲线。其结果是，CDS 的违约部分将因传染而增加，且同时付款方 CDS 的价值将更高。这将立即增加投资者的损失，且 CVA 价值的大部分将来自这一跳跃。鉴于跳跃的瞬时性质，跳跃后的价值将与跳跃前在抵押品最后提交日期的价值显著不同，这解释了在显著正违约相依性下抵押的有限有效性。

15.3.3 改变 CDS 的货币性

现在转向保险费的部分运行价差为 500 个基点的情况，这大约是均衡 CDS 价差的两倍。因此，在此设置中，付款方 CDS 的初始值明显为负，而收款方 CDS 具有明显的正值。让我们首先关注付款方 CDS。

如果投资者持有付款方 CDS，则其为保护买方。鉴于付款方 CDS 在大多数情况下都为负，当投资者违约时，NPV 很有可能会有利于交易对手，因此我们期待有一个重要的 DVA 项。另外，出于同样的原因，我们期待有一个很小甚至为 0 的 CVA 项。对于违约相关性很小时的无抵押 DVA，从图 15.12 可以看出这一点。然而，随着相关性的增加，我们可以看到，即使无抵押，DVA 也会减少，而 CVA 会变得更为重要。同样，这可以用传染项来解释。当投资者违约时，在正的相依性下，标的 CDS 的违约部分会跳跃，从而增加付款方 CDS 的价值。这会增加 CVA 项中内嵌期权的货币性，并减少 DVA 项中期权的货币性，从而产生了观察到的影响。此外，请注意，相依性越高，影响越大。我们也可以注意到抵押和再抵押的影响。更具体地说，抵押使 DVA 项变得非常小，即使在零违约相关性时，也不存在风险传染。在很低或零相关性下，投资者违约时，标的 CDS 价差不会变动太大，因此最后提交的抵押品将接近标的 CDS 的违约价值，从而使投资者突然违约造成的损失接近于零。至于 CVA 项，我们看到，对于相关性参数的所有值，再抵押情况与其他所有情况之间大多存在差异。事实上，在大多数标的 CDS 价值为负的情况下，投资者将不得不向交易对手提交抵押品作为担保。如果交易对手首先违约，如在 CVA 项中，只返还投资者收到抵押品

15 利率和信用产品的双边抵押 CVA 和 DVA

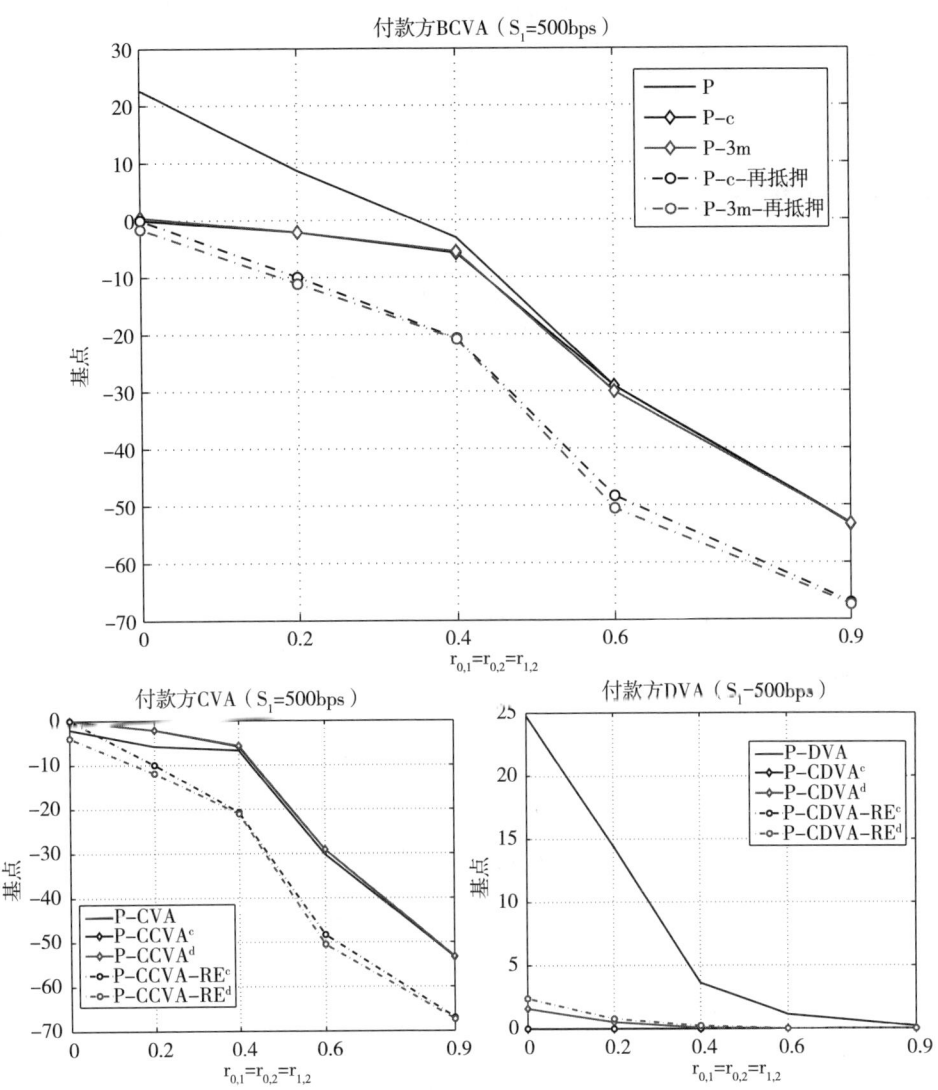

图 15.12 5 年期付款方 CDS 合约在不同抵押策略下的交易对手价值调整与违约相关性。5 年期 CDS 价差设定为 **500 个基点**

的一小部分，那么会增加投资者的损失，从而增加相关的 CVA 项。而如果没有再抵押，这就不会发生，因为交易对手将把所有抵押品返还给投资者。我们还注意到，在 CVA 项中，抵押几乎无助于减少 CVA。这是因为合约的货币性总是有利于 DVA 项。因此，作为缓解 CVA 项的保证，所提交的抵押品几乎永远不会来自交易对手。相反，在大多数情况下，货币性将导致投资者提交有利于交易对手的抵押品，从而减少 DVA 项。图 15.10 和图 15.12 中的双边交易对手风险调整可以准确地用内嵌的 CVA 项和 DVA 项来解释。

15.4 结论

本章考虑了利率互换合约，并通过数值模拟展示了抵押频率对双边 CVA 的影响。

此外，我们还专门分析了标的投资组合对第三方信用事件敏感的情况，特别是针对第三方参考实体所开立的信用违约互换的讨论。通过数值研究，我们分析了抵押频率、抵押品再抵押和违约相关性对由此产生的交易对手调整的影响。

所得结果证实，调整对于违约相关性水平是单调的。此外，抵押频率越高，交易对手风险就越大，而再抵押则提高了调整的绝对规模，因为抵押品提供方可能只能收回其已提交抵押品的一小部分。最后，在 CDS 案例中，传染效应在限制抵押品有效性方面发挥着关键作用。

从上述对 CDS 的分析中，人们可能会认为，在某些情况下，传染的影响是非常巨大的，以至于改变 CVA 和 DVA 模式，即使是标的期权项存在很强的反向货币性时也不例外。在模拟双边交易对手风险时，这是值得记住的 Copula 模型的一个特点。另外，它很容易被模拟，而且很容易将块相依性分解为成对相依性；它也在很大程度上被从业者在限制中使用和加以理解，即使在处理合成 CDO 时这也是一种极其格式化和简单化的方式，例如文献 [60] 中的分析，但这也会导致许多问题。然而，当可违约实体的数量很少时，情况就不会那么严重了。即便如此，在评估传染效应的规模时也必须小心谨慎，以确保该模型提供具有现实性的贡献。

所有这些方面和我们所分析的模式的复杂性（我们放弃了信用价差的跳跃，而这应该是存在的）都要求我们应重申我们前几章总结的信息。

交易对手风险定价，特别是在存在抵押和传染的情况下进行，是一项非常复杂的和模型密集的任务。监管机构和部分行业人士正试图拼命地以最简单的方式标准化相关计算，但我们的结论是，此类计算是复杂的，需要保持这种计算才能实现精准。抵押品提交发生在过去，可能与当前盯市相当不一致的这一事实形成了剩余交易对手风险，对此缺口风险的精确估值需要进行相当数量的建模工作，正如我们已详细分析看到的那样。试图将每一种风险标准化为简单公式是有误导性的，并可能导致相关风险没有得到妥善处理。行业和监管机构可能会采取更现实的做法，承认交易对手风险定价的复杂性，即使是在存在抵押时，并努力获得必要的方法和技术实力，而不是试图绕过它。

这没有简单的出路。

16

在抵押合约中包含保证金成本

本章以 Pallavicini、Perini 和 Brigo（2011，2012）[165][196] 为基础。

第 13 章和第 15 章分析了 ISDA 主协议下交易的许多特征。特别是，我们引入了抵押管理程序。然而，我们没有处理保证金成本。事实上，CSA 协议迫使交易对手以特定费率累积抵押账户，该费率通常与某些市场利率挂钩。

我们在这里开发了一种风险中性估值方法，用于包括双边（信用和债务）估值调整的抵押品价格（CBVA），并与文献 [165] 相同将其扩展到包括保证金成本。关于市场考虑和抵押机制的深入讨论，请读者参考第 13 章。关于存在不同抵押策略的情况下对利率互换信用估值调整的分析，则请参考文献 [41] 和第 15 章。

为了给衍生品定价，必须对进入交易头寸后发生的所有现金流进行贴现，特别是必须包括抵押保证金程序所需的所有现金流。请注意，我们使用无风险贴现系数 $D(t,T)$ 来为现金流贴现，因为所有成本都是作为额外现金流被纳入的，而不是将其作为临时价差。

与前几章一样，我们提到了金融合约中涉及的两方，即存在违约风险的投资者（也称为"I"，或有时称为银行"B"）和交易对手（也称为"C"或有时称为公司）。如果双方交换的投资组合也是违约敏感工具，那么就引入第三方，指的是该投资组合的标的参考信用（也称为"U"）。

分别以 τ_I 和 τ_C（以及 τ_U）表示投资者和交易对手（以及标的实体）的违

约时间。将投资组合时间范围固定为 $T \in \mathbb{R}^+$，并固定风险中性定价模型为 $(\Omega, \mathcal{G}, \mathbb{Q})$，使用滤子 $(\mathcal{G}_t)_{t \in [0,T]}$，从而有 τ_I 和 τ_C（以及 τ_U）$\mathcal{G}$ -停时。用 $\mathbb{E}_{\tau_i}$ 表示给定停止滤子的 $\mathcal{G}_{\tau_i}$ 时 $\mathbb{Q}$ 测度下的条件期望。排除同时违约的可能性，并将双方之间的首次违约事件定义为停时

$$\tau := \tau_C \wedge \tau_I$$

本章的主要结果是包括交易对手信用风险（CVA 和 DVA）以及保证金成本的交易定价公式（CBVA 价格）。

衍生工具合约的 CBVA 调整价格将在后续章节给出推导，其为

$$\begin{aligned}\bar{V}_t(C) = &\mathbb{E}_t\left[\Pi(t, T \wedge \tau) + \gamma(t, T \wedge \tau; C)\right] \\ &+ \mathbb{E}_t\left[\mathbf{1}_{\{\tau < T\}} D(t, \tau) \theta_\tau(C, \varepsilon)\right]\end{aligned} \quad (16.1)$$

其中，

- $\Pi(t, T)$，与前几章一样，是在忽略"I"和"C"的信用风险、抵押和保证金成本时，区间 $(t, T]$ 内所有贴现回报项之和；
- $\gamma(t, T; C)$ 为此时间区间内的抵押保证金成本，C 为抵押账户；
- $\theta_t(C, \varepsilon)$ 为违约时的现金流，ε 为在另一方违约事件发生时生存方的潜在回报价值（清算金额），其均以"I"为视角。

保证金程序决定了抵押账户 C_t 的动态过程，而清算金额 ε_t 则由交易对手之间达成的特定信用支持附件（CSA）定义。正如稍后将看到的那样，共同策略可能会将此类过程的值与衍生工具本身的价格联系起来，并将以前的定义转换为递归公式。这一特点在第 17 章中也至关重要，届时将引入融资和投资利率。

在以下部分，我们通过引入保证金成本，重新推导和扩展第 13 章的定价公式。

16.1　ISDA 主协议下的交易

我们在第 13 章中看到，ISDA 主协议列出了两种不同的工具来降低交易对手的信用风险：通过保证金程序抵押和清算净额规则。这两种工具都受交易对手之间的 CSA 监管。

抵押是指对可以出售的对某些价值资产的追索权，或在交易违约时可以作为担保使用的价值。清算净额规则应用于违约发生时，在回收之前强制将交易

对手的多重债务合并为单一净债务。

这里简要描述这些工具，以分析抵押品提交程序所需的保证金成本，并将其价格整合到后续的融资成本模型中，最终计算包含抵押品的双边估值调整（CBVA）价格 $\bar{V}_t(C;0)$，其中 0 表示我们尚未包括融资成本。在下一章中，我们将会得出包括融资成本在内的 $\bar{V}_t(C;F)$。

16.1.1　抵押应计利率

保证金程序包括了交易期间预先确定一组日期，此时双方应根据当前风险暴露将抵押金额存入或提出抵押品持有人持有的账户。现实的保证金做法应允许仅在固定时间网格上（$\mathcal{T}c := \{t_1, \cdots, t_n\}$）提交抵押品，并允许存在独立金额、最低转账金额、阈值等，如文献［41］所述。在此，我们扩展了第 13.2 节的框架，其中包括抵押应计利率。

回忆一下，如果 $C_t > 0$，则抵押账户 C_t 由投资者持有（投资者是抵押品接受方）；如果 $C_t < 0$，则由交易对手（交易对手是抵押品接受方）持有。如果投资者在 t 时提交一些抵押品，则记作 $dC_t < 0$，如果交易对手提交，则反过来。

交易对手之间达成的 CSA 协议确保了抵押接受方以特定的应计利率对账户进行偿还。我们引入抵押应计利率将其作为一个适应性过程，① 即投资者持有抵押资产时为 $c_t^+(T)$，否则为 $c_t^-(T)$。此外，我们定义（抵押）零息债券 $P_t^{c\pm}(T)$ 为

$$P_t^{c\pm}(T) := \frac{1}{1+(T-t)c_t^{\pm}(T)}$$

同样有帮助的是引入有效抵押应计利率 $\tilde{c}_t$：

$$\tilde{c}_t(T) := c_t^-(T)\mathbf{1}_{\{C_t<0\}} + c_t^+(T)\mathbf{1}_{\{C_t>0\}} \tag{16.2}$$

以及相应的零息票债券：

$$P_t^{\tilde{c}}(T) := \frac{1}{1+(T-t)\tilde{c}_t(T)}$$

---

① 虽然有点滥用符号，但我们使用正负符号来指示使用哪个利率来根据抵押账户符号累计抵押品，而不是表示利率为其他某个利率的正值或负值部分。

16.1.2 抵押管理和保证金成本

假设抵押账户的应计利息保存于账户本身，以便其能被直接包含在清算和保证金程序中。因此，任何因抵押成本或应计利息产生的现金流都可以从我们的显式列表中被剔除，因为其被视为每个交易对手内部的现金流。

首先列出未发生违约事件时所有源自投资者而流向交易对手的现金流：

1. 如 $C_{t_1} < 0$，投资者在第一个保证金日 t_1 开立账户（交易对手"C"为抵押品接受方）；
2. 只要 $C_{t_k} < 0$，投资者在每个 t_k 日向账户提交或从账户提取保证金（即只要交易对手为抵押品接受方），且提交日之间的抵押账户增长率为 CSA 利率 $c_{t_k}^-(t_{k+1})$；
3. 如果 $C_{t_m} < 0$，则投资者在最后保证金日 t_m 关闭账户。

交易对手在每个保证金日均需考虑抵押账户相反价值的相同现金流。因此，我们可以将所有这些缴款加在一起。如果不考虑违约事件，我们将时间间隔 A（有 $t_a := \inf\{A\}$）内发生的（贴现）保证金现金流之和定义为

$$\Gamma(A; \mathcal{T}_c, C) := \mathbf{1}_{\{t_1 \in A\}} C_{t_1}^- D(t_a, t_1) - \mathbf{1}_{\{t_n \in A\}} C_{t_n}^- D(t_a, t_n)$$
$$- \sum_{k=1}^{n-1} \mathbf{1}_{\{t_{k+1} \in A\}} \left(C_{t_k}^- \frac{1}{P_{t_k}^{c^-}(t_{k+1})} - C_{t_{k+1}}^- \right) D(t_a, t_{k+1})$$
$$+ \mathbf{1}_{\{t_1 \in A\}} C_{t_1}^+ D(t_a, t_1) - \mathbf{1}_{\{t_n \in A\}} C_{t_n}^+ D(t_a, t_n)$$
$$- \sum_{k=1}^{n-1} \mathbf{1}_{\{t_{k+1} \in A\}} \left(C_{t_k}^+ \frac{1}{P_{t_k}^{c^+}(t_{k+1})} - C_{t_{k+1}}^+ \right) D(t_a, t_{k+1})$$

我们可以在可能的情况下通过加总正负部分来重排前一个公式，得到

$$\Gamma(A; \mathcal{T}_c, C) = \sum_{k=1}^{n-1} \mathbf{1}_{\{t_k \in A\}} \left(C_{t_k} D(t_a, t_k) - C_{t_k}^- \frac{D(t_a, t_{k+1})}{P_{t_k}^{c^-}(t_{k+1})} - C_{t_k}^+ \frac{D(t_a, t_{k+1})}{P_{t_k}^{c^+}(t_{k+1})} \right)$$
$$+ \sum_{k=1}^{n-1} \left(\mathbf{1}_{\{t_k \in A\}} - \mathbf{1}_{\{t_{k+1} \in A\}} \right) \left(C_{t_k}^- \frac{D(t_a, t_{k+1})}{P_{t_k}^{c^-}(t_{k+1})} + C_{t_k}^+ \frac{D(t_a, t_{k+1})}{P_{t_k}^{c^+}(t_{k+1})} \right)$$

现在计算以下情况的前一个公式：考虑时间间隔 $A(t, T; \tau)$，其从 t 到 $\tau \wedge T$，并包含 t，如果 $T < \tau$，则其在右侧闭合，从而包含 T，否则其在右侧为开，从而不包含 τ。这种间隔可以通过公式表示为

$$A(t,T;\tau) := \{u : t \leq u \leq T < \tau\} \cup \{u : t \leq u < \tau \leq T\} = [t, \min(\tau^-, T)]$$

且有 $t \leq t_1$。后一个表达式意味着其为非正式的。我们专注于 $A(t,T;\tau)$ 内的保证金现金流，并定义 $\bar{\Gamma}$ 为

$$\begin{aligned}\bar{\Gamma}(t,T;C) &:= \Gamma(A(t,T;\tau); \mathcal{T}_c, C) \\ &= \sum_{k=1}^{n-1} \mathbf{1}_{\{t_k < \tau\}} \left(D(t,t_k)C_{t_k} - D(t,t_{k+1})\mu(t_k,t_{k+1})\right) \\ &\quad + \sum_{k=1}^{n-1} \mathbf{1}_{\{t_k < \tau \leq t_{k+1}\}} D(t,t_{k+1})\mu(t_k,t_{k+1})\end{aligned} \quad (16.3)$$

其中，$\mu(t_k, t_{k+1})$ 为投资者与交易对手之间达成的 CSA 所要求的从 t_k 到 t_{k+1} 的抵押账户应计价值，即

$$\mu(t_k, t_{k+1}) := \frac{C_{t_k}^-}{P_{t_k}^{c^-}(t_{k+1})} + \frac{C_{t_k}^+}{P_{t_k}^{c^+}(t_{k+1})}$$

因此，可以采用式（16.3）两侧的风险中性预期来计算所有保证金现金流的价格，有：

$$\mathbb{E}_t\left[\bar{\Gamma}(t,T;C)\right] = \mathbb{E}_t\left[\gamma(t, T \wedge \tau; C) + \mathbf{1}_{\{\tau < T\}} D(t,\tau) C_{\tau^-}\right]$$

其中，保证金成本 $\gamma(t, T \wedge \tau; C)$ 被定义为

$$\gamma(t, T \wedge \tau; C) := \sum_{k=1}^{n-1} \mathbf{1}_{\{t_k < T \wedge \tau\}} D(t,t_k) C_{t_k} \left(1 - \frac{P_{t_k}(t_{k+1})}{P_{t_k}^{\bar{c}}(t_{k+1})}\right) \quad (16.4)$$

我们引入抵押账户的违约前价值 C_{τ^-}

$$C_{\tau^-} := \sum_{k=1}^{n-1} \mathbf{1}_{\{t_k < \tau \leq t_{k+1}\}} C_{t_k} \frac{P_\tau(t_{k+1})}{P_{t_k}^{\bar{c}}(t_{k+1})} \quad (16.5)$$

为了简化符号，下面部分通常被记作 $\mathbf{1}_{\{\tau < u\}}$ 而不是 $\mathbf{1}_{\{\tau \leq u\}}$，因为我们假设违约事件发生在特定时间的概率为零。更具体地说，我们假设随机变量 τ 的分布为连续的，从而对于所有 $u \geq 0$ 有 $\mathbb{Q}(\tau = u) = 0$。

请注意，在当前保证金成本的推导中，我们可以放心地假设 $t \leq t_1$，因为我们正在根据整个抵押程序来评估价格调整，其包括所有保证金日期。在后面计算 t_1 之后未来时间的合约价格时，我们不需要考虑 $t > t_1$ 和重复当前推导。根据式（16.4）所定义的并发生在 t 之后的保证金成本来调整合约价格，这已经足够简化了。

备注 16.1.1（违约前抵押账户和再抵押） 抵押账户的违约前价值 C_{τ^-} 由

CSA 用于计算清算轧差后的风险敞口，其可能与违约事件中抵押账户的实际价值不同，因为某些抵押资产（或全部）可能会被再抵押。事实上，根据第 13.1.3 节，当使用清算净额规则时，我们需要首先对 $C_{\tau-}$ 进行风险暴露轧差，然后再将任何剩余的抵押视为无担保索偿权。

16.2　带保证金成本的 CBVA 一般公式

违约事件的发生使当事方有权终止相关 ISDA 主协议中包含的所有交易。ISDA总协议规定了应执行的清算轧差机制。生存方应评估终止的交易，并在应用合并交易的轧差规则（包括抵押账户）后要求偿还。

因此，如果遵循第 13.2 节的相同逻辑，但同样考虑保证金成本，则在根据衍生品合约和保证金程序直接对贴现现金流求和之后可得

$$\begin{aligned}
\bar{\Pi}&(t,T;C) := \\
&\Pi(t, T \wedge \tau) + \bar{\Gamma}(t,T;C) \\
&+ \mathbf{1}_{\{\tau = \tau_C < T\}} D(t,\tau) \mathbf{1}_{\{\varepsilon_{I,\tau} < 0\}} \mathbf{1}_{\{C_{\tau-} > 0\}} (\varepsilon_{I,\tau} - C_{\tau-}) \\
&+ \mathbf{1}_{\{\tau = \tau_C < T\}} D(t,\tau) \mathbf{1}_{\{\varepsilon_{I,\tau} < 0\}} \mathbf{1}_{\{C_{\tau-} < 0\}} ((\varepsilon_{I,\tau} - C_{\tau-})^- + \text{Rec}'_C (\varepsilon_{I,\tau} - C_{\tau-})^+) \\
&+ \mathbf{1}_{\{\tau = \tau_C < T\}} D(t,\tau) \mathbf{1}_{\{\varepsilon_{I,\tau} > 0\}} \mathbf{1}_{\{C_{\tau-} > 0\}} ((\varepsilon_{I,\tau} - C_{\tau-})^- + \text{Rec}_C (\varepsilon_{I,\tau} - C_{\tau-})^+) \\
&+ \mathbf{1}_{\{\tau = \tau_C < T\}} D(t,\tau) \mathbf{1}_{\{\varepsilon_{I,\tau} > 0\}} \mathbf{1}_{\{C_{\tau-} < 0\}} (\text{Rec}_C \varepsilon_{I,\tau} - \text{Rec}'_C C_{\tau-}) \\
&+ \mathbf{1}_{\{\tau = \tau_I < T\}} D(t,\tau) \mathbf{1}_{\{\varepsilon_{C,\tau} > 0\}} \mathbf{1}_{\{C_{\tau-} < 0\}} (\varepsilon_{C,\tau} - C_{\tau-}) \\
&+ \mathbf{1}_{\{\tau = \tau_I < T\}} D(t,\tau) \mathbf{1}_{\{\varepsilon_{C,\tau} > 0\}} \mathbf{1}_{\{C_{\tau-} > 0\}} ((\varepsilon_{C,\tau} - C_{\tau-})^+ + \text{Rec}'_I (\varepsilon_{C,\tau} - C_{\tau-})^-) \\
&+ \mathbf{1}_{\{\tau = \tau_I < T\}} D(t,\tau) \mathbf{1}_{\{\varepsilon_{C,\tau} < 0\}} \mathbf{1}_{\{C_{\tau-} < 0\}} ((\varepsilon_{C,\tau} - C_{\tau-})^+ + \text{Rec}_I (\varepsilon_{C,\tau} - C_{\tau-})^-) \\
&+ \mathbf{1}_{\{\tau = \tau_I < T\}} D(t,\tau) \mathbf{1}_{\{\varepsilon_{C,\tau} < 0\}} \mathbf{1}_{\{C_{\tau-} > 0\}} (\text{Rec}_I \varepsilon_{C,\tau} - \text{Rec}'_I C_{\tau-})
\end{aligned}$$

我们定义存在保证金成本时的 CBVA 调整后价格为 $\bar{V}_t(C;0)$，但不考虑融资和投资成本的情况，并对之前方程式取风险中性预期，可得

$$\begin{aligned}
\bar{V}_t(C;0) &:= \mathbb{E}_t \left[\bar{\Pi}(t,T;C) \right] \\
&= \mathbb{E}_t \left[\Pi(t, T \wedge \tau) + \gamma(t, T \wedge \tau; C) + \mathbf{1}_{\{\tau < T\}} D(t,\tau) \theta_\tau(C,\varepsilon) \right]
\end{aligned} \quad (16.6)$$

其中，我们定义违约时现金流 $\theta_\tau(C,\varepsilon)$ 为

$$\begin{aligned}
\theta_\tau(C,\varepsilon) &:= \mathbf{1}_{\{\tau = \tau_C < \tau_I\}} \left(\varepsilon_{I,\tau} - \text{LGD}_C (\varepsilon^+_{I,\tau} - C^+_{\tau-})^+ - \text{LGD}'_C (\varepsilon^-_{I,\tau} - C^-_{\tau-})^+ \right) \\
&+ \mathbf{1}_{\{\tau = \tau_I < \tau_C\}} \left(\varepsilon_{C,\tau} - \text{LGD}_I (\varepsilon^-_{C,\tau} - C^-_{\tau-})^- - \text{LGD}'_I (\varepsilon^+_{C,\tau} - C^+_{\tau-})^- \right)
\end{aligned}$$

即要为交易定价（不计算融资成本），必须加总三个组成部分：(1) 交易现金流；(2) 保证金成本；(3) CVA/DVA 缴款所减少的清算金额。

以上推导可在文献［165］中找到，并且其与式（13.2）一致。事实上，如果剔除保证金成本，即设 γ 为 0，那么我们将回到 CBVA 表达式。

16.2.1 完全抵押

作为研究 CBVA 定价公式的一个例子，我们考虑完全抵押的情况，即将其定义为连续时间抵押，在违约事件时存在投资组合的连续盯市，且抵押账户包含任意时间 u 时的保证金成本，即

$$C_u \doteq \mathbb{E}_u \left[\Pi(u, T) + \gamma(u, T; C) \right]$$

将清算金额估值为抵押品价格，则有

$$\varepsilon_{I,\tau} \doteq \varepsilon_{C,\tau} \doteq C_\tau$$

那么，由 CBVA 价格公式（16.6），可得

$$\begin{aligned}\bar{V}_t(C; 0) &= \mathbb{E}_t \left[\Pi(t, T \wedge \tau) + \gamma(t, T \wedge \tau; C) + \mathbf{1}_{\{\tau < T\}} D(t, \tau) C_\tau \right] \\ &= \mathbb{E}_t \left[\Pi(t, T) + \gamma(t, T; C) \right] \\ &= C_t\end{aligned}$$

由此得出，在完全抵押下，即存在连续时间抵押下，随着投资组合的及时连续盯市（特别是在违约事件发生时，即没有瞬时传染），并且抵押账户包括保证金成本的任何时候，我们可得

$$\bar{V}_t(C; 0) = C_t$$

在此完全抵押情况下，我们的目标是根据抵押利率和工具现金流来描述交易的价值。为了做到这一点，我们先采用离散时间，然后再取极限。考虑两个保证金日期 t_k 和 t_{k+1}。替换保证金现金流表达式，可得（到期日前）

$$\bar{V}_{t_k}(C; 0) = \frac{P_{t_k}^{\tilde{c}}(t_{k+1})}{P_{t_k}(t_{k+1})} \mathbb{E}_{t_k} \left[D(t_k, t_{k+1}) \bar{V}_{t_{k+1}}(C) + \Pi(t_k, t_{k+1}) \right], \quad \bar{V}_{t_n}(C; 0) = 0$$

在 $t_1 = t$ 时这有

$$\bar{V}_t(C; 0) = \mathbb{E}_t \left[\sum_{k=1}^{n-1} \Pi(t_k, t_{k+1}) D(t, t_k) \prod_{i=1}^{k} \frac{P_{t_i}^{\tilde{c}}(t_{i+1})}{P_{t_i}(t_{i+1})} \right]$$

那么，取连续抵押的极限，并利用式（16.2），可得

$$\bar{V}_t(C; 0) = \mathbb{E}_t \left[\int_t^T \Pi(u, u + du) \exp \left\{ -\int_t^u dv \, \tilde{c}_v \right\} \right] \tag{16.7}$$

我们推导出一个重要的特例，即在完全抵押下，我们观察到，估值是通过以抵押利率 $\tilde{c}_t$ 贴现现金流获得的。特别是，短期利率 r_t 已经从我们的贴现支出中

消失了。请注意，我们不得不假设违约情况下完全没有风险传染，尽管这是一个相当不切实际的假设。

备注 16.2.1（替代推导） 上一个示例可以通过在价格方程上取连续抵押的极限来推导，而无须以迭代方式书写。事实上，可将其写为

$$\bar{V}_t(C;0) = \mathbb{E}_t\left[\int_t^T D(t,u)\left(\Pi(u,u+\mathrm{d}u) + \bar{V}_u(C;0)(r_u - \tilde{c}_u)\mathrm{d}u\right)\right]$$

其中，r_t 为无风险利率。现在，如果寻求下式的解

$$\bar{V}_t(C;0) = \mathbb{E}_t\left[\int_t^T \Pi(u,u+\mathrm{d}u)\exp\left\{-\int_t^u \mathrm{d}v\, x_v\right\}\right]$$

其中，x_t 为适应性过程，那么在 $x_t = \tilde{c}_t$ 时通过直接积分便可得解，从而可以得到式（16.7）。

16.2.2 期货合约

期货合约的每日结算，要求投资者持有保证金账户，该账户根据合约的每日损益实现盯市，但交易对手不累计保证金账户的利息。因此，如果不考虑合约的其他特殊性，如初始和维持保证金，则可在 $\tilde{c}_t = 0$ 时应用式（16.7），得到

$$\bar{V}_t^{\text{futures}}(C;0) = \mathbb{E}_t\left[\int_t^T \Pi(u,u+\mathrm{d}u)\right]$$

该式复制了用于期货合约定价的通用公式。

16.3 改变抵押货币

在本节中，我们修改了 CBVA 主公式，以处理外币抵押。我们将本币表示的抵押账户用之前的符号 C_t 表示，同时将外币表示的抵押账户定义为 C_t^e，因此得到

$$C_t := \chi_t C_t^e$$

其中，χ_t 为将外币兑换成本币的汇率过程。

16.3.1 外汇保证金成本

只要在 CBVA 定价公式中存在，就可以安全地将抵押账户 C_t 替换为此类表

达式，除非是在抵押品成本表达式中，因为此时我们必须注意现金流的支付日期。事实上，我们必须将式（16.3）重写为

$$\bar{\Gamma}(t,T;C) = \sum_{k=1}^{n-1} \mathbf{1}_{\{t_k < \tau\}} \left(D(t,t_k)\chi_{t_k} C_{t_k}^e - D(t,t_{k+1})\chi_{t_{k+1}} \mu^e(t_k,t_{k+1}) \right)$$
$$+ \sum_{k=1}^{n-1} \mathbf{1}_{\{t_k < \tau \leq t_{k+1}\}} D(t,t_{k+1})\chi_{t_{k+1}} \mu^e(t_k,t_{k+1}) \quad (16.8)$$

其中，根据投资者和交易对手之间达成的 CSA 的要求，将 t_k 至 t_{k+1} 之间以外币累计的抵押账户价值定义为 $\mu^e(t_k,t_{k+1})$，即

$$\mu^e(t_k,t_{k+1}) := \frac{C_{t_k}^{e,-}}{P_{t_k}^{c^-}(t_{k+1})} + \frac{C_{t_k}^{e,+}}{P_{t_k}^{c^+}(t_{k+1})}$$

我们可以通过转向国外风险中性测度来改变汇率的固定时间，即

$$\mathbb{E}_{t_k}\left[\chi_{t_{k+1}} D(t_k,t_{k+1})\right] = \mathbb{E}_{t_k}^e\left[\chi_{t_k} D^e(t_k,t_{k+1})\right] = \chi_{t_k} P_{t_k}^e(t_{k+1})$$

其中，$D^e(t,T)$ 和 $P_t^e(T)$ 分别为国外无风险贴现系数和零息债券，而 $\mathbb{E}_t^e[\cdot]$ 为国外风险中性预期。因此，可以引入由外币抵押导致的本币保证金成本

$$\gamma(t,T\wedge\tau;C) := \sum_{k=1}^{n-1} \mathbf{1}_{\{t_k < T\wedge\tau\}} D(t,t_k)\chi_{t_k} C_{t_k}^e \left(1 - \frac{P_{t_k}^e(t_{k+1})}{P_{t_k}^{\tilde{c}}(t_{k+1})}\right) \quad (16.9)$$

并在 CBVA 定价公式中使用此表达式代替式（16.4）。

在完全抵押的情况下，可以遵循与上一节相同的方法，并在简单计算后，可以得到文献［109］的结果，将其作为我们框架的特例。事实上，我们得到在外币完全抵押下的要求权价格，为

$$\bar{V}_t(C;0) = \mathbb{E}_t\left[\int_t^T \Pi(u,u+\mathrm{d}u) \exp\left\{-\int_t^u \mathrm{d}v\,(\tilde{c}_v - r_v^e + r_v)\right\}\right] \quad (16.10)$$

这与文献［109］的结果一致。请注意，可以用更简单的方式获得上述公式。可以先将式（16.7）应用于外币合约 $\bar{V}_t^e(C;0) := \bar{V}_t(C;0)_{\chi_t^{d,e}}$ 中，然后可将测度转变为国内风险中性测度，并得到式（16.10）。

16.3.2 结算流动性风险

定价公式（16.10）适用于以外币抵押的合约，它是基于将测度从国外风险中性测度转变为国内测度的可能性。从实际的角度来看，这意味着每个交易对

手都可以在即期外汇市场上用外币进行自我融资,而没有额外成本。

然而,大多数国内金融机构不能直接在外国中央银行开立账户,因此其被迫使用一家或多家托管代理人的服务来持有其政府和机构证券,可参见文献[15]。此外,如果外国金融机构由于交易对手风险或流动性需求增加而不太愿意放贷,那么国内金融机构在无抵押外国银行间市场上就可能会受到借贷约束,可参见文献[9]。

因此,此类结算流动性风险导致的额外基点应被加到在定价公式(16.10)中出现的贴现因子中。或者,正如文献[164]所解释的那样,在不引入国外风险中性测度的情况下,可以用外汇互换报价直接为外币融资建模。

16.3.3 带外汇抵押品的单货币合约中的缺口风险

交易对手的信用风险可以通过保证金实践(CSA 协议)来缓解,即使用抵押账户作为对交易对手违约的保险。然而,有些合约即使用无风险资产也不能实现完全抵押,因为其市值在违约时会跳跃。详情请参阅下一章中的第17.5.2 节。

特别是,如果在某交易对手违约时允许外汇汇率跳跃,则这会发生在交叉货币衍生工具中,如交叉货币互换(CCS),如文献[105]。然而,即使在单一货币合约情况下,如果抵押资产以外币表示,我们也可能遇到同样的问题,这可能使完全抵押的可能性失效。

16.4 结论

我们讨论了如何在 CBVA 定价公式中引入保证金成本,分析了相关的例子,并在我们的框架中重新推导了在文献中已有的一些事实。特别是,我们研究了风险交易对手之间完全抵押合约的问题,从而得到了未来合约的定价公式。我们还讨论了外币抵押的问题,即在抵押货币与交易货币不同时,两个风险交易对手之间存在完全抵押合约的情况。

我们将在下一章继续框架的最后一个要素以完成整个全景,即资金估值调整。

17

融资估值调整（FVA）？

本章基于 Pallavicini、Perini 和 Brigo（2011，2012）[165][196]。

我们通过介绍文献［165］和［195］的结果来得出本书的结论。在这里，我们得出了一个包含抵押品的交易对手信用和债务估值调整定价的公式，以便在计算交易价格的同时，能以一致的方式考虑信用和债务估值调整（CVA 和 DVA）以及保证金和融资成本。我们发现，该公式具有递归形式，因此在 CVA（可能还有 DVA）之上引入纯附加融资估值调整（FVA）变得很困难。然而，可以将定价公式转换为一组迭代关系，这些关系可以通过标准最小二乘蒙特卡洛技术来解决。因此，我们发现，确定融资成本 FVA 和债务估值调整 DVA 一般站不住脚，这与简单情况下文献中的相关建议相反。我们不久后将就这一重要问题作进一步讨论，并将讨论"FVA = 0"的剩余索偿权。

我们定义了一个全面框架，以使其能在融资或交易对手风险方面的研究中作为一个特例取得早期研究成果，尽管我们的框架不仅仅是此类特例的加总。我们采用风险中性方法得出一般定价公式。另外，我们还考虑了现实设置，并在模型中包括 ISDA 文档所建议的共同市场实践，而不对保证金程序和结算净额规则施加限制性约束。特别是，我们允许非对称的抵押和融资利率，以及外生流动性政策和套期保值策略。此外，我们的研究还涵盖了再抵押流动性风险和清算金额估值问题。最后，特殊设置的相关示例说明了如何从稳健的一般框架中推导出有关贴现曲线的已知事实，而不是将其诉诸于临时假设。

我们需要警告读者，这可能是本书中最高级的部分，也是我们最新研发的部分。因此，它仍在演变中，我们对该领域的研究目前也在不断推进之中。[①] 因此，本章应以这样一种态度来阅读，即它仍然是一项正在进行中的工作，尽管正如上面所提到的，我们将得出关于融资这一特例的多数已知事实。

最后，我们还将在第 18 章中考虑融资成本，尽管其是在以长寿互换作为基础工具的特例中所做的。

17.1 处理融资成本

融资成本已成为该行业的首要话题。人们只需查看 2011—2012 年建模会议上处理此主题的演示量和人流量，就能了解对此已有多少研究投入。然而，文献仍处于起步阶段，出版材料很少，且大多为轶闻式的，并不具一般性。

融资成本与抵押建模挂钩，而抵押模型又对信用和债务估值调整（CVA 和 DVA）有重大影响。虽然有几篇论文试图单独处理这些影响，但很少有人能试图建立一个一致的框架，使所有这些方面都能以一致的方式共存。本章的目标就是建立这样的一个框架。

17.1.1 中央清算、中央交易对手和本书

我们正在目睹一场有关中央清算预期影响的辩论，特别是在当前面临根源于巴塞尔协议Ⅲ、EMIR 和 Dodd-Frank 法案的监管压力下。CCP 自然会影响本书的主题。然而，我们开发的理论也可以应用于存在 CCP 时，对诸如传染、缺口风险、集中风险等进行估值，以寻找正确的初始保证金和垫头等。本章只使用简单的特定示例来为融资成本定价，但本书的一般理论比该示例中看到的要强大得多。在任何情况下，初始和变动保证金都不是万能药，正如我们过去关于缺口风险和错向风险的例子所强调的，设置类似于本书的分析场景以处理几个潜在的 CCP 问题并没有多少用处。

[①] 这也是参考文献中如文献［196］等并不遵循文献列表字母顺序的原因。

17.1.2 高水平特征

我们列出了文献 [165] 和 [196] 方法的高级别功能。然后，将继续介绍关于他们理论的更具体内容。

17.1.2.1 风险中性方法

我们采用风险中性方法。① 我们的理论本质上是风险中性的，不添加其他银行账户的，即其他根据不同利率演变的本地无风险资产（例如参见文献 [85]）。在自由市场上，这将立即导致出现套利，但假设存在市场分割时，一个人可以拥有不同的银行账户。我们没有假设融资风险从一开始就嵌入不同的贴现和测度范式，而是将抵押、司库费用和套期保值者融资费用作为明确的现金流（如下面的 φ）。不同的贴现和不同的测度（如下面的 $\mathbb{E}^f$）可能会在之后出现，但只是作为计算工具，而不是作为真正的金融问题。我们的方法清楚地解释了这样一个事实，即我们不需要改变定价理论，即其仍然是经典的风险中性理论，以考虑融资成本。我们的关键信息是，不需要改变理论，而只是改变偿付。②

17.1.2.2 隔夜利率不是无风险利率

该方法的另一个高级特征是，与银行账户相关的无风险瞬时即期利率 r_t 不会被迫成为近似的市场利率。我们对市场量和理论量的区分是清晰的，从不声称隔夜利率（如 EONIA）是无风险的（虚假的）事实。无风险利率总是 r_t，如果其在融资和套期保值通过具体市场工具已完成时就会消失，则它仅为一个工具变量，正如我们将看到的那样。

17.1.2.3 保持司库和交易活动的区别

我们的方法的另一个高层方面是，我们清楚地区分了交易台操作和司库操作，不会在清算层面（在交易最终到期前发生第一次违约事件时）混淆此类术语，以及不讨论司库资金利率是如何产生的。交易和司库的世界显然只有通过

---

① 感谢 Stéphane Crépey 就此问题与我们进行的有益联络。

② 这也含蓄地回应了媒体关于 FVA 的辩论，例如"FVA 辩论仍在继续：Hull 和 White 回应其批评者"，《风险杂志》2012 年 10 月刊。根据我们在 2011 年已经发表在文献 [165] 中的一般结果，这看起来像是茶杯里的风暴。我们将表明，假设的 FVA 仅在非常特殊和不切实际的假设下消失，包括银行司库部门所发挥的在银行的相当被动的角色，请参见第 17.5.4 节。

司库资金利率才能相互关联，这具体取决于银行的流动性政策。

17.1.2.4 为交易提供资金意味着为套期保值策略提供资金

我们方法的一个重要高水平特征是，对我们来说，只有在得到套期保值支持时，价格才是真实的，而且套期保值是交易者的具体目标。这并不是说无套利就必须确定复制，因为有些无套利方法并不需要复制。然而，要在实践中支持价格，就需要套期保值。因此，我们认为，为产品融资就意味着实际上要为其套期保值策略提供资金。这就是本章所强调的套期保值投资组合的原因。当然，交易者拥有近乎完美的套期保值的情况是罕见的。在某些情况下，当交易者不确定时，其就会尝试近似对冲，但其一般不会继续等待。这就是为什么我们专注于套期保值的原因。

17.1.2.5 定价和视角

由于一个实体无法详细了解另一个实体的融资政策，因此在估值过程中纳入的融资无办法是双边的。这意味着双方之间的交易价格将有所不同。我们包括融资成本的主公式可以应用于交易各方不同的资金投入，例如银行司库部门或特定交易部门。其中需要认识到的一个重点是，一般而言，交易者无法在交易中向交易对手收取融资成本，这也是价格变得依赖视角的进一步原因。一般来说，交易者可以将融资成本纳入分析中，并获取其录入系统的价格，且此价格还包含设置和维护交易的司库成本，但其向交易对手收取的实际价格并不会是此价格。同样，交易者司库部门可以计算不同的价格，其中融资部分并不存在，因为这是向交易部门收取的。这是一个简化的例子，但其有助于澄清我们获得的价格的透视性质。如果债务估值调整代表了在包括信用风险时就交易价格保持一致的（双重）可能性，那么融资就打破了对称性，双方就不再能找到一个共同的价格。我们可以使用不同的方法，但对相关均衡的一般描述超出了本书的范围。

17.1.3 单笔交易（微观）和同质（宏观）融资模型

在处理融资成本时，首先必须决定是采取单笔交易（微观）还是同质（宏观）成本视角。

微观方法可以处理特定交易的融资成本。这也是一种区分融资和投资回报的方法。因为一般而言，在借款和贷款时将采用不同价差。然而，这不是唯一的可能性，而且银行司库部门的工作方式通常不同。如果假设所有交易的平均融资（借款）成本和平均投资（贷款）回报率，这种宏观方法将导致两条曲线，分别适用于所有融资成本和投资金额，而不管具体交易如何，但其取决于风险暴露的符号。

我们可以进一步采用同质性假设，并假设投资成本和融资成本相匹配，因此价差不仅在不同交易中相同，而且彼此相等，这意味着有共同融资（借款）和投资（贷款）宏观价差。实际上，司库部门将为借款或贷款设定共同的价差值，而这个值将与所有交易的平均值相匹配。这种同质平均法为银行司库部门寻求了唯一的融资/贷款价差，以将其应用于资本市场的所有交易产品。例如，文献［108］和［168］等初始研究都假定了同质方法。

本章尽可能地保持一般性，因此假设是在微观视角下，但这当然足以将我们的变量压缩为共同值，以获得任何大型资金池的方法。

我们还指出，微观与宏观方法下对司库部门的看法大相径庭。在微观模型中，司库部门在研究融资成本方面发挥非常积极的作用，并使其成为一个业务中心。在同质模型中，司库部门更发挥了支持银行业务部门的核心作用。目前第二种观点普遍存在，但我们要指出，在这一框架内实施无套利方法将更为困难。

17.1.4　关于融资和抵押的早期文献

担保对违约风险以及 CVA 和 DVA 的根本性影响在文献［79］和最近的文献［41］及［40］中得到了分析。文献［41］和［40］研究了 CVA 和 DVA 在不同抵押策略下的缺口风险，这些策略包括有或没有再抵押作为保证金频率的函数，是否具有错向风险，以及是否存在可能的即时传染。最低阈值金额和最低转移金额也得到了考虑。我们还引用了本书的第 1 章，以列出有关该主题的常见问题。

文献［157］和［74］考虑了存在违约风险的融资问题。这些工作关注于特别简单的产品，如零息债券或贷款，以突出融资成本的一些基本特征。

文献［109］分析了货币风险对抵押建模的影响。其结果也可从文献［165］

和 [196] 的不同框架中得出。

文献 [168] 和 [169] 在一个纯经典的 Black 和 Scholes 框架中对衍生交易在有抵押但无违约风险时的类似问题中作了初步的格式化分析。在无违约风险的世界里引入抵押模型是值得被怀疑的，因为抵押的主要作用就是针对此类风险的担保。

上述参考文献构成了融资成本文献的开端，但并没有将上述所有功能纳入一个一致性框架中，然后使用该一致性框架来管理复杂产品。一般化理论依然缺失。目前为止，唯一的例外是文献 [65] 和 [66]，但它们没有处理抵押建模和违约时盯市非连续的隐含复杂性。此外，通过采用 PDE 方法，文献 [65] 和 [66] 被不切实际地限制在了低维情况下。另一个一般性结论是文献 [85]，且其更具前景和一般化，尽管其不允许在基本投资组合中使用信用工具。

我们引入一般性框架的方法遵循了文献 [165] 和 [196]，并考虑了我们过去对双边交易对手风险、抵押、再抵押和跨资产类别错向风险的研究。之后，我们一致性地加入了融资成本，以完成整个图景，构建了一个全面的一般性框架，其中包括了作为特例的早期结果。特别是，我们提出了四个示例，以突出得到的一般定价方程的特征。我们特别分析了以下几种情况：

1. 有违约风险但完全抵押。这是两个风险交易对手在存在融资成本的情况下建立完全抵押合约的情况。

2. CCP。这是存在中央交易对手（CCP）对两个风险交易对手之间的抵押合约进行定价的情况，其可能存在缺口风险。

3. 无抵押。这是风险投资者在非抵押交易中评估交易对手信用风险的情况。

4. 对于正回报没有抵押。这是文献 [157] 和 [74] 研究的情况。

17.1.5　在信用和债务估值调整中包含 FVA

当包括融资成本时，必须作出一些选择。上面已经指出，第一个选择是采取单笔交易层面的自下而上视角还是采取大型资金池视角。我们采用前者是因为它更具一般性，但大多数关于融资的最初文献都持后一种视角，因为这符合司库部门目前的业务准则。显然，后一种视角是前者的一个特例，因此我们实际上处理了这两种视角。

当尝试将融资成本纳入交易估值时，我们面临着困难的局面。交易的未来现金流将取决于未来将作出的融资选择，那么今天这些现金流的定价就涉及对未来融资决策的建模。与信用估值和债务估值调整一样，对非可叠加分解性的依赖存在于没有融资成本时的情况。

这导致了一个难以求解的递归估值公式，尤其是当所处理产品为路径依赖时，因为这时需要同时向后推导和向前模拟。递归也发现有不同的方法，如见文献［85］和［65］。

17.1.6　FVA 不是 DVA

从这个意义上说，期望融资成本可以通过简单的融资估值调整（FVA）来考虑，这就显得太过分了。该项可以被正式定义，但不会以简单的方式加到 CVA 和 DVA 中。融资成本递归性质的另一个后果是，确定 FVA 和 DVA 一般是错误的。虽然这发生在一些非常特殊的情况下，如见文献［157］，但它一般并不成立。

17.2　包含抵押和融资的双边估值调整价格

在这里，我们为含抵押的双边估值调整（CBVA）价格开发了一种风险中性估值方法，并通过纳入融资成本将其扩展到含抵押和融资的双边估值调整（CFBVA）价格中，这与文献［165］和［196］一样。此处的"双边"是指公式中双方都有违约时间，而不是指的价格对称。根据这一逻辑，我们强调了为推导该公式所遵循的相关市场标准和协议。关于对市场考虑和抵押机制的深入讨论，我们向读者推荐文献［41］，其还包括了对不同抵押策略下利率互换信用估值调整的分析。

为了对衍生工具进行定价，我们必须对进入交易头寸后发生的所有现金流进行贴现。我们可以按以下内容对它们进行分组：
1. 包括套期保值工具的衍生工具现金流（如息票、股息等）；
2. 抵押保证金程序所要求的现金流；
3. 融资和投资程序所要求的现金流；

4. 违约事件发生时的现金流。

请注意，我们使用无风险贴现因子 $D(t,T)$ 对现金流进行贴现，因为所有成本都被纳入为额外的现金流，而不是作为临时价差。

我们将金融合约涉及并面临违约风险的两方称为投资者（也命名为 I）和交易对手（也命名为 C）。如果双方交易的投资组合也是违约敏感工具，那么我们就引入第三方，指该投资组合的标的参考信用（也命名为 U）。

我们分别用 τ_I 和 τ_C 表示投资者和交易对手的违约时间。将投资组合的时间范围固定为 $T \in \mathbb{R}^+$，并确定风险中性定价模型 $(\Omega, \mathcal{G}, \mathbb{Q})$，使用滤子 $(\mathcal{G}_t)_{t \in [0,T]}$，则 τ_C 和 τ_I 为 $\mathcal{G}$ - 停时。用 $\mathbb{E}_t$ 表示给定 $\mathcal{G}_t$ 时 $\mathbb{Q}$ 测度下的条件期望，并用 $\mathbb{E}_{\tau_i}$ 表示给定停止滤子 $\mathcal{G}_{\tau_i}$ 时 $\mathbb{Q}$ 测度下的条件期望。我们排除了同时违约的可能性，并定义双方首次违约事件为停止时间 τ：$= \tau_C \wedge \tau_I$。

本章的主要结果包含了交易对手信用风险（CVA 和 DVA）、保证金成本以及融资和投资成本在内的交易定价公式（CFBVA 价格）。

衍生合约的 CFBVA 价格 $\bar{V}_t$ 将在下面章节推导，其为

$$\bar{V}_t(C;F) = \mathbb{E}_t\left[\Pi(t, T \wedge \tau) + \gamma(t, T \wedge \tau; C) + \varphi(t, T \wedge \tau; F)\right] \\ + \mathbb{E}_t\left[\mathbf{1}_{\{\tau < T\}} D(t, \tau) \theta_\tau(C, \varepsilon)\right] \tag{17.1}$$

其中有

- $\Pi(t,T)$ 为 $(t,T]$ 区间所有贴现偿付项之和；
- $\gamma(t,T;C)$ 为该区间内的抵押保证金成本，C 为抵押账户；
- $\varphi(t,T;F)$ 为该区间内的融资和投资成本，F 为交易所需的现金账户；
- $\theta(C,\varepsilon)$ 为违约时的现金流，ε 为损失额或违约事件发生时生存方的引致成本（清算金额）。

保证金程序和流动性政策分别决定了抵押账户 C_t 和现金账户 F_t 的动态过程，而清算金额 ε_t 则由交易对手之间的 CSA 持有来定义。正如稍后将看到的，常见策略可能会将此类过程的价值与衍生工具本身的价格联系起来，并将以前的定义转换为递归方程。此特征隐藏在简化方法中，其基础是将价差加入贴现曲线以容纳抵押和融资成本。文献 [85] 和 [65] 采用了不同方法，其中通常的风险中性估值框架被扩展到包括不同利率累计的多个现金账户。然而，衍生品价格的类似结构是通过后向 SDE 的解来得到的。

在以下各节中，我们通过引入保证金和融资成本来重新推导出第 13 章的定

价公式。特别是，我们扩展了上述各项，以允许计算 CFBVA 价格。

17.3 融资风险和流动性政策

我们首先参考巴塞尔银行监管委员会 2009 年 12 月的工作论文"流动性风险测度、标准和监测的国际框架"，该框架考查了市场和融资流动性问题。我们不会在这里继续其一般性水平的讨论，因为我们将主要处理与 CVA 相关的定价和融资问题。在定价应用中，对包含双边 CVA – DVA 和抵押保证金的融资成本进行一致性建模是一项复杂的任务，因为它不仅包括了对银行流动性政策的建模，还在一定程度上需要对整个银行系统进行建模。

关于这方面，可在文献中找到现实的融资流动性模型，如见文献［97］或［64］等参考资料。然而，我们在这里遵循文献［165］和［196］，其对融资成本进行了风险中性估值，类似框架也可参见文献［85］。更多示例可在文献［65］、［157］、［108］或［162］中找到。

实际上，这意味着，由于不涉及融资流动性建模的细节，我们只需简单地将风险中性融资成本作为完成每项现金流交易所需的额外费用来引入。并且可以通过收集来自交易头寸融资的所有成本（包括套期保值成本和抵押保证金）来将融资成本与信用（和债务）估值调整一起加入。这里可能存在一些不对称性，因为一方计算的价格可能与另一方评估的价格不同，因为每个价格仅包含计算方所承担的融资成本。

17.3.1 融资、对冲和抵押

在不讨论融资流动性建模细节的情况下，可以通过考虑交易者在 t 时进入的头寸来引入风险中性融资成本，以获得建立对冲策略所需的现金金额（$F_t > 0$），以及投资头寸的现金盈余（$F_t < 0$）。如果交易有抵押，我们就将保证金程序纳入交易定义，以便能够评估其融资成本。请注意，如果允许再抵押，则每一方都可以使用抵押账户 C_t 来进行融资，并且如果抵押账户足够大，就可以消除所有融资成本，可参见文献［109］。文献［184］和［185］考查了作为市场惯例的再抵押程度。

要为现金流编写一个明确的公式，就需要一个用于融资或投资的现金金额表达式。文献［168］、［65］和［85］也面临同样的问题。据我们所知，本章是在最一般性的设置下面对该问题进行讨论。我们还指出，通过使用文献［168］和［65］用到的自融资条件来得到结果是存在问题的，例如参见文献［38］。

我们注意到，完全复制要定价的产品或衍生工具的套期保值策略是由现金金额（即我们的现金账户 F_t）和套期保值工具投资组合 H_t 所构成的，因此在交易非抵押或禁止再抵押时，可以得到 $F_t = \bar{V}_t(C,F) - H_t$，其中 $\bar{V}_t(C,F)$ 为 t 时的产品风险价格，其包括融资、投资和套期保值成本。

在 Black 和 Scholes 经典理论中，例如在文献［99］所描绘的例子中，当诉诸于收益过程、股息过程和价格过程时，账户 H_t 将是标的股票的 delta 头寸，而套期保值头寸 F_t 将是无风险银行账户中的头寸。

另外，如果允许再抵押，就可以使用抵押资产进行融资，那么融资或投资的现金金额就会减少，即为

$$F_t = \bar{V}_t(C, F) - C_t - H_t$$

其中，$\bar{V}_t(C,F)$ 为包括融资、投资和套期保值成本的产品风险价格。

请注意，我们得到了一个递归方程，因为 t 时的产品价格取决于 t 之后的融资策略 $F([t,T])$，而 t 之后的融资策略又取决于后续未来时间的产品价格。这将在后续各节中予以明确说明。

17.3.2 流动性政策

交易者为融资或投资而进入的头寸取决于其流动性政策，即我们假设交易者所需的任何现金金额 $F_t > 0$，或任何要投资的现金盈余 $F_t < 0$，都可以通过与外部方——例如司库部门或在市场上运作的贷款人（"融资方"）——进入一个头寸来加以管理。

特别是，我们假设交易者根据时间网格 $t_1, \cdots, t_m$ 进入了一个融资头寸。更确切地说，在以下两个网格时间 t_j 和 t_{j+1} 之间，我们有：

1. 在 t_j 时，交易者向融资方要求等于 F_{t_j} 的现金金额；
2. 在 t_{j+1} 时，交易者必须偿还融资方以前获得的现金金额，并须支付融资成本。

此外，我们假设融资成本在每个融资期开始时被确定，并在同一期结束时被收取。我们也可以遵循同样的推理处理不直接由交易者使用的投资现金金额（$F_t < 0$），并考虑整个融资期内的各个投资期。

融资和投资合约的价格可以不失一般性地作为其 t 时可测度的适应性过程 $P_t^{f+}(T)$ 而引入，其代表融资合约的价格，其中交易者在到期日 $T > t$ 支付一个单位的现金，以及投资合约价格 $P_t^{f-}(T)$，并且交易者在到期日收到一个单位现金。我们还引入了融资和投资利率

$$f_t^{\pm}(T) := \frac{1}{T-t}\left(\frac{1}{P_t^{f\pm}(T)} - 1\right)$$

这也有助于引入有效融资和投资利率 $\tilde{f}_t$ 和相应的零息票债券，前者被定义为

$$\tilde{f}_t(T) := f_t^{-}(T)\mathbf{1}_{\{F_t<0\}} + f_t^{+}(T)\mathbf{1}_{\{F_t>0\}} \tag{17.2}$$

后者为 $P_t^{\tilde{f}}(T) := \dfrac{1}{1 + (T-t)\tilde{f}_t(T)}$。

因此，我们可以将包含融资成本和抵押管理的产品或衍生工具价格 $\bar{V}_t(C, F)$ 定义为

$$\bar{V}_t(C, F) := \mathbb{E}_t\left[\bar{\Pi}(t, T; C) + \varphi(t, T \wedge \tau; F)\right]$$

其中，$\varphi(t, T \wedge \tau; F)$ 是投资者为对冲交易头寸而根据其在首次违约事件之前的流动性政策开设的所有融资和投资头寸的成本之和。这可在短时间内得到更精确的定义。相反，$\bar{\Pi}(t, T; C)$ 是来自产品付款的贴现现金流之和，包括了如上节所述的抵押保证金程序和结算净额规则。

在定义 $\varphi(t, T \wedge \tau; F)$ 之前，我们描述一些流动性政策的例子，以为了更好地说明我们关于融资和投资成本的方法。

（1）在第一种情况下，我们从回报的角度上区分融资和投资，因为资金的借出和借入一般会没有理由以相同利率发生，因此 P_t^{f+} 和 P_t^{f-} 会有所不同。此外，根据交易的名义本金、到期结构、单一产品的交易对手客户关系影响等，不同交易的利率也会有所不同。我们可以将该方法称为融资的"微观"方法，或者也可能称之为自下而上方法。该方法依赖特定交易，并会根据资金是借入还是借出而产生利率变化。

(2)第二种方法是假设所有交易都采用借款的平均成本,以及贷款或投资的平均回报。这将导致 P_t^{f+} 和 P_t^{f-} 这两条曲线,分别对于所有融资成本和投资金额都成立,而不管具体交易的情况如何,因此这种方法虽然仍将区分借贷和贷款,但其并不依赖于特定交易。

(3)在第三种方法中,我们可以更进一步地假设投资成本和融资成本相匹配,即 P_t^{f+} 和 P_t^{f-} 不仅在不同交易中相同,而且彼此相等,这意味着有共同的资金计入和投资(贷出)价差。实践中,借款和贷款的价差会被设定为一个共同的值,而该值将符合所有交易的平均值。这将是一种"大资金池"或同质平均方法,它将为银行找到唯一的融资价差以用于资本市场交易的所有产品。

17.3.2.1 通过银行司库部门融资

作为第一个例子,我们可以考虑融资和投资现金流的交易对手为司库部门,而后者又在市场上运作。因此,每个交易者的融资和投资费率 $f_t^\pm$ 由司库部门决定,例如通过资金转移定价(Funds Transfer Pricing,FTP)过程,使我们能够衡量不同业务单位的绩效。图 17.1 就此提供了图形化展示。

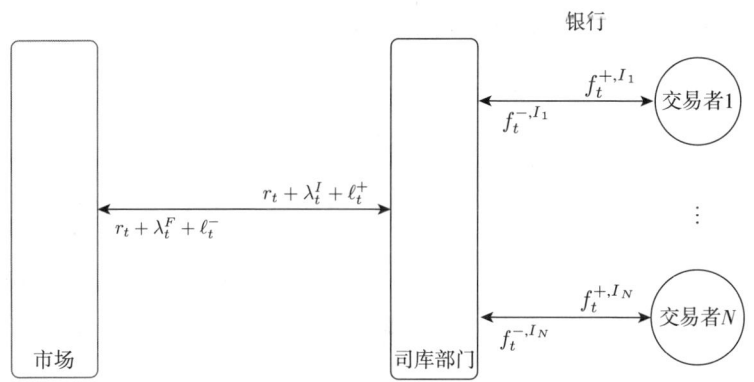

图 17.1 交易者只能通过其司库部门进行融资和投资。

因此,适用平均费率 $f_t^\pm$。交易者看不到由司库部门关闭的融资和投资交易

从投资者的角度来看,当在 t_j 时进入一个融资或投资头寸 Φ_j 时,会发生如下(贴现后)现金流:

$$\Phi_j(t_j, t_{j+1}; F) := -N_{t_j} D(t_j, t_{j+1})$$

并有

$$N_{t_j} := \frac{F_{t_j}^-}{P_{t_j}^{f^-}(t_{j+1})} + \frac{F_{t_j}^+}{P_{t_j}^{f^+}(t_{j+1})}$$

其在 t_j 时的价格为 F_{t_j}。

投资者 "I" 不直接在市场上运作，而只是通过其司库部门进行运作。因此，在违约的情况下，融资/投资交易双方都会消失，没有任何进一步的现金流。特别是，在这种情况下，司库部门（而非交易者）负责对融资头寸进行债务估值调整，以便我们能仅在不发生违约事件时才考虑发生融资/投资的情况，从而在考虑违约事件时得到对资金借入/贷出（投资）现金流的如下定义：

$$\bar{\Phi}_j(t_j, t_{j+1}; F) := \mathbf{1}_{\{\tau > t_j\}} \Phi_j(t_j, t_{j+1}; F)$$

那么，第 j 次资金借入/贷出头寸的现金流价格为

$$\mathbb{E}_{t_j}\left[\bar{\Phi}_j(t_j, t_{j+1}; F)\right] = -\mathbf{1}_{\{\tau > t_j\}} \left(F_{t_j}^- \frac{P_{t_j}(t_{j+1})}{P_{t_j}^{f^-}(t_{j+1})} + F_{t_j}^+ \frac{P_{t_j}(t_{j+1})}{P_{t_j}^{f^+}(t_{j+1})} \right)$$

然后，司库中介活动可被视为处于一个操作序列的情况下，即在融资时间网格内的每个 t_j 时进入资金借入和贷出头寸，都可以得到资金借入和贷出成本。可定义投资者 "I" 在首次违约事件前根据其流动性政策来对冲其交易头寸而开设的所有投融资头寸的成本之和为 $\varphi(t, T \wedge \tau; F)$。该和由下式给出

$$\begin{aligned} \varphi(t, T \wedge \tau; F) &:= \sum_{j=1}^{m-1} \mathbf{1}_{\{t \leq t_j < T \wedge \tau\}} D(t, t_j) \left(F_{t_j} + \mathbb{E}_{t_j}\left[\bar{\Phi}_j(t_j, t_{j+1}; F)\right] \right) \\ &= \sum_{j=1}^{m-1} \mathbf{1}_{\{t \leq t_j < T \wedge \tau\}} D(t, t_j) \left(F_{t_j} - F_{t_j}^- \frac{P_{t_j}(t_{j+1})}{P_{t_j}^{f^-}(t_{j+1})} - F_{t_j}^+ \frac{P_{t_j}(t_{j+1})}{P_{t_j}^{f^+}(t_{j+1})} \right) \end{aligned} \quad (17.3)$$

严格地说，这是一种偿付支出。t 时的成本是通过对上述现金流在 t 时取风险中性预期获得的。

17.3.2.2 直接在市场上融资

作为流动性政策的第二个例子，可以考虑每个交易者都直接在市场上操作以进入融资和投资头寸（见文献 [85]）。在这里，司库部门不再具有积极作用，其可从我们的架构中被删除（见图 17.2）。

投资者直接在市场上运作。因此，其盯市应包括由于融资头寸而导致的违约债务估值调整。在这里，我们认为融资者是无违约风险的。此外，与上例相同，我们考虑如果发生任何违约事件，融资程序将关闭的情况。

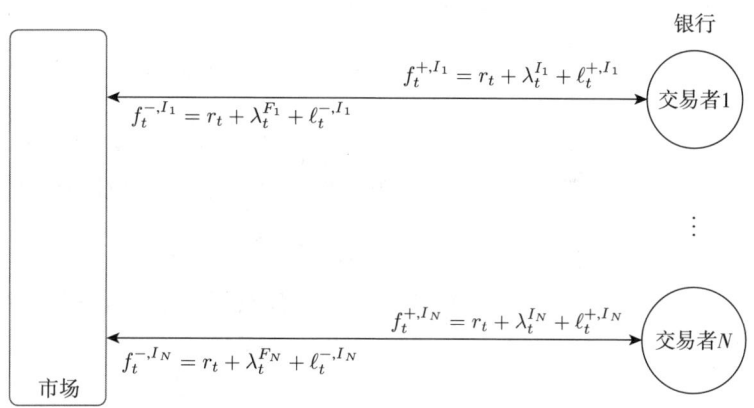

图 17.2 交易者直接在市场上进行融资和投资。因此，融资和投资费率 $f^{\pm}$ 必须与市场利率相匹配。这里的 λ 为交易者或融资方的违约密度，$\ell^{\pm}$ 为买卖的流动性（债券/CDS）基点

通过使用没有抵押的 CBVA 定价公式，可获得包括债务估值调整的融资（贴现后）现金流之和

$$\bar{\Phi}_j(t_j, t_{j+1}; F) := \mathbf{1}_{\{\tau > t_j\}} \mathbf{1}_{\{\tau_I > t_{j+1}\}} \Phi_j(t_j, t_{j+1}; F) \\ - \mathbf{1}_{\{\tau > t_j\}} \mathbf{1}_{\{\tau_I < t_{j+1}\}} (\mathrm{LGD}_I \varepsilon^{-}_{F,\tau_I} - \varepsilon_{F,\tau_I}) D(t_j, \tau_I)$$

其中，$\varepsilon_{F,t}$ 为投资者违约事件时融资方计算的清算金额，且假设其为

$$\varepsilon_{F,\tau_I} := -N_{t_j} P_{\tau_I}(t_{j+1})$$

请注意，遵循文献 [85]，假设投资者回收率与用作交易的回收率不同，因为债务优先级可能不同。将本案例沿着这个方向进行扩展是直截了当的。

那么，第 j 次融资和投资策略的现金流价格为

$$\mathbb{E}_{t_j}\left[\bar{\Phi}_j(t_j, t_{j+1}; F)\right] = -\mathbf{1}_{\{\tau > t_j\}} \left(F_{t_j}^{-} \frac{P_{t_j}(t_{j+1})}{P_{t_j}^{f-}(t_{j+1})} + F_{t_j}^{+} \frac{P_{t_j}(t_{j+1})}{P_{t_j}^{f+}(t_{j+1})} \right)$$

其中，风险调整后的融资零息票债券 $\bar{P}_t^{f+}(T)$ 被定义为

$$\bar{P}_t^{f+}(T) := P_t^{f+}(T) \left(\mathbb{E}_t^T\left[\mathrm{LGD}_I \mathbf{1}_{\{\tau_I > T\}} + \mathrm{REC}_I\right]\right)^{-1}$$

右边的预期是在 T 时的前向测度下作出的。

因此，我们考虑融资借贷成本的情况是，交易者在市场上的直接融资是在融资时间网格内每个 t_j 时进入资金借入和贷出（投资）头寸的系列操作。其来自的投资者为了在首次违约事件前根据其流动性政策来对冲其交易头寸而开设

的所有投融资头寸的成本之和 $\varphi(t, T \wedge \tau; F)$ 为

$$\varphi(t, T \wedge \tau; F) := \sum_{j=1}^{m-1} \mathbf{1}_{\{t \leq t_j < T \wedge \tau\}} D(t, t_j) \left(F_{t_j} + \mathbb{E}_{t_j} \left[\overline{\Phi}_j(t_j, t_{j+1}; F) \right] \right)$$

$$= \sum_{j=1}^{m-1} \mathbf{1}_{\{t \leq t_j < T \wedge \tau\}} D(t, t_j) \left(F_{t_j} - F_{t_j}^- \frac{P_{t_j}(t_{j+1})}{P_{t_j}^{f-}(t_{j+1})} - F_{t_j}^+ \frac{P_{t_j}(t_{j+1})}{P_{t_j}^{f+}(t_{j+1})} \right) \quad (17.4)$$

其中,为了避免烦琐,φ 对 τ_I 的依赖并没有被明确显示出来。

此外值得注意的是,如果设 $REC_I = 1$（从而 $LGD_I = 0$）,可得 $\overline{P}_t^{f+}(T)$ 等于 $P_t^{f+}(T)$,从而回到了上一个示例。因此,后续都将其简写为 $P_t^{f\pm}(T)$。

17.4 带融资成本的 CBVA 定价公式（CFBVA）

本章尽可能保持一般性,因此假设的是微观视角,但这当然足以将我们的变量压缩为共同值,以实现任何一个大资金池方法。通过前面的例子,我们明白,无论融资和投资利率如何确定,一个明智的融资和投资现金流选择均可为

$$\varphi(t, T; F) := \sum_{j=1}^{m-1} \mathbf{1}_{\{t \leq t_j < T\}} D(t, t_j) \left(F_{t_j} - F_{t_j}^- \frac{P_{t_j}(t_{j+1})}{P_{t_j}^{f-}(t_{j+1})} - F_{t_j}^+ \frac{P_{t_j}(t_{j+1})}{P_{t_j}^{f+}(t_{j+1})} \right)$$

因此,包含融资和投资成本的 CFBVA 价格 $\overline{V}_t(C; F)$ 可写为如下形式

$$\overline{V}_t(C; F) = \mathbb{E}_t \left[\Pi(t, T \wedge \tau) + \gamma(t, T \wedge \tau; C) + \varphi(t, T \wedge \tau; F) \right] \\ + \mathbb{E}_t \left[\mathbf{1}_{\{\tau < T\}} D(t, \tau) \theta_\tau(C, \varepsilon) \right] \quad (17.5)$$

当融资和保证金成本被舍弃时,将上述公式压缩为文献［41］中的 CBVA 调整价格公式,而当只考虑保证金成本时,此公式等于本章抵押部分所述的公式。在下面,我们考虑一些简单的例子来强调其意义。

17.4.1 CFBVA 定价公式的迭代解

在前几节中,我们推导出了包含抵押的信用和融资估值调整价格公式 (17.5),这使我们能够通过考虑交易对手风险、保证金和融资成本来为交易定价。我们还构建了一些相关示例,以突出公式的递归性质及其与贴现曲线的

联系。

现在，我们描述了一个策略，以求解该公式，而不用去简化假设。我们尝试将递归转换为一组迭代方程，以使最终能通过最小二乘蒙特卡洛技术来求解（与标准 CVA 计算相同），例如见文献 [57]。

我们首先引入以下量作为迭代解的构建基石

$$\bar{\Pi}_T(t_j, t_{j+1}; C) := \Pi(t_j, t_{j+1} \wedge \tau) \\ + \gamma(t_j, t_{j+1} \wedge \tau; C) + \mathbf{1}_{\{t_j < \tau < t_{j+1}\}} D(t_j, \tau) \theta_\tau(C, \varepsilon)$$

其中，θ 的定义依然与式（16.6）中相同。时间参数 T 指出，θ 内的风险暴露 ε 依然指的是到期日为 T 的交易。由上面定义，显然有 $\bar{\Pi}_T(t, T; C) = \bar{\Pi}(t, T; C)$。

在每个融资日 t_j 求解式（17.5），可得到在下一个融资时间 t_{j+1} 计算的 $\bar{V}$，有

$$\bar{V}_{t_j}(C; F) = \mathbb{E}_{t_j}\left[\bar{V}_{t_{j+1}}(C; F) D(t_j, t_{j+1}) + \bar{\Pi}_T(t_j, t_{j+1}; C)\right] \\ - \mathbf{1}_{\{\tau > t_j\}} \left(F_{t_j}^- \frac{P_{t_j}(t_{j+1})}{P_{t_j}^{f-}(t_{j+1})} + F_{t_j}^+ \frac{P_{t_j}(t_{j+1})}{P_{t_j}^{f+}(t_{j+1})} - F_{t_j}\right)$$

回想一下，如再抵押被禁止，那么有 $F_{t_j} = \bar{V}_{t_j}(C; F) - H_{t_j}$，而如被允许则有 $F_{t_j} = \bar{V}_{t_j}(C; F) - C_{t_j} - H_{t_j}$。进一步有

$$\bar{V}_{t_n}(C; F) := 0$$

因此，通过求解正值和负值部分，可得对于 $\tau < t_j$ 有 $\bar{V}_{t_j}(C; F) = 0$，而对于 $\tau > t_j$：

（1）当再抵押被禁止时，有

$$\left(\bar{V}_{t_j}(C; F) - H_{t_j}\right)^{\pm} \\ = P_{t_j}^{f\pm}(t_{j+1}) \left(\mathbb{E}_{t_j}^{t_{j+1}}\left[\bar{V}_{t_{j+1}}(C; F) + \frac{\bar{\Pi}_T(t_j, t_{j+1}; C) - H_{t_j}}{D(t_j, t_{j+1})}\right]\right)^{\pm} \quad (17.6)$$

（2）当再抵押被允许时，有

$$\left(\bar{V}_{t_j}(C; F) - C_{t_j} - H_{t_j}\right)^{\pm} \\ = P_{t_j}^{f\pm}(t_{j+1}) \left(\mathbb{E}_{t_j}^{t_{j+1}}\left[\bar{V}_{t_{j+1}}(C; F) + \frac{\bar{\Pi}_T(t_j, t_{j+1}; C) - C_{t_j} - H_{t_j}}{D(t_j, t_{j+1})}\right]\right)^{\pm} \quad (17.7)$$

当投资者实施特定套期保值策略 H_t 时，如果没有直接进入（即期）市场就标的风险因子进行头寸对冲，就可能会遭受额外成本。但其会被迫（或选择）通过中间实体进行借贷，例如股票贷出和回购市场，或交易其他衍生工具合约，

如交易标的风险因子的远期合约。

事实上，合约的市场报价可能与投资者在考虑融资和投资成本时计算的价格不同，因为投资者的成本可能不同于其他市场参与者所经历的成本。① 因此，在评估衍生工具合约时，投资者必须考虑价格差异，并将其视为额外成本。

与往常一样，我们可以改变标的风险因子的价格过程的漂移项，以包括此类成本。例如，在股票贷出和回购股票市场上，可以用所报的回购利率作为股票价格的增长率。然而，如果假设套期保值成本由测度的改变来处理，我们也必须在定价公式中去掉依赖 H_t 的各项。

下一节我们将在更简单的连续时间融资和套期保值的情况下，提出对上述声明的粗略证明。我们将更为严格地偏向更一般环境设置的研究，以留作为下一步工作。

17.4.2　扩散配置中的衍生合约融资

这里假设连续时间中的融资和套期保值。特别地，我们从离散时间网格开始，而在计算的最后，取面向连续时间的极限。

我们从再抵押场景开始。同样的方法也适用于当再抵押被禁止时。我们求解递归定价公式（17.7），得到直到到期日或首次违约事件发生时

$$\bar{V}_t(C;F) - C_t - H_t$$
$$= \mathbb{E}_t \left[\sum_{j=1}^{m-1} \mathbf{1}_{\{t_j < \tau\}} \prod_{i=1}^{j} \frac{P_{t_i}^{\tilde{f}}(t_{i+1})}{P_{t_i}(t_{i+1})} D(t, t_j) \bar{\Pi}_T(t_j, t_{j+1}; C) \right]$$
$$+ \mathbb{E}_t \left[\sum_{j=1}^{m-1} \mathbf{1}_{\{t_j < \tau\}} \prod_{i=1}^{j} \frac{P_{t_i}^{\tilde{f}}(t_{i+1})}{P_{t_i}(t_{i+1})} D(t, t_j) (D(t_j, t_{j+1}) C_{t_{j+1}} - C_{t_j}) \right]$$
$$+ \mathbb{E}_t \left[\sum_{j=1}^{m-1} \mathbf{1}_{\{t_j < \tau\}} \prod_{i=1}^{j} \frac{P_{t_i}^{\tilde{f}}(t_{i+1})}{P_{t_i}(t_{i+1})} D(t, t_j) (D(t_j, t_{j+1}) H_{t_{j+1}} - H_{t_j}) \right]$$

通过取连续时间下融资的极限，并对套期保值项求部分积分，可得：

---

① 只有当市场的非完美性不能阻止市场参与者对其加以利用时，才会出现套利。我们认为，融资和投资成本的差异是市场常见的买卖价差的一部分。

$$\bar{V}_t(C;F) = C_t + \mathbb{E}_t \left[\mathbf{1}_{\{\tau<T\}} \left(\theta_\tau(C,\varepsilon) - C_{\tau-} \right) D(t,\tau;\tilde{f}) \right]$$
$$+ \int_t^T \mathbb{E}_t \left[\mathbf{1}_{\{u<\tau\}} \left(\Pi(u, u+\mathrm{d}u) + \mathrm{d}C_u - \tilde{c}_u C_u \,\mathrm{d}u \right) D(t,u;\tilde{f}) \right]$$
$$+ \int_t^T \mathbb{E}_t \left[\mathbf{1}_{\{u<\tau\}} D(t,u;\tilde{f}) H_u (\tilde{f}_u - r_u) \mathrm{d}u \right]$$

(17.8)

其中，将融资贴现因子定义为 $D(t,T;\tilde{f}) := \mathrm{e}^{-\int_t^T \mathrm{d}u \tilde{f}_u}$。

我们将式（17.8）分为4项，以突出不同现金流的作用。第一个项为抵押品价格。第二项和第三项由不考虑抵押时的现金流（例如两个交易对手之一出现违约事件时支付的现金流），非立即重置抵押账户前的盯市变动，以及未包含抵押品价格的保证金成本等构成。第四项代表套期保值策略的融资成本。

在式（17.8）中，期望是在风险中性测度下进行的。现在，我们希望选择不同的定价测度，以使能在上述等式中去掉第四项。如果考虑 delta 对冲策略，并假设扩散过程的伊藤定价公式成立，我们就能实现这样的目标。正如之前所说，我们将更为严格地偏向更一般环境设置的研究，以留作下一步工作。

现在进入细节部分。首先考虑通过假设滤子 $\mathcal{G}$ 的可分离结构来隐含地获得无违约市场滤子 $\mathcal{F}$，其中 $\mathcal{G}$ 由纯无违约市场滤子 $\mathcal{F}$ 以及所有相关违约时间所产生的滤子生成（如参见文献 [18] 或前面的第 7 章，后者称其为 $\mathcal{H}$）。然后，我们切换到市场滤子 $\mathcal{F}$，并在期望中保留时间变量（即 $\mathbb{E}_t[(\cdot)|\mathcal{F}] \doteq \mathbb{E}[(\cdot)|\mathcal{F}_t]$）：

$$\bar{V}_t(C;F) = \mathbf{1}_{\{\tau>t\}} \int_t^T \mathrm{d}u\, \mathbb{E}_t \left[\left(\partial_u \pi_u + \lambda_u \theta_u(C,\varepsilon) \right) D(t,u;r+\lambda) \big| \mathcal{F} \right]$$
$$+ \mathbf{1}_{\{\tau>t\}} \int_t^T \mathrm{d}u\, \mathbb{E}_t \left[(\tilde{f}_u - \tilde{c}_u) C_u D(t,u;r+\lambda) \big| \mathcal{F} \right]$$
$$+ \mathbf{1}_{\{\tau>t\}} \int_t^T \mathrm{d}u\, \mathbb{E}_t \left[(r_u - \tilde{f}_u) \left(\bar{V}_u(C,F) - H_u \right) D(t,u;r+\lambda) \big| \mathcal{F} \right]$$

其中，$d\pi_u := \Pi(u, u+\mathrm{d}u) = \partial_u \pi_u \mathrm{d}u$，$\lambda_t$ 为首次违约强度，且有

$$D(t,T;x) := \exp\left\{ -\int_t^T \mathrm{d}u\, x_u \right\}$$

如果假设费曼-卡茨（Feynman-Kac）定理的假设成立，特别是标的市场风险因子为具有无穷小量生成矩阵 $\mathcal{L}_t$ 的马尔科夫过程，那么就可以写出相应的违约前 PDE。在这种情况下，对于 $\tau > t$ 可得

$$\left(\partial_t - \tilde{f}_t - \lambda_t + \mathcal{L}_t\right) \bar{V}_t(C;F) - (r_t - \tilde{f}_t)H_t + (\tilde{f}_t - \tilde{c}_t)C_t + \partial_t \pi_t + \lambda_t \theta_t(C,\varepsilon) = 0$$
(17.9)

其边界条件为

$$\bar{V}_T(C;F) = 0$$

如果考虑扩散动态过程，并假设 delta 对冲，可以在一阶和二阶算子上扩展生成矩阵 $\mathcal{L}$，得到

$$\mathcal{L}_t \bar{V}_t(C;F) \doteq \left(\mathcal{L}_t^1 + \mathcal{L}_t^2\right) \bar{V}_t(C;F) \doteq r_t H_t + \mathcal{L}_t^2 \bar{V}_t(C;F)$$

那么，违约前 PDE 会变为

$$\left(\partial_t - \tilde{f}_t - \lambda_t + \mathcal{L}_t^{\tilde{f}}\right) \bar{V}_t(C;F) + (\tilde{f}_t - \tilde{c}_t)C_t + \lambda_t \theta_t(C,\varepsilon) = 0$$

其中有

$$\mathcal{L}_t^{\tilde{f}} \bar{V}_t(C;F) := \tilde{f}_t H_t + \mathcal{L}_t^2 \bar{V}_t(C;F)$$

请注意，上述公式不再依赖无风险利率。违约前 PDE 公式可以如文献 [85] 中那样用数值方法求解。另外，可以再次应用费曼 - 卡茨定理，并在允许再抵押以及连续融资和 delta 对冲的情况下，获得 CFBVA 定价公式

$$\bar{V}_t(C;F) = C_t + \mathbb{E}_t^{\tilde{f}} \left[\mathbf{1}_{\{\tau < T\}} \left(\theta_\tau(C,\varepsilon) - C_{\tau^-}\right) D(t,\tau;\tilde{f}) \right]$$
$$+ \int_t^T \mathbb{E}_t^{\tilde{f}} \left[\mathbf{1}_{\{u<\tau\}} \left(\Pi(u, u+\mathrm{d}u) + \mathrm{d}C_u - \tilde{c}_u C_u \, \mathrm{d}u\right) D(t,u;\tilde{f}) \right]$$
(17.10)

其中，期望是在定价测度 $\mathbb{Q}^{\tilde{f}}$ 下进行的。类似逻辑对于在再抵押不被允许时也成立。

因此，可通过以下命题来结束本节。

命题 17.4.1（连续时间融资和 delta 对冲时的 CFBVA 定价公式） 在连续时间融资和 delta 对冲时，只要是根据定价测度 $\mathbb{Q}^{\tilde{f}}$ 作的期望，就会从式（17.8）中去掉明确包含套期保值策略的项。

备注 17.4.2（无显性依赖 r）。 关于定价公式（17.10）的一个要点是，它不依赖无风险利率 r_t，后者不需要进入建模框架。该公式完全受市场利率的支配。

备注 17.4.3（除非 $f^+ = f^-$ 以及进一步的条件成立，否则就不是真正的加性分解）。 关于定价公式（17.10）的另一个要点是，如果记得清算现金流中所隐含的 CVA - DVA 项（包括 θ），则其似乎在不同的调整中实现了加性分解。但

是，必须记住，司库部门利率$\tilde{f}$的未来路径取决于F账户的未来符号，而后者又有$F=\overline{V}-C+H$。所以这意味着，未来司库部门利率$\tilde{f}$的未来路径取决于我们正在努力计算的调整后价格$\overline{V}$的未来路径。这使递归保持了活力，并表明其没有真正的分解。迈向加性公式的一个条件是$f^+=f^-$，因为在这种情况下，$\tilde{f}$将不再需要知道F的符号（从而有$\overline{V}$的值）。这与借贷可以以相同利率发生的不切实际环境相对应。然而，这不是唯一导致的问题。人们需要了解抵押品是如何与$\overline{V}$相关联的，以及抵押利率$\tilde{c}$是如何需要"知道"C的符号的。最后，要真正简化场景，就需要确保式（17.10）右侧的量不需要"知道"$\overline{V}$的未来路径。

17.4.3 通过衍生品市场的实施对冲策略

前一节通过直接在即期市场交易来考虑实施 delta 对冲策略的可能性。如果投资者选择或被迫通过进入衍生品头寸来交易标的资产，就应该在 CFBVA 定价公式中增加任何额外成本。例如，当投资者进入贷款/回购市场以实施其套期保值策略，或者使用基于欧式看涨/看跌期权市场构建的合成远期合约时，就可能会发生这种情况。

一般来说，我们引入适应过程$h_t^+(T)$作为资产贷出的有效利率，并将$h_t^-(T)$用于资产借入。此外，定义（对冲的）零息票债券$P_t^{h\pm}(T)$为

$$P_t^{h\pm}(T) := \frac{1}{1+(T-t)h_t^\pm(T)}$$

引入如下定义的有效借贷利率$\tilde{h}_t$也是有用的[①]：

$$\tilde{h}_t(T) := h_t^-(T)\mathbf{1}_{\{H_t<0\}} + h_t^+(T)\mathbf{1}_{\{H_t>0\}}$$

相应的零息票债券为

$$P_t^{\tilde{h}}(T) := \frac{1}{1+(T-t)\tilde{h}_t(T)}$$

因此，如果假设套期保值策略与融资程序是在同一时间网格上实施的，就

[①] 如果套期保值策略中存在许多风险资产，可以为每种资产引入不同的贷款/借款利率。

可以将融资和套期保值成本加总为同一个项，并且可以通过明确考虑其对套期保值策略的依赖性来重新定义 φ。

$$\varphi(t, T \wedge \tau; F, H) \doteq \sum_{j=1}^{m-1} \mathbf{1}_{\{t \leq t_j < T \wedge \tau\}} D(t, t_j) F_{t_j} \left(1 - \frac{P_{t_j}(t_{j+1})}{P_{t_j}^{\tilde{f}}(t_{j+1})}\right)$$

$$- \sum_{j=1}^{m-1} \mathbf{1}_{\{t \leq t_j < T \wedge \tau\}} D(t, t_j) H_{t_j} \left(\frac{P_{t_j}(t_{j+1})}{P_{t_j}^{\tilde{f}}(t_{j+1})} - \frac{P_{t_j}(t_{j+1})}{P_{t_j}^{\tilde{h}}(t_{j+1})}\right)$$

(17.11)

如果重复前几节的计算，并通过对连续时间的融资和 delta 对冲取极限，就可在允许再抵押的情况下得到 CFBVA 价格

$$\bar{V}_t(C; F) = C_t + \mathbb{E}_t^{\tilde{h}}\left[\mathbf{1}_{\{\tau < T\}} \left(\theta_\tau(C, \varepsilon) - C_{\tau^-}\right) D(t, \tau; \tilde{f})\right]$$
$$+ \int_t^T \mathbb{E}_t^{\tilde{h}}\left[\mathbf{1}_{\{u < \tau\}} \left(\Pi(u, u + du) + dC_u - \tilde{c}_u C_u \, du\right) D(t, u; \tilde{f})\right]$$

(17.12)

其中，期望是在定价测度下 $\mathbb{Q}^{\tilde{h}}$ 作出的，且标的风险因子以速度 $\tilde{h}$ 增长。

因此，在套期保值策略通过衍生品市场交易实施时（其借贷利率为 $\tilde{h}$），可以扩展命题 17.4.1，并得到：

命题 17.4.4（连续时间融资和 delta 对冲时的 CFBVA 定价公式） 在连续时间融资和 delta 对冲情况下，当套期保值策略通过衍生品市场交易实施时（其借贷利率为 $\tilde{h}$），只要是根据定价测度 $\mathbb{Q}^{\tilde{h}}$ 作的期望，就会从式（17.8）中去掉明确包含套期保值策略的项。

备注 17.4.5（无显性依赖 r）。关于定价公式（17.12）的一个要点是，它不依赖于无风险利率 r_t，后者不需要进入建模框架。该公式完全受市场利率的支配。

备注 17.4.6（一般的并非真正的加性分解）。与备注 17.4.3 完全相似。

17.5 详细的例子

在此，我们展示四个相关示例，以突出 CFBVA 定价公式的属性。我们的分析如下：

- 两个风险交易对手之间在存在融资和套期保值成本的情况下签订完全抵押合约的情况；
- 中央交易对手（CCP）为两个风险交易对手之间的抵押合约进行定价的情况，这里可能存在缺口风险；
- 风险投资者在无抵押交易中评估交易对手信用风险的情况；
- 已在文献［157］和［74］中讨论过的情况。

在以下所有示例中，我们考虑连续时间下进行融资和 delta 套期保值，因此根据命题 17.4.1，只要所有期望是根据定价测度 $\mathbb{Q}^{\tilde{f}}$ 所作，且标的风险因子以融资利率 $\tilde{f}_t$ 增长，就可以去掉明确包含套期保值策略的各项。请注意，如命题 17.4.4 所述，通过在衍生品市场交易完成 delta 对冲，可纠正套期保值成本的增长率。

17.5.1 带抵押的融资

如果允许再抵押，假设可用抵押资产进行融资，那么现金金额有 $F_t = \bar{V}_t(C,F) - C_t$。对 F_t 选择了一个递归方程，后者可从最终到期日开始进行后向求解。请注意，抵押账户价值 C_t 仅在保证金日期被定义，但我们采取的是完全抵押的极限情况，因为这样的每个时刻都是保证金日期（我们还记得，我们对完全抵押的定义要求，投资组合盯市是连续的，且不会在违约时发生瞬时传染）。此外，在再抵押情况下，回收率由 $REC'_C = REC_C$ 和 $REC'_I = REC_I$ 给出。

与完全抵押情况相同，假设抵押以连续时间发生，并与投资组合的连续盯市同步，且有抵押账户保证金成本。记住，预期是在定价测度 $\mathbb{Q}^{\tilde{f}}$ 下作出的。因此，还必须在同样测度下对抵押账户进行定价，否则就必须明确加入套期保值成本。这些条件可以通过以下定义的抵押价格来实现

$$C_t \doteq \mathbb{E}_t^{\tilde{f}}[\Pi(t,T) + \gamma(t,T;C)] \tag{17.13}$$

此外，清算金额被设置为等于抵押品价格，从而有

$$\varepsilon_{I,\tau} \doteq \varepsilon_{C,\tau} \doteq C_\tau$$

那么，如果我们将上述定义插入 CFBVA 定价公式（17.10），将可获得以下命题：

命题 17.5.1（抵押融资） 在本节所假设的抵押融资情况下，CFBVA 定价公式为

$$\bar{V}_t(C, F) = C_t = \mathbb{E}_t^{\tilde{f}}\left[\int_t^T \Pi(u, u+\mathrm{d}u) \exp\left\{-\int_t^u \mathrm{d}v\, \tilde{c}_v\right\}\right] \qquad (17.14)$$

其中，最后一个等式是由式（16.7）给出的，且期望是在定价测度 $\mathbb{Q}^{\tilde{f}}$ 下作出的。因此，在完全抵押的情况下，没有融资成本，因为我们是用抵押品来融资，所以就没有额外成本，如式（17.14）所示。

17.5.2 由 CCP 定价的抵押合约

这里将 CFBVA 主公式应用于未融资工具，如利率互换或信用违约互换，这些工具可以用抵押来融资（假设允许再抵押）。

我们将 CFBVA 调整后的价格解释为由无风险中央交易对手（CCP）计算的价格，后者在交易中介于两个交易对手之间。从投资者到交易对手的现金流首先支付给 CCP，而后又将其支付给交易对手，对于从交易对手流向投资者的现金流也是一样的。此外，假设 CCP 可以隔夜利率 e_t 加上流动性价差 $\ell_t^{\pm}$（现金流对投资者为正，对 CCP 为负）在货币市场上为自己提供资金。那么有

$$f^{\pm} \doteq e_t + \ell_t^{\mp}$$

在本例中，期望是在定价测度 $\mathbb{Q}^{\tilde{f}}$ 下作出的，且我们假设，在连续的时间网格上抵押品的提交或撤回是根据因保证金而提高的无风险价格进行的（可参见文献 [13] 和 [17]），有

$$C_t \doteq \mathbb{E}_t^{\tilde{f}}[\Pi(t, T) + \gamma(t, T; C)]$$

由式（17.14），在连续抵押的极限上，这导致有

$$C_t = \mathbb{E}_t^{\tilde{f}}\left[\int_t^T \Pi(u, u+\mathrm{d}u) \exp\left\{-\int_t^u \mathrm{d}v\, \tilde{c}_v\right\}\right]$$

其中，期望是在定价测度 $\mathbb{Q}^{\tilde{f}}$ 下作出的。

此外，在发生违约事件时，考虑交易对手双方为抵押资产所计算的清算金额。

$$\varepsilon_{I,\tau} \doteq \varepsilon_{C,\tau} \doteq C_\tau, \quad C_\tau := \mathbb{E}_\tau^{\tilde{f}}[\Pi(\tau, T) + \gamma(\tau, T; C)]$$

而且，我们考虑在连续时间网格上进行融资和投资业务。

那么，如果将上述定义插入 CFBVA 定价公式（17.10），将得到以下命题：

命题 17.5.2（由中介 CCP 进行定价） 根据本节关于 CCP 中介的假设，调整后的产品价格为

$$\bar{V}_t(C, F) = \int_t^T \mathbb{E}_t^{\tilde{f}} \left[\Pi(u, u + du) \exp\left\{-\int_t^u dv\, \tilde{c}_v\right\} \right]$$
$$- \mathbb{E}_t^{\tilde{f}} \left[\mathbf{1}_{\{\tau = \tau_C < T\}} LGD_C (C_\tau - C_{\tau^-})^+ \exp\left\{-\int_t^\tau dv\, (\ell_v^+ + e_v)\right\} \right]$$
$$- \mathbb{E}_t^{\tilde{f}} \left[\mathbf{1}_{\{\tau = \tau_I < T\}} LGD_I (C_\tau - C_{\tau^-})^- \exp\left\{-\int_t^\tau dv\, (\ell_v^- + e_v)\right\} \right]$$

其中，最后一个等式由式（16.7）给出，且期望是在定价测度 $\mathbb{Q}^{\tilde{f}}$ 下作出的。

17.5.3 处理自身信用风险：FVA 和 DVA

这里将 CFBVA 主公式应用于已融资工具，例如未抵押权益期权或公司债券，这些工具无法用抵押来融资。我们将 CFBVA 价格解释为由投资者所计算的价格。假设投资者可以根据其流动性政策以利率 $f_t^\pm$ 为自己提供资金。

在本例中，期望是在定价测度 $\mathbb{Q}^{\tilde{f}}$ 下作出的，并假设没有提交或撤回抵押，即 $C_t \doteq 0$。

我们考虑在连续时间网格内进行融资和投资业务的情况。此外，我们假设清算金额的计算为

$$\varepsilon_{I,\tau} \doteq \varepsilon_{C,\tau} \doteq \mathbb{E}_\tau^{\tilde{f}}[\Pi(\tau, T) + \varphi(\tau, T; F)]$$

即我们考虑包含融资成本的无风险清算金额。我们假设交易对手双方的融资成本相同。

那么，如果将上述定义插入 CFBVA 定价公式（17.10），可得以下命题：

命题 17.5.3（存在可违约交易对手时的非抵押定价） 如本节所述，假设融资和投资操作在无担保的无风险交割的连续时间网格上进行，并假设双方的融资成本相同，则调整后产品价格为

$$\bar{V}_t(0,F) = \int_t^T \mathbb{E}_t^{\tilde{f}}\big[\,\Pi(u,u+\mathrm{d}u)D(t,u;\tilde{f})\,\big]$$

$$-\mathbb{E}_t^{\tilde{f}}\left[\,\mathbf{1}_{\{\tau=\tau_C<T\}}LGD_C\varepsilon_\tau^+\exp\left\{-\int_t^\tau \mathrm{d}v\,f_v^+\right\}\right]$$

$$-\mathbb{E}_t^{\tilde{f}}\left[\,\mathbf{1}_{\{\tau=\tau_I<T\}}LGD_I\varepsilon_\tau^-\exp\left\{-\int_t^\tau \mathrm{d}v\,f_v^-\right\}\right]$$

其中，

$$\varepsilon_\tau = \int_\tau^T \mathbb{E}_\tau^{\tilde{f}}\big[\,\Pi(u,u+\mathrm{d}u)D(\tau,u;\tilde{f})\,\big]$$

根据第 17.3.2 节提出的流动性政策示例，对于投资者"I"的融资利率 f_t^+，我们有两种可能的选择。

1. 如果投资者通过司库部门进行融资，而后者采用某种形式的资金转移定价（FTP），则融资利率为由司库部门所选择的 f_t^+，且其可能（间接地）取决于投资者的信用风险。

2. 另外，如果投资者能够直接在市场上为自己提供资金，那么融资利率 f_t^+ 由市场本身提供。

17.5.4 获得关于 FVA 和 DVA 的早期结果

我们考虑没有首次违约效应的正回报这一更为简单的情况。因此，如果只有交易对手的违约事件有影响，那么就只有 CVA 项。此外，假设回收率为 0。通过切换到无违约市场滤子 $\mathcal{F}$（同样 $\mathbb{E}_t[(\cdot)|\mathcal{F}] \doteq \mathbb{E}[(\cdot)|\mathcal{F}_t]$）可得

$$\bar{V}_t(0,F) = \mathbf{1}_{\{\tau>t\}}\int_t^T \mathbb{E}_t^{\tilde{f}}\big[\,\Pi(u,u+\mathrm{d}u)D(t,u;f^+)|\mathcal{F}\,\big]$$

$$-\,\mathbf{1}_{\{\tau>t\}}\int_t^T \mathrm{d}u\mathbb{E}_t^{\tilde{f}}\left[\lambda_u^C D(t,u;\lambda^C+f^+)\int_u^T \mathbb{E}_u^{\tilde{f}}\big[\Pi(v,v+\mathrm{d}v)D(u,v;f^+)|\mathcal{F}\big]\Big|\mathcal{F}\right]$$

$$=\,\mathbf{1}_{\{\tau>t\}}\int_t^T \mathbb{E}_t^{\tilde{f}}\left[\Pi(u,u+\mathrm{d}u)\exp\left\{-\int_t^u \mathrm{d}v\,(\lambda^C+f^+)\right\}\Big|\mathcal{F}\right]$$

其中，λ_t^C 为交易对手的违约强度。

那么，如果选择上述第二种情况作为投资者的融资利率，即假设投资者能够在市场上直接为自己提供资金，并且可调整融资利率，以包括与融资方（融资受益方）所开立交易的 DVA 项，正如第 17.3.2 节的相关描述，那么有

$$f_t^+ \doteq e_t + \ell_t^+$$

（其中 e_t 为隔夜利率）且可得与文献[157]类似的结果，也可参见前面的第 11 章。请注意，为融资受益方调整的融资利率意味着投资者能够在融资头寸中对冲自己的信用风险。如果在这个阶段，进一步假设融资流动性价差（基点）为零，那么有

$$f_t^+ = e_t$$

如果进一步（且错误地）用 r_t 确认 OIS，那么有

$$f_t^+ = r_t$$

这样就可以以无风险利率进行金融融资，而且没有融资成本。

备注 17.5.4（$FVA = 0$?） 正如本章介绍中所指出的，如部分媒体所报道的，这正是 Hull 和 White 所声称的配置，其不存在融资估值调整。我们希望，这里一些特殊和不切实际的假设，目前已经很清楚了。

另外，回到 $f_t^+ \doteq e_t + \ell_t^+$，由于只有 CVA 项，我们可以假设只处理 CVA，因此可以选择不调整融资利率，从而有

$$f_t^+ \doteq e_t + \ell_t^+ + \lambda_t^I$$

当融资受益方被忽视或被故意撇开时，这一结果通常也可在文献中找到，如参见文献[74]。

17.6 结论：FVA 及其扩展

在上面我们已经看到，当尝试一致性地包括融资、信用、（债务）和抵押风险时，我们得到了一个高度非线性和递归的定价方程。虽然我们在套利自由的可能最为一般化的背景下推导出公式，并详细分析了融资政策，但我们的结果与文献中最近其他的发现相一致，如文献[85]、[86] 和 [87]。

我们分析的第一个结果是，很难将融资成本作为一个调整项加入现有定价公式，因为我们无法天真地获得以下类似结果

调整后价格 = 无风险价格 + DVA − CVA + FVA

对于 delta 对冲的连续时间情况，这在备注 17.4.3 中已得到强调，但对于我们最具一般性的含融资公式，这一点是成立的。在同一个备注中，我们还强调了在哪些条件下可以进行真正的可加性分解。

我们给出的信息是，与文献［41］对 CVA 和 DVA 的分析类似，本书表明，CVA 和 DVA 不能简单地被视为贴现曲线上的价差，本书也以相同方式对将 FVA 视为定价公式中的可加项发出了警告，更不用说仅仅是贴现价差了。

然而，这一漫长的旅程尚未到达目的地，因为将融资成本整合到定价公式中会导致对"价格"概念产生相当后果的副作用。事实上，每个机构的含融资价格都不同，因为每个机构根据自己的融资流动性政策有不同的投融资利率。即使在同一家银行内，司库部门和交易部门也可能会对该公式使用不同输入值。这就是为什么两个实体之间无法商定 CFBVA 价格的原因。即使是由 CSA 合约定义应计利率的抵押交易，也无法达成唯一价格，因为标的风险因子是以融资利率增长的，而后者对于不同计算方来说可能有所不同。因此，交易价格将通过谈判达成。也许应该采取均衡方法来界定部分融资成本问题，以计算各方实际达成的交易价格，但这超出了本书的范围。

我们强调必须超越这里所介绍的结果来结束本章。我们分析了融资、抵押和套期保值的机制，以符合信用调整和可能的债务调整的方式对一般无套利定价框架进行了修改。然而，我们尚未开始分析跨资产类别的金融建模对特定动态过程的影响。目前对大多数的金融模型都必须重新思考，以从零开始纳入这些概念。我们将这一（更大的）任务留给未来的工作。

最后值得考虑的问题是中央交易对手清算所（CCPs）。CCP 不会是信用和融资定价问题的结束，而只会是这里所开发的一般性理论的一个特例。当通过不同的 CCP 进行清算时，银行可能有兴趣在不同场景下对同一交易进行定价，并考查其收取的具体保证金将如何覆盖缺口风险和错向风险。对于敏感交易，这仍是一个值得考虑的问题。

18

非标准资产类别：长寿风险

本章基于 Biffis、Blake、Pitotti 和 Sun（2011）[21]，我们从中借鉴了很多。①

到目前为止，我们已经处理了一项非常复杂的任务，即将传统资产类别适当嵌入新的风险中，如交易对手违约、自身违约风险、抵押品和融资，以及可能出现的所有微妙之处。

然而，虽然新的复杂风险在资产类别方面是相当新颖的，但我们一直十分传统地处理了利率产品、信用衍生品、商品、外汇交叉货币互换和权益回报互换等。

我们现在转向一个相当不寻常的资产类别。本章的目的是要表明，不仅金融的传统资产类别受到交易对手信用风险、抵押品和融资的影响，而且诸如长寿互换等新兴资产类别也会受到交易对手风险的严重影响。

18.1 长寿市场导引

我们遵循 Biffis、Blake、Pitotti 和 Sun（2011）[21] 的介绍。

---

① Brigo 和 Pallavicini 感谢 Enrico Biffis 于 2012 年 9 月在帝国理工学院与其会面，并帮助修改了文献 [21] 的原稿，以使其与本书相协调。

18.1.1 长寿互换市场

与长寿挂钩的证券和衍生品市场最近经历了长寿互换交易的增加。长寿互换是一种套期保值工具，其中交易双方（通常是一方的再保险人或投资银行，另一方为养老基金或年金供应商）如其他互换那样，同意用固定支付交换可变支付。套期保值提供者通常是支付可变而接收固定支付的投资银行或再保险人，而套期保值购买者则是支付固定而接收可变支付的养老基金或年金供应商。此处，支付与参考人群中的生存者人数挂钩[[94]]。来自文献［21］的表 18.1 展现了长寿互换交易的一个列表。

观察表 18.1，我们可以看到有定制长寿互换和指数寿命交换。让我们解释一下什么是定制和指数。

表 18.1　2008—2011 年公开宣告的长寿互换交易（经文献［21］允许后重制）

日期	套期保值者	规模	期限（年）	类型	中介/供应商
2008 年 1 月	Lucida	未披露	10	指数	JP Morgan ILS 基金
2008 年 7 月	加拿大人寿	5 亿英镑	40	定制	JP Morgan ILS 基金
2009 年 2 月	Abbey 人寿	15 亿英镑	自然终止	定制	德意志银行 ILS 基金/Partner Re
2009 年 3 月	Aviva	4.75 亿英镑	10	定制	苏格兰皇家银行
2009 年 6 月	Babcock International	7.5 亿英镑	50	定制	瑞士信用 太平洋人寿再保险
2009 年 7 月	RSA	19 亿英镑	自然终止	定制	高盛（Rothesay 人寿）
2009 年 12 月	Berkshire Council	7.5 亿英镑	自然终止	定制	瑞士再保险
2010 年 2 月	BMW 英国	30 亿英镑	自然终止	定制	德意志银行 Patemoster
2010 年 12 月	瑞士再保险（Kortis 债券）	5000 万英镑	8	指数	ILS 基金
2011 年 2 月	Pall（英国）养老金	7000 万英镑	10	指数	JP Morgan

目前，交易大多针对养老基金和年金供应商。这种长寿互换的可变支付被设计为精确匹配每个对冲者的死亡体验：因此其被命名为定制长寿互换。换句

话说，作为该互换标的的生存者数量就是基于套期保值者利益的给定资金池中的生存者数量。

与定制相反，在指数互换的情况下，作为互换标的的可变生存率（或死亡率）取自一些已发布的指数。例如由摩根大通（J. P. Morgan）、养老金研究所（Pensions Institute）和屈臣氏（Towers Watson）开发的 LifeMetrics 指数（参见 www. lifemetrics. com）或由德国证交所（Deutsche Boerse）开发的 Xpect 指数（参见 www. xpect – index. com）。

如果采用指数互换解决方案，套期保值者将暴露于其将接收的指数死亡率与其必须承担风险的定制池的死亡率之间的差值下。这种不匹配被称为基差风险。虽然定制互换的流动性可能较低，但它对套期保值者而言，没有基差风险。

定制长寿互换本质上是一种长寿风险保险，类似于再保险市场的年金再保险。事实上，迄今为止执行的多数长寿互换都是定制的，即再保险市场熟悉的基于赔偿的互换。即使表 18.1 中列出的一些互换是由投资银行安排的，情况也是如此。银行与保险公司（在某些情况下是子公司）合作，以交易对手熟悉的格式提供解决方案。

18.1.2　长寿互换：抵押和信用风险

正如文献［21］所指出的，与其他形式的再保险有根本区别的是，长寿互换通常是有抵押的，而典型的保险/再保险交易则不是。[①] 长寿互换需要抵押品的主要原因是，这些工具往往是降低风险的更广泛的战略中的一部分。此类战略涉及其他抵押工具（例如，利率和通胀互换，参见第 15 章），以及在 2007 年国际金融危机爆发后，对冲者越来越关注交易对手风险[②]这一事实。本章遵循文献［21］，提供了一个框架，以量化对长寿互换交易中交易对手风险暴露与信用增强策略（如抵押）成本之间的权衡，这类似于我们在第 15 章中对利率互换和

[①] 造成这种差异的一个原因就是分散化：再保险公司汇总了若干互不相关的风险，从而使汇集/分散化利益抵消了抵押品的缺乏文献［89］［138］。然而，监管机构要求保险公司/再保险公司提供资本金，后者的作用与抵押品类似，但存在于整体层面。

[②] 正如我们之前以及特别是在文献［12］的第 1 章和第 2 章中所看到的，交易对手风险被定义为"交易中的交易对手在交易现金流最终结算之前可能违约的风险"。最近的偿付能力 II 提案在其"标准公式"方法中明确提出了交易对手风险模块；参见文献［75］。

CDS所做的工作。我们还将如第16章和第17章那样考虑融资成本。

由于目前对于长寿互换的盯市和建模还没有公认的框架,因此套期保值商和套期保值供应商希望从其他市场为交易对手风险评估和缓解找到可效仿的参考模型。例如,在利率互换市场,最常见的信用增强形式就是提交抵押品,正如我们在第1章、第2章、第13章和第15章中所看到的不同技术级别。

特别是与我们在第13章中的讨论相关,根据国际互换和衍生品协会(ISDA)的说法,主要金融机构的几乎所有互换都是"双边"抵押的[127(2010)],这意味着任何一方都必须根据互换的市场价值是正还是负来提供抵押品。① 国际金融危机突出了双边交易对手风险和抵押品对场外交易市场的重要性,这促使我们在第13章、第15章和第17章中看到了一些回应,另见文献[39]、[41]和[127]。《多德—弗兰克华尔街改革与消费者保护法案》(2010年7月21日由奥巴马总统签署成为法律)和巴塞尔协议Ⅲ关于CVA VaR费用的规定(见第1章和第2章)可能会对金融机构未来管理交易对手风险的方式产生重大影响,我们已经在第10章看到了交易对手风险重组的行业交易,除了早期的CCDS和Novation类型的交易,请参阅第1章、第5章和第9章。

正如文献[21]指出的,最近成立的人寿和长寿市场协会(LLMA)② 将交易对手风险作为其议程的中心,并且肯定会从我们在前几章中研究的固定收益和信用市场的经验中进行广泛借鉴。

抵押战略的设计旨在解决养老金受托人对长寿互换效力所表示的关切,但在用于保险交易的传统定价框架中引入了另一个层面。长寿互换利率中嵌入的"保险费"不仅反映了交易对手对被转移风险的厌恶(如果有)和交易所涉及的监管资本成本,还反映了保证金和融资产生的预期成本,这些成本来自互换生命期内提交的抵押品和为现金流提供的资金。我们在第17章中看到,在计算交易对手风险、抵押品和融资时,完整的定价算法是多么复杂。大致来说,在简化层面,抵押品成本高昂的事实只是反映了信用风险缓解带来的成本。为了量化抵押品对互换利率的影响,需要将抵押品保证金流程和融资成本纳入其中,

---

① 当公司通过贷款暴露于信用风险时,其信用风险暴露是单边的,只有贷款银行面临损失风险,与此不同,交易对手信用风险会产生双边损失风险:交易的市场价值对交易的任何一个交易对手而言都可能是正的或负的。市场价值是不确定的,并且可能随着基础市场因素的变动而随时间变化[12]。

② 参见 http://www.llma.org。

以便能够考查交易对手对其成本的相对敏感性。

遵循文献[21]，我们首先从向交易对手（通常是养老基金或年金供应商）发行抵押长寿互换的套期保值提供商（通常是再保险公司或投资银行）的角度出发。每当互换对套期保值供应商来说足够价外时，套期保值供应商就被会要求提交抵押品。套期保值者可以使用抵押品作为担保，在套期保值供应商提前违约时减轻损失。虽然抵押品的利息通常被返还，即还给抵押品提供者①（套期保值供应商），但还是存在融资成本和机会成本，因为抵押品的提交会在总量上耗尽套期保值供应商可用于满足其资本要求的资源，以及进行额外业务的资源。这与套期保值供应商的融资政策有关，也关系到我们在第17章中关于财务部门不同模式的讨论，即套期保值供应商不同的融资政策。

另外，只要互换对套期保值供应商而言是足够价内的，套期保值供应商就会从交易对手获得抵押品，从而从监管估值的资本减免中获益，并释放可用于出售额外长寿保护的资本。如果抵押品可以像利率互换市场那样，用于其他目的，那么收益可能会大得多。②

从套期保值者的角度来看，也可以将其作出同样的考虑，但双方的资金需求和机会成本不太可能完全抵销。这对于涉及处于不同监管框架当事人的交易尤其重要。例如，在英国和其他几个国家，对于套期保值供应商（如保险公司）来说，长寿风险暴露的资本密集度要高于养老基金。③

在没有抵押品并忽略长寿风险厌恶的情况下，如果互换利率被定义为使产品在初始时总净现值为零的固定部分利率，则其依赖对被套期保值人群生存概率的最佳估计，以及互换浮动部分与套期保值者和套期保值供应商所面对的利率及信用价差期限结构之间的协方差大小（错向风险）。我们可将这种互换利率视为内生，这意味着其包含了信用（以及考虑融资时的融资）成本。在本书前几章中，我们已经看到了如何对不同资产类别的交易对手风险进行定价，其主要是作为总的附加调整，而除了权益回报互换的特例外，无须考虑内生互换利

---

① 可以选择重新利用抵押品账户的抵押利息，以减少下一次需要提交的抵押，或明确向抵押品提供者支付抵押利息。在本章中，我们遵循第二个公式。

② 根据文献[127]（2010），在利率互换市场上，绝大多数抵押品被重新抵押用于其他目的，另见文献[184]和第13章。

③ 这种不对称性部分也是监管的一个副产品，例如，允许使用过时的死亡率表或反映乐观预期回报的贴现率来量化养老金负债。

率。对于权益回报互换，我们在第 8 章推导出了内生互换利率，其包括交易对手风险和错向风险。① 在存在抵押品的情况下，长寿互换利率也受预期抵押成本的影响，互换估值公式涉及违约风险、抵押成本和融资成本。因此，即使存在完全抵押以及相应不存在违约损失，无违约估值公式也是不合适的，因为融资成本仍然存在，② 参见第 17 章关于完全抵押和违约时对 Π 的连续盯市：在这种情况下，我们用抵押总回报率来贴现，即无风险利率加上超过无风险利率的抵押价差，而不是无风险利率本身。

将前面章节专门介绍的抵押成本，应用于长寿互换资产类别，可获得与文献［21］早期工作基本相同的方法，即通过两种方式量化抵押成本：

（1）在提交或接收抵押品时发生的或减轻的融资成本；

（2）作为出售额外长寿保护的机会成本。

在（1）和（2）中，文献［21］发现，对于典型的利率和死亡率参数，当违约风险和抵押规则对称时，抵押对互换利率的影响不大。这里存在两种相反的效应：

一方面，可变存活率（套期保值供应商）的付款方在死亡率较低（存活率较高）时提交抵押品，因此长寿风险暴露更为资本密集。另一方面，当死亡率较高和长寿保护的资本密集程度较低时，其获得抵押品。总体效应是推高（固定）互换利率，以补偿套期保值供应商，因为抵押品流动和资本成本之间存在正相关性。

当互换套期保值者或套期保值供应商资金为价外时，在低利率环境中（即负债以较低利率贴现时）抵押品流出较大，因此抵押品的过账金额与交易对手融资成本之间存在负向关系。这减轻了抵押对长寿互换利率的整体影响。

当违约风险和/或抵押规则非对称时，正如我们在第 17 章所开发的一般理论，抵销效应具有不同的规模，因此，抵押成本对长寿互换利率的影响更大。例如，文献［21］发现，当套期保值者信用水平较低，抵押规则对套期保值供应商更不利时，互换利率就会显著上升。

在现阶段，对文献［21］工作中的一个关键假设进行澄清可能很重要，这使他们的分析比我们在第 13 章、第 15 章、第 16 章和第 17 章中的处理略显笼统。

---

① 根据相关逻辑，文献［126］展示了用于养老金负债的贴现率应是如何反映融资风险的。

② 有关利率互换的对称违约风险和完全抵押的情况，请参见文献［130］，更一般地请参见第 13 章、第 16 章和第 17 章。

备注 18.1.1（Duffie 和 Huang[101] 的局限。**套期保值者和套期保值供应商违约与缺口风险之间的定价相依性**）　Biffis 等[21] 采用了 Duffie 和 Huang[101] 的框架，该框架采用套期保值供应商与套期保值者违约之间的弱相依性模型，因为其假设两个违约之间存在条件独立性，唯一的相关性是价差相关性，而且不存在向违约相依性的跳跃。我们在前几章中，特别是第 12 章和第 15 章中看到，交易中双方之间的违约相关性也对信用（和抵押）调整产生了重要影响。在两个违约之间的连接中，向违约相关性的跳跃一般要强于价差相关性。从这个意义上说，相关性风险和系统性风险在 Duffie 和 Huang 方法中可能在一定程度上被低估了。我们过去各章的方法是通用的。然而，对于长寿风险这一具体案例，假设套期保值供应商和套期保值者之间违约相关性受到限制是有意义的，因此，只要不针对存在强系统性风险的情景，我们下面报告的文献 [21] 的结果可能被认为是现实的，而且条件独立性假设可能被应用。双边交易对手风险计算中的缺口风险也可能受到条件独立性假设的影响。关于完全违约滤子 $\mathcal{G}$ 和违约前（也称为无违约）或价差滤子 $\mathcal{F}$ 之间的差异，另见备注 11.3.1。

18.1.3　指数长寿互换

虽然我们上面总结的多数内容涉及了交易对手风险抵押和融资下的定制长寿互换，但文献 [21] 指出，投资银行已经出售了基于指数的长寿互换，其结构对资本市场投资者来说更为熟悉。尽管如此，指数长寿互换迄今不如定制解决方案受欢迎，其更适合于套期保值者的特定资金池和需求。然而，要让长寿互换交易市场真正起飞，就有必要超越再保险市场的界限，吸引新的投资者，而后者更有可能被更具流动性和标准化的标的存活率（如指数）所吸引。文献 [21] 的分析可以被扩展以考查基于指数的互换中的抵押成本。

18.1.4　内生信用抵押和含融资的互换利率

文献 [21] 的作者显示了如何从互换的动态盯市以及合约指定的抵押规则内生确定长寿互换利率，这类似于我们在第 8 章中对权益回报互换（无抵押）所做的研究。我们还在第 15 章对存在抵押时的利率和信用调整进行了定价，但没有计算内生互换利率。

要了解为什么需要动态盯市，请注意，每个估值日期的互换市场价值都取决于相关状态变量（死亡率、利率、信用价差、抵押机制）的演变，以及初始锁定的互换利率。另外，互换市值通常会影响抵押金额，在抵押成本高昂的设定下，将嵌入与未来抵押流相关的成本市价。因此，只有明确考虑盯市过程和抵押过账的动态过程，才能确定互换利率。这与我们在第17章所指出的递归过程有关。为了避免嵌套蒙特卡洛模拟的计算负担，文献［21］采用基于最小二乘蒙特卡洛方法的迭代过程。① 我们将在下面看到，文献［21］的作者提供了几个数值示例，以说明不同抵押规则是如何塑造包括抵押融资和信用的长寿互换利率的。

由于基本上没有关于互换利率的公开信息，文献［21］方法②的优点是使用了关于信用市场和监管标准的公开信息，而不必完全依赖对一级保险市场价格的校准、近似对冲方法或代理人风险偏好假设（参见文献［11］、［19］、［84］、［94］、［77］和［145］）。

本章的剩余部分按如下方式组织：下一节，我们将介绍长寿互换并形式化其回报。我们考虑定制和基于指数的互换，但在后一种情况下，我们忽略基差风险问题③，以使章节内容更加集中。

在第18.3节中，我们考查长寿互换在其生命期内的盯市，以证明交易对手风险对套期保值者资产负债表的影响。

第18.4节回顾双边交易对手和债务估值调整的主公式，包括第16章和第17章的抵押和融资，解释如何将其应用于长寿互换的具体案例，并试图重新获得作为特例的文献［21］框架。

在第18.5节中，我们解释文献［21］所采用的动态过程，最后在第18.6节讨论文献［21］中的数值示例和案例研究的结果，其中提供了几个样式化的示例，以了解不同抵押规则对长寿互换利率的影响。

---

① 文献［10］将类似方法用于人寿保单中的退保保证，文献［11］将其用于计算偿付能力Ⅱ框架内的资本要求，而文献［56］、［57］和［58］则将其用于交易对手风险定价。

② 同样，文献［20］通过在风险中性环境中引入不对称信息和资本要求，实现了对长寿风险溢价内的生化。

③ 与该风险问题相关的一些结论，请参见如文献［81］、［178］和［187］。

18.2 长寿互换：偿付

我们再次遵循文献 [21]。

考虑一名套期保值投资者（出售年金的保险人，养老金）——"I"方，以及一名套期保值供应商（再保险人，投资银行）——交易对手"C"方。代理人"I"有义务在固定日期 $0 < T_1 \leq T_2, \cdots$ 向每个生存者支付可能依赖利率和通胀率的金额 $X_{T_1}, X_{T_2}, \cdots$。初始人群在 0 时刻由 n 个个体构成（年金人或养老金领取者）。与文献 [21] 一样，为便于阐述，我们明确将注意力限制在同质负债上，更一般的情况则需要被明确修改。"I"方在特定支付日 $T > 0$ 的负债由随机变量 $(n - N_T)X_T$ 给出，其中 N_T 为人群在 $[0, T]$ 期间所经历的死亡数量。假设每个人的死亡时间有相同的强度①$(\mu_t)_{t \geq 0}$，在 T 时的预期生存人数可写为

$$\mathbb{E}^{\mathbb{P}}[n - N_T] = np_T$$

其中，生存率 p_T 为

$$p_T := \mathbb{E}^{\mathbb{P}}\left[\exp\left(-\int_0^T \mu_t dt\right)\right] \quad (18.1)$$

这里和下面的 $\mathbb{P}$ 表示真实世界概率测度。强度可以使用例如文献 [67] 中考虑的任何随机死亡率模型来模拟。我们的例子将依赖简单的 Lee–Carter 模型，并将在下面得到详细说明。

现在考虑有一个金融市场，引入无风险利率过程 $(r_t)_{t \geq 0}$，并通常可通过隔夜指数互换利率来近似。我们假设，可以使用风险中性测度 $\mathbb{Q}$（相当于 $\mathbb{P}$）计算负债的市场一致性价格，那么死亡时间在两种测度下将具有相同的强度过程 $(\mu_t)_{t \geq 0}$，但通常具有不同的动态，可参见文献 [19]。这样，总负债的 0 时市场价值可写作

$$\mathbb{E}^{\mathbb{Q}}\left[\exp\left(-\int_0^T r_t dt\right)(n - N_T)X_T\right] = n\mathbb{E}^{\mathbb{Q}}\left[\exp\left(-\int_0^T (r_t + \mu_t)dt\right)X_T\right]$$

目前，我们采取给定的定价测度，之后将采用更多结构。

考虑两种"I"可以与"C"一起进入来对冲其风险暴露的金融工具：定制

---

① 为了可解析性，我们将关注于双随机（或 Cox、条件泊松）死亡时间的情况。这与我们在第 3 章所看到的信用风险 Cox 过程框架非常相似。

长寿互换和指数长寿互换,且其具有系统期限结构 T_i。正如文文献[21]所解释的,在这些互换中,与利率互换相比,固定部分是一系列固定利率,每个都与单个支付日期 T_i 相关。原因在于,年老时死亡率会大幅上升,单一固定利率将使互换现金流与套期保值者所需的现金流之间日益不匹配。但是,与利率互换一样,我们可以将长寿互换视为基于标的可变(生存)利率的远期合约组合。①

备注 18.2.1(长寿互换作为长寿 FRA 投资组合) 跨支付日期 $T_{initial}$, …, T_i, …, T_{final} 的互换价值是具有单一支付日期 T_i 的互换价值之和,这可被称为 T_i 的长寿远期汇率协议(FRA)。然而,在增加信用、抵押和融资时,这就不再正确了,因为这种影响是高度非线性的。因此,我们需要决定是否将此类效应单独添加到每个单独 FRA 中,并为融资和信用效应调整相关的 FRA 利率,或将效应应用于整个互换,以及调整整体互换利率。因为,正如我们刚才提到的,在互换中嵌入的长寿 FRA 在不同的 T_i 上有不同的固定利率,文献[21]决定分别将信用和融资分析应用于每个单独的 FRA。我们也可以这样做,但需要记住,这与将信用和融资分析应用于整个互换并不相同。

在本节,我们忽略违约风险、抵押和融资,并专注于在到期日 $T > 0$ 时的单笔支付,这在前几章中被称为 Π。纵贯全章,我们都从套期保值者 "I" 的视角展开。

定制长寿互换允许 "I" 方根据人群在 0 时到 T 时之间所经历的已实现生存率来支付固定利率 $\bar{p}^N \in (0,1)$。假设名义本金等于初始人口规模 n,那么在 T 时对套期保值者的净支出为②

$$n\left(\frac{n - N_T}{n} - \bar{p}^N\right)$$

即已实现生存量与在初始时约定的预设生存量 $n\bar{p}^N$ 之间的差额。令 S_0 表示初始时的互换市价,有

$$S_0 = n\mathbb{E}^{\mathbb{Q}}\left[\exp\left(-\int_0^T r_t \mathrm{d}t\right)\left(\frac{n - N_T}{n} - \bar{p}^N\right)\right]$$

---

① 稍微滥用下术语,我们使用"互换利率"来表示内嵌远期利率协议的单个远期利率以及互换曲线(一系列互换利率)。我们注意到,互换曲线通常是通过加总被用于参考死亡率表/模型的生存概率的改良系数来得到的。

② 为了便于阐述,本节和以下各节中,我们只考虑同步结算。其他结算约定(如欠付)的影响可以忽略不计,但在引入双边和非对称违约风险时,其使得估值公式更为相关。

$$= n\mathbb{E}^{\mathbb{Q}}\left[\exp\left(-\int_0^T (r_t + \mu_t)\mathrm{d}t\right)\right] - nP(0,T)\bar{p}^N \qquad (18.2)$$

其中，$P(0,T)$ 与通常一样表示到期日为 T 的零息债券在 0 时的价格。设 $S_0 = 0$，可得互换利率为

$$\bar{p}^N = \tilde{p}_T + P(0,T)^{-1} Cov^{\mathbb{P}}\left(\exp\left(-\int_0^T r_t \mathrm{d}t\right), \exp\left(-\int_0^T \mu_t \mathrm{d}t\right)\right) \qquad (18.3)$$

其中，风险调整后生存概率 $\tilde{p}_T$ 的定义与式 (18.1) 相同，但采用 $\mathbb{Q}$ 测度下的预期

$$\tilde{p}_T := \mathbb{E}^{\mathbb{Q}}\left[\exp\left(-\int_0^T \mu_t \mathrm{d}t\right)\right] \qquad (18.4)$$

式 (18.3) 表明，如果死亡率强度与债券市场回报（合理的一阶近似）不相关，则长寿互换曲线仅涉及与不同到期日 $\{T_i\}$ 相关的生存概率 $\{\tilde{p}_T\}$。最近有几项研究讨论了如何量化风险调整生存概率的问题，如通过校准年金价格和二级市场交易的人寿保单，或通过使用近似的套期保值方法。由于基本上没有公开的互换利率信息，因此对于其数值示例，文献 [21] 假设了一个基准案例，其中对于每个到期日 T_i 有 $\tilde{p}_{T_i} = p_{T_i}$，并关注交易对手违约风险和抵押要求是如何生成基于最佳估计生存率的正价差或负价差的。虽然在此之后，文献 [21] 主要关注长寿风险，但在实践中，长寿互换的浮动支付可能涉及银行间利率部分（如 LIBOR）或与上述不同的生存指数化规则。为了保持设置的一般性，文献 [21] 有时考虑进行一般可变支付 P 的金融工具，并将相应的互换利率 $\bar{p}$ 写为

$$\bar{p} = \mathbb{E}^{\mathbb{Q}}[P] + P(0,T)^{-1} Cov^{\mathbb{Q}}\left(\exp\left(-\int_0^T r_t \mathrm{d}t\right), P\right) \qquad (18.5)$$

此设置可以很容易适应于我们上面提到的基于指数的长寿互换，即允许套期保值者在 T 时针对生存指数 $(I_t)_{t\geq 0}$ 的已实现价值支付固定利率 $\bar{p}^I \in (0,1)$ 的标准化工具。后者能反映与负债组合密切相关的参考人群的死亡率经历。示例由摩根大通、养老金研究所和屈臣氏联合开发的 LifeMetrics 指数[①]或由德国证交所开发的 Xpect 指数[②]表示。指数与定制互换的相对优缺点在文献 [22] 等中得

---

① 参见 www.lifemetrics.com。
② 参见 www.xpect-index.com。

到了讨论。假设指数由 $I_t = \exp(-\int_0^t \mu_s^I ds)$ 表示，参考人群的死亡率强度为 $(\mu_t^I)_{t \geq 0}$，那么互换利率 $\bar{p}^I$ 由式（18.3）给出，但过程 μ 被替换为 μ^I，$\tilde{p}_T$ 被替换为相应的风险调整生存概率 $\tilde{p}_T^I$。

18.3　长寿互换的盯市

正如文献［21］指出，长寿互换目前不在交易所交易，对于交易对手也没有普遍被接受的框架用于对其头寸进行盯市。① 然而，交易对手违约风险和抵押规则的存在使得盯市程序成为这些交易的一个非常重要特征，这至少基于两个原因。第一，在每个支付日，可变支付和预设支付之间的差额给套期保值者产生了现金流入或流出，这具体取决于死亡率的演变。在没有基差风险时（采用定制解决方案时），这些差额显示了经营中长寿风险暴露的纯"现金流套期保值"。然而，随着市场条件的变化（如死亡率模式、交易对手违约风险和融资成本），互换对套期保值者资产负债表的影响可能会急剧变化。例如，即使预计互换支付能够为长寿风险提供良好的对冲，但如果净支付的预期现值因套期保值供应商的信用质量恶化而缩水，则套期保值者的头寸也会大幅缩水。第二，对于偿付能力要求，在极端市场/死亡率情景下（压力测试），对长寿互换价值非常重要。这意味着，即使长寿互换在市场一致性的基础上被认证为负债，在监管基础上进行估值时，它仍可能提供可观的资本减免。

为了说明其中的一些要点，让我们考虑保险人"I"的假设情况，其负债为 1980 年从英格兰和威尔士人口中抽调的 1 万名 65 岁年金收益人。假设"I"方在 1980 年进入了一个 25 年纯长寿互换，我们将跟随合约进行演变，直到到期。假定人群根据英格兰和威尔士的人类死亡率数据库（Human Mortality Database，HMD）所报告的死亡率而演化。② 假设利率风险通过利率互换被对冲掉，从而在互换整个生命期内被锁定为 5%。稍后将考查抵押的作用；在这里，我们从套期保值者的角度来看待套期保值工具的运作。我们将贴现付款记为单笔互换支

---

① 在本书写作之时，LLMA 正在处理这一问题。

② 参见 www.mortality.org。

付之和。与以前一样，我们可以将每个 T_i 时的长寿互换支付称为远期（长寿）利率协议（FRA），因为这样简化了风险暴露。整个互换是一组 FRA。另外，我们假设互换期限由到期日 $T_{initial}$，$\cdots$，T_i，$\cdots$，T_{final} 给出。对于此定制互换解决方案，在忽略"I"和"C"的违约风险以及两者的融资成本时，从 t 时直到最后到期日 $T = T_{final}$ 的贴现现金流之和由下式给出

$$\Pi(t,T) = \sum_i \Pi_i(t,T)$$

$$\Pi(t,T) = n\left[\exp\left(-\int_t^{T_i} r_s \mathrm{d}s\right)\left(\frac{n-N_t}{n}\exp\left(-\int_t^{T_i} \mu_s \mathrm{d}s\right)\right)\right] - nD(t,T_i)\bar{p}_{T_i}^N$$

(18.6)

其中，D 为与无风险利率（一般用隔夜指数利率近似）相对应的到期日为 T_i 的 t 时随机贴现因子。

在特定时间 T 发生的每笔浮动对固定支付的市场价值可通过定价公式 $\mathbb{E}_t^\mathbb{Q}\Pi(t,T)$ 来计算，从而在尚未发生违约的每个 t 时有

$$S_t = n\mathbb{E}_t^\mathbb{Q}\left[\sum_i \exp\left(\int_t^{T_i} r_s \mathrm{d}s\right)\left(\frac{n-N_t}{n}\exp\left(-\int_t^{T_i} \mu_s \mathrm{d}s\right)\right)\right] - n\sum_i P(t,T_i)\bar{p}_{T_i}^N$$

(18.7)

其中，$P(t,T_i)$ 表示离到期日时间为 $T_i - t$ 的零息票债券的市场价值，$\mathbb{E}_t^\mathbb{Q}[\cdot]$ 为给定 t 时的可用信息时定价测度 $\mathbb{Q}$ 下的条件预期。作为一个简单的基准案例，假设市场参与者从人类死亡率数据库（HMD）中获取信息，并使用 Lee – Carter 模型来评估与长寿相关的现金流。换句话说，在每个盯市日（包括初始日），长寿互换利率是基于 Lee – Carter 预测计算使用最新可用的 HMD 信息的。图 18.1 显示了英格兰和威尔士从 1980 年 65 岁到 2005 年 90 岁的互换生存率的演变。显然，Lee – Carter 模型在这个具体例子中系统地低估了死亡率的提高，这意味着随着互换的成熟，套期保值者的头寸将变得越来越价内（见图 18.2）。实际上，合约可能会允许交易对手取消互换或重置固定部分的非负费用，但我们在此示例中忽略了这些特征。图 18.2 还报告了互换产生的净现金流序列。随着利率风险被对冲——并再次忽略此时的违约风险，回测中出现的现金流入/流出仅反映实际生存率与初始锁定互换利率之间的差异。另外，互换的市值反映了市场互换利率的变化，根据图 18.1 中绘制的最新 Lee – Carter 预测，其与已实现的生存率不同。如图 18.2 所示，长寿互换的信用风险暴露在初始和到期时接近零，但

其介于两者之间的规模依然可能相当可观,这取决于在市场/死亡率条件下的变化和剩余互换支付(摊销效应)之间的权衡。信用风险暴露由重置成本量化,即非违约交易对手在违约时必须承担的以当时可用的市场价格置换工具的成本。作为预测下一节的简单示例,让我们引入信用风险(但没有违约——参见备注 11.3.1),并假设 1988 年套期保值供应商的信用价差在所有到期日之间扩大了 25 个和 50 个基点。如图 18.2 和图 18.3 所示,这两种场景对套期保值者资产负债表的影响都是巨大的,这展示了 MTM 损益是如何危及成功的现金流套期保值的。

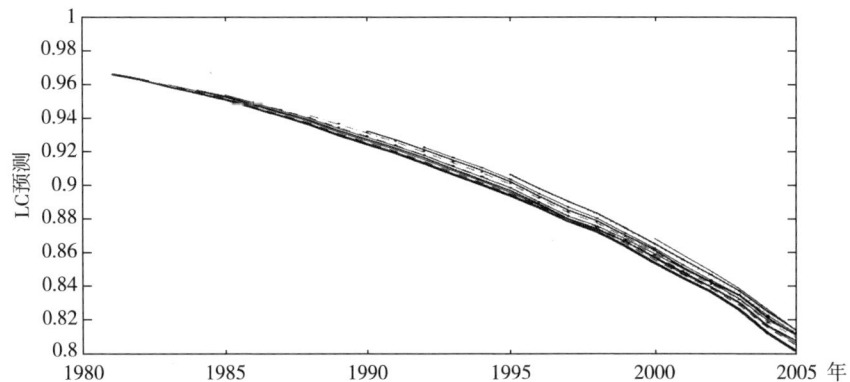

图 18.1　来自文献 [21]。生存曲线为在每年 $t=1980,\cdots,2004$ 年初为英国和威尔士在第 t 年年龄为 $65+t-1980$ 的男性计算的。预测基于 Lee–Carter 模型,使用每个 t 年年初所得最新人类死亡率数据库数据

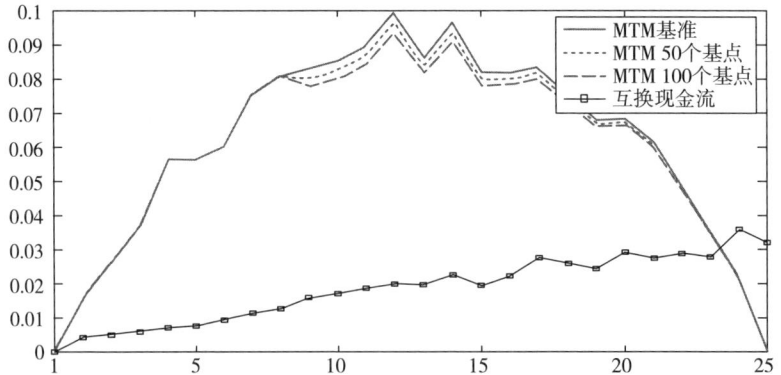

图 18.2　来自文献 [21]。1988—2005 年基准情况下的长寿互换盯市价值与交易对手 C 的信用价差扩大 50 个和 100 个基点后的盯市价值。在无违约时,互换净支付对信用价差的变化不敏感

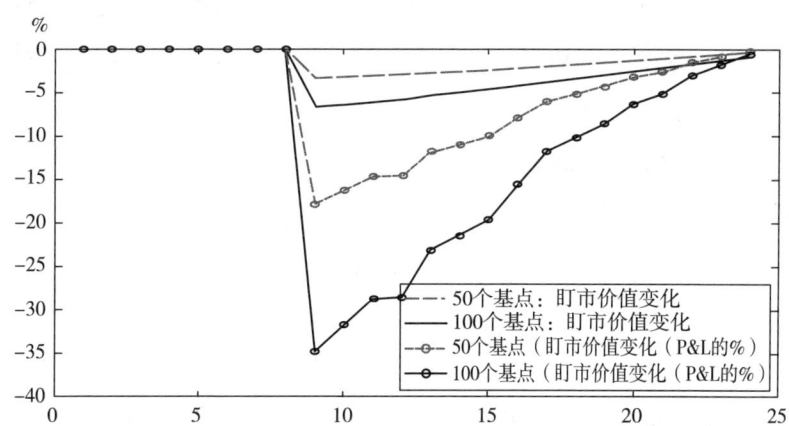

图 18.3 来自文献 [21]。1988—2005 年,当交易对手 C 的信用价差扩大 50 个和 100 个基点时,长寿互换盯市价值相对于基准情况和互换净支付的市值变化

18.4 交易对手和自身违约风险、抵押与融资

我们可将第 17 章开发的包含信用风险、抵押和融资的主公式用于初始偿付 $\Pi(t,T)$,并针对给定的内生互换利率集 $\bar{p}_{T_i}^N$ 推导出包含所有这些方面的调整后偿付。在可用融资模型和抵押实现一般化的同时,我们尝试构建一个尽可能与 Biffis 等[21] 接近的配置。可以通过假设抵押和融资为连续而非离散时间事件来实现,从而得到包含融资的第 17 章公式,即

$$\bar{V}_t(C;F) = C_t$$
$$+ \mathbb{E}_t[1_{\{\tau<T\}}(\theta_\tau(C,\varepsilon) - C_{\tau^-})D(t,\tau;\tilde{f})]$$
$$+ \int_t^T \mathbb{E}_t[1_{\{u<\tau\}}(\Pi(u,u+du) + dC_u - \tilde{c}_u C_u du)D(t,u;\tilde{f})]$$
$$+ \int_t^T \mathbb{E}_t[1_{\{u<\tau\}}D(t,u;\tilde{f})H_u(\tilde{f}_u - r_u)du]$$

(18.8)

其中,我们将融资贴现因子定义为 $D(t,T;\tilde{f}) := e^{-\int_t^T \tilde{f}_u du}$,而 Π 为长寿互换偿付。也将 τ 称为首次违约时间,即 $\tau := \tau_I \wedge \tau_C$。

我们再来看看以下 4 项的分解:第 1 项 C 为抵押品价格。第 2 项和第 3 项由

不考虑抵押的现金流构成，如两个交易对手之一出现违约事件时所支付的现金流，即并非立即重置抵押账户后的盯市变动，以及未包含在抵押品价格中的保证金成本。第 4 项中的 $\tilde{f}_u - r_u$ 代表为金融工具所实施的套期保值策略的融资成本，H 为套期保值组合的价格。

同样作出与第 17.4.2 节相同的假设，即

$$\bar{V}_t(C;F) = \int_t^T \mathbb{E}_t^{\tilde{f}}\left[1_{\{u<\tau<u+du\}}D(t,\tau;\tilde{f})\theta_\tau(C,\varepsilon)\right]$$

$$+ \int_t^T \mathbb{E}_t^{\tilde{f}}\left[1_{\{u<\tau\}}D(t,u;\tilde{f})(\Pi(u,u+du) + C_u(\tilde{f}_u - \tilde{c}_u)du)\right]$$

其中，同样对抵押项作了部分积分。

为了回顾 Biffis 等[21]的结果，我们首先需要详细说明其对抵押和出清金额评估的假设：

- 抵押品 C 占盯市价值的比例为 α_t，即 $C_t \doteq \alpha_t \bar{V}_t(C;F)$；在文献 [21] 中，作者说明了两个极端情况：其一，抵押品与完全定制价值相匹配（$\alpha_t = 1$），其二，抵押不存在或为零（$\alpha_t = 0$），尽管他们也推导出了一般化公式。

- 抵押品连续提交。

- 允许抵押品再抵押。

- 为简化起见，假设两个交易对手的回收率为零，但这并不是必要的（文献 [21] 给出了一般情况）。

- 出清金额等于违约前的交易价格，因此，如果使用符号 ε_I 和 ε_C 分别表示由 I 和 C 定价的违约风险暴露，则有 $\varepsilon_{I,\tau} \doteq \varepsilon_{C,\tau} \doteq \bar{V}_{\tau^-}(C;F)$。

请注意，此假设比我们之前的框架更具限制性：$\bar{V}$ 需要在违约时保持连续，否则当 $\alpha_t = 0$ 时，将无法确保完全抵押。此外，参照前面的第 17 章，假设有 $\varepsilon_{I,\tau} = \varepsilon_{C,\tau}$。正如我们在此章中所见，该对称性假设在早期融资文献中很常见。在本书中，我们将处理更一般的理论，在关于长寿风险的本章，为匹配文献 [21] 的理论，我们需要假设对称性。

更确切地说，我们假设能够看到交易对手的融资成本，且有

$$f_t^+ \equiv f_t^{+,I} \doteq f_t^{-,C}, \quad f_t^- \equiv f_t^{-,I} \doteq f_t^{+,C}$$

其中，$f_t^{+,I}$（或简化为 f_t^+）为投资者的融资利率，$f_t^{-,I}$（或简化为 f_t^-）为投资者的投资利率，$f_t^{-,C}$ 为交易对手的融资利率，$f_t^{+,C}$ 为交易对手的投资利率。

18 非标准资产类别：长寿风险

另一个隐含假设是，共同的融资和投资利率是 $\mathcal{F}_t$ 适应的，甚至是可预测的，这意味着参与交易的所有市场各方都将它们视为 t 时刻的利差。

在这些假设下，可得（仍然根据 $\mathcal{G}$ 期望）

$$\bar{V}_t = \int_t^T \mathbb{E}_t^{\tilde{f}} [1_{\{u<\tau\}} D(t,u;\tilde{f}) (\Pi(u,u+du) + \alpha_u \bar{V}_u (\tilde{f}_u - \tilde{c}_u) du)]$$

$$+ \int_t^T \mathbb{E}_t^{\tilde{f}} [1_{\{u<\tau<u+du\}} D(t,\tau;\tilde{f}) (1_{\{\tau_I<\tau_C\}} + \alpha_u 1_{\{\tau_C<\tau_I\}}) \bar{V}_u^+]$$

$$+ \int_t^T \mathbb{E}_t^{\tilde{f}} [1_{\{u<\tau<u+du\}} D(t,\tau;\tilde{f}) (1_{\{\tau_C<\tau_I\}} + \alpha_u 1_{\{\tau_I<\tau_C\}}) \bar{V}_u^-]$$

其中，为提高可读性，我们去掉了对交易价格的 C 和 F 的明确依赖性。现可定义

$$\lambda_u^{C<I} du := \mathbb{E}_t^{\tilde{f}} [1_{\{u<\tau<u+du\}} 1_{\{\tau_C<\tau_I\}}]$$

以及

$$\lambda_u^{I<C} du := \mathbb{E}_t^{\tilde{f}} [1_{\{u<\tau<u+du\}} 1_{\{\tau_I<\tau_C\}}]$$

（两个强度都包含了 u 时的生存指标）这样可得

$$\bar{V}_t = \int_t^T \mathbb{E}_t^{\tilde{f}} [1_{\{u<\tau\}} D(t,u;\tilde{f}) (\Pi(u,u+du) - \bar{V}_u (\tilde{\zeta}_u - \lambda_u) du)]$$

其中

$$\lambda_t dt := (\lambda_t^{I<C} + \lambda_t^{C<I}) dt = \mathbb{E}_t^{\tilde{f}} [1_{\{t<\tau<t+dt\}}]$$

且

$$\tilde{\zeta}_t = (1-\alpha_t)(\lambda_t^{C<I} 1_{\{\bar{V}>0\}} + \lambda_t^{I<C} 1_{\{\bar{V}<0\}}) - \alpha_t (\tilde{f}_t - \tilde{c}_t)$$

上面的递归公式可从终止条件 $\bar{V}_T = 0$ 开始来求解，可得

$$\bar{V}_t = \int_t^T \mathbb{E}_t^{\tilde{f}} [1_{\{u<\tau\}} D(t,u;\tilde{f}+\tilde{\zeta}-\lambda) \Pi(u,u+du)] \qquad (18.9)$$

如果问题是对称的 ($f_t^* = f_t$)，则这是一个显式解，否则需要数值解（例如，通过最小二乘蒙特卡洛方法）。

现在从最后一个公式中隐含的完全违约包容性滤子 $\mathcal{G}_t$ 转移到通过标准滤子转换公式获得的价差滤子 $\mathcal{F}_t$

$$\bar{V}_t = 1_{\{\tau>t\}} \int_t^T \mathbb{E}_t^{\tilde{f}} [D(t,u;\tilde{f}+\tilde{\zeta}) \Pi(u,u+du) | \mathcal{F}] \qquad (18.10)$$

Biffis 等的论文[21]在考虑长寿互换时假设了特定的市场环境。与前几章一致，虽然对长寿互换融资和抵押的考查正在研究中，但此时本书将报告文献[21]中的结果。

作者假设：

- 参考货币为美元。
- 融资利率被设置为与交易对手的司库利率相等，特别是设置为彼此相等，以得到对称性场景。
- 长寿互换类市场的"奇异"CAS 中被指定了抵押品应计利率。我们只假设它们在 CSA 中被指定，以便被适应并保持连续，本质上意味着它们在概率意义上是可预测的。文献[21]提供了规则的具体类型示例。本章没有将 CSA 抵押品应计利率完全指定为相关市场变量的确定性函数，是因为规则可能确实是"奇异的"，例如，抵押利率可能取决于潜在的死亡率，其可能涉及路径依赖（例如死亡率经历/期望），并可以监测不同频率的不同变量（例如，CSA 可能允许根据财务状况每日调整抵押品，根据死亡经历每季度调整，以及根据未来改进变化每年调整，等等）。
- I 方和 C 方之间没有违约相关性，最多存在价差相关性，请再次参见备注 18.1.1。在这种情况下，可写作

$$\lambda_u^{C<I} du = \mathbb{E}_t^{\tilde{f}}[1_{\{u<\tau_C<u+du\}}] = 1_{\{\tau>u\}} \lambda_u^C du$$

以及

$$\lambda_u^{I<C} du = \mathbb{E}_t^{\tilde{f}}[1_{\{u<\tau_I<u+du\}}] = 1_{\{\tau>u\}} \lambda_u^I du$$

λ_u^C 和 λ_u^I 可被理解为强度中 $\mathcal{F}_u$ 可测度的部分。在此设置下，式（18.10）可转换为如下形式

$$\overline{V}_t = 1_{\{\tau>t\}} \int_t^T \mathbb{E}_t^{\tilde{f}}[D(t,u;r+\tilde{\zeta}^B) \Pi(u, u+du) | \mathcal{F}] \quad (18.11)$$

其中 r_t 为司库利率，且

$$\tilde{\zeta}_t^B = (1-\alpha_t)(\lambda_t^C 1_{\{\overline{V}>0\}} + \lambda_t^I 1_{\{\overline{V}<0\}}) - \alpha_t \tilde{\delta}_t \quad (18.12)$$

以及

$$\tilde{\delta}_t := \tilde{c}_t - r_t, \quad \delta_t^{\pm} := c_t^{\pm} - r_t \quad (18.13)$$

关于 $c_t^{\pm}$ 的定义以及相关的 $\tilde{c}$ 请参见第 16 章。

此设置确实会导出一个等效于文献［21］中的公式。特别是，超过 r_t 的总贴现价差的最终公式与文献［21］给出的价差 Γ 一致。

我们需要在这里提出的一个评论是，在文献［21］中，利率 $r+\tilde{\delta}$ 是（从外部或从司库部门）借入需要提交抵押品的成本。相反，我们将 $\tilde{c}$ 定义为从交易另一方所提交抵押品赚取的利息，或从交易另一方收到的抵押品利息。

我们假设另一方的融资成本是可见的，从而可以向另一方收取抵押品的融资成本。这意味着可以就我们所提交的抵押品准确地向另一方收取 $r+\tilde{\delta}$，从而用符号表示可得

$$\tilde{c}_t = r_t + \tilde{\delta}_t$$

这意味着有

$$\tilde{\delta}_t = \tilde{c}_t - r_t$$

这与我们在上面式（18.13）中的假设一致。

在文献［21］中，作者继续模拟了五个变量 r_t、$\lambda_t^{I,C}$ 和 $\delta_t^{\pm}$。他们对司库利率使用双因子模型，对其他四个利率使用均值回复单因子模型。因此，他们使用了 6 个基础流程。

目前为止，我们已经讨论了偿付调整，以考虑信用、抵押和融资，但没有用特定模型来填充相关数量的动态过程。虽然我们可以与本书前几章保持一致，但这项工作正在进行中，因此我们在此报告 Biffis 等[21]已经完成的分析。

18.5 Biffis 等（2011）建模范式的一个例子

文献［21］中的一个重要因素是寻找包含信用、债务、抵押和融资的均衡互换利率，而不是总的附加价格调整，这也是我们除了第 8 章关于权益回报互换以外没有处理的问题。换句话说，当交易价格包括交易对手信用和债务风险、抵押和融资时，我们可能会寻找新的互换利率以使交易价格为零。为了澄清这一点，我们注意到，长寿互换偿付［式（18.6）］取决于互换利率 $\bar{p}^N$，因此我们记作 $\Pi(t,T,\bar{p}^N)$、$\bar{\Pi}(t,T,\bar{p}^N)$ 和 $\bar{V}_t(C;F,\bar{p}^N)$ 以突出对互换利率 $\bar{p}^N$ 的依赖。找到内生公平互换利率意味着找到了 $\bar{p}^N$ 满足

$$\overline{V}_t(C; F, \overline{p}^N) = 0 \qquad (18.14)$$

我们可以在框架中实现基本搜索，其中式（18.14）的解是通过对 $\overline{p}^N$ 的几个不同值进行复杂的蒙特卡洛模拟迭代来获得的。

现在，我们指定更多文献［21］中的建模选项。

文献［21］的作者对无风险收益率曲线、LIBOR 和死亡率以及抵押品成本都使用了连续时间模型。"C"方（套期保值供应商）的信用风险被假定等于 LIBOR（银行间市场）的平均信用质量，因此当违约时的回收率为 0 时，银行间/国库券（TED）价差将为"C"的违约强度。① 然后他们设 $\lambda^I = \lambda^C + \Delta$，且考虑了两种情况："I"方要么与"C"方具有相同的信用质量（$\Delta = 0$），要么信用风险更大（$\Delta > 0$）。他们考虑了马尔科夫设置，并通过一个具有高斯动态过程的 6 维状态变量向量 X 描述了不确定性的演变。

具体构成包括：

- 短期利率 $r = X^{(1)}$，并假定向下一变量回归。
- 长期中心趋势因子 $X^{(2)}$，代表无风险收益率曲线的斜率。
- TED 价差 $X^{(3)}$，以使 LIBOR 利率由 $X^{(1)} + X^{(3)}$ 给出。
- 利率互换市场抵押品的净收益 $X^{(4)}$，即量 $\delta_t^I = \delta_t^+$。
- 其余两个组成部分为附着于长寿风险业务的抵押品收益率 $X^{(5)}$，即另一个量 $\delta_t^C = \delta_t^-$，并在应用中考虑抵押机会成本，即下面的（b）。
- 给定人群死亡率的对数强度，$\log \mu = X^{(6)}$。

文献［21］中 X 的高斯动态过程（$\mathbb{Q}$ 测度下）为

$$dX_t^{(1)} = (k_1(X_t^{(2)} - X_t^{(1)}) - \eta^1)dt + \sigma_1 dW_t^1$$

$$dX_t^{(2)} = (k_2(\theta_2 - X_t^{(2)}) - \eta^2)dt + \sigma_2 dW_t^2$$

$$dX_t^{(3)} = (\kappa_3(\theta_3 - X_t^{(3)}) + \kappa_{3,1}(X_t^{(1)} - \theta_2) + \kappa_{3,4}(X_t^{(4)} - \theta_4) - \eta_3)dt + \sigma_3 dW_t^3$$

$$dX_t^{(4)} = (\kappa_4(\theta_4 - X_t^{(4)}) + \kappa_{4,1}(X_t^{(1)} - \theta_2) + \kappa_{4,2}(X_t^{(2)} - \theta_2) - \eta_4)dt + \sigma_4 dW_t^4$$

$$dX_t^{(5)} = \begin{pmatrix} \kappa_5(\theta_5 - X_t^{(5)}) + \kappa_{5,1}(X_t^{(1)} - \theta_2) + \kappa_{5,2}(X_t^{(2)} - \theta_2) + \kappa_{5,3}(X_t^{(3)} - \theta_3) \\ + \kappa_{5,4}(X_t^{(4)} - \theta_4) + \kappa_{5,6}(X_t^{(6)} - E_0[X_t^{(6)}]) - \eta_5 \end{pmatrix} dt + \sigma_5 dW_t^5$$

$$dX_t^{(6)} = (A(T) + B(T)(X_t^{(6)} - a(T)))dt + \sigma_6(T)dW_t^6$$

---

① 文献［21］是在 2012 年 LIBOR 操纵丑闻曝光之前写的。

其中，$W = (W^1, \cdots, W^6)^T$ 为标准 $\mathbb{Q}$ - 布朗运动，常数 η^i 代表有风险的市场价格，函数 $A(\cdot)$、$B(\cdot)$ 和 $\sigma_6(\cdot)$ 在下面定义。$\mathbb{P}$ - 动态过程通过从相关因子的漂移中去掉风险市场价格，并用相应的 $\mathbb{P}$ - 布朗运动新息来替换其中的新息获得。

文献 [21] 中的一个关键假设是，$X^{(6)}$ 在物理和定价概率测度下具有相同的动态过程，这与在没有抵押品时，每个 T 的互换利率等于 p_T 的基准情况一致。另外回想一下，在模型 X 中，盯市在违约时并不存在瞬时跳跃。

布朗新息是不相关的，除了 W^1 和 W^2 以外，其瞬时相关性表示为 $\rho_{1,2}$。

在利率和死亡率相互独立的假设下，Biffis 等[21]可以分别估计两组因素（$X^{(1)}$、$X^{(2)}$、$X^{(3)}$ 和 $X^{(4)}$）与 $X^{(6)}$ 的动态过程。

（1）特别是作为第一个例子，文献 [21] 放弃了 $X^{(5)}$，并关注融资成本。他们只是采用了 $\delta^C = X^{(3)}$ 和 $\delta^I = X^{(3)} + \Delta$，这意味着净抵押成本与每一方的借款利率与无风险利率（假设被返还）的差一致。在非对称违约风险的情况下，他考虑了 Δ 取值 100 个基点和 200 个基点的情况。这里特别假设计算方知道另一方的融资政策。

（2）在第二个例子中，文献 [21] 侧重出售额外长寿保护的机会成本，并模拟了持有代表性长寿关联负债所产生的资本费用，用于估计 $X^{(5)}$ 的动态过程。换句话说，他们利用监管要求信息来量化交易对手在互换期间产生的资本费用，以"合成" $X^{(5)}$ 的动态过程。有关第二种方法的详细信息，请参阅其原始文献。

表 18.2　来自文献 [21]：X 动态过程的参数值。对 $X^{(5)}$ 的估计基于资本增长由交易对手以 6% 加上 LIBOR 的利率提供融资这一假设

κ_1	0.969	η_1	-0.053	σ_1	0.008	UK	
κ_2	0.832	η_3	-0.014	σ_2	0.155	δ_K	-0.888
κ_3	1.669	η_4	0.007	σ_3	0.009	σ_K	1.156
κ_4	0.045	η_5	0.055	σ_4	0.010	US	
κ_5	0.990	$\kappa_{5,1}$	0.147	σ_5	0.690	δ_K	-0.761
$\kappa_{3,1}$	-0.163	$\kappa_{5,2}$	1.340	θ_2	0.046	σ_K	1.078
$\kappa_{4,1}$	0.114	$\kappa_{5,3}$	2.509	θ_3	0.003		
$\kappa_{3,4}$	0.804	$\kappa_{5,4}$	-0.133	θ_4	0.007		
$\kappa_{4,2}$	-0.038	$\kappa_{5,6}$	-0.002	θ_5	0.115	$\rho_{1,2}$	-0.036

总结如下：

- 对于前四个因素（$X^{(1)}$、$X^{(2)}$、$X^{(3)}$ 和 $X^{(4)}$），文献 [21] 使用了文献 [130] 的数据，这些数据依赖基于 1990 年至 2002 年每周三采样的每周数据的两阶段最大似然过程，并设 $X^{(3)}$ 的长期均值等于采样期内 3 个月 TED 价差的均值。此过程导致了表 18.2 的参数值。

- 对于对数强度 $X^{(6)}$，他们使用下面所描述的死亡率模型，并假定布朗成分 W^6 与其他成分不相关。死亡率强度使用如下连续时间版本的 Lee–Carter 模型[19]进行建模：首先使用人类死亡率数据库中美国和英国男性的年度中心死亡率数据 $\{m_{y,s}\}$，通过奇异值分解来估计日期为 $s=1961,1962,\cdots,2007$、年龄为 $y=20,21,\cdots,89$ 的模型：$m_{y,s}=\exp(\alpha(y)+\beta(y)K_s)$。然后用过程 $K_{s+1}=\delta_K K_s+\sigma_K\varepsilon$ 来拟合所得的 K 估计值，其中 $\varepsilon\sim N(0,1)$。对于固定年龄 $x=65$，对 $\{\alpha(x+h),\beta(x+h)\}_{h=0,1,\cdots}$ 的估计值用可分函数 $a(T)$ 和 $b(T)$ 来进行插值。

表 18.3 对参数 σ_5 的敏感性：我们通过设置 $X^{(1)}$ 和 $X^{(2)}$ 等于其长期均值，来计算在完全抵押下的 25 年期互换利率和价差（按基点计算）。
$X^{(5)}$ 动态过程参数值的基准估计为 $\theta_5=0.000254$，$\kappa_5=1.005073$，
$\sigma_5=0.000542$，$\eta_5=0.000269$，$\kappa_{53}=0.003648$，$\kappa_{54}=0.000018$，$\kappa_{56}=0.000261$

σ_5	p_{25}	$\bar{p}^C$	价差（基点）
0.0005	0.201425	0.201469	2.15
0.0100	0.201425	0.201822	19.68
0.0150	0.201425	0.202009	28.96
0.0200	0.201425	0.202196	38.26
0.1000	0.201425	0.205237	189.24
0.1500	0.201425	0.207184	285.90

通过以下设置可最终得到函数 A、B 和 σ_6

$$A(T)=a'(T)+b(T)\delta_K$$
$$B(T)=b'(T)b(T)^{-1}$$
$$\sigma_K(T)=b(T)\sigma_K$$

$X^{(5)}$ 漂移中出现的预期确保了长寿资本费用对已实现死亡率与初始估计的

18 非标准资产类别：长寿风险

存活率期限结构的偏离做出了反应。

• 如何估计 $X^{(5)}$ 的动态过程？这是长寿风险相关抵押成本的组成部分。文献［21］将代表性债务的久期设置为等于 15。他们模拟了所有其他状态变量的远期值，并在每个时间步长，根据模拟的死亡率和市场条件计算由套期保值供应商的资本费用所产生的资本机会成本，并且假定融资利率为 LIBOR 加上 6% 的固定价差，这是内部资本成本的合理值。为了获得抵押净成本，文献［21］考虑了无风险利率的返还。他们估计了每条模拟路径上的 $X^{(5)}$ 动态过程，并将参数 θ_5 设置为模拟路径上 $X^{(5)}$ 的平均值。首先计算每条模拟路径的参数估计值，其次计算所有模拟的平均值。关于估计值报告在表 18.2 中。

基于该框架，文献［21］计算了 2008 年初针对由 10000 名 65 岁美国男性组成的人群所出售的 25 年期互换的长寿互换利率。

18.6 关于 Biffis 等（2011）结果的讨论

在图 18.4 中，我们根据 Lee – Carter 预测绘制了不同抵押规则下生存率提高

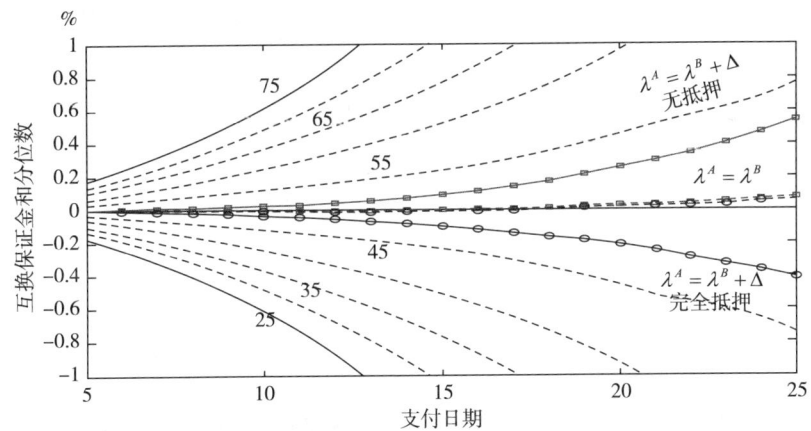

图 18.4 来自文献［21］。"A"是我们的"I"，"B"为我们的"C"。针对不同到期时间 $\{T_i\}$ 和抵押规则计算了互换保证金 $\bar{p}^C_{T_i}/p_{T_i}-1$，且 $\delta^A=\lambda^A$ 及 $\delta^B=\lambda^B$：无抵押（方块），完全抵押（圆圈）；$\lambda^A=\lambda^B+\Delta$，且 $\Delta=0$（虚线）或 $\Delta=1$（实线）。p_{T_i} 为与 $\bar{p}^C_{T_i}$ 有相同期限和到期日的无风险互换利率。标的为开始于 2008 年的美国 10000 名 65 岁人群。互换利率基于 Lee – Carter 预测的针对生存率提高百分比而绘制

百分比时的互换曲线。我们看到，在对称违约风险的情况下，对于无抵押交易和完全抵押交易，保证金为正且随付款到期日的增加而增加。然而，一旦在违约风险中引入不对称性（Δ > 0），保证金在无抵押情况下将会扩大，这反映出套期保值者需要支付额外溢价，因为其信用风险较高。在完全抵押情况下，套期保值供应商从融资成本和抵押金额之间的负相依性中受益：均衡互换利率被推低，并在最佳估计互换利率上产生了负的保证金。在图18.5中，我们考查了在非对称违约风险下单侧抵押所引起的互换保证金。当只有套期保值供应商必须提交全部抵押品时，互换利率就要高于最佳估计生存概率，这意味着套期保值者必须补偿套期保值供应商所承担的风险缓解成本和套期保值者违约风险。如果套期保值者必须在价外时提交全部抵押品，情况则正好相反。此时，互换保证金明显为负值，且随付款到期日的来临而递减。当交易对手信用质量的不对称性变大时，这些影响将会放大，这从图18.4所报告的一些关键到期日和抵押规则的互换价差中可以看出。

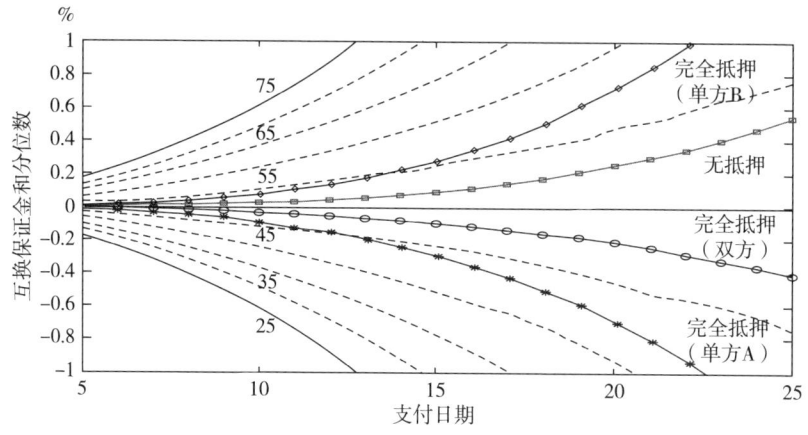

图18.5 来自文献 [21]。针对不同到期时间 $\{T_i\}$ 和抵押规则计算互换保证金 $\bar{p}^C_{T_i}/p_{T_i} - 1$，且 $\delta^I = \lambda^I = \lambda^C + 0.01$ 及 $\delta^C = \lambda^C$：无抵押（方块）、完全抵押（圆圈）、仅 "I" 方（星型）或 "C" 方（钻石型）提交完全抵押。标的为开始于2008年的美国10000名65岁人群。互换利率基于Lee–Carter预测针对生存率提高百分比而绘制

表18.4 来自文献 [21]。"A" 是我们的 "I", "B" 是我们的 "C"。c^A 和 c^B 为每个时点抵押品盯市价值的一定比例。因此，$c = 1$ 表示完全抵押，而 $c = 0$ 表示完全无抵押品。第17.5节的第二个示例：不同抵押规则、到期日和信用价差 $\Delta \in \{0, 0.01, 0.02\}$ 的互换价差 $\bar{p}^C_{T_i}/p_{T_i}$（按基点）。LSMC 程序在3阶多项式基准函数的四分网格上使用5000条路径，并重复了100个种子

	到期支付（年）	$c^A = 0$ $c^B = 0$ （基点）	$c^A = 0$ $c^B = 1$ （基点）	$c^A = 1$ $c^B = 0$ （基点）	$c^A = 1$ $c^B = 1$ （基点）
$\lambda^{A,B} = \lambda$	15	0.03	11.34	−11.76	0.05
$\delta^{A,B} = \delta$	20	1.11	19.93	−17.94	0.86
$\delta = \lambda$	25	1.50	21.25	−18.35	1.24
$\lambda^A = \lambda^B + \Delta$	15	5.45	16.79	−17.29	−5.84
$\delta^i = \lambda^i$	20	10.16	28.95	−27.08	−8.23
$\Delta = 0.01$	25	10.96	30.75	−27.76	−9.19
$\lambda^A = \lambda^B + \Delta$	15	11.30	22.29	−22.90	−11.25
$\delta^i = \lambda^i$	20	19.26	38.06	−36.16	−17.42
$\Delta = 0.02$	25	19.46	40.27	−37.02	−18.38

通过绘制互换利率针对最佳估计死亡率改进的价差，就能得以根据参考死亡率模型的调整（这是长寿空间的常见做法）将互换利率解释为定价函数的输出。另外，长寿互换价差更易于与其他交易中的进行相比。表18.5 比较了状态向量 ($X^{(1)}$、$X^{(2)}$、$X^{(3)}$ 和 $X^{(4)}$) 参数化所隐含的利率互换价差。特别是，我们报告了利率期货价格（通过考虑完全抵押和设定抵押成本等于无风险利率而获得）与抵押交易的利率互换利率之间的差额，其抵押成本等于交易对手的融资成本。价差为负值，这符合利率风险导致固定利率支付者获得折扣的直觉，且幅度与文献 [130] 的发现相一致。结果表明，长寿互换价差与利率互换市场价差是可比的，但其在绝对值上通常小得多。例如，在双边完全抵押的情况下，15年期至25年期的长寿互换利率价差要显著小于相应到期时间的利率互换价差。在套期保值方单边抵押的情况下，我们在利率互换利率中，发现了一个折扣（负价差），而由于长寿风险对互换利率的额外相反影响，其在相应的长寿互换中变成了可比大小的溢价（正价差）。我们发现到期日、抵押规则和交易对手信用质量

的选择是稳健的，且主要受利率风险和长寿风险对长寿互换保证金的相反作用的影响，从而稀释了抵押对长寿互换利率的总体影响。

表 18.5　来自文献 [21]。"A" 是我们的 "I"，"B" 是我们的 "C"。c^A 和 c^B 为每个时点抵押品盯市价值的一定比例。因此，$c = 1$ 表示完全抵押，而 $c = 0$ 表示完全无抵押品。第 17.5 节的第二个示例：利率互换（IRS）与长寿互换的比较。IRS 价差代表期货价格（抵押的机会成本与双方无风险利率相一致）和抵押 IRS 互换利率（针对不同抵押规则、到期时间和信用风险）之间的差

	到期支付（年）	利率互换			长寿互换		
		$c^A = 0$ $c^B = 1$ （基点）	$c^A = 1$ $c^B = 0$ （基点）	$c^A = 1$ $c^B = 1$ （基点）	$c^A = 0$ $c^B = 1$ （基点）	$c^A = 1$ $c^B = 0$ （基点）	$c^A = 1$ $c^B = 1$ （基点）
$\lambda^{A,B} = \lambda$	15	−7.96	−44.97	−52.86	11.34	−11.76	0.05
$\delta^{A,B} = \delta$	20	−12.68	−42.64	−56.22	19.93	−17.94	0.86
$\delta = \lambda$	25	−17.94	−40.98	−58.92	21.25	−18.35	1.24
$\lambda^A = \lambda^B + \Delta$	15	−8.00	−67.87	−75.23	16.79	−17.29	−5.84
$\delta^i = \lambda^i$	20	−12.65	−63.84	−77.42	28.95	−27.08	−8.23
$\Delta = 0.01$	25	−17.65	−60.63	−77.64	30.75	−27.76	−9.19

然后，我们考虑上一节的选项（b），从而将其纳入过程 $X^{(5)}$。在对称抵押的情况下，我们发现结果可与使用 δ 过程的交易对手融资成本所获得的结果相比。但是，图 18.6 显示，如果考虑套期保值供应商（套期保值者）一方的单边抵押，那么保证金将显著增加（减少）。这是因为要求提交抵押品的一方在计算抵押成本时要明确考虑到尾部事件，而在图 18.5 中，基于 $X^{(5)}$ 的选项（a），融资成本是根据长寿互换市场价值来计算的。

最后，我们研究了长寿互换价差对净抵押成本 $X^{(5)}$ 波动率的敏感性。为了关闭利率风险通道，我们将系数 $X^{(1)}$ 和 $X^{(2)}$ 固定等于其长期均值。表 18.3 报告了在对称违约风险和双边完全抵押的情况下，波动率参数 σ_5 不同取值的结果。我们看到，价差在波动性参数取大值时会显著增加，但其与前面示例中取合理波动率水平（即低于 5%）时的结果相当。

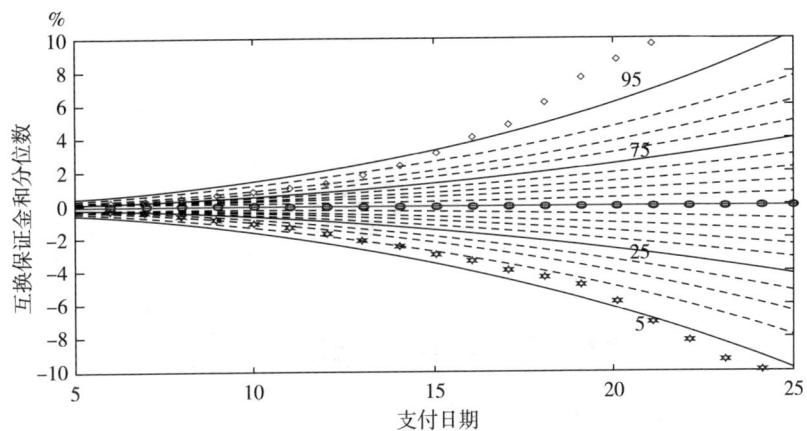

图 18.6　来自文献 [21]。针对不同到期时间 $\{T_i\}$ 和抵押规则计算了互换保证金 $\bar{p}^C_{T_i}/p_{T_i}-1$，且 $\lambda^I = \lambda^C$ 及 $\delta = X^{(5)}$，其中 X 的参数估计由表 18.2 给出。抵押规则：无抵押（方块）、完全抵押（圆圈）、仅 "I" 方（星型）或 "C" 方（钻石型）提交完全抵押。互换利率基于 Lee–Carter 预测针对生存率提高百分比而绘制

19

结论与进一步工作

本章总结全书。在本书主题的严格背景下，结论实际上可以在第 1 章找到，该章以对话的形式给出了该书的摘要，并在第 10 章中总结了本书的高级部分第 3 篇。在序言"起因"中介绍了对一般情况的看法。在此最后一章中，我们借此机会尝试给出模型在当今市场格局中的作用的全景以及各章的内在逻辑。已经浏览全书的读者应该清楚，这不只是一本关于信用风险、抵押品和融资的书，而它是第一本关于我们可称为新"整体"估值理论的著作。从这个意义上说，我们可得一个普遍的结论，即对当前和未来建模的大规模影响进行逻辑梳理，是合适的。

那么，我们将通过重启第 1 章最初的问答对话来作结，那是这位前新秀分析师几年后再次与高级同事的见面……

19.1 最终对话：模型、监管、CVA/DVA、融资及其他

问：【这位年轻同事看起来更加自信和成熟了，右手拿着一本书】很高兴再次见到您，Alice。我在这里感谢您几年前给我的良好开端。现在，我感到更加自信，这既是因为我的经验，也是因为我几乎读破了您给我的书，这本 Brigo、Morini 和 Pallavicini（BMP）的著作。对我来说，非常及时，因为"交易对手风险、抵押品和来自所有资产类别的定价融资"处理的许多问题正是我在工作上

必须要面对的。

答：【年长的同事，她看起来不再那么疲惫和有压力了】我很高兴，Lewis。我最近重读了这本书。正如你所说，在这本书中，有当今金融格局中所有最相关的问题，所有关于信用和债务估值调整、清算、先违约、再假设以及抵押品建模和持续纳入融资成本的有趣讨论。事实上，我们前段时间才讨论过的这些内容。

Lewis：这本书还讨论了交易对手风险定价问题的两个"解决方案"之一：抵押品，即相信它能完全消灭交易对手风险……

Alice：据说，相信错了……

Lewis：是的……错以为能完全消灭交易对手风险，因为缺口风险可能相当显著，风险传染也可能相当令人惊讶。如果不使用抵押品，另一个"解决方案"是基于巴塞尔协议Ⅲ之后针对该风险持有资本准备。因此，我们可以有抵押品，或资本，或CVA定价和对冲，甚至三者组合，再加上融资。您认为这就是现代金融模型的所有内容吗？

Alice：全部？不，当然不是。还有几件必须提到。想想一些顶级银行的LIBOR操纵丑闻，其不仅表明过去的"无风险银行间基准利率"从未真正成为无信用风险或无流动性风险的，而且表明它也不是无欺诈风险的。当非常基础的利率被操纵到非法的边缘时，处理具备奇异期权波动率微笑的LIBOR市场模型的20个不同扩展有什么意义？的确，模型还有什么价值？【身体前倾】

Lewis：我没想到您对您的工作那么热情！听着，现在我对这个金融世界有了更多了解，虽然我同情您受到的刺激——也读过您过去关于LIBOR市场模型实施的论文（我读了很多书！）——但我认为模型还是有价值的。早在2009年，您给我的这本书的作者之一Morini在一篇论文中就写道，银行对危机中LIBOR的修复进行了调整，并将这一事实纳入对不同LIBOR期限基础的模拟，您向我建议的BMP书中也提到了这一话题。我们不能阻止市场进行欺诈，但可以避免使我们的模型具有欺诈性。我们可以避免其代表一个虚构的世界，而是尽量让其描述一个真实的世界。虽然，我不得不承认，欺诈的规模，以及它被用来对付公众的方式，仍然是让我吃惊的。

Alice：但这是真的。金融正越来越被大众视为一个虚拟现实。它掠夺实体经济，处理一个从实体经济和基本面中被删除的虚构世界，并以复杂、晦涩和不必要的全球化工具为基础，其目的不是帮助实体经济，而只是最大化来自这些虚拟世界的利润。在这样的世界里，建模真的能有所作为吗？多年来，我尽了最大的努力来做这份工作，有时我真的觉得自己被这个行业及其高层管理者背叛了。

Lewis：嗯，请原谅我这么说，但这还是很有趣的。当我们在某种程度上把量化工具指责为危机的原因之后，媒体上便出现了一些荒谬和可笑的指责。还是 Brigo、Pallavicini 和另一个意大利人——Torresetti 在另一本书中表明，模型现在几乎处于另一个极端。在面对我们在报纸上所读到的欺诈和市场操纵，以及似乎决定市场的政治决定时，模型有时似乎又变得无关紧要了。然而，在市场和文献中看到这些之后，与部分媒体不同，我认为我们不是危机的原因，也没有公式"杀死华尔街"，但我仍然认为我们是有一些责任的。正如 Morini 在他的《模型风险》一书中所写，过去的模型经常被设计为复杂的方程集，与现实世界关系不大，这导致它们像数学黑匣子一样被使用，以产生一种虚假的自信感，而没有真正增加我们对它的理解。

Alice：嗯，这几年你好像学到了很多东西！这些年，我们的行业竞争非常激烈。你触及了一个很好的观点。模型真的是客观的工具还是只是一个被复杂化的解释？我也认为模型是有意义的，但仅限于市场文化没有试图利用模型来辨别可疑的、贪婪的甚至是非法的后验决策，并真正将模型结果视为决策过程的一个组成部分。在这里，关于行业中的知识进行诚实的披露很重要。试图不断使复杂问题的建模工具通俗化、标准化和简易化似乎表明，这一点并没有被认可……复杂性是这里的关键。

Lewis：所以您是说，如果要使用建模，就要完整和诚实地使用它，以能接受模型必要内容的态度，而不是试图去阉割模型或扭曲其结果，以使其能配合预设的计划。然而，就我所见，过于简化并不是使模型变得容易被操纵的唯一方式。危机前还有另一种被滥用的方式：使它们更加复杂，增加数学细节的复杂程度，以掩盖对底层系统的无知。这是对数学力量的优美滥用，而不是将金融问题不可避免的复杂性转化为合理管理工具的一种有效方法。

Alice：不过，平衡在这里是非常重要的。因为过于简化也不好。即使是善意的监管者，如巴塞尔银行监管委员会，也一直在试图简化和规范化信用估值调整计算，但其超出了合理限度。BMP 在我给你的书里说得很清楚。

Lewis：在这方面，我支持您。我能意识到，这种监管玩具模型助长了对模型弱点的巧妙利用——这通常被称为监管套利。他们掩盖了在正式合规背后进行大量风险管理的需要，其中最糟糕的是，它们使银行联合起来，支持顺周期……

Alice：……顺周期？你也成为经济学家了吗？嗯……你一定已经认识到，你需要在我们的工作中学习很多技能……

Lewis：相反，用各种竞争模型进行模型研究是评估和分散化模型风险的关键方法……

Alice：是的，我同意。如果进行严肃的建模就意味着无法出现完全指定的标准，那就这样吧。这是另一个关键点。

Lewis：我们谈到了模型风险和模型分散化。我认为您建议我读这本书是为了试图走这条艰难的道路。事实上，他们没有提出作为最终能确定解决方案的"模型"的方法。实际上，BMP 演示了相当多的模型。

Alice：没错。你确实读过了！他们有各种各样的简约方法（发挥了最大作用），还有一个结构化方法和一个 BGM 方法（你已经知道我喜欢这个）。但是，在实践中，最终应该选择哪些模型呢？

Lewis：我可能是一个热心的年轻分析师，但我现在认为读者们将帮助选择和改进模型。无论如何，在 CVA 上有这么多书籍和咨询报告不断提到模型，但它们从来没有详细说明过，这本书及其所描述模型是确实有用的。模型风险意识不应成为大家不提出模型的借口。

Alice：我很高兴这本书是一个很好的起点。他们展示了如何使用已经比大多数市场和软件供应商为交易对手风险和融资所采取的大多数方法更高级的方法。他们在不同资产类别上都实现了这一点。BMP 在本书中总结的部分研究可追溯到危机前的 2004 年 7 月。我记得我读过相关文献。但是，话虽如此，其实还有许多工作要做。

Lewis：在我印象里，像 BMP 这样的高级模型已经存在一段时间了，但长期以来，它们一直被交易对手风险从业者所忽视。

Alice：我们再也承担不起了。交易对手风险从业者、衍生品定价和套期保值人员之间在传统上存在的差距需要缩小。一方面，将衍生品视为生活在自己世界中而不受信用、违约、流动性、融资和抵押品影响的世界是没有意义的。

从前，这就是衍生品量化者的态度，他们认为其所作的事情比模型抵押品更好。但是，即使香草工具投资组合也被嵌到了这种风险中，它在定价和管理上成为最令人生畏的衍生品。

Lewis：是的。我认为危机就像显微镜一样。过去，价差和基点非常小，从而使用单一利率曲线的近似是可以接受的。危机已经把不相干的细节变成了关键点，在改变我们观察到的规模时，它迫使我们改变处理这个问题的整个方法。

Alice：当然，如果一致地纳入被正确建模的融资成本将会导致复杂的非线性递归算法，我们就再也不能隐藏在希望的背后，希望这一切能归结为对简单贴现函数应用的不同价差上。其实这一点也不容易。

Lewis：同样，完全隐藏在过于复杂的论文中也不是那么困难。事实上，在 BMP 的书中，有一章对融资的复杂性作了全面分析，其中显示了常规贴现方法的关键弱点，并使用了一个甚至可向高级管理层解释的简单例子。考虑到所触及的是金融机构管理中的关键问题，我们必须致力于使我们对其结果的讨论能被听众所理解，否则我们的工作就白费了。

Alice：至少，我们必须尝试。另一方面，假装此类投资组合的复杂风险可以通过一些小措施（如信用 VaR 或预期损失）以乘数或粒度因子来捕获，那么这是相当错误的，就像传统交易对手风险人员所做的那样。艰苦的工作需要正确地完成，捷径根本不起作用。除了 BMP 在书中给出的乘数在定价空间方面失败的数字例子，以及信用风险定价是实际违约损害的两倍之外，要让所有人都相信不良建模的危险性还有很长的路要走。

Lewis：我似乎还记得 BMP 在书中的数字例子中说明了这样的观点。不过，这还远远没有定论。

Alice：我们需要让我们的同事认识到复杂问题是……复杂的。一家前台部门就拥有所有权力的金融机构，可以说服风险部门，告诉他们有所需的所有工具："使用贴现，进行调整，然后让我们得到一个价格和一些希腊字母，毕竟这是一个大生意，我们不能错过它，顺便说一下，我们还要给你们付的奖金"。

Lewis：不仅仅是因为我现在在银行业工作……【微笑】但我真的不认为奖金是个问题……好吧，当其扭曲了机构的决策过程时，就可能是，就像最近经常出现的那样。但是，它们也可以是一个良性的管理工具。管理是真正的问题。显然，如果一家投资银行的风险管理主管低于衍生品部门主管三级，那么当他说某个头寸或模型危险时,这个可怜的风险管理者是很难被倾听的……

Alice:"达成交易"仍将是唯一重要的。我认为,如果一个人诚实地意识到,方法学工具根本不足以模拟产品或风险,那么交易就应该放弃,而不是用可疑的方法学工具来实现它。从这个意义上说,金融业的标准是低于其他行业的。是的,我知道,我还在银行工作……【笑】

Lewis:还记得航天飞机爆炸时,我作为一名太空探索热爱者就这样痛苦地说过。诚然,我们应该多谈论波音或空客等标准工业飞机,而不是航空航天原型,但我仍然觉得,许多行业没有考虑到外部性,如污染或气候变化的影响。不幸的是,有一种想法,在任何情况下,"金融不会杀死任何人",但当其助推了令人难以置信的快速经济增长时,它会推动将世界拖入全球经济危机的进程,人们意识到,金融并非一个无害的游戏!它可以造成生命、公司甚至国家的毁灭。

Alice:然而,在私有化和自由化得到政府认可的多年之后,凯恩斯主义思想现在又卷土重来。甚至马克思主义思想……

Lewis:我们不要太纠缠于政治!您已经在您事业的顶端,但我还不想损害我的晋升【微笑】。无论如何,是的,留给自己的市场是不能自我调节的。干预现在不可避免,因为人们认识到,监管必须变得像金融市场一样全球化。当然,现在我们不能像20世纪30年代那样犯错,因为当时缺乏干预加深了金融泡沫破裂后的经济萧条。但要小心,再次平衡是重要的。过去,监管不是防止危机或在危机期间改变机构不良习惯的解决方案。有时,我认为,如果没有简单化的监管,允许银行在自身存在风险时声称自己是安全的,而只是在一个真正的自由市场上,股东对银行的风险承担进行实际控制,那么也许我们会更好……

Alice:现在是你变得政治了……要记住你的升职!【笑】。

Lewis:认真谈谈,让我试着总结一下我对前几年事件的理解,然后您告诉我,您是否同意。

正如 BMP 在书中多次指出的,交易对手和融资风险定价是一项非常复杂、依赖模型的任务,这需要一种整体的建模方法,从某种程度上这对大多数投资银行和大多数金融业,甚至西方科学根深蒂固的文化都构成了挑战。即使在他们的书中,BMP 也还没有完全与这种整体方法平起平坐。监管机构和行业正拼命地尝试以最简单的方式对相关计算进行标准化,但我们的结论是,像 BMP 一样，此类计算是复杂的，需要保留以保证其准确性。将每个风险标准化为简单公式的尝试具有误导性，并可能导致相关风险无法完全得到解决。业界和监管机构应该承认这个问题的复杂性，并在学术界和私人研究的帮助下，努力获得必要的方法和技术能力，而不是试图绕过它。在方法得到充分完善之前，我们应避免提出可能会使情况恶化的不适当的解决办法。正如 BMP 所说，这没有简单的出路。

Alice：天哪！你理解得太多了。我会说，这对于 BMP 总结全书而言甚至都是一个伟大的句子！很高兴再次与你会面……嘿！

Lewis：什么……发生了什么事情？

Alice：我感觉有些奇怪……我手里拿着的这本书，我感觉到……听起来很疯狂，我知道……我透过窗户在天上看到了公式和文字……这是什么？这是什么？？？

Lewis：我……我也看到了，哦，我的天啊，我们被墙上的公式和术语包围了，我敢打赌它们就是这本书中的公式……我认得！！！现在有人正看着我……

Alice：啊……哦，我的……我明白怎么回事了。如果我是对的……只有一条出路。没时间了……关闭 BMP 的那本书。Lewis，快，现在就关上！！！

Lewis：但是我想知道……

Alice：没时间了……我们正在消失……关上它！！！

Lewis：好的！！！

【剧终】

（待续……）

参考文献

[1] Alavian, S., Ding, J., Whitehead, P., and Laudicina, L. (2008). Credit valuation adjustment (CVA). Available at http://ssrn.com.

[2] Albanese, C., Bellaj, T., Gimonet, G., and Pietronero, G. (2011). Coherent Global Market Simulations and Securitization Measures for Counterparty Credit Risk. SC 2008 November 2008, Austin, Texas, 11(1): 1–20.

[3] Albanese, C., Brigo, D., and Oertel, F. (2011). Restructuring counterparty credit risk. Deutsche Bundesbank, Working Paper, forthcoming.

[4] Albanese, C., Pietronero, G., and White, S. (2011). Optimal funding strategies for counterparty credit risk liabilities. Working paper available at http://www.level3finance.com.

[5] Alfonsi, A., and Brigo, D. (2005). New families of copulas based on periodic functions. *Communications in Statistics: Theory and Methods*, 34(7).

[6] Allen, F., and Gale, D. (2000). Bubbles and Crises, *Economic Journal*, 110: 236–55.

[7] Arvanitis, A., and Gregory, J. (2001). *Credit: The Complete Guide to Pricing, Hedging and Risk Management*, Risk Books, London.

[8] Assefa, S., Bielecki, T. R., Crépey, S., and Jeanblanc, M. (2009). CVA Computation for counterparty risk assessment in credit portfolios. In: T. R. Bielecki, D. Brigo, and F. Patras, (eds.), *Credit Risk Frontiers: Subprime Crisis, Pricing and Hedging, CVA, MBS, Ratings and Liquidity*, John Wiley & Sons.

[9] Baba, N., and Packer, F. (2009). From turmoil to crisis: Dislocations in the FX swap market before and after the failure of Lehman Brothers. BIS Working paper, 285.

[10] Bacinello, A., Biffis, E., and Millossovich, P. (2010). Regression-based algorithms for life insurance contracts with surrender guarantees. *Quantitative Finance*, 10: 1077–90.

[11] Bauer, D., Benth, F., and Kiesel, R. (2010). Modeling the forward surface of mortality, Tech. rep., Georgia State University.

[12] BIS, Basel Committee on Banking Supervision International convergence of capital measurement and capital standards a revised framework comprehensive version (2006). Strengthening the resilience of the banking sector (2009). Available at http://www.bis.org.

[13] BIS, Basel Committee on Banking Supervision (2010). Basel III: A global regulatory framework for more resilient banks and banking systems. Available at http://www.bis.org.

[14] Cannabaro, E., Picoult, E., and Wilde, T. (2005). Counterparty risk. *Energy Risk*, May issue.

[15] Bech, M., Martin, A., and McAndrews, J. (2012). Settlement liquidity and monetary policy implementation – lessons from the financial crisis. FRBNY Economic Policy Review, 3.

[16] Bielecki, T. R., Jeanblanc, M., and Rutkowski, M. (2008). Hedging of credit default swaptions in a hazard process model. *Annals of Applied Probability*, 18(6).

[17] Bielecki, T. R., and Crépey, S. (2010). Dynamic hedging of counterparty exposure, http://www.maths.univ-evry.fr.

[18] Bielecki, T. R., and Rutkowski, M. (2001). *Credit Risk: Modeling, Valuation and Hedging*, Springer-Verlag.

[19] Biffis, E., Denuit, M., and Devolder, P. (2010). Stochastic mortality under measure changes. *Scandinavian Actuarial Journal*, 2010: 284–311.

[20] Biffis, E., and Blake, D. (2010). Securitizing and tranching longevity exposures. *Insurance: Mathematics & Economics*, 46(1): 186–97.

[21] Biffis, E., Blake, D. P., Pitotti L., and Sun, A. (2011). The cost of counterparty risk and collateralization in longevity swaps. Available at http://ssrn.com.

[22] Biffis, E., and Blake, D. (2010). Mortality-linked securities and derivatives. In: M. Bertocchi, S. Schwartz and W. Ziemba (eds.), *Optimizing the Aging, Retirement and Pensions Dilemma*. John Wiley & Sons.

[23] *BIS Quarterly Review* (December 2007), International banking and financial market developments, http://www.bis.org/publ/qtrpdf/r_qt0712.pdf.

[24] Black, F., and Cox, J. C. (1976). Valuing corporate securities: Some effects of bond indenture provisions. *Journal of Finance* 31(2): 351–67.

[25] Black, F., and Scholes, M. (1974). The effects of dividend yield and dividend policy on common stock prices and returns. *Journal of Financial Economics*, 1(1): 1–22.

[26] Blanchet-Scalliet, C., and Patras, F. (2008). Counterparty Risk Valuation for CDS. http://www.defaultrisk.com.

[27] Blundell-Wignall, A., and Atkinson, P. (2010). Thinking beyond Basel Ⅲ. Necessary solutions for capital and liquidity, *OECD Journal: Financial Market Trends*, 2, 2010(1): 9–33. Available at http://www.oecd.org/dataoecd/42/58/45314422.pdf.

[28] Beumee J., Brigo D., Schiemert D., and Stoyle G. (2009). Charting a course through the CDS big bang. Fitch Solutions research report.

[29] Boenkost, W., and Schmidt, W. M (2005). Cross currency swap valuation. Available at http://ssrn.com/abstract=1375540.

[30] Brace, A., Gatarek, D., and Musiela, M., (1997). The market model of interest rate dynamics. *Mathematical Finance*, 7(2), 127–47.

[31] Brigo, D. (2005). Market models for CDS options and callable floaters. *Risk*, January issue.

[32] Brigo, D. (2006). Constant maturity CDS valuation with market models. *Risk*, June issue. Earlier extended version available at http://ssrn.com/abstract=639022.

[33] Brigo, D. (2011). Credit risk management. King's College FM10 Master Course Lecture Notes.

[34] Brigo, D. (2011). Counterparty risk FAQ: Credit VaR, PFE, CVA, DVA, Closeout, Netting, Collateral, Re-hypothecation, WWR, Basel, Funding, CCDS and Margin Lending. Available at http://arxiv.org/abs/1111.1331.

[35] Brigo, D., and Alfonsi, A. (2005). Credit default swaps calibration and derivatives pricing with the SSRD stochastic intensity model. *Finance and Stochastics*, 9(1): 29–42.

[36] Brigo, D., and Bakkar I. (2009). Accurate counterparty risk valuation for energy-commodities swaps, *Energy Risk*, March issue.

[37] Brigo, D., Buescu, C., and Morini, M. (2011). Impact of the first to default time on bilateral CVA, http://arxiv.org/pdf/1106.3496.pdf. To appear in updated format in *International Journal of Theoretical and Applied Finance*.

[38] Brigo, D., Buescu, C., Pallavicini, A., and Liu, Q. D. (2012). Illustrating a problem in the self-financing condition in two 2010–11 papers on funding, collateral and discounting. Working paper available at http://papers.ssrn.com/sol3/papers.cfm?abstract_id=2103121.

[39] Brigo, D., and Capponi, A. (2008). Bilateral counterparty risk valuation with stochastic dynamical models and application to CDSs. Working paper available at http://arxiv.org/abs/0812.3705. Short updated version in *Risk*, March 2010 issue.

[40] Brigo, D., Capponi, A., and Pallavicini, A. (2011). Arbitrage-free bilateral counterparty risk valuation under collateralization and application to credit default swaps. Accepted for publication in *Mathematical Finance*.

[41] Brigo, D., Capponi, A., Pallavicini, A., and Papatheodorou, V. (2011). Collateral margining in arbitrage-free counterparty valuation adjustment including re-hypotecation and netting. Working paper available at http://arxiv.org/abs/1101.3926.

[42] Brigo, D., Capponi, A., and Predescu, M. (2010). Credit default swaps liquidity modeling: a survey, In: T. R. Bielecki, D. Brigo and F Patras (eds.), *Recent Advancements in Theory and Practice of Credit Derivatives*, Bloomberg Press.

[43] Brigo, D., and Chourdakis, K. (2009). Counterparty risk for credit default swaps: impact of spread volatility and default correlation. *International Journal of Theoretical and Applied Finance*, 12(7): 1007–26.

[44] Brigo, D., and Chourdakis, K. (2012). Consistent single- and multistep sampling of multivariate arrival times: a characterization of self-chaining copulas. Available at http://arxiv.org, http://ssrn.com, http://www.defaultrisk.com.

[45] Brigo, D., and Cousot, L. (2006). A comparison between the SSRD model and the market model for CDS options pricing. *International Journal of Theoretical and Applied Finance*, 9(3).
[46] Brigo, D., and El-Bachir, N. (2010). An exact formula for default swaptions pricing in the SSRJD stochastic intensity model. *Mathematical Finance*, 20(3): 365–82.
[47] Brigo, D., and Masetti, M. (2005). Risk-neutral pricing of counterparty risk. In: M. Pykhtin (ed.), *Counterparty Credit Risk Modelling: Risk Management, Pricing and Regulation*, Risk Books, London.
[48] Brigo, D., and Mercurio, F. (2001). *Interest Rate Models: Theory and Practice with Smile, Inflation and Credit*, second edition 2006, Springer-Verlag, Heidelberg.
[49] Brigo, D., and Morini, M. (2006). Structural credit calibration, *Risk*, April issue.
[50] Brigo, D., and Morini, M. (2006). Efficient analytical cascade calibration of the LIBOR market model with endogenous interpolation, *The Journal of Derivatives*, Fall issue.
[51] Brigo, D., and Morini, M. (2009). A structural model for investigating the relation between equity and credit and the possibility of model arbitrage. Working paper.
[52] Brigo, D., and Morini, M. (2010). Dangers of bilateral counterparty risk: the fundamental impact of closeout conventions. Preprint available at http://ssrn.com or at http://arxiv.org.
[53] Brigo, D., and Morini, M. (2010). Rethinking Counterparty Default, Credit flux, 114: 18–19.
[54] Brigo, D., and Morini, M. (2011). Close-out convention tensions, *Risk*, December 2011 issue.
[55] Brigo D., Morini M., and Tarenghi M. (2011). Equity return swap valuation under counterparty risk. In: T. R., Bielecki, D. Brigo and F. Patras (eds.), *Credit Risk Frontiers: Sub-prime crisis, Pricing and Hedging, CVA, MBS, Ratings and Liquidity*, John Wiley & Sons, 457–84.
[56] Brigo, D., and Pallavicini, A. (2006). Counterparty risk and contingent CDS valuation under correlation between interest rates and default. http://ssrn.com/abstract=926067. Published later in [57] and [58].
[57] Brigo, D., and Pallavicini, A. (2007). Counterparty risk under correlation between default and interest rates. In: Miller, J., Edelman, D., and Appleby, J. (eds.), *Numerical Methods for Finance*, Chapman & Hall, London.
[58] Brigo, D., and Pallavicini, A. (2008). Counterparty risk and contingent CDS under correlation, *Risk*, February issue.
[59] Brigo, D., Pallavicini, A., and Papatheodorou, V. (2011). Arbitrage-free valuation of bilateral counterparty risk for interest-rate products: impact of volatilities and correlations, *International Journal of Theoretical and Applied Finance*, 14(6): 773–802.
[60] Brigo, D., Pallavicini, A., and Torresetti, R. (2010). *Credit models and the crisis: a journey into CDOs, copulas, correlations and dynamic models*. John Wiley & Sons, Chichester.
[61] Brigo, D., and Tarenghi, M. (2004). Credit default swap calibration and equity swap valuation under counterparty risk with a tractable structural model. Working paper, available at www.damianobrigo.it/cdsstructural.pdf. Reduced version in *Proceedings of the FEA 2004 Conference at MIT, Cambridge, Massachusetts, November 8–10* and in *Proceedings of the Counterparty Credit Risk 2005 C.R.E.D.I.T. conference*, Venice, 22–3 September, Vol 1.
[62] Brigo, D., and Tarenghi, M. (2005). Credit default swap calibration and counterparty risk valuation with a scenario-based first passage model. Working paper, available at www.damianobrigo.it/cdsscenario1p.pdf. Also in: *Proceedings of the Counterparty Credit Risk 2005 C.R.E.D.I.T. conference*, Venice, 22–3 September, Vol 1.
[63] Broadie, M., and Kaya O. (2006). Exact simulation of stochastic volatility and other affine jump diffusion processes. *Operations Research*, 54(2): 217–31.
[64] Brunnermeier, M., and Pedersen, L. (2009). Market liquidity and funding liquidity. *The Review of Financial Studies*, 22(6).
[65] Burgard, C., and Kjaer, M. (2010). Partial differential equation representations of derivatives with counterparty risk and funding costs. *The Journal of Credit Risk*. 7(3): 1–19.
[66] Burgard, C., and Kjaer, M. (2011). In the balance. *Risk*. October issue.
[67] Cairns, A., Blake, D., Dowd, K., Coughlan, G., Epstein, D., Ong, A., and Balevich, I. (2009). A quantitative comparison of stochastic mortality models using data from England and Wales and the United States. *North American Actuarial Journal*, 13(1): 1–35.
[68] Cairns, A., Blake, D., Dowd, K., Coughlan, G., Epstein, D., and Khalaf-Allah, M. (2011). Mortality density forecasts: An analysis of six stochastic mortality models. *Insurance: Mathematics & Economics*, 48: 355–67.
[69] Canabarro, E., and Duffie, D. (2004). Measuring and marking counterparty risk. In: *Proceedings of the*

Counterparty Credit Risk, 2005 C.R.E.D.I.T. Conference, Venice, 22–3 September, Vol 1.

[70] Canabarro, E., Picoult, E., and Wilde, T. (2005). Counterparty risk, *Energy Risk*, May issue.

[71] Carr P., and Chou, A. (1997), Breaking barriers: static hedging of barrier securities, *Risk*, October issue.

[72] Carrière, J. (1996). Valuation of the early-exercise price for options using simulations and nonparametric regression. *Insurance: Mathematics and Economics*, 19(1): 19–30.

[73] Carver, L. (2011). Quants call for ISDA to clarify close-out values. *Risk*, December issue.

[74] Castagna, A. (2011). Funding, liquidity, credit and counterparty risk: links and implications. Available at http://ssrn.com/abstract=1855028.

[75] CEIOPS (2009). SCR Standard Formula: Further advice on the counterparty default risk module. Tech. rep., Committee of European Insurance and Occupational Pension Supervisors' Consultation Paper no. 51.

[76] Cesari, G., Aquilina, J., Charpillon, N., Filipovic, Z., Lee, G., and Manda, I. (2010). *Modelling, Pricing, and Hedging Counterparty Credit Exposure: A Technical Guide*, Springer-Verlag, Heidelberg.

[77] Chen, H., and Cummins, J. (2010). Longevity bond premiums: The extreme value approach and risk cubic pricing, *Insurance: Mathematics & Economics*, 46(1): 150–61.

[78] Cherubini, U., Luciano, E., and Vecchiato, W. (2004). *Copula Methods in Finance*. John Wiley & Sons.

[79] Cherubini, U. (2005). Counterparty risk in derivatives and collateral policies: the replicating portfolio approach. In: L. Tilman (ed.), *ALM of Financial Institutions*, Institutional Investor Books.

[80] Collin-Dufresne, P., and Goldstein, R. (2001). Do credit spreads reflect stationary leverage ratios? *Journal of Finance* 56, 1929–58.

[81] Collin-Dufresne, P., Goldstein, R., and Hugonnier, J. (2004). A general formula for valuing defaultable securities. *Econometrica*, 72(5): 1377–407.

[82] Coughlan, G., M. Khalaf-Allah, Y. Ye, S. Kumar, A. Cairns, D. Blake and K. Dowd (2011). Longevity hedging 101: A framework for longevity basis risk analysis and hedge effectiveness. Tech. rep., to appear in *North American Actuarial Journal*.

[83] Cox, J. C., Ingersoll, J. E., and Ross, S. A. (1985). A theory of the term structure of interest rates. *Econometrica*, 53(2): 385–407.

[84] Cox, S., Lin, Y., and Pedersen, H. (2010). Mortality risk modeling: applications to insurance securitization. *Insurance: Mathematics & Economics*, 46(1): 242–53.

[85] Crépey, S. (2011). A BSDE approach to counterparty risk under funding constraints. Available at grozny.maths.univ-evry.fr/pages_perso/crepey.

[86] Crépey, S. (2012). Bilateral counterparty risk under funding constraints – Part I: Pricing. Forthcoming in *Mathematical Finance*.

[87] Crépey, S. (2012). Bilateral counterparty risk under funding constraints – Part II: CVA. Forthcoming in *Mathematical Finance*.

[88] Crouhy M., Galai, D., and Mark, R. (2000). A comparative analysis of current credit risk models. *Journal of Banking and Finance* 24: 59–117.

[89] Cummins, J., and Trainar, P. (2009). Securitization, insurance, and reinsurance. *Journal of Risk and Insurance*, 76(3): 463–92.

[90] Danziger, J. (2010). Pricing and hedging self counterparty risk. Presented at the conference "Global Derivatives", Paris, 18 May 2010.

[91] Davis, M., and Lo, V. (2001). Infectious default. *Quantitative Finance* 1: 382–7.

[92] Dehapiot T., and Patry, C. (2012). Calculating CVA and DVA, BNP Paribas working paper.

[93] De Prisco, B., and Rosen, D. (2005). Modelling stochastic counterparty credit exposures for derivatives portfolios. In: M. Pykhtin (ed.), *Counterparty Credit Risk Modelling: Risk Management, Pricing and Regulation*, Risk Books, London.

[94] Dowd, K., Blake, D., Cairns, A., and Dawson, P. (2006). Survivor swaps. *Journal of Risk and Insurance*, 73(1): 1–17.

[95] Dowd, K., Cairns, A., Blake, D., Coughlan, G., Epstein, D., and Khalaf-Allah, M. (2010a). Backtesting stochastic mortality models: An ex-post evaluation of multi-period-ahead density forecasts. *North American Actuarial Journal*, 14(3): 281–98.

[96] Dowd, K., Cairns, A., Blake, D., Coughlan, G., Epstein, D., and Khalaf-Allah, M. (2010b). Evaluating the goodness of fit of stochastic mortality models. *Insurance: Mathematics & Economics*, 47: 255–65.

[97] Drehmann, M., and Nikolaou, K. (2009). Funding liquidity risk defintion and measurement. ECB working paper series 1024 (3).

[98] Duffee, Gregory. (1998). The relation between treasury yields and corporate yield spreads, *Journal of Finance*, 53: 2225–43.
[99] Duffie, D. (2001). *Dynamic Asset Pricing Theory*, third edition. Princeton University Press.
[100] Duffie, D., and Garleanu, N. (2001). Risk and valuation of collateralized debt obligations. *Financial Analysts Journal*, 57(1): 41–59.
[101] Duffie, D., and Huang, M. (1996). Swap rates and credit quality. *Journal of Finance*, 51(3): 921–50.
[102] Duffie, D., Pan, J., and Singleton, K. (2000). Transform analysis and asset pricing for affine jump diffusions. *Econometrica*, 68: 1343–76.
[103] Duffie, D., and Singleton, K. J. (1999). Modeling term structures of defaultable bonds. *The Review of Financial Studies*, 12: 687–719.
[104] Duffie, D., and Zhu, H. (2010). Does a central clearing counterparty reduce counterparty risk? Working paper, Stanford University.
[105] Ehlers, P., and Schoenbucher, P. (2006). The influence of FX risk on credit spreads, ETH working paper, available at http://www.defaultrisk.com.
[106] Embrechts, P., Lindskog, F., and McNeil, A. (2001). Modelling dependence with copulas and applications to risk management. ETH working paper.
[107] Facchinetti, G., and Morini, M. (2009). Modelling correlations for forward exchange rates. Working paper.
[108] Fries, C. (2010). Discounting revisited: valuation under funding, counterparty risk and collateralization. Available at http://ssrn.com.
[109] Fujii, M., Shimada, Y., and Takahashi, A. (2010). Collateral Posting and Choice of Collateral Currency. Available at http://ssrn.com.
[110] Fujii, M., and Takahashi, A. (2011a). Choice of collateral currency. *Risk*, January issue.
[111] Fujii, M., and Takahashi, A. (2011b) Clean valuation framework for the USD silo. Available at http://ssrn.com
[112] Geman, H., and Ohana, S. (2000). Forward curves, Scarcity and price volatility in oil and natural gas markets. *Energy Economics*, 31(4): 576–85.
[113] Genest, C., and Rémillard, B. (2006). Discussion of copulas: tales and facts, by Thomas Mikosch. Available at http://neumann.hec.ca/pages/bruno.remillard/Papers/mikosch–response.pdf.
[114] Gibson, R., and Schwartz, E. S. (1990). Stochastic convenience yield and the pricing of oil contingent claims, *Journal of Finance*, XLV(3): 959–76.
[115] Giesecke, K. (2002). Correlated default with incomplete information. *Journal of Banking and Finance*, 28(2004): 1521–45.
[116] Giesecke, K. (2004), Credit Risk Modelling and Valuation. An Introduction, to appear in *Credit Risk: Models and Management*, 2, Riskbooks, London.
[117] Girosi, F., and G. King (2008). *Demographic Forecasting*. Princeton University Press.
[118] Gregory, J. (2009). Being two faced over counterparty credit risk, *Risk* 22(2): 86–90.
[119] Gregory, J. (2010). *Counterparty Credit Risk: The New Challenge for Global Financial Markets*, John Wiley & Sons, Chichester.
[120] Gregory, J. (2012). Closing out DVA? Working paper.
[121] Gupton, G. M., Finger, C. C., and Bathia, M. (1997). CreditMetrics technical document. Available at http://www.defaultrisk.com.
[122] Hull, J., (2006). *Options, Futures, and other Derivatives*, sixth edition. Prentice Hall.
[123] Hull, J., and White, A. (2000). Valuing credit default swaps II: Modeling default correlations. Working paper, University of Toronto.
[124] Hull J., Nelken, I., and White, A. (2004). Merton's model, credit risk, and volatility skews. *Journal of Credit Risk* 1, 1–27.
[125] Hull, J., and White, A. (2012). Is FVA a cost for derivatives desks? Working paper. Available ar http://www.defaultrisk.com.
[126] Inkmann, J., and Blake, D. (2012). Managing financially distressed pension plans in the interest of beneficiaries. Tech. rep., Pensions Institute Discusson Paper PI-0709.
[127] ISDA. Credit Support Annex (1992), Guidelines for Collateral Practitioners (1998), Credit Support Protocol (2002), Close-Out Amount Protocol (2009), Big Bang Protocol (2009b), Margin Survey (2010), Market Review of OTC Derivative Bilateral Collateralization Practices (2010). Available at http://www.isda.org.
[128] ISDA (2009). Big Bang protocol. Available at http://www.isda.org.
[129] Jamshidian, F. (2002). Valuation of credit default swap and swaptions, *Finance and Stochastics*, 8: 343–71.

[130] Johannes, M., and Sundaresan, S. (2007). The impact of collateralization on swap rates. *Journal of Finance*, 62(1): 383–410.
[131] Joe, H. (1997). *Multivariate Models and Dependence Concepts*. Chapman & Hall, London.
[132] Jones, E. P., Mason, S. P., and Rosenfeld, E. (1984). Contingent claims analysis of corporate capital structure: an empirical investigation. *Journal of Finance* 39, 611–25.
[133] Jorion, P. (2007). *Value at Risk*, third edition, McGraw Hill.
[134] Jouanin J.-F., Rapuch G., Riboulet G., and Roncalli T. (2001). Modelling dependence for credit derivatives with copulas. Groupe de Recherche Opérationnelle, Crédit Lyonnais, France.
[135] Keenan, J. (2009). Spotlight on exposure. *Risk* October issue.
[136] Kenyon, C., and Stamm, R. (2012). *Discounting, Libor, CVA and Funding*. Palgrave Macmillan.
[137] Kenyon, C. (2010). Completing CVA and liquidity: firm-level positions and collateralized trades. Available at http://arxiv.org.
[138] Lakdawalla, D., and Zanjani, G. (2007). Catastrophe bonds, reinsurance, and the optimal collateralization of risk transfer. Tech. rep., RAND Corporation and Federal Reserve Bank of New York.
[139] Lando, D. (1998). On Cox processes and credit risky securities. *Review of Derivatives Research* 2: 99–120.
[140] Leung, S. Y., and Kwok, Y. K. (2005). Credit default swap valuation with counterparty risk. *The Kyoto Economic Review*, 74(1): 25–45.
[141] Lipton, A., and Sepp, A. (2009). Credit value adjustment for credit default swaps via the structural default model, *The Journal of Credit Risk*, 5: 123–46.
[142] Lo, C. F., Lee H.C., and Hui, C.H. (2003). A simple approach for pricing barrier options with time-dependent parameters. *Quantitative Finance* 3: 98–107.
[143] Longstaff, F. A., and Schwarz, E. S. (2001). Valuing American options by simulation: a simple least-squares approach. *Review of Financial Studies*, 14: 113–47.
[144] Lord, R., Koekkoek, R., and Van Dijk, D.J.C. (2006). A Comparison of Biased Simulation Schemes for Stochastic Volatility Models. Working paper.
[145] Ludkovski, M., and Young, V. (2008). Indifference pricing of pure endowments and life annuities under stochastic hazard and interest rates. *Insurance: Mathematics and Economics*, 42(1): 14–30.
[146] Marshall, A., and Olkin, I. (1967). A multivariate exponential distribution. *Journal of the American Statistical Association*, 62(317): 30–44.
[147] McNeil, A. J., Frey, R., and Embrechts, P. (2005). *Quantitative Risk Management: Concepts, Techniques, and Tools*. Princeton University Press.
[148] Merton R. (1974). On the pricing of corporate debt: the risk structure of interest rates. *The Journal of Finance* 29: 449–70.
[149] Mikosch, T. (2005). Copulas: tales and facts. Available at http://www.math.ku.dk/~mikosch/Preprint/Copula/s.pdf.
[150] Mikulevicius, R., and Platen, E. (1988). *Time discrete Taylor approximations for Ito processes with jump component*. Mathematische Nachrichten 138: 93–104.
[151] Moreni, N., and Pallavicini, A. (2010). Parsimonious HJM modelling for multiple yield-curve dynamics. Submitted to *Quantitative Finance*. Available at http://ssrn.com.
[152] Moreni, N., and Pallavicini, A. (2012). Parsimonious multi-curve HJM modelling with stochastic volatility. Forthcoming in M. Bianchetti and M. Morini (eds.), *Interest Rate Modelling After the Financial Crisis*. Risk Books.
[153] Morini, M. (2009). One more model risk when using Gaussian copula for Risk Management. Available at http://ssrn.com/abstract=1520670.
[154] Morini, M. (2010). Can the default of a bank cause the default of its debtors? The destabilizing consequences of the standard definition of bilateral counterparty risk. Working paper.
[155] Morini, M. (2011). *Understanding and Managing Model Risk*. John Wiley & Sons.
[156] Morini, M., and Brigo, D. (2011). No-armageddon measure for arbitrage-free pricing of index options in a credit crisis, *Mathematical Finance*, 21(4): 573–93.
[157] Morini, M., and Prampolini, A. (2010). Risky funding: a unified framework for counterparty and liquidity charges, *Risk*, March issue.
[158] Morini, M., and Prampolini, A. (2011). A unified framework for counterparty and liquidity charges. Working paper available at http://papers.ssrn.com/sol3/papers.cfm?abstract_id=1669930.

[159] Nathanaël, B. (2010). The Basel Committee's December 2009 Proposals on Counterparty Risk. Federal Reserve/FSA presentation at the International Workshop on Counterparty Risk Management and Application of CVA, Bank of Japan, 14 June 2010.

[160] Nelsen, R. (1999). *An Introduction to Copulas*. Springer, New York.

[161] Pallavicini, A. (2010). Modelling wrong way risk for interest-rate products. Presented at the 6th Fixed Income Conference, 23–24 September 2010, Madrid.

[162] Pallavicini, A. (2010). Counterparty risk evaluation for interest rate derivatives. Presented at the Risk and Modelling in Fixed Income Interest Rates conference, 15 April 2010, London.

[163] Pallavicini, A. (2011). Pricing counterparty credit risk: a realistic simulation framework. Presented at the Risk Credit Summit conference, 28 June 2011, London.

[164] Pallavicini, A. (2012). HJM modelling in collateralized markets: multiple-curve calibration to swaption smiles. Presented at the Quant Congress, 10 October 2012, London.

[165] Pallavicini, A., Perini, D., and Brigo, D. (2011). Funding valuation adjustment: a consistent framework including CVA, DVA, collateral, netting rules and re-hypothecation. Available at http://ssrn.com and http://arxiv.org.

[166] Parker, E., and McGarry, A. (2009). The ISDA master agreement and CSA: close-out weaknesses exposed in the banking crisis and suggestions for change. *Butterworths Journal of International Banking Law*, 1.

[167] Picoult, E. (2005). Calculating and hedging exposure, credit value adjustment and economic capital for counterparty credit risk. In: M. Pykhtin (ed.), *Counterparty Credit Risk Modelling*, Risk Books, London.

[168] Piterbarg, V. (2010). Funding beyond discounting: collateral agreements and derivatives pricing. *Risk*, February.

[169] Piterbarg, V. (2012). Cooking with collateral. *Risk*, August.

[170] Pollack, Lisa (2012). Barclays visits the securitisation BISTRO. *Financial Times*. Alphaville Blog, Posted by Lisa Pollack on 17 January 2012 at 11:20.

[171] Pollack, Lisa (2012). The latest in regulation-induced innovation – Part 2. *Financial Times*. Alphaville Blog. Posted by Lisa Pollack on 11 April 2012 at 16:50.

[172] Pollack, Lisa (2012). Big banks seek regulatory capital trades. *Financial Times*. Alphaville Blog, Posted by Lisa Pollack on 29 April 2012 at 7:27.

[173] Pykhtin, M. (ed.) (2005). *Counterparty Credit Risk Modelling: Risk Management, Pricing and Regulation*, Risk Books, London.

[174] Rapisarda, F. (2003). Pricing barriers on underlyings with time-dependent parameters, Working paper.

[175] Rebonato, R. (1998). *Interest Rate Option Models*. Second Edition. John Wiley and Sons, Chichester.

[176] Rebonato, R. (1999) On the simultaneous calibration of multifactor lognormal interest rate models to black volatilities and to the correlation matrix. *The Journal of Computational Finance*, 2: 5–27.

[177] Rosen, D., and Pykhtin, M. (2010). Pricing counterparty risk at the trade level and CVA allocations. *Journal of Credit Risk*, 6 (Winter 2010): 3–38.

[178] Salhi, Y., and Loisel, S. (2010). Joint modeling of portfolio experienced and national mortality: A co-integration based approach. Tech. rep., ISFA Lyon.

[179] Schaefer, S., and Strebulaev, I. (2008). Structural models of credit risk are useful: evidence from hedge ratios on corporate bonds. *Journal of Financial Economics*, 90: 1–19.

[180] Schoenmakers, J., and Coffey, C. (2003). Systematic generation of correlation structures for the LIBOR market model. *International Journal of Theoretical and Applied Finance* 6(4): 1–13.

[181] Schönbucher, P., and Schubert, D. (2002). Copula-dependent defaults in intensity models. Working paper available at http://ssrn.com.

[182] Schwartz, E., and Smith, J. (2000). Short-term variations and long-term dynamics in commodity prices. *Management Science*, 46(7) July: 893–911.

[183] Senior Supervisors Group. (2009). Risk management lessons from the global banking crisis of 2008. Available at www.newyorkfed.org/newsevents/news/banking/2009/SSG_report.pdf.

[184] Singh, M., and Aitken, J. (2010). The (sizable) role of rehypothecation in the shadow banking system. IMF Working Paper, WP/10/172.

[185] Singh, M. (2011). Velocity of pledged collateral: analysis and implications. IMF Working Paper, WP/11/256.

[186] Sorensen, E. H., and Bollier, T. F. (1994). Pricing swap default risk. *Financial Analysts Journal*, 50: 23–33.

[187] Stevens, R., De Waegenaere, A., and Melenberg, B. (2009). Longevity risk and hedge effects in a portfolio of life insurance products with investment risk. Tech. rep., Tilburg University.

[188] Tilley, J. (1993). Valuing American options in a path simulation model. *Transactions of Society of Actuaries*, 45: 83–104.

[189] Torresetti, R., Brigo, D., and Pallavicini, A. (2006). Implied correlation in CDO tranches: a paradigm to be handled with care. Available at http://ssrn.com, later included in [60].

[190] Torresetti, R., Brigo, D., and Pallavicini, A. (2009). Risk-neutral versus objective loss distribution and CDO tranche valuation. *Journal of Risk Management in Financial Institutions*. 2(2): 175–92.

[191] Tuckman, B., and Porfirio, P. (2003). Interest rate parity, money market basis swaps, and cross-currency basis swaps. Lehman Brothers, Fixed Income Liquid Markets Research.

[192] Watt, M. (2011). Corporates fear CVA charge will make hedging too expensive. *Risk*, October issue.

[193] Weeber, P., and Robson E. S. (2009). Market practices for settling derivatives in bankruptcy. *ABI Journal*, 9: 34–5, 76–8.

[194] Yi, C. (2009). Dangerous knowledge: credit value adjustment with credit triggers. Bank of Montreal research paper.

[195] Yor, M. (1992). *Some Aspects of Brownian Motion, Part I: Some Special Functionals. (Lectures in Mathematics ETH Zurich)*, Birkhauser Verlag, Berlin.

[196] Pallavicini, A., Perini, D., and Brigo, D. (2011). Funding, collateral and hedging: uncovering the mechanics and the subtleties of funding valuation adjustments. Available at http://ssrn.com and http://arxiv.org.